……项目

中央财经大学……资助

国防经济学系列丛书

核心教材

《国防经济学系列丛书》

编辑委员会

国防经济学系列丛书·核心教材

总主编／翟 钢 陈 波

国防经济学

National Defense Economics

陈 波 主 编

郝朝艳 余冬平 副主编

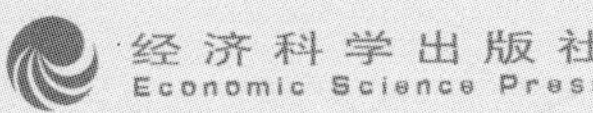

编写人员

主　编：

陈　波（中央财经大学国防经济与管理研究院院长、教授、博士生导师，国防大学博士，哈佛大学、加利福尼亚大学访问学者）

副主编：

郝朝艳（中央财经大学国防经济与管理研究院国防工业研究所副所长、硕士生导师，北京大学博士）

余冬平（中央财经大学国防经济与管理研究院军事物流与采办研究所副教授、硕士生导师，北京航空航天大学博士）

参　编：

刘晋豫（国防大学国防经济研究中心主任、教授、博士生导师，国防大学博士）

曾　立（国防科技大学社会科学系主任、教授、博士生导师，国防大学博士）

郭中侯（军事经济学院国防经济系主任、教授、博士生导师，军事经济学院博士）

吴　鸣（国防科技大学教授、博士生导师）

侯　娜（中央财经大学国防经济与管理研究院讲师，伯明翰大学博士）

王沙骋（中央财经大学国防经济与管理研究院讲师，哈佛大学/北京大学博士）

李　杰（中央财经大学中国金融发展研究院副教授，克莱蒙大学博士）

姚　毅（中央财经大学中国经济与管理研究院助教授，康奈尔大学博士）

潘　鸿（吉林大学军需科技学院教授，吉林大学博士）

龚卫锋（后勤指挥学院军事物流工程实验室副教授，后勤指挥学院博士）

白云真（中央财经大学国防经济与管理研究院/国际政治系讲师，中国社会科学院博士）

阎　梁（南开大学政府管理学院讲师，清华大学博士）

辛伟刚（北京军区工程师，中央财经大学博士）

刘　军（国防科技大学/成都军区空军助工，国防科技大学博士）

王伟海（军事经济学院讲师，国防大学博士）

闫仲勇（国防科技大学社会科学系讲师，中央财经大学博士）

献给那些为国防经济学建立和发展付出无数心血和汗水的前辈先贤，献给那些仍在国防经济学道路上苦苦求索的国防经济学人……

——题记

总　序

兵者，国之大事，死生之地，存亡之道，不可不察也！国防经济学起于战争实践，又与人类的和平与发展息息相关，这些年取得了飞速发展。为全面、系统反映国防经济学发展全貌与演进，总结挖掘国防经济实践成果，展示现代国防经济学发展方向，我们组织编写了这套《国防经济学系列丛书》。

《国防经济学系列丛书》包括四个子系列：(1) 国防经济学核心教材；(2) 国防经济学学术文库；(3) 国防经济学精品译库；(4) 国防经济学博士文库。重点展示国防经济学领域学者在一般性基础理论和方法研究、国家战略层面对策研究，以及面向现实的重大应用研究等方面的研究成果。丛书选题涵盖经济与安全、战略与政治、国防与和平经济、国防财政、国防工业、国防采办、国民经济动员等相关领域，既包括国防经济学领域的基本理论和方法介绍，如《国防经济学》、《国防经济思想史》等；也包括对一些国家或领域国防经济情况的专门介绍，如《美国国防预算》、《国防财政学》等；还包括对国际国防经济学领域研究最新发展情况的介绍，如《国防经济学前沿专题》、《冲突经济学原理》等。

《国防经济学系列丛书》瞄准本领域前沿研究领域，秉承兼容并蓄之态度，建立开放性运行机制，不断补充新的选题，努力推出中国一流国防经济学者在本领域的教学、科研成果，并希望通过借鉴、学习国际国防经济学发展的先进经验和优秀成果，进一步推动我国国防经济学研究的现代化和规范化，力争在一个不太长的时间内，在研究范围、研究内容、研究方法、分析技术等方面使中国国防经济学在研究的“广度”和“深度”上都能有一个大的提升。

本套丛书由中央财经大学国防经济与管理研究院发起筹备并组织编辑出版，该院组成了由国内外相关高校、科研机构和实际工作部门的一流专家学者组成的编辑委员会，参与编审、写作和翻译工作的除来自中央财经大学国防经济与管理研究院、中国金融发展研究院、中国经济与管理研究院、政府管理学院、经济学院、财政学院等教学科研单位的一批优秀中青年学者外，还有来自清华大学、北京大学、中国人民大学、复旦大学、南开大学、北京理工大学、军事科学院、国防大学、国防科技大学、后勤指挥学院、军事经济学院、海军工程大学、中国国防科技信息中心等国内国防经济与相关领域教学与研究重镇的一批优秀学者。经济科学出版社积极支持丛书的编辑出版工作，剑桥大学出版社等也积极支持并参与部分图书的出版工作。

海纳百川，有容乃大。让我们携起手来，为推动中国与国际国防经济学界的交流、对话，为推进中国国防经济学教育与研究的大发展而贡献我们的智慧、才华与不懈的努力！

是为序。

翟　钢　陈　波

2010 年 6 月于北京

前　言

“兵者，国之大事，死生之地，存亡之道，不可不察也。”两千多年前《孙子兵法》中的这句至理名言，即使在今天看来依然充满智慧的光芒。纵观世界历史上那些曾经叱咤风云的大国兴衰史，一条基本规律被反复印证：国富才能兵强，兵强才能安全，安全才能发展。国防经济学帮助我们理解“国富”、“兵强”，更帮助我们理解“国富”与“兵强”间的内在逻辑联系。

责任与挑战

在整个人类历史上，战争的阴影一直挥之不去。据统计，从有文字记载的公元前3200年到20世纪80年代的5000多年历史中，共发生过14 500多场战争，平均每年就有近3场战争，在整个人类文明史中只有292年没有发生过战争。而从第二次世界大战结束（1945年9月）到1999年6月，全世界就发生了274场战争，几乎无一年没有战争，而且平均每年不下5场。① 不管这些数字是否完全准确，但的确战争这个幽灵似乎一直伴随着人类的发展而成长。放眼世界，虽然和平与发展仍然是这个时代的主题，但天下并不太平，马放南山、铸剑为犁的时代远未到来。

---

① 李巨廉：《战争与和平：时代主旋律的变动》，学林出版社1999年版，第35页。另外，19世纪著名的军事史学家布洛克在1987年发表的六卷巨著《从技术、经济和政治关系看战争的未来》中也曾经做过一个统计：在人类有记载的3457年历史中，3230年有战争，只有227年的和平。

有战争便有国防，而国家富强，经济更要发展，这便成为国防经济学研究的核心命题。但相对漫长的国防经济实践，国防经济学依然是一个非常年轻的学科。即便从早期算起，国防经济学的发展也不过百年左右的历史，而如果从20世纪60年代现代国防经济学的正式创立看，国防经济学才半个世纪左右的历史，这比起其他学科动辄几千年、几百年的学术史显然还非常年轻。这一切对本学科建设本身提出了至少两个挑战：一是建立成熟的国防经济学学术架构仍需要进行不断探索；二是伴随国防经济学的飞速发展，现代国防经济学在研究广度和研究深度上都在不断发生新变化，国防经济学教材如何全面反映这些新知识、新观点和新方法，这不但是教材编写者的责任，也对教材编写提出了很高的挑战。

而回顾国防经济学在中国的发展历史，20世纪30、40年代，虽然伴随如火如荼的抗日战争，中华民族一大批优秀的前辈先贤为了民族前途和国家命运对国防经济学进行了开创性探索，但国防经济学在中国真正的大发展也仅是20世纪80年代开始的事。短短的几十年间，一大批有责任感的中国国防经济学者刻苦努力，在学科基础和应用研究上都取得了骄人的业绩。但由于这门学科本身研究对象的特殊性及研究基础的相对贫乏，中国的国防经济学在研究内容、研究方法等方面，要与国际上一流的国防经济学研究进行对话尚存在不少的差距，面临不小的挑战。①

这些年在组织国防经济专业博士、硕士研究生的教学中，我们也深深发现，由于国防经济学课程内容的特殊性和在中国发展相对短暂的历史，我国已经出版的一些《国防经济学》教材尽管在各方面进行了不少的努力，取得了不少的成功，但在对现代国防经济学成熟内容、方法的介绍，或中国特色国防经济实践、政策等成熟成果的梳理、融合继承上，还存在不少的误区。教材的规范性、科学性和时代性距学科建设发展的需求也还有明显的距离。为此我们在认真总结这些年组织国防经济专业研究生《国防经济学》课程建设与教学经验的基础上，组织来自国内外既深入理解国防经济学研究对象，又对现代经济学研究方法有较好把握的一批优秀中青年学者编写了这本教材，作为对建设一流国防经济学教材的一个积极探索，该教材也是我们组织编写的《国防经济学系列丛书》的第一本。

---

① 陈波：《科学化、规范化：中国国防经济学面临的挑战和机遇》，引自《中国国防经济学：2007》，中国财政经济出版社2008年版。

目标与思路

本教材试图给出现代国防经济学基本理论、模型和经验分析的一个全景式介绍，力图尽可能给本学科专业教学科研人员、研究生提供一个国防经济学的最新知识频谱，以帮助专业教学科研人员和研究生建立一个国防经济学基本内容的知识框架，帮助他们了解国防经济学领域的新方法、新知识和新观点，也为从事这方面教学科研工作的学者、实际部门工作人员和研究生在处理浩如烟海的文献资料时，能有一个基本的路线图，循此可以进一步深入了解和深化研究。

作为国防经济学研究生的入门和基础教材，教材注重以国际化为基本视角，注重对如国防支出、国防工业、国防采办、国防人力等国防经济学基本理论、模型和方法的介绍；也力图把国内有较好研究传统，研究延展性好，对国际国防经济学研究有所知识贡献的如国民经济动员、国防经济运行、国防经济布局等纳入讨论范围。

但作为基础性国防经济学教材，本书也适当注意与国外一些同类教材主要以介绍欧美国防经济情况为主、中国一些国防经济学同类教材主要以介绍中国国防经济实践政策为主等均有所区分。编著者认为，这些方面也十分重要，但在这些方面，如对中国国防经济有关情况的介绍等是本系列教材中其他教材要承担的任务。

随着国防经济学研究内容的不断拓展，近些年来对冲突、内战、恐怖主义、维和等经济分析等的内容不断加入国防经济学研究体系，要在一本书里完全涵盖这些内容显然也不现实，因此，我们在本系列教材中会陆续安排一些后续教材介绍国防经济学发展前沿和最新研究进展情况。

内容与架构

本教材紧紧围绕国防经济学最新发展，重点介绍国防与经济、国民经济动员、国防支出、国防工业、国防采办、国防研发、军火贸易、军事人力、军备竞赛、国防经济制度与运行等方面的国防经济学基础理论和方法。除前言、导论外，全书共分七篇：

前言部分从国防经济学教材建设面临的责任与挑战、目标与思路、内容与架构、材料与方法、分工与致谢等方面介绍本教材编写的基本原则和思路。

在正文全面开始前，教材专门安排了一章作为导论：

◇ 第 1 章介绍国防经济学的起源和发展，讨论国防经济学范畴和国防经济学的发展演变。

国防经济学首先要面对国防与经济之间的资源配置，这一配置以国家利益为基本考量，随经济全球化和安全概念拓展又相互交织，表现出一些新趋势。以此为主要议题，第一篇主要讨论国家安全、经济与国防。本篇包括三章，其中：

◇ 第 2 章讨论从普通经济学和马克思主义、公共品理论和公共选择理论等视角对国防与经济关系的基本认知。

◇ 第 3 章讨论国家利益、国际层面的经济与安全和全球化时代的安全与国防。

◇ 第 4 章介绍传统安全和非传统安全，讨论新安全观和经济安全、战略资源安全。

国防经济学之所以更强调资源配置与有效利用，在于战争成本十分高昂，战争是国家实力的竞争，国家实力决定战争潜力，而通过国民经济动员，才能有效地将国民经济动员潜力转化为实力，有效满足庞大的战争需要。以此为主要议题，第二篇主要讨论战争成本、国家实力与经济动员。本篇包括三章，其中：

◇ 第 5 章讨论战争成本构成、评估战争成本和损失的主要理论模型，介绍关于战争经济成本的实证研究。

◇ 第 6 章讨论国家实力、军事能力和战争潜力。

◇ 第 7 章讨论国民经济动员的概念、历史、内容、指标，动员分级、响应、动员体制和法律责任。

进行国防建设需要国防支出作为支撑，作为国防战略的数字化，国防支出在一国公共财政中占有重要位置，合理确定一国国防支出需求和军事联盟防务分担，正确处理国防支出与经济增长和其他公共支出关系就显得十分重要。以此为主要议题，第三篇主要讨论国防支出、经济发展与防务分担。本篇包括五章，其中：

◇ 第 8 章讨论国防支出的规模、结构，国防支出界定和度量。

◇ 第 9 章讨论国防支出需求的影响因素、新古典国防支出模型和国防支出需求的经验分析。

◇ 第 10 章讨论国防支出与经济增长，重点介绍需求—供给模型、费德尔—

拉姆模型、公共产品模型、因果关系模型等理论和经验分析方法。

◇ 第 11 章讨论国防支出与其他公共支出，介绍国防支出与社会支出、投资等的基本理论和经验分析。

◇ 第 12 章讨论军事联盟国防支出，介绍军事联盟的纯公共品模型、联合产品模型和军事联盟防务分担的经验分析。

武器是国防建设的重要组成部分，国防工业是支撑国家军事力量的物质技术基础，国防研发促进武器装备的不断更新换代。以此为主要议题，第四篇主要讨论国防工业、国防研究与发展。本篇分四章，其中：

◇ 第 13 章讨论国防工业基础的结构、发展演化，国防工业转型与全球化。

◇ 第 14 章讨论国防工业的成本、收益，国防工业的能力、边界，国防工业利润与就业函数。

◇ 第 15 章讨论国防研发投入和激励私人国防研发投资的机制。

◇ 第 16 章讨论国防研发的外部性，分析国防研发对提高生产率、对非国防研发的影响，以及国防研发对武器需求和性能的影响。

国防采办与军火贸易是联结国内外国防产品供给和需求的关键环节，在有限的国防资源约束下，既采购到军方所需要的国防产品，又得到最大的采办效益，一直是国防采办和军火贸易所主要关注的。而与前一篇相联系，国防工业与采办政策是提高武器装备生产和采办效率的制度保证。以此为主要议题，第五篇主要讨论国防采办、军火贸易与政策。本篇分四章，其中：

◇ 第 17 章主要讨论国防采办市场、采办成本与采办合同。

◇ 第 18 章讨论国防采办中的激励问题，介绍单代理人简单国防采办激励模型、多代理人简单国防采办激励模型、多阶段简单国防采办动态激励模型、多层次简单国防采办内部激励模型。

◇ 第 19 章分析国际军火贸易，讨论军火贸易的经济、政治动因和军火贸易的影响。

◇ 第 20 章讨论国防工业和采办政策，以及国防工业与国防采办政策面临的挑战。

军事人力是国家武装力量的基础，而军备竞赛和裁军也是国际政治和军事领域的重要现实问题，如何从经济学的角度分析认识这些问题，也一直是国防经济学试图解决的问题。以此为主要议题，第六篇主要讨论军事人力、军备竞赛和裁军。本篇共分三章，其中：

◇ 第 21 章讨论军事人力，主要分析军事人力需求、供给和征募制度。

◇ 第 22 章从经济角度分析军备竞赛，介绍理查德森军备竞赛模型、英特里盖特—布里托模型和有关军备竞赛的计量经济分析。

◇ 第 23 章在对国际社会军控与裁军情况介绍的基础上，重点讨论裁军的收益、成本，军控与裁军的理论和经验模型。

源于战略价值、历史和政治等原因，国防支出、国防工业、国防人力等前几篇所述的国防经济要素分布不平衡，所以会造成不同的区域影响，各国也试图通过国防经济布局，提高国防经济资源地域配置的效益；满足国防需求的国防经济活动，也是通过国防经济运行来完成的。以此为主要议题，第七篇讨论国防经济的区域影响、布局与运行。本篇共分三章，其中：

◇ 第 24 章讨论国防经济的区域影响，介绍研究国防经济区域影响的主要模型和经验分析。

◇ 第 25 章讨论国防经济布局，介绍国防经济布局理论、论证，以及国防经济布局分析的基本思路与模型。

◇ 第 26 章讨论国防经济运行，包括国防经济运行主体、机制、国防经济运行均衡、非均衡，以及国防经济运行周期。

材料与方法

国防经济学是经济与国防相交叉的边缘学科，是社会科学中综合性、实践性很强的一门学科，也是一座宏大的知识宝库。如何在有限篇幅内，既使教材对国防经济学基本理论、基本方法有一个全面的介绍，又能尽可能地对知识点的现实应用有一个较好的介绍，我们在本教材编写的材料和方法中，进行了如下探索：

- **专　　栏**　为增加教材的可读性和时代性，教材中采用了大量的专栏形式，这些专栏主要内容包括背景分析，与正文有关的典型现实情况介绍和对某一现象的评价认识等，以尽可能从一个客观角度加深读者对内容的认识和理解。
- **数据事实**　各章中尽可能对该内容所涉主题的现实情况给出一些事实统计，并给出国际上涉及该主题的主要数据库和数据来源，一方面使读者了解该主题的基本情况和基本事实，另一方面也为有兴趣进一步从事经验分析的读者提供一些数据方面的线索。

- **参考文献** 教材是对前人积累知识的总结，所以教材注重对已有文献的介绍和梳理。教材所引知识和文献全部来自公开出版物，并尽作者所知，尽可能在文中标出。引用的文献在文中以作者后括号的形式进行注明，在该文献作者首次出现时，还在括号内给出了该作者的外文名，并在每章后给出了该文献的名录，以使有兴趣的读者能方便地查阅原始文献。
- **关键术语** 各章对主要的概念内涵和演变进行了较为详细分析，并在每章末尾进行了重点提示，以使读者较为全面地理解和掌握主要概念的基本含义。
- **思 考 题** 各章后列有针对本章的思考题，帮助读者归纳总结，并使读者把握本章的重点和难点。

分工与致谢

为实现教材编写思路，达到教材编写宗旨，本教材编委会组织现在中央财经大学国防经济与管理研究院、中国经济与管理研究院、中国金融发展研究院和国防大学、国防科技大学、后勤指挥学院、军事经济学院、南开大学、吉林大学等单位工作，分别具有国防大学、北京大学、清华大学、北京航空航天大学、国防科技大学、中国社会科学院、中央财经大学和伯明翰大学、哈佛大学、康奈尔大学、克莱蒙大学等国内外一流大学博士学位的优秀中青年学者撰写，具体分工为：

前　言	陈　波	第 1 章	陈　波
第 2 章	陈　波　姚　毅	第 3 章	白云真　陈　波
第 4 章	陈　波	第 5 章	郭中侯　王伟海
第 6 章	陈　波　王沙骋	第 7 章	陈　波　刘晋豫
第 8 章	陈　波	第 9 章	侯　娜
第 10 章	陈　波	第 11 章	陈　波　李　杰
第 12 章	陈　波	第 13 章	郝朝艳
第 14 章	郝朝艳	第 15 章	郝朝艳
第 16 章	郝朝艳	第 17 章	余冬平
第 18 章	余冬平	第 19 章	郝朝艳
第 20 章	郝朝艳	第 21 章	陈　波　潘　鸿

第22章	侯　娜	第23章	陈　波　阎　梁
第24章	辛伟刚　龚卫锋	第25章	辛伟刚　闫仲勇
第26章	吴　鸣　曾　立　刘　军　刘　鹏		

2006年在中央财经大学国防经济与管理研究院成立过程中，我们就策划编辑出版这样一套系列教材，并把《国防经济学》作为这套系列教材的第一本，并于2007年荣幸获批"北京市精品教材立项建设项目"研究生教材。项目实施至今已近5个年头，5年来，全体编写人员从资料收集、数据处理、结构论证，到一个字一个字写出来、一遍一遍反复论证付出了难以想象的辛劳，我们每一个人也深深体会到编写一本理想教材的不易与艰辛！

感谢中央财经大学校长王广谦教授，是他以前瞻性的眼光一直支持、关心我校国防经济与管理研究院的发展和学科的成长壮大；感谢中央财经大学党委书记胡树祥教授在研究院考察时给予我们的宝贵支持和鼓励；感谢中央财经大学副校长李俊生教授、副校长陈明研究员、党委副书记兼纪委书记侯慧君研究员、校长助理兼研究生部主任赵丽芬教授、科研处长孙宝文教授，他们一直真诚关注、支持国防经济学科的发展和建设，给了学科自由的学术发展空间，使我们有机会在与国际和国内同行的比较、交流中努力建设一流的国防经济学科。

教材写作的高峰阶段，我正受国家留学基金委选派赴哈佛大学和加利福尼亚大学进行学术访问，感谢哈佛大学肯尼迪政府学院、经济学院、费正清研究中心和加利福尼亚大学经济系、政治系、伯克尔（BURKLE）国际关系研究中心为教材写作、修改所提供的优良条件和周到的关心，至今在教材即将定稿时我还常常想起在洛杉矶加利福尼亚大学山顶那座风景如画而又使我时时不忘身上责任的本奇大楼（BUNCH HALL）① 和剑桥河畔哈佛大学精致的贝尔弗（BELFER）科学与国际事务研究中心所度过的那段安静和令人难忘的日子！感谢美国国会图书馆、纽约市立图书馆、哈佛大学图书馆、哈佛燕京图书馆、加利福尼亚大学图书馆、洛杉矶市立图书馆所提供的文献帮助和文献服务，这些图书馆丰富的收藏和周到的服务使作者能有机会对本书所涉及的主要参考文献全部进行了原始文献的校对，确保准确性。

感谢我在美国访问时的合作导师、著名国防经济学家和数理经济学家英特里

① 为纪念罗夫·约翰逊·本奇所建。本奇（1907～1971），联合国创始人之一，曾历任联合国托管部主任，副秘书长。

盖特（Intriligator）教授，他亲切地允诺我称呼他马克（Mike），和我无数次地讨论国防经济学前沿和发展、鼓励我编写一本具有中国特质的《国防经济学》教材，他主编的《经济学手册》几乎风靡经济学界所有领域，作为国际国防经济、军备竞赛、数理经济等领域具有崇高威望的知名学者，他热情地介绍我与美国国会、耶鲁大学、麻省理工学院、哥伦比亚大学、兰德公司等几乎美国所有国防经济领域的一流学者交流学习，他关心我在美国期间的研究和生活，我尤其难忘他以70多岁的高龄冒雨亲自驾车来看我和多次邀我到那间美丽的具有乡村风味的教授俱乐部喝咖啡聊天的情景；感谢诺贝尔经济学奖获得者、美国斯坦福大学阿罗（Arrow）教授，美国加利福尼亚大学伊文思分校麦圭尔（McGuire）教授、纽约州立大学玛纳斯（Manas）教授、康奈尔大学伊萨德（Isard）教授、奥古斯塔州立大学布劳尔（Brauer）教授、德克萨斯大学桑德勒（Sandler）教授、兰德公司高级顾问沃尔夫（Wolf）资深研究员；英国约克大学哈特利（Harterly）教授、西英格兰大学邓恩（Dunne）教授、法国皮埃尔蒙代大学丰塔内尔（Fontanel）教授、库仑（Coulomb）女士，意大利罗马大学卡尔佩尼（Cappellin）教授，斯德哥尔摩国际和平研究所卡塔利娜·佩尔多莫（Catalina Perdomo）女士，这些年在访问、讲学、国际交流和国际会议上，我们就国防经济学学科建设和教材建设等问题进行了非常有建设性的交流，这些交流使我们深深感到在国防经济领域“中国了解世界、世界了解中国”是多么重要，我还要非常感谢他们慷慨地允诺教材使用他们的研究成果。

初稿完成后，财政部国防司司长翟钢教授在百忙之中对全书初稿进行了细致的校阅修改，甚至对每个数字都进行了重新计算，他对工作的一丝不苟与严格认真的学风给我们所有的编写人员留下了极为深刻的印象。感谢国家经济动员办公室周建平主任、国防科技工业局系统工程二司董保同司长和各位编委对教材编写的关心，感谢国防大学库桂生教授、潘振强教授、姜鲁鸣教授、卢周来教授、后勤指挥学院郝万禄教授、国防科技大学曾立教授、海军工程大学陈炳福教授等对教材建设的关心，这些年我们一起多次讨论学科发展、教材建设、学术规范等诸多议题，我时时能深切地感受到他们对国防经济学发展的拳拳之心和不懈努力，这也促使我们不敢稍有懈怠！

感谢经济科学出版社郭兆旭社长、侯加恒主任和其他参与本系列教材工作的编辑，是他们以前瞻性的眼光支持本套系列教材的出版，多次与我们讨论教材出版的各项具体事宜，并进行了高质量的编辑工作。感谢国防经济与管理研究院张广通副院长、杨静副院长、张海燕主任、李玲玲秘书对教材编写的关心和在教材编写和研究院工作中所进行的优秀组织工作和联系、协调工作。感谢中央财经大学国防经济与管理研究院 2005 级、2006 级、2007 级、2008 级、2009 级国防经济学专业博士、硕士研究生，这些年与他们的互动教学不断丰富了教材的内容，他们也对教材编写提供了各种力所能及的贡献。从我们个人的角度，还要非常感谢我们各自的家人，我们繁忙的工作使他们失去了许多生活的乐趣，但他们一直无怨无悔地支持了教材的编写工作。

编写过程是一个最好的学习过程，通过近 5 年对国际国防经济学界的追踪了解，我们时时能感到国际国防经济学界前进的步伐，许多刚写出来的东西也许就已经落伍了，在和我的两位副主编讨论定稿时，我们也深恐没有反映国际学术界的最新成就，但路又必须前行。感谢教材的两位优秀副主编郝朝艳博士和余冬平博士，感谢教材的各位作者，几年来他们在教材的不断写作、修改中放弃了许多本应属于他们个人的时间和空间，相信读者从每个字符中都能体会到他们的智慧与才华！

建设一流的国防经济学教材是我们的心愿，我们会一直为此而努力！

陈　波

2010 年 6 月

于融金中财大厦

目　录

导　论

第1篇　国家安全、经济与国防

第2篇 战争成本、国家实力与经济动员

第3篇 国防支出、经济发展与防务分担

第 4 篇　国防工业、国防研究与发展

第6篇 军事人力、军备竞赛与裁军

第 7 篇 国防经济区域影响、布局与运行

图目录

表 目 录

专栏目录

导　　论

◇ 第 1 章　国防经济学起源与发展

第1章　国防经济学起源与发展

国防经济学是经济学的重要分支之一。滥觞于20世纪初，经过两次世界大战的洗礼，20世纪60年代现代国防经济学得到较好奠基。20世纪90年代以来，随着国际安全环境变迁和国防经济现实发展，国防经济学又不断加入如恐怖主义、冲突等新内容，在现代经济学中的地位越来越重要。

本章是国防经济学起源与发展的概括性介绍。第一节讨论国防经济学研究对象、研究范畴和研究主题；第二节讨论早期国防经济学起源和发展；第三节讨论现代国防经济学奠基和发展；第四节讨论国防经济学的新发展。

1.1　国防经济学概述

国防经济学是一门以经济学为工具，研究与国防相关的资源配置问题的学科。当代国防经济学代表性人物，《国防与和平经济学》这一国防经济学科领域国际知名期刊创刊主编和在学术界广有影响的《国防经济学手册》主编哈特利和桑德勒（Hartley & Sandler，1995）认为："国防经济学是一门以经济学为工具，研究国防与裁军、和平等有关国防问题的学科。当使用这些经济学工具时，国防经济学家必须运用经济学方法，即理论和经验的方法，对国防及其政策问题进行研究，同时必须考虑国防部门的制度性特征。"

关于国防经济学研究对象，国际著名数理与国防经济学家英特里盖特（Intriligator，1990）认为：国防经济学关注经济中与国防相关的问题，包括国防支出水平（总量及占国民经济的比重）、国防支出（对国内产出、就业及其他国家）的影响、国防部门存在及其规模的依据、国防支出与技术变迁的关系，以及国防支出及国防部门对国际稳定的影响。英特里盖特强调国防经济学在分析军事联盟、敌对国和其他国防部门时，要考虑战略性互动因素。英特里盖特注意到如环境等非传统安全的潜在威胁，但他认为国防经济学研究对象还是应主要聚焦于军备竞赛和国防经济学传统研究所重视的资源配置等问题。

雷派（Reppy，1991）则认为国防经济学不仅应包括英特里盖特所主张的研究对象，还应广泛关注所分析国防部门特有的制度性特征。主张进一步扩展国防经济学的研究范围，认为国防经济学在考虑安全问题时也应将环境、国防工业和源自国际关系的冲突解决等一并纳入。在回应雷派的观点时，英特里盖特（1991）部分同意雷派进一步扩展国防经济学研究范围的主张，但也认为在从经济学角度对国家安全问题进行扩展分析时应非常慎重，因为如果走到另一个极端，就会失去该学科领域的内在规定性。

哈特利与桑德勒（1995）则进一步解释了对国防经济学研究范畴的认识，认为“国防经济学是研究与国防有关的资源配置、收入分配、经济增长和稳定性等问题的学科。因此，国防经济学包括如国防支出对就业、产出、增长等国内、国际范围内宏观经济变量影响的研究；也包含如国防工业基础、合作计划和补偿问题，军品合同定价与赢利性问题研究，以及对承包商管理规则等微观问题的研究。”虽然作为一门新兴学科，现在完全给国防经济学界定一条明晰的边界仍然比较困难，但有一点是清楚的，即国防经济学是研究与国防相关的资源配置问题的学科。即从研究方法上看，国防经济学是用经济学方法来研究国防及相关问题，而非用社会学、政治学、历史学、哲学等方法；从研究主题看，国防经济学研究的主要是与国防相关的资源配置问题，这里既包括资源在生产性用途与斗争性用途之间的配置问题，也包括资源在国防部门和相关部门内部的配置问题。

国防经济学是由经济学和军事学交叉而成的一门边缘学科，是在国防与经济不断发展、经济学与军事学研究不断深化的过程中发展形成的。随战争形态和经济发展，武器装备越来越复杂，战争规模不断扩大，战争对经济的依赖性越来越大，经济对战争的制约作用越来越强，经济和军事两大部门的关系越来越密切。为加强对这一领域的研究，国防经济学作为一门新的学科便从经济科学和军事科学中分离出来。因此，国防经济学是经济学和军事学两门学科的有机结合，是一

门具有新的规定性的综合性边缘学科。

国防经济学之所以成为现代经济学的一门分支学科，这是因为国防经济具有两方面的基本特征：

首先，资源配置是国防经济的主要内容。一方面国防经济资源来自于国防主体总体可支配资源。一国如果将一定数量的资源用于国防用途，就无法再将其用于民用生产性用途。于是，"大炮与黄油"的矛盾在此表现得最为突出。另一方面，当一定数量的某种资源被用于国防部门后，这些资源如何配置于国防经济及其相关部门内部各部门，又成为一个突出问题。冷战结束后，各国国防投入普遍相对减少，而购置武器装备和军事人力的成本则不断攀升，于是如何更有效、合理地配置和使用这些稀缺性资源以保证国家安全问题就更为突出。

国防经济资源的稀缺性使得国防资源配置的效率成为一个永恒的主题，而由稀缺性导致的对效率的关注正是当代经济学存在的基础，因此国防经济学关注国防资源配置效率也就顺理成章。现代国防经济学代表人物希奇和麦基恩（Hitch & McKean，1960）就指出："在一个经济学家看来，可以认为国家安全取决于三个问题：第一，国家现在和未来可用的资源总量；第二，上述资源中分配至国家安全目的的分割比例；第三，所配置资源的使用效率。"

其次，国防中的经济问题与经济中的国防问题，使得经济与国防之间存在相互依赖关系。著名国防经济学家麦圭尔（McGuire，1995）列举了经济与国防四个层面的相互作用：

- 经济管理对于提高防务效益和效率非常重要，国家管理经济的政策和方法都可被防务部门所借鉴；
- 国民经济是防务的资源支撑，贸易政策、援助计划、金融杠杆、债务水平、移民规则及其杠杆，以及其他所有种类的经济政策工具都可配合防务需要来使用；
- 国防宏观效益对于国民经济以及国际经济关系都有重要影响，尤其是国防对经济增长、稳定和繁荣有重要影响；
- 国家安全可以以经济或经济学来进行解释。

由于这些方面的原因，国防与经济之间也就顺理成章进一步联姻产生了国防经济学。

可以从不同角度来分析国防经济学研究主题。如以一般经济学分类为基础，国防经济学的研究主题可以分为两类：一类是宏观国防经济分析，包括国防支出及相关问题；一类是微观国防经济分析，包括国防工业基础及相关问题、冲突与非常规冲突、军事人力经济学，等等。但这种划分由于边界远较一般经济学模糊，因此还有一段较长的路要走。

关于现代国防经济学的研究主题，麦圭尔（1995）曾给出了以下概括：

- 威慑、战争规避、战争爆发与中止；
- 战略的相互影响、军备竞赛、军备控制；
- 战争、和平、裁军和军民转换对宏观经济的作用；
- 指令性手段与市场手段对国防资源配置的影响；
- 战争动员、战后复原和武装力量重组；
- 武装力量的规模、结构优化与效率；
- 资本—劳动使用、军事人力与兵役制度；
- 军事准备、战略物资、国防工业政策；
- 军事采办与合同；
- 贸易依赖、出口控制、贸易制裁、经济战争；
- 外国援助、发展中国家经济、第三世界国家国防；
- 核原料国际管理、核不扩散问题；
- 非政府威胁、恐怖主义、毒品、难民、种族与宗教冲突。

显然随着国防经济学进一步发展，这个表单内容还会不断补充延伸下去，但该概括还是给了我们一个初步理解国防经济学研究主题的较全面列举。

1.2 早期国防经济学

虽然作为一门独立的学科，国防经济学产生至今不过百年历史，但它的思想渊源却与战争、国防这样的范畴一样久远而漫长。战争的起源、发展与人类的生存、生活、生命密切相关，与物质生活资料的占有、私有财产的出现有直接关系。在人类的幼年时期，先民们为了求得生存、繁衍后代，就必须重视“生养”“防卫”之事。为了生养就要劳动，获取物质生活资料；为了防卫就要采取必要的工具、手段，这两者都需要智慧和勇力，而这也恰是今天国防经济学关注的重要命题。

在遥远的春秋时期，我国齐国著名的政治家管仲就提出了“国富者兵强，

兵强者战胜”（《管子·重令》），我国战国时期的著名政治家商鞅也提出“万乘莫不战，千乘莫不守”（《商君书·开塞》），中华民族为人类文明贡献了丰富卓越的经济智慧和军事智谋，也贡献了其他文明难以逾越的国防经济思想。

从西方的情况看，在 17、18 世纪，重商主义一度作为欧洲主要现代国家在兴起过程中采取的基本国策。重商主义强调“国富”与“国力”，试图在经济发展与军事实力之间建立起某种联系，并开辟了“经济战”等一批现代国防经济学概念的先河（陈波，2010）。重农主义在战争频发的年代里，亦关注国防和冲突问题，试图通过经济变革来实现世界的永久和平。

亚当·斯密这位当代经济学的奠基人，亦对国防经济学奠基作出了杰出的贡献。在他那部影响深远的《国民财富的性质和原因研究》中，对战争、冲突与和平等一系列国防经济研究的核心命题进行了至今看来仍深具洞察力的分析。他在《国富论》中专门辟出一章来讨论战争和军队问题，对国防支出、国防工业与贸易、战费筹集与税收、军事人力与军队规模进行了分析。斯密非常关注战争的经济含义，对国防的有用性、战争与冲突的因素、和平与发展的关系进行了研究，探索了改进技术和增加劳动分工的军事影响。斯密强调确保一国的国防安全是首要目标，因为“国防比国富更重要”，认为人们对财富的追求不应有损于国家安全。斯密之后，李嘉图对战争财政与经济、战争成本与收益、自由市场经济下的战争与和平进行了多角度分析。马尔萨斯、萨伊等继续对人口与战争、战争与贸易等国防经济命题进行了探讨。这样看来，对战争与国防问题的经济思考从来没有脱离过古典经济学的视野，但这些思想的碎片虽然深邃却显然还无法形成一门独立的学科。

进入 20 世纪，随着生产力和科学技术的迅猛发展，战争与经济发展进入一个全新的阶段。与此同时，第一次世界大战的惨烈也促使人们对战争经济问题进行深入的总结和反思，在战火的余烬中，以赫斯特（Hirst，1915）《战争的政治经济学》和庇古（Pigou，1921）《战争经济学》的出现为标志，作为横跨经济与军事两大边缘领域的战争经济学应运而生，也形成了早期国防经济学的基本框架。

第一次世界大战结束、新的世界大战酝酿，紧接着是第二次世界大战，战争的阴影随时存在。因此在这个时代，一大批早期国防经济学文献不断涌现。如克拉克（Clark，1918）的《战争经济学读物》、鲁登道夫（Ludendorff，1936）的《总体战争论》、森武夫（1935）的《战时统制经济论》、董问樵

（1939）的《国防经济论》、凯恩斯（Keynes，1940）的《如何筹措战费》、霍曼（Homan，1946）的《战时经济学》等，这些文献就战争对经济的影响、战时经济准备、战争资源筹集、战时经济统制、战争经济动员、战时经济运行等进行了探讨，讨论主题包括战争成本、战时通货膨胀等。由于直接面对两次世界大战的考验，因此早期国防经济学主要关注点就是战争，也称战争经济学，研究所应用的经济学分析色彩也并不明显，对策研究多于理论分析，研究也缺乏相对完整的研究体系，因而还称不上严格和规范意义上的国防经济学。

1.3 现代国防经济学

第二次世界大战后，冷战的严重对峙、第三次科技革命和生产力的迅猛发展，给人类社会提出了一系列新问题，这促使人们进一步思索国防与经济的相互关系，探索新条件下国防经济运动的规律，为现代国防经济学的产生和发展奠定了基础。这一时期，运用经济学工具分析战争和国防问题的著作不断问世，国防经济学研究进入热潮。20 世纪 60 年代，以三本著作的问世为标志，国防经济学正式创立（哈特利和桑德勒，1995）。

这三本著作分别是：希奇和麦基恩（Hitch & Mckean，1960）所著的《核时代的国防经济学》、理查德森（Richardson，1960）所著的《军备与不安全》、谢林（Schelling，1960）所著的《冲突的战略》。其中，由希奇和麦基恩所完成的开创性之作，运用经济学方法对国防部门资源配置的效率进行了研究，提出了国防经济研究的基本框架，认为一切国防问题都离不开资源的有效分配和使用，主张国防经济学应对战略、技术和经济三个要素进行综合研究；理查德森 1960 年所建立的军备竞赛模型，在冷战期间采用经济分析方法研究军备竞赛及其稳定性问题，推动了人们对这一问题的理解和认识；而谢林的研究则在对冲突和国防问题的研究中引入博弈论分析方法，不但在非合作博弈方面大大推进了现代博弈论的研究，更由于其把博弈论分析方法引入对战争与冲突问题的深入研究，对现代国防经济学发展亦作出了开创性贡献，瑞典皇家科学院 2005 年把该年度诺贝尔经济学奖授予他和以色列希伯莱大学的经济学家罗伯特·奥曼（Robert J. Aumann），这不但是对这位伟大经济学家的肯定，也是对国防经济学这一年轻学科的肯定。

如果说以上三本书着重从宏观方面研究国防经济问题，那么20世纪60年代还有三部里程碑式的文献从微观方面开拓了国防经济学的研究。第一本是佩克和谢勒（Peck & Scherer，1962）的《武器采办过程》。该文献中，作者以美国为例，分析了武器采办的非市场特征、军品合同的竞争性以及武器装备规划的最终结果，开创了武器采办规范分析的先河；以此为基础，由谢勒（1964）完成的《武器采办过程：经济激励》作为第一本书的姊妹篇，进一步探讨了武器装备规划中的竞争与合同激励问题，其中对各种不同类型军品合同（如固定价格合同、成本加价合同等）所进行的理论和经验分析，成为这一领域的经典文献；第三本书是奥尔森和泽克豪泽（Olson & Zeckhauser，1966）所著的《联盟的经济理论》，该文献运用公共品理论对军事联盟防务负担分摊、配置效率等问题进行了深入研究，深化了国防经济学界对军事联盟问题的认识。

这个时期国防经济学的研究主题不断扩展，在国防支出、军事联盟、军备竞赛、核扩散、起义、国防支出与经济增长、军火贸易、裁军等方面都取得了一大批非常优秀的研究成果。国防经济学使用的经济学分析工具则涉及公共经济、公共选择、微观经济、宏观经济、区域经济以及国际经济等经济学各个分支，如作为一种分析工具，博弈论在军事联盟、军备竞赛、恐怖主义、暴乱、冲突等国防经济学的诸多领域被广泛运用。

这一时期，军备竞赛理论研究方面，一些研究（Brito，1972；Intriligator，1975；Intriligator & Brito，1976，1978，1984；Isard & Anderton，1985）试图扩展理查德森军备竞赛模型，一些实证研究则试图对超级大国（McGuire，1977）、中东国家（Lebovic & Ishaq，1987；Linden，1991；Ward & Mintz，1987）、亚洲国家（Deger，1986a，1986b；Deger & Sen，1990）之间的军备竞赛进行检验性研究。

国防支出方面，20世纪70年代开始，一些研究试图分析国防支出对经济增长与发展的影响。贝努瓦（Benoit，1973）的研究为国防支出促进经济增长提供了证据，但也掀起该领域研究的轩然大波：国防支出到底是促进还是阻碍经济发展？这种争论一直延续至今。

国防采办方面，研究者进一步试图运用委托—代理分析及其他与激励合同有关的现代工具研究国防采办实践（Cummins，1977；Tirole，1986；McAfee & McMillan，1986a，1986b），而博弈论的应用也激发了国防采办研究的深入发展及人们对这一问题的持续兴趣。

国防工业方面，学术界关注供给国防采办的国防工业基础，对武器市场的特性，国防工业的结构、运作、绩效进行了多方位研究，这方面的文献还研究了利润、补贴、竞争在国防工业中的作用。

在国防人力方面，国防经济学开始关注义务兵役制与志愿兵役制等不同征兵制的经济效益（Altman，1969；Ash，Uids & McNown，1983；Fisher，1969；Greene & Newlon，1973；Hansen & Weisbrod，1967），分析了征兵制、服役期、军事训练及其他问题。

战争成本、国民经济动员等国防经济学其他一些领域也在此阶段取得了非常快的发展。

1.4 国防经济学新发展

冷战的结束并没有带来世界的普遍和平，却使国防经济学不得不面对冷战遗产所带来的一系列挑战，新时期恐怖主义、冲突、非传统安全等在国防经济学中的地位越来越重要。

与此相适应，高水平的国防经济学著作不断涌现，特别是1995年出版的《国防经济学手册（第1卷）》和2007年出版的《国防经济学手册（第2卷）》，对国防经济学近半个世纪的最新文献进行了评价，对国防经济学新的研究领域进行了介绍。该书的作者群集中了当今西方国际一流的国防经济学家，其中许多人是对国防经济学学科做出开创性研究成果的学科带头人。他们分别是：史密斯（Smith）、默多克（Murdoch）、布里托（Brito）、英特里盖特（Intriligator）、恩德斯（Enders）、桑德勒（Sandler）、拉姆（Ram）、德格（Deger）和森（Sen）、罗杰森（Rogerson）、沃纳（Warner）、阿施（Asch）、利希腾贝格（Lichtenberg）、哈特利（Hartley）、安德顿（Anderton）、麦圭尔（McGuire）、布若斯卡（Brzoska）、赫什利弗（Hirshleifer）、格罗斯曼（Grossman）、邓恩（Dunne）、布拉登（Braddon）、丰塔内尔（Fontanel）等。该手册强调直观，重视为人们提供本学科领域关键性的研究工具和研究方法，并特别注重理论分析、计量经济方法和对政策问题的研究。同时，由于该书大量的文献索引，以及对国防经济学前沿问题的涉及，又为后继国防经济研究者提供了一幅“地图”，循此不仅可知历史，而且可进行进一步深入的探寻。

新时期，现代国防经济学在研究背景、研究主题和研究方法方面大踏步发展，这些方面的新发展主要表现在：

研究主题不断拓展　按照对国防①的原始理解，最初的国防经济学研究对象主要局限在一国内，如德国国防经济学的产生。但新的安全观强调国家经济安全与领土安全融为一体，强调国家经济行为对安全的威胁（移民、污染和其他外部效应、资源衰竭及贸易限制），认为领土受到威胁的根源实质上是经济动机和经济力量驱动的结果。这种新观点使得安全的范畴不再局限于各国防卫来自单方面的领土侵略，还包含各国都面临的控制共同风险问题。

尽管安全实质上似乎被认为已经成为一个全球性问题，但以前那种以民族国家为主体的国家安全观却依然重要。对任何一个国家而言，抵御入侵、占领和保护国家安全永远是国家最高的国家利益，而对于一些国家如全球化等仍然似乎是超级大国的事。在这些互相交叉的环境和情况下，国防经济学不得不深入考虑，如何把握本学科的研究对象？进一步，安全的问题是否都应由军队来解决呢？

随着时代的发展，特别是“由于国家的作用是在包含其他国家的国际体系内得以发挥的，同时也存在大量其他的非政府行为主体，所以国防经济学必须把各种民族国家只作为较大区域经济体和国际经济体中的一部分，必须把这些国家在上述经济体系中都在寻求安全的相互影响综合起来进行考虑。简言之，国防经济学必须承认国防活动对更大范围内国际经济的影响，同时也必须承认经济体对国防部门的影响。”（哈特利、桑特勒，1995）按照这样的理解，国防经济学研究在继续关注传统国家安全问题的同时，也关注与国际安全有关的国防与经济问题。

20 世纪 80 年代开始，以前研究的一些国防经济问题依然受到学术界的关注，同时又拓展出一些新课题。国防经济学在运用不对称信息理论对激励合同和采办实践研究、恐怖主义经济分析、起义与革命的一般均衡分析，利用寻租理论对冲突问题的分析等方面都得到持续发展。近年来，国防经济学在国防工业、国防研发、军火贸易、裁军和军转民等传统研究领域也持续深入。

研究方法日趋多样化　冷战结束后，用实证方法研究各国如何把国防作为一种追求生存的经济手段在国防经济领域兴起，当代国防经济学大量应用了计量经

① “国防”最基本的含义是指国家和政府为确定、强化和保护其利益而从事的各类防御和进攻性活动，包括稀缺资源用于阻止或促进防御或进攻行为的活动。

济学最新的研究方法。如时间序列分析法在新时期的国防经济学中扮演着举足轻重的角色，研究多重时间序列相关关系的向量自回归分析，被用于恐怖主义问题和国防支出对经济增长与就业影响的研究。其他时间序列分析技术，诸如因果性检验、干预分析、协整检验等，也广泛应用于国防经济领域的研究。在军事人力研究中，对新兵征募、超期服役、军事劳动力供给和需求等问题都运用了最新的回归分析技术。

国防经济学很多具体领域的研究（如军事联盟、军备竞赛、激励合同、恐怖主义以及冲突等）使用了博弈论、委托—代理分析、合理预期理论、动态均衡方法以及其他经济理论新方法。现代国防经济学中，供给—需求模型、罗宾逊—克瑞斯模型，描述两个代理人、两种产品的埃奇沃思盒状图等被加以拓展，并在包括多个体、组织和内部相互作用的情况下使用。萨缪尔森的纯公共品最佳供给模型、威塞尔—林达尔对公共品税收与产量关系模型，被用于对国防支出的基本分析。国防支出与GDP相关性模型、战略反应模型、理查德森军备竞赛模型、研究威胁的“囚徒困境”模型等，也被经常用于研究封闭和开放宏观经济条件下的国防经济问题。

在现代国防经济学文献中，不时能看到迹、特征值检验、邹氏预测精度检验，理性行为者模型、实物期权理论、企业垂直边界理论、纵向一体化等的大量应用。可以说没有现代经济学、管理学的深厚背景，对现代国防经济学的理解和应用将会越来越难。

专栏 1.1 国防经济学发展演变

国防经济学是随着国防主题的变化而变化的。因此，可以从一个历史的过程看国防经济学的发展变化。

第二次世界大战时期 国防经济学作为一种现代研究，本身就起源于第二次世界大战期间对人力和物资资源的分配和使用等高度现实的问题，它是军工生产、后勤管理和战争运筹学的产物。出于政策需要，这个时期国防经济学主要采用的是规范方法。研究的主要问题有：

- 如何在可承受通货膨胀的条件下去管理指令性经济；
- 如何最有效地削弱敌人的经济——是否可以用武力来达到这个目的；
- “经济战”是否能有效瘫痪敌人发动战争的经济潜力；
- 如何在不通货紧缩情况下复员回和平经济时代。

冷战初期 随冷战中两个大国国家安全问题的尖锐化，大国的政策从研究如何赢得一场“热战”转向如何在长期冲突中取得优势。在这种环境下，国防经济学沿着几个方向发展：

- 战争的成本—效率和成本—收益分析；
- 威慑的作用和由此带来的悖论；
- 可以作为提高国家安全手段的其他政策工具尤其是经济手段作为安全工具的使用；
- 核打击后的复苏与管理问题；
- 战略互动与军备竞赛及其对宏观经济的影响；
- 国防投资对经济增长的影响；
- 军事人力、国防研究与发展及武器采购问题。

值得指出的是，这一时期国防经济学研究也主要是采用规范方法。但随着将经济手段作为国家安全工具的观念越来越为人们所广泛接受，实证方法在分析国际安全体系中的作用引起了人们越来越浓的兴趣。

冷战后期 随冷战升级，经济学家称之为安全的一系列问题也不断增多。其中一些研究成果值得特别关注。以下所列举的虽不能穷尽相关问题，却很具代表性：

- 军事联盟、防务负担分摊；
- 如何维持国防的长期能力；
- 经济战与经济制裁与国防安全的关系；
- 征兵制度及经济后果；
- 国防工业分析、采办与合同制定及管理等。

后冷战时期 冷战的结束并没有减少人们对如军事联盟、军备竞赛、国防采办、国防工业、国防支出、国防人力等问题的研究。这些关注，包括近年来发生在伊拉克、阿富汗等的战争都显示世界依然存在危险，冷战结束不仅继续强调了旧主题，同时也为国防经济学添加了新主题。

与此同时，国防经济学主题已随着后冷战时代来临及变化而发生变化，“国防经济学”的任务确实正面临着挑战。经济学被广泛用于研究如下与安全相关的紧迫问题：国家间冲突、非国家组织间冲突、国家与非国家组织间冲突，以及保护和发展它们的安全。这些安全问题的起源、结果和解决办法越来越被看作是经济学问题。新的进展至少表现在以下领域：

- 缩减军费及裁军的经济后果；
- 国防工业军转民；
- 打击跨国恐怖主义问题；
- 国防工业合作及军品贸易等。

——根据《国防经济学手册》等资料整理。

纵观近一个世纪特别是20世纪60年代以来国防经济学的长足进展，国防经济学的发展无不与国防经济现实发展和需求息息相关，也无不与经济学发展和经济学研究方法的创新息息相关，面对国防经济学研究背景的深刻变化，构建适应时代发展要求的新时期一流的国防经济学既面临广阔的机遇，也面临严峻的挑战。

关键术语

国防　国防经济学　《战争的政治经济学》《战争经济学》《核时代的国防经济学》《军备与不安全》《冲突的战略》

课后思考

1. 如何认识国防经济学研究对象？
2. 简述国防经济学早期发展。
3. 试述国防经济学产生的争论。
4. 分析现代国防经济学的演变和发展。

参考文献

陈　波：《国防经济思想史》，经济科学出版社2010年版。

董问樵：《国防经济论》，商务印书馆1939年版。

森武夫：《战时统制经济论》，商务印书馆1935年版。

Altman, S. H., 1969, "Earnings, Unemployment and the Supply of Enlisted Volunteers", *Journal of Human Resources* 4 (1): 38 ~ 59.

Ash, C., Udis, B., McNown, R. F., 1983, "Enlistments in the All-Volunteer Force: A Military Personnel Supply Model and Its Forecasts", *American Economic Review*, 73 (1), 145 ~ 155.

Benoit, E., 1973, *Defence and Economic Growth in Developing Countries*, Boston:

D. C. Heath.

Brito, D. , 1972, "A Dynamic Model of Arms Race," *International Economic Review*, 13 (2), 359 ~ 375.

Clark, M. J. *et al.* , 1918, *Readings in the Economics of War*, The University of Chicago Press.

Cummins, J. M. , 1977, "Incentive Contracting for National Defence: a Problem of Optimal Risk Sharing," *Bell Journal of Economics*, 8, 168 ~ 185.

Deger, S. and Sen, S. , 1990, "Military Security and the Economy: Defence Expenditure in India and Pakistan," In Hartley, K. and Sandler, T. (eds) *The Economics of Defence Spending*, London and New York: Routledge.

Deger, S. , 1986a, "Economic Development and Defence Expenditure," *Economic Development and Cultural Change*, 35 (1), 179 ~ 196.

Deger, S. , 1986b, *Military Expenditure and Third World Countries: The Economic Effect* London: Routledge and Kegan Paul.

Fisher, Anthony C. , 1969, "The Cost of the Draft and the Cost of Ending the Draft", *American Economic Review*, 59 (3), 237 ~ 254.

Greene, K. V. and Newlon, D. H. , 1973, "The Pareto Optimality of Eliminating A Lottery Draft," *Quarterly Review of Economics and Business*, 13 (4), 61 ~ 70.

Hansen, W. L. and Weisbrod, B. A. , 1967, "Economics of a Military Draft," *Quarterly of Economics*, 81 (3), 395 ~ 421.

Hartley, K. and Sandler, T. , 1995, *Handbook of Defence Economics*, Vol. 1, North Holland: Amsterdam.

Hartley, K. and Sandler, T. , 2007, *Handbook of Defence Economics*, Vol. 2, North Holland: Amsterdam.

Hirst, F. W. , 1915, *The Political Economy of War*, J. M. Dent & Sons, London.

Hitch, C. J. and Mckean, R. N. , 1960, *The Economics of Defense in the Nuclear Age*, Harvard University Press.

Homan, Paul T. , 1946, "Economics in the War Period", *The American Economic Review*, 36 (5), 855 ~ 871.

Intriligator, M. D. , 1975, "Strategic Considerations in the Richardson Model of Arms Race", *Journal of Political Economy*, 83 (2), 339 ~ 353.

Intriligator, M. D. , 1990, "On the Nature and Scope of Defence Economics," *Defence Economics*, 1 (1), 3 ~ 11.

Intriligator, M. D. , 1991, "On the Nature and Scope of Defence Economics: A Reply to Judith Reppy's Comment," *Defence Economics*, 2 (3), 273 ~ 274.

Isard, W. and Anderton, C. H., 1988, "A Survey of Anns Race Models," In W. Isard, *Arms Races*, *Arms Control and Conflict Analysis* (pp. 17 ~ 85), Cambridge University Press.

Keynes, J. M., 1940, *How to Pay for the War*, Macmillan, London.

Lebovic, J. H. and Ishaq, A., 1987, "Military Burden, Security Needs, and Economic Growth in the Middle East," *Journal of Conflict Resolution*, 31, 106 ~ 138.

Linden, M., 1991, "The Dynamics and the Instability of the Middle East Military Expenditures in Years 1955 – 1984," *Defence Economics*, 2 (3), 199 ~ 208.

Ludendorff, E., 1936, *The Nation at War* (*Der Totale krige*), Hutchinson, London.

McAfee, R. P. and McMillan, J., 1986a, "Bidding for Contracts: A Principal-Agent Analysis", *RAND Journal of Economics*, 17 (3), 326 ~ 338.

McAfee, R. P. and McMillan, J., 1986b, *Incentives in Government Contracting*, Toronto: University of Toronto Press.

McGuire, M., 1977, "A Quantitative Study of the Strategic Arms Race in the Missile Age," *Review of Economics and Statistics*, 59 (3), 328 ~ 339.

McGuire, M. C., 1995, "Defence Economics and International Security," in: Hartley ed., *Handbook of defence economics*, New York.

Olson M. and Zeckhauser, R., 1966, "An Economic Theory of Alliances," *Review of Economics and Statistics*, 48, 266 ~ 279.

Peck, M. J. and Scherer, F. M., 1962, *The Weapons Acquisition Process*: *An Economic Analysis*, Harvard University Press.

Pigou, A. C., 1921, *The Political Economy of War*, Macmillan, New York.

Reppy, J., 1991, "On the Nature and Scope of Defence Economics: A Comment," *Defence Economics*, 2 (3), 269 ~ 271.

Richardson, L. F., 1960, *Arm and Insecurity*: *A Mathematical Study of the Causes and Origins of War*, Boxwood Press.

Schelling, T., 1960, *The Strategy of Conflict*, Harvard University Press.

Scherer, F. M., 1964, *The Weapons Acquisition Process*: *Economic Incentives*, Harvard University Press.

Tirole, J., 1986, "Procurement and Renegotiation", *Journal of Political Economy*, 94 (2), 235 ~ 259.

Ward, M. D. and Mintz, A., 1987, "Dynamics of Military Spending in Israel: a Computer Simulation", *Journal of Peace and Conflict Resolution*, 31, 86 ~ 105.

第 1 篇

国家安全、经济与国防

第 2 章　国防与经济

“大炮”与“黄油”的争论，一直是经济学的经典命题。相对人们无穷的“欲望”而言，资源总是稀缺的，资源稀缺使每个国家必须在“黄油”与“大炮”之间做出选择，而如何选择，以及如何有效率地利用选择的资源也就成为国防经济学研究的核心命题。

本章讨论学术界对国防与经济选择的认识。第一节介绍经济学对国防与经济选择的一般解释；第二、三、四节分别介绍马克思主义、公共品和公共选择理论对国防和经济关系的认识。

2.1　国防与经济：经济学的一般解释

稀缺性是人类社会各个时期和各个社会所面临的永恒问题，因此“选择”，即“生产什么”、“如何生产”和“为谁生产”的问题，也就是人类社会所必须解决的基本问题，经济学正是为了解决这些问题而产生的，国防经济学也不例外。

2.1.1　稀缺性：国防与经济选择的原因

20 世纪人类经历了两次惨烈的世界大战。仅就第二次世界大战而言，大战的战火就先后蔓延到亚洲、欧洲和非洲，参战国家多达 61 个，卷入战争的人口达到 17 亿，动员的武装力量人数超过 1.1 亿。参战国军队伤亡总数达到 5000 万人以上，如果加上平民，这一伤亡总数则高达9000万。参战国军费消耗总额达13520万美元，再加上财政消耗和物资损失，损失总数达40000亿美元，这是战争留给人类惨烈的记忆。20世纪，人类完成了从以大刀、长矛为主要作战武器的冷兵器时代向以坦克、大炮等为主要作战武器的热兵器时代的过渡，并快速进入核武器、信息化武器时代。然而，国防的发展却无时无刻不受到经济发展的制约，各国也不得不在国防与经济间进行着艰难的选择。

的确，在这个世纪回眸，人类已登陆月球，试管中能创造生命，高科技造福百姓！但人类的苦难似乎并没有减少，而且谁又能说我们得到了满足？这些年，我们的物质财富增长了很多，但是只有少数人觉得他们得到了他们想要的“绝大部分东西”。而与之形成对比的是人类有文字记载的6000年来，各种各样的文字不得不反复记述与和平相伴的战争，与进步同行的苦难。不管是财富还是安全，人类并没有得到满足，也许这就是为什么“越富有越不满足”，为什么人类一刻也没有停止对繁荣的追求，为什么美国这样的军事大国还要拼命建设“全球战略导弹防御系统”。

的确，我们还需要更“宜居”的生活，更“丰富”的商品，甚至更“洁净”的空气、更“经常”的蓝天。我们希望我们的国家更加繁荣富强，希望我们的国家更加安全，希望我们的孩子永远生活在阳光下，远离贫穷和战争。“国防”和“财富”是人类的追求，如果用“大炮”和“黄油”这一经济学的经典话语来解释，那就是任何一个社会对大炮与黄油的需求都是无限的。

而众所周知，任何社会所能生产的“大炮”与“黄油”都是有限的。这种需求的无限性与生产的有限性就引出了经济学上的一个重要概念——稀缺性。具体到“国防”与“经济”，任何一个社会为了自己的安全，就需要无限的“大炮”；为了提高生活水平，又需要无限的“黄油”。但“大炮”和“黄油”要使用各种资源（人力、自然资源、资本等）才能生产出来。任何一个社会的资源总是既定的，从而能生产的“大炮”和“黄油”也就是有限的，这样就产生了稀缺性。如果资源是无限的，也就是说，只要我们愿意，就能生产出我们所需要的任何武器，就能满足人类社会的所有需求，那么就不用在国防与经济之间选择，国防经济学也许就没有存在的价值了，而事实上这是不可能的。甚至，对于有关国防经济的资源，这种稀缺性更加突出。

如何应用有限的资源满足无穷的“欲望”，这是每个社会都必须面对的一项基本经济难题。应当注意的是，这里的“稀缺性”是相对的。这就是说，稀缺

性不是指能生产的“大炮”与“黄油”的绝对数量的多少，而是指相对于人类社会无限的“安全”与“财富”欲望而言，再多的“大炮”与“黄油”也是有限的。从这个意义上来说，这种“稀缺性”又是绝对的。从历史上看，稀缺性存在于人类社会发展的一切阶段，无论是原始社会、资本主义社会还是社会主义社会，都存在稀缺性；从现实中来看，稀缺性存在于各个社会，无论是贫穷的不发达国家，还是富裕的发达国家。由此，人类就不得不在“国防”与“经济”之间进行选择，国防经济也就成为人类社会不得不时时面对的一个问题。

2.1.2　资源配置：国防还是经济?

人类社会的无穷欲望有轻重缓急之分，各个国家在不同时期面临的国际环境和国内情况也不尽相同，因此一个国家在不同时期的需要是不完全相同的。不同国家在不同的阶段或者更重视国防，或者更重视经济。

各种资源有不同的用途，即既可以用于生产“大炮”，也可以用于生产“黄油”。人类对“安全”与“财富”欲望的无限性与生产这些“产品”的资源的有限性之间的矛盾，决定了人类必须懂得取舍与选择。所谓选择就是如何利用既定的资源去生产人类需要的物品，以更好地满足人类的需求。选择的过程也就是一个资源配置的过程。按照传统的经济学解释，选择中包含了这样三个问题。

第一，生产什么与生产多少？用国防与经济的例子说，就是生产“大炮”还是“黄油”。进一步，生产多少“大炮”，多少“黄油”。

第二，如何生产？即用什么方法来生产“大炮”与“黄油”。生产方法实际就是如何对各种生产要素进行组合，是多用资本，少用劳动？还是少用资本，多用劳动？也就是采用资本密集型方法，还是劳动密集型方法生产？不同的方法可以达到相同的产量，但其经济效率并不相同。

第三，生产出来的产品如何分配？即国防和经济的产出——“国家安全”和“财富”如何在社会各阶层和各成员之间进行分配，这也就是所谓的“为谁生产”问题。

生产可能性　经济中没有足够的资源去生产社会所需的各种商品和服务，面对有限的资源，国家必须决定哪些是当时时点上最需要的，舍弃或暂时舍弃掉那些相对次要的行为和商品。是选择“加强国防”还是“发展经济”，也就是传统所说的选择“大炮”还是“黄油”，这是因为在“大炮”与“黄油”间存在典型的“生产可能性边界”，它关系一个国家在国防和民用之间的投入。

图 2.1 描述了这种选择困境。为分析方便，假设社会只生产两种商品——消费品和军需品，这里生产问题就归结为寻找消费品与军需品这两种产品的最佳产出组合。

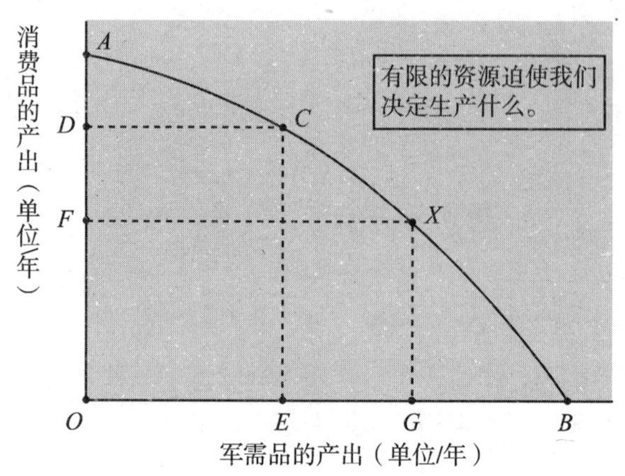

图 2.1　生产可能性曲线

图 2.1 中 *A* 点表示消费品生产的上限；原点（*O* 点）到 *A* 点的垂直距离表示一年中所能生产出的最大消费品数量。生产 *A* 数量的消费品，使用了所有的可用生产要素。也就是说，在 *A* 点没有资源用于军需品的生产，生产最多消费品的选择意味着军需品的产出为零。

B 点表示军需品生产的上限；原点（*O* 点）到 *B* 点的水平距离表示一年中所能生产出的最大军需品数量。生产 *B* 数量的军需品，必须使用所有可用资源。在 *B* 点，没有资源用于消费品的生产。也就是说，这种情况下，也许可以得到很好的国防保护，却可能会导致经济贫困、衣衫褴褛。

A 点和 *B* 点是“生产什么”的两种极端情况。更多的可能是选择一个消费品和军需品的组合——*C* 点。为了得到 *C* 点的产出，就不得不放弃最大消费品产出（*A* 点），使用一些稀缺资源来生产军需品；也不得不放弃最大军需品产出（*B* 点），使用一些资源来生产消费品。*C* 点生产 *OD* 数量的消费品和 *OE* 数量的军需品，*C* 点只是许多产出组合中的一种。实际上可以选择图 2.1 中曲线上的任意一种产出组合，如 *X* 点，增加军需品的生产，减少消费品的生产。该曲线即经济学上的生产可能性（Production Possibilities）曲线，该曲线给出了某种经济

可以提供的国防产品和服务及私人产品和服务之间的各种组合。政府每年提供的国防产品和服务数量由 *OE* 增至 *OG*，这就要求减少每年生产的私人产品数量。图中，经济沿着生产可能性曲线由 *C* 点移至 *X* 点，每年生产的私人产品数量由 *OD* 降至 *OF*。该曲线假设生产性资源和技术固定，国防由 *OE* 增加到 *OG* 需要牺牲 *DF* 单位的私人产品。

生产可能性曲线用图形来表示"生产什么"这一问题。也可以用表 2.1 中的数字形式来表述生产可能性问题。

表 2.1　　特定的生产可能性

产出	可能的产出组合					
	A	*B*	*C*	*D*	*E*	*F*
大炮	0	50	100	150	200	250
黄油	100	90	75	55	30	0

生产什么的问题最终落实在具体的特定商品和服务的生产上，表 2.1 以"大炮"和"黄油"描述了这一权衡。产出组合 *A* 点表示将所有资源用于生产"黄油"，没有考虑"大炮"生产。如果想要生产"大炮"，必须减少"黄油"生产。从 *B* 点到 *F* 点都是可能的生产点，不同的是在不同点生产的"大炮"和"黄油"的数量不同，*F* 点代表了只生产"大炮"而不生产"黄油"的另一种极端情况。

国家选择　生产可能性只是在理论上给出了有可能的生产组合，但并没有适合一切时间、一切国家的点。国家需要根据本国该时间点面临的国内外环境进行选择。美国的情况也许就能很好地说明这一问题。

第二次世界大战期间，为了应对大规模战争需要，美国军事支出急剧增加，国防用品在总产出中所占的比重在战争期间急剧上升。美国把汽车厂改装成军车厂，纺织品厂商大幅度压缩了民用服装生产，以保障军装生产，政府还强制动员 1200 万人参军。这一系列措施促使了生产由平时向战时转移，资源由主要保障消费品生产向主要保障军需品生产转移，表现在图 2.1 就是生产沿着生产可能性曲线由 *C* 点向 *X* 点移动。1944 年，其军需品达到总产出的 40%，消费品严重匮乏，以致美国不得不对大多数消费品实行战时配给制。战后军需品生产迅速下降，1948 年，军需品已不足总产出的 4%，接近图 2.1 中的 *A* 点。此后，随着朝鲜战争、越南战争和里根政府时期的扩张政策，国防产业的波动性非常明显（Schiller，2002），见图2.2。

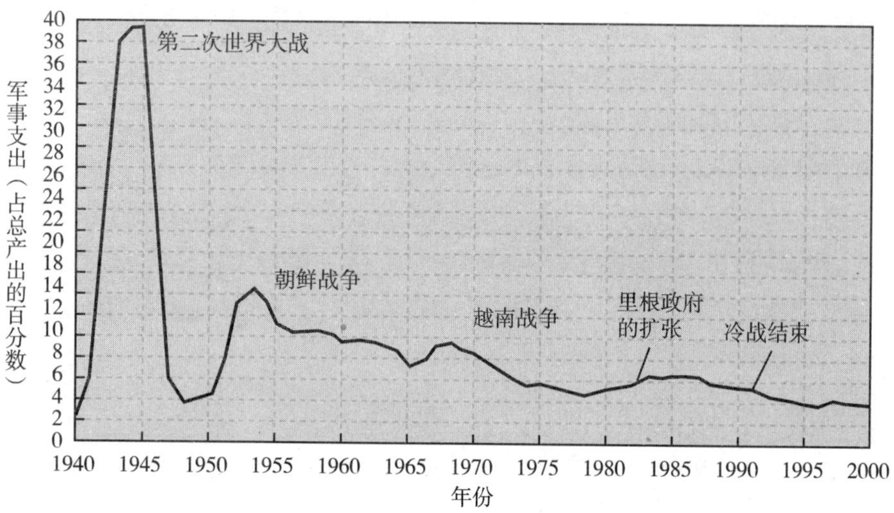

图2.2 军事支出在美国总产出中所占的比重

资料来源：Schiller，B. R.，2002，*Essentials of Economics*，The McGraw-Hill Companies，Inc.

专栏2.1 大国兴衰中的国防与经济

因此，我们现在必须回到这个从古至今都使战略家、经济学家和政治领导人困惑不解的难题上。要成为一个大国，必须有可使国家欣欣向荣的经济基础。利斯特说："对于一流强国来说，要进行战争或非常可能进行战争，就必须使自己成为一个工业生产大国。"然而，进行战争，或将国家的很大一部分"生产能力"用于生产武器装备，就有破坏国家经济基础的危险，对于那些为得到长期发展而将绝大部分国民收入用于发展生产的国家的经济基础更是如此。

对于上述所有观点，政治经济学的经典作家们都认为是正确的。追随亚当·斯密的经济学家主张保持低水平的国防开支，而赞同利斯特国防经济观点的人，则要求国家拥有强大的暴力手段。他们都承认（如果他们诚实的话）这实际上只是一个做出何种选择的问题，而且是一个困难的选择。当然，

> 最理想的是，“利润”和“军力”齐头并进。但是，政治家们往往发现自己面临如下困境：在现实的或想象的危险时期，必须“花钱购买”军事安全，而过后这种安全又会变成国民经济的负担；而保持低水平的国防开支，有时又会感到本国的利益受到了其他国家行动的威胁。
>
> ——肯尼迪著，陈景彪等译：《大国的兴衰》，国际文化出版社 2006 年版，第 526 页。

和平红利　减少军需品的生产能够释放出更多的生产要素用于消费品的生产。非军需品产出的增加被形象地称为和平红利。如图 2.3 所示，随着产品组合沿着生产可能性曲线从 S 点到 R 点，军需品产出从 M_1 减少到 M_2，消费品产出则从 C_1 增加到 C_2。

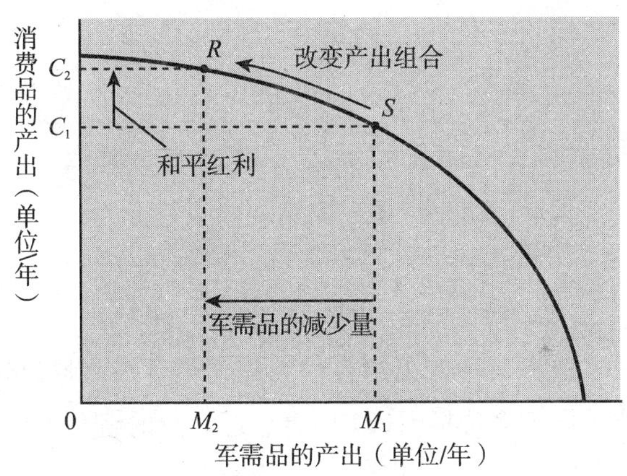

图 2.3　和平红利

第二次世界大战结束后，为了打赢朝鲜战争、越南战争，乃至新近发生的阿富汗战争、伊拉克战争，美国不断调整产出组合。尽管有一些起伏，但总体上，军需品占总产出的比例只呈一个非常小的情况。由于压缩了国防产业规模，就使更多资源可以用于民品和服务的生产。沃德和戴维斯（Ward & Davis，1992）研究发现，和平红利使得美国 1993 ~ 1996 年间的经济产出增加 2.5% ~ 4.5%。胡梅尔（Hummel，1996）对 1976 ~ 1991 年间日本的国防情况进行研究，并与 1992 ~ 1996 年日本增长较缓慢的国防预算进行对比，发现 1992 ~ 2000 年间日本获得了 350 亿美元的和平红利。

新中国成立后，中国一直非常重视国防建设和经济建设。陈波、闫仲勇、陈

可（2008）对中国的和平红利研究发现：从1953～2006年间，中国总共产生了大约49368.92亿元的和平红利。中国过去几十年和平发展所取得的年度和平红利总体上呈现上升趋势，其中在1953～1993年间较小，且增长幅度较慢，这段时期内和平红利的均值为104.4312亿元，平均增速为7.73%；1994年以后和平红利逐年扩大，增速也加快，1994～2006年间和平红利的均值为3468.249亿元，平均增速为10%（见图2.4）。

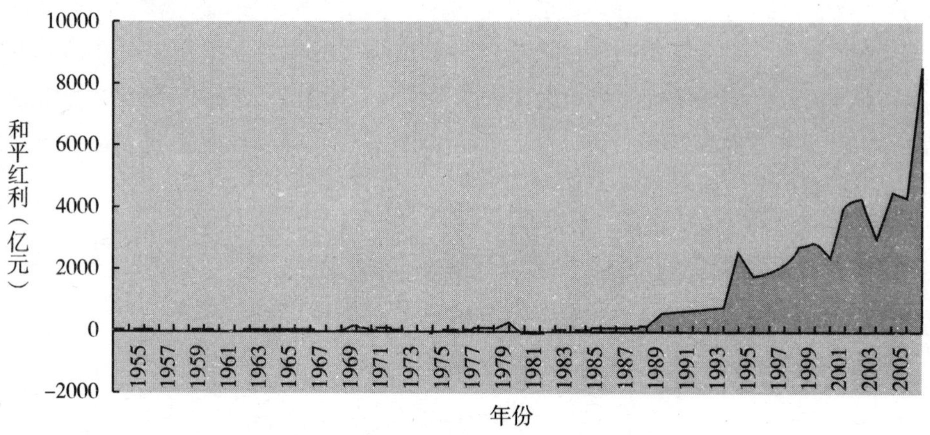

图2.4　中国的和平红利

最优产出组合　选择何种产出组合作为最优组合最终取决于社会的价值判断。强调军事优先的国家会选择图2.1中更靠近*B*点的组合，强调和平优先的国家会选择图2.1中更靠近*A*点的组合。在一个时期，一个国家只可能有一种最优产出组合。

寻找最优可能产出组合，是国家和政府的责任，也是国防经济学需要努力解决的课题。这种最优产出组合随着各国价值观念、国际环境和一国所处的周边安全环境而变化。1948～1989年冷战期间，美国共和党和民主党都赞成建立强大的军备，因此在20世纪80年代中期，美国的国防支出达到总产出的6.5%。苏联解体后，美国发现找不到对手，其军备需求减少，人们也感到安全，所以其国防经历一个减少期。但9·11事件震惊了世界，也使美国人从安全的“梦境”中醒来，原来威胁也许就在“家门口”。于是美国对国防的重视空前高涨，成立了国土安全部，增加了国防支出，并以反对恐怖主义为名发动了阿富汗战争、伊拉克战争等一系列反恐战争，把战火烧到中东。对此，其前

总统小布什认为美国应该生产更多的“大炮”，以维持更高的战备水平。

2.1.3　资源利用：如何生产更多的“大炮”与“黄油”

资源稀缺性是人类社会所面临的共同难题，但可以发现，“大炮”与“黄油”的产量并不总是保持在生产可能性边界上，这时即便是这种稀缺的资源也没有得到充分利用，图2.5中的G点就反映了这种情况；另一方面，国防是直接为战争服务的，在举国面临战争危险的时候，一国可能最大限度地压缩民用消费，竭尽一切力量支持国防发展，甚至使生产达到H点。因此，围绕资源利用，国防经济学就需要研究解决一系列问题。

国家资源　国家需要客观认识自己的实力与动员潜力，摸清本国经济资源、人力资本、自然资源、资本资源、知识技术资源、政府资源、军事资源、国际资源情况，这是在国防建设和经济发展中充分利用资源达到自身目的的前提。

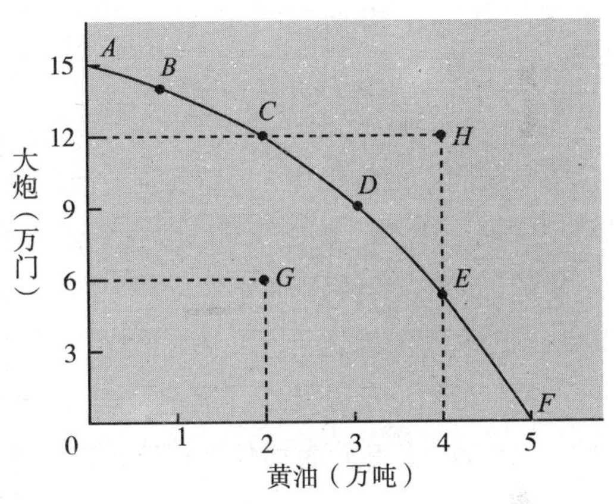

图2.5　非生产可能线上的点

资源利用　对于资源得不到充分利用情况，即“大炮”与“黄油”的产量达不到生产可能性线上的各点，就要考虑如何能使稀缺资源得到充分利用，如何使“大炮”与“黄油”的产量达到最大。这涉及一般所说的“充分就业”问题，包括人力与资本之间的充分配置，包括国防资源的区域性配置、布局，包括国防工业、采办中资源的充分利用与优化配置，也包括军备竞赛、冲突与反对恐怖主义中资源的优化利用。

资源动员　如何使社会生产“大炮”与“黄油”的可能性超出AF线，例如达到H点？如何把国民经济由平时状态转入战时状态，最大程度地获取战争的胜利？这就是国民经济动员问题。

资源投入　尽管资源并没有变，但产量却有时高有时低。与此相关的是，如何使“大炮”与“黄油”的产量不断地增长？这就是国防经济学一般所谓的

"国防支出与经济发展问题"，这涉及到国防投入，也与国家的战略意志有关。

资源交易 现代社会是一个以货币为交换媒介的商品社会，货币购买力的变动对"大炮与黄油的矛盾"所引起的各种问题的解决都影响很大。因此，解决"大炮"与"黄油"的矛盾就必然涉及交易，涉及货币购买力变动问题。这就是国防财政与国际军火贸易等所要解决的问题。

在"大炮"与"黄油"的选择做出后，上述问题就成为国防经济学研究的主要议题。所以"大炮"与"黄油"的矛盾不仅涉及资源配置问题，而且也涉及资源利用问题。如何利用最小的投入，取得最大的效益，也是国防经济学的研究对象。

2.1.4 制度：国防经济运行

"大炮与黄油的矛盾"是任何社会都存在的难题，不同国家解决这一矛盾的方法不尽相同。国防经济学的特殊性使制度在"大炮"与"黄油"的生产运行，乃至"大炮"生产的微观经济运行中都显得更为重要。

市场机制 市场机制是解决资源配置与资源利用的一种基本经济运行机制。市场机制的基本原理是通过市场上价格的调节来决定生产什么，如何生产与为谁生产。用一般的例子说就是"大炮"与"黄油"哪一种产品的价格高就生产哪一种，用什么方法生产价格低就用什么方法生产，谁为生产出来的产品付的价格高就为谁生产。资源的充分利用也依靠价格的调节与刺激来实现。

计划机制 是与市场经济相对的另一种基本经济运行机制。该机制认为应当由（中央）政府来决定生产什么，如何生产与为谁生产。也就是说，用既定的资源生产"大炮"还是生产"黄油"，用什么方法生产"大炮"与"黄油"，生产出来的"大炮"与"黄油"分配给谁，都应由中央计划来安排。资源的充分利用也应当依靠计划来实现。

混合经济 国际上一些曾经实行计划经济体制的国家逐渐转向市场经济，现实中也没有哪个国家完全依靠市场来决定产出，许多国家的经济制度都是市场与计划不同程度的结合，依靠政府指导和市场机制来共同决定经济结果，这种经济被称为"混合经济"。

市场失灵 市场不是万能的，存在着"市场失灵"或"市场缺陷"（Market failure）。国防恰好可能是这样的一种特殊情况，理性经济人总试图以最少的付

出得到最大的效用，市场机制恰好完全满足了经济人的这种本质特性，因为国防是造福于全体国民，而不是付费者。所以如果完全依靠市场机制，人们可能宁愿花钱去买日常消费品，等着“搭便车”而不愿为国防买单，其结果国防供给必然不足。

市场失灵是市场导致一个非最优的产出组合。如图 2.6 所示，假设市场决定的产出组合位于 *M* 点，很明显市场结果（*M* 点）并不是最优产出组合（*X* 点），出现了市场失灵。即市场导致的产出组合（*M* 点）并不是社会需要的最优组合（*X* 点），图中市场生产了过多的民用品，但是军需品却供给不足。因此，当市场不能导致合意的产出组合时，就需要政府干预。但国防总体供给的市场失灵并不排斥在具体微观国防生产领域的市场作用，事实上，这也是国际社会的通行做法（陈波，2008）。

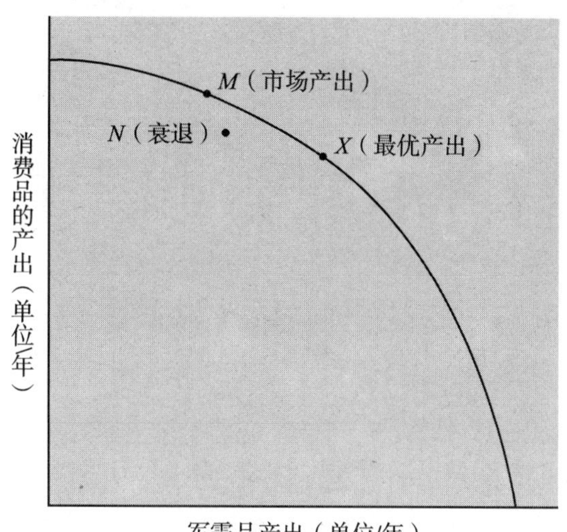

图 2.6　市场失灵

政府失灵　由于外部性、自然垄断、不确定性及信息不对称、价格刚性、社会公平、经济波动等宏观经济效率问题，存在政府干预经济活动的必要性。然而政府也不是万能的，由于信息偏在、内部性等问题，政府也存在“政府失灵”。

政府干预并不总能改善经济产出。如图 2.7 所示，政府干预的目标是使图中的产出向 *X* 点靠近，但是，还有一种可能的结果是政府的错误干预会导致经济

移动到点 G_1，从而更远离了最优产出组合。而且，与政府干预相伴的可能是更官僚的机构，庞大的管理人员队伍，冗长的管理程序，这些被用于规划、贯彻和执行政府规范的资源既没有用来生产消费品也没有用来生产军需品，结果是最终产出组合甚至可能位于点 G_2，政府干预的无效性妨碍了经济体对其生产能力的充分利用。

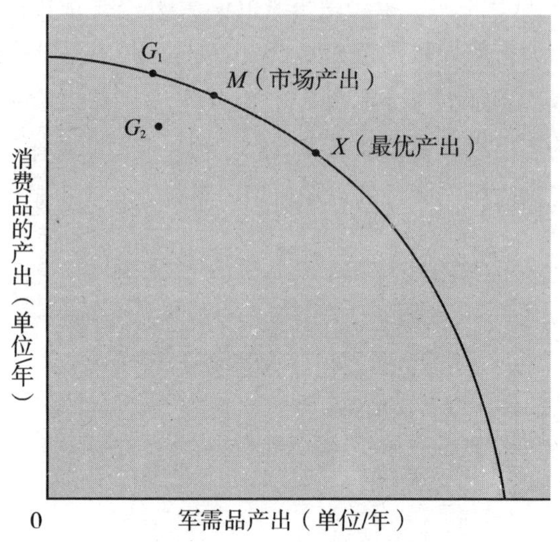

图 2.7　政府失灵

这些问题在本书后面的有关章节中都会得到较详细的讨论。

2.2　国防与经济：马克思主义的观点

19 世纪中叶，马克思和恩格斯把辩证唯物主义和历史唯物主义运用到军事领域，批判性地吸收了人类历史上尤其是资本主义经济学家关于国防经济思想的科学成分，第一次从“本原”上科学揭示了暴力同社会经济的有机联系，奠定了无产阶级国防经济学的思想理论基础。

2.2.1　经济是国防的基础

马克思和恩格斯亲眼目睹了经过工业革命洗礼后，资本主义社会生产力的巨

大发展，以及资本主义经济发展对战争战术、军队编成的推动作用，认为经济是国防的基础。这些基础作用主要表现在：

第一，经济是战争产生、发展和消亡的原因。马克思主义认为：战争不是从来就有的，它是社会生产发展到一定阶段才产生的。暴力仅仅是手段，相反，经济利益是目的。在剥削阶级占统治地位的社会中，经济制度由低级向高级的发展，为战争规模的扩大提供了可能性。奴隶社会不可能有人数众多的军队，除了那时生产力水平低下，匮乏的物质财富难以供养庞大的不事生产活动的军队这一原因之外，奴隶社会的生产关系也是一个重要原因。奴隶社会，奴隶与奴隶主之间具有人身依附关系，奴隶主不敢也不愿意大量地武装奴隶，从而不可能有大规模的军队，也不可能有大规模的战争。

资本主义社会，一方面，资本主义像使用魔杖一样召唤出巨大的生产力，为建立庞大规模的军队提供了基础；另一方面，由于获得了土地的自由农民愿为资本主义制度而战，获得统治的资本家们愿意为巩固资本主义制度的战争提供金钱，这也为建立庞大规模的军队创造了条件。战争是经济发展到一定阶段的产物，正如列宁所指出的：私有制引起战争，并且永远会引起战争①。但是，正如私有制是一种历史现象一样，马克思主义认为，战争也不是一种永恒的现象。当经济充分发展，私有制消灭了，阶级、国家的界限将不存在，由此而引发的各种不可调和的矛盾也将不复存在，战争也便因为失去了存在的基础而告别历史舞台。

第二，社会经济制度的性质决定战争的性质。马克思主义认为，战争的性质直接由不同的政治目的所决定，但其根本决定因素却是经济因素。战争的性质取决于战争所依赖的经济条件，取决于战争所服务的经济利益。归根到底，战争总是为一定的阶级或社会集团的经济利益服务的。战争的性质是正义的还是非正义的，在根本上取决于这种战争到底是为了剥削阶级的经济利益，还是为了被剥削阶级的经济利益；是为了剥削和掠夺其他国家和民族的经济利益，还是为了保卫自身经济利益不受侵犯。因此，马克思主义者在判别战争的性质时，总是把一切符合人民群众和民族根本利益的战争称为正义战争，而把一切违背人民群众和民族根本利益的战争称为非正义战争。

第三，经济是决定战争进程和结局的基础。战争是以暴力为基础的武装

① 《列宁全集》，人民出版社 1986 年版。

斗争，而暴力本身就是一种经济力。战争所消耗的武器装备、军人的生活用品等都是人类经济活动的产物。所以恩格斯指出："暴力的胜利是以武器的生产为基础的，而武器的生产又是以整个生产为基础，因而是以经济力量、以经济情况、以可供暴力支配的物质手段为基础的"①。在其他条件大致相同的情况下，交战双方的经济实力，及在此基础上武器装备的差异，对于战争的进程及结局具有重大影响。恩格斯在《反杜林论》中指出："手枪战胜利剑，这样，即使最幼稚的理论者也可以理解，暴力不是单纯的意志行为，它要求具备各种实现暴力的非常现实的前提，特别是工具，其中，较完善的战胜较不完善的"②。

第四，经济是军队诸要素发展的推动力量。马克思主义认为，战略战术的发展不仅是生产力发展的结果，而且与生产关系的发展紧密相关。恩格斯在《反杜林论》中指出："起义者虽然没有经过步法操练，但是他们能很好地用他们的线膛枪射击；他们为自己的切身利益而战，所以并不像雇佣兵那样临阵脱逃；他们并没有迎合英国人的愿望，同样以线式队形在平地上和他们对抗，而是以行动敏捷的散兵群在森林的掩护下袭击英国人。在这里，线式队形是无能为力的，被既看不见又无法接近的敌人击败。于是又发明了散兵战，由于兵士成分的改变而产生的一种新的作战方式。"③

法国资产阶级革命，使资产阶级和小农从封建制度的束缚下解放出来。为了保卫生产资料资本家占有制和小块土地的农民占有制，资产阶级愿意出钱，小农愿意出力，众兵战术才有了产生的前提。恩格斯对此作了总结后指出："只有像在经济上解放了资产者，特别是解放了农民的法国革命那样的革命，才能找到人数众多的军队，同时给这种军队找到自由的运动形式"④。经济的发展也带来军队编成的变化。马克思曾经说过："随着新作战工具即射击火器的发明，军队的整个内部组织就必然改变了，各个人借以组成军队并能作为军队行动的那些关系就改变了，各个军队相互间的关系也发生了变化"⑤。冷兵器时代，军队只能是步兵，后来随着手工业的发展、牧马的改良和水上航行技术的进步，军中有了车兵、骑兵和水军。火器时代，火炮大量装备部队，炮兵逐渐成为陆军中的一个独立兵种。

---

①②③④⑤ 《马克思恩格斯选集》，人民出版社 1995 年版。

2.2.2 国防对经济有反作用

马克思主义认为，经济对军事具有决定作用，军事对经济也有反作用。这种反作用，一方面表示军事对经济具有积极作用；另一方面表现为军事对经济的消极作用。这些作用主要表现在：

第一，以推翻旧的社会制度为目的的战争，将会把生产力从旧生产关系的束缚下解放出来，促进生产力的发展。恩格斯曾经说过："暴力，用马克思的话说，是每一个孕育着新社会的旧社会的助产婆；它是社会运动借以为自己开辟道路并摧毁僵化的垂死的政治形式的工具"①。反动统治阶级的利益总是与旧生产关系联系在一起，因而他们总是竭力保护旧的生产关系。革命阶级只有通过革命战争，摧毁旧的国家机器，才能为新的经济制度的建立开辟道路，并进而为生产力的发展开辟道路。

第二，军事为经济建设提供可靠的安全保障。一国在军事上的投入会产出一种公共产品，即国家安全。国家安全对任何一个国家来说，都是进行经济建设的必不可少的条件。如果没有安全的环境，一个国家、一个民族就很难独立自主、和平地进行经济建设和社会发展，就很难在激烈的国际竞争中站稳脚跟。

第三，反动阶级发动的战争，阻碍生产关系的变革和社会的进步。恩格斯曾经指出："国家权力对于经济发展的反作用可以有三种：它可以沿着同一方向起作用，在这种情况下就会发展得比较快；它可以沿着相反方向起作用，在这种情况下，像现在每个大民族的情况那样，它经过一定时期都要崩溃；或者是它可以阻止经济发展沿着既定的方向走，而给它规定另外的方向——这种情况归根到底还是归结为前两种情况中的一种。但是很明显，在第二和第三种情况下，政治权力会给经济发展带来巨大的损害，并造成人力和物力的大量浪费"②。反动阶级发动的战争，以巩固和维护旧的生产关系作为自己的根本目的，当它们将革命镇压下去以后，旧的生产关系得以维持和继续，就会为生产力的发展套上一副沉重的枷锁，阻碍生产力向前发展。

第四，侵略战争会对被侵略国经济造成严重破坏。马克思主义认为，帝国主

①② 《马克思恩格斯选集》，人民出版社1995年版。

义发动的侵略战争，以掠夺其他国家为目的，必然会导致被侵略国财富损失，资源破坏，人员伤亡，经济秩序混乱，使该国经济发展和人民生活陷入困境。

专栏 2.2 21 世纪美国军国主义的政治经济学

石油不是美对伊战争的唯一动机，它只是美帝国主义在苏联解体后谋求全球支配地位的更大时间表的一部分。1992 年五角大楼一文件说：“我们的第一个目标是，阻止在原苏联地区或任何别的地区重新出现一个新的对手，这个对手将类似于苏联对秩序造成威胁。”这个文件最初泄露出来时引起了愤怒。在克林顿政府的最初几年，它一定程度上被推到后台去了。但是文件背后的力量——沃尔福威茨和切尼并没有后退。他们在美国执政的政治圈子里组织起来，将这一计划付诸实施。

1997 年他们走到一起制订了《新美国世纪计划》，确定“美国外交政策的指导原则”，以在“军事力量”和“道德明晰”基础上使世界支持“美国全球领导权”。2000 年 9 月，他们提出了如下观点：“后冷战时期过去 10 年后……几乎所有事物都发生了变化。冷战是一个两极世界；21 世纪的世界——至少现在——决定性地是单极的，美国是世界上‘唯一的超级大国’。美国的战略目的以前是遏制苏联；今天它的任务是保持一个有助于美国利益和理念的安全的国际环境。”

……

“9・11”恐怖袭击的到来就像天赐给布什政府的机会。于是美军全球挺进的日程可以在“反恐”的旗帜下进行。只在 1 年之中，我们看到阿富汗被征服，并被强加上一个傀儡政权，同时美军在中亚地区原苏联共和国所辖范围得以部署。下一步是对伊战争并将该国改造成美国的保护国。恐怖袭击后有一个经常性的口头禅：“‘9・11’以后什么都改变了。”当然改变很多，但是重要的是要领会到，“9・11”之后出现的情况是一种继续，是此前已经建立的事物的深化发展。当两架飞机那天早晨撞入世贸大楼时，在布什办公桌上已经有入侵阿富汗的计划。拉姆斯菲尔德等人立即开始谈起推翻阿富汗政权的必要性。

一年以后，在巴厘岛爆炸后同样的进程开始了。关于这一罪行的作案者没有任何头绪，但是美国和澳大利亚政府却在呼吁和印度尼西亚军方进行更紧密地合作。这一点在它们的日程上本已经存在一段时间了，但是由于特定的政治困难，特别是考虑到印度尼西亚军方此前在屠杀暴行中所扮演的众所

周知的谋杀角色，因此未及推行。但是在巴厘岛屠杀事件后，澳大利亚开始和印度尼西亚政府谈论恢复与臭名昭著的印度尼西亚安全部队的合作关系。过去一段时间中，华盛顿担心梅加瓦蒂在对付印度尼西亚民众运动上可能太软弱。巴厘岛事件又一次在“反恐”旗帜下给予了将印度尼西亚军方推到前台的机会。

布什政府的计划在9月17日发布的《国家安全战略》中得到了陈述。对于任一美国认为是美国利益的威胁或未来可能成为威胁的国家，美国有权在任何时间、任何地点采取武力，——该文件将这种权力确定为中心政策。在现代历史上没有任何国家对全球霸权即世界统治权作过这样彻底的宣称。该文件还表示，“作为常识和自卫，美国将对那些正出现的威胁，在它们成形之前，采取行动”，在这一新的世界中，“通往安全的唯一道路是采取行动”。

在新《国家安全战略》发布后5天左右，《金融时报》就这一新战略的意义采访了布什的国家安全顾问赖斯。采访者问如果中国增加军力，将会如何。赖斯说，如果中国努力鼓励企业家、贸易和商业，“他们将在美国找到一个好伙伴”，言外之意是：如果中国不这样做，那就是另一回事了。美国全球统治这一问题并不是作为对“9·11”的反应而出现的，10年前在美国外交政策圈中就已开始讨论它了。2000年11月11日，理查德·哈斯和另一位相对“温和”的人发表了一篇题为《美帝国》的文章。

哈斯说：“在可预见的未来，没有任何国家或国家集团的力量能和美国经济、军事和文化力量相抗衡。但是对于后冷战世界，仍然缺少相应的后遏制外交政策。”他说，帝国外交政策不能和所谓的“帝国主义”的东西以及实际建立殖民地相混淆，——这不再可能。他表明，他支持的是一种特定形式的帝国。他说：“美国的角色类似于19世纪的大英帝国。高压和使用武力将通常成为最后的手段；约翰·加拉格尔和罗纳德·罗宾逊在一个半世纪前关于英国所写的话——英国政策遵循这样的原则：以可能时的非正式手段和必要时的正式手段扩大控制力，——可以适用于新世纪之初美国的角色”。也就是说，国际金融市场、世贸组织和国际货币基金组织等全球机制，将为确保美国利益而工作，而军事则作为自由市场这只手套中装有铠甲的拳头在必要时为确保纪律而发生作用。

——尼克·比姆斯、刘元琪：《21世纪美国军国主义的政治经济学》，载《国外理论动态》2003年第1期。

2.3 国防与经济：公共品的观点

在大量经济学文献中，国防或国家安全作为一个公共品的典型例子被反复提及。瓦格纳（Wagner，1975）对国防的公共性进行了较为全面的研究。

2.3.1 国防的公共属性

公共品理论，最初由经济学家发展用来作为政府支出理论的基础，但其已经越来越多地引起了政治学家注意，并用来作为思考有关政治问题的一个较好方法。

公共品（public goods）是相对于私用品（private goods）而言的，按著名经济学家萨缪尔森（Samuelson，1954）给出的定义，公共品是“每个人对这种产品的消费，都不会减少其他人对该产品消费”。国防一般被认为是公共品的典型形态，因为国防比较符合确认公共品的两个标准。对私用品：

$$X_j = \sum_{i=1}^{n} X_j^i \tag{2.1}$$

而对国防这种公共品：

$$X_{n+j} = X_{n+j}^i \tag{2.2}$$

式中 X_j 代表物品 X_j 的总量，X_j^i 代表第 i 个消费者对这种物品的消费（拥有）量。

（2.1）式表明：（1）物品 X_j 的总量等于每一个消费者 i 对这种物品的消费（拥有）数量之和；（2）私用品在个人之间是可分的。

（2.2）式表明：就消费目的看，任何一个消费者都可支配国防的总量 X_{n+j}；国防在个人之间是不可分的。从公共经济学的角度看，国防具有以下基本属性：

国防的非排他性（Non-excludability） 所谓国防的非排他性，是指国防一旦被提供，不可能排除任何人对它的消费。非排他性具有以下三层基本含义：（1）国防在技术上不易排除别的受益人。在一国范围内，要排除任何一个在该国居住的人享受国防的保护是极其困难的。即使在技术上可以排除，这种排除的

成本也太高以致远远超出排他后带来的好处。（2）国防的消费不可拒绝。任何人不管是否付款，都将享受国家防务所提供的保护。即使你不愿意消费这一产品，你也没有办法排斥或拒绝。这与私用品的消费形成了鲜明的对比①。（3）任何人都可以消费相同数量的国防②。

作为公共品的国防，不论你是否喜欢都无法自主地进行选择，因为一个国家一旦建立了防务体系，个人就无法决定不受其影响。这就是说，在政府或公共经济制度安排下，对于个人和家庭来说，私自选择是不可能的，选择必须是公共性的，同样的选择结果适合于所有的参与者，而且必须直接地选择这种结果。

国防的非竞争性（Non-rivalry）　国防的非竞争性是指国防一旦被提供，增加一个消费者时的边际成本③为零。国防的非竞争性包含两层含义：一是公共品国防的边际生产成本为零，没有必要排斥任何人对它的消费，因为国防消费者的增加并不引起边际成本的任何增加。在一个国家既定的防务力量下，并不因增加一个婴儿或某个公民死亡或移居国外，而影响国防的生产供给成本，消费者的增加或减少不需要增加或减少国防的供给。二是边际拥挤成本为零。

私人产品则受资源稀缺规律的制约，产品消费权的获得必然是一种竞争。一定数量的私人产品被某人消费了，别人就无法再消费这一产品，人们从中获得的效用也是相互替代的，即对某产品的消费是以减少或牺牲他人消费为代价的；国防一经提供多保护一个人并不需要额外追加资源投入，也不会减少其他人的满足程度，所以排除能从这种消费中获得正效用的人是没有什么道理的。

按照物品公共性的强弱，可以把整个社会的物品分为三大类：纯私用品（Pure Private Good）、纯公共品（Pure Public Good）、混合品（Mixed Good）。图2.8表明了根据消费竞争性的程度和排他性的程度所进行的产品分类。横轴上的点以0到1的范围表明了产品收益所具有的竞争性程度。收益在消费时具有完全

---

① 对于私用品，消费者支付费用就取得了该物品的所有权，消费者在消费这一产品的同时就排除了他人消费该物品的权利；而国防的消费则是集体进行、共同消费的，其效用在不同消费者之间不能分割。是一种人人都有权使用、人人都获益的产品。

② 假设国防是可以度量的。否则有人消费以后，别人的消费可能性减少了，也就等于部分地排他了。

③ 这里分配成本和生产成本是不同的，在国防“数量”一定的情况下，国防多分配给一个消费者的边际成本为零，而多提供一个单位国防的边际成本为正，因为同其他经济物品一样，增加国防的生产也需要资源。

竞争性的纯私人产品在横轴的值为 1，而收益完全没有消费竞争性的纯公共品在横轴上以 0 表示。收益具有部分非竞争性的拥挤的公共品将根据它的拥挤程度在横轴上处于 0 到 1 之间的一个位置；纵轴以 0 到 1 的范围衡量了产品的排他性，一件纯私人产品，因为它可以将不付款的人完全排除在其收益之外，因而它是完全排他的，在纵轴上以 1 表示。类似地，一件纯公共品将被指定为 0。可以收费的高速公路和其他不计入价格的公共品将根据对产品收益定价的难易，对应 0 到 1 之间的一个值。

按照这种分类方案，纯私人产品将对应于图中的 *A* 点。在这一点上，产品具有完全的排他性，收益具有完全的竞争性。类似地，纯公共品将对应于点 *B*。在这一点上，其收益具有非竞争性且不可能存在排他性。从纯私人品到纯公共品的排列中，存在着许多半公共品。如电视转播，收益是非竞争性的，但排除价格是相对容易的，因为可以设定信号频率，那些不愿付款的人可以被排除在收益之外，对应于纵轴上的点 *C*。而不可能对其使用收费的拥挤的公共品，如高速公路，对应于点 *H*。

国防一般认为是属于典型的公共品，其具有最强的非竞争性和非排他性，相对于私人品和其他公共品而言，是一种纯公共品。只要国家建立了防务体系，提供了国防，就几乎不可能排斥任何居住在国境内的人享受该体系的保护，即使是罪犯也是如此，而且不管他愿意与否都会从中受益；此外，多一个婴儿降生或多一个移民也不会增加一国的国防费用或妨碍其他人享受该体系的保护（陈波，2008）。

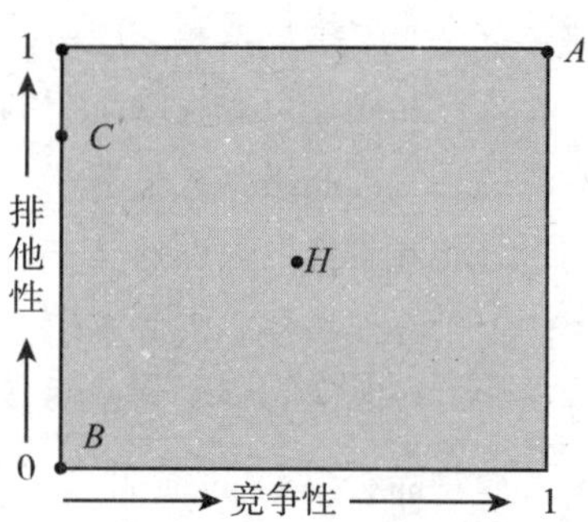

图 2.8　根据收益的竞争性和排他性程度对产品进行分类

2.3.2　国防的效用评价

国防如其他公共品一样，也存在着成本分配的问题。对“安全产品”进行估价很困难，特别是安全这个概念，它包含对非市场价值的考虑，以及量化困难。对国防公共品，理解社会成员们自己对其效用的评价是很重要的。

瓦格纳（1975）认为个体的福利函数由其对本国政府和敌国政府的效用估

价来决定：

$$U = p[U(G)] + (1 - p)[U(F)] \tag{2.3}$$

式中 p 表示本国政府坚决捍卫国家主权的概率，$U(G)$ 表示个体对本国政府的估值；$U(F)$ 表示个体对臣服于外国政府的估值。

这一关系亦可表达为：

$$U = p[U(G) - U(F)] + U(F) \tag{2.4}$$

该表达式表示只要 $U(G)$ 大于 $U(F)$，该个体就会希望 p 尽可能地大。同样可以看出他对国防（p 对其个人福利的贡献）的评价取决于其对本国政府与臣服于他国政府统治的评价之间的差别，这里 $U(G)$ 和 $U(F)$ 一定是冯诺依曼－摩根斯坦效用函数。

现实中，不同个体对国防的评价可能不同，这不仅仅是因为处在不同社会与组织中的差别，同样因为他们对风险的态度存在差别。如假定所有人都厌恶风险，则因为国防的边际效用不变，货币和国防间的边际替代率将上升。这就是说，提供的国防越多，该个体愿意为国防的下一个增量支付的货币价格就越高，反之亦然。对国防评价存在差异的另一个主要因素是 $U(G) - U(F)$ 的大小。很明显，该项大小是个体对所消费品（该个体正使用，且预计如战败后也将继续使用）评价的函数。瓦格纳认为，一个农民如做另一国的农民，他的生活几乎不发生改变，而另一些阶层则显然不是这样。另外，对每个人来说，$U(G) - U(F)$ 的大小也受其所持有的信息所影响。因此，即使国防被假定为一个纯公共品，社会所有成员间对它的评价也存在显著差别。

p 的主观性（导致了个体之间消费数量的不同）本身是对标准假定的一个背离，有人可能认为最好通过建立一支更强大的军队来增加 p，有人则可能认为一支更强大的军队可能挑衅敌人，引起对方的进攻。这种情况下，不可能同时增加两个人的国防供给。其次，本国政府坚决捍卫国家主权的概率本身其实是其他两个概率的函数：敌人不进攻的概率，以及敌人进攻但被打败的概率。前者比后者更可能成为一个纯公共品，因为如果他国进攻的话，不太可能保持整个国家的领土远离敌人的侵犯。因此，也不太可能同时增加每个人的国防供给。

显然，如果不可能同时增加所有人的 p，则在国防问题上产生争论的可能性将大大增加。如果社会中每个人都认为 $U(G)$ 大于 $U(F)$，他们将一致希望 p

尽可能地大。但当考虑得到一单位 p 的增量而准备放弃的其他产品时，答案就不一致了，因此为理解国防政策上的争论，有必要考虑国防的成本。因为 p 的增加需要相对昂贵的有效军事力量规模的增加。任何边际增长就需要一个确定的货币成本来购买，它将以某一确定的方式在社会个体间分摊。对每个人来说，这一情况有三个相关的方面：（1）他对所有人贡献购买的国防增量相对于总成本的评价；（2）他对用他自己的贡献购买的国防增量的评价；（3）他对分摊给他的成本的评价。

为方便分析，瓦格纳设国防的成本为 C，每个个体分摊的成本为 C_i，则 $p=f(C)$。一个人增加自己在国防上的支出而得到的边际效用是$\frac{dU_i}{dC_i}$。国防上的总支出对同一个人的边际效用是$\frac{dU_i}{dC}$。为简单起见，将每个个体的 $U(G)-U(F)$ 定义为 D_i。等式（2.4）就可以被扩展为包含个体 i 的国防成本分摊：

$$U_i = pD_i + U_i(F) - U_i(C_i) \tag{2.5}$$

保持 $U_i(G)$ 和 $U_i(F)$ 不变，求微分，有

$$dU_i = D_i dp - dU_i(C_i) \tag{2.6}$$

故，

$$\frac{dU_i}{dC_i} = D_i \frac{dp}{dC_i} - \frac{dU_i(C_i)}{dC_i} \tag{2.7}$$

且，

$$\frac{dU_i}{dC} = D_i \frac{dp}{dC} - \frac{dU_i(C_i)}{dC} \tag{2.8}$$

但 $\frac{dU_i(C_i)}{dC} = \frac{dU_i(C_i)}{dC_i} \cdot \frac{dC_i}{dC}$。等式（2.8）因此可表示为：

$$\frac{dU_i}{dC} = D_i \frac{dp}{dC} - \frac{dU_i(C_i)}{dC_i} \cdot \frac{dC_i}{dC} \tag{2.9}$$

$\frac{dC_i}{dC}$ 可以视为 i 的边际成本分摊，因其小于 1，故 $\frac{dC_i}{dC}$ 大于 $\frac{dU_i}{dC_i}$，除非边际成本是递增的。

如存在$\frac{dC_i}{dC}$，使$\frac{dU_i}{dC}$对所有个体均为正，则国防将被次优供给，且通过增加国

防供给，所有人的情况都会变好。然而，对某些或所有的人来说，$\frac{\mathrm{d}U_i}{\mathrm{d}C_i}$可能是负的，这种情况下，就存在“囚徒困境”①，且 i 不乐意支付任何分摊成本。另外，如$\frac{\mathrm{d}C_i}{\mathrm{d}C}$显著大，$\frac{\mathrm{d}U_i}{\mathrm{d}C}$可能为负。这种情况下，则通过增加国防供给，$i$ 的境况可能变坏。不管怎样，i 会希望$\frac{\mathrm{d}C_i}{\mathrm{d}C}$尽可能小。如果是“囚徒困境”情况，这将为 0；如果不是，则可能的结果取决于发生的讨价还价，因为个体的成本分摊是其他人所做决策的函数。

2.4　国防与经济：一种公共选择

维护国家安全是政府行为的主要目的之一，所以关于政府如何决定给公民的国防政策也一直在国防经济与公共选择领域占有重要位置，一些研究试图用公共选择理论来解释这一问题（Hartley，1991）。

2.4.1　公共选择与国防

公共选择是微观经济学的一个重要分支，公共选择理论以非市场决策过程为其研究对象，利用经济学工具和方法。尤其是价格理论作为其主要研究工具和方法。该理论把政治舞台理解为市场，把选民、官僚和政治家视为政治市场中的博弈者。公共选择理论的主要假设是经济人假设，认为人都是理性的自利主义者，即人们都会在约束条件下使自身利益最大化，这实际是把经济学的基本假设运用到政治科学研究中。公共选择理论主要讨论政治市场中的经济人行为，认为政治市场中的经济人可以细分为三类：

- 选民，他们手中的选票相当于经济市场中消费者手中的货币；
- 政治家，是靠选民选上而生活的人；
- 官僚，即作为政策的职业执行者的经济人。

---

① “囚徒困境”是博弈论非零和博弈中具代表性的例子，反映个人最佳选择并非团体最优选择。

一般来说，公共选择的两大基本问题是集体行动和偏好加总问题。由于不管是集体行动还是偏好加总都取决于规则，因此该理论认为规则才是最根本的，公共选择理论的最终目的就是寻找一种规则，使理性的经济人在自利的同时也造福社会。

公共选择理论认为，政府的决策看起来是政治领域的各种机构和利益集团活动的结果，认为这些机构都是为了自己的利益而努力影响政策的制定。哈特利（1991）研究了不同机构和利益团体在国防政策制定过程中各种可能的影响和作用，以英国为案例分析了公共选择理论如何被不同的利益集团利用来影响英国国防支出的水平和结构，以及采购合同的分配。如武装力量和国内军事工业如何响应政府减少国防支出规模并把核力量改为常规力量的提议，认为英国的北约会员资格、英国的美军基地、三叉戟战机、购买他国武器以及国防工业基础政策的争论不能忽略各政治机构对国防政策的影响。这些机构中有一些不断阻碍降低国防支出以及对支出结构的调整。很明显，可能受损的那些人将会反对政策调整，特别是在没有安排足够补偿的情况下。最终，社会可能做出这样的一种调整，使得潜在的获利者能够完全补偿潜在的受损者。尽管如此，调整受益者和受损者之间收入转移的政策安排也将受到政治集团的影响。

专栏 2.3 公共选择与军工复合体

军工复合体主要通过以下两方面的努力去推动美国部署导弹防御系统：首先，政治捐赠与政治游说。在竞选过程中，军工企业分别为两党候选人提供竞选资金，以期其当选后制订出对他们有利的政策。从与导弹防御系统密切相关的四大军工企业对两党的捐赠总额来看，由于共和党在推动导弹防御这个问题上更加配合，它们相应地把更多的钱投向了共和党，其倾向是相当明显的（如下表所示）。在表中，还可以看到这些军工企业花费了大量金钱为导弹防御系统进行游说。

其次，军工复合体还大力支持美国的一些右翼保守的思想库，通过他们去说服政府。其中最为著名的是由曾在里根政府中担任行政官员的弗兰克·盖夫尼创建的安全政策中心，其经费主要来源于保守的家族捐赠者和波音、洛克希德、雷声等国防承包商，而这些家族和公司正是导弹防御计划的主要获益者。从 1988 年到 2000 年间，该政策中心成员先后发表了将近 200 篇鼓吹导弹防御的文章，而且它每年出版一份《国家安全简报》，主题多为诸如“朝鲜导弹威胁”、“中国‘核偷窃’”、“各种军控条约对美国的危害”之类。

表2.2　四大军火公司政治捐赠及游说花费情况

公司	1997～1998年用于政治捐赠费用（括号内分别为共和党、民主党候选人得到捐赠所占百分比）	1997年用于游说的费用
波音公司	52.9万美元（57%，43%）	1002万美元
洛克希德·马丁公司	25.3万美元（64%，36%）	360万美元
雷声公司	17.62万美元（57%，43%）	164万美元
汤普森·拉莫·伍尔德里奇公司	19.525万美元（100%，0%）	136万美元

——章节根、沈丁立，2004，《美国研究》，第2期。

2.4.2　政治市场与国防政策

公共选择分析采用了在政治过程中存在私利和交易的观点，这就显示了关于国防政策的选择是在政治市场上做出的。公共选择理论认为，政治市场和其他市场一样，有买者和卖者，都通过宪法规定下的各种合理的交易来追求个人利益。政治市场中的参与者选民、政党、官僚以及利益团体，都对可选择的国防政策有着自己的偏好。

政治市场中，选民就像是消费者，他们在相互竞争的政党提出的政策中追求其利益最大化。但选民对诸如威胁、核武器、购买国内或国外武器装备好处之类的问题只能获得非常有限的信息和了解。因为收集这些信息的成本比较高，所以对生产商和其他拥有专业知识的利益集团就有机会来影响选民和各政党。如英国的国防承包商可以利用他们的专业知识支持购买英国的军品，认为这符合“国家利益”，这使得英国能够保持其独立性，同时还能够创造就业、促进高新技术发展，以及保持贸易顺差。这些集团影响政策的机会通过选举制度而得以强化，因为选举制度能够非常准确地记录社会的偏好。

大部分选民的个人偏好是通过选举时的投票箱来记录的，但国防政策相比不太能表达选民偏好，因为选民们也缺乏必要的信息来评估国防政策。诸如“国家安全利益”等的限制意味着选民们只能了解到很少的关于不同的国防预算信息。进一步讲，选民们不能把政治家们限制在一个清晰界定的政策之中，因此选举出来的代表们对于落实他们的选举承诺有着自己的判断力。

公共选择模型假设在实行选举制的政治中，政党都是选举利益最大化者。就像公司一样，政党用政策来换取选票支持。政治家们被假设是利己主义者，并且追求来自其任职的收入、权力以及威信，而不是执行预想政策。例如核武器反对者和削减国防支出的支持者们需要决定是否通过参加一个现有的政党或创建一个新的政党来影响政策决策。这两种解决问题的方法都需要一些成本。另外，尽管一个特定的国防政策可能对它的支持者们很有吸引力，但如这个政党不能吸引到足够投票支持的话，这个政策将永远不会实施。

公共选择理论的官僚经济学模型假设官僚们都是预算最大化者。哈特利以英国为例，认为在国防市场上，国防部和武装力量占据中心位置，而其他部门如内政部、劳工部、商务部、工业部以及财政部关注的是民防系统、就业、技术以及牵涉到国防政策的支付平衡。政府可以被看作是从国防部购买保护，而国防部是信息和防卫的唯一提供者，它提供由海陆空军具体执行的安全保护，而他们都寻求对他们传统产权的保护。为了使它的预算最大化，国防部可以夸大威胁，低估成本，并且提出对选举利益最大化的政府很有吸引力的项目。然而，哈特利也指出官僚们的行为可能受到压力集团的约束，并且受到国家审计局以及议会国防和公共项目委员会的调查。

在制定和执行政策的过程中，政府和政府官员受到压力集团的影响。这种生产者和消费者集团会为了他们的私利而通过游说、广告、赞助政治家、做顾问以及大量的论证来影响他们关注的政策。各种利益集团在不同的国防政策中扮演着支持潜在的受益者和受损者角色。如国防合同承包商集团会支持在英国国内购买武器装备的政策，他们会要求被保护以免受外国的竞争压力，他们会寻求他们喜欢的规定和政策来保护国防工业的利益。贸易联合组织以及拥有英国国防企业会员的专业协会也会支持国内的武器生产商，以保护他们的工作岗位以及他们会员的收入前景。

英国国防领域的其他压力集团关注的是特殊消费者的利益，如那些支持裁军的（如基督教公谊会）、那些反对核武器的（如核裁军运动），以及那些期望强大国防的。许多团体专门对英国国防政策进行独立评估，这给选民和政治家提供了除了政府机构之外的另一个可选择的信息来源。例如大学里的研究中心、国际战略研究所及简氏防务周刊等。除英国政治市场上的机构之外，国际社会如北

约、联合国以及西欧联盟，也有兴趣来影响英国的国防政策，国外的军火生产商也在英国寻求市场。

专栏 2.4　政治制度、统治者与利益集团

从个体的角度看，战争决策是由具体的人做出的。做决策的人在做出这些决策的时候，不可能不考虑自身利益。在“朕即国家”的年代，统治者的利益与国家利益完全相同，他做出战争决策，享受战争收益，但战争成本却主要由其臣民承担，包括通过征税筹集军费、招募士兵等。

在西方的选举制度下，总统任期有限，只需要多数票通过即可当选，其个人利益与国家利益不可能完全相同。国会议员也同样如此，他们总是与各种利益集团有着千丝万缕的联系。总统和国会做出的决策通常体现了某些利益集团的利益，能够直接从战争中获益的利益集团往往是那些生产军事用品的企业，例如美国军工综合体。这些军工综合体对美国的军售和战争决策起重要的影响作用。在和平时期，它们会以失业等名义对政府施加压力，对外增加武器销售；在战争时期，它们更能够从武器销售中获得大量收益。对于广大人民来说，战争会增加他们的税收，还可能“剥夺”他们的生命，他们往往是反战者。但是，相对于有组织的利益集团，普通百姓的声音却微弱得多。

——张宇燕、李增刚：《国际政治经济学》，上海人民出版社 2008 年版。

关键术语

和平红利　国防的非排他性　国防的非竞争性

课后思考

1. 使用经典的“大炮”和“黄油”理论分析国防与经济之间的争论。
2. 马克思主义如何认识国防和经济之间的关系？你如何评价这一认识？
3. 公共品理论如何认识和评价国防？
4. 试用公共选择理论解释国防政策制定中的主要影响因素。

参考文献

《马克思恩格斯选集》（第 3 卷），人民出版社 1995 年版。

《列宁全集》（第38卷），人民出版社1986年版。

陈　波：《国防供给的经济学研究》，军事科学出版社2008年版。

陈　波、闫仲勇、陈　可：《中国和平红利60年：1949～2009》，载《中国军事科学》2009年第3期。

张宇燕、李增刚：《国际经济政治学》，上海人民出版社2008年版。

［美］肯尼迪著，陈景彪等译，《大国的兴衰》，国际文化出版社2006年版。

［澳］比姆斯著，刘元琪译：《21世纪美国军国主义的政治经济学》，载《国外理论动态》2003年第1期。

Coulomb, F., 2004, "Divergences of Marxist Theories about the Consequences of Militarization on the Stability of Capitalism", In *Economic Theories of Peace and War*, Routledge.

Davis, C. M., 1991, "Marxist and Soviet Defense Economics, 1848－1927", In Craufurd D. Goodwin (eds.) *Economics and National Security-A History of Their Interaction*, Duke University Press.

Hartley, K., 1991, "Economics, Politics and Public Choice", In *Economics of Defence Policy*, Brassey's.

Hummel, H., 1996, "Japan's Military Expenditures After the Cold War: The *Realism* of the Peace Dividend", *Australian Journal of International Affairs*, Vol. 50, No. 2.

Samuelson, P. A., 1954, "The Pure Theory of Public Expenditure", *Review of Economics and Statistics*, Vol. 36.

Schiller, B. R., 2002, *Essentials of Economics*, The McGraw-Hill Companies, Inc.

Wagner, R. H., 1975, "National Defence as a Collective Good", In Craig Liske & William Loehr & John McCamant (eds.), *Comparative Public Policy*, John Wiley & Sons.

Ward, M. D. and Davis, D. R., 1992, "Sizing Up the Peace Dividend: Economic Growth and Military Spending in the United States, 1948－1996", *The American Political Science Review*, Vol. 86, No. 3.

第3章　经济全球化时代的国防

在论及国家安全议题时，有一个要素是必须要追求的，那就是“国家利益”，而如何保障国家利益？“国防”就是最好的答案。对国防而言，国防的最大利益在于求“生存”，而“国防”亦深深影响着“国家生存”，利用国防力量来维护国家安全，进而撷取最大的国家利益，因此“国家利益”、“国家安全”、“国防”三者息息相关。但我们不得不注意到，随着经济全球化进程的不断加快，国家安全、国家利益的内涵和外延不断扩展。现代国防经济关注国家利益，关注全球化背景下的国家安全，以及全球化时代国防面临的挑战和机遇。

本章探讨国家利益，全球化与和平、冲突、安全和全球化时代的国防。第一节讨论国家利益，确定国家利益的根本和重要影响因素；第二节讨论全球化对冲突以及和平的影响；第三节讨论全球化对安全的挑战与影响；第四节讨论全球化时代的国防合作、国防决策、国防战略和国防手段变化。

3.1　经济视角的国家利益

国家利益是国家国际行为的出发点，是国际政治斗争的根本动因。财富和权力是国家利益的重要方面，国家利益也关注国家间的相对收益。冷战结束后，各国的军事战略发生了重大变化，主要是保护自身的国家利益。在维护国家安全，特别是战略资源和非传统安全利益拓展的同时，国家安全政策中经济的作用越来越大。

3.1.1 国家利益的界定

国家利益虽然是一个经常听到的词，但也是一个经常引起争议的词。在对国家利益进行定义时，一些学者以历史研究为出发点，通过观察这个国家的外交政策，寻找反复出现的行事方式，从而推断出该国的国家利益。另一些学者主张依靠逻辑推理和概念进行分析。卡普兰（1989）则运用系统理论来研究和界定国家利益，从系统论的观点主张国家是一个大系统，包括内部机制和子系统都会产生不同的利益需要。

在汉语里，国家利益具有双重性。国际政治范畴的国家利益，是指一个民族国家的利益，其英文是 national interests，与之相对立的概念是集团利益、国际利益或世界利益；国内政治意义上的国家利益，是指政府的政权利益或政府代表的社会公共利益，其英文是 interests of state，与之相对应的概念是地方利益、集体利益或个人利益。

一般来说，国家利益是能够满足国家效用或需要的能力，是一个主权国家所认定的物质与精神的生存需求和发展需求的总和。因此，从主体角度看，国家利益就是本国所有人的利益；从具体内容看，国家利益则表现为安全利益、经济利益、文化利益和政治利益等诸方面利益（张宇燕、李增刚，2008）。所以，国家利益是一个合成的概念，可以用公式表示为：

$$NI = f(a_1, a_2, \cdots, a_n) \tag{3.1}$$

按照对国家利益的界定，该表达式可以有两种理解：（1）a_i 可以表示国家的安全利益、文化利益、经济利益、政治利益等（阎学通，1996）；（2）a_i 可以表示不同主体拥有的利益，如统治者的利益、官僚利益、地区利益、行业利益、个人利益等。那么，这些利益如何合成为国家利益？阿克塞拉（2001）、张宇燕和李增刚（2008）借鉴福利经济学通过个人效用合成社会福利的方法，总结出以下几种不同的方式：

功利主义社会福利函数 该福利函数采用个人福利的简单加总来定义社会福利函数。其更一般的形式就是对每个个人福利加一个权数。如果采用该形式来分析国家利益，则：

$$NI = \sum_{i=1}^{n} \alpha_i a_i \tag{3.2}$$

贝努利—纳什社会福利函数 该福利函数通过个人效用的连乘定义社会福利

函数，同样也可以增加一个权数。如果采用这种形式来分析国家利益，则：

$$NI = \prod_{i=1}^{n} (a_i)^{a_i} \tag{3.3}$$

罗尔斯社会福利函数　该福利函数仅用境况恶化的个人效用来测量社会福利，具有更强的平均主义倾向。所采用的形式是最大最小个人效用。如果用来分析国家利益，则：

$$NI = \min(a_i) \quad i = 1,2,3,\cdots \tag{3.4}$$

伯格森—萨缪尔森社会福利函数　这种社会福利函数简单地把社会福利表示为个人效用的函数，但是满足凸性假设，即社会福利函数曲线是凸向原点的。

这四个福利函数的形式主要是从个体利益与国家利益的关系角度研究国家利益的合成问题。张宇燕和李增刚（2008）受吉尔平（1994）的启发，还给出了国家利益的无差异曲线分析。该分析假定国家目标是增强经济实力和军事实力，二者之间具有一定的可替代性，在资源一定的情况下，如何使资源配置达到国家利益的最大化？如图 3.1 所示。

图 3.1 横轴表示经济发展的政策目标，纵轴表示军事发展的政策目标。其中，I_1、I_2 表示发展经济和发展军事的无差异曲线，I_2 在 I_1 的上面，表示更高的国家利益：B_1、B_2 表示预算线，即国家的资源量。在国家资源量一定时，要发展经济就不能发展军事，或者相反。预算线的斜率表示经济和军事实现发展一单位的成本比，相当于两种商品的价格比。当无差异曲线与预算线相切时，国家利益实现了最大化，资源实现了合理配置。此时，经济发展水平为 q_1，军事发展水平为 m_1。

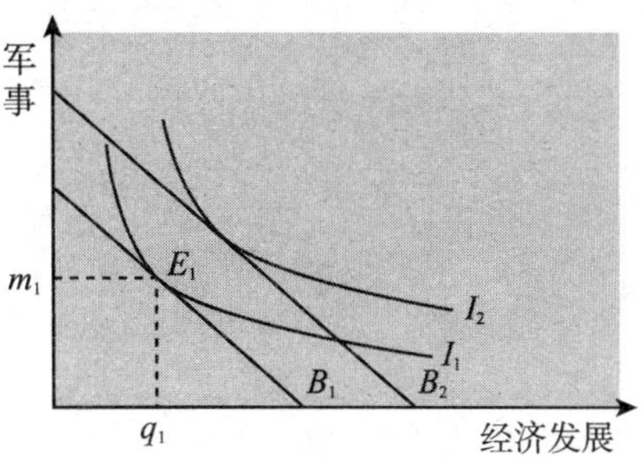

图 3.1　国家利益的无差异曲线

国家利益不但可以分成如政治利益、经济利益、安全利益、文化利益等多个方面。国家利益还可以分成几个层次：第一层次是国家领土和主权的安全，通常称国家安全，这涉及国家的生存，因此是最基本的国家利益；第二层次是经济利益，即经济安全和发展，这涉及国家的生存能力和在国际社会中的地位；第三层次是国家的政治制度和意识形态等，这些也是维持一个国家生存和发展所不可缺少的。财富、权力以及国家间相对收益构成国家利益最重要的内容。

3.1.2 财富、权力与相对收益

从公共选择的角度看，国家利益的实质是一国公民一致认同能够为他们带来效用的能力或东西。这包括两个含义：一是一致认同要求每个公民自身的福利水平不会减少；二是涉及一个国家的全体公民，即使不是全体公民的福利水平都增加，至少不会使任何人的福利水平降低，否则国家利益就可能与个人利益相冲突。

这里的权力是指控制他人行为的能力，包括从思想、资源配置等各方面进行控制的能力。从主动行使权力的角度看，每个人或国家都试图控制另一个人或国家。某些大国在国际事务中掌握着主动权，控制国际机构的决策。从被动的角度看，每个人或国家都试图摆脱别人或国家的控制；殖民地国家要摆脱宗主国的控制，小国试图摆脱大国的控制，发展中国家积极努力摆脱发达国家的控制，这都是争取权力的过程。

财富反映一个国家的经济实力，它一般通过国民生产总值、国民收入等体现出来。财富和权力之间既此消彼长，又相互促进。因此对权力的追求，往往是以牺牲财富为代价的。这至少包括以下方面的基本含义：

首先，提供国际公共产品。在一国内部，公共产品往往由国家或政府提供，提供公共产品是政府的职能。国际公共产品将公共产品消费和生产扩大到国家之间，扩大到全球范围。其同样具有消费和生产上的非排他性、非拥挤性和不可分性，但消费或生产的主体是国家或不同国家的居民。这种公共产品显然不是个别国家所能够提供的，但是在国际层次上，不存在凌驾于国家之上的政府或权威。历史上，许多当时最发达、最强盛的国家，曾经的大英帝国、“二战”后的美国都曾经充当过提供国际公共产品的角色。这些国家在提供全球公共产品时，虽然获得了在一定程度上控制他国的权力，但牺牲了相对经济实力。一方面，提供公共产品需要付出巨大的代价；另一方面，免费享受公共产品的国家能够借此取得较快发展。因此，全球公共产品的供给国为获得权力，牺牲了财富。

其次，为获得权力发动战争或直接向他国提供财富。“二战”后，美、苏两大阵营，每一方为获得权力都曾经发动或参与过战争。苏联出兵阿富汗，美国的越南战争等。同时，它们为了保持己方阵营的实力，为了控制其他国家支持自己，直接向他国提供物质援助，如美国推行的马歇尔计划、苏联对前华约国家的

援助等。

最后，为获得财富，国家可能选择牺牲主权，受制于其他国家。有的国家为了获取其他国家的支持，放弃一部分主权。主权含义的对外方面主要是指独立性。让渡货币政策的独立性，实际上是让渡部分经济主权。因此，发达国家向发展中国家提供援助都是有条件的，目的就是要使发展中国家受制于发达国家。

为了更形象地说明权力与财富的关系，可以借用经济学中的无差异曲线进行说明。一个国家资源量、人口等就相当于该国的预算约束，权力与财富就相当于国家消费的两种物品，而且二者存在一定的可替代性。为了实现国家利益最大化，最优条件即为财富或权力能够给国家带来的边际利益相等。如图 3. 2 所示。

图中横轴表示财富，纵轴表示权力，*IC* 表示无差异曲线，*BB* 表示预算约束，国家利益最大化的条件也就是无差异曲线 *IC* 与预算线 *BB* 相切的那一点 *E*。这也从另一个方面说明了权力的获得是有代价的。

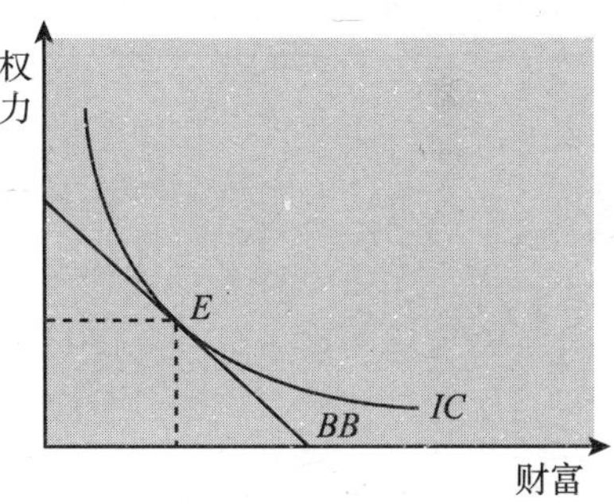

图 3. 2　权力与财富的无差异曲线

权力与财富虽然此消彼长，但又相互促进。这表现为：权力是获取财富的手段，财富又是获得权力的保证。任何国家控制其他国家的目的并非仅仅是为了控制，而是还有其他目的，比如获取财富。历史上，宗主国进行殖民统治的目的并非简单地为殖民地居民提供公共产品，扩大自己的势力范围，而是为了更多地获取殖民地的财富。18 世纪英国对美洲的殖民统治，引起美国 13 个州起来发动独立战争，一个根本的原因就在于英国政府只从美洲获得财富，而不提供任何的公共产品，也不给它们参与议会的权力。

从经济学的角度讲，权力也是一种稀缺资源，它本身也有价值。人们追求权力并非最终目的，通过权力寻求财富才是人们追求权力的动因。这可以以寻租活动来解释，所谓寻租活动，是指为维护既得经济利益或是对既得利益进行再分配的非生产性活动。决策者拥有权力，他们可以通过公共政策影响既得利益或对既得利益再分配，不同利益集团为维护或改变当前的利益分配结构就会与决策者进行交易，如提供政治捐献、选票等，这就是权力与财富的交易。所以，权力也可以看作一种能够带来财富的资源。

从理论上说，每个民族国家都主权独立，一些国家试图控制另一个国家的根本原因在于经济利益。在经济上不断强盛的国家要保护自身利益，避免其他国家的侵犯；控制其他国家也是为获得更多的资源、利润等打基础（张宇燕和李增刚，2008）。

专栏 3.1 国际体系中的财富与力量

在国际体系中财富与力量或经济力量与军事力量总是相互依存的，而且也应该这样看。既然这两者关系密切，既然各国的发展变化是不可抗拒的规律，那么国际力量对比就不会一成不变，任何政治家不这样假定就是愚蠢的。由于各国间的对抗具有无序性和竞争性，过去5个世纪的国际事务史基本上是一部战争史，或至少是一部备战史。无论作战或备战都会消耗本可用于做其他（公共的或私人的）“好事”的资源。因此，不管国民经济和科学技术发展到何种阶段，在每个世纪都会有一场关于应将多少国家财富用于军事目的的辩论。与此同时，还有一场关于如何更好地繁荣国民经济的辩论。这不仅因为财富的增多可使国民受益，还由于人们认为，经济力量的增长、生产力的提高和财政收入的增加将影响到大国的胜负，如果再次发生国际性战争的话。

所有大国间长期大规模战争都说明，在战争期间和两次战争之间的和平时期，经济力量的影响是巨大的，不同的经济增长率可使不同国家变得相对强大或弱小。1500~1945年间发生的多次大规模联盟战争的结局，很大程度上证实了长期以来一直在进行的经济力量的变化。因此，每次战争结束后建立起来的“各国版图”新秩序，都是已经形成的国际体系中权力再分配的结果。然而，和平的到来并不能使这一不断变化的过程结束，各大国不同的经济增长速度将使它们继续处于相对兴旺的衰微之中。

——肯尼迪著，陈景彪等译：《大国的兴衰》，国际文化出版社2006年版，第523页。

国际政治无政府状态下的普遍不安全感，导致国家不仅仅关心其绝对收益，还关心其相对收益。肯尼思·华尔兹（Kenneth N. Waltz，1979）曾总结道：“当多个国家面对共同获利可能性的时候，有不安全感的国家关心的是收益如何分配。他们的问题不是‘大家都会获得收益吗?’而是‘谁的收益更多?’，如果一个预期的收益以2∶1的比例被分配，一个国家可能利用它的不均衡收益，去实现

意在破坏或损害另一国的政策。只要双方都担心对方可能利用它增加的能力用于不利于自己的政策行动，那么即使双方绝对获益的前景很诱人，也不会引发合作”。不同国家的相对收益将直接影响其实力，进而影响其未来在国际舞台上的地位。

假定存在甲、乙两个发展水平不同的国家。甲国实力较强，其财富为 R；乙国实力较弱，其财富为 P，$R>P$。如果两国进行贸易，都可以获得绝对收入。假定两国获得收益的绝对量分别为 M 和 N，经过 n 次交易后，两国的财富分别为 $R+nM$ 和 $P+nN$，如果 n 趋近于无穷大，则两国的实力可能趋同或扩大。采用极限表示为：

$$\lim_{n\to\infty}\frac{R+nM}{P+nN}=\begin{cases}\infty & \text{当 } M>N \text{ 时}\\ 1 & \text{当 } M=N \text{ 时}\\ 0 & \text{当 } M<N \text{ 时}\end{cases} \tag{3.5}$$

无论哪种情况都可能无法保证所有国家满意。当 $M>N$ 时，两国的差距越拉越大，乙国显然不会满足于永远落在甲国后面；当 $M=N$ 时，两国的差距越来越小，最终实力基本相同，甲国失去相对于乙国的优势；当 $M<N$ 时，乙国不仅会赶上甲国，还会超过甲国，这当然会引起甲国不满。由此可以看出，甲、乙两国虽然都能够从贸易中获得收益，但收益的不平衡会影响两国未来的地位，进而有可能使合作难以达成。

3.2　全球化与和平、冲突

全球化是一个多维度的现象，如信息技术的迅速发展与广泛扩展、贸易、资本以及投资的全球扩展、相互依赖的加深等。这些发展造就了实现经济繁荣、扩展政治自由、促进和平的可能性。然而全球化同时也播下了暴力与冲突的种子。

3.2.1　全球化与和平

全球化的相互依赖及各种国际组织的活动有助于消除国际冲突，维系国家间和平。经济全球化促使各国经济的相互依赖依存程度进一步加深，相互协调妥协成为消除和缓解国际关系中矛盾和分歧的首要手段。经济联系超越国界以后，全球范围内的经济运行具有了自身的规律，它会以不可阻挡的趋势突破原有的民族、文化、意识形态限制，这不仅使全球经济呈现出新的发展前景，而且使人类历史的演进获得新的起点，经济发展对战争的制约作用愈加明显。

首先，生产、贸易与对外投资等方面的经济全球化会减少国家间军事冲突的频率。贸易抑制冲突，促进国家间的合作和安全。

- 贸易和战争都是国家获得战略资源的手段，但两者相比较，通过贸易获得的益处远大于通过战争获得的利益。这样，随着贸易的扩张，国家通过战争获得战略资源的兴趣大为降低；
- 贸易使各参与国之间经济利益共存，一荣俱荣，一损俱损，战争的高经济代价降低了各国使用武力解决彼此间矛盾的兴趣；
- 通过贸易，国家间的联系、交流增多，彼此间误解减少，政治合作得到发展或加强；
- 贸易的发展使各国内部贸易利益群体（如从事对外贸易的商人、依赖国外商品的消费者）的队伍不断扩大，而他们是主张贸易、反对冲突和战争的。

此外，对外直接投资的流动减少了国际冲突的程度，鼓励了 20 世纪 80 年代至 90 年代期间成对国家间的合作。这是因为全球化的主要特点之一就在于减少了国际资本流动的障碍，而是资本流动在数量上超过了贸易流动（Polachek, etc., 2007）。国际融资，特别是国家间货币合作与相互依赖，不仅使各国利益共存，而且增加了各国间的交流与沟通，减少了信息不确定性，从而降低了各国发生冲突的可能性。

其次，全球范围内和平区域不断增大。约翰·奥尼尔（John Oneal, 1997）等认为，民主国家之间相对不容易兵戎相见。布鲁斯·拉西特（Bruce Russett, 1998）从文化/规范与结构/制度两种解释模式方面探讨民主国家间和平的原因，即民主国家内部非武力威胁且和平解决冲突的文化、意识和行为准则、权力制衡的制度性结构的约束。因而随着民主在全球范围内的扩展，和平的区域也在不断地增大。此外，国际组织在维系和平中扮演着显著的角色。全球化所产生的一体化以及透明度，会鼓励对多边制度的更多参与，从而减少威胁的认知。但民主是否一定就能促进和平，何谓民主在国际社会尚存在不少争议。

3.2.2　全球化与冲突

全球化不仅能产生稳定、繁荣与政治秩序，也能够导致政治暴力与冲突，如国家间冲突、全球化所产生的新战争、新军事干涉、针对难民以及反全球化抗议者的新暴力形式、恐怖主义、大规模杀伤性武器的扩散网络、私人军事公司的兴起等（Devetak etc.，2007）。全球化不仅反映了现有的不平等和等级模式，而且产生新的包容和排斥模式以及新的赢家和输家。这种不平等推动了原教旨主义和进攻性民族主义的发展。伴随经济全球化进程，经济发展的不平衡和贫富差距更为扩大。当资源分配以及武器效能不均衡时，战争或冲突就更日益发生（Stauvermann，2002）。全球化也产生了恐怖主义、非法移民、贩毒、网络犯罪等新的威胁。特别是全球化促使恐怖主义组织较容易地获得武器，也促使恐怖主义组织能够超越地理空间的限制。

专栏 3.2　相互依赖、不平等与冲突

虽然相互依存概念假定社会或政治行为者在权力关系上是对称的，但是全球化概念承认存在等级和不平衡，也就是全球分层过程的可能性。整合也有非常专门的意思，因为它指的是经济和政治的统一过程，在这个过程中出现了共同体感，共同的命运以及共同的治理制度。……正如布尔和布赞所说，相互联系的不断加强既是强烈冲突（而不是合作）的根源，也是共同忧虑和深刻敌意的结果。

——戴维·赫尔德等著，杨雪冬等译：《全球大变革》，社会科学文献出版社 2001 年版。

全球化和平论者提供了对一个貌似合理的和平国家的世界自由主义视角，却阻碍了对时下更深刻的政治暴力的关切，即内部冲突（Richardson，2001）。全球化并未能阻止内战、内部威胁以及恐怖主义等非常规冲突的爆发。全球化加速了传统与非传统安全问题的经济根源，而经常导致政治暴力的产生。2001 年 9·11 事件以及全球范围内无数的内战凸显了非常规冲突的暴力现象。非洲、亚洲、南美以及东欧的内战击碎了世界的平静以及全球化所产生的和平效用假设（Wallensteen & Sollenberg，2001）。全球化提高了国家对经济冲击的脆弱性而加剧了国内社会冲突，从而促使国内社会冲突有可能演变为军事冲突。当然部分学者对此提出质疑，认为全球化促进了经济发展，减少了贫困，而减少了内部冲突的风险。特别是，全球化影响到长期或短期的增长，只是间接地影响到国内冲突的风险（Elbadawi et al.，2008）。很显然，他们并没有意识到全球化所导致的社会经济分化与贫富差距的扩大等社会经济不平等问题。

全球化既能影响国家内部的经济不平等，导致国家结构的碎片化与潜在的冲突。全球化还使发达国家与发展中国家间的不平等进一步加剧。发达国家和发展中国家之间相互依赖的程度增加，也意味着它们之间可能出现比较紧张的关系。冷战后，出现了一个与全球化、一体化相悖的趋势，即制度转型国家发生的民族分立、恐怖主义和领土、资源利益冲突越来越多，形成国际冲突一个新的突出特点。转型国家由于经历社会政治经济的巨大转变，不同程度上引发社会的震荡，过去的民族矛盾演变成现在的民族分立、领土、资源和利益冲突。这些冲突往往引来外部势力的介入，使得解决冲突变得更为复杂和困难（冯绍雷等，2001）。

3.3 全球化与安全

全球化不仅在经济方面，而且也在安全方面产生了决定性影响。全球化时代，外部威胁逐渐呈现出跨国形式。全球化促进了安全事务的国际化与区域化。与安全的区域化和全球化相并行的是，人们逐渐意识到传统的强调国家安全的安全观念在全球化时代已不再适应。在一个相互联系的世界秩序中，仅仅通过单边行动无法达到有效的安全，国家安全和国际安全从一定程度上是不可分割的。安全不再仅仅是按照国家地理疆界的防御来进行定义，而是根据集体防御和国际安全来确定。在安全方面有重要影响的非国家角色的数量也在增加，这主要指非政府组织和跨国公司。

3.3.1 个体安全、国家安全及国际安全

经济全球化进程逐渐抹杀了国内安全和国际安全的界限，很多国家和地区的安全问题，都因为无法排除外部世界的干涉和影响而更加复杂，国家安全与国际

安全间界限日趋模糊。安全已经超越了国家边界的限制而产生了全球性挑战，因而安全日益成为一个全球公共产品。许多国家也意识到单靠一国的单边行动无法实现国家安全。国家安全的威胁也更加分散，大规模杀伤性武器的激增与扩散对所有国家都构成了潜在的威胁。

在全球化推动下，传统安全的性质发生了变化，安全日益呈现出相互依赖的状态。自 17 世纪以来国际安全的重点集中于国家安全，安全就是意味着国家的边界、居民、制度、意识形态和价值标准不受侵犯。现在，世界上大多数国家越来越安全，但国家内部的人民和国际社会却受到越来越多的威胁。安全相互依赖既有可能带来积极性后果，也有可能导致消极性后果，尽管完全积极或完全消极性的安全复合体十分罕见（布赞，2009）。

国家安全和军事安全的概念正经历着一个重大的变革，即重点转向多边的或合作的防卫和安全机制，同时安全议程扩大到环境、文化等各种威胁。安全的含义从国家层面向内（人民）和向外（全球）两方面扩大了。与此同时，由于当代世界的推动力主要是经济行为而不是军事力量，高水平的国家安全更多地取决于世界水平的经济质量而不是军事准备，国家经济安全显得越来越重要。和平与安全问题日益不受各国政府的控制，维护国家主权和国家利益的方式方法在改变。

3.3.2　全球恐怖主义及跨国有组织犯罪

全球恐怖主义、大规模杀伤性武器的扩散以及跨国有组织犯罪对世界安全、稳定与发展构成了严重的威胁与挑战。从事武器、毒品和非法劳工贩卖活动的国际机构在增多，恐怖主义日益国际化，国际私人机构的日益增长也在安全方面产生了影响，虽然不直接，但同样具有决定性意义。政府必须守卫着任何地方，然而恐怖分子能够袭击任何一个具体目标。这些不对称性战争或不规则战争揭示出传统国防战略与政策的困境。在中东，美国的中东政策与反美恐怖主义、宗教极端主义和阿拉伯民族主义之间存在密切的互动关系。这样，在很多时候，国际社会用来解决问题的手段，往往就是产生这些问题的根源之一。工业和技术知识及其硬件扩散的产物，防止其扩散成为经典的集体行动问题，而需要世界范围内的共同行动。这就需要一种全球性的协调和合作机制来对付逐渐膨胀的威胁安全的恐怖主义以及跨国犯罪等活动。

国际恐怖主义是构成世界政治不稳定的重要因素，恐怖主义已经成为威胁国际安全的重要全球性问题。恐怖主义可能在全球的任何一个国家或地区出现，有着全球性的网络和资金的资助，并且利用互联网开展恐怖活动（李少军，2006）。国际恐怖主义具有无法预测以及史无前例的非国家行为体威胁的特点，不仅是对全球化的反应，而且受到全球化的推动（Cronin，2002/2003）。

3.3.3 区域安全、地区合作与联合防御

国际安全的区域化是当前世界军事和安全秩序的一个非常重要和突出特征。国家竞争的区域化和地方化模式加剧，地区层次在国际安全事务中的重要性日益增强。正如1990年海湾危机所表明的，战略上非常重要的地区的军事发展仍继续具有全球性意义。在安全的视域下，所谓“地区”就是指一个独立而重要的安全关系次体系：若干国家共存于这个次体系中，由于地理位置相近，它们的命运彼此联系在一起（布赞，2009）。

军事安全关系的区域化和全球化绝不是两个相互矛盾的过程，而是相互加强的关系。全球化导致权力向各地区的流散，它延续了去殖民化运动开启的、提升地区安全机理重要性的进程（布赞，2009）。位于欧洲的国际安全机制就是围绕着几个机构之间的复杂关系而建立起来的，这些机构包括北大西洋公约组织、欧盟以及欧洲安全与合作组织等。

在全球的许多地区，一种向联合防御和多边安全协议变迁的趋势在增强。在避免国际冲突、巨额成本需要，以及防御的技术要求和国内负担共同推动下，多边和集体的防御协议及国际军事合作和协调不断加强。联合国的维和行动和集体安全变得越来越普遍。各国日益倾向于在安全方面进行区域合作。在经济全球化推动下，加入区域一体化组织的国家，其政治行为不仅对内，而且对外也增加了透明度。这要求为国家利益而采取一体化的政治行为时，必须要向国内公众阐明其行为的目的性及后果；为国家利益而采取非一体化的单独行为时，则要向一体化组织的其他成员解释其原因及其补救措施。全球一体化在一定程度上改变了国家的行为方式。加入一体化进程的国家，往往不再以民族国家为中心去思考问题，而是以共同体为中心去制定政策。

3.3.4　国际冲突、国家安全与私人安全

全球化破坏了战争与和平思想的两个基石，即战争与和平本质上是国家间关系的事务，这些国家是相似的单位。许多地区的冲突和紧张关系在逐步扩散，如欧洲和巴尔干半岛民族主义冲突和民族间紧张关系的复兴、南亚地区印度和巴基斯坦间的竞争等。冷战后的国际冲突呈现三个新特点：

- 冲突基本上是内部冲突，大多与生存有关而与政治无关；
- 死亡的多是平民，而非军事人员；
- 冲突异常激烈，往往发生大规模屠杀。

据卡内基防止致命冲突委员会统计，冷战结束后已有4万人死于暴力活动。全球化的纵深发展虽然能够避免世界大战，但在一个相当长的时间内无法解决全球范围内的贫富差距、就业竞争、金融风险、经济危机、政治动荡、民族纷争、宗教冲突、资源控制等一系列难题，而这些难题日益交织在一起，形成种种影响安全环境的不确定因素，这种种不确定因素又大多集中在发展中国家。当这些不确定因素在一定条件下激化，影响和妨碍到资本扩张这一发达国家赖以生存的基础时，新的战争形式，如非对称战争，高技术局部战争，就成为其解决危机的手段。

发达工业国家之间的传统战争和核战争的影响和成本如此之大，以至于发达工业国谁也不敢轻易挑起战争。然而发展中国家所面临的内部冲突和地区冲突却有增无减。这种内部的、多数是由种族引起的冲突是未来的最大潜在威胁。理查德·乌尔曼（Richard Ullman，1983）指出，我们习惯于从来自国境之外的军事威胁角度来看待国家安全，但是以军事威胁、军事安全为重点的看法会造成两种误导，即它忽略了近几年来危及许多国家稳定的非军事领域的威胁；并且对来自国家内部的威胁重视不足。

由于国家观念的薄弱、国家制度的不稳定，弱国家（Weak States）受到军事、政治、经济以及生态等领域的威胁而呈现出国内不安全的现象。政府总是试图按照国家边界建构民族，而由此导致的冲突不胜枚举，如尼日利亚、乌干达、布隆迪、埃塞俄比亚、苏丹、缅甸、索马里等国的内战或内乱。弱国家政府将会面临源自国内挑战其权威的严重威胁。这些威胁国内安全的形式多样，包括军事政变、游击队运动、分离主义运动、民众暴动、政治派别之争、内战、种族冲突、叛乱等。内部控制的崩溃也对地区安全产生破坏性后果，如叛军、极端宗教团体很少考虑国家边界问题。

国内政治的碎片化也使得国家在面对外部政治利益渗透时显得尤为脆弱。弱国家中，政府面临的国内威胁计划从来都无法同外部势力的影响截然分开，从这个意义上讲，弱国家的国内安全问题经常同其对外关系纠缠在一起（布赞，2009）。在某种意义上，每个国家都陷于威胁密布的空间中。这些威胁和国家的脆弱性相激荡并形塑着国家内部的不安全性。尤其是全球化时代个人安全与国家安全间存在着悖论。当国家与公民处于严重对立时，国内的紊乱状况使得国家安全概念很难得以适用，进而对国家的团结造成威胁（布赞，2009）。

3.4 全球化时代的国防

经济全球化既是近代与现代战争演进的社会背景，又是引发这些战争的根本原因之一。而经济全球化程度的提高，其对于遏制战争、促进世界和平与发展的作用也在增强（曹煜阳，2006）。

3.4.1 经济全球化与国防发展

全球化的发展与深化对于遏制战争、促进世界和平与发展的作用在增强，同时也导致国际恐怖主义以及跨国有组织犯罪的频繁发生和国内不安全状态的加深。

经济全球化进程中对霸权的争夺必然伴随着战争 为确立资本的统治地位，确保它可以畅通无阻地流动，就必须有强有力的支持力量；同时，各大国都力图保证本国资本获得优先权，这又决定了为获得优先权而产生对抗。这种在全球范围内争夺资源、市场、人才、资金等关系国家生存和发展的制约因素的经济斗争，反映在政治上就是争夺霸权的斗争，而政治斗争发展到不可调和的阶段必然引发战争。

经济全球化进程中世界战略格局的调整往往以战争为最终手段 在以武力推动全球化的过程中，世界战略格局逐步发展并形成，同时世界战略格局的重塑和改造又往往以战争为手段和媒介。经济全球化过程中，各个资本主义国家间的经济发展是不平衡的，这种不平衡主要体现在由于资本主义制度在这些国家确立的时间和发展的速度不同，导致新兴资本主义强国要求凭借实力重新划分世界势力

范围。这种争夺政治军事霸权从而保障其经济主导权的斗争不是政治协商和外交斡旋所能从根本上解决的，它最终要诉诸武力，靠实力的较量确立新的格局。

经济全球化进程使战争作为发达国家维护利益的手段得以强化　为扫除自身经济利益实现的各种阻碍力量，发达国家始终会把武力作为最终选择。经济全球化向纵深发展虽然能够避免世界大战，但在一个相当长的时间内无法解决全球范围内的贫富差距、就业竞争、金融风险、经济危机、政治动荡、民族纷争、宗教冲突、资源控制等一系列难题，而这些难题日益交织在一起，形成种种影响安全环境的不确定因素，这种种不确定因素又大多集中在发展中国家。当这些不确定因素在一定条件下激化，影响和妨碍到资本扩张这一发达国家赖以生存的基础时，新的战争形式，如非对称战争、高技术局部战争，就成为其解决危机的手段。

经济全球化进程使经济因素制约战争的作用不断加强　经济联系超越国界以后，全球范围内的经济运行具有了自身的规律，它会以不可阻挡的趋势突破原有的民族、文化、意识形态限制，这不仅使全球经济呈现出新的发展前景，而且使人类历史的演进获得新的起点，经济发展对战争的制约作用愈加明显。

经济全球化的过程很大程度上就是资本主义生产方式在全球范围内的扩张过程，而资本主义扩张又与战争和暴力相伴而生，这就促使逐步形成的民族国家不得不在盛行“丛林法则”的国际社会筑起一道维护国家安全的屏障，从而形成带有不同历史时期历史烙印的国防发展阶段。曹煜阳（2006）对此进行了研究，并列出了经济全球化与国防发展阶段的关系（见表3.1）。

表3.1　　经济全球化发展阶段与国防发展阶段

资本主义制度发展阶段	经济全球化发展阶段	军事革命	战争发展阶段	安全观念发展阶段	国防发展阶段
原始积累与自由资本主义阶段	殖民经济与竞争经济－序幕阶段	火药化军事革命	殖民战争、争霸战争	军事安全观	武力性国防
垄断资本主义阶段（国内垄断阶段）	垄断经济－全面展开阶段	机械化军事革命	集团战争冷战	总体安全观	总体性国防
全球资本主义阶段（国际垄断阶段）	跨国经济－波动发展阶段	信息化军事革命	高技术有限战争	综合安全观	综合性国防

资料来源：曹煜阳，《经济全球化与当代中国国防》，军事科学出版社2006年版，第30页。

武力性国防是与经济全球化的萌芽和序幕阶段相适应的国防发展阶段。火药化军事革命的推动，坚船利炮开始成为早期资本主义国家开展殖民战争与争霸世界的利器，这一阶段的国防行为也主要依靠武力较量，依靠无限制地使用暴力，崇拜以力量优势打垮对手。

随着资本主义制度向垄断阶段发展，资本主义国家实现了机械化军事革命，这一时期与经济全球化相伴的是帝国主义以隆隆的炮声向世界范围拓展。冷战的爆发虽然暂时阻碍了经济全球化向社会主义国家的渗透，但经济全球化通过两次世界大战和冷战已成为一种历史潮流，任何力量已无法阻挡，没有一个国家或民族能长久地脱离它的存在和影响。与之相适应，这一阶段的国防也从单纯武力性国防演化为总体性国防，它在坚持以武力为核心的同时，也强调战争是国家政治、经济、军事、精神、心理等综合因素的较量，但仍将战争作为国防的首要乃至唯一手段，主张倾全力进行战争准备，实行总体战。

伴随冷战的结束，资本主义已从国内垄断阶段发展到国际垄断阶段，经济全球化已经渗透到人类生活的方方面面，军事领域的信息化革命也使战争的形态发生了快速的变化，国防也改变了以武力为中心的状态，形成协调运用政治、经济、军事、文化等多种手段保卫国家安全的综合性国防。

经济全球化一方面在许多领域缓和了世界范围内的矛盾和争端，特别是大国之间，国防力量更多地是作为一种威慑力量而存在，这种趋势有弱化国防建设的趋势；另一方面，经济全球化的拓展又加剧了世界范围内动荡与不安定因素，使世界战争与和平局势以及国家生存和发展面临许多新的危险，这又需要强化国防建设。因此，深入考量经济全球化对国家安全和国防建设的影响就十分重要。对此，有学者认为“经济全球化将以有力的方式影响未来国际安全事务如何演变；它会以直接或间接的方式决定未来是战争还是和平；结果，它不仅会影响美国经济政策，而且会影响美国全部对外政策与国家安全战略，包括国防战略与军事力量”（Kugier，2001）。俄罗斯学者克利缅科（2003）认为“今天，不考虑全球化，就不能对世界中期乃至长期形势做出任何严肃的分析。不考虑全球化，就不能预测、确定和评估任何一个大国的政策，包括军事政策，以及军事战略。从科学的观点来看，应当把全球化当作分析和制定国家在经济、政治、军事等所有基本活动领域的发展战略的方法论”。

3.4.2　全球化时代的国防合作

全球化时代国家的国防管理和防卫政策制定不再完全是一个国家的事情。北约和它附属的许多机构和委员会，及其他有关的多边组织和机制（欧洲安全与合作组织，联合国裁军会议、导弹技术控制机制等）与跨政府或跨国家的官僚、军事、国防工业和专家网络的扩散，对国防政策过程和跨国界的国防管理都有着很大的影响。

多边防务和安全机制的发展使得政府在使用武力或武力威胁方面的决策变得错综复杂。条约义务、军事和防务承诺、军事能力、后勤和军队的连锁性质，国际化的国防生产与武器采购以及其他因素改变了政治环境和涉及国防政策所有方面的成本与利益的国家决策政治学。尽管对绝大多数发达资本主义国家来说，与关于国家安全的最关键的决策相连的国家主权，无法被一个更高的权威所掠夺，但就军事和安全事务进行的决策，在某种程度上被国家卷入世界军事秩序的当代模式所削弱。在实践中，现存的军事和安全关系、义务和责任影响着不同政策选择的成本和收益。

全球化时代联盟协定的制度化趋势并没有减弱，只是更强调加强和扩展区域合作安全或多边防御机制，特别是欧洲安全与防务政策。北大西洋公约组织不仅没有随着冷战的结束而解体，反而已经扩展到一些前华沙条约成员国，如波兰、匈牙利和捷克共和国等。

国际安全协商与协调机制将安全与防务事务更加紧密地整合在一起而超越了单一民族国家的防务。尽管国际安全机制的权威有限，却也深深地嵌入到世界大多数国家的安全与国防实践之中。在全球化的背景下，世界各地区区域关系的制度化速度有了显著的加快，如美洲、亚太地区以及非洲等。在各种区域化进程的推动下，地区安全对话机制也日益发展，如制度化的东盟地区论坛、亚太安全合作理事会。

3.4.3　全球化时代的国防战略

全球化导致了新的冲突与威胁，产生了新的安全挑战。民族国家的式微意味着用大规模现役部队从事的传统战争可能已经成为过去（奥斯特罗姆·莫勒，

2003)。随着安全与威胁的变化，部分导致了国防战略的转向，这在一定程度上远离了传统上的联盟、威慑与遏制等国防战略。

威胁来源的不确定性增加了国防战略的困境。在恐怖主义及大规模杀伤性武器逐渐成为威胁的主要来源时，就不能简单地以常规武器与战略进行应对。某种程度上，威慑战略并没有有效地应对革命、游击战、恐怖主义等非常规威胁或冲突，威慑、高压等传统战略需要得以扩展（Knott et al.，2004）。如国家防务战略中的以公民为基础的防务（civilian-based defense）就是一种不使用武力的威慑手段，反而是依赖于社会公民成员来捍卫其领土、制度以及共同价值观（Vogele，1993）。大国现在不可能彼此兵戎相见，但更可能干预弱国家、民兵组织、恐怖主义等冲突。国际防务而不单纯是国家防务成为国防战略的新特征，因而危机管理、战斗能力的维持、海军力量的海外需求等成为国防战略的新内容。既有的战略思想与理性威慑并不完全适合全球化所产生的安全环境以及国防战略（Cha，2000）。全球化时代国防战略更强调维护和平、预防战争或冲突、谈判、伙伴、地区冲突管理。国际体系无政府结构的持久性预示着传统国防的重要性并未下降，国防政策仍然带有冷战时期国防思想的痕迹。

与传统国防战略优先关注国家安全不同，全球化时代的国防政策更多地强调国家安全的相互依赖性，如非挑衅性防御。认为国防政策必须适应日益加强的相互依赖状态，必须超越传统的、以国家军事政策为核心的国防战略。

关键术语

全球化　国家利益　国家安全　国际制度

课后思考

1. 简述国家利益的几种表达模型。
2. 全球化如何影响着国际社会的冲突与和平？
3. 简述全球化与安全间的关系。
4. 简述全球化对国防的影响及其战略意义。

参考文献

曹煜阳：《经济全球化与当代中国国防》，军事科学出版社 2006 年版。

冯绍雷等：《全球化背景下的国际冲突与发展中国家的安全》，载《世界经济与政治》

2001年第7期。

李少军：《当代全球问题》，浙江人民出版社2006年版。

阎学通：《中国国家利益分析》，天津人民出版社1996年版。

张宇燕、李增刚：《国际经济政治学》，上海人民出版社2008年版。

［英］巴里·布赞著，闫健等译：《人、国家与恐惧》，中央编译出版社2009年版。

［英］戴维·赫尔德等著，杨雪冬等译：《全球大变革：全球化时代的政治、经济与文化》，社会科学文献出版社2001年版。

［美］杰克·斯奈德：《民主化、民族主义与战争》，载《国际政治研究》2007年第4期。

［美］卡普兰：《国际政治的系统和过程》，中国人民公安大学出版社1989年版。

［俄］尼古拉·阿克塞拉：《经济政策原理：价值与技术》，中国人民大学出版社2001年版。

［美］罗伯特·吉尔平：《世界政治中的战争与变革》，中国人民大学出版社1994年版。

［俄］克利缅科：《全球化及其对军事政策和军事战略的影响》，《世界军事参考》2003年第79期。

［丹麦］奥斯特罗姆·莫勒著，贾宗谊等译：《全球化危机?》，新华出版社2003年版。

Cha, V. D., 2000, "Globalization and the Study of International Security", *Journal of Peace Research*, 37 (3): 391 ~ 403.

Cronin, A. K., 2002/2003, "Behind the Curve: Globalization and International Terrorism", *International Security*, 27 (3): 30 ~ 58.

Devetak, R. and Hughes, C. W., 2007, *The Globalization of Political Violence: Globalization's Shadow*, Routledge.

Elbadawi, I. and Hegre, H., 2008, "Globalization, Economic Shocks, and Internal Armed Conflict", *Defence and Peace Economics*, 19 (1): 37 ~ 60.

Knott, M. A. R. and British Army, 2004, "Does 9/11 Mark the End of Deterrence and the Birth of 'Detercion'?" *Defence Studies*, 4 (1): 40 ~ 63.

Kugier, R. L. and Frost, E. L., 2001, *The Global Century: Globalization and National Security*, Vol. 1, National Defense University Press.

Oneal, J. R. and Russett, B. M., 1997, "The Classical Liberals Were Right: Democracy, Interdependence and Conflict, 1950 ~ 1985", *International Studies Quarterly*, 41 (2): 267 ~ 293.

Polachek, S., C. Seiglie and Xiang, J., 2007, "The Impact of Foreign Direct Investment on International Conflict," *Defence and Peace Economics*, 18 (5): 415～429.

Richardson J. L., 2001, *Contending Liberalism in World Politics: Ideology and Power*, Boulder and London: Lynne Rienner Publishers.

Russett, B., J. R. Oneal and D. R. Davis, 1998, "The Leg of the Kantian Tripod: International Organizations and Militarized Disputes, 1950 - 1985", *International Organization*, 52 (3): 441～467.

Stauvermann, P., 2002, "Why is There So Much Peace?" *Defence and Peace Economics*, 13 (1): 337～360.

Ullman, R., 1983, "Redefining Security", *International Security*, 8 (1): 129～153.

Vogele, W. B., 1993, "Deterrence by Civilian Defense", *Peace & Change*, 18 (1): 26～49.

Wallensteen, P. and Sollenberg, M., 2001, "Armed Conflict, 1989～2000", *Journal of Peace Research*, 38 (5): 629～644.

第4章 传统安全与非传统安全

冷战结束后，大国之间的安全关系发生了深刻变化，军事力量作为维护安全的手段虽已越来越接近于极限，但传统安全的地位仍然重要；另一方面，随安全威胁来源的增加，安全问题也正在发生着深刻变化，非传统安全威胁迅速上升且更加突出，已成为当今世界各国普遍关注的一个重大而紧迫的战略问题。

本章对传统安全与非传统安全进行讨论。第一节讨论国家安全与传统安全；第二节讨论新安全观与非传统安全；第三、四节分别讨论非传统安全中比较重要的经济安全与战略资源安全。

4.1 国家安全与传统安全

冷战结束，国际社会面临的安全环境和安全形势发生了转折性变化，但世界的两大基本问题——和平与发展，依然没有解决。过去，安全只与战争和和平紧密相关。如今，安全又与稳定和发展相互关联。

4.1.1 国家安全

如同“国家利益”和“国家战略”一样，《自威斯特伐利亚条约》①

---

① 《威斯特伐利亚条约》是具有现代意义的第一个国际关系条约，该条约签订于1648年10月24日。条约的签订，宣告了30年战争（发生于1618～1648年间，由神圣罗马帝国内战演变而成的、全欧参与的一次大规模国际战争）结束。《威斯特伐利亚条约》被认为是近代国家主权概念和民族国家形成的标志。

之后，完整的“国家”概念和实体出现，随之在主权原则和相应的国际条约基础上，现代国际关系开始逐步形成。“安全”与“国家”概念紧密相连，人们谈论安全时，一般指的也就是国家的安全。从17世纪后半叶至20世纪，战争一直伴随着现代国家发展的进程。因而，安全更是国际政治、国防经济以及各国政府对外政策与军事战略关注的核心命题。何谓“国家安全”？学术界迄今为止尚无一致定见。美国学者曼戈尔德（Mangold，1990）考证后认为“国家安全”的现代用法最早出现在美国专栏作家沃尔特·李普曼1943年出版的《美国外交政策》中。1947年美国通过《国家安全法》，这是“国家安全”一词首次见诸于法律文件。依据该法，时任美国总统杜鲁门设立了国家安全委员会。此后，“国家安全”开始频繁出现在各国政府的政策文件、机构和法律条文中，成为国际政治中的一个常用概念（李少军，2007）。

由于对“安全”含义的不确定性理解，从事有关国家安全研究的一些著名的学者，如布赞（Buzan）、费雷（Frei）、杰维斯（Jervis）等甚至认为，不同行为体、不同场合、不同时代，面对不同问题，人们会对“国家安全”作出不同的解释，因此任何一个概念的界定，都难免以偏概全，所以并不主张给“国家安全”下一个普遍适用的定义，而主张联系具体情况来解释“国家安全”。美国学者多伊奇（1992）也认为，安全没有确切的定义，认为“安全意味着和平与和平的维护，但是，由于安全作为一种价值，同时享受其他价值的方式和条件，所以它的含义往往是不明确的”。尽管面对很多挑战，学术界还是不畏艰难，从不同的认识和层面给“国家安全”下了一些不同的定义。这里给出几种有代表性的提法：

国家安全是一种能力；保持国家的统一和领土完整，基于合理的条件维持它与世界其他部分的经济联系，防止外来力量打垮它的特质、制度和统治，并且控制它的边界。（布朗，《思考国家安全》）

现代社会科学家谈到这个概念时，一般是指一个国家保护它的内部社会制度不受外来威胁的能力。[《国际社会关系百科全书》（美国）]

……最重要的国家安全利益是生存，即国家的生存。要保证一定程度的独立、领土完整、传统的生活方式、基本制度、社会准则和荣誉等不受损害。（柯林斯，《大战略》）

保卫国家安全，即保卫现行国家制度、社会制度、领土不可侵犯和国家独立不受敌对国家的间谍特务机关以及国内现行制度的敌人破坏所采取的措施的总和。[《大百科全书》（苏联）]

综合来看，国家安全就是一个国家没有危险的客观状态，也就是国家既没有外部的威胁和侵害，又没有内部的混乱和失序的客观状态。国家安全的这一基本含义涵盖以下几方面的内容：

- 国家安全是国家没有外部威胁与侵害的客观状态；
- 国家安全是国家没有内部混乱和失序的客观状态；
- 只有在同时没有内外两方面危害的条件下，国家才安全，因此只有这两个方面的统一，才是国家安全的特有属性。

4.1.2　传统安全

在国家安全领域，政治与军事安全一直是国家安全的重心所在，这与近代民族国家产生和国际关系体系形成的基础直接相关。近代国际关系体系是以国家作为“单一实体”为基础构成的，政府、国民、领土和主权是“国家”是否存在和能否得到国际承认的基本要素和标准。保障国家安全的核心就是维护国家主权和国家利益，维护政治安全和军事安全。国家是否安全的基本衡量标准就是这两者是否受到威胁和侵害。

传统国家安全观以政治和军事安全为中心，这也是与人类社会生产力的发展和国际社会大环境的演变分不开的。自民族国家和近代资本主义产生以来，国家最大的财富是人口和领土，国家安全所捍卫的最大利益是保证自己的国民与领土不受外来侵犯。为此，面对他国的威胁和入侵，加强军事力量建设便顺理成章。随着以大机器生产为标志的近代资本主义社会生产力的迅速发展，近代列强对能源、市场和利润的欲求逐渐增大，开始在全世界进行大规模的帝国主义扩张，通过殖民战争掠夺人口、领土、资源和市场，划分势力范围。无论是扩张、争夺或保护殖民地和势力范围，军事实力和战争方式都是重要手段。“一战”正是殖民列强国扩张争夺的恶果，纳粹德国、意大利和法西斯、日本军国主义的侵略扩张又引发了第二次世界大战。“二战”结束后不久，国际社会进入以美苏为首的两大军事集团——北约和华约对峙的冷战时期，军事力量、军事同盟的作用进一步被提升，世界笼罩在核战争的阴云之下。可以说，在整个冷战结束之前，以政治和军事安全为主要内容的国家安全观一直占据主导地位。

对军事安全在国家安全中的地位和重要性，“现实主义”政治学派在理论上曾有过精彩的解释。“现实主义”认为，国家是国际社会的行为主体，在国际社会缺乏一个至高无上、可协调、约束各国关系的“超国家”权力机构存在，国际社会处于“无政府”和“丛林法则”的情况下，权力、实力是理解国际关系的关键，国家存在的根本目标就是不断增强自身的权力和实力，以求维护自身的安全。由于各国都致力于追求自己的最大利益和国际社会本身的无政府状态，国家间冲突不可避免，战争或对战争的预期决定了国家的行为。面对冲突和战争，实力强大的国家总容易获胜，而衡量一国实力强大与否的重要标准就是看其军事实力是否足够强大。这时经济实力虽也很重要，但它实际上是为军事实力服务的。因而，现实主义学派国家安全观的核心内容就是保护国家主权和国家利益。基于这种认识，在整个20世纪，传统大国和一些地区性大国都十分重视自身军事力量发展，把军事安全放在国家安全的首要位置。这种局面直到冷战末期和冷战结束后才出现重大改观。因此，冷战结束后在人们对国家安全、国际安全和全球安全问题加以重新认识时，冷战时期的安全观就被称为传统安全观（陆中伟，2003）。

4.2 新安全观与非传统安全

随着冷战的结束和国际社会面对的共同威胁变化，非传统安全成为与安全研究有关的一个重要组成部分。一个比较明显的变化是与非传统安全有关的问题现在受到有关国家安全问题机构的高度重视。

4.2.1 新安全观

随着当代安全环境的变化，人们对安全的内涵进行了重新认识。除传统安全观之外，又出现了其他种种安全观。这些观念将恐怖主义、有组织犯罪和疾病等也列为安全威胁，这些因素与经济、政治、社会和环境领域的风险因素紧密相关，这不仅拓宽了可能出现的威胁范围，而且考虑了全球安全、次国家团组和个人等方面的因素，深化了对安全威胁目标的认识。

这种新安全观的内涵超越了军事力量的攻击，将新的风险和威胁纳入国家安全范畴，催生了诸如国土安全、功能安全和环境安全等概念，试图构建一个使人可以生活在没有恐惧和贫困状态下的社会框架，但这也很难有使全球普遍接受的安全定义。现实主义理论侧重种种国际问题，强调冲突；跨国公司和全球主义者

则强调经济的作用和维护现行的经济体系；新兴的人的安全观则突出个人以及地球的生存条件。另外，风险分析日益成为解决安全问题的一种补充方式，以解决不同类型安全观之间的矛盾。表 4.1 列出了联合国高级别名人小组等五个研究项目从不同理论角度作出的对不同安全威胁和风险的认识。

表 4.1　　2004～2006 年安全威胁和风险专题研究

安全客体/研究目的	确定重大威胁和风险
联合国高级别名人小组：《一个更加安全的世界：我们共同的责任》，2004 年	
集体安全 建议采取集体方式应对全球的、国家的、地区的以及人的安全威胁的挑战。	经济和社会：贫困、传染性疾病、环境恶化； 国家间冲突； 国内冲突：内战、大屠杀、其他大规模暴行； 核武器、放射性武器及生化武器； 恐怖主义；有组织跨国犯罪。
2004 年美国国家情报委员会：《规划全球的未来》，2004 年	
美国国家安全 分析从现在到 2030 年前可能需要美国采取政策行动的形势动向。	**不安全趋势：** 国际恐怖主义、日益严重的国内冲突、正在崛起的大国、大规模杀伤性武器。 **非安全趋势：** 全球化：日益增长和一体化的全球经济、技术革命，社会不平等；变动中的地缘政治格局：崛起的亚洲及其他崛起大国、老牌强国，日益增长的能源需求、美国的单极霸权。
人的安全研究中心：《人的安全研究报告 2005》，2005 年	
人的安全 审视全球政治暴力及其后果	武装冲突； 种族灭绝和“政治谋杀”； 难民潮； 军事政变； 践踏人权； 国际恐怖主义。
世界经济论坛：《2006 年的全球风险》，2006 年	
公司安全 评估对全球商业的系统性风险及其对市场和工业可能造成的影响	经济：能源供应、债务、美元、中国、关键性基础设施； 社会：规则、公司治理、知识产权、有组织犯罪、全球流行病、工业国家的慢性疾病、发展中国家的传染病； 环境：热带飓风、地震、气候变化； 技术：技术融合、纳米技术、电磁领域、普适计算； 地缘政治：恐怖主义、欧洲的游离、热点地区。

续表

安全客体/研究目的	确定重大威胁和风险
欧盟安全问题研究所：《新的全球之谜》，2006 年	
国家和人的安全 分析未来欧盟安全政策的发展趋势	人口趋势； 经济趋势； 能源趋势； 环境趋势； 科学和技术。

资料来源：《SIPRI 年鉴 2007》，时事出版社，2008 年 5 月。

布朗大学沃森国际问题研究所（SIPRI，2007）认为，不同的安全观可以用一个矩阵来表示（见图 4.1），该矩阵横向排列表示不同类型的安全威胁，左侧纵向表示各种安全观客体，阴影表格代表传统的国家安全观。矩阵中的横向和纵向所列并非是固定不变的，已知的安全威胁不仅包括军事威胁，也包括政治、经济、社会、环境和生态威胁。安全指涉客体是受到威胁而需要保护的人或物，其范围涵盖甚广，从全球安全、集体安全及与阶级、宗教、种族相关的次国家安全到个人安全。

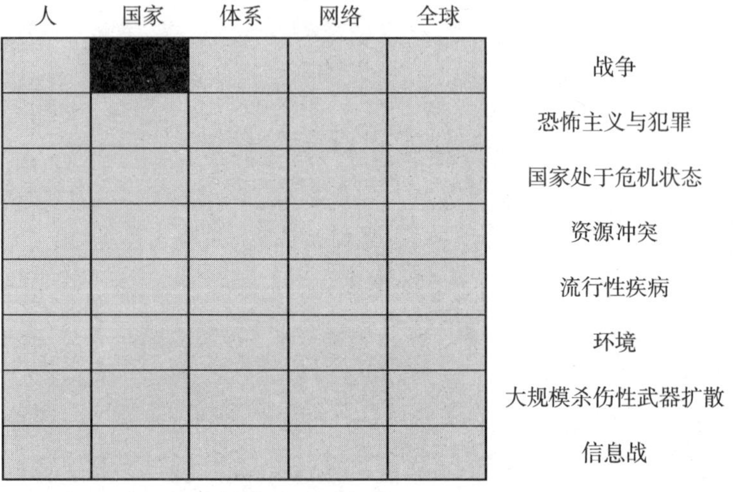

图 4.1　安全矩阵的典型样式

资料来源：布朗大学沃森国际问题研究所，http：//www. globalsecurityrtlatrix. org/；《SIPRI 年鉴 2007》，时事出版社，2008 年 5 月。

该安全矩阵中，不同单元表示不同的安全观，也代表不同的威胁和指涉选择，因此要求通过不同的手段或介入方式来应对安全威胁和风险。不同安全观之间的选择常被视为是一种“零和游戏”，即认为一种行为体（如国家或政权）在受某一类威胁时安全的提升会降低另一种行为体（如该国的宗教或少数族裔，甚至其所有或部分公民）在另一个层面上的安全。在当代安全环境中，个人和其他次国家层面上的安全日益成为国际体系中损害国家安全的重要关切，而与此同时，其他的感知威胁也在不断显现。在这样的环境中，传统的安全分析在很大程度上无法应对一概由此产生的零和思维的危险，因此认为传统的安全分析不足以正确分析各种安全问题。

专栏4.1　美国外援与非对称国家安全

战争并不是国家安全的唯一威胁，军队也不是确保国家安全的唯一工具。在美军如今同时要应付伊拉克和阿富汗两个战场，正疲于奔命的情况下，面对贫穷、大规模传染病等可能跨国界的威胁，不少美国人开始思索以非传统的方式增进美国的国家安全。

……

目前，美国对外援助的大部分用于反恐、禁毒、反大规模杀伤性武器扩散以及国家战后重建。为了短期的战略利益，美国不得不同一些他们认为不透明、靠不住的，甚至极权国家（Repressive Countries）合作，布瑞拉德指出，这种功利联姻同将美国外援用于开放的、民主国家的长期目标相左。

“美国的外援政策经常同美国的国家安全利益相矛盾。”布瑞拉德指出，“在冷战时期，美国经常支持一些极权国家，没有达到改善国家安全的目的，反而危害到美国的利益。”

布瑞拉德认为，美国给巴基斯坦的外援问题就处于这种矛盾当中，经常取决于国家安全指数（National Security Meter）。为了赢得巴基斯坦在反恐问题上的支持，美国给予巴基斯坦大量援助，比如在2006年，美国国际开发署就向国会申请给予巴基斯坦3亿美元的援助。但美国有不少人认为巴基斯坦同埃及一样，不是民主国家，因此政府不应对其进行援助。

美国全球发展中心（Center for Global Development）高级研究员斯蒂芬·瑞德里特（Stephen Radelet）告诉《华盛顿观察》周刊说，美国出于短期的政治和战略考虑，往往将更多的援助给那些发展程度更高的国家。现在美国给印度的外援人均为每年6美分，但埃及却达到每年人均24美元。根据联合国开发计划署的数字，在2003年，埃及人均国民生产总值为1220美元，印度为564美元。

"有些国家因为处在一个好地方，或有重要的战略地理位置，或者拥有重要的战略资源如石油，因此受美国援助的青睐，如埃及、土耳其和中东富油国家。"瑞德里特指出，"而在低收入国家，可能美国援助使用效率更低，但即便如此，美国仍然应该重视它们，帮助它们发展。"

瑞德里特指出，今后为了促进落后国家的经济发展，美国必须增加对它们的经济援助。美国每年给中等收入国家的人均援助额为10.5美元，是给予低收入国家的3倍。根据世界银行的标准，世界上高收入的国家人均国民生产总值为9266美元（2000年标准）以上，中等收入国家的人均国民生产总值为756~9265美元之间，低收入国家人均国民生产总值在756美元之下。

但布瑞拉德仍然不忘提醒，美国的国家安全利益至上，并不是所有需要援助的国家都能得到美国的援助。

——栗德金：《华盛顿观察》，2006年第37期。

4.2.2 非传统安全

在越来越多的国家，疾病、经济、环境越来越多地进入国防和国家安全部门视野，成为国家安全不得不重视的一个方面。

专栏4.2 "猪流感"蔓延，美进入公共卫生紧急状态

星期日，美国证实已出现了20例人类感染"猪流感"病例。美国国土安全部长珍妮特—纳波利塔诺宣布，美国进入公共卫生紧急状态。同时，美国总统国土安全助理布瑞南表示，政府已加强了对病情的监控，认为目前最重要的是关于疫情信息交换的通畅和医疗监督的全面启动。

美国国土安全部宣布美国进入公共卫生紧急状态。国土安全部长纳波利塔诺说："这听起来比实际的严重，这是标准的行动程序，使我们能调动联邦和地区机构以及他们的资源来防范和缓解疫情，并能允许我们特别是对幼

儿进行医药和诊断测试，并增加资金来获得更多的抗病毒药物。”

美国总统国土安全助理布瑞南在新闻发布会上表示：“现在，最重要的是保证信息交流的活跃和医疗监督全面启动，这能保证快速认定和广泛通知美国和墨西哥可能出现的任何新的病例。”

据美国联邦疾病防治中心代理主任贝瑟证实，美国已出现 20 例猪流感病例，分布在 5 个州，有 8 例在纽约，但病情都比较轻微。随着进一步搜寻病例，可能会发现更多，但也有好消息，那就是只有 1 例患者需要住院治疗，其他的人都痊愈了。

另外，白宫发言人罗伯特星期日在接受 NBC 电视台采访时表示，总统奥巴马正定期听取卫生和国土安全官员的情况汇报，他呼吁美国民众不要惊慌。他说：“公众们了解到我们正采取适当的预防措施来解决发生的任何事情，这一点是非常重要的。现在不是惊慌的时候。”

——中国新闻网，2009 年 4 月 27 日。

对什么是传统安全，什么是非传统安全，中国学者查道炯（2006）认为，可能成为最大公约数的结论是：“传统安全”主要指以国家为基本出发点和中心参照点，找出维持一个国家的生存所必须面对以及可能遇见的威胁，提出应对这些威胁的有效手段的分析。这个公约数的核心是：为了使一个国家的领土和主权免受威胁，通过观察国与国之间军事力量的对比，思考单边武装力量建设的程度，结合分析如何在双边、多边和全球层面通过军事和非军事手段的结合，以求得建立在自身安全基础上的地区和全球范围内的和平。

显然非传统安全威胁，是相对于传统安全威胁而言的。一般认为，非传统安全威胁是指除军事、政治和外交冲突以外的其他对主权国家及人类整体生存与发展构成威胁的因素。主要包括：经济安全、金融安全、生态环境安全、信息安全、资源安全、恐怖主义、武器扩散、疾病蔓延、跨国犯罪、非法移民、海盗、洗钱等形式。非传统安全威胁与传统安全威胁相比，主要有以下突出特点：

跨国性　传统安全威胁通常以国家为界，而非传统安全威胁从产生到解决都具有明显的跨国性特征。首先，非传统安全威胁，不仅是某个国家存在的个别问题，而且是关系到其他国家或整个人类利益的问题。例如，地球臭氧层的破坏、生物多样性的丧失、严重传染性疾病的蔓延等，都不是针对某个国家或某个国家集团的安全威胁，而是关系到全人类的整体利益。

其次，非传统安全威胁，不仅对某个国家构成安全威胁，而且可能对别国的国家安全不同程度地造成危害。例如，在过去20多年里，世界各国发生过100多次金融波动、震荡和危机，其中不少都是始于一个国家，而最终波及整个地区、乃至全球。2008年9月，美国次贷危机所引发的国际金融“风暴”表现得尤为突出，已经发展成为“百年一遇”的金融危机。

最后，非传统安全威胁，不一定来自某一主权国家，往往由非国家行为体的个人、组织或集团所为。例如，以“基地”组织为核心的国际恐怖组织就分散在全球60多个国家，其结构呈网络状，彼此并无隶属关系，但借助现代社会信息网络等手段，却能遥相呼应、紧密联系、灵活行动，构成了全球性的安全威胁。

多样性 传统安全威胁主要集中在政治、军事、外交等领域，形式较为单一。而绝大部分非传统安全威胁属于非军事领域，涉及经济、社会、文化等诸多领域，类型众多。例如，能源危机、资源短缺、金融危机、非法洗钱等主要与经济领域相关，有组织犯罪、贩运毒品、传染性疾病等主要与公共安全领域相关，环境污染、自然灾害等主要与自然领域相关，这些都不是传统安全威胁所关注的领域。有些非传统安全威胁虽具有暴力性特征，但也不属于单纯的军事问题。例如，恐怖主义、海盗活动、武装走私等虽然也属于暴力行为，并可能需要采取军事手段应对，但它们与传统安全意义上的战争、武装冲突具有很大不同，而且单凭军事手段也不能从根本上加以解决。

突发性 战争虽具有突然性，但总有一些征兆，通常有一个由矛盾集聚、危机升级至冲突爆发的过程，而非传统安全威胁缺少明显的预先征兆，其发生的时间、地点、样式具有很大的不确定性。有关资料统计显示，1990年以来全球有100多起影响较大的恐怖事件，都是在人们毫无防范的情况下发生的。从20世纪80年代出现的艾滋病，到近年来的疯牛病、口蹄疫、非典、禽流感等，当人们意识到其严重性时，已经造成了很大危害。人类对客观事物发展变化规律的认识还有局限性。例如，地震、海啸、飓风等自然灾害，其发生前并非全无征兆，但由于人类在探索自然方面还有许多未解之谜，加之全球经济、科技发展的不平衡，导致许多发展中国家缺乏对灾害的早期预警能力。

互动性 在非传统安全威胁与传统安全威胁之间并不存在一个绝对的、一成不变的界限，两者往往相互交织、相互影响，在一定条件下相互转化。许多

非传统安全问题是传统安全问题直接引发的后果。如战争造成的难民问题、环境破坏与污染问题。对一些传统安全威胁处置不当，很可能演变为非传统安全威胁。再如恐怖主义的形成，就与霸权主义所引发的抗争心态，领土、主权问题导致的冲突和动荡，民族、宗教矛盾形成的历史积怨等传统安全问题有着密切关联。对一些非传统安全威胁解决不得力，也可能诱发传统安全威胁领域的矛盾和冲突。

非传统安全所要表达的含义，最明显的层面是对全球范围内威胁来源的理解发生了变化。在“非传统安全”大框架下，可以包括许多方面，如经济、生态、环境、社会、文化以及人的安全等。非传统安全威胁与传统安全威胁之间的主要区别，可以从安全理念、安全主体、安全重心、安全领域、安全侵害、安全性质、安全价值中心、安全来源、安全态势、安全维护力量、安全维护方式、安全维护前提、安全维护内容、现有安全制度等方面进行比较（见表 4. 2）。

表 4. 2　　传统安全威胁与非传统安全威胁的比较

区　　分	非传统安全威胁	传统安全威胁
安全理念	广义安全观	狭义安全观
安全主体	国家行为体与非国家行为体	国家行为体
安全重心	人的安全、社会安全、国家安全	国家安全
安全领域	一切非军事武力的安全领域	军事安全、政治安全、外交安全
安全侵害	没有确定的敌人	有确定的敌人
安全性质	免于非军事武力威胁与贫困	免于军事武力威胁
安全价值中心	国民生存状态与人权	领土与主权
安全来源	不确定	确定
安全态势	短期不可预测	短期可预测
安全维护力量	全民性	非全民性
安全维护方式	跨国联合行动为主	一国行动为主
安全维护前提	认同的不一致性	认同的一致性
安全维护内容	全面综合性	片面单一性
现有安全制度	不适应	适应

资料来源：陈波，《军事理论教程》，解放军出版社 2009 年版。

显然，非传统安全与传统安全在多个层面都有交叉。传统安全并不排斥对经济、资源、自然环境等非军事因素的讨论。非传统安全也不可避免地要回到传统安全所重视的国家利益以及以国家为单位的国际事务行为者的作用上。

4.3 经济安全

国家维护安全、消除冲突，从根本上来说，是为了发展经济，提高人民生活水平。国家所维护的价值，经济繁荣无疑具有核心地位。就这一点而言，经济安全应该是人类社会所追求的首要安全。然而，长期以来，由于战争与冲突一直是国家关系中最常见和最极端的形式，而且国家的经济安全必须通过实现国家的政治安全和军事安全来保证，因此在通常情况下，政治和军事安全往往表现为传统安全模式中最重要的因素。

然而，军事安全毕竟只是手段而不是目的。自20世纪90年代以来，人们看到，国际安全的侧重点发生了很大变化，一个突出特点就是经济安全的凸显。由于两极对抗不复存在，世界大战的危险基本消除，因此经济关系日益成为国际关系中最突出的方面，和平与发展成了世界上多数国家所关注的主题。各国人民都希望能利用这个机遇结束动乱、发展经济、增强国力，而且大多数国家也具备了这样的条件。在新的历史条件下，国家所面对的是全球化的迅速扩展，国家间经济互动的日益增多，以及频频出现的经济领域的危机（特别是金融危机）、摩擦和制裁，这一切都使得国家维护经济安全日益成了国家在新时期的重要使命。

专栏4.3 经济自由与国家安全

经济自由与国家安全孰轻孰重、何者为先，历来都是经济学家和政客们争论不休的焦点，这样的争端即使在标榜“政治民主”与“经济自由”卫士的美国亦不能幸免。阿联酋迪拜世界港口公司2月13日以68亿美元并购英国铁行轮船集团全球业务，获得包括纽约、新泽西、巴尔的摩、新奥尔良、迈阿密和费城等6个重要港口的管理权。之后，相关各州的州长、议员们纷纷表示对由此带来的国家安全隐患的担忧。布什政府迫于各方压力，不得不秘密要求收购美国6个重要港口的阿联酋公司在美国批准这笔交易前，与美

国政府在未来的调查中“精诚合作”。

事实上，此种状况不乏先例。早的有20世纪80年代日本大举收购美国的不动产业务，如三菱不动产买下洛克菲勒中心80%的股权，引来美国各界关于国家经济安全的非议；近期中海油竞标加州联合石油横遭美国国会阻拦，借口还是国家经济安全。

这些案例无疑显露出美国对来自新兴发展中国家的资金流入感到不安和恐惧。这些资金流入与国家安全到底有何关系？美国恐惧感的由来到底何在？这样的紧张不安对美国乃至世界经济的影响如何，都值得我们去深入探究。

……

经济自由无疑是国家安全的基石和前提。如果连最基本的经济往来自由都不存在，人类岂非倒退到中世纪的禁锢时代。试问在这种状况之下，人们连基本的生活权利都无法保障，又有何国家安全可言。不能保证经济自由的国家，表面上实现了国家的安全，实际上却导致国家的贫穷与落后，这样的案例并不鲜见。

在经济全球化倡导全球分工的今天，美国也不能置身事外。保护国内处于禀赋劣势的夕阳产业所带来的只是对竞争的抵制，并最终使效率更为低下；国家真正应当保护的是处于产业上升期的朝阳产业，充分发挥本国的比较优势。如果一味保护本国劣势产业，最终吃亏的还是本国消费者。

此外，历来以“自由卫士”自居的美国，一方面积极要求他国全面开放本国市场，甚至在各国身受经济危机困扰的同时，还在援助中增加各种要求开放内部市场的条件，但是涉及自身利益时，态度却截然不同。不仅以种种安全借口阻拦外国企业收购本国企业，同时也加强了外资流入的审核制度，大有“此一时，彼一时”区别对待的态势。殊不知，这样的行为同样也给了其他国家以相同的借口，国际合作的基础将荡然无存。最近几年来，美国与其他国家的贸易争端不断，同时分歧越来越大正是明证。

有鉴于此，美国应积极反思其内部的政策制定。不应偏听偏信于某一利益集团的言论，应本着务实的态度赢得国际社会的认同和支持。

——陆志明：《第一财经日报》，2006年2月28日。

国家经济安全状况由两个方面的情况决定，一是遭受突发性重大损失的可能性；二是损失的大小。对国家经济安全状况的监测最好是同时反映这两方面的情况，但损失大小的测算非常困难，因此定量化的监测仅限于反映遭受重大损失的可能性。

余根钱（2004）对如何评估国家经济安全状况进行了研究，他把国家经济安全状况的好坏用国家经济安全指数来表示。该指数的取值范围设定为 0 至 100，数值越小表示安全程度越高、数值越大，则发生重大损失的可能性就越大。为获得直观的结果，同时也明确国家经济安全指数与经济安全状况间的数量关系，他把经济安全状况划分为安全、基本安全、有风险、有重大风险、面临危机等 5 个等级。

为便于监测指标的设计和监测指数合成，余根钱（2004）把国家经济安全问题分为：财政金融类安全问题、社会类经济安全问题、外经类安全问题、粮食安全问题、矿产资源类安全问题和其他经济安全问题。最终确定出如表 4.3 所示的国家经济安全指标体系。

表 4.3　　国家经济安全状况的监测指标体系和临界值

		监测指标			分析指标
		指标名称	安全值	危险值	
财政金融类安全问题	货币流通量失控	居民消费价格涨幅 货币供应量 M1 的增长率	5% 20%	20% 50%	各种物价指数 货币供应量 M_0 的增长率
	泡沫经济型风险	泡沫资产与国内生产总值的比值	30%	200%	
	金融机构运营风险	资本充足率 不良贷款率	8% 10%	3% 35%	金融企业的净资产收益率
	政府债务风险	国债负担率 国民赤字率	30% 2%	60% 4.5%	国债依存度
	外债风险	外债偿债率 外债负债率 外债率	15% 30% 100%	30% 60% 200%	短期外债率 外汇储备/短期债务
	货币危机	经常项目赤字/GDP （FDI + 经常项目收支差额）/GDP 外汇储备支持进口的月数	2% 0 4 个月	7% -2.5% 1 个月	

续表

		监测指标			分析指标
		指标名称	安全值	危险值	
社会类经济安全问题	收入分配问题	基尼系数	0.3	0.5	居民收入的地区差距和城乡差距
	就业问题	失业率	5%	10%	失业人口的构成
	社会保险基金的支付危机	通过综合分析确定			
外经类安全问题	贸易领域安全状况	出口依存度和进口依存度的平均值	18%	35%	贸易集中度 贸易方式的构成
	外资风险	实际利用外资额与全社会投资的比值	15%	35%	
		实际利用外资额占进口总额的比重	30%	60%	
粮食安全问题		抵御自然灾害的能力	40 年一遇	5 年一遇	
		粮食进口依存度	2%	8%	
矿产资源类安全问题	石油安全	石油进口依存度	20%	50%	石油占能源消费的比重
	其他矿产资源安全	通过综合分析确定			
其他经济安全问题	国有企业经营困境	效益状况和所占比重同时考虑			
	宏观层次的产业安全问题	从资本控制力、技术控制力、市场控制力和原材料控制力四个方面进行综合分析			

资料来源：余根钱，《国家经济安全指标体系研究》，载《中国统计》，2004 年第 4 期。

4.4　战略资源安全

资源战争，开始成为全球冲突的新场景。战略资源是实现国家安全的重要条件，又是国家安全所追求的目标之一。没有战略资源的稳定供应，就没有完整意义上的国家安全。战略资源成为各国关注的焦点之一，追求战略资源供求的平衡，甚至动用武力确保资源安全和对战略资源进行争夺（陈波，2005）。

4.4.1 战略资源与国家安全

一段冷战的历史掩盖了人们对许多问题的关注，其中之一便是战略资源问题。但战略资源对国家的重要性从来就没有因为国际社会注意力的降低而转移过。所以，与其说战略资源与国家安全问题随着新时代的降临而出现在国际舞台，倒不如说这一古老问题随着冷战的结束而重新浮出水面，回归现实世界。

战略资源是维护国家安全的物质保证 战略资源与国家安全密切相关是由其自身的基本特性决定的。首先，战略资源与国家的生存和发展息息相关。人类生活的方方面面都少不了石油等战略资源。在当今世界，一国要想获得经济发展、政治稳定、军事安全，就不能没有充足、稳定、价格合理的战略资源供应。就拿石油来说，法国《震旦报》认为，谁占有石油，谁就能控制世界，特别是控制靠东方提供石油的欧洲。其次，绝大多数战略资源具有限性和不可再生性。任何战略资源都不可能是无限的，但战略资源的需求却正在迅猛增长。20 世纪中叶世界人口仅 26 亿，而世纪末就大幅度跃升至 60 亿左右。与人口增长相伴的就是对包括战略资源在内的资源需求的迅猛增长。尽管潜在的新的资源、替代资源源源不断被发现，但石油等一部分战略资源已明显供给不足。战略资源供给的递减必然带来对战略资源需求竞争的加剧。再次，全球战略资源的分布不均衡。许多战略资源丰富的国家都有历史遗留的边界问题，而现有法律框架的不足又屡屡对与资源相关的传统边界概念提出挑战，产生新的边界问题乃至演化为冲突。最后，战略资源是赢得战争，维护国家安全的重要物质保证。正因如此，针对石油，斯德哥尔摩国际和平研究所在一份研究报告中指出，石油是一种极其重要的战略资源，没有大量的石油供应，不但无法建立现代化的防务体系，而且也无法进行战争。

战略资源之争成为现代战争的重要动因 资源问题一直是国际争端的根源之一，人类历史上为争夺和瓜分世界原料爆发了两次世界大战。20 世纪所发生的 300 多次地区和局部战争，也与矿产资源争夺有直接或间接关系（见图 4.2）。

在现代国际社会中，国家之间为争夺和控制战略资源发生的对抗、冲突乃至战争从未停止过。第二次世界大战，苏联和德国围绕原苏联高加索的巴库油田进行了殊死争夺。而从 20 世纪末期开始发生在中东地区的几场战争则使这种行为表达得更为明确。1991 年初，海湾战争爆发，美国前总统尼克松对美国发动这场战争的战略企图直言不讳：既不是为了民主，也不是为了自由，而是为了石油。2003

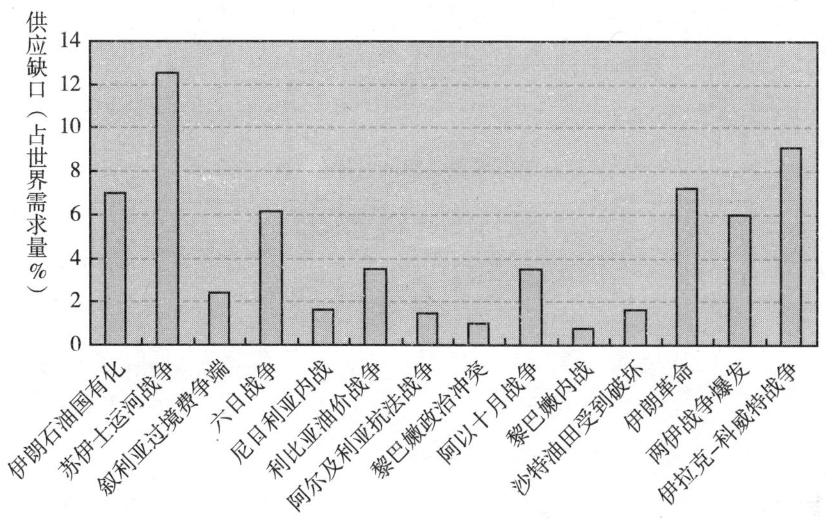

图 4.2 与资源有关的战争和冲突

资料来源：沈镭等，《我国矿产资源安全战略研究》，载《矿业研究与开发》2004 年第 5 期。

年，伊拉克战争打响，俄新社以《伊拉克战争的真实目的和臆想目的》为题概括了战争的起因：这是一场争取地球上极其重要的能源资源的战争。《解放军报》的标题则更为直截了当，认为是“石油桶撞翻了火药桶”。美国 2002 年的《四年防务审查报告》明确提出，确定美国的国防态势，要充分考虑美国永恒的国家利益，其中包括保障海洋、空中、空间国际交通线和信息通道的安全；拥有进入关键市场与战略资源产地的权力。1995 年，美国负责中东军事行动的司令安东尼·津尼直言不讳地说，美国介入的目的，像国家安全战略所信守的一样，是保护美国在这一地区的重要利益——不被打断地、安全地取得海湾的石油。美国并不隐瞒其对战略资源的追求，早在 1980 年，面对苏联对阿富汗的入侵，对波斯湾地区的石油，当时的美国总统卡特公开宣称：“任何外来势力试图控制波斯湾地区的企图，都将被视为对美利坚合众国的生死攸关利益的攻击”（Klare，2001）。这是“卡特主义”的最初雏形。20 多年过去了，“卡特主义”在美国仍经久不衰，在把波斯湾、里海分别确定为美国的一种安全利益后，新时期的“卡特主义”又不断“复活”。

战略资源日益成为大国地缘战略利益角力的关键点 冷战后，经济安全在国家安全中的地位得到普遍提升。这种安全观变迁的直接后果之一，便是将保护重要资源的供给置于高度优先的地位。战略性关键矿产供应的不稳定，造成经济、社会的大动荡。以石油为例，在世界石油供应史上曾多次发生重大的石油供应中断事件，对石油进口依赖程度高的国家产生强烈的负面影响，引起经济、社会的大动荡（见表4.4）。

表4.4　　1951年以来世界上重要的石油供应中断事件

石油供应净中断日期	持续时间（供应净中断）（月）	平均总供应量下降数（百万桶/天）	石油供应中断原因
1951年3月~1954年10月	44	0.7	5月1日伊朗油田国有化，随后几个月阿巴丹地区的动乱和罢工
1956年11月~1957年3月	4	2.0	苏伊士战争
1966年12月~1967年3月	3	0.7	叙利亚过境费争端
1967年6月~8月	2	2.0	“六日战争”
1970年5月~1971年1月	9	1.3	利比亚价格争端
1971年4月~8月	5	0.6	阿尔及利亚—法国国有化斗争
1973年3月~5月	2	0.5	黎巴嫩动乱：运输设施被破坏
1973年10月~1974年3月	6	2.6	阿以十月战争，阿拉伯石油禁运
1976年4月~5月	2	0.3	黎巴嫩内战：向伊拉克的出口受到破坏
1977年5月	1	0.7	沙特油田受到破坏
1978年11月~1979年4月	6	3.5	伊朗革命
1980年10月~12月	3	3.3	两伊战争爆发
1990年8月~10月	3	4.6	伊拉克入侵科威特/沙漠风暴
1999年4月~2000年3月	12	3.3	欧佩克（伊拉克除外）为提高价格而削减产量

1973年和1979年两次石油危机，使西方石油输入国受到了严重冲击，因此西方发达国家在制定国家经济发展、军事和外交发展战略和政策时，都把避免石油供应中断、保证石油供应安全作为其中的重要内容。美国前中央情报局副局长甘农说：“我们不得不承认，如果全球的能源供给是不安全的，那么我们的国家也不会是安全的”（Klare，2001）。

战略资源与国家安全的互动使其日益进入大国地缘战略的视野，高金佃等人（2002）认为："当一个大国的经济活动是在全世界奔走，它重要的经济利益是从本土以外的世界获得的时候，外部资源的稳定供应，国际水域和航道的安全畅通……就都会被大国看做是与之利益休戚相关的事情，而被纳入大国安全的视野"。中东石油的储量、产量和出口量均居世界第一位，中东的战火也从来就没有熄灭过，这绝不是偶然的巧合。冷战期间，针对苏联控制中东石油的企图，美国前国防部长哈罗德·布朗甚至认为，如果苏联在政治上对波斯湾以及波斯湾的石油掌握了支配权，就等于占领了西欧和日本的领土。因为这些国家在很大程度上依赖这个地区的石油。美国前总统国家安全事务助理布热津斯基说得更明白："拥有世界已查明石油储量56%的波斯湾国家将继续是西方的重大利益之所在"，"任何外部势力想控制波斯湾地区的企图，都将被视为是对美国重大利益的攻击，对于这种攻击，将采取任何必要手段予以击退，其中包括使用军事力量"（Klare，2001）。法国、俄罗斯等与美、英等国在伊拉克问题上的分歧，从一个侧面反映了大国在海湾地区的地缘战略角逐。

专栏4.4 石油危机

20世纪70年代以来，世界范围发生的石油危机对世界各国的经济安全，可以说发生了深刻的影响。在70年代之前，社会主义国家之外的世界石油市场基本上掌握在西方石油公司的手中，油价一直十分低廉，每桶不到2美元。60年代中期，石油输出国从每桶石油中仅能得到0.30美元的收入，到70年代初这一数字也只达到0.90美元。低廉的油价使得产油国维持经常财政收入都有困难，更不用说为经济发展积累资金了。相反，西方国家与石油有关的工业部门却因此而得到了飞速发展。为了维护国家的权益，一些产油国相继开展了大规模的国有化运动，并于1960年成立了石油输出国组织（OPEC）。

1973年10月第四次中东战争爆发，阿拉伯产油国家运用石油武器，对支持以色列的国家和地区，主要是美国和荷兰，实行禁运。接着，又实行减产，使石油供应每天减少了500多万桶。10月16日，石油输出国组织决定将基准油价从每桶2.95美元提高到5.11美元。1974年1月1日，石油输出国组织又把油价提高到11.65美元一桶。这两次大提价，结束了廉价石油时代，给世界石油市场造成了巨大冲击，史称第一次石油危机。

1978 年底，世界第二大石油出口国伊朗因国内原因突然停止石油出口，导致世界石油市场再次出现恐慌，再加上产油国采取减产保价政策，造成油价大幅度上升。1979 年 6 月和 1980 年 6 月，石油输出国组织两次作出提价决定，规定 1980 年下半年基准油价提高到 32 美元一桶，最高不得超过 37 美元一桶。后来在人为哄抬下，现货价曾突破 40 美元一桶，这被称为第二次石油危机。

两次石油危机对资本主义国家的经济造成了重大影响，1974～1975 年，1979～1982 年，西方国家爆发了战后最严重的经济危机，经济发展速度从 1965～1973 年的平均年增长 5% 降到了 1973～1974 年的 3%，后又下降到了 1980～1981 年的 1%。产油国所得到的巨额石油美元流回西方国家后，又成了导致国际金融市场动荡的重大因素。油价的提高导致一些国家出现巨额贸易逆差，不得不采取贸易保护主义，从而加剧了西方工业大国之间的经济矛盾。当然，第三世界国家的经济也在这场危机中受到重大打击，导致债台高筑。

……

两次石油危机的发生，在很大程度上是人为因素在起作用。以石油作为武器，这确实是开创了一种经济战形式。有人认为，这两次石油危机与其说是发展中国家对发达国家的严厉经济制裁，毋宁说是石油输出国对石油输入国的经济制裁，因为发展中国家在危机中也遭受了很大打击。当然，石油对发达国家比对发展中国家的利害要大得多，美国等西方国家之所以一直不放松在中东的利益，根本原因就是怕失去中东石油这条生命线。

——［美］古德斯坦著，王乃粒译：《石油危机》，湖南科技出版社 2006 年版。

4.4.2 国际战略资源安全

战略资源的稀缺，国家安全的维护，其最根本的原因在于战略资源的不均衡，包括需求——供给不均衡和分布不均衡。本教材重点以石油和水为例来讨论这一问题。

资源需求 对战略资源需求进行准确测算的确很困难。信息表明，从 2000 年起到 2020 年，世界范围的石油需求将每年以大约 2% 的速度稳步上升。用美国能源部的预测说，这意味着石油的使用将从 2000 年的每日 7700 万桶，上升到

2005年的每日8500万桶，2010年的9400万桶，2015年的1.02亿桶和2020年的1.1亿桶。到那个时候，世界的石油消耗将是1996年的1倍半，1975年的2倍，1958年的大约5倍（见表4.5）。

表4.5　　世界按地区的石油消耗（1990～1996年）及预测（2000～2020年）　　单位：1×106桶/天

地区和国家	实际		预测					年均增长% 1996～2020年
	1990年	1996年	2000年	2005年	2010年	2015年	2020年	
工业化国家合计	39.0	42.7	44.9	47.4	50.1	52.3	54.5	1.0
北美合计	20.4	22.0	23.6	25.5	27.4	28.8	30.2	1.3
美国	17.0	18.3	19.5	21.2	22.7	23.7	24.7	1.2
西欧	12.5	13.7	14.4	14.8	15.3	15.6	16.0	0.7
工业化亚洲合计	6.2	7.1	6.8	7.1	7.5	7.9	8.3	0.7
日本	5.1	5.9	5.6	5.7	6.0	6.3	6.6	0.5
东欧及原苏联	10.0	5.7	6.0	6.1	6.4	6.6	6.9	0.8
发展中国家合计	17.0	23.1	26.2	31.4	37.0	42.9	48.7	3.2
发展中亚洲合计	7.6	11.9	13.6	15.5	18.5	21.8	24.3	3.0
中国	2.3	3.5	4.6	5.0	6.4	8.1	8.8	3.8
印度	1.2	1.7	1.9	2.6	3.1	3.5	4.1	3.8
中东	3.9	4.8	5.2	6.5	7.5	8.5	9.8	3.0
非洲	2.1	2.4	2.7	3.0	3.5	4.1	4.7	2.8
中、南美	3.4	4.0	4.8	6.3	7.4	8.5	10.0	3.9
世界合计	66.0	71.5	77.1	84.8	93.5	101.8	110.1	1.8

资料来源：美国能源部，《1999年国际能源前瞻》；Klare M. T.，2001，*Resource wars: the new landscape of global conflict*，Metropolitan Books，45～47.

水与人类生活息息相关，然而，按照福尔肯马克（Falkenmark）提出的“水关卡”① 理论，现在世界上许多国家就已经处在缺水状态，而按照格莱克（Gleick）的统计（见表4.6），到2050年可能世界上有一大批国家要低于这一关卡值。

① 福尔肯马克提出的衡量缺水状态的人均用水标准。所谓“水关卡”，即每人每年占用可用水1000立方米，他认为低于这个标准，社会发展就会受到制约。

表 4.6　　部分国家 1990 年人均用水情况和 2025 年人均用水预测　　单位：m^3

国家	1990 年人均用水	2025 年人均用水
非洲		
阿尔及利亚	750	380
布隆迪	660	280
佛得角	500	220
科摩罗	2040	790
吉布提	750	270
埃及	1070	620
埃塞俄比亚	2360	980
肯尼亚	590	190
莱索托	2220	930
利比亚	160	60
摩洛哥	1200	680
卢旺达	880	350
索马里	1510	610
南非	1420	790
坦桑尼亚	2780	900
突尼斯	530	330
北美洲		
巴巴多斯	170	170
海地	1690	960
南美洲		
秘鲁	1790	980
亚洲		
伊朗	2080	960
以色列	470	310
约旦	260	80
科威特	<10	<10

续表

国家	1990 年人均用水	2025 年人均用水
黎巴嫩	1600	960
阿曼	1330	470
卡塔尔	50	20
沙特阿拉伯	160	50
新加坡	220	190
阿联酋	190	110
也门	240	80
欧洲		
马耳他	80	80

资料来源：Gleick P. H. , 1993, *Water in Crisis: A Guide to the World's Fresh Water Resources*, Oxford University Press.

资源供给　从 1979 年第二次能源危机到 1996 年，世界原油年产量一直保持在 30 亿吨左右。在此期间全球累计生产原油 503 亿吨，但探明剩余可采储量由 874 亿吨增加到 1409 亿吨，可采年限增加到 42 年。第二次石油危机后，全球原油产量一直处于稳定发展时期。1985 ~ 1995 年 10 年间，石油产量由 27. 94 亿吨增加到 30. 72 亿吨，平均年增 2780 万吨，按此增长速度推算，2000 年和 2010 年分别可达 32. 04 亿吨和 35. 04 亿吨，2020 年可达 39 亿吨，为世界原油产量高峰年。此后，世界石油产量缓慢下降，但到 2050 年仍可保持在 30 亿吨/年（见表 4. 7）。

表 4. 7　　2050 年世界石油产量预测　　单位：亿吨

项目时间	储量预测		产量预测		剩余可采储量	储采比（%）
	累计探明可采储量	年均探明可采储量	年产油量	总累计产量		
1995 年	2436. 31		30. 72	1062. 14	1374. 17	44. 7
2000 年	2660. 8	51. 3	32. 04	1219. 02	1441. 78	45. 0
2010 年	3113. 2	45. 3	35. 04	1554. 20	1559. 10	40. 0
2020 年	3480. 5	36. 7	38. 93	1923. 71	1556. 79	40. 0

资料来源：万吉业等，《我国可持续发展战略：石油和天然气可持续发展战略研究》，石油工业出版社 1997 年版；周凤起、周大地，《中国中长期能源战略》，中国计划出版社 1999 年版。

1994年第十四届世界石油大会估计，全球常规石油可采资源量为3113亿吨，截至1996年底，全世界已累计探明石油可采储量2412亿吨，现已累计采出原油1016亿吨，还有剩余探明常规石油可采储量1396亿吨。按1996年世界石油产量计算还可开采42年。随着石油勘探开发工作的进展，新的石油储量不断被发现，全球有待发现的常规石油可采资源为700多亿吨，世界石油资源从表面上看似乎比较丰富。对常规石油资源量，目前在学术界和实务界有两种基本相反的估价。前一种是乐观估计：新增储量继续扩大，后备资源充足，市场供求依然平稳，需求呈上升态势。近10年来新增石油储量不断上升的趋势似乎证明了这种潜在的可能性。后一种是比较悲观的估计：新增储量不多，到2015年左右总的剩余可采储量不足1000亿吨，这似乎更符合理论逻辑。但现有的研究至少还不能完全否定某一种情况的出现。

表4.8　　一些国家发源于境外的河水流量所占百分比

国家	百分比（%）	国家	百分比（%）
埃及	97	伊拉克	66
匈牙利	95	阿尔巴尼亚	53
毛里塔尼亚	95	乌拉圭	52
博茨瓦纳	94	德国	51
保加利亚	91	葡萄牙	48
荷兰	89	孟加拉国	42
冈比亚	86	泰国	39
柬埔寨	82	奥地利	38
罗马尼亚	82	巴基斯坦	36
卢森堡	80	约旦	36
叙利亚	79	委内瑞拉	35
刚果	77	塞内加尔	24
苏丹	77	比利时	33
巴拉圭	70	以色列	21
尼日尔	68		

资料来源：World Resources Institute，1991，*World Resources* 1991～1992，Oxford University.

而在水短缺的地方，为有限的水资源而发生的争端也使各国认识到：获得水乃是实现国家安全的问题。一些国家所用的水源还大多来自境外，表4.8按世界

资源研究所的统计，给出了一些国家源于境外的河水流量占国内总流量的百分比，这些国家其用水状况显然会受到国际关系的重大影响，很可能面临着潜在或现实的水资源冲突。

专栏4.5 中东的水

中东地区是一个严重缺水地区，该地区最尖锐的水源之争是在约旦河流域。按照国际标准，约旦河只是一条小河，然而与该河流域相关的国家却有5个，即约旦、叙利亚、以色列、黎巴嫩和巴勒斯坦。由于约旦河流域的国家几乎都没有可替代水源，因此缺水的问题极其严重。自1948年以色列立国以来，在这个流域一直存在着严重的水资源争端。1967年中东战争之所以会爆发，一个直接性因素就是阿拉伯联盟成员国在60年代初企图改变约旦河河道，使之远离以色列。当时的以色列总理（Levi Eshkol）宣称，水是以色列的生命，以色列将以行动来确保河水的继续。

在1967年中东战争中，以色列占领了约旦河流域的大部分地区，使自己有了比较可靠的水源供应。在今天，以色列赖以生存的40%的地下水以及每年可持续供应的33%以上的总水量来自于1967年占领的地区。实际上，以色列自1967年以来新增的全部用水都来自于约旦河西岸地区以及约旦河上游。

——李少军：《国际政治学概论》，中国社会科学出版社2007年版，第304页。

地缘结构 世界石油资源的分布很不均衡。从地理纬度看，北半球占世界石油可采探明储量的96%，南半球仅占4%。在北半球中，石油资源又集中分布在北纬24°~42°之间，这一纬度带占世界石油资源的56.6%，以品种、质量角度考察，常规石油资源则主要分布在东半球，并集中在北非—中东—中亚弧形带。东半球的探明储量达791亿吨左右，占世界石油探明储量的83%，西半球仅占17%。

从地区结构看，目前，北美地区是世界最大的石油消费区，亚太地区位居第二，西欧第三。这三个地区占世界石油消费总量的78.4%，但其石油剩余探明储量仅占世界总量的22.4%。欧佩克的石油消费量不到10%，但却占世界石油探明储量的67.5%。世界石油资源主要集中分布在中东海湾地区、独联体国家和北美三个地区。这三个地区的常规石油剩余探明储量占全球的79.4%。按照

1996年油气产量计量，中东地区的石油可供开采90年以上，独联体国家的石油可供开采20年以上。三大地区待发现的常规石油可采资源量占全世界的66.8%，亚太地区是石油资源严重短缺地区（见表4.9）。

表4.9　　世界常规油气资源分布（1996年）　　单位：亿吨

地　区	中东	独联体	北美	中南美	非洲	亚太	西欧	东欧	全球
待发现资源量	926.5	78.1	104.1	108.4	92.54	57.9	25.2	2.9	1395.6
剩余探明储量	175	157	137	74	55	78	23	2	701

资料来源：周凤起、周大地，《中国中长期能源战略》，中国计划出版社1999年版。

从国别看，世界石油资源分布高度集中，按英国阿莫科石油公司（Klare，2001）1999年提供的数据（见表4.10），沙特阿拉伯、伊拉克、阿拉伯联合酋长国、科威特、伊朗、委内瑞拉、俄罗斯等14个国家占到全球已知供应量的90%，而其中前5个国家就占到全球石油储量的2/3。

表4.10　　全球石油储藏和生产（根据1999年计算）

生产国（以储量为序）	估计储量（10亿桶）	占世界储量百分比（%）	1998年产量（百万桶/天）
沙特阿拉伯	261.5	24.8	9.2
伊拉克	112.5	10.7	2.2
阿拉伯联合酋长国	97.8	9.3	2.7
科威特	96.5	9.2	2.2
伊朗	89.7	8.5	3.8
委内瑞拉	72.6	6.9	3.3
俄罗斯	48.6	4.6	6.2
墨西哥	47.8	4.5	3.5
美国	30.5	2.9	8.0
利比亚	29.5	2.8	1.4
中国	24.0	2.3	3.2
尼日利亚	22.5	2.1	2.2
挪威/英国（北海）	16.1	1.5	6.0
合计	949.6	90.1	53.9

资料来源：英国阿莫科石油公司，《1999年世界能源评论》；Klare M.T.，2001，*Resource Wars：the New Landscape of Global Conflict*，Metropolitan Books，53～54.

资源通道 由于供求不均衡和分布不均衡，所以资源的进出口通道就显得格外重要。谁控制了石油运输通道，谁将拥有利用这一地区石油资源的主动权。世界石油的海上运输，几乎都以海峡（运河）为捷径。所以，资源通道在石油航线的选择中具有十分重要的意义。世界海上石油运输线主要有五条：波斯湾—好望角—西欧、北美航线，波斯湾—马六甲海峡—日本航线，波斯湾—苏伊士运河—地中海—直布罗陀海峡—西欧、北美航线，墨西哥—日本北太平洋航线，几内亚湾—西欧、北美航线。

事实上，有几个通道在石油运输史上一直处于十分重要的位置，被称为世界石油运输“咽喉”：地处伊朗和阿曼之间的霍尔木兹海峡，扼波斯湾口，是波斯湾石油的重要出海口，据1998年数据，每天经过该海峡的石油流量达1540万桶；横跨马来西亚和印度尼西亚的马六甲海峡，连接印度洋和南中国海，是进入中国、日本和韩国石油的主要通道，每天的石油流量达950多万桶；处于红海口的曼德海峡，则是中东石油到达苏伊士运河及苏迈特油管的重要通道，每天的石油流量达330万桶；而处于埃及东北的苏伊士运河及苏迈特油管，连接红海和地中海，是中东石油流向欧洲的重要通道，每天的石油流量在310万桶左右；处于欧洲和亚洲土耳其分界线、连接地中海至黑海的土耳其海峡，则是俄罗斯石油的主要出口路径。每天的石油流量有170万桶；巴拿马运河，连接大西洋与加勒比海和太平洋，每天的石油流量在60万桶。这几个通道加在一起每天通过的石油流量达到3000万桶，超过世界总消耗量的40%（Klare，2001）。资源通道的任何关闭或紧张都将扰乱全球石油流。

管道输送在现代石油运输中的地位上升。一个典型的例子是相关国家对里海石油西运（供应欧洲）和东运（供应亚洲）管道走向的争夺。俄罗斯主张管道走向往北经过它的领土，然后进入欧洲；土耳其主张管道走向往南经过它的领土，然后进入欧洲，这一方案得到美国的支持。中国和日本、韩国则主张管道走向往东，经过中国新疆，然后到东部港口，再运至韩国和日本。可以预见，国际社会围绕资源通道的斗争将会越来越激烈。

专栏4.6 资源争夺引发全球新一轮军备竞赛

尽管动静比冷战初期小得多，世界已开始了一场新的军备竞赛，一个危险的军事关系网也随之出现。据斯德哥尔摩国际和平研究所调查，1997～2006年，全球军事开支增长近40%。因为担心石油和其他天然资源紧缺，各国都以几十年里前所未见的速度发展自己的常规武器，扩大陆军和海军，构建潜在的新联盟，从而可能以无法预料的方式分裂世界。

这种军事开支在相当程度上集中于世界资源消耗大户和资源生产大户：前者试图确保自己有资源可用，后者借助新获得的财富扩大国防力量。

这种力量变化对美国及其西方盟友意义深远。由于一些局势动荡国家获得更大的军事力量，这场军备竞赛使国家与国家发生真正冲突的可能性越来越大，这样一场冲突可能使大规模恐怖袭击相形见绌。这还将迫使西方作出改变，制定计划巩固对资源的占有，并且适应不再由自己主宰的世界军火库。

过去60年的相当一部分时间里，世界处于某种武装均衡，大国军事和经济统治地位未受到挑战。冷战时期，战略思想家主要考虑的是意识形态问题。然而，10年来，这种情况发生了根本改变。随着全球容易获取的石油资源逐渐萎缩，世界石油和天然气供给越来越集中，如今大约有80%控制在不到10个国家手里。

消费大户一心想确保这几个关键供应者源源不断地向自己提供石油和天然气，同时阻止竞争对手和资源丰富的国家达成协议。于是，有时候生产者和消耗者达成联盟，有时候则出现意料之外的新纽带。中东问题专家弗林特·莱弗里特把这样一些新关系称为“石油轴心”，即委内瑞拉、哈萨克斯坦、伊朗、俄罗斯这类产油国和缺乏资源的发展中国家之间的非正式联盟。

——乔希·柯兰齐克：《重新武装世界》，载《波士顿环球报》，2008年4月27日。

关键术语

国家安全　传统安全　非传统安全　经济安全　资源安全

课后思考

1. 如何认识新安全观？
2. 试比较传统安全与非传统安全。
3. 如何认识、评价经济安全？
4. 分析国际战略资源安全情况。

参考文献

薄贵利:《国家战略论》，中国经济出版社 1994 年版。

陈　波:《论战略资源与国家安全》，载《中国军事科学》2005 年第 3 期。

陈　波:《军事理论教程》，解放军出版社 2009 年版。

金佃等:《国家安全论》，中国友谊出版社 2002 年版。

李少军:《国际政治学概论》，中国社会科学出版社 2007 年版。

陆中伟:《非传统安全论》，时事出版社 2003 年版。

沈镭等:《我国矿产资源安全战略研究》，载《矿业研究与开发》2004 年第 5 期。

万吉业等:《我国可持续发展战略：石油和天然气可持续发展战略研究》，石油工业出版社 1997 年版。

余根钱:《国家经济安全指标体系研究》，《中国统计》2004 年第 4 期。

查道炯:《中国学者看世界：非传统安全卷》，和平图书有限公司 2006 年版。

周凤起、周大地:《中国中长期能源战略》，中国计划出版社 1999 年版。

[瑞] 斯德哥尔摩国际和平研究所:《SIPRI 年鉴 2007》，时事出版社 2008 年版。

[美] 多伊奇著，周启朋等译:《国际关系分析》，世界知识出版社 1992 年版。

[美] 柯林斯著，纽先钟译:《大战略》，黎明文化事业公司 1975 年版。

联合国高级别名人小组:《一个更加安全的世界：我们共同的责任》，联合国文件 A/59/565，Corr. 1，2004 年 12 月 4 日，http：//www. un. org/secureworld/。

布朗大学沃森国际问题研究所，http：//www. globalsecurityrtlatrix. org/。

Gleick P. H. , 1993, *Water in Crisis: A Guide to the World's Fresh Water Resources*, Oxford University Press.

Klare M. T. , 2001, *Resource Wars: the New Landscape of Global Conflict*, Metropolitan Books.

Mangold P. , 1990, *National Security and International Relations*, Routledge.

Renner M. , 1989, *National Security: the Economic and Environmental Dimensions*, World Watch Institute, 1989

World Resources Institute, 1991, *World Resources* 1991 ~ 1992, Oxford University.

第2篇

战争成本、国家实力与经济动员

第5章　战争经济成本

从经济学的角度审视战争成本，有助于在战争抉择上做出更加理性的决策。现代战争的高投入、高消耗，以及对经济系统造成的巨大影响，要求战争决策中对经济因素予以更多关注，要争取以最小的战争成本达成最大的战争收益。

本章主要从经济学的角度讨论战争成本。第一节讨论战争经济成本的基本内涵；第二节讨论战争经济成本的主要构成；第三节介绍战争经济损失主要评估模型；第四节介绍一些战争经济成本方面的典型估计。

5.1　战争经济成本内涵

战争耗损的复杂性决定了战争经济成本是多方面的。战争经济成本不仅限于直接的战费支出，还包括战争对物质资本和人力资本的毁坏，以及对国民经济的影响。

关于“战争经济成本”的概念，迄今为止学术界还没有形成统一的认识。现有文献中较具代表性的有以下五种主要观点：

“直接成本—间接成本”观认为，战争经济成本可分为直接成本和间接成本。直接成本包括战争中人力、财力、物力的消耗和战争对生产力造成的破坏。间接成本是战争对国内政治经济方面造成的不利影响。

“准备成本—实施成本—恢复成本”观认为，战争经济成本是从战前准备到战争实施，直至战后重建等全过程所发生的全部价值耗费的总和，包括战争准备成本、战争实施成本和战争恢复阶段的成本。战争准备成本是用于战前准备的价值耗费，包括战前经济动员、武器装备购置、作战物资储备、工程技术准备等发生的费用。战争实施成本是从战争开始到战争结束全过程所发生的价值耗费，即作战费用。

“机会成本观”则利用经济学中机会成本的概念来反映战争经济成本。艾森豪威尔（Eisenhower，1987）关于战费支出的经济和社会成本理论认为，战争中“一架现代重型轰炸机的费用相当于在30个市镇各造一所现代化的砖砌学校；相当于两座发电厂的代价，每座可为6万人口的城镇供电；相当于两个设备完善的医院；相当于大约50英里的混凝土公路。”

“耗损观”将战争经济成本等同于战争耗损，并试图从经济学的角度定量描述战争耗损。战争耗损是战时（某一年）用于战争的投入性消耗与当年因战争造成的经济损失之和，其计算公式为：战争耗损=战争消耗+战争损失=战争当年的实际国防支出+和平时期国防的积累投入量+战争直接导致的全社会经济资产存量的损失+战争当年国内生产总值（GDP）的下降。

“军事成本—民事成本”观是哈特利（Hartly，2006）在研究伊拉克战争的成本时所提出的分析框架。该观点认为军事成本是国家为应付战争而额外增加的国防预算，包括弹药消耗、武器装备磨损与更新、兵力配置与运用所产生的额外成本，以及军事人力伤亡所导致的人力资本损失。民事成本是国家参与战争对国民经济所产生的短期和长期影响，影响范围包括石油价格、股票价格、航空业、旅游业及国防工业等。

上述五种观点从不同侧面对战争经济成本进行了界定，一般来看，战争经济成本是指战争给一国造成的总经济成本，主要包括和平时期的备战投入、战时新增国防支出、战争造成的物质资本和人力资本损失以及战后所要支付的后续成本。应当注意的是，战争经济成本主要指因战争而额外增加的成本，需排除即使不发生战争也要支付的费用。

5.2 战争经济成本构成

由于战争的不确定性与战争耗损的复杂性，确定战争经济成本仍然相当困难。现有文献一般多从战争经济消耗、战争经济损失、战争人力资本损失、战争后续成本四个方面确认战争的总经济成本。

5.2.1　战争经济消耗

战争经济消耗既包括和平时期国防积累的战时投入消耗，也包括战时新增消耗。和平时期的国防积累，是和平时期国家为国防建设和战备需要而购置的武器装备、国防工程设施等延续到战时的可用价值量。和平时期，国家为了防备战争，必须投入经济资源进行国防建设。从战争的角度看，这种投入也是战争准备的先期投入。如果爆发战争，平时投入国防建设的积累在战争中就部分地消耗，从而构成战争总经济成本的一部分。和平时期的国防积累可采用“国防资本存量”来衡量。

从消耗角度看，战时新增国防支出，是一个国家为保障战争所进行的直接经济供给。战争期间政府除按年度预算正常拨付国防预算之外，还需增拨特别战争费用，用于战前部署、作战准备、临战训练和演习、重要装备和物资增加库存以及军事行动支持等项目的支出。国外文献中一般称之为“战争直接成本”，表 5.1 列出了美国历史上几场主要战争的直接成本。

表 5.1　　美国几场主要战争的直接成本（以 2002 年不变价格计）

美国历次战争	战争直接成本（10 亿美元）	占当年 GDP 的比重（%）
独立战争（1775～1783 年）	2.2	63
1812 年战争（1812～1815 年）	1.1	13
美国—墨西哥战争（1846～1848 年）	1.6	3
美国内战（1861～1865 年）	62.0	104
美国—西班牙战争（1898 年）	9.6	3
第一次世界大战（1917～1918 年）	190.6	24
第二次世界大战（1941～1945 年）	2896.3	130
朝鲜战争（1950～1953 年）	335.9	15
越南战争（1964～1972 年）	494.3	12
第一次海湾战争（1990～1991 年）	76.1	1

资料来源：Al Nofi，*Statistical Summary*：*America's Major Wars*，http：//www.cwc.lsu.edu/cwc/other/stats/warcost.htm.

现代战争的经济消耗十分巨大，邓尼根（Dunnigan，1982）曾以《战争费用一览表》对美军进行一场局部战争大体需要的费用进行估算，从中可以大致了解战争经济消耗的主要形式和内容。这些费用只是打一年仗所消耗掉的，以美元和必须运往战区的补给品的吨位数来计算。该表共分 5 个部分：（1）不涉及空军的所有陆上作战行动；（2）支援地面部队的空中作战行动；（3）支援海军部队的空中作战行动；（4）海上作战（不包括运送两栖部队的行动和两栖部队采取的地面作战行动）；（5）所有作战行动的综合统计（即小结部分）。

表 5.2　　陆上作战所需费用一览表

作战师（个）	30				
作战日（天）	120				
日损失率（%）	2				
师的费用（百万美元）	1700				
补给品	每个师作战日消耗补给品的吨数（吨）	每吨补给品的平均费用（千美元）	所有参战师消耗的补给品费用总数（百万美元）	每项补给品费用占总费用的百分比（%）	每项补给品总吨数（千吨）
弹药	1200	22	95040	34	4320
燃油	1000	1	1800	0.64	14400
维修保养费	40	10	1440	0.51	10
更换费			122400	44	12240
非战斗维修保养费			24500	9	2450
非战斗支援费			36000	13	
总计			281（单位：10 亿）		33420
每个师在每个作战日的费用（百万美元）	67				
战斗伤亡（人）	1684800				
战斗部队伤亡（人）	1296000				
占师有生力量的百分比（%）	42				

数据说明：作战师指参战师的数量；作战日指每个师在一年内参战的天数，在作战日内弹药和燃油的消耗很大；日损失率指每个作战日人力损失的平均百分比，武器装备的损失均以此为依据；补给品指师在作战期间和非作战期间所需各项物品和服务项目；弹药指战斗中使用的所有弹药；燃油指车辆、发动机、飞机等使用的所有燃油；维修保养费指零部件以及保养装备所需的其他补给品，其中包括食品、薪金和其他物资的费用；非战斗维修保养费指保养非战斗支援部队的装备所需的补给品费用；非战斗支援费指维持非战斗支援部队所需要的费用；总计指所有师在作战日和非作战日所需要的费用和吨数；每个师在每个作战日的费用指一个师作战 1 天所需要的费用；战斗伤亡指所有战斗部队和非战斗部队 1 年的伤亡数量。

资料来源：Dunnigan，J. F.，*How to Make War：A Comprehensive Guide to Modern Warfare in the Twenty-first Century*，William & Company，Inc. New York.

表 5.3　支援地面战斗的空中作战行动所需费用一览表（空军和海军陆战队）

作战飞机（架）	3600				
每架飞机的出动架次（架次）	350				
出动架次损失率（%）	0.2				
飞机价格（百万美元）	15				
补给品	每出动架次消耗的补给品吨数（吨）	每吨补给品的平均费用（千美元）	消耗的补给品费用总数（百万美元）	每项补给品费用占总费用的百分比（%）	每项补给[illegible]数
弹药	5	110	450450	84	[illegible]
燃油	10	1	4095	1	[illegible]
维修保养费	1	15	12285	2	819
更换费			37800	7	12240
非战斗支援费			32400	6	
总计			537（单位：10 亿）		19719
飞机损失（架）	2520				
空勤人员伤亡（人）	1764				
地勤人员伤亡（人）	19757				
伤亡总数（人）	21521				
每个师作战日的出动架次（架次）	228				
每架次的费用（千美元）	426				

数据说明：本表列出了支援地面战斗的空中作战所需要的费用。这里的空中作战行动主要指攻击地面目标、夺取空中优势或实施侦察等任务。作战飞机指参战飞机的数量，包括战略轰炸机；每架飞机的出动架次指每架飞机每年平均起飞出动的次数。飞机出动架次主要集中在师作战的日子；出动架次损失率指飞机每出动 100 架次的损失百分比，如 0.2 表示每 1000 架次损失 2 架飞机。飞机价格指飞机的平均价格。弹药指导弹、机关炮弹、炸弹以及其他可投掷的东西，如为躲避敌导弹而投掷的箔条和照明弹等；燃油指每架次飞机平均携载的燃油量；维修保养费主要指零部件，还包括维修人员生活所需要的补给品（如食品、衣服等）；更换费指更换飞机所需费用；非战斗支援费指所有其他支援作战的行动（特别是在本土进行的支援行动）所需要的费用；飞机损失指被摧毁的飞机或受到重创、无法修复的飞机的数量；空勤人员伤亡指死亡、受重伤和被俘的空勤人员数量。地勤人员伤亡指地勤人员和空军基地的其他保障人员的伤亡人数。每个师作战日的出动架次指飞机总出动架次除以师作战天数所得的商数；每架次的费用指每出动一架次飞机平均所需要的费用。即使在消耗弹药最少的和平时期，每出动一架次飞机所需费用也相当于战时费用的 30% 左右。

资料来源：Dunnigan，J. F.，*How to Make War：A Comprehensive Guide to Modern Warfare in the Twenty-first Century*，William & Company，Inc. New York.

表 5.4　　支援海军部队的空中作战行动所需费用一览表

作战飞机（架）	1400				
每架飞机的出动架次（架次）	400				
出动架次损失率（%）	0.05				
飞机价格（百万美元）	22				
补给品	每个师作战日消耗补给品的吨数（吨）	每吨补给品的平均费用（千美元）	消耗的补给品费用总数（百万美元）	每项补给品费用占总费用的百分比（%）	每项补给品总吨数（千吨）
弹药	3	180	226800	89	1400
燃油	12	1	3024	1	6720
维修保养费	1	15	7560	3	504
更换费			6160	2	
非战斗支援费			11200	4	
总计			255（单位：10 亿）		8624
飞机损失（架）	280				
空勤人员伤亡（人）	952				
地勤人员伤亡（人）	6950				
伤亡总数（人）	7902				
每个师作战日的出动架次（架次）	228				
每架次的费用（千美元）	455				

数据说明：本表所列各个项目所包括的内容与支援地面部队的空中作战相同。支援海军的空中作战行动与支援陆军的空中作战行动是有区别的。在海上，飞机要用更多的时间执行巡逻任务，以搜索敌海军舰艇（水面舰艇或潜水艇）或为己方的海上运输护航。虽然海军飞机大多装备有武器，但使用这些武器的次数要比支援陆上活动的飞机少得多。同时，海军飞机损失率较低。飞机在海上与其他飞机遭遇的机会较少。战斗大多是突击那些无力回击的目标，如巡航导弹、潜艇和商船等。

资料来源：Dunnigan，J. F.，*How to Make War*：*A Comprehensive Guide to Modern Warfare in the Twenty-first Century*，William & Company，Inc. New York.

表5.5　　海上作战所需费用一览表

主要作战舰艇（艘）	350
整个舰队每艘舰艇的费用（百万美元）	100
每艘舰艇的出海日（天）	250
舰艇的平均吨位（吨）	6500
每艘舰艇的补给品（千吨）	153
每吨补给品的费用（千美元）	1.76
舰艇补给总数（千吨）	13366
补给费（百万美元）	23524
其他费用（百万美元）	35000
总费用（10亿美元）	59

数据说明：海上作战不宜像空中或地面战斗那样简单地用“作战日”和“出动架次”来表述。海上作战大多只是让舰艇停留在海上做好战斗准备而已。不过，这并不是件轻松的任务。补给品的需要量大得惊人。如果按重量计算，最大的一项要算燃油。

主要作战舰艇指排水量1000吨以上的作战舰艇，它们能在海上长期停留。这类舰艇的数目不包括两栖舰艇和其他运输舰只。两栖舰艇一般先在港口集结，而后出发执行登陆任务并很快返回。其他运输舰只负责来回向舰队运送补给品；整个舰队每艘舰艇的费用指整个舰队每艘舰艇每年的费用，其中包括建造陆上基地和支援舰艇的费用；每艘舰艇的出海日指每艘舰艇每年出海的平均天数。每艘舰艇停泊在港口进行大修的时间，占其全部服役时间的10%～20%。舰艇的平均吨位指每艘舰艇的平均排水量；每艘舰艇的补给量指一艘舰艇在海上平均每天需要的补给品吨数；每吨补给品的费用指每吨补给物资的平均费用；舰艇补给总数指所有舰艇在海上每天需要的总补给量；补给费指所有出海舰艇一天所需要的补给品费用总数；其他费用指包括乘员薪金、岸基支援勤务、装备修理与更新等费用在内的所有其他费用。

资料来源：Dunnigan，J. F.，*How to Make War：A Comprehensive Guide to Modern Warfare in the Twenty-first Century*，William & Company，Inc. New York.

表 5.6　　一场战争所需的总费用

小　　结		作战费用（10 亿美元）		占总费用的百分比（%）
支援地面部队作战的总费用		818		72
支援海军部队作战的总费用		314		28
陆上作战（单项）		281		25
空中作战（单项）		792		70
海上作战（单项）		59		5
总费用（10 亿美元计）		1131		100
作战部队消耗的补给品项目	补给品吨数（千吨）	百分比（%）	运输需要的舰船（艘）	
油料	44413	59	1255（25 万吨级油轮）	
弹药	13357	18	668（2 万吨级货船）	
其他	17359	23	868（2 万吨级货船）	
总补给吨位（千吨）	75128	100	2791（运输舰船总数）	

数据说明：本表的小结部分列出了陆上、海上和空中作战行动的总费用，同时也列出了总补给吨位以及运载补给品所需要的船只数量。部队的替换和把重伤员送往本土所需要的费用包括在各种项目的费用和运送补给品的费用之中。

资料来源：Dunnigan，J. F.，*How to Make War*：*A Comprehensive Guide to Modern Warfare in the Twenty-first Century*，William & Company，Inc. New York.

从表 5.6 中可见，在现代战争条件下，美军以 30 个师的陆上作战，3600 架飞机支援陆上作战和 1400 架飞机支援海上作战，以及 350 艘舰艇参加的海上作战，在持续 1 年的战争过程中，要耗资 11310 亿美元。其中，最费钱的一项是弹药，它占到整个作战费用的 2/3 以上。如按重量计算，燃油占补给品总重量的 50% 以上。飞机的损耗费用占总损耗费的 2/3 以上。

5.2.2　战争经济损失

战争经济损失是对战争给经济增长和发展所造成的危害和破坏程度的度量，可分为直接经济损失和间接经济损失，如图 5.1 所示。

直接经济损失指战争造成的已有社会财富量的减少，表现为实物（如资产、财产、资源等）的损失。直接经济损失主要包括公共设施损失、企业资产损失、

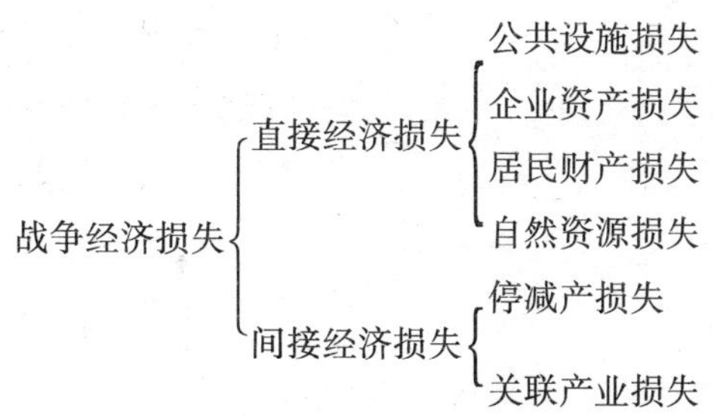

图 5.1　战争经济损失分类

居民财产损失和自然资源损失。公共设施损失、企业资产损失和居民财产损失分别指战争造成的公共设施、企业资产和居民财产的破坏、毁损、流失而引起的经济损失。如2006 年的黎以冲突中，以色列的空袭摧毁了黎巴嫩数千幢房屋，数十座桥梁和数百条公路，破坏了黎巴嫩主要港口和机场。自然资源损失指战争造成的自然资源储备量及自然资源质量变化所引起的资源价值量的减少，如战争对石油资源的毁坏。

间接经济损失表现为企业或产业部门因战争造成的社会生产的下降程度，主要包括停、减产损失和关联产业损失，可用战争当年国内生产总值（GDP）的下降程度来衡量。间接经济损失具体表现为：投资溢价损失，主要指各级政府、有关企业以及个人将原本用于生产性的投资因战争而改变、挪用或放弃所引起的效益缺失；对一国以旅游业、运输业为代表的服务业形成冲击而导致的经济损失；对一国股市、期市短期内形成冲击，引起相关板块交易品种大幅波动而导致的财富缩水；对一国投资特别是外商投资活动形成冲击而导致的损失；对一国进出口贸易活动形成冲击而导致的损失；战争恐慌心理导致对正常社会、经济秩序形成冲突而引起的损失；某些生产要素如能源、资本、劳动力等因战争出现价格异常上扬而引起的损失；战时遭敌对国家集团经济制裁对一国经济造成的损失。

需要指出的是，战争导致的直接经济损失与间接经济损失对于宏观经济的影响存在着本质性的差异。直接经济损失主要是存量的概念，体现为房屋、基础设施和企业固定资产等社会存量财富的损失；而间接经济损失主要是增量概念，体现为某时期内社会所生产的最终产品和服务价值的减少。

5.2.3　战争人力资本损失

战争人力资本损失是指一个国家或地区由于战争伤亡而导致人力资本存量的减少。现代经济学中，人力资本是指通过教育、培训而形成的存在于人体内的知识、技能、健康等各种能力的总和。人力资本的积累是有成本的，人力资本一旦形成就会带来预期收益。因此，一个人如果在战争中致残或阵亡，则其身中所蕴藏的人力资本就会部分或全部损失，社会不仅不能获得预期的回报，甚至连前期的投资也会损失。因此，战争经济成本应当考虑战争伤亡所造成的人力资本损失。

战争是军事人力的较量。自从战争产生以来，战争这种特殊活动始终是以力量的对抗为其表现形式的。暴力和战争是交战双方各种力量特殊形式的较量，其中人力的较量是最基本的。因为，战争的主体是军队，军队的基础是军人，军人在战斗过程中的厮杀拼搏实际上是军事人力的支出和耗费。战争是流血的政治，只要有战争，就必然会有人员的伤亡。战争导致人口伤亡，人口伤亡的多少取决于战争的规模与方式。第一次世界大战，38 个国家卷入战争旋涡，参战国人数达到 15 亿以上，动员的人口达 7000 万人，其中 9 个主要参战国死亡 846.5 万人，伤残 2118.8 万人，失踪被俘 775.2 万人。第二次世界大战，参战国 61 个，参战国人口数 17 亿以上，动员的人口数达 1.1 亿以上，人口伤亡总量达 5000 万～5500 万人（见表 5.7）。

表 5.7　　第二次世界大战伤亡情况表

交战国		交战时间	军队死亡（万人）	居民死亡（万人）	占总人口百分比（%）
反法西斯阵线	中国	1931.9～1945.9	380	1720	4.7
	英国	1939.9～1945.9	55.7	6.1	1.3
	法国	1939.9～1945.9	20.2	10.8	0.8
	苏联	1941.6～1945.9	750	1000	8.6
	美国	1941.12～1945.9	29.2	—	0.2
	该阵线所有国家小计		907.2	3407	3.1
法西斯阵线	德国	1939.9～1945.5	325	50	3.1
	意大利	1940.6～1943.9	14.9	78.3	2.1
	日本	1941.12～1945.9	150.7	67.2	3
	该阵线所有国家小计		566.2	195.5	3.4
交战双方总计			1473.3	3602.5	2.53

资料来源：北京国际战略问题学会，《世界军备与裁军简明手册》，军事谊文出版社 1986 年版，第 58 页。

5.2.4 战争后续成本

战争结束后，恢复国民经济、稳定社会秩序仍需投入大量的经济资源，这部分资源投入就构成战争的后续成本。战争后续成本包括战后恢复社会经济秩序、重建基础设施等活动所发生的费用。诺德豪斯（Nordhaus，2002）估计，在后伊拉克战争时代，美国对伊拉克领土占领和维和需花费 750 亿 ~ 5000 亿美元，对伊拉克 10 年的重建和国家再造计划需花费 250 亿 ~ 1000 亿美元，向伊拉克人民提供人道主义援助需花费 10 亿 ~ 100 亿美元，因此美国在伊拉克战争结束后需投入的后续成本将高达 1100 亿 ~ 6100 亿美元。哈特利（2006）研究表明，截至 2006 年，伊拉克战争给英国造成的总成本约为 42 亿英镑，其中战争直接成本所占比例不足 25%，其余多为战后维和和重建的花费。不难发现，战争后续成本有时甚至远远高于战争的直接成本。因此，如果对战争后续成本估计不充分，从长期来看战争总经济成本存在被低估的危险。

专栏 5.1　隐藏在战争背后的成本

隐藏在战争背后的成本，引起了人们的注意，有专家认为：历史往往因为战争成本的低估而出现混乱。"一战"刚开始时有预测认为将会是迅速、低成本的，越南战争的花费比战前预计的多出 90%。耶鲁大学经济学家诺德豪斯曾经建议政府淡化冲突成本，并说如果战争被描述成快速的、廉价的、没有流血牺牲的，普通平民和国会就更容易赞成总统的做法。

战争的成本并不只是战场上的流血。在 1991 年的海湾战争之后，有 1/4 的军人因为记忆力下降、癌症、子女的先天缺陷而由政府进行相关的药物、服务和金钱补偿，处理海湾战争的相关伤害和疾病的费用每年要花费 2 亿美元。

布什政府已经给出了伊拉克战争花费的最详细的估计和注解，前白宫经济顾问林赛（Lindsey）在战前建议，伊拉克战争的费用预算可以控制到 100 亿到 200 亿美元范围内。

2002 年 9 月美国国会办公室的一份报告预测：如果伊战进行 3 个月，再对伊军事占领两年，这期间将花费 58 亿 ~ 92 亿美元，包括：9 亿 ~ 13 亿美元用于在波斯湾部署军事力量，6 亿 ~ 9 亿美元用于第一个月的冲突，5 亿 ~ 8 亿美元用于之后的每个月，战后占领期每月 1 亿 ~ 4 亿美元用于维和，5 亿 ~ 7 亿美元用于战后重新部署军事力量。

国家预算委员会的一份相关资料列出了最初的伊拉克战争的预算：48 亿～93 亿美元用于一到两个月的抗击，加上战后重建和稳定伊拉克局势的费用，总的数字为 200 亿美元。

有评论家说，如果国家安全就代表着美国的防御，那么国防部还是叫做"战争部"比较好。

——孙洁：《21 世纪经济报道》，2004 年 4 月 14 日。

5.3 战争经济损失评估

战争的不确定性与战争耗损的复杂性，使得全面评估战争经济成本异常困难。本节对战争经济损失的评估模型进行简要介绍。

5.3.1 战争直接经济损失评估

战争直接经济损失评估包括对战争造成的企业资产、居民财产、自然资源和公共设施损失的评估。这里仅介绍战争对企业资产、居民财产、自然资源所造成的损失的评估。

企业资产损失评估 企业资产损失评估包括不动产和动产损失评估两种。企业固定资产中的不动产主要是指土地、房屋及其附属物或附加物。战争一般不会对企业的土地造成危害。所以，企业资产中的不动产损失主要是指建筑物及其附属物损失。不动产损失评估采用重置成本法（重置成本减折旧法），先求出不动产的重置成本，再扣除反映不动产当前物理、功能状况和社会因素所引起的折旧额，就可得到以重置成本为基础的不动产价值。企业固定资产中的动产主要是机器设备、运输设备、工器具等。根据受损资产能否修复，企业动产损失的评估可以分为两种情况：

第一种情形：资产完全损坏时，以市场价值法进行估计，即现行市场价格重新购置同类资产所需的费用。对一些高价值的专用机器设备，当难以获得市场价格信息时，可用重置成本。在具体评估时，还应考虑报废资产的残值、场地清理费、新设备的运输安装费等，在报废资产不是全新资产时，还应考虑到报废资产

的新旧程度。受损资产的单位价值损失可表示为：

$$p_i = p_{oi}\beta_i + YA_i - CZ_i \tag{5.1}$$

式中 p_i 表示动产 i 的单位价值损失，p_{oi} 表示全新的动产 i 单位重置价值，β_i 表示新旧程度系数，YA_i 表示单位运输安装费，CZ_i 表示单位净残值。

第二种情形：资产未完全损坏仍具有修复价值，且假设修复后对原资产的性能没有影响。此时，受损资产的单位价值损失为 $p_i = p_{xi}$，其中 p_i 表示动产 i 的单位价值损失，p_{xi} 表示单位修复成本。

动产的总损失 DC 为：

$$DC = \sum X_i \times p_i \tag{5.2}$$

式中 X_i 表示动产 i 的实物损失量。

居民财产损失评估　居民财产损失分为居民住宅损失和居民室内财产损失，可参照企业资产损失评估方法进行评估。

自然资源损失的评估　在自然资源的损失评估中，首先根据受损资源类型选择待评估资源的实物计量单位，通过抽样调查或战后普查确定资源的实物损失量。自然资源定价的方法主要有市场比较法、成本法和剩余法等。剩余法推算自然资源价格的公式为：

$$p_n = p_p - C_p(1 + M_p) \tag{5.3}$$

式中 p_n 表示自然资源价格，p_p 表示资源产品价格，C_p 表示资源产品生产成本，M_p 表示资源产品生产部门的平均利润率。

资源的价值损失量为：

$$ZY_i = ZW_i \times p_n \tag{5.4}$$

式中 ZY_i 表示资源 i 的价值损失，ZW_i 表示实物损失，p_n 表示资源价格。

5.3.2　战争间接经济损失评估

在战争间接经济损失方面，有关投入产出、一般均衡和社会核算矩阵等模型都是非常有代表性的评估模型。

投入产出与线性规划相结合的模型　美国防务分析研究所的佩斯金（Peskin，1965）提出了用 77 部门的投入—产出表来评估战争间接经济损失的方法。模型中，一个部门是劳动力，其余均为生产部门，他把部门 i 的投入产出关系用下式表示：

$$\sum_j a_{ij}X_j + F_i = X_i \tag{5.5}$$

式中 X_i 表示部门 i 的总产出，a_{ij}表示生产 1 单位 j 需投入 i 的数量，X_j 表示 j 部门的产出，F_i 表示对部门 i 的最终需求。

佩斯金（1965）采用三种不同的准则来求解此模型。（1）在无约束条件下求最终需求（国民生产总值 GNP）的极值；（2）在 GNP 各组成部分有不同重要程度的条件下求 GNP 的加权极值；（3）在战争结束后有最低需求量的情况下求 GNP 的极值。写成线性规划的形式分别为：

$$\max \sum F_i \tag{5.6}$$

$$\max \sum \alpha_i F_i \tag{5.7}$$

$$\max \sum F_i^* + Z \tag{5.8}$$

$$s.t \quad X_i \leqslant F_i^*$$

式中 α_i 表示各部门最终需求系数，$\sum_{i=1}^{n} \alpha_i = 1$；$X_i$ 表示战后第 i 部门的最大生产能力；F_i^* 表示内生决定的最终需求；Z 表示最低最终需求。

佩斯金（1965）认为，该模型的模拟结果受目标函数的影响显著，在无约束极值且正常劳动力投入情况下，人均 GNP 为 753.60 美元（1958 年价格），而后两种情况下分别为 348.30 美元和 123.40 美元。在极大化劳动力投入的情况下，GNP 比正常情况增加近两倍。不同目标函数得到的瓶颈产业数目不同，无约束极值时数目最多，有最低需求情况下最少。

投入产出与生产函数相结合的模型 美国防务分析研究所的瓦茨勒（Wetzler，1970）将投入产出模型与生产函数结合构建模型，模型中各部门的投入产出关系为：

$$\sum_j a_{ij}X_j + F_i = X_i \tag{5.9}$$

各部门的生产函数采用如下形式：

$$Y = e^{\tau T}\left[\alpha\left(\frac{K^*}{N}\right)^{\delta} + \beta\left(\frac{L}{N}\right)^{-\beta}\right]^{-\sigma/\delta} \tag{5.10}$$

式中 N 表示企业数目，τ 表示技术进步率，T 表示时间序列，α 表示资本规模参数，K^* 表示短期固定资本存量，δ 表示资本劳动力替代系数，β 表示劳动力规模

参数，L 表示劳动力数量，σ 表示经济规模参数。

一般均衡模型　科克伦（Cochrane，1984）基于新古典经济学中关于生产者和消费者行为的描述，构建了研究战争对区域经济影响的一般均衡模型为：

$$Y_j = [a_{0j} + a_{1j}L_j^{-\sigma_j} + a_{2j}K_j^{-\delta_j}]^{-1/\delta_j} \tag{5.11}$$

$$U = \sum_i [\beta_i \ln(Y_{di} - \tau_i)] \tag{5.12}$$

式中 Y_j 表示部门 j 的产出量，L_j 表示部门 j 的劳动力，K_j 表示部门 j 使用的资本量，a_{0j}、a_{1j}、a_{2j}分别表示参数，σ_j 表示劳动力与资本的替代弹性，U 表示效用，Y_{di}表示商品 i 的消费量，τ_i 表示商品 i 的最低消费量，β_i 表示 i 的权重。

科克伦假定生产者在边际成本等于价格处生产以极大化其利润，则价格为：

$$P_i = \sum_j P_j a_{ij} \tag{5.13}$$

式中 P_i 表示消费品 i 的价格，P_j 表示中间产品的价格，a_{ij}表示生产单位 i 产品所需的 j 的产量。

设消费者在约束条件下极大化其效用，并产生马歇尔需求曲线：

$$Y_{di} = \tau_i + \frac{\beta_i}{P_i}(Y_{disp} - \sum_i P_i \tau_i) \tag{5.14}$$

式中 Y_{disp}表示收入的消费部分，区域收入约束用下式表示：

$$Y_{tot} = \sum_j L_j \bar{w} + K_j^0 P_c^0 r + d_{k_j} P_c' r + \pi_j \tag{5.15}$$

式中 Y_{tot}表示区域收入总和，$\bar{w}$ 表示工资率，K_j^0 表示初始资本存量，P_c^0 表示资本的初始供应价格，r 表示利息率，d_{k_j}表示部门 j 的投资量，P_c' 表示战后资本的供应价格，π_j 表示部门 j 的利润。

模型中引入贸易部门，描述区域产品的进出口需求，设税收占区域收入的比例固定，且政府支出是系统外生变量，则均衡条件为：

$$\sum_i S_i + T + \sum_j (Y_{dj} - Y_{sj}) = \sum_j G_j P_j + \sum E_x + Inet \tag{5.16}$$

式中 S_i 表示储蓄，T 表示税收，$Y_{dj} - Y_{sj}$表示进口量，$G_j P_j$ 表示部门 j 中的政府支出，E_x 表示出口量，$Inet$ 表示各部门的净进口。

社会核算矩阵模型　美国国家地震工程研究中心的科尔等应用社会核算矩阵（Social Accounting Matrix，SAM）估算地震的经济损失及评价地震后经济恢复政策，该模型也可用于分析战争情形。社会核算矩阵模型是对投入—产出技术的发展，它将社会生产各部门之间的投入—产出关系推广至社会经济活动主体之间的收入和分配关系。估计某一项目发生外生变化时，经济系统中的连锁反应，其基本公式是：

$$\delta Y = \frac{\delta X}{1 - A} \tag{5.17}$$

式中 δY 表示引起的收入变化，δX 表示发生变化的活动量，A 表示乘数矩阵。考虑时滞因素，上式可变换为：

$$\delta Y(T) = \frac{\delta X(T)}{1 - A(T)} \tag{5.18}$$

该模型认为战后应首先估计社会核算矩阵，然后根据战损事件核算矩阵和战后经济恢复措施矩阵 $\delta Y(T)$、$\delta X(T)$ 计算战争对区域生产、家庭、政府、企业等方面的综合影响。

5.3.3 战争人力资本损失评估

评估战争人力资本损失，多是借鉴人力资本价值度量方法。人力资本价值的度量方法归纳起来主要有未来收益法、累计成本法、教育存量法三类。现有文献多采用未来收益法评估战争人力资本损失，其基本思想是：战争伤亡所造成的人力资本损失等于伤亡者所放弃的未来收益，即战争人力资本损失的货币价值等于伤亡者放弃的未来每年预期收益的现值总和。柯克尔与伯克利（Kiker & Birkeli，1972）在评估美军在越南战争中的人力资本损失时，假设人力资本的某些特征，如受教育水平、技能熟练程度、健康状况、空间和时间的变化都会直接或间接地影响其收入。通过计算战争伤亡人员的“收入能力”，就可以计算出其未来的收入流，并以此来反映战争伤亡所造成的人力资本损失。在众多的因素中，他们仅考虑年龄和受教育水平，构建了个体人力资本损失评估方程，即：

$$K_j = \sum_{t=1}^{h-l} d_j P_{jt}^* W_{jt}^e \frac{(1+v)^{t-1}}{(1+r)^t} \tag{5.19}$$

$$P_{jt}^* = \prod_{s=l}^{t+l-1} [1 - P(s)] \tag{5.20}$$

式中 K_j 表示第 j 个伤亡者的人力资本价值，P_{jt}^* 表示在 t 时期后生存的概率，W_{jt}^e 表示 j 在 t 时期加入军队以前的受教育水平为 e 的收入水平，d_j 表示 j 的伤残程度

$(0 \leqslant d_j \leqslant 1)$，$v$ 表示劳动生产率增长率，r 表示特定的贴现率，l 表示伤亡者的年龄，h 表示服役的最高年龄，$(h-l)$ 表示潜在的收入年限，$P(s)$ 表示在给定 $s-1$ 期期末生存的前提下，第 s 期死亡的概率。

总的人力资本损失则为：

$$K = \sum_{j=1}^{n} K_j \tag{5.21}$$

式中 n 表示因战伤亡人员总数。

5.4　战争经济成本估计

许多研究试图对战争的经济成本进行实际估计，估计发现，在某些情况下战争对经济发展有一定的促进作用，而在大多数情况下，战争已经被证实会对经济社会发展产生破坏性。

5.4.1　第一次世界大战的经济成本

第一次世界大战结束后，很多研究试图定量评估这场战争的经济成本。博加特（Bogart，1920）较早估算了第一次世界大战给各参战国造成的直接成本和间接成本，为后续研究确立了一个起点。

表 5.8　　第一次世界大战的直接成本和间接成本　　单位：百万美元

	直接成本			间接成本		
	总成本	联盟内部转移支付	净成本	战争伤亡导致的人力资本损失	附着在土地上的财产物损失	车船及货物损失
英帝国	48523	8695	39828	3477	1750	3930
法　国	25813	1547	24266	4818	10000	453
俄　国	22594		22594	8104	1250	933
意大利	12314		12314	2385	2710	431
美　国	32080	9455	22625	518		365
其他协约国	3964		3964	3215	11500	525
协约国总计	145288	19697	125591	22517	27210	6637

续表

	直接成本			间接成本		
	总成本	联盟内部转移支付	净成本	战争伤亡导致的人力资本损失	附着在土地上的财产物损失	车船及货物损失
德　国	40150	2375	37775	6751	1750	121
奥匈帝国	20623		20623	3080	1000	15
土耳其和保加利亚	2245		2245	1203		27
轴心国总计	63018	2375	60643	11034	2750	163
合　计	208306	22072	186234	33551	29960	6800

资料来源：Bogart, E. L., 1920, *Direct and Indirect Costs of the Great World War*, New York: Oxford University Press, 269～299.

博加特（1920）的研究中，直接成本定义为高于战前正常支出水平的政府支出，间接成本定义为人力资本和物质资本的损失，人力资本损失根据战争伤亡者收入流的资本化价值得出。估算结果如表5.8和表5.9所示。

表5.9　　第一次世界大战的经济成本　　单位：百万美元

人力资本损失	67102
军人伤亡	33551
平民伤亡	33551
财产损失	36760
附着在土地上的财产物损失	29960
运输船只及货物损失	6800
生产损失	45000
战争抚恤	1000
中立国损失	1750
总的间接成本	**151612**
总的净直接成本	**186234**
第一次世界大战总经济成本	**337846**

资料来源：Bogart, E. L., 1920, *Direct and Indirect Costs of the Great World War*, New York: Oxford University Press, 269～299.

5.4.2　第二次世界大战的经济成本

哈里森（Harrison, 2000）给出了对所选国家在第二次世界大战中被破坏的

人力和物质资本的估算（见图5.2）。图中对人力资本的破坏用占工作年龄人口数的百分比表示，对物质资本的破坏用占国民财富（或对于德国和意大利而言，使用工业固定资产）的百分比表示。图中可见，对人力资本的破坏，英国和美国为1%，苏联高达19%，对物质资本的破坏，美国为0，苏联和日本则高达25%。

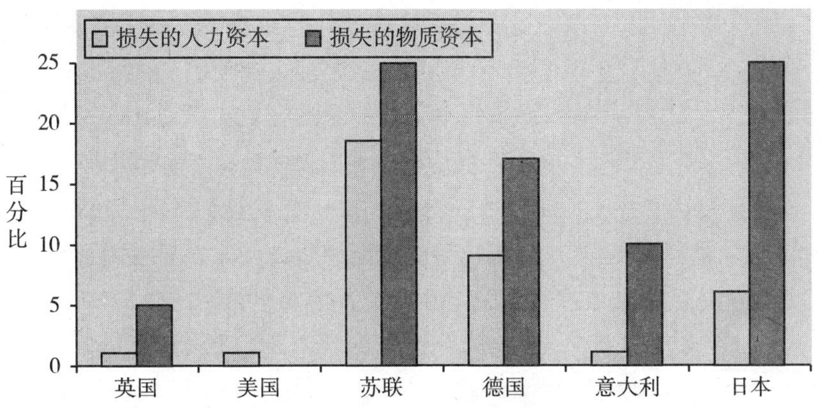

图5.2 第二次世界大战中人力和物质资本损失（占总资本的比例）

安德顿和卡特（Anderton & Carter，2003）统计了美国与德国和日本在第二次世界大战之前、期间以及之后的实际商品贸易（出口加进口）情况（见图5.3）。图中可见实际商品贸易是如何在战争期间接近于0，并在恢复和平后又反弹的。

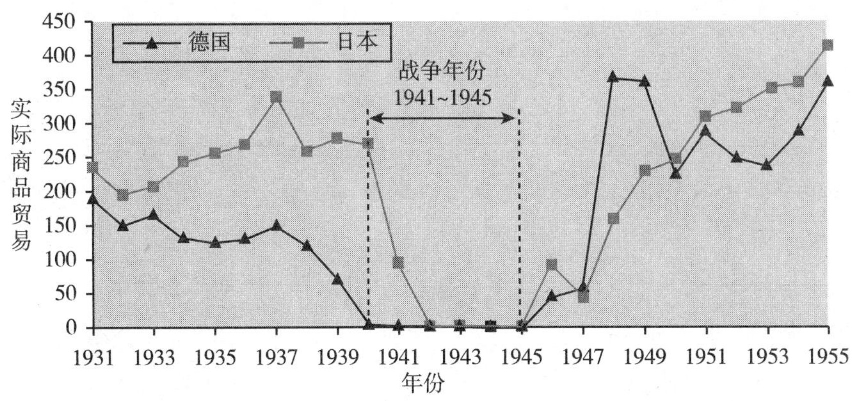

图5.3 美国与德国和日本的实际商品贸易（百万美元，1913年价格）

说明：德国1952年至1955年的数据只包括西德。

专栏5.2 “二战”——人类史上的空前浩劫

人类的文明史，同时也是一部战争史。5000年来，大小战争总共发生了14513次。不过，战争的次数虽然不少，能使人永志不忘的世界大战只有两次。这两次世界大战都发生在20世纪上半叶，在时间上仅仅相隔20来年。

第二次世界大战（1939～1945年）是迄今为止，人类所进行的规模最大、伤亡最惨重、造成破坏最大的全球性战争。战争最高峰时期，全球有60%的国家参战，战火遍及亚洲、欧洲、美洲、非洲及大洋洲五大洲。交战双方同时也在太平洋、大西洋、印度洋及北冰洋四大洋展开战斗。“二战”的交战双方是以美国、苏联、中国、英国、法国等国组成的反法西斯同盟国与以德国、日本、意大利等国组成的法西斯轴心国集团。尽管在1939年9月前，中国的抗日战争、埃塞俄比亚的抗意战争等反法西斯的抵抗已经开始，但一般认为战争是从1939年9月1日德国入侵波兰开始，到1945年9月2日日本向盟国投降而宣告结束。

“二战”对人类产生了深远的影响，战争带来的血腥杀戮所造成的巨大破坏，长久地反映在战后人类生活的各个方面。战争的结果使得法西斯这一人类社会的毒瘤被铲除。战后世界的政治、经济格局很大程度上是战争结果所带来的。在军事领域，战争发展了现代军事技术，并产生了大规模使用装甲部队进行作战的主要方式，同时战略轰炸也成为一种直接影响战争结局的重要军事手段。战争后期，核武器第一次投入战争并表现了其巨大的杀伤力。“二战”的结果充分证明，在现代技术条件下，战争的胜负与交战双方的科技实力、经济实力、工业技术水平、人员素质有着直接的关系。“二战”也对军事武器的发展起到了重大推动作用，雷达、喷气战斗机、火箭及导弹、电子计算机、核武器等高科技武器都在战争中投入使用并发挥了重大作用。而这些军事领域的突破又直接催生了战后人类社会的第三次科技革命。

在这场血腥的战争中，无辜平民的伤亡是历史上最惨重的，其中包括了纳粹德国针对犹太人和其他东欧人种的大屠杀、日本对无数中国与朝鲜平民的屠杀，以及战争末期盟军针对德国与日本境内民用目标的轰炸。第二次世界大战总共导致了全球5000万人的死亡，超过了历史上任何一次战争。

5.4.3　伊拉克战争的经济成本

2003年伊拉克战争爆发以来，战争经济成本问题引起了人们的新一轮关注。美国的一些政府机构和学者对伊拉克战争经济成本进行了深入而广泛的预测分析（House Budget Committee，2002；Congressional Budget Office，2002；Nordhaus，2002；Congressional Research Service，2006、2007、2008、2009）。斯蒂格利茨（Stiglitz，2006）等人的研究，运用标准的经济学和会计学方法，详细地估计了美国在伊拉克战争中的总经济成本，研究结果如表5.10所示。

表5.10　　**伊拉克战争的总经济成本**　　单位：10亿美元

	保守估计	适中估计
直接成本	839	1189
宏观经济成本	187	1050
总经济成本	1026	2239

资料来源：Bilmes L. and Stiglitz，J. E.，2006，"*The Economic Costs of the Iraq War：An Appraisal Three Years after the Beginning of the Conflict*"，Paper Presented to EPS at the American Economic Association.

哈特利（2006）分析了伊拉克战争给英国造成的经济成本。表5.11列出了英国在不同冲突中的成本。

表5.11　　**英国在不同冲突中的成本（2005年价格）**　　单位：10亿美元

英国的冲突	英国的军事成本
第一次世界大战	357
第二次世界大战	1175
海湾战争	6.0
波斯尼亚战争	0.7
科索沃战争	1.7
阿富汗战争	2.0
伊拉克战争	6.0

资料来源：Hartley K.. 2006，"Iraq and the Costs of Conflict"，*Socialist Review*，August.

5.4.4 战争人力资本损失的评估

评估战争人力资本损失，早在19世纪初期曾由英国著名学者吉芬（Giffen，1880）进行过分析。后来的研究主要围绕分析第一次世界大战的经济成本而展开。第一次世界大战无论对战胜国还是战败国都造成了前所未有的人员伤亡，这促使一些经济学家思考战争伤亡所导致的人力资本损失。盖特（Guyot，1914）最先尝试估算第一次世界大战的人力资本损失。他估计了在战争中损失的军事人力的平均构成和数量，并用人均人力资本价值来估计每个普通人的资本价值，通过将各参战国的伤亡人数与人均人力资本价值相乘，得到相应国家战争人力资本损失的货币价值。博加特（1920）通过计算战争伤亡者的人力资本价值，估算出第一次世界大战给各参战国造成的总的人力资本损失约为335.51亿美元，其中俄国和德国所受损失最大，英国、法国和奥匈帝国次之。克蒙德（Crammond，1915）、博格（Boag，1916）、罗斯特（Rossiter，1919）、克拉克（Clark，1931）等人也相继进行了类似研究，推动了对战争人力资本损失的估算。

表5.12　　美国几场主要战争中的伤亡情况

战争	伤亡人数	伤亡人数占总人口的比例（%）
独立战争	4435	0.127
1812年战争	2260	0.030
美国—墨西哥战争	1733	0.008
南北战争（双方合计）	184594	0.538
美国—西班牙战争	385	0.001
第一次世界大战	53513	0.052
第二次世界大战	292131	0.219
朝鲜战争	33651	0.022
越南战争	47369	0.023
1991年海湾战争	148	0.000

资料来源：Paul Poast，2006，*The Economics of War*，McGraw-Hill/Irwin.

战争人力资本损失再度引起人们关注，始于越南战争。越南战争中，美军人员伤亡非常惨重。1972年，柯克尔与伯克利在《政治经济杂志》上发表了《美

国在越南战争伤亡所导致的人力资本损失》一文，分析越战伤亡给美国社会带来的人力资本损失。研究表明：美军在越南战争中总的人力资本损失为 58 亿至 117 亿美元，其中，在敌意行动中的人力资本损失约为 50 亿至 102 亿美元，非敌意行动中的人力资本损失约为 8 亿至 15 亿美元（以 1968 年的不变价格计）。该文发表后在西方世界引起了很大反响。1973 年，柯克尔等人又发表了《西方经济分析中的战争与人力资本》一文，详细考察了从普法战争到越南战争期间历次战争的人力资本损失。

战争伴随着死亡与牺牲，即便美国也不得不承受这种惨痛的代价。表 5.12 显示了在美国过去几场主要战争中阵亡士兵的数量。

战争中死亡的士兵和平民可以从多方面来考虑，国防经济学家试图从经济成本上来对待这个问题，认为个人的死亡也是经济损失的一个方面。波斯特（Poast，2006）给出了美国主要战争丧失的生命价值的一个估计（见表 5.13）。

表 5.13　美国几场主要战争中伤亡生命的价值（以战争当年价格计算） 单位：美元

战争	年代	CPI	当年的 CPI/2003 年 CPI	单个生命的价值(以当年 CPI 计算)	伤亡人数	伤亡生命的价值（战争当年价格）	伤亡生命的估价（以 2000 年价格计算）
独立战争	1800	51	0.0989	741566	4435	3288847421	33262500000
1812 年战争	1813	58	0.1124	843350	2260	1905971307	16950000000
美国—墨西哥战争	1848	26	0.0504	378054	1733	655166731	12997500000
南北战争	1863	37	0.0717	537999	184594	99311428848	1384455000000
美国—西班牙战争	1900	25	0.0485	363513	385	139952501	2887500000
第一次世界大战	1917	38	0.0744	558356	53513	29879302055	401347500000
第二次世界大战	1943	52	0.1004	753199	292131	220032752036	2190982500000
朝鲜战争	1952	80	0.1541	1155971	33651	38899590442	252382500000
越南战争	1968	104	0.2020	1515122	47369	71769820667	355267500000
1991 年海湾战争	1991	408	0.7910	5932532	148	878014734	1110000000

资料来源：Paul Poast，2006，*The Economics of War*，McGraw-Hill/Irwin.

关键术语

战争经济消耗　战争经济损失　战争人力资本损失　战争直接成本　战争间接成本

课后思考

1. 简述战争经济成本的构成。

2. 试述战争造成的直接经济损失与间接经济损失对于宏观经济影响的差异性。

3. 战争通过哪些途径会对宏观经济产生冲击？

4. 根据本章中的各项案例所揭示的事实，用你的观点来说明资助战争的理想方式。

参考文献

杨培雷：《美国对外战争的经济分析》，引自程恩富、顾海良主编《海派经济学》第9辑，上海财经大学出版社2005年版，第53～60页。

北京国际战略问题学会：《世界军备与裁军简明手册》，军事谊文出版社1986年版，第58页。

[美] 盖文·肯尼迪：《国防经济学》，解放军出版社1986年版，第11页。

[美] 肯尼思·N. 华尔兹著，倪世雄等译：《人、国家与战争》，上海译文出版社1991年版，第1页。

Al Nofi, *Statistical Summary: America's Major Wars*, http://www.cwc.lsu.edu/cwc/other/stats/warcost.htm

Anderton, C. H. and Carter, J. R., 2003, "Does War Disrupt Trade?" in Gerald S., Katherine Barbieri, and N. P. Gleditsch (eds.), *Globalization and Armed Conflict* (Boulder, CO: Rowman & Littlefield), 299～310.

Bilmes L., and Stiglitz, J. E., 2006, "*The Economic Costs of the Iraq War: An Appraisal Three Years after the Beginning of the Conflict*", Paper presented to EPS at the American Economic Association.

Boag, H. 1916, "Human Capital and the Cost of the War", *Journal of the Royal Statistical Society*.

Bogart, E. L., 1920, *Direct and Indirect Costs of the Great World War*, New York: Oxford

University Press, 269 ~ 299.

Campbell R. McConnell, Stanley L. B. , 1996, *Economics: Principles, Problems and Policies*, New York: McGraw – Hill, Inc.

Clark, J. M. , 1931, *The Costs of World War to the American People*, New Haven, Conn: Yale Univ. Press.

Crammond, E. , 1915, "The Cost of War", *The Journal of Royal Statistiety*, LXX (Ⅲ): 361 ~ 399.

Congressional Budget Office, 2002, *Estimated Costs of a Potential Conflict with Iraq*, available at http: //www. cbo. gov/.

Congressional Budget Office, 2002, *Analyses of Operations in Iraq and Afghanistan*, available at http: //www. cbo. gov/publications/collections/collections. cfm? collect = 4.

Congressional Research Service, 2006, *The Cost of Iraq, Afghanistan, and Other Global War on Terror Operations Since* 9/11, available at http: //www. law. umaryland. edu/marshall/crsreports/crsdocuments/RL33110_ 09222006. pdf.

Congressional Research Service, 2007, *The Cost of Iraq, Afghanistan, and Other Global War on Terror Operations Since* 9/11. available at http: //www. crono911. net/docs/CGWRL33110. pdf.

Congressional Research Service, 2008, *The Cost of Iraq, Afghanistan, and Other Global War on Terror Operations Since* 9/11, available at http: //fpc. state. gov/documents/organization/112047. pdf.

Congressional Research Service, 2009, *The Cost of Iraq, Afghanistan, and Other Global War on Terror Operations Since* 9/11, available at http: //www. fas. org/sgp/crs/natsec/RL33110. pdf.

Dunnigan, J. F. , *How to Make War: A Comprehensive Guide to Modern Warfare in the Twenty-first Century*, William & Company, Inc. New York.

Guyot. Y. M. 1914, "The Waste of War and the Trade of Tomorrow," *Nineteenth Century and After*, LXXVI (December): 1193 ~ 1206.

Hartley K. , 2006, "Iraq and the Costs of Conflict", *Socialist Review*, August.

Harrison, M. , 2000, "The Economics of World War II: An Overview," in Mark Harrison (ed.), *The Economics of World War* Ⅱ (Cambridge, UK: Cambridge University Press), 1 ~ 42.

Kiker, B. F. , 1966, "The Historical Roots of the Concept of Human Capital", *Journal of political Economy*, 74 (5): 492 ~ 493.

Kiker, B. F. and Jon Birkli, 1972, "Human Capital Losses Resulting from U. S. Casualties of the War in Vietnam", *Journal of Political Economy*, 80 (5): 1023 ~ 1030.

Kiker, B. F. and Cochrane, J. L. 1973, "War and Human Capital in Western Economic Analysis", *History of Political Economy*, 5 (2): 375 ~ 398.

Paul Poast, 2006, *The Economics of War*, McGraw-Hill/Irwin.

Rossiter, W. S. , 1919, "The Statistical Side of the Economic Costs of War," *American Economic Review*, Vol (March): 94 ~ 117.

Sandler, T and Hartley, K. , 2003, *The Economics of Conflict*, International Library of Critical Writings in Economics, Elgar, Cheltenham.

The House Budget Committee, 2002, *Assessing the Cost of Military Action Against Iraq: Using Desert Shield/Desert Storm as a Basis for Estimates*, available at http: //budget. house. gov/analyses/spending/iraqi_cost_report. pdf.

Nordhaus, W. D. , 2002, *The Economic Consequences of a War With Iraq*, NBER Working Paper No. 9361. , Yale University.

第6章　国家实力与战争潜力

经济全球化不仅加速了全球经济一体化进程，也加剧了世界各国特别是大国之间的国际竞争。国家实力是大国较量的基础，国家实力影响军事能力，决定战争潜力。

本章集中讨论国家实力的含义、衡量，军力与战争潜力。第一节主要讨论国家实力的含义；第二节介绍国家实力的衡量方法；第三节介绍中国学者在综合国力方面的研究成果，主要讨论综合国力动态方程及多指标综合国力动态方程。第四节讨论国家实力与军事能力方面的研究；第五节介绍战争潜力，主要讨论国防经济潜力和国防经济实力。

6.1　国家实力

国家实力是衡量一国基本国情和基本资源最重要的指标，也是衡量一国经济、政治、军事、技术实力的综合性指标。

"实力（Power）"是进行政治与经济分析的一个基础性概念，但这一概念在社会科学中的争议一直很大。肯尼思·华尔兹认为"实力可定义为各种力量的分布"。雷伊·克莱茵认为"在国际舞台上的所谓实力，简言之，乃是一国之政府去影响他国去做本来不愿意为之的某一事情之能力，或是使他国不敢去做本来跃跃欲试的某一事情之能力，而不论其影响方式是利用说服、威胁或明目张胆的诉诸武力"。法国历史学家雷蒙·阿隆（Raymond Aron）则认为，在国际舞台上，实力指"某一政治单位将自己的意志强加给其他政治单位的能力"，并把实力归结为三大基本要素：第一，某一政治单位所占据的空间；第二，资源（包括物力和人力）；第三，集体行动能力，包括军备组织、社会结构和质量等。美国哈佛大学教授约瑟夫·奈认为"实力的意思就是去做某些事件和控制别国；使别国去做没有外力驱使便不会去做的事情的一种能力"。

在社会科学领域，国家实力包含着三个相互联系但互不相同的方面，即国家实力是由国家资源和资源的转化及转化结果三部分组成的有机整体。其中，国家资源指的是一国在某一时期内拥有的基本资源（领土、人口、矿产、能源等）、物力、技术、财力等物质要素和文化、知识、制度、思想、意志等各方面精神要素的总称，这实际上反映了国家所拥有的影响他国的潜在能力，是国家现实实力的基石，如果没有资源，则国家也就无实力可言。资源的转化是指国家运用资源的过程，也可称为国家的行为或行动（战略），包括运用的目标、运用的计划、运用的意志、运用的方式、运用的环境、运用的程度等，对资源的运用过程就是资源转化为能力的过程，即将以资源为标准的潜在实力转化为以改变他国或其他团体的行为为标准的现实能力的过程。运用的结果指的是在将资源由潜在能力转化为实际能力的过程中，是增强还是削弱了国家应当拥有的能力，抑或是正好同等程度地反映了国家应当拥有的能力。运用的结果体现着资源运用面临的国际特征，表明了国家真正实力的大小，同时也反映了国家领导人的素质和政府的绩效等。这表明，完整意义上的国家实力，不仅应包括方方面面有形的、无形的资源及其潜在的能力，还应包括极为重要的政府的效能、意志、知识和观念能力等，以及不容忽视的外在结构（国际体系和环境）的压力。也就是说，资源是构成国家实力的基础；在资源相对稳定的前提下，能否对资源进行有效转化是决定国家实力大小和强弱的关键，而对资源的转化既取决于一个国家社会政治制度和国家机构的健全程度及其政府的执政质量，也取决于国家所处国际体系的机遇与挑战。

国家实力是大国较量的基础，也是国防和军事的基础。国家实力在中国也经常用综合国力来度量。综合国力一般是指主权国家经济、科技、军事、资源、文化等方面实力和影响力的总和，或主权国家所拥有的物质力量、精神力量和国际影响力的合力。

黄硕风（1999）将中外学者的国力分析进行对比后指出，综合国力的范围更广泛一些，侧重于综合和全面，显然将物质实力和精神实力、国际影响力都纳入研究范围；而国家实力更强调物质实力或硬权力（Command Power），但并没

有完全忽视精神实力或软权力（Soft Power）的重要性，例如克莱因方程中的“贯彻国家战略的意志”就将精神因素放在极其重要的地位上。对比二者，综合国力和国家实力都着眼于大战略层次，两个概念之间，没有本质性区别，所以在本章没有进行严格区分。

6.2　国家实力衡量

衡量和评价国家实力需要发展一种能够广泛应用，且具可度量性和可比较性的方法，本节介绍度量国家实力的几种主要方法。

6.2.1　单变量方法

单变量方法是较早衡量国家实力的方法，但因为其简单易行所以亦经常受到青睐。国家实力的单一变量衡量，主要从军事能力、经济能力等方面考虑。

军事指标　许多学者将军事能力作为国家实力的集中体现。在这之中，克劳德（Claude，1962）、多伊奇（Deutsch，1968）等人将总体军事能力作为衡量指标；阿尔科克和纽克姆（Alcock & Newcombe，1970）以国防支出作为衡量指标；莫德尔斯基和汤姆森（Modelski & Thompson，1987）则以具体的军队力量作为衡量指标，在对国际政治进行“长周期”历史研究时，将海军规模作为国家实力的衡量指标。

经济指标　经济指标也是单一变量衡量国家实力的一个常见指标。戴维斯（Davis，1954）、奥根斯基（Organski，1958）等人将国民收入视为实力的最好衡量指标。著名国防经济学者希奇和麦基恩（Hitch & Mckean，1960）在此基础上，主张用一个国家的总产出或国民生产总值作为衡量指标；拉西特（Russett，1968）、摩根斯坦（Morgenstern，1973）则认为燃料和电能的总体消费是衡量国家实力最好的单一变量。

单一变量衡量国家实力指标的好处在于其简捷性与操作简单性，所以有些分析方法即使到现在也经常被应用。但这种指标也经常由于其指标过于单一，未考虑复杂的现实情况等而受到批评。

6.2.2 多变量方法

由于对单一变量衡量方法的质疑，所以对国家实力的多变量衡量方法得到了快速发展，这之中以下面几个方法最为典型：

克诺尔国家实力衡量方法 克诺尔（Knorr，1956）在其经典著作《国家的战争潜力》中，认为国家实力含义包括经济能力、行政竞争性和战争动员能力。这几乎是最早的综合国力方程，尽管还非常简单，但学者们已开始认识到尽管经济实力是国家实力的基础，但一个国家的实力不仅仅是经济实力。

哲曼国家实力指数方程 哲曼（German，1960）提出了国家实力指数方程、定义：

$$G = N(L + P + I + M) \tag{6.1}$$

式中 N 指核能力，L 指土地，P 指人口，I 指工业基础，M 为军事力量规模。

该方程是以核能力为中心的国力方程，表示一个国家的实力与其拥有的核武器能力成正比。它反映了在冷战和核时代条件下，一个国家拥有核武器的特殊重要性。事实上，第二次世界大战后主要大国都在拼命发展核武器，把其作为最重要的国家战略资源和战略手段。

富克斯非线性国力方程 富克斯（Fucks）于1965年提出了与哲曼类似的非线性国力方程。他认为，国力的发展过程类似于自然界过程和生物过程，他根据物理学上常用的科学方法——简化基本变量、以外推法的派生公式为基础，采取类似于生物种类逻辑增长的数学公式，选用三个指标 P_a，S_b，E_b，分别代表人口、钢产量和能源产量。首先分别求得钢和能源的指数：

$$M_s = P_a \times S_b \tag{6.2}$$

$$M_e = P_a \times E_b \tag{6.3}$$

再预测 t 年国力指数变化：

$$M_t = \frac{1}{2}[(M_s)_t + (M_e)_t] \tag{6.4}$$

式中 M_t 表示 t 时期的国力指数，$(M_s)_t$、$(M_e)_t$ 分别表示 t 时期的钢和能源指数。

该方程以工业化时代的传统资源为基础，意即国家的战略目标是在全球获取更多的资源，大幅度地提高本国的生产能力。

除上述三个有代表性模型外，辛格（Singer，1972）在“战争关联项目”（Correlates of War Project）中提出了类似的线性能力指标，不同的是其更关注国家的真实资产。在这里，人口被定义为人口总数和城镇人口的水平，工业能力被定义为能源消费和钢铁产量，军事能力被定义为军事开支和军队规模。

6.2.3　克莱因的综合国力方程

克莱因（Cline）1975年出版的《世界实力评价》和1981年出版的《80年代的世界国力趋势与美国对外政策》中，从政治结构上论述了国际冲突中国家实力的概念，并在20世纪80年代初对综合国力进行了系统的定量比较和分析，认为综合国力分为物质力量和精神力量两部分，这两部分可以相互作用共同促进一国综合国力的提高。克莱因提出的综合国力方程为：

$$P_P = (C + E + M) \times (S + W) \tag{6.5}$$

式中 P_P 指现实国力；C 为基本实体，包括国土和人口两部分；E 为经济实力，包括收入、能源、非燃料矿产资源、制造业、食物、贸易等方面；M 为军事能力；S 为战略意图；W 为国家意志包括国家整合水平、领导人能力，以及与国家利益相关的战略等。

该方程是一个综合性国力方程，方程的第一部分是客观实力或硬实力，方程的第二部分是主观实力或软实力，而综合国力是两者的乘积，反映了研究者对综合国力中软实力的重视。

克莱因方程各要素的指标体系和所规定的标准得分如表6.1所示：

表6.1　　克莱因综合国力方程的指标体系和标准得分

	物质要素（$C+E+M$）	共计500分
C	基本实体	100分
	1. 人口	50分
	2. 国土面积	50分

续表

物质要素（$C+E+M$）		共计 500 分
E	**经济实力**	200 分
	1. 国民生产总值	100 分
	2. 其他经济指标	100 分
	①能源	20 分
	其中：石油	10 分
	煤	2 分
	天然气	4 分
	核能	4 分
	②关键性非燃料矿物	20 分
	其中：铁矿	8 分
	铜矿	3 分
	铝土矿	3 分
	铬矿	3 分
	铀矿	3 分
	③工业生产能力	20 分
	其中：钢	10 分
	铝	5 分
	水泥	5 分
	④食品生产能力	20 分
	⑤按小麦、玉米、稻谷的净进出口量计算的对外贸易总额	20 分
M	**军事实力**	200 分
	1. 核力量	100 分
	2. 常规军力量	100 分
精神要素（$S+W$）		标准系数为 1
S	战略目的	0.5
W	追求国家战略意志	0.5

资料来源：黄硕风，《大国较量》，世界知识出版社 2006 年版。

其指标的合成方法是：

（1）物质要素的各指标，将数值最大的国家计标准分，其他国家则按它与标准国的比例计分。例如国民生产总值美国为最大值，计100分，则某一国家GNP得分=（某一国GNP/美国GNP）×100分；

（2）将要素内各指标的计分进行加总，分别得出C、E、M的总计分；

（3）计算物质要素的总得分即$C+E+M$；

（4）精神要素中的S和W，按专家评定的方法，估算系数，一些国家可能大于1，另一些国家可能会小于1；

（5）最后按国力方程，计算各国国力的最后得分值，并以此进行各国综合国力大小的排序（余芳东，1994）。

显而易见，克莱因认为综合国力是一国强制另一国服从自己利益和意志的能力，并把人口、土地、军事实力作为评估的主要内容。克莱因按照他的"综合国力方程"计算并对世界上几个主要国家的综合国力进行了排序（见表6.2）。

表6.2　　　　克莱因综合国力计算表（1978年）

序号	国别	$C+E+M$	S	W	$S+W$	$(S+W)$ $(C+E+W)$
1	苏联	382	0.7	0.5	1.2	458
2	美国	434	0.3	0.4	0.7	304
3	巴西	98	0.6	0.8	1.4	137
4	联邦德国	77	0.7	0.8	1.5	116
5	日本	77	0.6	0.8	1.4	108
6	澳大利亚	73	0.5	0.7	1.2	88
7	中国	139	0.4	0.2	0.6	83
8	法国	82	0.4	0.5	0.9	74
9	英国	68	0.5	0.5	1	68

资料来源：钱伯海，《国民经济统计学》，中国统计出版社2000年版。

克莱因的综合国力评估方法，在指标体系、定量分析上迈出了关键性的一步，对以后有关综合国力的定量研究有着很大的影响，迄今为止，不少学者所提出的综合国力评估公式，仍未完全脱离他的计算模式。

6.2.4 软、硬实力测算

约瑟夫·S·奈（Joseph S. Nye）认为，一个国家的实力包括硬实力和软实力两部分。硬实力包括基本资源、军事力量、经济力量、科技力量；软实力分为国家凝聚力、文化被普遍接受程度以及参与国际机构程度。他认为软实力与硬实力具有同等的重要性，并采用“强、中等、弱”三等级比较法，对当前世界几个主要国家的实力评估如下（见表6.3）：

表6.3　国家实力衡量

国别	硬实力					软实力	
	基本资源	军事力量	经济力量	科技力量	国家凝聚力	文化被普遍接受的程度	参与国际机构程度
美国	强	强	强	强	强	强	强
苏联	强	强	中等	中等	弱	中等	中等
欧洲	强	中等	强	强	弱	强	强
日本	中等	弱	强	强	强	中等	中等
中国	强	中等	中等	弱	强	中等	中等

资料来源：黄硕风，《大国较量》，世界知识出版社2006年版。

6.3 综合国力：中国的研究

中国学者对包括国家经济、军事实力的综合国力进行了探索性研究，这方面的研究以黄硕风（1999、2006）、王颂芬（1996）、胡鞍钢和门洪华（2002）等为代表，这些研究为综合国力研究的充实和完善进行了艰苦探索，本章在这里予以介绍。

6.3.1 综合国力动态方程

黄硕风（2006）认为，任何一个国家的盛衰过程，或综合国力的发展演变过程，都可以看做是在一定的国内外环境和自然条件下，一组投入要素的协调组

合转化为产出的过程。这一过程可以用综合国力函数来表示，综合国力指在一个国家综合国力的演变发展过程中，反映其构成要素投入量的协调组合与实际产出量之间的相互关系式的数学表达式。

按照其定义，假设综合国力的几个（有限个）构成要素为 x_1，x_2，…，x_n，以这些要素的投入协调组合转化为产出，用 Y_t 表示 t 年代的产出量，则国力函数的一般形式为：

$$Y_t = F(k;x_1,x_2,\cdots,x_n) \tag{6.6}$$

式中 t 表示时间变量，$x_1,x_2,\cdots,x_n$ 均为 t 的函数，k 表示外界环境与自然环境对系统的控制参量。

为分析方便，该研究对模型进行了简化，试图从中找出一些对综合国力产出量 Y_t 影响最大的，起支配、控制、主导作用的宏观变量。通过系统分析，从综合国力的序参量中归纳出三个宏观变量，即：

“硬”变量（也称“硬国力函数”）　“硬”变量用 $X_1(t)$ 表示，代表构成综合国力的有关物质形态要素的集合。记为：

$$X_1(t) = \sum_{i=1}^{4} \alpha_i x_i(t) \tag{6.7}$$

式中 α_i 表示控制参量（即权重）；$x_i(t)$ 代表经济力、科技力、国防力、资源力等有关物质形态的要素。

“软”变量（也称“软国力函数”）　“软”变量用 $X_2(t)$ 表示，代表构成综合国力的有关精神（含心理）和智能形态的要素的集合。记为：

$$X_2(t) = \sum_{i=1}^{3} \beta_i x_i(t) \tag{6.8}$$

式中 β_i 表示控制参量（即权重），$x_i(t)$ 分别代表文教力、政治力、外交力等有关精神、智能形态的要素。

“协同”变量　“协同”变量也称控制参量，用 $K(t)$ 表示，表示有关领导组织协调统一的构成要素的集合，即控制参量的集合。如有关政治体制、政府领导、组织决策能力、政府能力、改革调控能力等。记为：

$$K(t) = f(\alpha_i,\beta_i,k_i,m,M,\cdots) \tag{6.9}$$

式中 α_i，β_i，k_i，…可用层次分析方法根据主特征向量给出，m、M 为国际环境和自然环境参量，β_i 表示控制参量（即权重）。

“协同”变量与“软”、“硬”变量不同，其主要在“硬国力”、“软国力”

之间，以及“硬”、“软”变量中各构成要素之间起协调作用，起“权重”比例作用，反映一个国家领导协调统一和改革开放调整的能力。

调整后，综合国力函数也可以改写成如下的简化形式：

$$Y_t = F[K(t), X_1(t), X_2(t)] \tag{6.10}$$

黄硕风（2006）认为，综合国力系统是开放的、动态的混沌系统，包括诸多子系统，这些子系统之间的关系是非线性的、动态的。所以，他也给出了该函数的非线性演化方程形式：

$$\frac{dX}{dt} = AX + BX^2 \tag{6.11}$$

考虑该方程的环境最大允许值，概括综合国力系统中大多数变量的性质，该研究采用类似于上述演化的方程作为“综合国力动态方程”：

$$\frac{dY_t}{dt} = \rho Y_t\left(1 - \frac{Y_t}{M}\right) \tag{6.12}$$

式中 Y_t 表示 t 时期的综合国力，ρ 表示国力增长率，M 表示环境最大允许值（国内外环境与自然环境）。

按照这样的定义，黄硕风（2006）在综合国力动态方程模型上测算了 2005 年世界一些主要国家的综合国力（见表 6.4）。

表 6.4　　世界主要国家综合国力对比（2005 年）

国别	硬国力				α	软国力			β	协同力	综合国力	位次
	经济力	科技力	国防力	资源力		文教力	政治力	外交力				
美国	683	582	478	392	0.72	0.53	0.42	0.59	0.70	1.55	523.32	1
日本	499	498	101	98	0.72	0.56	0.42	0.50	0.64	1.54	325.42	2
德国	303	406	99	102	0.73	0.54	0.42	0.48	0.65	1.56	306.02	3
俄罗斯	201	302	314	315	0.72	0.51	0.42	0.59	0.69	1.55	304.81	4
法国	303	302	102	101	0.73	0.51	0.43	0.47	0.64	1.55	232.46	5
中国*	271	286	104	103	0.71	0.48	0.46	0.50	0.61	1.49	220.03	6
英国	269	304	103	105	0.71	0.52	0.45	0.48	0.61	1.48	210.12	7
加拿大	202	212	74	211	0.72	0.49	0.43	0.44	0.60	1.47	197.45	8

续表

国别	硬国力				α	软国力			β	协同力	综合国力	位次
	经济力	科技力	国防力	资源力		文教力	政治力	外交力				
意大利	201	201	71	101	0.74	0.44	0.41	0.41	0.60	1.44	182.04	9
澳大利亚	204	200	74	203	0.72	0.48	0.40	0.40	0.62	1.41	180.11	10
韩国	196	204	95	107	0.71	0.50	0.41	0.41	0.60	1.50	166.70	11
巴西	126	198	76	210	0.72	0.43	0.39	0.39	0.55	1.40	151.82	12
印度	136	218	101	103	0.70	0.44	0.39	0.40	0.57	1.41	132.77	13
墨西哥	127	187	53	106	0.71	0.43	0.39	0.39	0.56	1.40	123.50	14
南非	98	134	94	101	0.69	0.45	0.39	0.40	0.53	1.39	101.74	15

* 计算中包括了中国香港、澳门的综合实力。

资料来源：黄硕风，《大国较量》，世界知识出版社2006年版。

6.3.2 多指标综合国力动态方程

胡鞍钢（2002）在研究国内外综合国力评价方法的基础上，发展了一种多指标综合国力动态方程和计算方法。

战略资源 胡鞍钢在波特（Porter，1990）物质资源、人力资源、基础设施、知识资源和资本资源五大要素资源的基础上，将国家战略资源划分为八类资源和23个指标，认为这些指标的总和构成了综合国力。这八类资源分别为：

（1）经济资源。指国民生产总值（GNP）或国内生产总值（GDP）。

（2）人力资本。人力资本特别是获得教育的机会和能力被视为经济增长过程中的决定性作用。通常，人力资本用人口受教育年数来表示，受教育年数越多，劳动力工作技能就越熟练，劳动生产率就越容易提高。反映一国人力资本总量包括两类重要衡量指标：一是人口数和劳动年龄人口数，如15~64岁人口；另一是人力资本，通常用15岁以上人口平均受教育年数来表示①。这两类指标可以构成一国总人力资本，定义为劳动年龄人口与平均受教育年数的乘积，也可以定义为劳动力与人口平均受教育年数的乘积。劳动力是符合国际劳工组织所确

① 胡鞍钢的研究中，该指标引自美国哈佛大学巴罗和李（Barro & Lee）的全球教育数据库，中国数据引自历次全国人口普查数据。

定的经济上有活力的人口定义的人群组成的，他们包括在特定阶段为生产商和服务提供劳动力的人们，既包括从业人口，也包括失业人口。

（3）自然资源。通常是指主要自然资源的丰裕程度、质量、可及性和成本。自然资源是经济发展的必要条件，但自然资源又是有限的，成为经济增长的限制条件；同时，自然资源具有边际收益递减性质，开采和利用的生态成本和外部成本相对较高。另外，不同资源在不同发展阶段作用大为不同，一般都会先后呈下降趋势（相反，知识资源的作用呈上升趋势）。自然资源包括四大指标：农业种植面积、淡水资源、商业能源使用量、发电量。

（4）资本资源。资本资源包括如下三类指标：一是国内投资总额，即一个国家经济中对固定资产追加的支出加上存货水平的净变化；二是外国直接投资（FDI），即为获得在一国经济中经营企业的长期权利权益（10%和更多的有表决权的股份）而投资的净流入量，是国际收支中股本、收益再投资、其他长期资本和短期资本的总和；三是股票市场市值（又称资本市值），即所有在国内证券交易所上市的公司的资本市值总和，它反映了一国金融市场的发展规模（Porter，1990）。胡鞍钢的研究中将国内投资总额换算为国际美元，其他两项指标仍按现价美元计算。

（5）知识技术资源。知识技术也是重要的国家战略资源，包括科学论文数量、本国居民专利申请数、个人计算机使用数、互联网主机用户数、政府用于研发的支出额五个方面的指标，这些指标充分反映了一国在信息时代条件下促进知识创新与传播、技术创新与普及的基本情况。

（6）政府资源。由于受可计算指标的限制，胡鞍钢的研究仅采用了一项指标，即中央政府的财政支出。它既包括中央政府的经常性和资本性支出，也包括商业服务和社会服务支出，但不包括非金融公共事业和公共机构的支出。它反映了一个国家（主要是中央政府）动员与运用资源的能力。

（7）军事实力。军事实力是一个国家综合国力的重要组成部分，反映了一国对内保持社会稳定、制止国家分裂的能力，也反映了该国对外寻求国家利益最大化的外部实力。同时，军事实力也是综合国力的一种“产出”（Tellis et al.，2000），是国家意志的一种表达函数。军事实力包括两类指标：一是国防支出，它包括国防部的军用开支及其他部队的开支（但不包括国防部的民用开支）；二是武装部队人员，指现役军人（包括准军事人员）。

（8）国际资源。它包括四类指标，一是出口货物和服务贸易额；二是进口

货物和服务贸易额；三是版权和专利收入额；四是版权和专利支出额；五是净外国直接投资（已列入资本资源中）。前两个指标反映了一国利用和开拓国际市场的能力；后两个指标则反映了一国创造和利用国际技术的能力。

计算方法　多指标综合国力动态方程的形式为：

$$NP = \sum (a_i \times R_i) \tag{6.13}$$

式中 NP 为综合国力，R_i 为某种资源占世界总数的比重，a_i 为某种资源的权重。

当考虑时间变量时，综合国力动态方程为：

$$NP(t) = \sum [a_i \times R_i(t)] \tag{6.14}$$

采用无量纲的比重法，对上述定义的8种战略资源、23个主要指标通过不同指标，赋予不同权重（见表6.5）。

表6.5　各类战略资源及主要指标

序号	资源类型	权重	指标	各指标权重
1	经济资源	0.2	GDP（PPP，国际美元）	1.0
2	人力资本	0.1	劳动年龄人口（15~65岁） 人力资本（平均受教育年数） 总人力资本	1.0
3	自然资源	0.1	电力生产量	0.25
			商业能源使用量	0.25
			农业种植面积	0.25
			水资源	0.25
4	资本资源	0.1	国内投资	0.4
			资本市场股票市值	0.3
			净外国直接投资	0.3
5	知识技术资源	0.2	个人计算机用户	0.2
			互联网主机	0.2
			本国居民申请专利数	0.2
			科学论文发表数	0.2
			R&D 支出	0.2

续表

序号	资源类型	权重	指标	各指标权重
6	政府资源	0.1	中央财政支出	1.0
7	军事资源	0.1	军事人员	0.4
			军事支出	0.6
8	国际资源	0.1	出口商品与服务	0.3
			进口商品与服务	0.3
			版权和专利收入	0.2
			版权和专利支出	0.2

资料来源：胡鞍钢、门洪华，《中美日俄印综合国力的国际比较：兼论中国大战略》，引自《国家实力评估》，新华出版社2002年版。

胡鞍钢、门洪华（2002）选取世界上有影响的五个大国，中国、印度、日本、俄罗斯、美国，对其综合国力进行了测量（见表6.6）。测量发现，过去20年五大国综合国力发生了不同的变化，充分反映了大国之间发展不平衡性和国力的兴衰，有的相对上升，有的相对下降，有的变化不大。

表6.6　　五大国综合国力的动态变化（占世界总量比重）

	1980年	1985年	1990年	1995年	1998年	1980～1998年变化量
经济资源						
中国	3.16	4.57	5.63	8.87	10.23	7.07
印度	3.36	3.80	4.35	5.02	5.41	2.05
日本	8.04	8.27	8.73	8.38	7.82	-0.22
俄罗斯	—	—	5.43	3.02	2.52	—
美国	21.96	21.60	20.85	20.73	21.29	-0.67
五国合计	—	—	44.99	46.02	47.27	—
人力资本						
中国	17.6	18.7	20.2	21.9	24.0	6.4
印度	8.40	9.06	9.98	11.1	12.3	3.9
日本	4.36	4.01	3.73	3.55	3.27	-1.09

续表

	1980 年	1985 年	1990 年	1995 年	1998 年	1980～1998 年变化量
俄罗斯	5. 69	5. 30	5. 05	4. 26	4. 06	－1. 63
美国	1. 16	1. 02	9. 30	9. 01	8. 60	－3. 0
五国合计	47. 7	47. 2	48. 2	49. 8	52. 2	0. 45
自然资源						
中国	8. 65	8. 57	9. 30	9. 62	9. 64	1. 23
印度	6. 68	6. 75	6. 97	6. 59	6. 68	0
日本	3. 34	3. 23	3. 41	3. 54	6. 48	0. 2
俄罗斯				7. 57	7. 10	
美国	18. 29	16. 81	16. 42	15. 95	16. 02	－2. 44
五国合计				43. 26	42. 84	
资本资源						
中国	2. 21	3. 81	3. 87	10	9. 4	7. 19
印度	1. 5	2. 16	2. 0	2. 7	2. 5	1
日本	5. 25	5. 52	14. 4	10. 5	6. 9	1. 65
俄罗斯				1. 5	0. 9	
美国	23. 02	20. 33	23. 4	23. 8	31. 1	8. 08
五国合计			43. 67	48. 5	50. 8	
知识技术资源						
中国	0. 79	0. 94	1. 01	1. 34	1. 85	1. 06
印度	2. 23	2. 01	1. 23	0. 85	1. 06	－1. 17
日本	8. 23	9. 17	8. 56	15. 32	14. 70	6. 47
俄罗斯			0. 08	1. 76	1. 61	
美国	32. 69	32. 8	34. 26	34. 59	34. 93	2. 24
五国合计			45. 14	53. 86	54. 15	10. 21
政府资源						
中国	1. 84	1. 48	1. 16	1. 03	1. 15	－0. 69
印度	1. 63	2. 10	2. 66	2. 46	2. 72	1. 09

续表

	1980 年	1985 年	1990 年	1995 年	1998 年	1980～1998 年变化量
日本	5. 83	5. 18	5. 24	7. 60	7. 60	1. 77
俄罗斯				2. 60	2. 60	
美国	19. 1	19. 0	18. 7	15. 9	15. 8	-3. 3
五国合计				29. 05		
军事资源						
中国		8. 57	7. 91	7. 31	7. 4	-1. 17
印度		3. 97	4. 14	5. 01	5. 96	1. 99
日本		1. 50	1. 84	2. 38	2. 34	0. 84
俄罗斯	21. 07			6. 40	5. 94	
美国		21. 24	21. 55	19. 83	21. 07	-1. 24
五国合计				42. 65	41. 47	
国际资源						
中国	0. 59	0. 91	0. 74	1. 35	1. 83	1. 24
印度	0. 40	0. 49	0. 44	0. 48	0. 55	0. 15
日本	7. 55	9. 05	9. 97	10. 38	8. 80	1. 25
俄罗斯	—	—	22. 10	0. 82	0. 73	—
美国	22. 47	24. 01	—	22. 18	24. 23	1. 76
五国合计	—	—		35. 21	36. 14	—
综合国力总计						
中国	4. 736	5. 036	5. 646	7. 163	7. 782	3. 046
印度	3. 376	3. 615	3. 735	4. 008	4. 365	0. 989
日本	6. 037	6. 337	7. 317	8. 535	7. 749	1. 712
俄罗斯	—	—	22. 138	2. 808	—	—
美国	22. 485	22. 022	42. 107	21. 903	22. 785	0. 3
五国合计	—	—		41. 613	43. 393	—

资料来源：胡鞍钢、门洪华，《中美日俄印综合国力的国际比较：兼论中国大战略》，引自《国家实力评估》，新华出版社 2002 年版。

6.4　国家实力与军事能力

兰德公司泰利斯等（Tellis A. et al.，2000）学者考察了传统国家实力衡量的方法后认为，衡量实力的传统方法聚焦于国家排序，却几乎完全忽略了其他方面，它提供了解释全球实力分配的“广泛”而非“细致”的画面，无法对具体的目标国予以详尽分析。而且，在描述政府能力时，大多数传统指标没有将质性因素（Qualitative Factors）纳入其中，而后者可能是最重要的变量。泰利斯等（2000）建立了国家实力与军事能力之间的直接联系，认为国家实力最终是：一国在特定时期主导经济创新周期的能力，及其利用这种主导成果造就有效军事能力的能力两种因素互动的产物。主导世界经济创新周期的能力是造就国家实力的主要动力。其意味着，国家实力具有根本性的物质成分。而军事能力反过来加强了现有的经济优势，同时主要通过维护该国自身的战略优势而造就稳定的政治秩序，也为整体的国际体系提供收益（图6.1）。

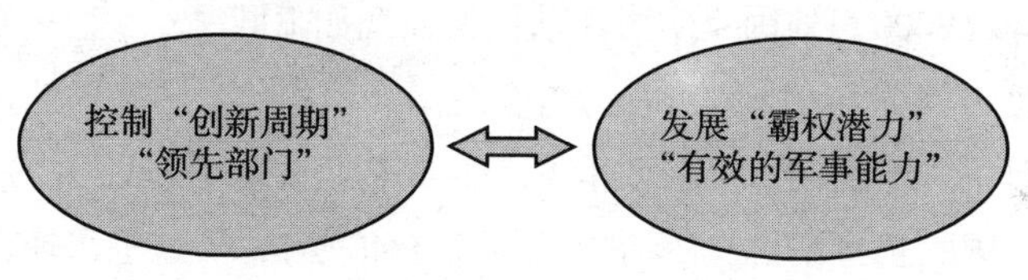

图6.1　关于国家实力产生的图解

泰利斯等（2000）认为，资本积累的优势是成功创新的结果，在历史长河中，这些并非是永恒的，但它们足以确保其拥有者利用这些资源发展“霸权潜力”，并以有效军事力量的形式表现出来。从实力政治的角度看，主导世界经济领先部门的终极价值是使其获得和维持霸权成为可能。他们通过研究历史发现，确保创新周期的早期领先地位对造就霸权至关重要，因为起初的经济主导往往赋予创新国家阻遏后来竞争者的可能性。造就重大创新群聚效应的国家常常立即将创新应用于军事领域并通过该机制获得和维持霸权地位。

图6.2表明，军事实力的创新可使一国在主导世界经济中的创新周期之前获得霸权。罗斯（Rose，1941）指出，“现代战争也许（事实上）是熊彼特体系中最卓越的创新，是经济活动长波的主导性原因”。军事力量仍然是解决国际政治

"无政府"领域争端的最后仲裁者。拥有最有效的军事手段的国家——被理解为技术、原则、训练和组织的混合体——可以塑造国际体系的运行，以有利于自身优势。

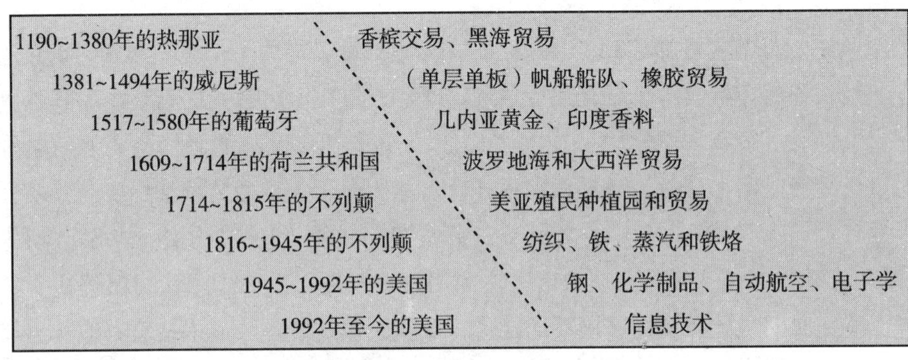

图 6.2　构成历史上霸权控制基础的"领先部门"

资料来源：George Modelski, William R. Thompson, 1996, *Leading Sectors and World Powers*, University of South Carolina Press.

泰利斯等（2000）的国家实力评估框架强调如下问题：

第一，假定与个人、非政府行为体和跨国组织相比，国家仍然是国际体系最重要的行为单位，至少在"高位政治"问题，与秩序和管理相关的问题上如此。在该环境下，国家仍将是自身政治选择的最终仲裁者，但这些选择将受到他者行为与能力的限制，国家仍继续为维护自身利益而运用实力。

第二，国家实力的基础源于一国主导世界经济领先部门的能力，实力最重要的体现仍将是军事能力，因为在缺乏对国家行为的其他支配性意识形态和道德约束的环境中，军事实力与一个实体的生存、行动自由等紧密相关。

第三，就军事能力而言，有效地开展多种常规行动的能力仍然至为关键，尽管核武器成为国际政治的最后解决手段，它们在绝大多数情况下的相对无效性与事关国家存亡的情形相对照，意味着它们的作用仍然重大，但其使用受到严格限制。进行各异的、复杂的常规战事的能力仍然是国家实力的关键指标，原因在于其应用性、灵活性、反应性和信誉未曾受到削弱（Perry，1991）。

由于技术、生产方式发生了重大的变革，进行有效的常规战事的能力将越来越依赖一个国家将新技术融入其军事行动，特别是控制"信息"战的能力。利用信息技术革命的能力将赋予其拥有者以巨大的潜力和有效地参与军事行动的能

力，这不仅确保一国实力能力的增加，而且赋予该国优势，使该国相对于不那么有效地运用信息战或在较长时期因缺乏结构深度无法积极参与该竞争的国家占据优势。

泰利斯等（2000）的研究认为：今天的“领先部门”——信息和通信技术，极大地影响着一国的经济、政治和战略能力，全面探究国家实力，其起点应是评估一国能否参与正在发生的知识革命、参与到什么程度；其终点必然是评估它是否努力将这些革命成果转化为有效的军事能力。因此，泰利斯等（2000）认为，国家实力具有两个相互关联却又各具特色的方面：其外在方面，构成一国通过其经济、政治和军事潜力影响全球环境的能力；其内在方面，构成一国将其社会资源转化为“可用知识”以创造有可能是最好的民用和军事技术的能力。这一评估国家实力的修正性框架试图抓住国家实力的以上两个方面，并在国家资源、国家绩效、军事能力三个领域具体表现出来。

6.5　战争潜力

国家实力反映了国家的综合能力，是从国家的各个方面出发，对国家各种力量的全方位分析和比较。但是实力并不必然转换为实际的战争能力，往往存在这样的情况，强国没有能力将资源转化为用于战争的有效能力，而弱国却具有这样的能力，这就涉及到战争潜力问题。从经济方面看，主要包括国防经济实力和国防经济潜力。

6.5.1　国防经济潜力

理论界通常认为，“国家经济潜力的定义就是在一个特定的时间段落中，对于货物与劳务的最大生产量，换言之，也就是‘最大’的 GNP（国民生产总值）”。而战争经济潜力的“定义就是国家经济潜力减去了那个应为民用保留的部分”。施莱辛格（1975）认为，对于“战争经济潜力”这一概念的最完善研究，应首推克劳斯·诺尔所著的《国家的战争潜力》一书。克劳斯·诺尔（1956）认为，国家战争潜力“就是指能被国家在战时或国际局势紧张时动员起来构成军事实力的资源的总和。它的基本组成部分是经济能力、经济管理能力、精神因素或国民对战争的思想准备"。很显然，克劳斯·诺尔关于国家战争潜力的概念包含了精神因素，比战争经济潜力的含义要宽泛些。

国防经济潜力是一个国家可能用于国防需要的经济能力。它包括可能用于国防活动的人力、物力、财力、经济组织管理能力和经济动员能力。国防经济潜力存在于国家经济潜力中，是国家经济潜力减去民用最低需求量的剩余部分。但如何确定"最低民用需求量"是一个需要研究的问题。一般说来，它是指维持民众生存的最低需求。但是，这一概念中包含了一些不确定因素。这些因素包括：国民过去的生活水平、国民的政治素养和毅力、进入战争状态的时间长短、战争的性质以及国民对政府政策的合作程度等等。因此，不同的国度，或同一国度的不同历史时代，"最低民用需求量"是不同的。必须联系各国的具体情况，具体分析各种因素后才能确定。

6.5.2 国防经济实力

国防经济实力是国家直接用于国家安全需要的现实经济能力。它包括国防活动中的人力、物力、财力和经济组织管理能力，是国防经济潜力转化的现实形态。国防经济实力的大小，直接决定于国民经济实力和军事需求两大要素。国民经济实力是国防经济实力的基础，军事需求则决定国防经济实力的规模、水平和发展速度。

国防经济实力的构成要素有：

（1）武装力量中兵员的数量与质量、武器装备水平和后勤保障能力。这是整个国防经济实力中处于最前沿的因素，它是军事打击力量的重要保障。

（2）国防工业规模和发展水平。它包括国防工业结构的优化、国防工业企业的数量和能力、从业人数和技术水平、军品产量、质量和效益等。

（3）国防科学技术水平和武器装备的研制能力。它包括国防科学技术研究人员的数量和质量、研究队伍的结构等。

国防经济潜力和国防经济实力，作为可能和现实，既有联系，又有区别。国防经济实力是从现实的角度、相对静止的角度来考察国防经济情况。而国防经济潜力则是从可能的角度、发展的角度来考察国防经济情况。国防经济实力是由国防经济潜力通过一定的转化机制转化而来。转化的程度如何，不仅取决于经济资源的多少、经济水平的高低，而且取决于社会经济的组织管理能力和经济动员能力。

关键术语

国家实力　综合国力　哲曼国家实力指数方程　富克斯非线性国力方程 国防经济潜力　国防经济实力

课后思考

1. 试述国家实力衡量的单变量方法和多变量方法。
2. 克莱因综合国力方程的模型、指标与方法。
3. 综合国力动态方程及中国学者在这方面的研究。
4. 试述多指标综合国力动态方程及中国学者的研究情况。

参考文献

胡鞍钢、门洪华:《中美日俄印综合国力的国际比较：兼论中国大战略》，引自《国家实力评估》，新华出版社 2002 年版。

黄硕风:《综合国力新论：兼论新中国综合国力》，中国社会科学出版社 1999 年版。

黄硕风:《大国较量》，世界知识出版社 2006 年版。

钱伯海:《国民经济统计学》，中国统计出版社 2000 年版。

王颂芬:《世界主要国家综合国力比较研究》，湖南出版社 1996 年版。

余芳东:《国外综合国力研究方法的评价》，载《统计学、经济数学方法》1994 年第 1 期。

［美］施莱辛格:《国家安全的政治经济学》，台湾军事译粹社 1975 年版。

［美］克诺尔:《国家的战争潜力》，普林斯顿大学出版社 1956 年版。

［苏］波扎罗夫:《社会主义国家国防实力的经济基础》，解放军出版社 1985 年版。

Claude I. L., 1962, *Power and International Relations*, Random House.

Cooper J. R., 1992, *Applying Information Technologies to Low-Intensity Conflicts: A "Real-Time Information Shield" Conception*, SRS Technologies.

Davis K., 1954, "The Demographic Foundations of National Power", in Morrow Berger et al (eds.), *Freedom and Control in Modern Society*, Farrar, Straus & Giroux, 206～242.

Deutsch K. W., 1968, *The Analysis of International Relations*, Prentice-Hall.

Fucks W., 1965, *Formeln Zur Macht: Prognosen uber Volker*, Verags-Anstalt.

George M. and Thompson W. R., 1987, *Seapower In Global Politics*, 1494～1983, University of Washington Press.

German F. C. , 1960, "A Tentative Evaluation of World Power", *Journal of Conflict Resolution*, 4: 138 ~ 144.

Hitch C. , Mckean R. , 1960, *The Economics of Defense in The Nuclear Age*, Harvard University Press.

Knorr K. , 1956, *The War Potential of Nations*, Princeton University Press.

Modelski G. , Thompson W. R. , 1996, *Leading Sectors and World Powers*, University of South Carolina Press.

Morgenstern O. et al. , 1973, *Long Term Projections of Political and Military Power*, Ballinger.

Norman Z. A. , Newcombe, A. G. , 1970, "The Perception of National Power", *Journal of Conflict Resolution*, 14: 335 ~ 343.

Organski A. F. K. , 1958, *World Politics*, Knopf.

Perry W. J. , 1991, "Desert Storm and Deterrence", *Foreign Affairs*, 70 (4): 62 ~ 82.

Porter M. , 1990, *The Competitive Advantage of Nations*, The Free Press.

Tellis A. et al. , 2000, *Measuring National Power in The Postindustrial Age*, RAND.

Rose A. , 1941, "Wars, Innovations and Long Cycles", *American Economic Review*, 31: 105.

Russett B. M. , 1968, "Is There a Long-run Trend Towards Concentration in the International System?", *Comparative Political Studies*, 1: 103 ~ 122.

Singer J. D. et al. , 1972, "Capability Distribution, Uncertainty, and Major - Power War", in Bruce Russett (eds.), *Peace, War and Numbers*, Sage, 19 ~ 48.

第 7 章　国民经济动员

经济发展和国家安全需要之间的矛盾，使国家在平时不可能把资源都用于国防，但战争的威胁又时时存在，那么在战争状态下，国民经济如何由平时状态转向战争状态呢？这就是国民经济动员所要解决的问题。国民经济动员是将经济力转化为战斗力的杠杆和途径，也是国防经济与国民经济的重要连接点。

本章介绍国民经济动员的概念、历史、内容、指标、动员分级、响应、体制和法律责任等。第一节主要讨论国民经济动员的含义和历史；第二节讨论国民经济动员的主要内容和评价指标；第三节讨论国民经济动员的分级和响应；第四节讨论国民经济动员的体制与法律责任。

7.1　国民经济动员概述

国民经济动员是战争在现代大工业时代的扩张与延伸，并随着战争样式的演变和战争对国民经济依赖性的不断增强而产生和发展。

7.1.1　国民经济动员内涵

国民经济动员是适应现代战争规模、形式的需要而产生和发展的。国防经济学的代表人物庇古（Pigou，1921）认为，平时经济为“常态”，战时经济为“非常态”，平时经济要通过动员进入战时经济。著名国防经济学者施莱辛格（Schelsinger，1960）认为，国民经济动员即为把过去其他以民用目标为主的经济能力，转变用来提高军事及其他战略性生产水准的一种程序。克莱姆（Clem，1983）对“经济动员准备”进行了全面研究，认为国民经济动员“是指国家的经济和生产设施在大规模地转入为满足战时国防需要而运行的轨道。它包括暂时中断执行平时的条例法令，扩大总统控制生产和稳定经济的权限”，认为经济动员包括“集结和组织人员、物资、补给品以及有关重要生产设备，使之处于战备状态”。

一般认为，国民经济动员是“国家将经济部门、经济活动和相应的体制从平时状态转入战时状态所采取的措施，是战争动员的基础和重要内容”（《中国战争动员百科全书》，2003）。也有学者将国民经济动员直接定义为“国家为保障战争的需要、赢得战争的最后胜利，有计划、有组织地使国民经济由平时状态向战时状态转换的一系列活动”（库桂生，2007）。

随着现代社会各国经济实力增强和战争模式的变化，一方面，经济动员的方式正在发生深刻变化；另一方面，随着灾害等突发事件给各国带来危害的日益严重，国民经济的内涵也正在发生深刻变化。一些国家，如美国把战争动员与灾害和危机管理结合起来，我国也有学者认为，国民经济动员应当把战争时期的“应战”和和平时期的“应急”两种功能有机地结合起来。因此认为国民经济动员也可定义为“国家为满足战争和应付突发事件需要，有计划有组织地提高国民经济应变能力，将国民经济由平时状态转入非常状态所进行的一系列活动”（刘化绵，1993；朱庆林，2002），但对这方面的认识在理论和实践方面还存在一些争论。

7.1.2 国民经济动员演变

国民经济动员是随着战争的演变和战争对国民经济的依赖性不断增强而产生和发展的。遥远的古代，虽然没有国民经济动员，但伴随战争的筹措粮草、征集车马、提高捐税和制造兵器的国防经济活动却一直在进行。随着生产力和战争的发展，国防经济活动的范围不断扩大。1793 年法国国民公会通过的《全国总动员法令》中，就规定有武器生产、财政支配等内容，这已经有了国民经济动员的雏形。

第一次世界大战催生了国民经济动员的产生。由于战争规模、参战人数、持续时间和物资消耗都达到了空前的程度，各主要参战国仅凭战前的武器和军用物资储备，以及正常的军工生产已不能满足军事作战的需要，因而不得不将工业、农业、科技、交通运输、邮电通信、财政金融等方面转入战时轨道，以提高武器

装备生产和物资的供应能力，这就产生了国民经济动员。按肯尼迪（2005）统计，美国参战后，英、美、法的经济潜力完全改变了当时的力量对比（见表7.1），积累了打击同盟国的巨大生产资源。

表7.1　英、美、法三国和德国—奥匈帝国两大集团工业和技术力量比较表

项　目	英、美、法三国	德国—奥匈帝国
世界制造业生产中所占的百分比（1913年,%）	51.7	19.2
能源消耗（1913年，折算成煤炭，百万吨）	798.8	236.4
钢产量（1913年，百万吨）	44.1	20.2
总体工业潜力指数（以英国1990年为100计）	472.6	178.4

资料来源：保罗·肯尼迪著，陈景彪等译，《大国的兴衰》，国际文化出版公司2005年版。

而英、美、法等协约国所动员的战争财力和总兵力也远远多于德国、奥匈帝国等同盟国（见表7.2），这直接奠定了战争胜利的基础。

表7.2　战争开支和动员起来的总兵力一览表（1914～1919年）

集团与国家	战争开支 （按1913年价格计算，10亿美元）	动员起来的总兵力 （百万人）
大英帝国	23.0	9.5
法国	9.3	8.2
俄国	5.4	13.0
意大利	3.2	5.6
美国	17.1	3.8
其他协约国*	-0.3	2.6
协约国总计	57.7	40.7
德国	19.9	13.25
奥匈帝国	4.7	9.0
保加利亚、土耳其	0.1	2.85
同盟国总计	24.7	25.10

*包括比利时、罗马尼亚、葡萄牙、希腊、塞尔维亚。

资料来源：保罗·肯尼迪著，陈景彪等译，《大国的兴衰》，国际文化出版公司2005年版。

第二次世界大战是人类历史上最惨烈的战争之一，战争的规模和破坏性都超过第一次世界大战，人力、物力的消耗和补充成倍增加，战争对经济的依赖更为突出。各主要参战国将所有的经济部门有计划地转入战时体制，国民经济动员的范围更广、规模更大、数量更多。为了发动侵略战争，早在大战爆发前，德国就改组了国民经济，实现国民经济军事化。1935年，德国成立了“战争经济全权总办”，负责把全国经济纳入“总体战争经济体制”，并先后实行了两个扩军备战四年计划，其国防经济实力大大增强，至第二次世界大战爆发时，其工业能力已超过英国和法国，军火产量超过了美、英两国军火产量总和的1倍多，并略高于苏联。在整个战争中，国防支出高达6220亿马克，占国家预算的92%。苏联在卫国战争期间，成立了以斯大林为主席的国防委员会，统筹安排全国的军事、政治、经济活动，在部长会议领导下，形成了完整的国民经济动员体系，迅速将全国国民经济转入战时轨道。完成了重工业企业的搬迁，将几千个民用工业企业转产制造坦克、火炮、军用车辆、飞机和舰艇等，对国家资源和财力进行再分配，保证了扩大再生产的需要。1941～1945年，苏联的军费总额达到5824亿卢布，为战时财政总支出的一半以上。到卫国战争后期，苏联的经济和军工生产水平都超过了德国，为赢得战争胜利起到了重要作用。

现代战争的高消耗性，对国民经济动员的要求也越来越高。国防支出乃至政府支出占GDP的比重，不仅仅是显示了战争花费，还可以估计资源的动员程度。从美国在两次世界大战和海湾战争、伊拉克战争中的国防支出，我们可以直接比较这种经济动员的变化（表7.3）。

表7.3　　　　美国几次战争国防支出和政府支出变化

战争	国防支出测量时段	战前政府支出占GDP的比例	战争期间政府支出占GDP的比例	战后政府支出占GDP的比例	战前到战争期间政府支出的变化	国防支出占GDP比例的增长	重建时期实际GDP增长
第一次世界大战	1915～1919	10%（1910）	22%（1918）	6%（19世纪20年代）	120%	12.5%	25%
第二次世界大战	1939～1944	13%（1940）	45%（1945）	14.7%（1947）	246%	41.4%	69%
朝鲜战争	1950：3～1951：3	14%（1949）	20%（1953）	16.5%（19世纪50年代最低）	42%	8%	11%
越南战争	1965：3～1967：1	19%（1963）	21%（1968）	18.7%（19世纪70年代最低）	10%	1.9%	10%
海湾战争	1990：3～1991：1	21%（1989）	22%（1991）	21.1%（1994）；18.6%（1999）	5%	0.3%	-1%
伊拉克战争	2002：3～2003：2	19%（2001）	22%（2003）	—	14%	0.7%	2%

资料来源：Paul Poast，2006，*The Economics of War*，McGraw-Hill/Irwin.

除了战费和物资动员外，人力动员也是一个非常主要的方面，波斯特（Poast，2006）列出了美国参加的几次主要战争人力动员的一些历史变化情况（见表7.4和表7.5），可以明显感受到战争中的人力动员情况。

表7.4　　美国人力资源的动员

战争	人口	军队人口		牺牲者	
	百万	数量（千人）	占人口比例（%）	数量（千人）	占人口比例（%）
第二次世界大战	134	16354	12.20	292131	0.219
朝鲜战争	152	5764	3.80	33651	0.022
越南战争	205	8744	4.30	47369	0.023
海湾战争	260	2750	1.10	148	0.00
伊拉克战争	282	2614	0.90	—	—

资料来源：Paul Poast，2006，*The Economics of War*，McGraw-Hill/Irwin.

军队人口所占的比例（所有现役的和后备的）和战时失业率的下降是劳动力动员的一个很好的度量。从表中可以看出，每场战争中军队人口所占的比例都是平稳下降的，后期的几场战争（很像物力资源动员的状况）也减少了劳动力的动员。

表7.5　　美国人力资源的动员（失业率的变化）　　单位：%

战争	战前两年的平均失业率	战争期间最低的失业率	变化
第二次世界大战	15.9	1.2	-14.7
朝鲜战争	4.9	2.9	-2
越南战争	6.1	3.5	-2.6
海湾战争	5.3	5.6	+0.3
伊拉克战争	6.0	5.6（2004年4月）	-0.4

资料来源：Paul Poast，2006，*The Economics of War*，McGraw-Hill/Irwin.

7.1.3 动员的经济学分析

国民经济动员为战争服务，但也是一个经济问题。奥尔维（Olvey，1984）以人力动员为例分析了经济动员。奥尔维（1984）认为，经济问题成了如何确定一个军事动员能力的水平，这个水平能够在给定的最短预警时间，用最低的成本实现特定水平的现役军力的增建。并用图7.1和图7.2描述了国民经济动员的基本原理。

图7.1中：τ 为最短预警时间；t_1 为军事动员—大规模预备军力选择；t_0 为军事动员—小规模预备军力选择；T 为平均的非冲突时间。

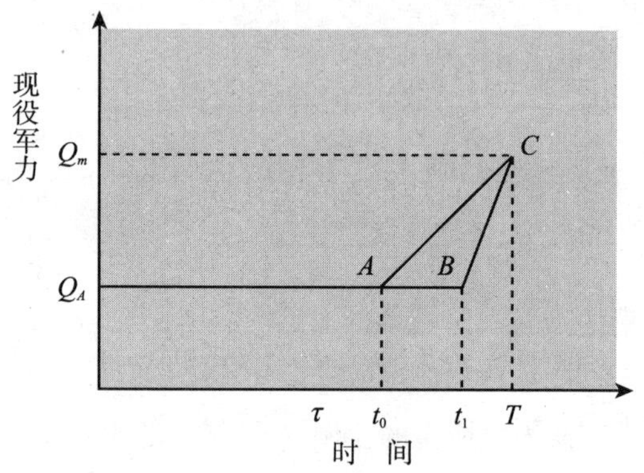

图7.1 动员的经济学分析

现役军力的图形在小规模预备军力选择下遵循路径 Q_A-A-C，在大规模预备军力选择下遵循路径 Q_A-B-C。

该图显示了军事动员时间路径的两种军力选择：在平均的非冲突时期，小规模预备军力选择和大规模预备军力选择。动员路径 Q_AAC 代表小规模预备军力选择。其中 Q_A 为现役军力的初始水平，t_0 是指在最短预警时间之后，动员必须以小规模预备军力开始，在期望的时间 T，达到期望的军力 Q_m。动员路径 Q_ABC 描述了大规模预备军力选择。在大规模预备军力选择下，需要较短的时间实现全面动员。

图7.2显示了这两种选择相关的成本。图中可见，小规模预备军力选择在动员之间的时期，有着较低的成本。但是它需要较长的时间将其军力增加到期望的动员水平，因此动员时期的成本就会较高。大规模预备军力选择可以使一国在较晚的时间开始动员，故而相较于另一选择，动员时期的成本较低。从经济学的角度来看，两种选择达成同样的结果：在时间 T 时既定军力水平 Q_m，但它们遵循不同的时间，并由此产生了不同的成本和图形。

假设只关注在时间 T 所需的现役军力，具有更优效率的选择就是在整段时间 T

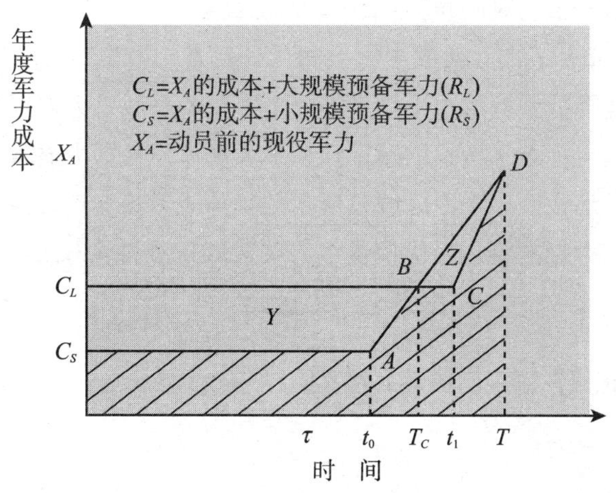

图7.2　小规模预备和大规模预备军力选择的成本

内，产生最小成本流的那种选择。这种方法进一步假设此两种选择在时间 T 之后的成本流是相同的。在图 7.2 中，大规模预备军力选择的成本遵循路径 C_L-C-D，而小规模预备军力选择的成本遵循路径 $C_S-A-B-D$。从时间 0 到时间 T 的总成本是路径之下的区域。注意两种路径都包括了图中的阴影区域。小规模预备军力选择的成本还包括区域 Z，而大规模预备军力选择的成本还包括区域 Y。因此比较两种成本流，只需关注区域 Z 和 Y 之间的差别。

由于这些成本发生在不同的时间，所以必须在合适的社会时间偏好率的基础上，将它们折现为某一现值。判断两种选择合适的效率标准是与每种方法相应折现后的成本之间的差别。图中，如果效率标准指出区域 Y 的现值大于区域 Z 的现值，那么就应当选择大规模预备军力；相反地，如果区域 Z 的现值大于区域 Y 的现值，那么就应当选择小规模预备军力。任何最小化在时间 T 获得军力 Q_m 的成本总现值的军力结构都是有效的。

在给定的这个高度简化分析结果下，可以考查影响最优预备军力的因素。假设在两种选择中，从动员到实现全面军力的时间都少于最短预警时间。如果这个假设是不真实的，那么由于不在可行的军力选择集之中，增建时间长于最短预警时间的选择将会被排除。另一个考虑是预备的和现役的军力的相对成本。如果相对于现役军力的成本，预备役军力成本上升，那么如图 7.2 中区域 Y 所示的额外成本将会增大，而区域 Z 将会减小。因此，在上述给定的最优预备军力标准下，最优预备军力水平将会降低。

冲突间隔的平均时间也是一个重要的因素。如果 T 很大，大规模预备军力（图7.2中区域 Y）的负载成本将会很大。因此，在延长的和平与稳定的时期，将能更有效地降低预备的水平。另外一个重要的系数是大规模预备军力使得现役军力朝向动员目标水平增长的速率。如果大规模预备军力显著地减少了获得动员军力的时间，那么图7.2中区域 Z 所示的额外成本将会增加。从而，在上述给定的最优预备军力标准下，最优预备军力水平将会增加。

7.2 国民经济动员内容与评价

国民经济动员的内容十分丰富，客观反映国民经济动员情况的评价体系也十分重要，国民经济动员指标是国民经济动员管理的重要手段，动员指标体系的建立，要客观反映国民经济动员内容的要求，体现对国民经济动员活动进行管理的客观需要。

7.2.1 国民经济动员内容

现代战争涉及到国民经济的方方面面，国民经济的各个部门、各个行业都存在动员问题，如工业动员、农业动员、交通运输动员、财政金融动员、科技动员等。

工业动员 指国家调整和扩大工业生产能力，增加武器装备及战争需要的其他工业品产量的活动。通常包括：统筹安排军需民用，调整工业布局，改组生产与产品结构，实行快速转产，扩大军品生产；组织工厂企业进行必要的搬迁、复产以及作战物资的生产和储备等，最大限度地把工厂企业潜力转化为实力。

农业动员 指国家调整和挖掘农业生产潜力，维护农业设施，增加粮食、棉花、油料、肉类及其他农副产品的产量和国家征购量，满足战争和社会生产、生活对农产品需求的活动。

贸易动员 指国家在商品流通领域实行战时管理体制和战时商贸政策，控制商品流通秩序和流向，以满足战争和人民生活对各种商品的需求。

财政金融动员 指国家为保障战争需要而采取的筹措和分配资金，维持财政

金融秩序的活动。通常包括实行战时税制、实行战时预算、增加举借债务、加强金融监管。

科学技术动员　指为保障战争对科学技术的需要，国家统一组织和调整科研机构、科研人员、科研设备、资料及成果所进行的活动。通常包括科研机构动员、科技人员动员、科技经费、设备和物资动员，科技成果和科技情报动员。

医疗卫生动员　指统一调度和使用医疗卫生方面的人力、药品器材、设备和设施，满足战争对于医疗卫生的需要所进行的活动。主要包括实行医药卫生管制、组织战时医疗救护、搞好卫生防疫。

劳动力动员　指国家统一调配和使用劳动力，开发劳动力资源，以满足武装力量扩编、军工生产及其他领域对人力的需要所进行的活动。通常包括根据战争需求调配和使用劳动力、实行战时就业制度、扩大劳动力资源总量、实行战时劳动制度、提高劳动强度和效率。

7.2.2　国民经济动员影响因素

定性分析是定量分析的基础和前提。国民经济动员潜力、国民经济动员基础、国民经济动员能力和国民经济动员效果，受多种因素的制约和影响。

国民经济动员基础影响因素　国民经济动员基础作为国民经济动员潜力的源泉和国民经济动员的依托，是国防活动赖以顺利进行的基础条件，主要包括各种最基本的自然、经济、社会和政治资源的状况。

- 自然因素。主要指各种土地、矿产等自然资源的状况。
- 经济因素。主要指国家物力基础、财力基础等。
- 社会因素。主要指国家综合人力基础、劳动力基础和科技人力基础等。
- 政治因素。主要指国家政治制度、政治环境等。

国民经济动员潜力影响因素　国民经济动员潜力是国民经济动员基础中各种可动员资源的总和，具体包括以下五类主要影响因素：

- 人力因素。主要包括四类：一是民兵预备役人员情况；二是各类专业技术保障队伍建设情况；三是各种可动员的劳动力资源情况；四是各种可动员的战勤民工情况等。
- 物力因素。主要包括两类：一类是各类可动员的民用物力；另一类是军民通用物力，主要指各种军民两用设施、设备和产品、物资等。

- 财力因素。主要包括四类：一是可动员的财政资源；二是可动员的金融资源；三是可动员的民间财力资源；四是可动员的国外资金等。
- 科技力因素。主要包括三类：一是各种可动员的科技设施、设备、物资和经费；二是各种可动员的科研人员；三是各种可动员的科技成果和资料等。

国民经济动员能力影响因素 国民经济动员能力，既包括以“动员主体”因素形式存在的国民经济动员体制、机制、法制、制度建设状况，又包括以“动员手段”形式存在的各种物质技术条件的状况。

- 国民经济动员体制因素。侧重反映国民经济动员组织机构和干部队伍建设的状况。
- 国民经济动员机制因素。侧重反映平战转换、快速动员、持续保障和综合防护机制的运作状况。
- 国民经济动员制度因素。侧重反映国民经济动员各类管理制度的规定和贯彻实施情况。
- 国民经济动员物质技术因素。侧重反映国民经济动员过程中以“动员手段”形式存在的各种物质技术条件的状况。

国民经济动员效果影响因素 国民经济动员效果，主要取决于国民经济动员需求、国民经济动员供给和供需对接与均衡的状况。

- 国民经济动员需求因素。侧重反映战争、突发事件和紧急状态对国民经济动员的需求状况。
- 国民经济动员供给因素。侧重反映国民经济动员能力作用于国民经济动员潜力产生的国民经济动员实力，即国民经济动员供给状况，实际上等于被动员和转化出来的人力、物力、财力、科技力和精神力的状况。
- 供需对接与均衡因素。侧重反映国民经济动员供需对接与均衡的状况，实际上取决于国民经济动员供给与国民经济动员需求的综合影响效果。

7.2.3 国民经济动员评价指标

国民经济动员评价指标体系的框架结构，大体上由国民经济动员基础评价指标、国民经济动员潜力评价指标、国民经济动员能力评价指标和国民经济动员效果评价指标四个大类组成（参见表7.6）。

表7.6 国民经济动员评价指标体系框架结构

指标属性	指标组类型	指标组名称	内容
国民经济动员基础	国民经济动员要素	人力基础	如全国人口总数等
		物力基础	如国内生产总值、粮食总产量、全社会固定资产投资总额、海关进出口总额等
		财力基础	如国家财政总收入、国家财政总支出、居民储蓄存款余额、实际利用外资额等
		科技力基础	如科技机构总数、科技活动人员总数、科学研究支出占财政支出比重、科技成果登记总数、专利申请批准量等
	国民经济动员部门、系统和行业	农业动员	如全国耕地总数、粮食总产量等
		工业动员	如全国原煤总产量、原油总产量、天然气总产量、成品钢材总产量、船舶工业总吨数等
		医药卫生动员	如全国卫生机构总数、医院和卫生院床位总数、每千人口医院和卫生院床位数等
		科学技术动员	如全国科技机构总数、科技活动经费总支出、全国研究与发展经费支出占国内生产总值的比重等
		信息通信动员	如全国信息产业总产值、全国邮政业务总量、全国电信业务总量等
		商贸物资动员	如全国进出口贸易总额、全国社会消费品零售总额等
		财政金融动员	如全国财政总收入、全国财政总支出、全国银行年末存款总额等
		劳动保障动员	如全国农村劳动力总数、全国企业职工总人数等

续表

指标属性	指标组类型	指标组名称	内　容
国民经济动员潜力	国民经济动员要素	可动员人力资源	主要反映在一定时期内可以动员的人力资源的状况，如全国 15～64 岁人口数量、全国数控机床操作人员数量等
		可动员物力资源	主要反映在一定时期内可以动员的物力资源的状况，如国家粮食储备、国家石油储备、城市人防工程设施面积总数等
		可动员财力资源	主要反映在一定时期内可以动员的财力资源的状况，如可动员的国家黄金储备、国家外汇储备等
		可动员科技力资源	主要反映在一定时期内可以动员的科技力资源的状况，如各种可以用于应对战争、突发事件和紧急状态需要的科技机构数、科技活动人员数、科学研究支出、科技成果登记数、技术市场成交额、专利申请批准量等
	国民经济动员部门、系统和行业	农业动员潜力	如全国可动员的粮食产量、棉花产量、肉蛋奶产量等
		工业动员潜力	如可动员的原煤产量、成品油产量、天然气产量、成品钢材产量等
		医药卫生动员潜力	如全国可动员的卫生机构数量、医院和卫生院床位数、医务人员数量等
		科学技术动员潜力	如全国可动员的科技机构数量、科技人员数量和科技成果数量等
		信息通信动员潜力	如全国可动员的邮政业务量、电信业务量、信息通讯人员数量和频谱资源量等
		商贸物资动员潜力	如可动员的进口贸易额、社会消费品零售额、物资储备额等
		财政金融动员潜力	如全国可动员的财政资金数额、银行年末存款余额等
		劳动保障动员潜力	如全国可动员的农村劳动力数、企业职工人数等

续表

指标属性	指标组类型	指标组名称	内容
国民经济动员能力	国民经济动员能力构成因素	国民经济动员体制因素	如县以上各级国民经济动员机构数、专兼职人员数等
		国民经济动员机制因素	如县级以上国民经济动员计划制定总数、预案制定总数等
		国民经济动员法制因素	如国家颁布的国民经济动员法律法规数量、地方颁布的国民经济动员法律法规数等
		国民经济动员制度因素	如县以上各级国民经济动员工作制度制定数等
		国民经济动员物质技术因素	如全国国民经济动员系统拥有的电脑总数等
	国民经济动员能力属性	平战转换能力	如国民经济动员中心固定资产投资额等
		快速动员能力	如国防军工企业封存生产线平均启封时间、主要军品平均转产和扩产周期等
		持续保障能力	如战争初期钢材供应量、战争中后期钢材供应量、战争后期钢材供应量、军事订货合同任务完成率等
		综合防护能力	如重要经济目标平均修复时间等
国民经济动员效果	军事效果		侧重反映国民经济动员对军事活动的最终影响程度。具体包括两类：一是军事人员装备水平，如军事人员武器装备平均占有金额、军事人员军需物资平均占有量等指标；二是国民经济动员对战争影响程度，如国民经济动员对战争的贡献程度等
	政治效果		侧重反映国民经济动员对维护国家主权、统一、领土完整和安全的最终影响程度。如战争、突发事件和紧急状态持续时间的长短，和平时期累计天数占总天数的比重等
	社会效果		如国民经济对战争、突发事件和紧急状态承受能力及指数等
	经济效果		如国民经济对战争、突发事件和紧急状态承受能力及指数等

7.3 国民经济动员分级与响应

战争规模和样式不同，对国民经济动员层次和范围的需求也不同。这一方面需要对国民经济动员等级进行科学划分，另一方面需要战时根据不同动员等级需求进行有效响应。

7.3.1 国民经济动员级别

随着战争消耗增加和战争形态变化，依据所面临战争和突发事件的性质、规模、范围、强度及持续时间，国民经济动员的层次和范围不同。一般认为，国民经济动员可分为国民经济总动员和局部经济动员两个等级。

国民经济总动员 国民经济总动员是指国家对国民经济全局进行的动员。国民经济总动员要求国民经济运行机制转入战时轨道，全国经济活动都围绕保障战争所需而展开，迅速将国家的经济实力转化为军事实力。国民经济总动员时，国民经济非常态运行，平时状态下的国民经济重要比例关系、经济结构、投资重点、运行机制都发生重大变化。

局部经济动员 局部经济动员是国家在部分地区或某些部门进行的经济动员。局部经济动员是一种有限范围的动员，主要是在受战争威胁的地区或进行作战的地区和负有支援保障任务的部门、企事业单位中进行的经济动员。

总动员和局部动员是就整体动员而言的，为便于操作，各国就国民经济动员一般还根据本国实际情况规定了更详细的等级层次。冷战结束后，以不稳定性和不确定性为特点的“新战争理论”使分级动员取代了以往的短期大规模动员。美国在这方面进行了分步动员实施的尝试，根据其分级动员思想，动员是渐进的、有序的、有组织的过程，可在一定时期内分阶段实施；可针对战争预警期的各个阶段、战争范围和战争规模，直接选择适当的动员等级组织实施；在战争过程中，可通过改变动员等级来改变动员的规模和范围，满足变化的战争需求。多年来，美国根据动员实践，不断调整、完善国民经济动员制度。根据美国《联合动员条令》，美国的动员分为两个阶段（局部动员和全面动员阶段）、6 个等级：总统征招预备役、选择性动员、局部动员、全面动员、总动员和核战紧急动

员（表 7.7）。

表 7.7　　　　美国动员等级划分及执行情况表

动员等级			军事行动范围	执行情况
部分或局部动员	一级	征召后备役人员	国内叛乱、抢险救灾	总统在未宣布国家处于紧急状态时，有权征召 10 万名后备役人员。
	二级	选择动员	人道主义援助和反毒品	针对国内紧急事件，总统或国会可部分动员后备役人员。
	三级	局部动员	地区意外事件	总统或国会根据作战计划需要或宣布进入紧急状态时，动员 100 万后备役人员执行任务。扩大军工生产。
全面动员	四级	全面动员	多地区意外事件	国会宣布国家进入紧急状态或正式宣战后，可动员计划内的一切后备役力量服现役。工业部门转入战时生产。
	五级	总体动员	全球	国会动员一切力量，包括所有后备队、国民警卫队人员和所有退役人员及工业、经济总动员。
	六级	核战紧急动员	核战争	在获知敌核突袭时，各部队、各部门立即转入战时动员体制，执行战斗任务。

资料来源：朱庆林、杜为公、李艳芳，《国外经济动员等级划分及其对我国的启示》，载《军事经济研究》2001 年第 5 期。

第一阶段：部分或局部动员指战争计划准备和危机管理阶段的动员，主要针对危急事件的计划准备与行动。包括动员等级中的第一级：征召万名后备役人员；第二级：选择动员；第三级：局部动员。

第二阶段：国家在战争或紧急状态下的动员。包括动员等级中的第四级：全面动员；第五级：总体动员；第六级：核战紧急动员。

按照美国《联合动员条令》规定，总统在未宣布国家进入紧急状态时，有权征召 10 万名后备役人员服现役，为期 90 天。

选择动员是指国家出现紧急事件时，总统或国会有权动员少量后备役部队人员。这是 1995 年增加的动员等级。在实施国际人道主义援助和缉毒行动中，或在危机和冲突早期所采取的动员行动中，由国防部长提出并经总统批准，征召志愿后备役人员服现役，并前往世界各地加强那里的现役部队。1999 年北约空袭南联盟的“联盟力量”行动中，美国实施的正是这种级别的动员行动。

以上两个级别中的国民经济动员主要是依靠军种部、国防后勤局通过签订合同向企业订货，政府一般不予干预。

局部动员是指根据作战计划需要或在宣布国家进入紧急状态时，总统或国会可宣布动员 100 万名后备役人员转服现役，为期 24 个月，同时有计划地扩大军工生产。政府从这一级动员开始介入经济动员。

全面动员是指在国会宣布国家进入紧急状态或正式宣战后，现役部队全部转入战时状态，后备役全部转服现役，工业部门转入战时生产。

总体动员是指在需要大批组建新的部队、扩大兵力规模时，国会可宣布动员国家一切力量，实行包括工业和经济的总动员。

核战紧急动员是指在敌方进行核突袭时，各部队、各部门转入战时动员体制，执行战斗任务（朱庆林、杜为公、李艳芳，2001）。

7.3.2 国民经济动员响应

战争的重要性要求必须根据动员等级及时启动动员程序，进行动员响应。一般可以把国民经济动员程序分成四个阶段：(1) 发布动员令；(2) 调整和加强国民经济动员机构；(3) 修订和下发国民经济动员计划；(4) 组织国民经济动员实施。

施莱辛格（Schelsinger，1960）做了一个简要的经济动员图（见图 7.3）。图的顶端给出了导致国内经济做出反应的国际政治形势。这种形势分别是：临战准备、有限战争，直至全面战争、核战争。施莱辛格认为，核战争与经济能力及动员的关系很难确定，在核战争中，很可能所有的管制全部崩溃。不过，在通常情况下，国际形势足以决定经济的反应，即不同级别的动员——从局部动员到“全面动员”。

根据战争进展和战争程度，经济体系响应动员压力的措施可以分为政府财政、价格与货币管制、供应品配给三个层次。

第一个层次上的运作是政府财政，它决定了动员的总体经济环境。如果需要避免采取更为紧迫的管制措施，就必须预防过量的财政支出所引起的购买力额外增加和通货膨胀。对总开支增长量进行削减的最低要求是平衡预算，但是如果动员需求的范围很大，平衡预算可能就难以实现。政府开支的增加，虽然与正常收入的增长不相称，但仍然允许政府获得较大比例的国民生产，以及利用较高比例的国家资源。随着国际局势紧张程度的提高，政府可能被迫采取非平衡预算——

形势	临战准备	有限战争	全面战争	核战争
动员级别	局部动员	全面动员	全面动员	

紧张程度 → 　　　　← 爱国主义

行动的三个层次

提高安全级别（或与平时行为相背离）↓						
政府财政	替代	预算平衡（征税形式）	轻微失衡		预算失衡	
价格及货币管制		无直接管制	自愿管制	选择性管制 ?{←工资管制 ←价格管制}	全面价格性管制（信贷定量配给）	
供应品配给		市场机制	自愿管制（正式或非正式）（消费者定量配给）	优先	配给	征收/征用　人力指派

“正常状态”　　“国防经济”　　“战争经济”

图7.3　经济动员图

首先是轻微失衡，接着是严重失衡，从而使收入和支出之间完全不相称。

第二个层次上的运作是价格与货币管制。这些总体管制措施应用的强度，随着国际局势对经济造成的压力大小，以及预算紧缩抵消压力的程度而改变。从完全不需要管制出发，可以经历自愿管制、选择性管制（即对某些项目的价格进行管制，并且对专用贷款，尤其是用于购买住房和耐用消费品的贷款进行管制），以致最后全面的价格管制，即实质上所有的价格都固定下来。

在短缺经济条件下，从经济稳定的目的出发，工资管制——无论是正式的，还是非正式的——比价格管制更不可或缺，这是因为成本的上升不可避免地要造成价格的上涨。如果没有工资限制，价格管制则毫无作用。另一方面，自愿限制工资要比自愿限制价格更容易，为了实现工资管制，价格管制可能成为政治性需要。是让工资管制优先还是让价格管制优先的倾向，反映出社会的基本价值观和政治的压力。

最为严厉的是第三个层次的措施，即供应品配给。这种措施是对资源的流动，尤其是原材料和劳动力的流动进行控制。从正常依靠市场机制产品配给，可能要经历全面管制的程度不断提高的过程，这一过程从低到高分别有：正式或非正式的自愿管制、优先体系、直接配给产品、征用，直至人力指派这种最极端的管制形式。从自愿管制开始，即应考虑消费品的定量配给。这种配给的严格程度也会随着经济承受压力的增加而增加。

这三个层次的措施相互之间可以部分地替代。如果预算形势好，国家可以不采取其他管制措施，或者仅采取有限的几项选择性管制措施。另一方面，如果预算不能保持平衡，就不可避免地要采取严厉的价格管制，并最终采取供应品配给（Schelsinger，1960）。

7.4 国民经济动员制度

国民经济动员不但是一种经济行为，也是一种法律行为。国民经济动员制度至少包括动员管理体制框架和管理的法律制度。

7.4.1 国民经济动员体制管理

国民经济动员体制是国民经济动员机构、职权划分、隶属关系等方面构成的组织系统。国民经济动员的组织体系包括决策机构、协调机构和执行机构。

决策机构 国民经济动员是国家战争动员的重要内容，因此国民经济动员的最高决策机构也寓于国家战争动员最高决策机构之中。国家战争动员最高决策机构由各国宪法或法律规定，通常为国家最高权力机关或国家最高领导人。具体因各国的实际情况会有所不同，如美国为国会和总统，国会对战争动员行动拥有建议权和审批权，国会有权宣布国家进入战争或紧急状态，并实施全面动员和总动员。英国是内阁和国会，中国是全国人民代表大会及其常务委员会。

领导机构 有的国家为协调机构。即根据最高决策机构作出的决定，组织领导全国各部门、各地区的经济动员工作。如英国的“作战需求委员会”、美国国家安全委员会下属的“紧急准备与动员计划政策协调委员会”。

执行机构 执行机构是具体落实经济动员的机构和单位，如政府各部及其下属的经济动员机构。

动员工作涉及经济生活的方方面面，因此动员管理是一个庞大的系统。表7.8列举了美国动员进程中国会和行政机构的主要参与者，包括25个国会委员会和机构，10个行政部门，15个国防部部内机构和20多个非国防部机构。

表7.8 美国动员进程中国会和行政机构的主要参与者

国会	
参议院专门委员会	众议院专门委员会
拨款	拨款
武装力量	武装力量
银行、住房与城市事务	银行、住房与城市事务
预算	预算
商业、科学与交通	商业、科学与交通
能源与自然资源	能源与自然资源
环境与公共事业	政府运作
金融	州际之间、外国商务
政府事务	商船与渔业
劳动与人权	邮政与行政事务
	科学与技术
	赋税方法
国会机构：	
国会预算办公室（CBO）	
国会研究局（Congressional Research Service）	
总审计局（GAO）	
技术评估办公室（Office of Technology Assessment）	
行政部门：	
商务部	司法部
国防部	劳工部
能源部	国务院
卫生部	交通部
内务部	财政部
国防部各部门：	
国防通信局（DCA）	
国防情报局（DIA）	
国防调查局（DIS）	

续表

国防后勤局（DLA）
国防测绘局（DMA）
国防原子能局（JCS）
参谋长联席会议（JCS）
联合调度局（Joint Deployment Agency）
联合物质优先使用和分配委员会（Joint Material Priorities and Allocations Board）
联合运输委员会（Joint Transportation Board）
军事空运司令部（MAC）
军事海运司令部（MSC）
军种（Military Services）（陆军、海军、海军陆战队和空军）
军事交通管理司令部（Military Traffic Management Command）
国家安全局/中央安全局（National Security Agency/Central Security Service）
非国防部机构：
中央情报局（CIA）
民用航空委员会（Civil Aeronautics Board）
海岸警卫队（Coast Guard）
国防科学委员会（Defense Science Board）
危机动员准备委员会（Emergency Mobilization Preparedness Board）
美国环境保护署（Environmental Protection Agency）（EPA）
联邦航空局（FAA）
美国通信委员会（FCC）
美国科学、工程和技术协调委员会（Federal Coordinating Council for Science, Engineering and Technology）
联邦应急管理署（FEMA）
美国高速公路管理局（Federal Highway Administration）
美国铁路管理局（Federal Railway Administration）
总务管理局（GSA）
州际商务委员会（Interstate Commerce Commission）
海事管理局（MARAD）
全国通信系统（NCS）

续表

国家海洋大气局（NOAA）
国家自然科学基金会（National Science Foundation）
国家安全委员会（NSC）
国防资源办公室（Office of Defense Resources）
人力和预算办公室（OMB）
公共卫生局（Public Health Service）
义务兵役局（Selective Service）
老兵管理局（VA）

资料来源：Hancock，W. A.，1984，*Mobilization*：*An Instrument of United States Strategic Policy*，Master thesis，Naval Postgraduate School.

7.4.2　国民经济动员法律责任

动员立法对建立和维持动员能力、可持续地建立动员基础以及在危机时期确定必要的合法权利，提供必备的组织结构，划分各部门的职责等方面有着十分重要的作用。

世界各国通过立法进行经济动员，始见于法国资产阶级革命，1793 年法国制定了《全国总动员法令》。1938 年日本颁布了《国家总动员法》，1939 年英国颁布了《紧急全权国防法案》。在国民经济动员立法方面走在前列的美国建立了一系列动员法规，为各等级动员行动提供了法律依据。目前已经形成了四个层次的动员法律框架：（1）由国会通过并颁布的最高层次的动员立法，是实施战争动员的基本法律依据；（2）总统颁布的行政法规；（3）国防部长颁布的国防部指令；（4）有关部门颁布的条例、条令。其《国家安全法》、《国防生产法》、《战略与重要物资储备法》、《国防设施法》、《军事拨款法》等都对经济动员作出了规定。《俄罗斯联邦动员准备与动员法》规定“国家权力机关、地方自治机关、俄联邦武装力量、其他部队、军事单位、机关和专业部队的动员准备与动员的组织与程序由俄联邦总统发布的规范性法律文件和俄联邦政府发布的规范性法律文件确定”，“俄联邦经济、俄联邦主体经济和地方经济及团体的动员准备与动员的组织与程序，由俄联邦政府发布的规范性法律文件确定”。美国国会为总统在危机中适时反应提供授权。在国家没有宣布进入紧急状态之前，有几种动员授权可供选择，其他等级的授权，则是在总统和国会宣布国家进入紧急状态之后进行。

关键术语

国民经济动员　国民经济总动员　局部经济动员

课后思考

1. 简述国民经济动员的影响因素。
2. 简述国民经济动员的主要内容。
3. 试举例分析国民经济动员的基本原理。
4. 试分析国民经济动员体制变迁及原因。

参考文献

库桂生:《国防经济学》，国防大学出版社 2007 年版。

刘化绵:《军事经济词典》，中国经济出版社 1993 年版。

任　民:《国防动员学》，军事科学出版社 2008 年版。

朱庆林、杜为公、李艳芳:《国外经济动员等级划分及其对我国的启示》，载《军事经济研究》2001 年第 5 期。

朱庆林等:《国民经济动员学教程》，军事科学出版社 2002 年版。

《中国战争动员百科全书》，军事科学出版社 2003 年版。

《中国大百科全书·军事卷》，中国大百科全书 1989 年版。

［美］保罗·肯尼迪著，陈景彪等译:《大国的兴衰》，国际文化出版公司 2005 年版。

Clem H. J. , 1983, *Mobilization Preparedness*, National Defense University.

Hancock, W. A. , 1984, *Mobilization: An Instrument of United States Strategic Policy*, Master thesis, Naval Postgraduate School.

Olvey, L. D. and J. R. Golden, R. C. Kelly, 1984, *The Economics of National Security*, Avery Pub. Group.

Paul Poast, 2006, *The Economics of War*, McGraw-Hill/Irwin.

Pigou, A. C. , 1921, *The Political Economy of War*, Macmillan.

Schelsinger J. R. , 1960, *The Political Economy of National Security*, Greenwood Publishing Group, Inc.

第3篇

国防支出、经济发展与防务分担

第 8 章　国防支出概述

国防支出是国家用于国防建设和战争的专项经费，在国家公共支出中占有非常重要的位置，但由于国防支出的特殊性，加之各国对国防支出的不同认识，国防支出界定、比较等都存在一定的困难。

本章讨论国防支出的界定、计量、规模与结构。第一节讨论国防支出界定；第二节讨论国防支出计量，包括数据来源和国际比较换算；第三节介绍国防支出规模；第四节介绍国防支出结构。

8.1　国防支出界定

国防支出是国家军事战略的数字化，不同的国防支出概念下国防支出的内容存有较大差别，在国防支出研究中经常还看到的概念有名义国防支出、实际国防支出、国防负担等。

8.1.1　国防支出

在国防经济学研究领域，与国防支出有关的提法有国防开支、国防费、军事支出、军事开支、军费等，严格来说，各国根据本国的实际情况，对不同的概念有不同的定义。如按照中国国家统计局的定义，国防支出是国家预算中用于国防建设和保卫国家安全的支出，包括国防费、国防科研事业费、民兵建设及专项工程开支等。按照这样的定义，国防支出和国防费显然是两个不同的概念。但在实际使用中，国际上还没有一个广为接受的标准，与国防支出有关的这几个概念都曾被不同的学者所采用，而且意义上除特别说明外，没有严格的不同，为了分析方便，本书对此亦不做严格区分。

国防支出界定掺杂了一些政治等外在因素，各国政府一般都根据自身的习惯和意愿对国防支出范围进行定义，各种定义涵盖的实际统计项目不尽相同。从目前来看，各种定义大体可以区分为功能法和部门法两种方法。所谓功能法，就是根据费用功能界定，如根据用于军事威慑、国防建设、作战等的费用界定国防费。按照这样的界定方法，国防费就是一国在一定时期内用于国防及相关行为的支出。这也就是我们平常所理解的“宽口径”国防支出概念，它不仅包含了国防部门的支出，而且也包含了其他部门用于国防方面的支出。所谓部门法就是根据政府国防部门的花费进行加总。按照这种界定方法，国防支出主要是一国在一段时期内用于军事部门的开支。包括用于支付士兵以及其他有关常备武装力量人员的费用、军事训练维持费用以及由军方购买物品和从民用部门购买服务费用的总和。这也就是我们平常所理解的“窄口径”国防支出概念。

国防支出研究中经常提到的国防支出定义有两个来源，一个是国际货币基金组织（IMF）使用的《政府财政统计年鉴》（GFSY）所用的国防支出定义，该定义基于联合国政府功能分类（COFOG）而给出；另一个是北大西洋公约组织（NATO）的定义。斯德哥尔摩国际和平研究所（SIPRI）、原美国军控和裁军署（ACDA）等基本以 NATO 的定义为基础。这里给出北约、国际货币基金组织、联合国对国防支出的具体界定（见表 8.1）。

表 8.1　　国防支出的界定比较

可能属于国防支出的项目	NATO	IMF	UN
军事力量及其服务部分的开支			
1. 对士兵和军官的支付	×	×	×
2. 军队内或与军事组织有关的技术人员、官员等人的薪金	×	×	×
3. 医疗服务、税收优惠以及上述人员（含亲属）的社会福利	×	×	×
4. 养老抚恤金	×	–	×
5. 军事院校、军队医院等	×	×	
6. 当期的武器采购（含军火进口）费	×	×	×
7. 基础建设、住宅投入等	×	×	×

续表

可能属于国防支出的项目	NATO	IMF	UN
8. 活动维持费	×	×	×
9. 其他物品的采购	×	×	×
10. 军事研究与开发	×	×	×
与军事、国防、战略目的有关的其他开支			
11. 战略物资的储备	×[c]	–	–
12. 武器、生产线的储备等	×[c]	×	–
13. 军火生产补贴、军转民补贴	×	–	–
14. 对其他国家的军事援助	×	×	×
15. 向国际组织的捐献	×	×	–
16. 民防	–	×	×
对以往的军事力量及行动支付的费用			
17. 退伍军人的福利等	–	–	–
18. 战争债务的服务	–	–	–
其他军事力量的开支			
19. 准军事部队、宪兵	×[d]	×[d]	×[d]
20. 边境、海关的守护	×[d]	×[d]	×[d]
21. 警察	×[d]	–	–
计入其他账下的费用			
22. 人道主义救援、救灾	×	–	–
23. 联合国维和	×	×	–
收入类			
24. 军事院校、医院、公司的收入	Y	Y	Y
25. 军事基础设施的民用收入	Y	Y	Y
26. 重要人物的交通收入	Y	Y	Y
27. 出售专利、技术的收入	Y	Y	Y
28. 偿还生产补贴	Y	Y	Y
29. 从其他国家得到的军事援助	–	–	×[e]
对未来支出的义务			
30. 军事采购借贷	×	×	–

注：×表示应当列入国防支出；–表示不应当列入国防支出；Y表示应当作为收入列入预算；c表示如果由军事组织管理并资助的则应列入军事开支；d表示当其预算中有为军事活动提供训练、装备及参与其活动的应列入国防支出；e指在合计总数前应考虑重复计算问题。

资料来源：Michael, B., 1995, "World Military Expenditures", In Hartley, K., T. Sandler (eds.), *Handbook of Defence Economics*, Vol. 1. Armsterdam: Elsevier Science.

国际货币基金组织定义的国防支出中不包括军事人员的退休金，北约定义中则包括退休金；国际货币基金组织定义的国防支出中不包括政府部门间的互相支付，北约定义的国防支出中则包括这部分；国际货币基金组织定义的国防支出中包括预备役，但是不包括警察、边防和海岸警卫队，北约定义的国防支出中则包括警察和准军事武装力量，前提是他们是出于军事行动的目的进行训练和装备的；国际货币基金组织定义的国防支出中包括民防系统的支出，北约定义的国防支出中则不包括这个项目；国际货币基金组织定义的国防支出中包括现金形式的军事援助，还有实物形式的军事援助，北约定义的国防支出则只包括实物形式的军事援助，而不包括现金形式的。

8.1.2 名义、实际国防支出

国防支出必须考虑通货膨胀因素，这就是名义国防支出和实际国防支出的差别。名义国防支出也称货币国防支出，是以当年价格表示的国防支出；实际国防支出是按某一基年的市场价格去除通货膨胀因素后计算得出的国防支出。由于不同年份的实际国防支出按同一基年的不变价格计算得出，不包含在不同年份中因价格变动对国防支出的影响，因此实际国防支出能较好地反映一段时期内的国防支出真实变动情况，便于不同年份之间国防支出间的比较。

我国的情况在这方面提供了一个很好的观察点。众所周知，在我国经济发展过程中，物价水平并不是一种平稳状态，一度波动还比较大。按国家统计局提供的数据，以人民币价格表现出的名义国防支出，从 1952 年的 57.84 亿元增加到 2001 年的 1442.04 亿元，53 年间增加了近 25 倍。其中除 1956 ~ 1962 年、1972 ~ 1978 年间比以前的年份稍有下降外（在区间内左右摆动），1989 年后上升速度明显加快。但如考虑历年物价指数变动，按缩减指数对各年度名义国防支出进行处理后，实际国防支出与名义国防支出的差别很大，在 1955 ~ 1961 年、1971 ~ 1977 年、1980 ~ 1989 年间甚至短期内呈直线下降态势（见图 8.1）。

8.1.3 国防负担

国防负担指国防支出占国民生产总值或国内生产总值的比重。由于“国防负担”可以避开通货膨胀扣除率或货币换算等复杂因素，从而使得国家之间国

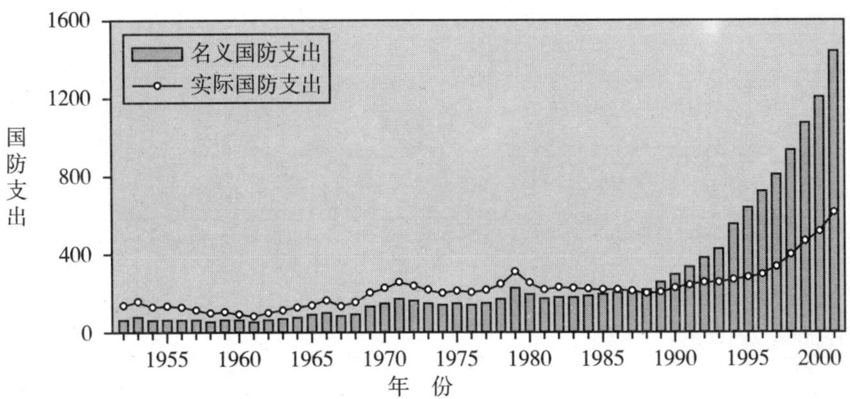

图 8.1　中国国防支出增长态势表（1987 年不变价格，人民币亿元）

资料来源：陈波，《国防供给的经济学研究》，军事科学出版社 2008 年版，第 74 页。

防支出的比较变得相对容易。但使用这一概念也存在诸多问题。首先，这一概念无法用于衡量相对的军事力量；其次，"国防负担"概念建立在可靠的国民收入数据的基础之上，而实际上，各国国民收入数据的可靠程度并不一样。因此一些国防经济学者建议在应用这一概念时也要十分慎重。

国防负担非常有用的一点是它说明了一个国家的军事化程度，即一个国家的支出在多大程度上被用于军事，GDP 更高比例用于国防支出的国家通常被认为比把低比例的 GDP 用于国防支出的国家更军事化。波斯特（Poast，2006）按国防负担统计给出了世界上被认为最军事化的国家的一些情况（见表 8.2）。

表 8.2　　世界上最军事化的一些国家（节选，2002 年）

国　家	国防支出占 GDP 比例（%）	人均 GDP 排名	人均 GDP（$）	国　家	国防支出占 GDP 比例（%）	人均 GDP 排名	人均 GDP（$）
民主刚果	21.7	223	600	巴林	6.7	55	15100
厄立特里亚	16	220	700	亚美尼亚	6.4	143	3600
阿曼	13.4	90	8300	布隆迪	5.9	229	500
沙特阿拉伯	12	64	11400	阿尔及利亚	5.9	114	5400
科威特	10.7	50	17500	也门	5.7	214	800
卡塔尔	10.6	36	20100	塞尔维亚和黑山共和国	5.3	118	5100

续表

国　家	国防支出占GDP比例（%）	人均GDP排名	人均GDP（$）	国　家	国防支出占GDP比例（%）	人均GDP排名	人均GDP（$）
叙利亚	10.3	142	3700	文莱	5.2	46	18600
安哥拉	9.8	179	1700	新加坡	5.2	25	25200
以色列	9.7	40	19500	土耳其	5.1	97	7300
约旦	9.3	132	4300	缅甸	5	183	1700
埃塞俄比亚	8	221	700	苏丹	4.9	189	1400
越南	7.1	163	2300	俄罗斯	4.8	77	9700

资料来源：Poast，P.，2006，*The Economics of War*，McGraw-Hill/Irwin.

这些国家中有6个国家人均GDP排名为200或更低（来自231个国家），许多国家卷入国际争端，包括土耳其和希腊（塞浦路斯争端），印度和巴基斯坦（克什米尔争端），以色列和叙利亚（自从1973年它们之间爆发战争后，它们没有正式的和平条约）。

8.2 国防支出计量

不同的国防支出数据来源中国防支出数据存在差异，对国防支出的国际比较也必须对来自不同机构的数据进行换算。

8.2.1 国防支出的数据来源

除了对国防支出界定的不同外，不同数据来源所给出的国防支出数据间的差异也比较大。有些国家的国防支出数据是各国政府公开发布的，有些国家的国防支出数据是由一些组织和机构进行搜集和公布的。由于国防支出一定程度的不透明性和一些政治影响，不同的数据来源、不同组织给出的国防支出数据往往存在较大的差异。

国防经济学研究中常用到的国防支出数据主要有以下几个主要来源：斯德哥尔摩国际和平研究所（SIPRI）、伦敦国际战略研究所（IISS）、美国中央情报局

(CIA)、联合国（UN)、原“美国军备控制和裁军署”（ACDA，现“军备核查与信守局”)、美国会研究服务局（CRS)、国际货币基金组织（IMF)。与上述官方或半官方机构不同的是，美国的西瓦德（Sivard）个人也曾对国防支出进行了持续的跟踪发布。

斯德哥尔摩国际和平研究所和伦敦国际战略研究所根据他们的研究结果每年在其出版的《SIPRI 年鉴》、《军事力量平衡》等公开出版物中发表国防支出数据；出于其全球战略需要，美中央情报局、美军备控制与裁军署、美国会研究服务局也经常发布全球国防支出报告；国际货币基金组织根据其需要定期为世界银行刊物（《世界发展报告》、《世界统计表》等）和国际货币基金组织刊物（《政府财政统计》）提供国防支出数据。每一个数据来源都有几个共同的信息来源渠道，因此不能把它们完全割裂开来。但具体来看，它们的信息来源还是有所不同的。国际货币基金组织和联合国作为国际组织，它们的信息来源主要是其成员国政府的报告。伦敦国际战略研究所和斯德哥尔摩国际和平研究所作为非政府组织，他们的信息和资料来源主要是公开的信息，当然伦敦国际战略研究所也会利用一些保密的政府数据，这可能是因为它和政府的错综复杂的关系。美军备控制与裁军署和美国会研究服务局都是美政府机构，因此它的信息和资料来源既有公开的信息也有相当部分的保密数据。

自 20 世纪 70 年代以来，出于国际比较的目的，联合国专家委员会制定了包括 588 项数据的国防支出主要组成项目，提出“增进军事情况客观情报的流动有助于缓和国际紧张局势，因而能对预防冲突作出重大贡献”，指出军事问题的透明化是在各国之间建立信任的关键要素。获取有关官方国防支出原始可比数据也一直是联合国裁军事务部（DDA）和斯德哥尔摩国际和平研究所①的一项重要任务。联合国秘书长每年均通过普通照会恳请全体会员国报告其最近一个财政年度的国防支出。这一要求所依据的是 1980 年通过的联合国大会决议第 35/142B 号“裁减军事预算”决议。每两年一次相继通过的大会决议一直号召会员国继续报告国防支出。但遇到的一个困难是联合国的数据采集采用自由申报的方式，许多

① 斯德哥尔摩国际和平研究所自 1993 年以来一直定期向各国政府发函，请他们提供有关国防支出的数据。斯德哥尔摩国际和平研究所调查问卷是简化版的联合国报告书，其中各个栏目用于填写有关军事及文职人员、运作及维护、采购、军事建筑、军事研发和准军事部队开支的数据。为了确保不同时期数据的一致性，需要提供最近 5 年的数据。报告的数据是用于编制斯德哥尔摩国际和平研究所国防支出数据的主要来源之一。

国家不愿公开自己的国防支出，更不会自愿申报了。表 8.3 按地区划分给出了 2006 年向 SIPRI 和 UN 报告国防支出数据的情况。

表 8.3　　2006 年向 SIPRI 和 UN 报告国防支出数据的情况

地区/次区域	回复 SIPRI 的国家和地区			回复 UN 的国家和地区				回复 SIPRI 和 UN 的国家和地区总数
	询问的国家	报告数据的国家	合计	询问的国家	报告数据的国家	零报告	合计	
非洲	49	毛里求斯、纳米比亚、塞舌尔、南非	4	50	布基纳法索、毛里求斯、纳米比亚、赞比亚	(0)	4	6
美洲								
北美洲	2	加拿大、美国	2	2	加拿大、美国	(0)	2	2
中美洲	7	伯利兹、萨尔瓦多、危地马拉、洪都拉斯、墨西哥	5	7	墨西哥、尼加拉瓜	(0)	2	6
南美洲	11	哥伦比亚、厄瓜多尔、乌拉圭	3	11	阿根廷、玻利维亚、巴西、智利、厄瓜多尔、巴拉圭	(0)	6	8
加勒比地区	8		0	8	牙买加、苏里南、特立尼达和多巴哥	(0)	3	3
亚洲及大洋洲								
中亚	5	哈萨克斯坦	1	5	哈萨克斯坦、吉尔吉斯斯坦、塔吉克斯坦	(0)	3	3
东亚	16	日本、韩国、中国台湾（地区）、泰国	4	17	柬埔寨、印度尼西亚、日本、韩国、蒙古、泰国	(0)	6	7
南亚	6		0	6	孟加拉国、尼泊尔	(0)	2	2
大洋洲	4	澳大利亚	1	4	新西兰	(0)	1	2

续表

地区/次区域	回复 SIPRI 的国家和地区			回复 UN 的国家和地区				回复 SIPRI 和 UN 的国家和地区总数
	询问的国家	报告数据的国家	合计	询问的国家	报告数据的国家	零报告	合计	
欧洲								
西欧	21	奥地利、比利时、塞浦路斯、丹麦、芬兰、法国、德国、希腊、爱尔兰、意大利、卢森堡、马耳他、挪威、葡萄牙、西班牙、瑞典、瑞士、土耳其	18	21	比利时、塞浦路斯、丹麦、芬兰、德国、希腊、爱尔兰、意大利、卢森堡、马耳他、荷兰、挪威、西班牙、瑞典、瑞士、土耳其、英国	(1)	18	20
中欧	16	阿尔巴尼亚、波斯尼亚和黑塞哥维那、保加利亚、克罗地亚、捷克共和国、爱沙尼亚、匈牙利、拉脱维亚、立陶宛、前南斯拉夫马其顿共和国、黑山、波兰、罗马尼亚、斯洛文尼亚、塞尔维亚	15	16	阿尔巴尼亚、波斯尼亚和黑塞哥维那、保加利亚、克罗地亚、捷克共和国、爱沙尼亚、匈牙利、拉脱维亚、立陶宛、前南斯拉夫马其顿共和国、波兰、罗马尼亚、斯洛伐克、斯洛文尼亚	(0)	14	16
东欧	7	亚美尼亚、格鲁吉亚、摩尔多瓦、俄罗斯、乌克兰	5	7	亚美尼亚、白俄罗斯、格鲁吉亚、摩尔多瓦、俄罗斯	(0)	5	6
中东	14	约旦、黎巴嫩	2	14	以色列、黎巴嫩	(0)	2	3
小国	0		0	24	圣马力诺	(0)	11	1
总计	166		60	192		(11)	79	85

资料来源：斯德哥尔摩国际和平研究所，《SIPRI 年鉴 2007》，时事出版社 2008 年版。

联合国要求各国按照要求报告国防支出情况，在可行的范围内尽量使用为此制定的报告书《联合国军费开支标准报告书》，该报告书为矩阵表格形式，具有用于报告合计总数以及分类数据的各个栏目，这些数据根据人员、运作及维护、采购、建筑和研发等职能进行汇总，按照空军、陆军、海军等军种分类。自2003年开始联合国还提供一种作为替代的简化报告表格，旨在鼓励更多国家进行报告。从表8.3中可以看到，2006年总计有85个国家向联合国或斯德哥尔摩国际和平研究所提供有关国防支出的数据报告。有11个联合国会员国提交了零报告[①]：安道尔、哥斯达黎加、冰岛、列支敦士登、马绍尔群岛、摩纳哥、瑙鲁、圣卢西亚、圣文森特和格林纳丁斯、所罗门群岛、瓦努阿图。此外，有2个非联合国会员国提交了零报告：库克群岛和梵蒂冈。2006年调查的回复率为36%，报告的回复率占会员国数量的35%。

按照斯德哥尔摩国际和平研究所（2007）的统计，按地区划分，2006年回复情况最好的是欧洲和美洲，其中大多数国家向斯德哥尔摩国际和平研究所和联合国均提交了报告。西欧的21个国家中有20个向斯德哥尔摩国际和平研所或联合国报告了数据（不包括冰岛提交的零报告）。2个北美洲国家、7个中美洲国家中的6个以及11个南美洲国家中的8个均向斯德哥尔摩国际和平研究所或联合国报告了数据。非洲和中东地区的情况与前几年一样，2006年的回复率非常低。非洲总共50个国家中有6个向斯德哥尔摩国际和平研究所或联合国提交了数据，而中东的14个国家中有3个向斯德哥尔摩国际和平研究所或联合国提交了数据。此外，6个南亚国家中只有2个向联合国报告了数据，没有一个向斯德哥尔摩国际和平研究所提供报告。相比之下，2006年中亚国家的报告情况有所改善，6个国家中有3个报告了数据，而2005年只有1个。

尽管联合国裁军事务部在努力提高《联合国军费开支标准报告书》的参与程度，但近年来并没有出现提交报告国的显著增长（见表8.4）。事实上，2006年向联合国报告的国家数量低于2002年。因此，2002年推出的简化报告似乎并没有实现提高报告程度的预期结果。相反，过去采用标准报告书进行报告的国家却转而采用简化形式。报告率较低的非洲和中东地区长期以来一直保持低报告率。此外，这些低报告率地区的国家始终未能报告数据，而不是像其他地区那样

① 零报告是指没有输入任何数据而归还给联合国的调查问卷，由没有或仅有很小国防力量的国家提交。

断断续续地报告。然而，参与联合国报告制度的国家总数至少在 2001 ~ 2006 年期间曾经一度增加。斯德哥尔摩国际和平研究所发函索取数据的国家总数从 2001 年的 158 个增加到 2006 年的 166 个。然而，这段期间向斯德哥尔摩国际和平研究所报告数据的国家数量并没有多少变化：2001 年的数量是 63 个，相比之下，2006 年为 60 个。因此，对斯德哥尔摩国际和平研究所的回复率在这期间从 40% 下降到 36%。表 8.4 说明了 2001 年至 2006 年期间的报告趋势。

表 8.4　　2001 ~ 2006 年向 SIPRI 和 UN 报告国防支出情况的国家数量

	2001 年	2002 年	2003 年	2004 年	2005 年	2006 年
联合国报告制度						
标准报告书（包括零报告）	61	81	65	64	67	64
零报告	5	11	11	10	12	11
简化报告表	…	…	10	14	7	15
报告总数（包括零报告）	61	81	75	78	74	79
联合国询问国家总数	189	191	191	191	191	192
SIPRI 报告制度						
报告数	63	61	64	62	67	60
SIPRI 询问国家总数	158	158	158	159	167	166

资料来源：斯德哥尔摩国际和平研究所，《SIPRI 年鉴 2007》，时事出版社 2008 年版。

这也从一个方面说明要得到统一、标准的国防支出数据是多么困难。各个数据来源公布数据的形式也各不相同，有的以网站数据库的形式供公众查询，如斯德哥尔摩国际和平研究所所提供的；有的则以报告的方式公布，而报告又分为不同的类型：有的是每年都有固定的年度报告，同时还有一些专题型报告，如美国国会研究服务局等所提供的。美国军备控制与裁军署每年提供一个 WMEAT 报告（World Military Expenditure and Arms Trade），但它自 1999 年并入国务院后就开始减少，直到 2003 年彻底停止出具这份报告。由于美国国会研究服务局和美国军备控制与裁军署都是美国的政府机构，所以它们在数据统计和处理上有许多相似的地方，故许多学者在 2003 年之后用美国国会研究服务局的数据来代替美国军备控制与裁军署数据进行分析。

各个数据来源还在其他一些方面存在差别，如各个数据来源覆盖的国家数和国家都不尽相同：斯德哥尔摩国际和平研究所考察的是 130 个国家国防支出数据，而美国军备控制与裁军署分析的是167个国家的国防支出。所以全球总的国防支出在各个数据库之间的差异比较明显。另外，如后面要继续讨论的，数据表示方法的差异也会对国防支出数据产生影响。表8.5比较了ACDA、SIPRI、IISS、IMF四个数据来源在一些国家数据上的差异。

表8.5　　不同数据来源所提供的国防支出数据比较　　单位：百万美元

数据来源	年份	美国	苏联	英国	法国
ACDA	1988	293100	319000	36450	36970
ACDA	1989	304100	303000	38480	39060
ACDA	1990	303200	292000	40660	40820
ACDA	1991	280300	260000	48200	42430
SIPRI	1988	295841	…	34629	36105
SIPRI	1989	304607	…	34020	35264
SIPRI	1990	306026	…	38642	42675
SIPRI	1991	304558	…	42358	42391
IISS	1988	289000	32790	30960	31880
IISS	1989	294900	119440	31270	28580
IISS	1990	289760	128790	38910	34790
IISS	1991	287450	133700	40430	34480
IMF	1988	278440	…	35206	27447
IMF	1989	293540	…	34370	25799
IMF	1990	294990	…	40887	32579
IMF	1991	308860	…	44644	…

资料来源：斯德哥尔摩国际和平研究所，《SIPRI年鉴2007》，时事出版社2008年版。

表中比较了四个主要国家的国防支出在4年中的差异，可以发现在不同的数据来源中，不仅各年的数据不同，而且在统计时间内的增减变化也存在差异。如伦敦国际战略研究所和国际货币基金组织在英国的国防支出数据上，伦敦国际战略研究所的数据从1988～1991年一直在增加，而在国际货币基金组织的数据中，在1989年则略有下降。但也要看到，总体看长期趋势还是一致的，都是从1988～1990年不断增长，从1991年开始略有下降。

通过这些分析，我们对国防支出数据来源及其差异应当有一个大体上的了解：

- 对大多数国家的国防支出一般都有几个数据和信息来源，有些数据是由政府直接报告和公开的，更多情况下数据是由一些机构从第一手资料中计算和估计出来的。这些资料的准确性和完整性都有很大的差异，所以需要详加甄别。
- 数据来源有不同的目的、不同的数据报告方式和数据处理方式，而且对数据的定义也有所不同，因此数据使用者在使用时尽量要清楚这些差异。
- 对一些国家而言，各个数据来源之间的数据差距不是很大，然而对另一些国家，各个数据来源的差别可能很大，这有可能是上面提到的各种原因造成的。但在大部分情况下，数据使用者没有办法或没有足够的信息来判断这些差异到底是由于什么原因而出现的，或者说哪种原因是造成这种差异的主要原因。

所以一方面数据使用者应该了解各个数据来源之间的差异，以谨慎使用不同的数据来源，另一方面为了不断提高数据的可用性，各国政府也应该努力提高其公布的数据的准确性和全面性。因为没有一个机构能够比政府更清楚自己的数据。另外，各国政府向联合国和国际货币基金组织等国际性组织报告其数据时，应该以一个统一的标准的形式来报告，这样会大大提高全球整体数据的全面性和可用性。

8.2.2　国防支出的国际比较

各国的国防支出是以本国货币计算的，而在进行国防支出的国际比较时，就要换成国际比较中比较通用的货币。关于货币的国际换算，比较常用的有两种方法：汇率法和购买力平价法。国际上国防支出比较一般以美元来进行，汇率换算就是根据某国货币相对于美元的年度平均市场汇率将某国国防支出换算成美元。尽管汇率基本上反映了诸如贸易、服务、外国投资和其他资本转让等国际经济交易的可比价格，但却受到其他因素的影响，这种影响有时使得汇率换算根本无法反映客观现实。这些因素主要有：一是防务主体经济开放程度。一个国家的经济越封闭，其国内价格背离由市场汇率计算的国际价格的可能性就越大；二是外汇市场受管制程度。一个实行固定汇率的政府，其公布的市场汇率并不一定有效。此外，汇率还受到政府对国际经济交易的干预、对未来利息率水平的预期和对未来政治预期等因素的影响。

正因为各国公布的汇率有偏差，经济学家及国际组织做出各种努力以纠正这些偏差。比如，联合国按汇率调整的价格（PARE）和世界银行图表集中的换算率（“矫正了的”市场汇率）。按汇率调整的价格以某年为基年，用以判断相对价格的变化。这种相对价格，是根据当年国内生产总值综合价格换算系数制定的。尽管如此，这些方法仍然没有解决相对价格水平的可比性结构问题。

针对汇率换算法中的种种问题，学术界发展出另一种方法，即购买力平价法（PPP）。购买力平价法通常以美元作为标准货币，通过对两个国家的物品和劳务的“标准篮子价格”进行比较而计算得出。宾夕法尼亚大学国际比较研究项目（ICP）应用购买力平价法对世界上几乎所有国家的真实汇率进行了估算，国际货币基金组织、世界银行、经济合作与发展组织联合出版发行的《世界经济展望》也使用了购买力平价的方法。斯德哥尔摩国际和平研究所（2008）给出了以汇率法和购买力平价法计算的2006年国防支出较多的一些国家（见表8.6），从中我们也可以大致看出以汇率法和购买力平价法所计算的国防支出结果的差异。

表8.6　汇率法和购买力平价法计算的2006年部分国家国防支出比较（节选）

单位：美元，2005年不变价格和汇率

按市场汇率MER美元计算的国防支出					按购买力平价PPP美元计算的国防支出	
国家	国防支出（10亿）	人均支出	占世界国防支出比重（%）		国家	国防支出（10亿）
			支出	人口		
美国	528.7	1756	46	5	美国	528.7
英国	59.2	990	5	1	印度	114.3
法国	53.1	875	5	1	俄罗斯	[82.8]
日本	43.7	341	4	2	英国	51.4
德国	37.0	447	3	1	法国	46.6
俄罗斯	[34.7]	[244]	[3]	2	沙特	36.4
意大利	29.9	514	3	1	日本	35.2
沙特	29.0	1152	3	—	巴西	32.0

续表

按市场汇率 MER 美元计算的国防支出					按购买力平价 PPP 美元计算的国防支出	
国家	国防支出（10亿）	人均支出	占世界国防支出比重（%）		国家	国防支出（10亿）
			支出	人口		
印度	23.9	21	2	17	德国	31.2
韩国	21.9	455	2	1	韩国	30.1
澳大利亚	13.8	676	1	—	伊朗	28.6
加拿大	13.5	414	1	—	意大利	28.6
巴西	13.4	71	1	3	土耳其	20.2
西班牙	12.3	284	1	1	巴基斯坦	15.6
世界之和	1158	177	100	100	**世界总和**	

注：[ ] 内指其估计数。

资料来源：斯德哥尔摩国际和平研究所，《SIPRI 年鉴 2007》，时事出版社 2008 年版。

表中可见，用汇率换算法与用购买力平价法，二者所计算出的国防支出数据有很大不同。整体情况是，运用购买力平价方法对发展中国家的物品和服务进行估价的汇率，往往高于其市场的汇率，这是因为发展中国家物价水平低廉，货币实际购买力较高。理论上，购买力平价换算反映了对各国国防支出机会成本的度量。要对国防支出产出进行定向衡量，最好能用特定的购买力平价对国防部门进行相应的计算。

8.3　国防支出规模

国防支出在一国中央政府支出中占有十分重要的位置。冷战期间，有关各方投入了巨额的国防支出，但冷战的结束并没有带来人们想象中的“和平红利”，相反在一段短暂的沉寂后，近年来全球国防支出重又得到迅猛的发展。按照斯德哥尔摩国际和平研究所（SIPRI，2009）的统计，按现值计算 2008 年全球国防支出已超过 1.46 万亿美元，按 2005 年不变价格计算，也已超过 1.2 万亿美元（见图 8.2）。该值占世界国内生产总值的 2.4%，按此数据，平均全世界的人均国防支出达到了 217 美元，这的确是一个不小的数字。

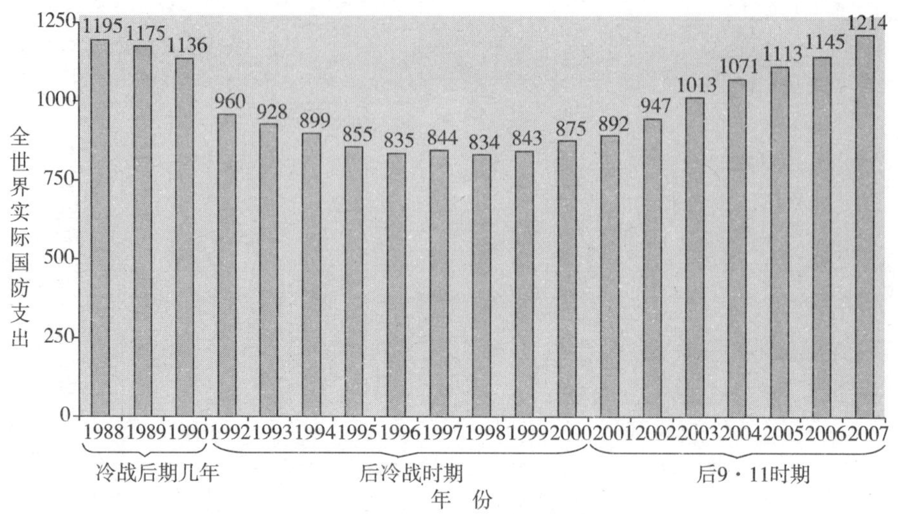

图 8.2 1988~2007 年全世界实际国防支出* （以 2005 年不变美元价格和汇率表示，单位 10 亿美元）

* 由于西欧的数据不完全，1991 年国防支出没有列出。

资料来源：Anderton，C. H. and J. R. Carter，2009，*Principles of Conflict Economics：A Primer for Social Scientists*，Cambridge University Press.

正如表 8.7 所示，经过 20 世纪 90 年代的整体衰退之后，世界国防支出现在比它 10 年之前要高。同样，除了中美洲外，几乎世界各地都比 10 年前更高。近年来，全球年国防支出水平超过了 1 万亿美元，大大地超过了非洲全部的国内生产总值 8170 万美元。

表 8.7 世界和地区国防支出估计（1997~2006 年）

单位：10 亿美元，按 2005 年不变美元价格与汇率统计

	1997 年	1998 年	1999 年	2000 年	2001 年	2002 年	2003 年	2004 年	2005 年	2006 年	2006 年比 1997 年增减%
非洲	10.3	11.1	12.3	13.0	13.2	14.4	14.0	14.8	15.3	(15.5)	+51
北非	4.4	4.6	4.6	5.0	5.2	5.6	5.7	6.2	6.5	6.5	+47
撒哈拉以南	5.8	6.5	7.7	8.0	8.0	8.9	8.3	8.6	8.8	9.0	+55
美洲	375	367	368	381	387	431	481	522	549	575	+53
加勒比海	..	..	..	..	..	..	..	..	..	..	..

续表

	1997年	1998年	1999年	2000年	2001年	2002年	2003年	2004年	2005年	2006年	2006年比1997年增减%
中美	3.7	3.6	3.8	3.9	3.9	3.7	3.8	3.5	3.5	3.5	-5
北美	347	340	341	354	357	399	453	493	518	542	+56
南美	24.1	23.2	22.5	23.3	26.3	27.4	24.5	25.1	27.4	29.1	+21
亚洲和太平洋	131	132	136	139	146	153	160	167	176	185	+41
中亚	0.6	(0.6)	0.6	..	(0.7)	(0.7)	(0.8)	(0.9)	1.0	1.1	+73
东亚	99.6	100	100	103	109	116	121	126	131	138	+39
大洋洲	10.9	11.4	11.9	11.8	12.2	12.7	13.2	13.8	14.3	15.0	+37
南亚	19.6	20.2	22.6	23.4	24.2	24.3	25.0	25.8	29.0	30.7	+57
欧洲	283	275	280	287	287	294	302	306	309	310	+10
中欧	14.8	14.7	14.4	14.4	14.9	15.2	15.7	15.7	16.0	16.7	+13
东欧	23.7	15.6	15.9	21.4	23.4	25.8	27.6	28.9	34.2	38.3	+61
西欧	244	245	249	251	249	253	259	262	258	255	+5
中东	46.1	49.3	48.9	55.8	58.4	55.9	58.0	62.8	70.5	72.5	+57
世界	844	834	844	876	892	948	1016	1072	1119	1158	+37

注：括号内为其估计数。

资料来源：斯德哥尔摩国际和平研究所，《SIPRI 年鉴 2007》，时事出版社 2008 年版。

表中可见，全球国防支出主要分布在北美、欧洲、亚洲，从国别看主要集中在美、法、英、俄一些大国及另外 10 个国防支出最高的国家（图 8.3）。

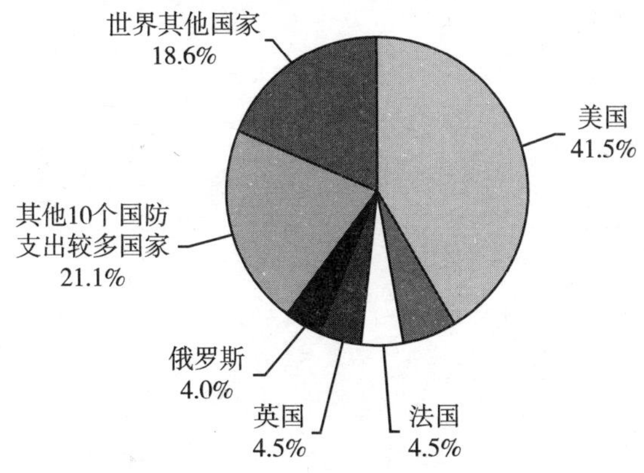

图 8.3　全球国防支出主要分布国

资料来源：Center for Arms Control and Non-Proliferation，2008，*U. S. Military Spending vs. the World*，February 22.

国防支出在各国是不平衡的，军控与非扩散研究中心以世界上国防支出多少及其占世界国防支出的比例进行了排序（见表8.8）。

表8.8　2008年各国（地区）国防支出及其占世界的比例

单位：10亿美元

国家/地区	国防支出	百分比
美国	711	41.5
俄罗斯	70	4.75
英国	55.4	3.76
法国	54	3.67
日本	41.1	2.79
德国	37.8	2.57
意大利	30.6	2.08
沙特	29.5	2.00
韩国	24.6	1.67
印度	22.4	1.52
澳大利亚	17.2	1.17
巴西	16.2	1.10
加拿大	15	1.02
西班牙	14.4	0.98
土耳其	11.6	0.79
以色列	11	0.75
荷兰	9.9	0.67
阿联酋	9.5	0.65
希腊	7.3	0.50
伊朗	7.2	0.49
缅甸	6.9	0.47
新加坡	6.3	0.43
波兰	6.2	0.42
瑞典	5.8	0.39
哥伦比亚	5.4	0.37
智利	4.7	0.32

续表

国家/地区	国防支出	百分比
比利时	4.4	0.30
埃及	4.3	0.29
巴基斯坦	4.2	0.29
丹麦	3.9	0.26
印度尼西亚	3.6	0.24
瑞士	3.5	0.24
科威特	3.5	0.24
南非	3.5	0.24
阿曼	3.3	0.22
马来西亚	3.2	0.22
墨西哥	3.2	0.22
葡萄牙	3.1	0.21
阿尔及利亚	3.1	0.21
芬兰	2.8	0.19
奥地利	2.6	0.18
委内瑞拉	2.6	0.18
捷克共和国	2.5	0.17
罗马尼亚	2.3	0.16
卡塔尔	2.3	0.16
泰国	2.3	0.16
摩洛哥	2.2	0.15
阿根廷	1.9	0.13
乌克兰	1.7	0.12
古巴	1.7	0.12
安哥拉	1.6	0.11
新西兰	1.5	0.10
匈牙利	1.3	0.09
爱尔兰	1.1	0.07
约旦	1.1	0.07
秘鲁	1.1	0.07

资料来源：Center for Arms Control and Non-Proliferation，2008，*U. S. Military Spending vs. the World*，February 22.

全球国防支出非常不平衡。美国作为全球国防支出增长的领跑者，其国防支出接近全球国防支出的一半左右，2008 年这一数据为 41.5%。这些年阿富汗和伊拉克战争等，美国更是不断追加战费，其国防支出达到非常高的水平（图 8.4）。

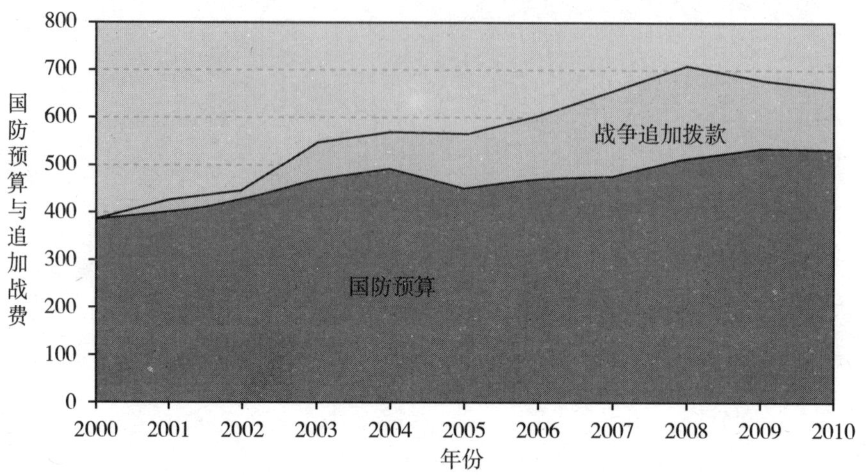

图 8.4　2000 年后美国国防预算与追加战费（2009 年不变价格，10 亿美元）

资料来源：Center for Arms Control and Non-Proliferation，2008，*U. S. Military Spending vs. the World*，February 22.

近几年来，随着伊拉克战争和阿富汗战争的行动减缓，美国的国防支出也有所减缓，特别是金融危机的发生，使美国不得不重新审视它的国防支出。但美国现在仍然维持庞大的国防支出：其国防支出比其后 46 个国防支出最高国家的总和还要高。

专栏 8.1　全球军费开支猛增至冷战水平　美国占了一半

从 2005 年开始，世界年度军费开支总和已经超过 1 万亿美元（2006 年为 1.204 万亿美元），达到了东西方僵持的最糟糕阶段的水平。英国《卫报》网站 13 日在一篇题为《金钱和军事》的文章中说，苏联的解体引发了一个致命的连锁反应，大规模杀伤性武器的散布和民族认同运动的兴起，这些经常由暴力活动来支持。在同一时期，来自非国家组织和国际恐怖组织的威胁也增加了。

一些研究机构——斯德哥尔摩国际和平研究所、伦敦国际战略研究所和波恩国际军工转产中心——进行的研究对这一惊人的趋势发出了警报。去年整个世界将超过2.5%的GDP用于军事开支，相当于平均每人支出184美元。

全球军事开支在过去10年中增长了37%，军事和准军事部队的人数也从2680万人扩展到3100万人。美国的军事预算占了全球总量的几乎一半。由于伊拉克和阿富汗战争，它必须为这一潮流承担大部分责任。俄罗斯、中国和印度的军费开支也在上升。

富裕国家是开支最大的国家。在2005年花费的1.1万亿美元中，八国集团占了7070亿美元。联合国1年要花费40亿到50亿美元为大约15个维和任务提供资金——还不够美国反恐战争一个月的花费。甚至裁军的概念都似乎已经变得无意义了。

尽管美俄间关系冷淡，但3个大国之间的关系却有所增进。它们都没有将减少另两方的武器储备作为一个需要优先考虑的问题。

它们每个都有自己的打算。俄罗斯决心对自己的领土获得完全的控制，并重建它的势力范围，同时遏制北约东扩并对它已经部分过时的武器库进行现代化。对美国来说，需要优先考虑的是大规模杀伤性武器的扩散问题、来自其他国家的威胁和反恐战争。

重点似乎转移到了非国家组织上。各种条约和规范对这些组织没有控制能力。美国政府利用它们为其单边行动辩解。美国的单边行动经常涉及先发制人的干预。但是这种方式还有待于证明它的价值。在伊拉克和阿富汗的战争还在继续，和平不会马上到来。

国际社会没有能力防止巡航导弹的扩散，武器贸易也是真正国际化的。所有这些导致了军费开支的增加，也没有为乐观主义留下多少空间。

——新华网，2007年7月16日。

8.4 国防支出结构

在国防规模确定之后，各国就面临着将一定的国防预算在不同的军种、用途之间进行分配。这里以美国为例简单分析一下国防支出的主要结构，表8.9给出了美国国防支出在陆、海、空军等之间的分配。

表 8.9　　　1998～2006 财年美国陆、海、空军国防支出比较

项　目		1998 财年	1999 财年	2000 财年	2001 财年	2002 财年	2003 财年	2004 财年	2005 财年	2006 财年
陆军	陆军国防费/亿美元	640.5	683.7	731.7	770.3	859.2	1211.3	1531.3	1528.5	1749.4
	占国防费比例/%	23.6	23.4	23.1	23.4	23.7	26.5	31.2	30.2	31.2
海军	海军国防费/亿美元	806.9	840.3	887.9	955.0	1023.8	1240.6	1242.8	1316.7	1438.0
	占国防费比例/%	29.7	28.8	29.2	29.0	28.3	27.2	25.3	26.0	25.7
空军	空军国防费/亿美元	762.8	819.1	830.5	895.5	1002.3	1252.5	1255.4	1279.4	1416.6
	占国防费比例/%	28.1	28.0	27.3	27.2	27.7	27.5	25.6	25.3	25.3
国防部本部	国防部本部预算/亿美元	375.6	442.9	455.2	478.7	571.1	673.7	680.9	714.9	760.6
	占国防费比例/%	13.8	15.2	15.0	14.5	15.8	14.8	13.9	14.1	13.6
其他联邦政府机构	其他联邦政府机构国防预算/亿美元	126.7	135.5	136.1	190.8	164.7	183.8	196.0	218.7	233.8
	占国防费比例/%	4.7	4.6	4.5	5.8	4.5	4.0	4.0	4.3	4.2
国防费	金额/亿美元	2712.5	2921.5	3041.4	3290.3	3621.1	4561.9	4906.2	5058.0	5598.4

资料来源：翟钢，《美国国防费管理概况》，国防工业出版社 2007 年版。

从国防支出的用途看，国防支出主要用于军队人员经费、军事训练活动与维持经费、装备采购和科研费等。美国布什政府在 2001 年 9 月之后发动了“全球反恐战争”，使 2001 年以来美国国防支出明显增长。以“全球反恐战争”为名而大量追加拨款是导致美国防支出增长的主要原因，其中大部分追加国防支出用在了阿富汗、伊拉克和世界其他地方的军事行动中。从结构上看，相对而言，美国国防支出结构中增加最多的领域是研究、发展、试验和鉴定的开支，在 2001～2006 财年实际增长了 58%，而用于行动与维持和采购方

面的开支都增长了 47%。用在军事建筑、军事人员和家庭住房方面的资金则低于平均增长水平。表 8.10 给出了从用途方面看美国国防支出 2001～2006 年的基本结构和走势。

表 8.10　　2001～2006 财年美国国防支出结构和走势　　单位：10 亿美元

	2001 财年	2002 财年	2003 财年	2004 财年	2005 财年	2006 财年	变化 2001～2006 财年（%）
以不变价格（2007 财年）计算的开支							
军事人员	91.8	101.6	120.6	124.2	134.8	119.5	30
行动与维持	133.9	152.3	173.0	192.0	199.5	197.4	47
采购	61.5	69.4	74.6	82.1	86.2	90.7	47
研究、发展、试验与鉴定	45.7	49.5	58.6	65.5	68.8	72.3	58
军事建筑	5.6	5.7	6.4	6.8	5.6	7.5	34
家庭住房	3.9	4.2	4.2	4.2	3.9	3.9	0
其他	1.2	0.7	1.6	1.8	1.6	2.4	100
小计	343.6	382.0	435.7	476.6	500.4	493.7	44
预期追加拨款	..	..	..	..	..	30.8	
国防部开支总计	343.6	382.0	435.7	476.6	500.4	524.5	53
以不变价格（2000 财年）计算的费用							
国防费	297.2	329.4	365.3	397.4	419.8	443.1	49
以当前价格计算的费用							
国防部，军事	290.3	332.0	387.3	436.5	474.2	512.1	
能源部，军事	12.9	14.8	16.0	16.6	18.0	18.7	
其他与军事相关的领域	1.6	1.8	1.6	2.8	3.1	5.1	
国防开支总计	304.9	348.6	404.9	455.9	495.3	535.9	

资料来源：斯德哥尔摩国际和平研究所，《SIPRI 年鉴 2007》，时事出版社 2008 年版。

关键术语

国防支出　名义国防支出　实际国防支出　国防负担

课后思考

1. 简述国防支出界定中的争论。
2. 国防支出数据有哪些主要来源?
3. 试述汇率法和购买力平价法计算国防支出的区别。
4. 试分析世界国防支出的基本态势。

参考文献

陈 波:《国防供给的经济学研究》,军事科学出版社 2008 年版。

翟 钢:《美国国防费管理概况》,国防工业出版社 2007 年版。

[瑞] 斯德哥尔摩国际和平研究所:《SIPRI 年鉴 2007》,时事出版社 2008 年版。

Anderton, C. H. and Carter, J. R., 2009, *Principles of Conflict Economics: A Primer for Social Scientists*, Cambridge University Press.

Center for Arms Control and Non-Proliferation, 2008, *U. S. Military Spending vs. the World*, February 22.

Michael, B., 1995, "World Military Expenditures", In Hartley K., Sandler T. (eds.), *Handbook of Defence Economics*, Vol. 1. Armsterdam: Elsevier Science.

Poast, P., 2006, *The Economics of War*, McGraw-Hill/Irwin.

第 9 章 国防支出需求

国家要保持一支随时能够保证国家利益不受侵害的军事力量，就需要支付一定的资金，国防支出便成为国防发展和军队建设的重要因素。多年来，国防支出需求的研究以多样化的方法和途径广泛地进行着，并试图分析和确定各种影响跨国和单一国家的国防支出需求演变的因素，总体上存在着两大类关于国防支出需求决定因素的研究模型。

本章讨论关于国防支出需求分析的理论模型和计量模型。第一节分析影响国防支出需求的各种因素；第二节介绍标准的新古典主义国防支出需求理论模型；第三节是国防支出需求的计量分析。

9.1 国防支出需求决定因素

许多研究人员针对国防支出的需求进行了各种研究。一些研究是基于跨国的回归模型，而另一些则是基于单一国家的时间序列分析。总的来讲，决定国防支出需求的因素可以被分为以下几个范畴：军事活动、经济因素、政治环境和其他相关因素。

9.1.1 军事因素

政府根据本国特殊的多方面环境和影响因素决定其国防支出。国防支出的最重要产出是国家安全，而国家安全是政府需要首先考虑和分析

的。基于这样的考虑，政府关注军事活动并对威胁做出预估。影响国家安全的因素主要包括外来的和内部的威胁。外来威胁如外部战争会影响政府的基本职能：保护土地，经济收入和财产所有权。许多研究，如梅泽尔斯和尼森克（Maizels & Nissanke，1986）、保（Ball，1988）、休伊特（Hewitt，1991）、魏斯特（West，1992）、哈特利和桑德勒（Hartley & Sandler，1995）、邓恩等（Dunne et al.，1995）、巴彻勒等（Batchelor et al.，2002）、哈里斯（Harris，2002a，2002b）、余（Yu，2002）都发现外部战争会导致国防支出的增长。邓恩和皮尔罗—弗里曼（Dunne & Perlo - Freeman，2003a）的研究结果显示：如果一个国家经历了外部战争，它将不仅会对威胁国的国防支出做出反应，而且还需要补充在战争中消耗的军备和弹药。

罗什（Rosh，1988）引进了一个国家面对外在威胁的广义“安全网”（Security web）——国家 X 的安全网是指所有能对此国家的安全产生显著影响的国家。这包括了其邻国和地区强国（在没有直接领土领海接触的情况下，依然可以对 X 国产生影响）。罗什用安全网的平均国防负担去衡量 X 国所面对的威胁。邓恩和皮尔罗—弗里曼（2003a，2003b，2007）在他们最近的研究中，将安全网变量引进，如其估计发展中国家的国防需求方程中，将安全网进行了细分。安全网被分为敌人、潜在敌人和其他 3 类，用以区分敌人、联盟和中立国家对一国国防支出需求的不同影响。此外，超级大国也被考虑在内，以衡量 X 国和超级大国之间的关系。

军事联盟也会影响一国的国防支出需求。加德亚等（Gadea et al.，2004）通过对北约 15 个成员国的均一化处理，分析了其长期（1960 ~ 1999 年）国防支出需求的影响因素。这些因素包括：收入、外在威胁和联盟国的国防支出。估计结果表明两次北约战略变化和 20 世纪 70 年代的经济调整对大多数成员国的国防支出起到了显著的影响作用。

内部威胁如内战等对发展中国家安全亦有着非常显著的影响。保（1988）指出内战的影响要超出外部战争。对于内部安全而言，军事力量的作用在于保护当权政府的执政地位。科利尔和霍艾菲尔（Collier & Hoeffler，2002）通过估计内战爆发的可能性来度量内部威胁，结果证明在 1960 年到 1999 年之间内战对发展中国家国防支出需求的影响明显重于外部战争的作用。邓恩和皮尔罗—弗里曼（2003a）也得到了类似的结果：内战对国防支出需求有相当重要的作用。科利尔等（2003）的研究发现在和平时期，发展中国家平均支出其 GDP 的 2.8% 作

为国防支出，但是，这个比例会增加到5%。这也同样说明，内战会显著地增加一国的国防支出需求。

9.1.2　经济因素

在研究国防支出需求时，众多经济因素也起着相当重要的作用。总体的经济环境对国防支出起着长期的基本约束作用。卢尼（Looney，1989）指出，在国家内部，经济因素，如经济发展的水平（城市化、财富和收入的不平等及特权机会）、实际经济增长、政府预算以及国防和工业联合体的相互影响都是非常重要的国防支出需求影响因素。总体而言，国民收入被广泛地视为其中最重要的影响因素。许多研究应用GDP或GNP的增长率、人均名义和实际收入来衡量收入对国防支出的制约。其他影响国防支出需求的内部经济因素包括：国内公共债务、通货膨胀、非国防政府支出（以衡量机会成本）和国防工业。

就国际经济影响因素而言，梅泽尔斯和尼森克（1986）认为外汇储备的增加、国外资本和国际军事援助是影响国防支出需求的重要因素。多曼和梅泽尔斯（1988）也发现在亚洲区域，外汇储备的增加对国防支出需求有正向影响作用，而国外投资者的集中程度越高，国防支出需求越低。此外，在非军备生产的发展中国家，军备将全部或部分依赖进口。于是，国外军备生产以及超级大国的军备供给和限制将影响其国防支出需求。军备供给国（或者供给商）也可能影响发展中国家的政府购买过量的军事装备。

罗什（1988）估测到如果一国高度地融入全球经济，其将会更容易获得军备购买的资金。因此，倾向于更高的国防支出。邓恩等（2003）的研究使用总贸易额（出口和进口总和）来衡量经济开放度对国防支出需求的影响。结果显示，总贸易额对发展中国家国防支出需求有显著的、正向的影响作用。

9.1.3　政治因素

一些研究发现政治因素，如政体的类型和政治稳定性也应该添加到发展中国家的国防支出需求方程中。魏斯特（1992）认为影响国防支出需求的最重要因素是国内官僚和政治的相互作用。类似地，哈里斯（2002a，200b）亦认为军事集团（压力集团）的相对能力和势力范围将影响国防支出和分配。在许多发展中国家，军事集团依然在国内政治舞台上发挥着重要的作用。保（1988）发现官僚政府的需求，例如工资和福利的增加、设备的更新以及对通货膨胀影响的反应，是决定国防相关支出年度变化的因素。官僚统治者发挥其在决定国防支出预算过程中的影响力，通过给政府官员施加压力来实现其所需预算的最大化和所期望的利益。哈里斯（2002）指出统治者对国防预算明细的选择、军事规模、组成以及武器购买的选择，在长期内将对国防支出水平有相当重要的影响。

埃尔多杜（Erdogdu，2008）利用政府赤字来反映政治稳定性及其和国防支出的关系，并发现在发展中国家，国防支出需求会受到政治稳定性的影响。政策，特别是国防政策的变化也会影响一国的国防支出。哈特利（1997）对英国国防支出需求（1945～1996年）的决定因素，分别应用社会福利最大化和公共选择两种方法进行了具体的分析。研究发现，英国政治地位的变化：第二次世界大战前的超级大国（Great Power）转变为“二战”后的主导国（Leading Nation）对英国国防支出需求产生影响。

9.1.4 其他因素

人口变量在国防支出需求方程中被广泛应用，以反映可能的尺度效应。人口变量可以被视为给定的内在安全因素，它可以减少国防支出需求，也可以通过依靠大规模的军队来减少对高科技装备的需求。另一方面，公共产品理论认为，国防作为纯公共品，具有非竞争性。因此，提供安全利益给更多的人口，使得国防支出更加有效率（Dunne & Perlo-Freeman，2003a）。

地区因素作为一个虚拟变量，在研究中东国家的国防支出需求时也用来反映“不良邻居关系”及“传染”效用（Dommen & Maizels，1988；Dunne & Perlo-Freeman，2003a）。

上一年的国防支出是当前国防支出的最好指示器之一。一些实证分析在国防支出需求的解释变量中加入了国防支出的时滞变量，并得到了预期的结果（Yu，2002；Sezgin & Yildirim，2002；Dunne & Perlo-Freeman，2003a，2003b）。

表9.1提供了对上述因素的一个基本总结。

表 9.1　国防支出的影响因素

军事活动	经济因素	政治环境	其他因素
● 外来威胁 ● 安全网 ● 军事联盟 ● 内部威胁	● 内部经济因素：经济发展水平、经济增长、国民收入等 ● 外部经济因素：外汇储备、国外投资者、国际军备供给、国际贸易等	● 政体类型 ● 国内官僚和政治的相互作用 ● 政治稳定性 ● 政策变化	● 人口 ● 地区因素 ● 国防支出时滞

9.2　新古典国防支出需求模型

国防支出需求决定模型主要有军备竞赛模型和新古典主义模型两类。军备竞赛模型提出了国防支出的增长是基于相互反应（Action-reaction）的观点。此后，这类模型在不同方面得到了改进和应用，但是不管总体分析还是特例分析，都存在着一定的问题。例如，军备竞赛模型更适合用于分析处于冲突状态的国家（如印度和巴基斯坦）、所以应用上存在着很大局限性。新古典模型则集中分析决定国防支出需求的经济、政治和军事因素。这些分析方法是跨学科的，涉及国际关系、政治学、社会学以及经济学。该模型是以新古典主义方法论为基础发展起来的。

9.2.1　理论框架

史密斯（1980，1987，1995）建立了标准的新古典主义需求模型。其假设社会福利是民用产出和安全函数。国防支出是决定安全的因素之一。政府的职能就是平衡增加国防支出带来的安全效用和国防支出的机会成本（民用产出的减少）以实现社会福利最大化。因此，社会福利 W 可表示为安全 S、经济变量如总消费量 C、人口 N，以及其他变量 ZW（用来参数化福利函数的转换）的函数：

$$W = W(S, C, N, ZW) \tag{9.1}$$

式中人口变量 N 用来体现国防为公共品的特性，而总消费不是公共品，因此在此使用人均消费来体现消费与社会福利关系。

基于国家预算约束和安全函数约束，最大化此社会福利方程，最简单的国家预算可以表示为：

$$Y = p_c C + p_m M \tag{9.2}$$

式中 Y 是名义总收入，p_m 和 p_c 分别是实际国防支出 M 和消费 C 的价格。安全可以被视为对攻击、威胁的觉察和避免。与效用和福利一样，安全也是一个不可观察到、不易量化的变量。计量经济学家用其他可以量化的变量来代替直接的安全变量，如本国的军事力量 M 和其他国家的军力，$M_1, \cdots, M_n$ 以及战略变量 ZS（度量安全环境的转换）。因此，得到安全函数：

$$S = S(M, M_1, \cdots, M_n, ZS) \tag{9.3}$$

这样，给定其他国家的军事状况，一国的国防支出取决于如下的国防支出需求函数：

$$M = M(p_m/p_c, Y, N, M_1, \cdots, M_n, ZW, ZS) \tag{9.4}$$

下一步，需要确定适合的函数形式。忽略 N、ZW 和 ZS 并假设福利函数是史通—吉尔（Stone - Geary）形式，可以得到一个十分简单的函数：

$$W = \alpha \log C + (1 - \alpha) \log S \tag{9.5}$$

假设该国不具有侵略性，没有联盟国，但面对一个具有 M_1 军事力量的威胁性敌对邻国。这个国家的安全函数为：

$$S = M - M^* = M - (\beta_0 + \beta_1 M_1) \tag{9.6}$$

M^* 是该国防御其邻国所需的军事力量。M^* 部分取决于一些与其邻国无关的因素（如正常战略情况下，β_0 为正值；如果突然被袭击可以使其国处于优势地位，β_0 则为负值）；部分取决于其威胁性邻国的军事力量，并用兰彻斯特（Lanchester）系数 β_1 来表示军事力量在战斗中的相对有效性（Anderton，1990）。

在上述预算约束下，拉格朗日方程为：

$$L = \alpha \log C + (1 - \alpha) \log(M - M^*) + \lambda(Y - p_c C - p_m M) \tag{9.7}$$

一阶条件为：

$$\frac{\partial L}{\partial C} = \frac{\alpha}{C} - \lambda p_c = 0; \; i.e. \; C = \frac{\alpha}{\lambda p_c} \tag{9.8}$$

$$\frac{\partial L}{\partial M} = \frac{1-\alpha}{M - M^*} - \lambda p_m = 0; \; i.e. \; M = \frac{1-\alpha}{\lambda p_m} + M^* \tag{9.9}$$

$$\frac{\partial L}{\partial \lambda} = Y - p_c C - p_m M = 0 \tag{9.10}$$

使用下式消去拉格朗日乘数：

$$\frac{1}{\lambda} = Y - p_m M^* \tag{9.11}$$

得到下列国防支出需求和消费的线性函数：

$$M = \frac{1-\alpha}{\lambda p_m} Y + \alpha(\beta_0 + \beta_1 M_1) \tag{9.12}$$

$$C = \frac{\alpha}{p_c}[Y - p_m(\beta_0 + \beta_1 M_1)] \tag{9.13}$$

由此，实际消费量和国防支出是收入、价格、偏好参数（α）、战略参数（β_i）和其他国家国防支出的函数。

9.2.2 动态分析

一般情况下，安全取决于军事力量的存量而不是上述模型中的流量—国防支出。军事力量存量包括军事装备和人力资本，可被定义为折旧后的历史国防支出总和：

$$K_t = (1-\delta)K_{t-1} + M_t \tag{9.14}$$

这里δ代表待估计的折旧率。值得注意的是，此处的折旧是针对和平时期而非战争中的破坏。用类似的方式来测量其他国的军事存量，安全函数可以表示为：

$$S_t = K_t - (\beta_0 + \beta_1 K_{1t}) = M_t - M_t^* \tag{9.15}$$

这里，

$$M_t^* = \beta_0 + \beta_1[M_{1t} + (1-\delta)K_{1t-1}] - (1-\delta)K_{t-1} \tag{9.16}$$

需求函数则为：

$$M_t = (1-\alpha)\left(\frac{Y}{P_m}\right)_t + \alpha M_t^* \tag{9.17}$$

通常情况下，使用如下变量代替不易观测的军事存量：

$$K = \frac{M_t}{1-(1-\delta)L} \tag{9.18}$$

式中 L 是滞后因子，$LX_t = X_{t-1}$。上式乘以 $[1-(1-\delta)L]$ 并整理后得到：

$$M_t = \alpha\beta_0\delta + (1-\alpha)\left(\frac{Y}{P_m}\right)_t + \alpha\beta_1 M_{1t} + (1-\alpha)(1-\delta)\left[M_{t-1} - \left(\frac{Y}{P_m}\right)_{t-1}\right] \tag{9.19}$$

该国防支出需求函数中，使用国防支出的时滞变量替代军事力量的存量来反映动态因素。实证研究中，对折旧率和时滞变量需要进一步估计和验证。

9.2.3 模型标准化

在上述理论框架之下，需要确定预算约束、福利函数和安全函数的形式。不同的研究应用各种不同的函数形式。例如，麦圭尔（McGuire，1982，1987）使用史通—吉尔形式的目标函数和线形支出系统（Linear Expenditure system）研究了军事援助对以色列国防支出预算的影响。邓恩等（1984）建立了估计政府支出组成的完全方程系统，并使用迪顿—缪尔鲍尔（Deaton-Muellbauer，1980）的可变形函数将政府支出总量而非国民收入作为国防支出需求的预算约束。此外，还有大量研究使用不同的途径去确认来自军事联盟国的威胁和外溢性对本国安全、国防支出需求和军事决策的影响。如桑德勒和默多克（Murdoch，1990）估测了北约的纳什—古诺（Nash - Cournot）和林达尔（Lindahl）行为。

默多克和桑德勒（1984，1986）的国防支出需求函数是应用最为广泛的形式之一。其使用线性需求函数系统地估计了美国、英国、法国、比利时、荷兰、丹麦、挪威、联邦德国和意大利 1961 年到 1979 年的国防支出需求。函数形式为：

$$M_{it} = \alpha_i + \beta_i Y_{it} + (\gamma_{1i} + \gamma_{2i} D_t) A_{it-1} + \varepsilon_i \tag{9.20}$$

$$A_{it} = \sum_{j-1}^{N} M_{jt} - M_{it} \tag{9.21}$$

式中 A 代表其他北约国家的溢出，D 是一个虚拟变量，1974 年以前其值取 0，

1974年之后取1来表示灵活反应的转变（即为战略转变的虚拟变量）。收入对国防支出需求有正向影响。国家政策变化减少了溢出，而且对不同国家有不同的变化。

考虑到动态模型时，军备需求函数的一般形式为折旧后未来福利的期望形式：

$$V_t = \sum_{i=0}^{\infty} \gamma^i E_t [W_{t+i}(C_{t+i}, S_{t+i}, N_{t+i}, ZW_{t+i})] \tag{9.22}$$

式中γ表示折旧系数，E_t表示时间t的期望值。此外，GDP可以表示为资本存量的函数，国防支出将挤出投资和影响资本存量与产出。此类动态函数形式在理论上有着广泛的应用，但是在实证研究中则有着很大的局限性，因此需要进一步研究和改进。

尽管新古典主义需求模型应用十分广泛，但这类模型也存在着一系列基础性问题。首先，国家选择安全及其他需求以实现社会福利最大化，这个过程受到诸多内在和外在因素的影响。因此，简单的函数关系无法满足对政府选择的描述和解释。一般情况下，假设政府选择行为受到一定程度的约束，这便要求从理论和实证上确定这样的约束，以有条件地预估国防支出水平。但是，现实中这样约束集的确认，以及政府行为是否真的受到这些集合的约束，都很难给出一致的结论。

一些研究（Dudley & Montmarquette，1981）认为民主政府的行为受到全体选民的约束，因此“中位投票人”理论可以用来解释国防支出需求，意即国防支出的多少由中位投票人的偏好决定。此理论通常假设偏好是按照收入的差别来排序，因此中等收入者将决定国防支出的支出水平。但是，中位投票人理论，即公共选择理论亦存在很大的局限性，其对国防支出需求的解释力亦存在一些不可避免的问题。在现实应用中，其简单假设和模型无法反映实际政治决策的复杂性。

理性决策假设同样也受到质疑。在给定了目标（福利函数）和可能方法（预算约束）之后，理性决策使政府选择具有可预见性。但是，一些经济学者认为，政府并不是一个一元化的理性决策者，而是处在多元化政治和官僚环境中的一个复杂的联合体。内部的敌对、游说和阶级竞争都会对国防政策产生重要影响。在史密斯（1978）和哈特利（1995）的研究中发现，不同阶级间，其他官僚以及利益集团之间，存在着讨价还价和相互投赞同票的现象，而这些都不符合理性决策假设。因此，基于国防支出问题的复杂性和处理信息的局限性，完全理性决策是不存在的。此外，皮韦蒂（Pivetti，1992）的研究认为，打破经济停滞、促进经济增长是决定美国国防支出的一个重要因素，即理性“凯恩斯主义军事模型”。此模型中，由于目标函数本身就不同于理性决策假设下的福利函数，因此国防支出需求的决定方式和新古典主义需求模型存在着很大的差异。

在一些量化的政治学模型中，政府的行为往往受到某些利益集团的影响和约束，遵循着特定的标准化操作程序或单凭经验的方法，因此具有很大程度的可预见性。但这些约束并不能直接应用于国防支出需求的分析。尽管渐进主义者以及最优化模型都认为：主要的国防支出预算决定因素是上一年的国防支出预算，但是这种约束是十分不稳定的。因此，诸如此类的约束将带来结构的不稳定性，并使政府的行为失去可预见性。

综上所述，国防支出需求模型存在着很多局限性和问题，只能被视为一个简单的理解性解释过程。尽管如此，建立在简单的理论模型上，针对具体的实际问题，还是可以构造更加正规和清晰的模型来解释模型参数的意义，去确认更多重要的假设，以及把更广的知识归结到现有的范畴内。因此，经济学家们精心设计简化的模型去反映现实问题的结构和本质，并使现实数据和问题可以更好地通过此类模型得以分析和应用。新古典主义需求模型正是建立在这样的方式上，提供更广泛和更方便的现实问题分析平台。

9.3 国防支出需求的计量分析

和经典的国防支出需求理论一样，定量回归方法存在着不少争议。有些人认为，由于定量回归技术的限制，实证分析的可行性和解释力都有着一定的问题。统计和计量科学的技术和方法先入为主地决定了实证分析。一些模型仅仅能够得到十分简单有限的描述性分析：一定数据的统计特征和推断。另一些给出了模型的结构性或者因果性的状态分析，但在此对理论的似真（Plausibility）分析也非常重要。

总体而言，实证分析可以分为两类：非理论分析和理论分析。非理论方法包括被广泛使用的：向量自回归（Vector Autoregressive，VAR）和格兰杰因果检验（Granger Causality）方法。例如乔杜里（Chowdhury，1991）使用格兰杰因果检验方法分析了 55 个发展中国家国防负担和经济增长的因果关系。结果显示只有 1/4 国家的国防负担和经济增长间存在着格兰杰因果关系。相比之下，理论方法可以给出更合理有效的约束，因此有着更准确的估计，可包含更广泛的制度和科学构架，也能够更好地解释估计参数和测试理论性的命题和假设。究竟是应该使

用严格、特定理论指导下的具体估计分析，还是针对数据选择合适的分析方法，争议一直存在。下文给出一些近年来国防支出需求实证分析的具体例子，包括单一国家和多国家的、不同研究对象和方法的分析和估计。

单一国家时间序列分析 单一国家的国防支出需求建立在时间序列分析基础上。将单一国家作为特殊案例进行分析时，可以针对此国特有的军事、经济、政治和其他相关因素做出回归。从而可以得到决定其国国防支出需求因素的详尽、可靠的分析。下面给出了几个单一国家时间序列分析的例子：

加拿大

所罗门（Solomon，2005）在标准国防支出需求模型的基础上，分析了加拿大1952~2001年间，国防支出需求的决定因素。其使用自回归分布滞后模型，估计和检验了国防支出和其决定因素之间的协整及长期关系。结果显示加拿大国防支出需求取决于下列因素：北约国防支出、美国国防支出、相关价格参数和机会成本。并说明了加拿大国防和国家利益是和国际组织，以及双边协议密切联系的。估计的国防支出需求方程如下：

$$\begin{aligned} ME_t = & -1.884 + 0.654ME_{t-1} - 0.0393\mathrm{GDP}_t - 0.3703(P_m/P_c)_t + 0.6113Q_{t(NATO)} \\ & \quad (6.44)^*(-0.608) \quad (-1.43) \quad (3.48)^* \quad (0.478) \\ & + 0.0311Q_{t(US)} - 0.023Z_{t(Nondef)} \\ & \quad (-2.21)^* \quad (-2.82)^* \end{aligned}$$

式中 ME 为加拿大的国防支出，GDP为国民收入，（P_m/P_c）为军品和民品的相对价格，$Q_{(NATO)}$、$Q_{(US)}$ 分别为北约和美国的溢出，Z 为政策转换变量（*Nondef* 指非国防的政府支出），小括号内的数值是 t 值，* 表示至少在5%的水平上显著（下同）。

土耳其

塞兹金和耶尔德勒姆（2002）分析了土耳其在1951~1998年间的国防支出需求。其建立了土耳其国防支出需求模型：$ME = f(\mathrm{GDP}, POP, NG, TB, SPILL, THREAT, WAR, POL)$，应用ARDL估计和分析的结果如下：

$$\begin{aligned} m_t = & -3.543 - 0.053y_t + 1.202n_t - 14.101b_t + 0.164gr_t + 2.922ng_t \\ & (-1.493)(-2.839)^*(3.498)^*(-4.352)^*(0.147) \quad (0.905) \\ & + 0.707pop_t + 0.251cyp + 0.042trend \\ & \quad (1.791) \quad (0.646) \quad (1.473) \end{aligned}$$

式中 m 为土耳其的国防负担，y 为土耳其的GDP增长率，n 为北约的平均国防负担，b 为土耳其的对外贸易额，gr 为希腊的国防负担，ng 为非国防的政府支出占 GDP 的比率，pop 为土耳其的人口，cyp 为塞浦路斯冲突的虚拟变量，$trend$ 表示线性趋势。

该分析说明土耳其的国防支出需求（1951～1998 年）主要取决于北约的国防支出、希腊的国防支出和相关的安全考虑（如 1974 年的塞浦路斯冲突）。

中国

孙和余（1999）使用 ACDA 和中国官方数据，研究了 1965～1993 年中国的国防支出需求。在简单的标准需求模型：$M=M$（收入、溢出、威胁、价格）的框架下，建立和分析了中国的国防支出需求。估计结果如下：

ACDA 数据：

$$\begin{aligned} CM_t = {} & 4.94 + 0.11CN_t + 0.05WAR - 0.06DUM + 0.41CM_{t-1} \\ & (2.99)^* \ (2.57)^* \quad (1.23) \qquad (-1.53) \quad (2.20)^* \\ & + 0.42JM_t - 0.08UM_t - 0.01TM_t \\ & \quad (1.88)^* \quad (-0.64) \ (-0.07) \end{aligned}$$

中国官方数据：

$$\begin{aligned} CM_t = {} & 1.48 + 0.11CN_t + 0.23WAR - 0.14DUM + 0.70CM_{t-1} \\ & (1.66)^* (2.24)^* \quad (3.34)^* \qquad (-2.09)^* \quad (8.82)^* \end{aligned}$$

式中 CM 为中国国防支出，CN 为中国的 GNP，WAR 为边境冲突的虚拟变量；DUM 为中国政策变化的虚拟变量，JM 为日本的国防支出，UM 为美国的国防支出，TM 为中国台湾地区的防务支出。

此研究表明中国的国防支出（1965～1993 年）正向地受到中国国民收入、威胁国和地区防务支出及其时滞变量的影响。而中国政府 1979 年的经济改革政策对中国的国防支出有着负向影响。此外，边境冲突对中国国防支出需求并没有显著的影响。

多国家分析 尽管单一国家时间序列分析在国防支出需求方程中，考虑得比较全面，但也存在数据有限、结果对其他国参考意义有限等问题。一些经济学家使用跨国数据对一组具有相似性质的国家进行了估计。

北约，欧洲

加德亚等（2004）研究了 15 个北约国家 1960～1999 年长期的国防支出。通过对这 15 个成员国同质（homogeneous）处理，采取渐进式方法，分析了这些国

家国防支出（或者国防负担）和决定国防支出需求的主要因素：收入、外在威胁和联盟国国防支出之间的相互作用。考虑到变量内生的结构性突变以及联盟国之间的内在联系，其使用一般相关效果法（Common correlated effects method）进行了时间序列数据分析。其使用的基本模型为：

$$s_{it} = \alpha_i + (\beta_i - 1)y_{it} + \gamma_{it} + \delta_{1i}s_t + \delta_{2i}y_t + \mu_{it}$$

式中 s_{it} 为 i 国的国防负担，y_{it} 为 i 国的 GDP，t 为内生的结构性间断时间，s_t 为北约国家的平均国防负担，y_t 为北约国家的平均 GDP。研究结果如表 9.2 所示。

表 9.2　　北约国家国防支出回归结果

国家	α_i	γ_i	$\beta_i - 1$	δ_{1i}	δ_{2i}	ECM
比利时	-20.43***	-0.06**	0.29	1.70	1.66	-2.18
加拿大	14.48**	0.04***	-2.29	3.09***	1.71	-3.21
丹麦	0.22	-0.01**	-1.75***	0.70***	1.55***	-6.12***
法国	8.90***	0.01	-0.98	1.27***	0.47	-5.86***
德国	1.68	0.00	0.27	1.13	-0.39	-3.23
希腊	-3.98	0.01	1.54	0.75	-1.13	-3.45
意大利	6.52	0.02	-1.79	1.12*	1.42	-3.04
卢森堡	9.89	0.05	-0.54	1.20	-0.51	-2.53
荷兰	-8.17***	-0.04***	-1.59***	0.94***	2.31***	-6.30***
挪威	-2.12	0.00	-1.00***	1.04***	1.10***	-6.15***
葡萄牙	37.57**	0.06	0.90	-0.87	-4.47	-3.59
西班牙	-9.60	-0.01	-1.69	2.20	2.84	-9.03
土耳其	2.68	0.06	-3.45	-1.87*	2.09	-1.86
英国	7.74	0.01	-0.99	1.85***	0.74	-4.08**
美国	-0.81	0.01	1.56	3.09***	-1.24*	-4.46**

注：* 表示在 10% 的水平上显著，** 表示在 5% 的水平上显著，*** 表示在 1% 的水平上显著。

由此可以发现大多数国家（美国、法国和希腊除外）的国防支出和其收入及联盟国的国防支出有着长期的协相关。表示联盟政策变化和相关的经济制约因素的虚拟变量在分析过程中发挥了相应作用。而且在确定的时间段内，不存在免费搭车现象。

发展中国家

邓恩和皮尔罗—弗里曼（2003a）研究了冷战中和冷战后，发展中国家的国防支出需求（表9.3提供了结果）。使用标准的国防支出需求模型和面板数据分析方法，作者发现尽管战略环境发生了重要变化，冷战期间和之后发展中国家的国防支出需求模式并没有发生显著变化。国防负担主要取决于邻国国防支出、外在和内在的冲突（战争），而民主和人口对国防负担有着负向影响。

表9.3　　发展中国家国防支出需求回归结果

	冷战时期（93个观察值）		冷战后（111个观察值）	
变量	系数	t-ratio	系数	t-ratio
constant	-4.09	-9.3***	-3.87	-11.28***
LY	-0.015	-0.23	-0.019	-0.41
LPOP	-0.18	-2.65**	-0.13	-2.5**
EW	0.58	1.81*	0.083	0.14
CW	0.094	1.98*	0.26	1.75*
LSW	0.064	2.07**	0.051	2.02**
LPE	0.084	3.23***	0.054	2.6**
LE	0.0058	0.24	0.03	1.34
DEM	-0.034	-3.17**	-0.037	-4.32***
CHIN	0.67	3.37***	0.36	2.43**
MEAST	0.7	3.25***	0.46	2.24**
GPE	0.29	1.22	0.33	1.29

注：*L*表示进行了*LOG*转换。*Y*是GNP，*POP*是人口（百万），*EW*是对外战争，*CW*是内战，*SW*是安全网内国家的平均国防负担，*PE*是潜在敌国的国防支出，*E*是敌国的国防支出，*DEM*是民主—专制指数，*CHIN*是接近中国的虚拟变量，*MEASR*是中东的虚拟变量，*GPE*是超级大国敌人的虚拟变量。

*表示在10%的水平上显著，**表示在5%的水平上显著，***表示在1%的水平上显著。

本章给出了国防支出需求的理论框架和相关分析、实证计量估计模型和实例，并指出了其中存在的问题和局限性。确定和分析国防支出需求是一个非常复杂的过程，其不仅包括安全问题，更涉及各种国际国内的经济、政治、地理和社会因素。因此，使用简单的理论模型、有限的数据和计量技术来量化分析现实国防支出需求，仍存在不少的挑战，这些都有待于学术界进一步探索。

关键术语

国防支出需求　新古典主义国防支出需求模型

课后思考

1. 分析国防支出需求的影响因素。
2. 试述人口对一国国防支出需求的影响。
3. 试述新古典国防支出需求模型的基本原理。
4. 试述国防支出需求实证研究所取得的成就及存在的问题。

参考文献

Anderton, C. , 1990, "The Inherent Propensity Towards Peace or War Embodied inWeaponry," *Defence Economics*, 5, 197 ~ 220.

Ball, N. , 1988, *Security and Economy in the Third World*, Adamantine Press Limited.

Batchelor, P. Dunne, P. and Lam, G. , 2002, "The Demand for Military Spending in South Africa", *Journal of Peace Research*, 39 (3), 339 ~ 354.

Chowdhury, A. , 1991, "A Causal Analysis of Defence Spending and Economic Growth", *Journal of Conflict Resolution*, 35, 80 ~ 97.

Collier, P. , 2003, *Military Spending in Post-Conflict Societies.* mimeo, Centre for the Study of African Economies .

Collier, P. and Hoeffler, A. , 2002, *Military Expenditure: Threats, Aid and Arms Races*, World Bank Policy Research Working Paper 2927 .

Deaton, A. and Muellbauer, J. , 1980, *Economics and Consumer Behaviour*, Cambridge University Press.

Dommen, E. and Maizels, A. , 1988, "The Military Burden in Developing Countries", *The Journal of Modern African Studies*, 26 (3), 377 ~ 401.

Dudley, L. and Montmarquette, C. , 1981, "The Demand for Military Expenditure: An International Comparison", *Public Choice*, 37, 5 ~ 31.

Dunne, P. and Perlo Freeman, S., 2003a, "The Demand for Military Spending in Developing Countries", *International Review of Applied Economic*, 17 (1), 23 ~ 48.

Dunne, P. and Perlo Freeman, S., 2003b, "The Demand for Military Spending in Developing Countries: A Dynamic Panel Analysis", *Defence and Peace Economics*, 14 (6), 461 ~ 474.

Dunne, J. P., Pashardes, P. and Smith, R., 1984, "Needs, Costs and Bureaucracy: the Allocation of Public Consumption in the UK", *Economic Journal*, 94, 1 ~ 15.

Dunne, J. P. and Smith, R. P., 2007, "The Econometrics of Military Arms Races", In Hartley, K. and Sandler, T. (eds.) *Handbook of Defence Economics*, Vol. 2. Amsterdam: North Holland.

Erdogdu, 2008, "Political Decisions, Defense And Growth", *Defence and Peace Economics*, 19, 27 ~ 35.

Fontanel, J. and Smith, R. 1990, "The Impact of Strategy and Measurement on Models of French Military Expenditure", *Defence Economics*, 1, 261 ~ 273.

Gadea, M. D., Pardos, E. and Perez-Fornies, C., 2004, "A Long-run Analysis of Defence Spending in the NATO Countries (1960 - 99)", *Defence and Peace Economics*, 15, 231 ~ 249.

Harris, G., 2002a, "Military Expenditure and Economic Development in Asia", In Dunne and Brauer (eds), *Arming the South*, Avebury: Ashgate.

Harris, G., 2002b, "The Irrationality of South Africa' s Military Expenditure", *African Security Review*, 11, 75 ~ 86.

Hartley, K. and Sandler, T., 1995, *Handbook of Defence Economics*, Vol. 1. North Holland: Amsterdam.

Hartley, K., 1997, "The Cold War, Great-power Traditions and Military Posture: Determinants of British Defence Expenditure after 1945," *Defence and Peace Economics*, 8, 17 ~ 35.

Hewitt, D., 1991, *Military Expenditure: Econometric Testing of economic and Political Influences*, IMF Working Papers WP/91/53.

Hewitt, D., 1996, "Military Expenditures 1972 - 1990: The Reasons Behind The Post-1985 Fall In World Military Spending", *Public Budgeting and Financial Management*, 7 (4), 520 ~ 558.

Looney, R., 1989, "Internal and External Factors in Effecting Third World Military Expenditures", *Journal of Peace Research*, 26 (1), 33 ~ 46.

Looney, R. E. and Mehay, S. L., 1990, "United States Defence Expenditure: Trends and Analysis", In Hartley, K., *the Economics of Defence Spending*, Routledge.

Maizels, A. and Nissanke, M., 1986, "The Determinants of Military Expenditure in Developing Countries", *World Development*, 14, 1125 ~ 1140.

McGuire, M., 1982, "U. S. Foreign Assistance, Israeli Resource Allocation and the Arms Race in the Middle East", *Journal of Conflict Resolution*, 26, 199 ~ 235.

McGuire, M., 1987, "US Foreign Assistance, Israeli resource Allocation and the Arms Race in the Middle East", In C. Schmidt, *the Economics of Military Expenditure*, Macmillan for the International Economics Association.

Murdoch, J. C. and Sandler, T., 1986, "The Political Economy of Scandinavian Neutrality", *Scandinavian Journal of Economics*, 88, 583 ~ 603.

Murdoch, J. C. and Sandler, T., 1984, "Complementarity, Free Riding and the Military Expenditure of NATO Allies", *Journal of Public Economics*, 25, 83 ~ 101.

Pivetti, M., 1992, "Military Spending as A Burden on Growth: An 'Underconsumptionist' Critique", *Cambridge Journal of Economics*, 16, 373 ~ 384.

Rosh, R., 1988, "Third World Militarization: Security Webs and the States They Ensure", *Journal of Conflict Resolution*, 671 ~ 698.

Sandler, T. and Murdoch, J. C., 1990, "Nash-Cournot or Lindahl Behaviour: An Empirical Test for the NATO Allies", *Quarterly Journal of Economics*, 105, 875 ~ 894.

Sezgin, S. and Yildirim, J., 2002, "The Demand for Turkish Defence Expenditure", *Defence and Peace Economics*, 13 (2), 121 ~ 128.

Smith, R., 1994, "Measuring the Effects of Military spending: Cross – sections or Time-series?" In M. Chatterji & H. Jager, *The Economics of International Security*, Basingstoke: Macmillan.

Smith, R., 1978, "Military Expenditure and Capitalism: A Reply", *Cambridge Journal of Economics*, 2, 299 ~ 304.

Smith, R., 1989, "Models of Military Expenditure", *Journal of Applied Econometrics*, 4 (4), 345 ~ 359.

Smith, R., 1980, "The Demand for Military Expenditure", *The Economic Journal*, 30 (360), 811 ~ 820.

Smith, R., 1995, "The Demand for Military Expenditure", In Hartley, K. and Sandler, T. (eds.) *Handbook of Defence Economics*, Vol. 1, Armsterdam: Elsevier Science.

Smith. R., 1987, "The Demand for Military Expenditure: A Correction", *Economic Journal*, 97, 989 ~ 990.

Solomom, B., 2005, "The Demand for Canadian Defence Expenditure", *Defence and Peace*

Economcis, 16, 171 ~ 189.

Sun, Q. and Qiao, Y., 1999, "Determinants of China's Military Expenditures: 1965 - 1993", *Journal of Peace Research*, 36, 23 ~ 33.

West, R., 1992, *Determinants of Military Expenditure in Developing Countries: Review of Academic Research*, World Bank Discussion Papers, No. 185, 113 ~ 145.

Yu, M., 2002, *The Impact of US-China Relations on Taiwan's MIlitary Spending: An Analytical Model of Error Correction Mechanism*, APSA's Annual Meeting. Boston.

第 10 章　国防支出与经济增长

国防支出与经济增长是国防经济学研究的热点问题，这一方面是因为这一问题涉及资源在经济和国防领域的配置这一国防经济学的核心命题，另一方面在于国家安全与经济发展是各国着力追求的两大基本目标，处理好二者的关系也是各国面临的共同难题。

本章讨论国防支出与经济增长方面的基本理论模型和经验研究。第一节分析国防支出与经济增长方面的争论以及国防支出影响经济增长的途径；第二节介绍国防支出与经济增长的需求—供给模型；第三节介绍国防支出与经济增长的费德尔—拉姆模型；第四节介绍国防支出与经济增长的公共品模型；第五节介绍国防支出与经济增长的因果分析模型。

10.1　国防支出与经济增长概述

在国家资源一定的情况下，资源配置就在军用与民用之间选择，总体上看用于军用支出的多了，用于民用支出的就少了。但军用方面的支出，对经济增长是否一定产生负面效应却有着不同的认识。

10.1.1　国防支出与经济增长的争论

国防支出与经济增长之间的关系很早以来就受到经济学家的关注。亚当·斯密在他那部影响深远的《国富论》中，认为文明国家为了保护自身，建立一支专业化的军队十分必要，国防支出是政府的主要职责之一。他说："国家的首要职责即保卫社会使其免受其他独立社会的暴力或侵略，只能使用军事手段去完成。但是，在和平时期准备这支军事力量和在战争时期使用这支军事力量所需要的支出在不同国家、不同时期是不一样的。"国家如何筹措军费？斯密认为国防显然是为了公众的利益，国防支出应该由整个社会承担，他提出的是量力而付的原则，即"按照他们在国家保护下各自享受的岁入的比例分担"。

大卫·李嘉图对国防的看法则略有不同，他认为应对政府职能进行适当的限制，使它不能以公众的经费去进行代价沉重的战争。认为战争财政应以贷款和征税作为主要来源。李嘉图讨论了战争对商业活动的影响，并仔细研究了拿破仑战争在财政方面对英国经济的影响，当然他认为主要是破坏性的作用。马尔萨斯从人口学的角度对战争进行了研究，认为战争带来的繁荣是短暂的，宣称战争期间经济方面的增长越大，战后和平时期的贫困就越严重。塞伊则从人力资本的角度对战争进行了研究，认为战争造成人力资本损失，进而对经济发展造成无法挽回的损失，他甚至估计出拿破仑给人类造成的损失为100亿法郎左右。

古典经济学围绕战争与经济争论的中心问题是，如何实现经济上的繁荣，而同时又保持较低水平的非生产性支出？"二战"前后关于战争对经济的影响在西方成为一个争论的热点问题，凯恩斯也深入地介入到这一争论之中。在凯恩斯看来，战争时期，国防支出急剧增加，必然带来军用部门生产的扩张，可以弥补总需求不足的缺口，从而带动经济增长。他在《通论》中曾将开采金矿和战争进行对比："当金矿的深度适宜于被开采时，经验表明，世界的财富迅速增加。当适合于开采的金矿为数很少时，我们的财富数量停滞不前或下降。由此可见金矿对文明具有极大的价值和重要性。正如战争被政治家们认为是值得为之进行大规模举债的唯一形式一样，开采金矿也被银行家们当做在地下挖窟窿的唯一借口，认为它合乎健全理财的原则，而战争和开采金矿对人类进步都已经发挥了作用——如果没有更好的办法的话"（凯恩斯，1999）。凯恩斯主义观点一度在"二战"后成为西方的主流观点，至今仍在国防经济学界有强大的影响力。

20世纪后半叶以来，计量经济学得到迅速发展，数学方法和经验研究在经济学中的应用日益广泛。在运用现代经济学方法对国防支出与经济增长关系研究中，美国经济学家贝努瓦（Benoit）是重要的开拓者。贝努瓦（1973）在建立其理论模型时倾向于强调国防支出对经济增长的负面影响，但在对1950～1965年44个欠发达国家的数据进行实证研究后却发现国防支出可能促进经济增长。

专栏 10.1　国防支出促进发展中国家发展?

这份研究报告最令人吃惊的是这一发现：例证并没有表明国防对于发展中国家的发展有任何不利的影响（它甚至表明了这种可能性：国防计划有可能助长发展，虽然这一点没有得到严格的证明）。这一基本发现并不是我乐于接受的。我早些时候所从事的许多调查，都是试图证明，担心美国减少国防活动会在经济上产生影响，这在很大程度上是没有根据的……在这个问题上最重要的例证是这一发现：44 个发展中国家在 1950 年至 1965 年的平均国防负担和它们在同期的增加比率成正比，而不是反比。即这些国家在它们的经济规模范畴中，在国防上花的钱越多，它们就发展得越快，反之亦然。

——Benoit，E.，1973，*Defense and Economic Growth in Developing Countries*，Lexington Books，Lexington，MA.

贝努瓦（1973）经验研究的结果是如此出人意料，从而在这一领域激发出了大量文献。但至今在这一问题上仍然争议很大。这一方面是因为国与国之间的情况差别很大，另一方面是因为不同理论模型的切入点和强调的方面也不尽相同。关于国防支出与经济增长相关性两种分歧观点的争论持续了 30 余年，但最终没有一个被学术界公认的结论。一种观点认为国防支出对经济增长具有积极作用；另一种观点认为国防支出阻碍经济增长。

持国防支出促进经济增长观点者认为：

- 国防支出可以调节总量，刺激经济增长；
- 国防支出通过技术转移推动民用技术进步；
- 国防基础设施对经济增长有贡献；
- 国防支出对人力资本有贡献；
- 国防提供安全环境，有利于经济稳定和吸引外资。

在国防支出导致现有资源比较充分利用的情况下，国防支出有利于经济增长。一些发展中国家国防支出与经济增长呈正相关说明，一定范围内国防花费越多，经济发展得越快，其原因可能是发展中国家的非国防支出中只有很小一部分用于生产投资，且投资方向很有可能不当，而国防支出的使用则无意识地间接促进了生产发展。

持国防支出阻碍经济增长观点者认为：

- 庞大的国防支出会从各项民用需求中转移资源，对私人投资产生“挤出效应”；
- 国防支出不可避免地提高税收，会因开支增加而使生产失调，从而抑制生产积极性；
- 国防支出可能导致投资率下降；
- 国防支出削减社会和经济增长所必不可少的公共开支，对长期经济实力带来损失。

持这种观点者认为，尽管军用与民用可互相渗透，国防支出具有溢出效应，但这仅仅是附带的，而且往往以减少民用投资为代价。军备控制论和剩余理论以这种观点为基础，认为国防支出在经济上是非生产性的，对社会来说是浪费，国防支出有别于政府中的其他支出，在经济上不能推进生产，给社会造成浪费。因此，在满足军事基本需求的前提下，应该尽可能控制军备、削减国防支出。剩余理论主张从预算收入中扣除各项必需的民用项目之后，剩下的才应为军事部门所用。国防支出应该掌握在一定限度内，这个限度是经济可以承受而不致引起各种消极后果，国防支出增加的上限是维持现有经济的运行。

10.1.2　国防支出影响经济增长途径

国防支出可以通过挤出效用、挤入效应、经济增长的衍生效果等多种途径影响一个国家的经济增长。可以用图形来说明这几种途径的影响情况。图 10.1 中，

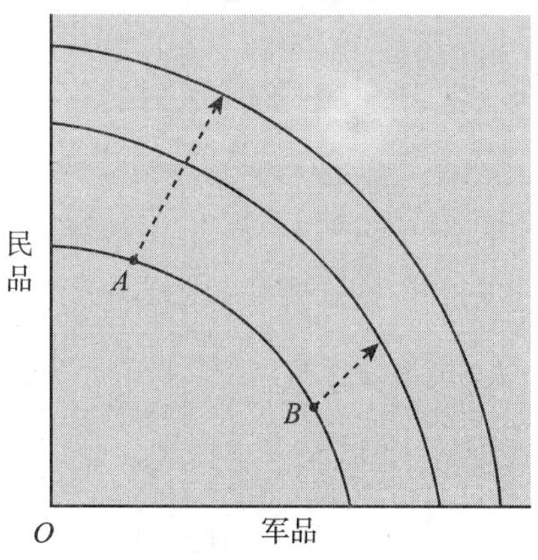

图 10.1　国防支出影响经济增长的途径：挤出效应

假设一个国家投资的优势体现在民品 *C* 中。如果这个国家在 *A* 点运行，它在这一年会有相对大量的投资品，这会使得下一年有相对较多的资本存量，相应地有较高的生产可能性边界。但如果这个国家在 *B* 点运行，今年的投资品数量就会较少，导致下一年的资本存量较少，也相应地，生产可能性边界会较低。这样，当该国选择更多的军品（*B* 点而不是 *A* 点）时，会挤出或阻碍资本积累，导致经济增长降低。

图 10.2 中，假设这个国家最初在无效率的点 *I* 上运转，这也许是因为该国正在经历衰退，不能充分利用劳动力和资本。在这种情况下，增加国防支出可以刺激经济活动，如可使生产从点 *I* 移动到 *I′*。增加军品生产提高了工人和军品部门所有者的收入。这些得到收入的人把他们增加的收入花在民品上，通过乘数效应，使民品生产从点 *I′* 提高到 *E* 点。这种对民品生产的刺激被称为挤入效应。

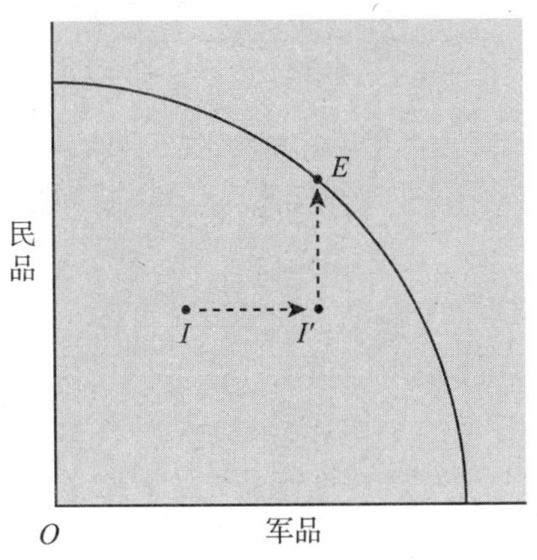

图 10.2　国防支出影响经济增长的途径：挤入效应

图 10.3 除了从点 *B* 出来的箭头比从点 *A* 出来得更长一些外，看上去与图 10.1 比较相似。假设更多的国防支出会导致所谓的经济增长衍生效应，比如说教育水平的提高和技术的进步。如果确实是这样，当从 *A* 点移动到 *B* 点，资源分散到军品上时，未来的生产可能性边界延伸了，而不是萎缩了。

随着冷战结束，国防支出和经济增长关系引起了人们特别的兴趣，因为大家都认为国防支出在全世界都会减少。基于图 10.1 所示的国防支出减缓经济增长的观点，许多学者期待“和平红利”以更高的经济增长的形式出现。也有学者警告说国防支出会使技术进步减缓，或者对其起到阻碍作用。

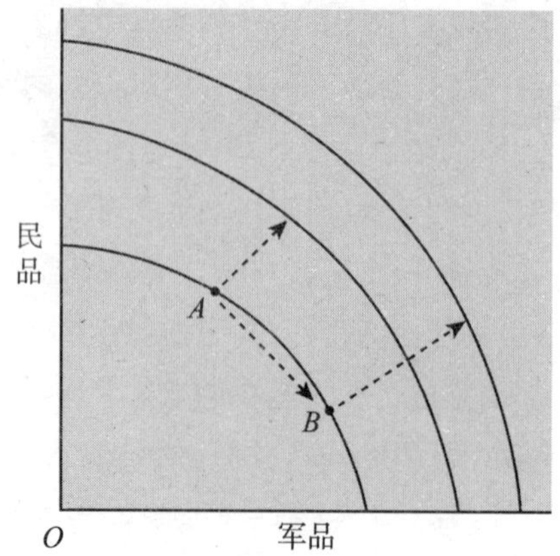

图 10.3　国防支出影响经济增长的途径：经济增长的衍生效应

专栏 10.2　国际关系缓和的红利

资源转移到经济的其他部门是国际关系缓和带来的大红包之一。大规模的军事项目花费巨大，但没有效果。英国的三叉戟导弹就被证明是一个累赘，法国的核战略也是没有必要的高额支出。与军事防御无关的投资在长期内是更具生产性的。

但与此同时，很少有国家将他们新近的可用资金转向第三世界。除非是有经济和政治战略目的——就如美国企业公司争先恐后地向实行种族隔离后的南非投资时一样——不然他们会认为欠发达国家不值得开发。就像俄国放开对古巴援助的限制后，美国就觉得没有必要再强迫自己对非洲、亚洲或拉丁美洲正蹒跚而行的政权提供支持。依靠从几个主要的资本主义势力那里获得资金的国际组织的援助也没有任何比例的增长。

第三世界可以等待。冷战结束后，看上去似乎获胜的西方国家还没有意识到世界真实的未来，他们正忙于夺取财富。

在对全球红利的希望中，像乔纳森·波里特这样的环境保护主义者可能低估了资本主义贪得无厌这一基本的驱动力，而无论获益者是政府、公司负责人、股东，还是很高兴被雇佣的单个的工人。波里特写道“每年可用的数十亿美元能够、也应该被用作实现梦想的手段”。看起来这种预言可能会被证明是过于乐观了。

——英国布朗集团参考书出版集团：《美国经济与世界》，中国财政经济出版社 2004 年版。

10.2　需求—供给模型

该模型基于国防支出是政府支出的重要组成部分，强调政府的国防资源配置效应问题，强调经济增长中总供给与总需求的决定性作用，因此也称凯恩斯模型。

10.2.1　理论模型

该模型的基本内容是，在均衡的国民收入情况下，总需求满足：

$$Y = C + I + G + M + TS \tag{10.1}$$

式中 Y 是国内生产总值，C 是私人部门消费，G 是政府民用支出，M 是政府军用支出，I 是投资，TS 是贸易盈余。

由于 $I = \dot{K}$（变量上的点代表时间导数），K 是资本存量，S 为储蓄，则方程（10.1）可以重新写为：

$$\frac{\dot{K}}{K} = \frac{S - G - M - TS}{K} \tag{10.2}$$

令 $K/Y = v$。$s = S/Y$，$m = M/Y$，$g = G/Y$，$ts = TS/Y$，则经济中的实际资本积累率为：

$$\frac{\dot{K}}{K} = \frac{s - g - m - ts}{v} \tag{10.3}$$

而按照新古典生产函数，供给方面可以描述为：

$$Y = F(K_u, L) \tag{10.4}$$

式中 L 表示有效劳动，K_u 表示已利用资本。有效劳动 $L = E \cdot L'$，其中 E 是外生效率因子，该因子由劳动对技术进步的促进作用所决定；L' 是自然劳动存量或就业人数。

该模型认为发展中国家资本通常没有得到充分利用，因此尽管这些国家储蓄和投资倾向很高，但实际增长率却很低，所以实际资本与模型中所用到的已利用

资本 K_u 有较大区别，其关系可以表示为：

$$K_u = \Omega K, \quad \Omega < 1 \tag{10.5}$$

这里，资本利用率 Ω 预期会随着经济中总需求的增加而提高。根据方程（10.4）、（10.5），经济增长率 γ 可表示为：

$$\gamma = \frac{\dot{Y}}{Y} = \eta_K \frac{\dot{K}}{K} + \eta_K \frac{\dot{\Omega}}{\Omega} + \eta_L \frac{\dot{L}}{L} \tag{10.6}$$

式中 η_K 和 η_L 分别表示已利用资本和有效劳动占国内生产总值的比例，假定自然劳动存量以自然增长率 n 增长，劳动效率或劳动对技术的促进作用以比率 x 增长。因此有：

$$\frac{\dot{L}}{L} = n + x \tag{10.7}$$

将方程（10.3）、（10.7）代入（10.6），可得：

$$\gamma = \frac{\dot{Y}}{Y} = \frac{\eta_K}{v}\frac{\dot{\Omega}}{\Omega} + \frac{\eta_K}{v}(s - g - m - ts) + \eta_L(n + x) \tag{10.8}$$

因此，在供给—需求这种外生增长模型中，长期稳定状态下的经济增长率由 n 和 x 决定，国防支出对增长率影响不大，除非它能对技术进步率 x 产生影响。

然而，在向稳定状态的过渡中，国防支出显然能对增长率 γ 产生直接影响，这表现在：其一，国防支出减少了用于形成资本的投资（$s-m$），这种挤出效应减少了增长率 γ；其二，从总需求方面看，国防支出对资本或生产能力的利用率（$\dot{\Omega}/\Omega$）有正向影响，因为它增加了对产出量的需求，从而提高了增长率。

从上式还可以看出国防支出对经济增长的间接影响，这表现在对私人部门储蓄倾向 s、政府民用预算比例 g、劳动生产率的技术进步 x、贸易平衡 ts 等因素的影响，以及资本产出比率 v 的中期影响。尤其是，军事部门在技术、人力资本、基础结构等方面的投资，可以通过系数 x 和 v 对经济增长率产生间接影响。

10.2.2 经验分析

由于 GDP 增长率和储蓄率、贸易平衡和国防负担之间彼此相关，所以国防经济学家德格（Deger，1985，1986a，1986b）、德格和森（Deger & Sen，1983）、

德格和史密斯（Deger & Smith，1983）等通过三阶段最小二乘法程序，建立了一个联立方程模型，从需求与供给方面对一些国家的国防支出与经济增长进行经验分析。该联立方程由下述 4 个方程组成：

$$\begin{aligned} g &= a_0 + a_1 s + a_2 m + a_3 B + a_4 Z_1 \\ s &= b_0 + b_1 m + b_2 g + b_3 B + b_4 Z_2 \\ B &= c_0 + c_1 m + c_2 g + c_3 Z_3 \\ M &= d_0 + d_1 Z_4 \end{aligned} \tag{10.9}$$

式中 g 是 GDP 增长率，s 是储蓄率，m 是国防负担，B 是贸易平衡占 GDP 的比重；Z_i 是通过数据设定选取的一组外生变量，a_i、b_i、c_i、d_i 是一组参数。Z_4 取决于战略、安全和财富变量。

从这类经验模型中经常可以发现 a_2 为正，说明军事部门对民用部门的直接衍生影响对经济增长是有益的。然而，当同时考察直接和间接效应时，m 对 g 的影响便由下式决定：

$$\frac{\mathrm{d}g}{\mathrm{d}m} = \frac{a_2 + a_1(b_1 + b_3 c_1) - a_3 c_1}{1 - (a_1 b_2 + a_1 b_3 c_2 + a_3 c_2)} \tag{10.10}$$

该式的结果通常为负。其主要原因在于 b_1 的经验性系数为负，且通常占有较大的规模。这反映国防支出对国内储蓄通常产生负面效应，国防负担几乎总是降低储蓄倾向。另外，贸易影响也为负，似乎通过军事部门不可能从国外引进先进技术。

10.3　费德尔—拉姆模型

费德尔—拉姆模型是典型的外部性模型，该模型受益于费德尔（Feder，1983）所建立的研究出口对经济增长影响的两部门分析框架，由比斯瓦斯和拉姆（Biswas & Ram，1986）首先用于分析国防部门产生的外部性对经济增长的影响。

10.3.1　理论模型

该模型的基本框架是：假定经济体存在国防（M）和民用（C）两个部门、劳动（L）和资本（K）两种投入，军事生产通过其衍生影响或外部性对民用产出发生影响，则两部门生产函数可表示为：

$$M = M(L_M, K_M) \tag{10.11}$$

$$C = C(L_C, K_C, M) \tag{10.12}$$

如果劳动和资本的总投入既定，则总产出 Y 就是 M 与 C 的总和，即：

$$L = L_M + L_C \tag{10.13}$$

$$K = K_M + K_C \tag{10.14}$$

$$Y = M + C \tag{10.15}$$

进一步假定，两个部门投入的生产率不同，则：

$$\frac{M_K}{C_K} = \frac{M_L}{C_L} = 1 + \delta \tag{10.16}$$

（10.16）式中的下标表示 M 和 C 部门有关投入的偏导数。该方程表明在国防部门的劳动（和资本）生产率或许比民用部门相对高，其差额由 δ 表示，$\delta>0$。该模型认为，国防支出可能通过两种途径对总产出和增长产生正效应。一种是正 C_M（$\partial C/\partial M$），它是国防对其他经济部门的边际外部效应；另一种是正 δ，其意味着国防部门具有较高的投入生产率，这样在既定的投入资源向更具生产率的国防部门转移时，总产出就增加了。

取方程（10.15）的全导数，结合方程（10.11）、（10.12）、（10.13）、（10.14）、（10.16）所给出的信息，可以推导出下列形式的总产出增长方程：

$$\dot{Y} = \beta\dot{L} + \alpha\frac{I}{Y} + \left(\frac{\delta}{1+\delta} + C_M\right)\dot{M}\frac{M}{Y} \tag{10.17}$$

式中，字母上方的圆点表示该变量的增长率（如 $\dot{Y} = \mathrm{d}Y/Y$），β 表示弹性参数，其等于 $C_L/$（L/Y），α 表示部门 C 的资本边际产量，I 表示总投资。方程（10.17）增加了一个常数项（它可反映技术变化）和随机扰动因素，其中系数 $\dot{M}(M/Y)$ 表示国防的外部性和其关于增长的要素生产率的总和。为分别对外部性和要素生产率的影响进行估计，比斯瓦斯和拉姆（Biswas & Ram，1986）假定外部性参数不等于 C_M，而等于 $C_M(M/C)$，并由 θ 表示，方程（10.17）可以改写为：

$$\dot{Y} = \beta\dot{L} + \alpha\frac{I}{Y} + \left(\frac{\delta}{1+\delta} - \theta\right)\dot{M}\frac{M}{Y} + \theta\dot{M} \tag{10.18}$$

从该式可以分别求得外部效应（θ）和要素生产率差额（δ）的值。该模型的主要优点是其较好地表达了国防部门可能影响总产出和增长的机制，并得出了对这些影响进行定量估计的计量经济形式。

10.3.2　经验分析

采用外部性模型对国防支出与经济增长之间关系进行经验分析在国防经济学文献中得到了大量应用。比斯瓦斯和拉姆（1986）首次采用 20 世纪 60 年代至 70 年代之间 58 个发展中国家的截面数据对发展中国家情况进行了研究。他们在运用两部门模型方法研究时，假定国防对国民经济其他部门具有外部性，因此可以作为民用 GDP 生产函数的投入（除了军事部门特殊用途的资本和劳动外）。

麦克耐尔、默克多、皮和桑德勒（Macnail，Murdoch，Pi & Sandler，1995）通过典型样本的时间序列函数，在考虑误差等因素下，采用外部性模型对北约的情况进行了研究。研究发现，北约组织的部分成员国具有很强的正外部性。

沃德等（Ward et al.，1991）使用三部门模型（军事支出、民用政府支出和私人部门产出），研究了印度 1960～1987 年的数据，研究发现，印度国防支出的外部性为正，而不同生产力参数则为负。也就是说，国防支出促进了经济增长，但其资本和劳动边际生产力与非政府民用经济相比，则低了许多。军事部门利用资源的效率较差，但它间接促进了经济增长。

10.4　公共产品模型

经济学通常认为，国防是典型的公共产品，而公共产品的主要特征是非排他性和非竞争性。按照公共产品的这种特性，那么国防只能由政府来买单，那么政府如何来提供国防支付呢？显然只能依赖税收转移机制来支付。

10.4.1　理论模型

该模型是谢尔（Shell，1966）内生增长模型的改进型。该模型假定民用产出为 Q，军用产出为 M。设 K 为实物资本，L 为由实际劳动存量构成的有效劳动，E 为有效因子，则：

$$Q = F(K_q + L_q) \tag{10.19}$$

$$M = G(K_m + L_m) \tag{10.20}$$

式中，假定民用和军用每一单位有效劳动产出水平分别为 q 和 m。用 l_q、l_m 表示有效劳动在两个部门间的分配比例。$l_q = \frac{L_q}{L}$，$l_m = \frac{L_m}{L}$；$k_q = \frac{K_q}{K}$，$k_m = \frac{K_m}{K}$，则有：

$$q = \frac{Q}{L} = l_q f(k_q) \tag{10.21}$$

$$m = \frac{M}{L} = l_m g(k_m) \tag{10.22}$$

$$l_q + l_m = 1 \tag{10.23}$$

设 M 部门产出的价格为零，为提供 M 部门的要素收入，对 Q 部门以税率 τ 征税。因此 Q 部门的工资和租金（假定两部门相等）分别为：

$$w = (1 - \tau)[f(k_q) - k_q f'(k_q)] \tag{10.24}$$

$$r = (1 - \tau) f'(k_q) \tag{10.25}$$

显然，工资租金比率 $\omega = w/r$，比率与方程（10.24）、（10.25）中的 k_q 有关：

$$k_q = k_q(\omega) \tag{10.26}$$

M 部门的要素支付取决于税率和 Q 部门的产出，故有：

$$\tau Q = wL_m + rK_m \tag{10.27}$$

按人均计，则为：

$$\tau q = wl_m + rk_m l_m \tag{10.28}$$

取 $m = l_m g(k_m)$ 的极大值，按方程（10.28）选择 l_m、k_m，可得：

$$k_m = k_m(\omega) \tag{10.29}$$

为简明起见，假定所有的工资（对有效劳动的支付）都用于消费，所有的租金（资本）收入都用于投资，则 c 和 v 作为人均消费和人均投资：

$$w = c,\ rk = v \tag{10.30}$$

总资本劳动比率为：

$$l_q k_q + l_m k_m = k \tag{10.31}$$

外生比率的劳动增长为：

$$\frac{\dot{L}}{L} = n + \frac{\dot{E}}{E} \tag{10.32}$$

稳态均衡由下式决定：

$$r = n + \frac{\dot{E}}{E} \tag{10.33}$$

模型中，国防支出占 GDP 的比重 $m/(m+q) = \tau(1+\tau)$ 。因为 τ（税率）是相关的外生变量，其变化可以用于反映国防支出对经济变量的影响。该模型表明，τ 增加会导致 k_q 下降，从而 c 也会下降。因此在劳动力既定的情况下，民用部门的产出将下降。同时人均消费也会下降。所以国防支出（像所有的政府支出一样）会同时引起民用产出（人均）和福利水平的下降。

那么由国防支出的衍生影响和外部性能对经济增长产生哪些积极作用呢？考察一种比较极端的情况，这种情况下假定所有国防支出都具有这些衍生影响。在新古典增长模型的特定分析框架内，经济的稳定增长，要求技术进步是劳动增加型的（哈罗德中性）。因此国防支出有益于有效劳动增长率，而其又会引起劳动增加型技术进步。

为使讨论更为集中，假定劳动存量是一个常数 $L'=1$，故 $n=0$。在 $n=0$ 情况下，定义方程（10.32）中的稳态增长率为 $x = (\dot{E}/E)$ 。为考察国防支出如何影响 x，假定所有技术进步都由国防支出引起。[①] 在该假定下，由国防支出所决定的效率因子 E 随时间而变化，或 $\dot{E} = M$ 。因此：

$$\frac{\dot{E}}{L} = \frac{\dot{E}}{EL'} = \frac{M}{L} = m \tag{10.34}$$

利用方程（10.31）~（10.34），可得稳态增长率由下式决定：

$$x = r = m \tag{10.35}$$

在该极端的简化假定条件下，增长率与稳态下人均国防支出相等。然而，要

① 显然，这种假定是不真实的，但这种假定有助于集中研究国防支出对经济增长率的影响。

进行国防支出就必须进行筹资。本质上，最关键的外生变量是筹资率或税率 τ。因此可以通过分析 τ 对 x 的影响来确定 m 对 x 的影响。有：

$$x = m = \tau q = \tau l_q f(k_q) \tag{10.36}$$

因此，对 x 求关于税率 τ 的导数，且两边同除以 τ，得：

$$\frac{1}{\tau}\frac{\mathrm{d}x}{\mathrm{d}\tau} = \frac{q}{\tau} + f(k_q)\frac{\mathrm{d}l_q}{\mathrm{d}\tau} + l_q f'\frac{\mathrm{d}k_q}{\mathrm{d}\tau} \tag{10.37}$$

该式右边第一项预计为正，而由 $\mathrm{d}l_q/\mathrm{d}\tau$、$\mathrm{d}k_q/\mathrm{d}\tau$ 符号所决定的后两项预计为负。从方程（10.37）可以看出，当 τ 较小时，由 τ 决定的防务负担增加，增长率提高。但随 τ 或国防支出规模的增加，第二、三项往往产生比第一项更大的增长，负面效应会占据主导地位。从这个意义上看，确实存在着一个最佳税率或最优军事负担率。低于这一最优比率时，国防支出增加会产生足够的衍生影响，从而对经济增长产生正面影响；而当高于这一比率时，扭曲了的税收所产生的抑制效应则会超过国防支出的衍生效应，增长率就会开始下降。

10.4.2 经验分析

用经济计量学方法建立起国防作为公共产品的经验模型十分困难，其原因在于相关的各种成本和收益难以确定，并很难找到合适的经济变量清楚地反映各种成本和收益。因此，经济计量模型最多只能给我们提供分析问题的可资借鉴的框架，而不能得到确切的结论。

巴罗（Barro，1991）试图评估政府支出对增长的影响，假定政府支出包括两部分，一部分用于消费服务，这一部分可以增进社会福利，但却无法衡量其对生产力效率的影响；另一部分政府支出是与人力资本和安全有关的公共投资，因为这些投资促进了私人资本的繁荣，减少了市场扭曲，保护了私有产权，所以公共投资确实能够促进经济增长。然后巴罗将人均收入的增长（采用发展中国家1970~1985年的样本）回归到公共消费上，将公共消费定义为总的政府支出减去政府在教育和国防上的支出，从而得出一个非常明显的负系数。这就间接地证明了中央政府在教育和国防上的投资，对经济增长有积极影响。

德格（1986b）提出了用公共品经验模型分析国防支出与经济增长非线性关系的方法。他假定，决定国防支出对经济增长影响效应的系数符号（和数值）

本身也取决于人均收入水平。在人均收入低下的极不发达国家，国防支出可以促进经济增长，因为可以将其作为实现现代化、保持稳定和提供纪律约束的手段。在中等人均收入国家，这种关系为负，因为负面的资源效应往往占主导地位。在人均收入较高的国家，特别是那些能从国防工业基础产生衍生效应的国家，这种影响又变为正。

公共产品模型根据所述事实分析国防支出对经济增长影响的途径，这主要包括以下 6 个方面：

- 国防支出可以增进国家安全，同时它也可以增加总的社会福利。
- 国防资源的配置，可能通过训练军事人员、建立基础设施、通过军事研究与发展促进技术进步以及其他的衍生影响，增加总的要素生产率。但也存在政府预算约束和挤出效应等消极影响。
- 存在着两类公共品之间的替代关系。如果国防支出增加以教育投资的减少为代价，熟练劳动力的形成就会受到阻碍，便会对长期增长率形成不利影响。也就是说，存在着一个替代，或者说，由于熟练生产要素（人力资本）的损失同样会降低实物资本的生产力，因而存在着类似于对资本边际产品实施征税的问题。
- 因增加国防支出的筹资而减少民用政府支出时，便会降低社会福利水平。
- 如果国防支出的增加是由征税来提供的，这便会减少消费以及（或者）投资，而消费和投资的减少又会影响福利或实物资本的积累。
- 军事同样使用技术劳动力（军官、国防生产中的科学家和工程技术人员），这就意味着其他经济部门中人力资本的损失。

显然，对于不同的国家，并非所有这些因素同时发生作用，发生作用的权重也不相同。

10.5　因果关系模型

20 世纪后期，诺贝尔经济学奖获得者、著名计量经济学家格兰杰（Granger）提出的基于平稳时间序列的因果检验方法，通过解释变量和被解释变量之间的相关性分析，确定变量之间的因果关系，这一研究方法对传统的研究进行了修正，也成为对国防支出与经济增长关系进行实证分析的主要工具之一。

在经济学上确定一个变量的变化是否是另一个变量变化的原因，一般用格兰杰因果关系（Granger Test of Causality）检验。时间序列分析的一个难点是变量的平稳性考察，因为大部分整体经济时间序列都有一个随机趋势，这些时间序列被称为“非平稳性”时间序列，当用于平稳时间序列的统计方法运用于非平稳的数据分析时，人们很容易做出完全错误的判断（陈焰、陈永志，2004）。动态计量经济理论要求在进行宏观经济实证分析时，首先必须进行变量的平稳性检验，否则分析时会出现“伪回归”（Spuriousregression）[①] 现象，以此作出的结论很可能是错误的。对于非0阶单整的序列，则可用协整检验进行分析，因为对于不同时间序列变量，只有在协整的情况下，才可能存在一个长期稳定的比例关系。进行格兰杰因果检验首先必须证明随机变量是平稳序列，因此一个完整的格兰杰因果检验过程可描述为时间序列的单位根检验、变量之间的协整和格兰杰因果关系检验。

10.5.1 单位根检验

检验变量是否稳定的过程称为单位根检验（Unit Root Test）。平稳序列将围绕一个均值波动，并有向其靠拢的趋势，而非平稳过程则不具有这个性质。比较常用的单位根检验方法DF检验由于不能保证方程中的残差项是白噪音（White noise），所以狄基（Dickey）和富勒（Fuller）对DF检验法进行了扩充，形成ADF（Augented Dickey-Fuller Test）检验，这是目前普遍应用的单整检验方法（李子奈，2000）。该检验法的基本原理是通过 n 次差分的办法将非平稳序列转化为平稳序列，具体方法是估计回归方程式：

$$\Delta X_t = \alpha_0 + \alpha_1 t + \alpha_2 X_{t-1} + \sum_{i=1}^{k} \beta_{t-i} \Delta X_{t-i} + \mu_t \qquad (10.38)$$

式中 α_0 为常数项，t 为时间趋势项，k 为滞后阶数（最优滞后项），μ_t 为残差项。

该检验的零假设 $H_0:\alpha_2=0$；备择假设 $H_1:\alpha_2\neq0$。如果 α_2 的ADF值大于临界值则拒绝原假设 H_0，接受 H_1，说明 $\{X_t\}$ 是 $I(0)$，即它是平稳序列。否则存在单位根，即它是非平稳序列，需要进一步检验，直至确认它是 d 阶单整，即 $I(d)$ 序列。加入 k 个滞后项是为了使残差项 μ_t 为白噪音。

---

① 所谓伪回归现象，是指当随机变量服从单位根过程时，即使变量之间不存在任何线性关系，回归后得到的系数估计值也有显著的 t 统计值，如果就这样用 t 统计值作判断，就容易形成错误的结论。

10.5.2　协整检验

变量序列之间的协整（Cointegration）关系是由恩格尔（Engle）和格兰杰（Granger）首先提出的。其基本思想在于，尽管两个或两个以上的变量序列为非平稳序列，但它们的某种线性组合却可能呈现稳定性，则这两个变量之间便存在长期稳定关系即协整关系。这一检验的基本内容是如果序列 X_{1t}，X_{2t}，…，X_{kt}都是 d 阶单整，存在一个向量 $\alpha=(\alpha_1, \alpha_2, \cdots, \alpha_k)$，使得 $Z_t=\alpha X_t' \sim I(d-b)$，其中 $b>0$，$X_t'=(X_{1t}, X_{2t}, \cdots, X_{kt})'$，则认为序列 X_{1t}，X_{2t}，…，X_{kt}是（d，b）阶协整，记为 $X_t \sim CI(d, b)$，α 为协整向量。如果两个变量都是单整变量，只有当它们的单整阶数相同时才可能协整；两个以上变量如果具有不同的单整阶数，有可能经过线性组合构成低阶单整变量。协整的意义在于它揭示了变量之间是否存在一种长期稳定的均衡关系。满足协整的经济变量之间不能相互分离太远，一次冲击只能使它们短时间内偏离均衡位置，在长期中会自动恢复到均衡位置。

恩格尔—格兰杰（1987）两步法通常用于检验两变量之间的协整关系，而对于多变量之间的协整关系检验则不方便。约翰森和尤塞柳斯（Johansen & Juselius，1990）提出了一种用极大似然法进行检验的方法，通常称为 Johansen 检验。其基本思路是在多变量向量自回归（VAR）系统回归构造两个残差的积矩阵，计算矩阵的有序本征值（Eigen value），根据本征值得出一系列的统计量，判断协整关系是否存在以及协整关系的个数。它可用于检验多个变量，同时求出它们之间的若干种协整关系。

10.5.3　因果关系检验

协整检验结果告诉我们变量之间是否存在长期的均衡关系，但这种关系是否构成因果关系还需进一步验证。这就需要在此基础上，利用因果分析（Granger Causality Test）继续进行研究。格兰杰（1988）指出：如果变量之间是协整的，那么至少存在一个方向上的格兰杰原因；在非协整情况下，任何原因的推断将是无效的。

格兰杰因果关系检验的基本原理是：在做 Y 对其他变量（包括自身的过去值）的回归时，如果把 X 的滞后值包括进来能显著地改进对 Y 的预测，就认为 X

是 Y 的（格兰杰）原因；类似地，定义 Y 是 X 的（格兰杰）原因。为此需要构造以下两个模型。

无条件限制模型：

$$Y_t = \alpha + \sum_{i=1}^{m} \alpha_i \Delta Y_{t-i} + \sum_{j=1}^{k} \beta_j \Delta X_{t-j} + \mu_t \tag{10.39}$$

有条件限制模型：

$$Y_t = \alpha + \sum_{i=1}^{m} \alpha_i \Delta Y_{t-i} + \mu_t \tag{10.40}$$

式中 μ_t 为白噪声序列，α、β 为系数，n 为样本量，m、k 分别为 Y_t、X_t 变量的滞后阶数。令（10.39）式的残差平方和为 ESS_1，（10.40）式的残差平方和为 ESS_0。

原假设为 $H_0:\beta_j=0$；备择假设为 $H_1:\beta_j\neq0$（$j=1, 2, \cdots, k$）。若原假设成立则：

$F = \dfrac{(ESS_0 - ESS_1)/m}{ESS_1/(n-k-m-1)} \sim F(m, n-k-m-1)$，即 F 的统计量服从第一自由度为 m、第二自由度为 $n-(k+m+1)$ 的 F 分布。若 F 检验值大于标准 F 分布的临界值，则拒绝原假设，说明 X 的变化是 Y 变化的原因。

格韦克（Geweke，1983）、格兰杰（1988）、克莱尔斯等（Kollias，2000）建立了如下的有关国防支出与经济增长的因果分析模型，作为基于向量自回归（VAR）进行格兰杰因果分析的基础：

$$g_t = \sum_{i=1}^{k} \zeta_i^g g_{t-i} + \sum_{i=1}^{k} \zeta_i^m m_{t-i} + \psi_t \tag{10.41}$$

$$m_t = \sum_{i=1}^{k} \pi_i^g g_{t-i} + \sum_{i=1}^{k} \pi_i^m m_{t-i} + \varepsilon_t \tag{10.42}$$

式中 g_t、m_t 分别指 t 时刻的国防负担、经济增长率，ζ_i^g、ζ_i^m、π_i^g、π_i^m 指代相关变量的系数。

10.5.4 经验分析

约尔丁（Joerding，1986）利用 57 个欠发达国家 1962 ~ 1977 年的数据为样本，利用格兰杰因果检验方法对国防支出与经济增长的关系进行了分析，得出的结论是，经济增长对国防支出有因果决定关系，但国防支出对经济增长却没有因果决定关系。乔杜里（Chowdhury，1991）对 55 个发展中国家的时间序列数据进

表 10.1　国防支出与经济增长关系的主要经验分析结果

序号	出处	模型/样本/时期	主要结论
1	亚当斯、贝曼和博尔（Adams, Behrman & Boldin, 1991）	费德尔三部门模型，欠发达国家样本，1974~1986 年	国防支出对经济增长无影响
2	亚历山大（Alexander, 1990）	费德尔四部门模型，9 个欠发达国家，1974~1985 年	国防支出对经济增长无影响
3	阿泰什奥卢和米勒（Atesoglu & Mueller, 1990）	费德尔两部门模型，美国，1949~1989 年	国防支出对经济增长影响大，但积极影响小
4	贝努瓦（Benoit, 1973, 1978）	传统模型，44 个欠发达国家，1950~1965 年	国防支出对经济增长有积极而显著的影响
5	比斯瓦斯（Biswas, 1993）	传统模型与费德尔两部门模型，74 个欠发达国家，1981~1989 年	国防支出对经济增长有积极显著影响
6	比斯瓦斯和拉姆（Biswa & Ram, 1986）	传统模型与费德尔两部门模型，58 个欠发达国家，1960~1970 年、1970~1997 年	国防支出对经济增长无显著影响
7	乔杜里（Chowdhury, 1991）	格兰杰因果检验，55 个欠发达国家，时间序列数据	大多数国家的军费支出与国内生产总值、经济增长没有因果联系 30 个国家：没有因果关系 15 个国家：对增长起消极作用 7 个国家：国防引起经济增长 3 个国家：国防和增长之间双因果关系
8	德格（Deger, 1986）	传统的联立方程（三元方程）模型，50 个欠发达国家，1965~1973 年	国防支出对经济增长直接影响是积极的，但间接影响和总体影响是消极的

续表

序号	出处	模型/样本/时期	主要结论
9	德格和史密斯（Deger Smith，1983）	传统的联立方程（三元方程）模型，50 个欠发达国家，1965 ~ 1973 年	国防支出对经济增长直接影响是积极的，但间接影响和总体影响是消极的
10	法伊尼、安奈兹和泰勒（Faini，Annez & Taylor，1984）	传统需求模型，69 个国家，1952 ~ 1970 年	国防支出对经济增长的总体影响是消极的
11	弗雷德里克森和卢尼（Frederiksen & Looney，1983）	贝努瓦所用样本及在子样本中分解的模型	在 24 个“资源丰富”的国家，国防支出对经济增长有积极影响；在一组“资源不足”的 9 个国家其影响为消极
12	黄和明茨（Huang & Mintz，1990）	费德尔三部门模型，美国，1952 ~ 1988 年	总体上国防支出对经济增长无显著影响
13	黄和明茨（1991）	费德尔三部门模型，美国，1952 ~ 1988 年	国防支出对经济增长没有显著的外部影响和要素生产率影响
14	约尔丁（Joerding，1986）	格兰杰因果检验，57 个欠发达国家，1962 ~ 1977 年，年度数据	经济增长对国防支出有因果决定关系；但国防支出对经济增长没有因果关系
15	兰多（Landau，1986）	多变量传统模型，65 个欠发达国家，1960 ~ 1980 年	国防支出对经济增长没有影响
16	兰多（1993）	传统增长模型（特定），71 个欠发达国家，1969 ~ 1989 年，国防变量（军费/国内生产总值）也作为其平方计算使用	国防支出对经济增长初期有积极影响；但当国防负担水平较高时转而成为消极影响；在 47 个国家的子样本中无显著影响
17	莱博维奇和伊斯哈格（Lebovic & Ishaq，1987）	类似费德尔、史密斯 1983 年的传统三元方程模型，20 个中东欠发达国家，1973 ~ 1982 年	国防支出对经济增长有消极影响

续表

序号	出处	模型/样本/时期	主要结论
18	林（Lim，1983）	哈罗德—多马增长模型，54个欠发达国家，1965～1973年	国防支出对经济增长有消极影响
19	麦克耐尔、默克多、皮和桑德勒（Macnail，Murdoch，Pi & Sandler，1995）	扩展了的费德尔模型，10个北大西洋公约组织成员国，1951～1988年，所含成员国共同的年度数据	国防支出对经济增长有积极影响
20	明茨和黄（1990）	弹性加速论投资模型，美国	国防支出使投资水平降低，由此阻碍增长
21	明茨和史蒂文森（Mintz & Stevenson，1995）	费德尔三部门模型，103个国家，约在1950～1985年期间	对多少国家分别估算表明，国防支出与经济增长之间没有明显的关系
22	米勒和阿泰什奥卢（Mueller & Atesoglu，1993）	反映技术变化的费德尔模型，美国，1948～1990年	国防支出对经济增长影响微乎其微
23	拉姆（Ram，1994）	传统模型和费德尔两部门模型，71个欠发达国家，1965～1973年、1973～1980年和1980～1990年，考虑了低收入和中等收入国家的分组以及各时段共用的固定效果形式	用费德尔模型研究时，任一时段的国防支出对经济增长都无显著影响，但各时段的参数结构是不同的。在传统模型中，通过选用不同的国防代表参数以及不同的时期和不同的国家分组，人们既可以发现国防支出对经济增长的积极影响，也可以找到它的消极影响
24	拉斯勒和汤普森（Rasler & Thompson，1988）	投资需求模型，19世纪、20世纪“制度先导国家”	某种证据表明国防支出对投资有消极影响
	雷恩、罗斯和奥尔森泽斯基（Rayne，Ross & Olszewski，1993）	VAR模型。比较政府国防和非国防支出的宏观经济影响 美国1960～1990年	这些变量对于经济行为都没有显著影响

续表

序号	出处	模型/样本/时期	主要结论
25	希茨（Scheetz，1991）	德格三元方程，阿根廷、智利、巴拉圭、秘鲁，1969 ~ 1987 年，时间序列	国防支出对投资有消极影响
	斯齐曼斯基（Szymanski，1973）	相关性分析，18 个国家	在 6 个大国经济体中，国防支出对经济增长负相关；12 个小国中则显著正相关
26	史密斯（Smith，1980）	凯恩斯投资需求模型，14 个经济合作与发展组织的国家，1954 ~ 1973 年，时间序列	国防支出对投资有消极影响
27	斯图尔特（Stewart，1991）	凯恩斯需求模型，欠发达国家	国防支出引起经济增长，但非国防支出的作用更明显
28	沃德和戴维斯（Ward & Davis，1992）	费德尔三部门模型，美国，1948 ~ 1996 年	国防支出对经济增长为净消极影响，即使其外部作用为积极时也是如此
29	沃德等（Ward，et al.，1991）	费德尔三部门模型，印度，1950 ~ 1987 年	国防支出对经济增长有积极影响

资料来源：Coulomb，F.，2004，*Economic Theories of Peace and War*，Routledge：Taylor & Francis Group.

行经验研究后发现，大多数国家的国防支出与国内生产总值、经济增长没有因果关系。相反，拉契维塔和弗雷德里克森（LaCivita & Frederiksen，1991）对 61 个欠发达国家的因果关系进行分析后却发现所研究样本中的大多数国家国防支出与经济增长之间存在着双向因果关系。

受原有计量经济分析方法的制约，上述的经验研究也主要局限在两个变量之间短期的动态估计，而缺乏对长期均衡状态的研究。近年来协整、误差修正模型（ECM）等计量经济分析的发展，为单整变量的长周期分析提供了有效的分析工具。利用这些研究方法佩恩和罗斯（Payne & Ross，1992）对美国、克莱尔斯（1995）对希腊、美登和海斯勒赫斯特（Madden & Haslehurst，1995）对澳大利亚、克莱尔斯和马克拉达基斯（Makrydakis，1997）对土耳其、陈波（2006）对中国进行了研究。在这些研究当中，双向因果关系、单向因果关系和无因果关系的结论都曾经出现过，正因为其缺乏统一的结果，所以离开一个具体的研究环境简单给出一个是否因果关系的结论可能并不准确，它与国家的社会—经济发展水平、样本选择的时期等有关（Naxakis & Zarangas，2004）。

库仑（Coulomb，2004）总结了与上述四节有关的一些具有代表性的经验研究及其主要结论（见表 10.1）。从表中可见 6 个研究认为国防支出对经济增长的影响是积极的，5 个研究认为直接影响为积极的，而间接影响为消极的；8 个研究认为对经济增长的影响总体上是负面的；10 个研究认为基本没有影响。

关键术语

凯恩斯模型　外部性模型　公共品模型　协整

课后思考

1. 简述国防支出与经济增长研究方面的不同观点。
2. 国防支出可能从哪些方面影响经济增长。
3. 试述国防支出与经济增长的需求—供给模型的基本原理和基本模型。
4. 试推导国防支出与经济增长的费德尔—拉姆模型。
5. 推导国防支出与经济增长的公共品模型，并分析其基本原理。
6. 试选择一个国家进行国防支出与经济增长因果关系分析。

参考文献

陈 波:《国防支出与经济增长的长期均衡与因果关系》，载《中国国防经济学：2005》，中国财政经济出版社2006年版。

陈 波:《国防支出与经济增长：中国的经验研究（1985～2000)》，载《中国国防经济学：2004》，经济科学出版社2005年版。

陈 渤:《费德尔—拉姆模型及对中国国防支出与经济增长相关性的实证分析应用》，《中国国防经济》2002年第2期。

陈 焰、陈永志:《2003年诺贝尔奖获得者格兰杰及其协整理论》，载《经济资料译丛》，2004年第2期，第25页。

胡鞍钢、刘涛雄:《中国国防支出对经济增长的影响：一个两部门外部性模型》，载《中国国防经济》2005年第1期。

李子奈:《计量经济学》，高等教育出版社2000年版。

[美]凯恩斯:《就业、利息和货币通论》，商务印书馆1999年版。

Adams, F. G., J. R. Behrman and M. Boldin., 1991, "Government Expenditures, Defense and Economic Growth in LDCs", *Peace Science*, 11: 19～35.

Alexander, W. R. J., 1990, "The Impact of Defence Spending on Economic Growth", *Defence Economics*, 2: 39～55.

Atesoglu, H. S. and Mueller, M. J., 1990, "Defence Spending and Economic Growth", *Defence Economics*, 2 (1): 19～27.

Barro, R., 1991, "Economic Growth in A Cross-section of Countries", *Quarterly Journal of Economics* 106: 407～444.

Benoit, E., 1973, *Defence and Economic Growth in Developing Countries*, Boston, MA: D. C. Heath.

Benoit, E., 1978, "Growth and Developing Countries", *Economic Development and Cultural Change*, 26 (2): 271～280.

Biswas, B. and Ram, R., 1986, "Military Expenditures and Economic Growth in Less Developed Countries: An Augmented Model and Further Evidence", *Economic Development and Cultural Change* 34: 361～372.

Chowdhury, A., 1991, "A Causal Analysis of Defence Spending and Economic Growth", *Journal af Conflict Resolution*, 35: 80～97.

Coulomb, F., 2004, *Economic Theories of Peace and War*, Routledge: Taylor & Francis Goroup.

Deger, S. , 1985, "Does Defense Expenditure Mobilize Resources in LDCs?" *Journal of Economic Studie*, 12: 15 ~ 29.

Deger, S. , 1986a, "Economic Development and Defense Expenditure", *Economic Development and Cultural Change* 35: 180 ~ 196.

Deger, S. , 1986b, *Military Expenditure in Third World Countries: The Economic Effects*, Routledge & Kegan Paul, London.

Deger, S. and Smith, R. , 1983, "Military Expenditure and Growth in LDCs", *Journal of Conflict Resolution*, 27: 335 ~ 353.

Deger, S. and Sen, S. , 1983, "Military Expenditure, Spin-off and Economic Growth", *Journal of Development economics*, 13: 67 ~ 83.

Engle, R. F. and Granger, C. W. J. , 1987, "Co-integration and Error Correction: Representation, Estimation and Testing", *Econometrica*, 55: 251 ~ 276.

Faini, R. , Annez, P. and Taylor, L. , 1984, "Defense Spending, Economic Structure and Growth: Evidence among Countries and Over Time", *Economic Development and Cultural Change*, 32: 187 ~ 198.

Feder, G. , 1983, "On Exports and Economic Growth", *Journal of Development Economics*, 12: 59 ~ 73.

Frederiksen, P. C. and Looney, R. E. , 1983, "Defense Expenditures and Economic Growth in Developing Countries", *Armed Forces and Society*, 9 (4): 633 ~ 645.

Geweke, J. Meese, R. and Dent, W. , 1983, "Comparing Alternative Tests of Causality in Temporal System: Analytic Results and Experimental Evidence", *Journal of Econometrics*, 21: 161 ~ 194.

Granger, C. W. , 1988, "Some Resent Developments in A Concept of Causality", *Journal of Econometrics*, 39: 199 ~ 121.

Huang, C. and Mintz, A. , 1990, "Ridge Regression Analysis of the Defense-Growth Tradeoff in the United States", *Defense Economics*, 2: 29 ~ 37.

Huang, C. and Mintz, A. , 1991, "Defence Expenditures and Economic Growth: The externality Effect", *Defence Economics*, 3: 35 ~ 40.

Joerding, W. , 1986, "Economic Growth and Defence Spending", *Journal of Development Economics*, 21: 35 ~ 40.

Johansen, S. and Juselius, K. , 1990, "Some Structural Hypotheses in A Multivariate Cointegration Analysis of the Purchasing Power Parity and the Uncovered Interest Parity for UK", Discussion Papers 89 – 11, University of Copenhagen, Department of Economics.

Kollias, C. and Makrydakis, S. , 2000, "A Note on the Causal Relationship between Defence Spending and Growth in Greece: 1955 - 93", *Defence and Peace Economics*, 11 (2): 173 ~ 184.

Kollias, C. , Naxakis, C. and Zarangas, L. , 2004, "Defending Spending and Growth in Cyprus: A Causal Analysis", *Defence and Peace Economics*, 15: 299 ~ 307.

Kollias, C. G. , 1995, "Preliminary Finding on the Economic Effects of Greek Military Expenditure", *Applied Economics Letters*, 2: 16 ~ 18.

Landau, D. , 1986, "Government Expenditure and Economic Growth in the Less Developed Countries: An Empirical Study for 1960 - 80", *Economic Development & Cultural Change*, 35: 36 ~ 75.

Landau, D. , 1993, *The Economic Impact of Military Expenditure*, The World Bank policy research working papers, WPS 1138, The World Bank, Washington, DC.

Lebovic, J. H. and Ishaq, A. , 1987, "Military Burden Security Needs and Economic Growth in The Middle East", *Journal of Conflict Resolution*, 31 (1): 106 ~ 138.

Lim, D. , 1983, "Another Look at Growth and Defense in Less Developed Countries", *Economic Development and Cultural Change*, 31: 377 ~ 384.

Macnail, E. S. , Murdoch, J. C. , C. R. , Pi and Sandler, T. , 1995, "Growth and Defense: Pooled Estimates for the NATO Alliance 1951 ~ 88", *Southern Economic Journal*, 61: 846 ~ 860.

Madden, G. and Haslehurst, P. , 1995, "Causal Analysis of Australian Economic Growth and Military Expenditure: A Note", *Defence and Peace Economics*, 6: 115 ~ 121.

Mintz, A. and Huang, C. , 1990, "Defense Expenditures, Economic Growth and the Peace Dividend", *American Political Science Review*, 84: 1283 ~ 1293.

Mintz, A. and Stevenson, R. , 1995, "Defense Expenditures, Economic Growth and the Peace Dividend: a Longitudinal Analysis of 103 Countries", *Journal of Conflict Resolution*, 39: 283 ~ 305.

Mueller, M. and Atesoglu, H. , 1993, "Defense Spending, Technological Change, and Economic Growth in the United States", *Defense Economics*, 4: 259 ~ 269.

Payne, J. E. and Ross, K. L. , 1992, "The Macroeconomic Effects of Defence Spending: Some Further Evidence", *the Journal of Economics*, 18: 63 ~ 67.

Rasler, K. and Thompson, W. R. , 1988, "Defense Burdens, Capital Formation, and Economic Growth: The Systemic Leader Case", *Journal of Conflict Resolution*, 32 (1): 61 ~ 86.

Scheetz, T. , 1991, "The Macroeconomic Impact of Defence Expenditures: Some Economic

Evidence for Argentine, Chile, Paraguay and Peru", *Defence Economics*, 3: 65 ~ 81.

Shell, K. , 1966, "Towards A Theory of Inventive Activity and Capital Accumulation", *American Economic Review*, 56: 62 ~ 88.

Smith, R. P. , 1980, "Military Expenditure and Investment in OECD Countries, 1954 - 1973", *Journal of Comparative Economics*, 4 (1): 19 ~ 32.

Stewart, D. , 1991, "Economic Growth and the Defense Burden in Africa and Latin America: Simulations from a Dynamic Model", *Economic Development and Cultural Change*, 40: 189 ~ 207.

Szymanski, A. , 1973, "Military Spending and Economic Stagnation", *American Journal of Sociology*, 79: 1 ~ 14.

Ward, M. D. , Davis, D. , Panubarti, M. , Rajmaria, S. and M. , Cochran, 1991, "Military Spending in India: Country Survey I", *Defence Economics*, 3 (1): 41 ~ 63.

第 11 章　国防支出、公共支出与投资

国防支出与其他公共支出的情况，以及它们之间的对比关系常常被用来评定一国在考虑国防与其他公共需求时的优先次序；国防支出是否对投资存在挤出效应也一直是国内外宏观经济与国防经济领域学者关注的焦点之一。国家和国际行为体也常将一国的国防与公共支出、投资数据作为其制定各项决策时的参考。

本章讨论国防支出与公共支出、投资方面的研究情况。第一节给出国防支出与其他公共支出的基本情况；第二节讨论国防支出与公共支出方面的研究；第三节给出国防支出与投资、消费情况；第四节讨论国防支出与投资方面的研究。

11.1　国防支出与公共支出概况

国家通过预算将公共资金分配到各种各样的公共支出项目上，分配到国防和其他公共支出的多少受到总预算和国家经济规模大小的制约。国防支出的目的主要是确保国家安全（包括国家利益与领土），以及为最终确保公民人身安全提供支出。而其他公共支出如社会支出的目的是为一国公民提供服务。这常常包括在收入分组和代与代之间进行资源的再分配，以实现政府的社会政策目标。其他公共支出的种类十分宽泛，包括支持教育、医疗卫生以及为老年人与残疾人提供社会福利事业性质的关怀服务、提供退休金，以及其他形式的政府补贴。表 11.1 按低收

入、中等收入和高收入国家①情况分别给出了军事和其他公共支出占国内生产总值的平均比重数据。

表 11.1　　1999～2003 年国防支出与其他福利性公共支出的优先次序　　单位：%

收入组/领域	1999 年	2000 年	2001 年	2002 年	2003 年	平均值 1999～2003 年
低收入国家						
军事	2.7	2.7	2.5	2.5	2.3	2.5
教育	3.4	3.5	3.8	4.0	4.0	3.8
医疗卫生	1.8	2.0	2.0	2.2	2.2	2.1
中等收入国家						
军事	1.9	1.9	2.0	1.9	1.9	1.9
教育	4.8	4.5	4.7	4.6	4.7	4.7
医疗卫生	3.3	3.3	3.4	3.4	3.4	3.4
高收入国家						
军事	2.1	2.0	2.0	2.0	2.0	2.0
教育	5.5	5.4	5.6	5.7	5.9	5.6
医疗卫生	5.8	5.8	6.1	6.2	6.4	6.1

资料来源：斯德哥尔摩国际和平研究所，《SIPRI 年鉴 2007》，时事出版社 2008 年版。

表 11.1 显示了按收入组划分，各国政府将国内生产总值用于国防、教育和医疗卫生领域的平均比例数据。支出占国内生产总值的比例反映了这类支出给国家经济带来的相对负担。从表中可以看到以下几点：

- 高收入和中等收入国家在 1999～2003 年这 5 年中优先考虑的是教育与医疗卫生方面的支出，而非国防支出；相反，低收入组国家的国防支出优先于医疗卫生支出，但教育方面的支出则都高于国防和医疗卫生支出。
- 收入水平越高，将国内生产总值（GDP）投入社会支出的比例就越大。低收入国家投入到社会支出的 GDP 平均为 5.9%，而中、高收入的国家此项比例分别为 8.1% 和 11.7%。
- 中、高收入国家在这 5 年期间里国防支出占 GDP 比例一直大致维持在 2.0% 左右，而低收入国家的这一数据则有所下降。与此同时，高收入国

① 按世界银行标准划分。

家与低收入国家的教育和医疗卫生支出占 GDP 的比例则呈上升趋势，但在中等收入国家这一比例则相对稳定。

这些平均数字显示了典型国家在国防和社会支出间相对优先权的大致情况，这些数据亦可以用来对某个具体国家的支出情况与其所在收入组的平均支出情况进行比较。表 11.2 给出了美国国防支出与其他主要公共支出的基本情况，从美国的情况看，国防支出仍占绝对优势。

表 11.2　美国 2003～2009 年国防支出与其他主要公共支出

单位：10 亿美元、%

年份	合计	国　防		教　育		医　疗	
		支出	比例	支出	比例	支出	比例
2009 年	997	541	54	61.9	6.2	52.7	5.3
2008 年	930	481.4	51.8	58.6	6.3	52.3	5.6
2007 年	873	460	52.7	56.8	6.5	53.1	6.1
2006 年	840.5	438.8	52	58.4	6.9	51	6.1
2005 年	820	421	51	60	7	51	6.2
2004 年	782	399	51	55	7	49	6.3
2003 年	767	396	51.6	52	6.8	49	6.4

资料来源：斯德哥尔摩国际和平研究所，《SIPRI 年鉴 2007》，时事出版社 2008 年版。

11.2　国防支出与公共支出分析

自 20 世纪 60 年代末以来，学术界围绕国防支出与教育、健康等其他主要公共支出替代关系进行了多方面的研究。国防支出与公共福利支出替代的研究，出现了不同的理论模型。拉西特（Russett，1982）、多明克等（Domke，et al.，1983）、耶尔德勒姆和塞兹金（Yildirim & Sezgin，2002）用教育支出、健康支出、国防支出的增长率来反映各变量间的关系，“增长率”反映了各变量的边际影响。拉西特（1982）的国防支出与教育支出替代的基本假设是：

$$\frac{E_t - E_{t-1}}{E_{t-1}} = a - b\frac{M_t - M_{t-1}}{M_{t-1}} + e \qquad (11.1)$$

式中 $\frac{E_t - E_{t-1}}{E_{t-1}}$ 为教育支出增长率，$\frac{M_t - M_{t-1}}{M_{t-1}}$ 为国防支出增长率。式中参数 b 符号为负，表明国防支出增长是以牺牲教育支出增长为代价的。

阿波斯托拉基斯（Apostolakis，1992）、厄兹索伊（Ozsoy，2002）等则用公共支出占 GDP 的比重来反映一定时期生产的社会产品在各个项目之间的分配。厄兹索伊（2002）所用的经验分析模型为：

$$Y_t = \alpha_0 - \alpha_1 X_{1t} + \alpha_2 X_{2t} + \alpha_3 X_{3t} + \varepsilon_t \tag{11.2}$$

式中 Y 为教育支出占 GDP 比重，X_1 为国防支出占 GDP 的比重，X_2 为健康支出占 GDP 的比重，X_3 为人均实际增长率。

国防支出与教育、健康等公共支出替代关系的实证研究结论是多种多样的，尚没有完全一致的结论。耶尔德勒姆和塞兹金（2002）统计了 1969 ~ 1994 年来主要文献对该主题的研究（见表 11.3）：

表 11.3　　国防支出与教育、卫生等支出的替代关系经验分析

作　者	样本、时期和方法	结　论
拉西特（Russett，1969）	美国、法国和英国：1939 ~ 1968 年；时间序列分析，OLS	负向替代关系
卡普托（Caputo，1975）	澳大利亚、瑞典、英国和美国，1950 ~ 1970 年，标准回归和 Pearson 系数	无替代关系
达贝尔科和麦考密克（Dabelko & McCormick，1977）	77 个国家，1950 ~ 1972 年，横截面时间序列，OLS	较低的负向替代
佩罗夫和波多拉克—沃伦（Peroff & Podolak-Warren，1979）	美国，1929 ~ 1974 年，时间序列分析，OLS	负向替代
拉西特（1982）	USA，1941 ~ 1971 年；时间序列分析，OLS	无替代关系
多明克、艾肯贝里和凯莱赫（Domke，Eichenberg & Kelleher，1983）	美国、英国、德国和法国，1948 ~ 1980 年，时间序列分析，OLS	无替代关系

续表

作 者	样本、时期和方法	结 论
弗纳（Verner，1983）	18个拉美国家，1948～1979年；时间序列分析，线性和非线性方程	负向替代（萨尔瓦多）；正向替代（10个国家）；无替代关系（7个国家）
艾肯贝里（1984）	德国，1950～1979年，时间序列分析，OLS和GLS方法	无替代关系
德格（Deger，1985）	50个欠发达国家，1967～1973年，横截面时间序列，3SLS	无替代关系
哈里斯、凯利和普拉诺瓦（Harris，Kelly & Pranowo，1988）	12个亚洲国家，1967～1982年，横截面时间序列，OLS	负向替代关系（3个国家）正向替代关系（3个国家）无替代关系（6个国家）
赫斯和木兰（Hess & Mullan，1988）	77个欠发达国家，1982～1983年；横截面时间序列，2SLS	无替代关系
明茨（Mintz，1989）	美国，1947～1980年，时间序列分析	无替代关系
戴维斯和陈（Davis & Chan，1990）	中国台湾，1961～1985年；时间序列分析，3SLS	无替代关系
阿波斯托拉基斯（Apostolakis，1992）	19个拉美国家，1953～1987年，Cochrane-Orcutt and Hildreth-Lu技术	负向替代关系
佛瑞德瑞克森和卢尼（Freduriksen & Looney，1994）	巴基斯坦，1973～1986年，时间序列分析	无替代关系
陈炳福（2008）	中国，1955～2004年，似不相关回归	国防支出与文教、卫生、社会福利、行政管理支出间存在长期替代关系

资料来源：Yildirim，J. and S. Sezgin，2002，“Defence，Education and Health Expenditures in Turkey，1924－96”，*Journal of Peace Research*，39（5）：569～580；陈炳福：《中国国防支出与公共支出关系的实证研究》，载陈波主编：《中国国防经济学：2007》，中国财政经济出版社2008年版。

陈炳福（2008）进一步总结了这些经验研究发现的主要结论：其一，国防

支出与教育和健康支出存在负向的替代关系（Russett，1969；Dabelko & McCormick，1977；Peroff & Podolak-Warren，1979；Deger，1985；Apostolakis，1992），即国防支出的增加会相应减少教育和健康等方面的公共支出。其二，国防支出也可能对教育和健康的人力资本形成做出贡献（Ram，1993），因为国防人员和士兵得到了较好的体能和各种技能训练，尤其是在发展中国家（Benoit，1973，1978）。其三，多数研究结论发现，国防支出与教育、健康等公共支出之间不存在替代关系（Caputo，1975；Russett，1982；Domke，Eichenberg & Kelleher 1983；Eichenberg，1984；Hess & Mullan，1988；Mintz，1989；Davis & Chan，1990；Frederiksen & Looney，1994）。此外，弗纳（Verner，1983）、哈里斯和普拉诺瓦（Harris & Pranowo，1988）的研究发现，国防支出与教育、健康等公共支出之间的关系是混杂的，既存在负向替代，也存在正向替代，或无替代关系。

耶尔德勒姆和塞兹金（2002）用似不相关回归估计法建立联立方程对土耳其1924～1996年的时间序列所作的研究表明，由于政府对国防支出的决策是与教育和健康支出相对独立的，因此国防支出与这些社会福利支出存在替代关系；同时，如果国防与健康支出之间存在负向替代关系的时候，国防与教育支出之间存在着正向关系，这表明教育支出与健康支出之间也存在替代关系。厄兹索伊（2002）对土耳其1925～1998年的时间序列研究表明，土耳其的国防支出与教育、健康支出之间存在负向的替代关系，即国防支出增加会相应减少教育和健康方面的支出。

哥鲁克—塞内森（Gunluk-Senesen，2002）则研究了1983～1998年间土耳其国家安全支出（国防支出加内务安全支出）与国家预算中其他支出项目之间的关系，与耶尔德勒姆、塞兹金和厄兹索伊的研究结论不同，哥鲁克—塞内森的研究表明，土耳其国家安全支出与非安全支出之间不存在系统的替代关系。

11.3　国防支出与投资概况

国防支出与投资之间是什么样的关系？波斯特（Poast，2006）比较了全球25个最大国防支出国的国防支出占GDP比例与私人投资占GDP的比例（见图11.1），以及国防支出占GDP比例与私人消费占GDP比例（见图11.2）。直观显示国防支出与私人部门支出之间有一个负面关系。

人们通常认为，国防支出所产生的机会成本导致了经济体中更低的固定资产

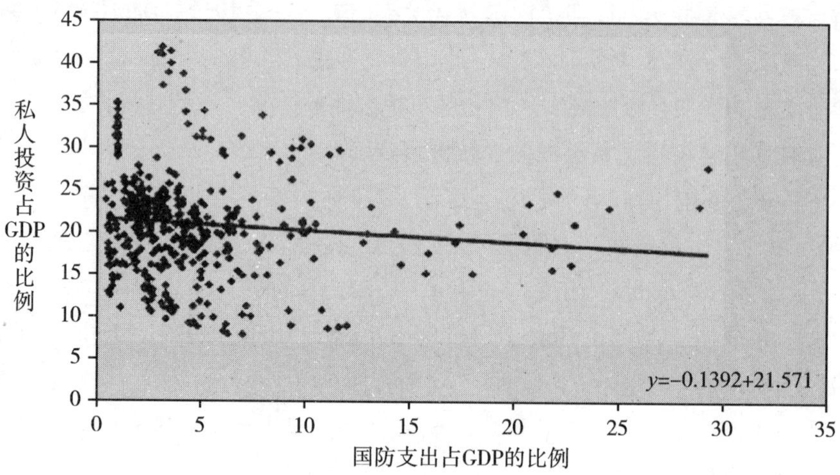

图 11.1　25 个最高国防支出国国防支出与私人投资（1979～1999 年）

资料来源：Poast，P.，2006，*The Economics of War*，McGraw-Hill/Irwin.

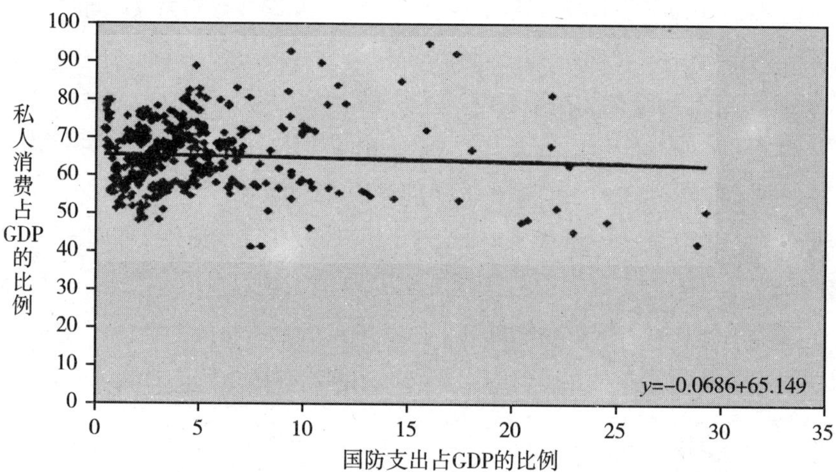

图 11.2　25 个最高国防支出国国防支出与私人消费（1979～1999 年）

资料来源：Poast，P.，2006，*The Economics of War*，McGraw-Hill/Irwin.

投资，并减少研发费用，这一观点部分是根据军事生产的本质和军事生产部门获取原料的过程推导出来的［梅尔曼（Melman，1983）；杜马斯（Dumas，1986）］。然而，这是否是事实需要进行经验研究，当考虑到其他因素，可能发现军事支出和私人投资实际上没有关系。

11.4　国防支出与投资分析

大多数关于国防、投资替代关系的经验研究成果有利于建立一个评价框架。这项工作最先是由史密斯（Smith，1977；1980）开始进行的，他以 OECD 国家为样本采用了汇总的时间序列。其研究中，投资被限定为总私有投资和政府非军事投资，假设它受到国内储蓄的限制，并由经济增长和失业率，以及可用于军事的资源所决定。该基本方程为：

$$\left(\frac{I}{Y}\right)_t = a + b_1\left(\frac{M}{Y}\right)_t + b_2\,(GR)_t + b_3U_t + \varepsilon_t \tag{11.3}$$

式中 $\frac{I}{Y}$ 是总实际投资占实际产出的比例，$\frac{M}{Y}$ 是实际国防支出占实际产出的比例，GR 是实际产出每年增长比率（由实际产出自然对数的一阶差分求得），U 是国内居民的失业率，ε 是随机误差项。

史密斯对 OECD 国家总体样本采用方程（11.3）中的变量估计出替代系数大约是 -1，这意味着国防支出与产出比率上升随着投资与产出相同比率下降。对美国而言，史密斯（1980）估计从 1954 年到 1973 年间的替代系数在 -0.38 到 -0.44 之间，而奥登（Oden，1992）对 1951 年到 1987 年期间的研究所获得的替代系数约为 -0.25。

根据史密斯模型，大量的经济研究倾向于国防支出对投资有挤出效应；然而，另一些研究也得出了相反的结论，认为较低的投资并不一定是国防支出的机会成本。围绕国防支出与投资方面的一些典型研究及结论见表 11.4。

表 11.4　　国防支出与投资关系的经验分析

作　者	国家—时期	方　法	结　论
拉西特（1969、1970）	美国	对国防支出和私人支出、GDP 关系的经验分析	国防支出对投资有消极作用
史密斯（1977）		马克思主义方法	国防支出影响基础投资。它是资本主义稳定的必然要求，但从长期来看，它破坏制度的经济基础

续表

作　者	国家—时期	方　法	结　论
史密斯（1980）	14 个 OECD 国家，1954～1973 年	凯恩斯需求模型。估计时间序列间的相互影响	国防支出对投资有消极作用
史密斯和耶奥尤（Smith & Georgiou，1983）	15 个 OECD 国家，1960～1970 年、1973～1978 年	时间序列相关关系	国防支出对投资有非常消极的作用
德格拉斯（De Grasse，1983）	17 个工业化国家	交叉衰退作用	国防支出对投资以及经济增长有消极作用
瑞斯特和汤普森（Raster & Thompson，1988）	19 世纪和 20 世纪霸权国家	需求模型，史密斯（1980）研究的继续	显示了国防支出和投资之间的机会成本
明茨和黄（1990）	美国	固定加速模型，最小二乘法估计	国防支出对投资有消极作用
希茨（Scheetz，1991）	智利、阿根廷、秘鲁、巴拉圭 1969～1987 年	德格的需求供给模型，估计时间序列的交叉影响和时间序列估计	国防支出对投资有消极作用
戈尔德（Gold，1997）	1945 年后的美国	史密斯（1980）需求模型	国防支出的机会成本低。国防支出和投资之间没有长期均衡。相反国防支出和消费之间有长期均衡
丰塔内尔和史密斯（Fontanel & Smith，1985）	OECD 国家	分析国防支出对投资的影响	国防支出对投资有挤出作用。由于消费和低威胁，所有的国防支出增长以缩减投资为代价

资料来源：Coulomb，F.，2004，*Economic Theories of Peace and War*，Routledge：Taylor & Francis Group.

关键术语

公共支出　投资　消费

课后思考

1. 试述国防支出与其他公共支出方面的研究。
2. 试分析国防支出与投资之间的关系。

参考文献

陈炳福：《中国国防支出与公共支出关系的实证研究》，载陈波主编：《中国国防经济学：2007》，中国财政经济出版社2008年版。

［瑞］斯德哥尔摩国际和平研究所：《SIPRI年鉴2007》，时事出版社2008年版。

Apostolakis, Bobby E., 1992, "Warfare-Welfare Expenditure Substitution in Latin America, 1953－87", *Journal of Peace Research* 29 (1): 85～98.

Caputo, D. A., 1975, "New Perspectives on the Public Policy Implications of Defense and Welfare Expenditures in Four Modern Democracies: 1950～1970", *Policy Sciences*, 6: 423～446.

Dabelko, D. and McCormick, J. M., 1977, "Opportunity Costs of Defense: Some Cross-National Evidence", *Journal of Peace Research*, 14 (2): 145～154.

Davis, D. R. and Chan, S., 1990, "The Security Welfare Relationship: Longitudinal Evidence from Taiwan", *Journal of Peace Research*, 27: 87～100.

De Grasse, R. W., 1983, *Military Expansion*, *Economic Decline*, Sharpe, Armonk.

Deger, S., 1985, "Does Defense Expenditure Mobilize Resources in LDCs?", *Journal of Economic Studie*, 12: 15～29.

Domke, W. K., Richard C. Eichenberg & Catherine M. Kelleher, 1983, "The Illusion of Choice: Defence and Welfare in Advanced Industrial Democracies, 1948－1978", *American Political Science Review* 77 (1): 19～35.

Dumas, L. J., 1986, *The Overburdened Economy*, *Uncovering the Causes of Chronic Unemployment*, *Inflation and National Decline*, University of California Press, Berkeley.

Eichenberg, R. C., 1984, "The Expenditure and Revenue Effects of Defense Spending in the Federal Republic of Germany", *Policy Sciences*, 16: 391～411.

Frederiksen, P. C., Looney, R. E., 1983, "Defense Expenditures and Economic Growth in Developing Countries", *Armed Forces and Society*, 9 (4): 633～645.

Gold, D., 1997, "Evaluating the Trade-off between Military Spending and Investment in the United States", *Defence and Peace Economics*, 8: 251～266.

Gunluk-Senesen, G., 2002, "Budgetary Trade-offs of Security Expenditures in Turkey", *Defence and Peace Economics*, 13: 385～403.

Harris, G. T., Kelly, M. and Pranowo, 1988, "Trade-offs between Defence and Education/Health Expenditures in Developing Countries", *Journal of Peace Research*, 25 (2): 165 ~ 177.

Hess, Peter N. and Mullan, B., 1988, "the Military Burden and Public Education Expenditures in Contemporary Developing Nations: Is There a Trade-Off?" *Journal of Developing Areas*, 22 (4): 497 ~ 514.

Melman, S., 1983, *Profits without Production*, Knopf, New York.

Mintz, A. and Huang, C., 1990, "Defense Expenditures, Economic Growth and the Peace Dividend", *American Political Science Review*, 84: 1283 ~ 1293.

Oden, M. D., 1992, *Military Spending, Military Power and US Postwar Economic Performance*, Unpublished doctoral dissertation, New School for Social Research.

Ozsoy, O., 2002, "Budgetary Trade-Offs Between Defense, Education and Health Expenditures: The Case of Turkey", *Defence and Peace Economics*, 13 (2): 129 ~ 136.

Peroff, K. and Podolak - Warren, M., 1979, "Does Spending on Defense Cut Spending on Health?" *British Journal of Political Science*, 9: 21 ~ 39.

Poast, P., 2006, *The Economics of War*, McGraw-Hill/Irwin.

Rasler, K and Thompson, W. R., 1988, "Defense Burdens, Capital Formation and Economic Growth: The Systemic Leader Case", *Journal of Conflict Resolution*, 32 (1): 61 ~ 86.

Russett, B. M., 1970, *What Price Vigilance*? Yale University Press.

Russett, B. M., 1969, "Who Pays for Defense?", *American Political Science Review*, 63 (2): 412 ~ 426.

Russett, B. M., 1982, "Defence Expenditures and National Well-Being", *American Political Science Review*, 76 (4): 767 ~ 777.

Scheetz, T., 1991, "The Macroeconomic Impact of Defence Expenditures: Some Economic Evidence for Argentine, Chile, Paraguay and Peru", *Defence Economics*, 3: 65 ~ 81.

Smith, R. and Georgiou, G. M., 1983, "Assessing the Effect of Military Expenditure on OECD Economies: A Survey", *Arms Control*, 4: 3 ~ 15.

Smith, R. P., 1977, "Military Expenditures and Capitalism", *Cambridge Journal of Economics*, 1 (1): 61 ~ 76.

Verner, J. G., "Budgetary Trade-offs Between Education and Defense in Latin America: A Research Note", *Journal of Developing Areas*, 18: 77 ~ 92.

Yildirim, J. and Sezgin, S., 2002, "Defence, Education and Health Expenditures in Turkey, 1924 - 96", *Journal of Peace Research*, 39 (5): 569 ~ 580.

第12章　军事联盟国防支出

军事联盟集团对其成员国负有提供安全保护以抵御其共同对手侵略的责任。从经济方面看，联盟提供的安全或威慑是一种公共品。联盟形成可以看做一种经济选择，通过这种形式，一国或非国家团体能够增加其安全水平，同时减少它的防务成本或负担。

本章通过对单个联盟成员提供公共品理性行为的模型分析，分析联盟国防支出的分担和资源配置效率。第一节讨论军事联盟的定义、形式和基本情况；第二节、第三节分别讨论分析军事联盟的两个主要理论模型——纯公共品模型和联合产品模型；第四节介绍军事联盟国防分担方面的一些经验分析。

12.1　军事联盟概述

军事联盟是国家维持和获得权力与利益的最有效手段之一。国家间结盟与反结盟的斗争贯穿了人类近现代历史，而合纵连横和联盟交锋的结果往往关系到大国兴衰、地区稳定以及新旧国际格局转换。

12.1.1　军事联盟

联盟的含义似乎显而易见，但迄今为止学术界仍未对此概念的界定达成一致的看法。早在20世纪60年代，阿诺德·沃尔弗斯（Arnold Wolfers，1968）就认为“联盟是指两个或多个主权国家之间作出的关于相互进行军事援助的承诺。这种承诺与那些松散的合作协定不同，一旦签订包含着承诺的军事协定，国家便正式许诺与其他国家一起对抗共同的敌人。”这种界定就主要整体强调了联盟的军事性质。斯奈德（Snyder，1987）则从联盟集团面临的安全威胁考虑，认为联盟是“两个或多个主权国家之间利用武力对付外来威胁而形成的一种正式联合”。1990年，他对联盟的定义进一步进行了补充和修正，认为“联盟是为维护成员国的安全或扩大其权势而组成的关于使用（或不使用）武力的正式国家联合，这种联合针对其他特定国家，不论这些国家是否被明确地写入条约中”。

随着冷战以来国际形势的变化，“联盟是两国或多国之间为具体目的而合作的正式协定或条约”（GramercyBooks，1996）等诸如此类的观点也越来越多。这种认知体现了冷战后联盟形式、内涵与外延的变化，即联盟不仅具备传统的政治和军事功能，而且拥有了一定的社会、经济和文化等功能。从总体上来看，可以归纳出联盟的一些共同特征：

- 联盟的关键内容在于成员体在安全和军事领域内的合作与承诺，通常规定成员体在特定的情况下负有使用武力，或考虑使用武力的义务。这使联盟有别于一些经济、社会组织。
- 联盟通常针对某一或某些外部的特定国家，或是外部不确定的威胁。这使得联盟的性质与国际组织相区别，如欧盟、联合国、亚太经合组织、东南亚国家联盟、非洲联盟等。前者合作具有外向性，后者合作则具有内向性。值得一提的是，美国在实施联盟战略时往往强调其防御的性质，通常将联盟称为“集体安全”组织，如北约等。这种集体安全的组织原则是任何其他国家对该联盟中任何成员国的进攻即是对联盟全体成员国的进攻。这种集体安全组织不同于联合国等国际组织，因为它针对的是外来威胁，从本质来看具有军事和政治联盟性质。
- 构成联盟的主体通常是主权国家，即联盟是政府之间的组织，而不是其他各种形式的非政府组织、恐怖主义组织和地区性政府组织。但是近年来这一特点有所变化。
- 联盟成员之间有实际的安全合作行为，如战时或平时提供军事装备、出售武器、经济援助、联合演习、情报合作、提供军事基地、高层互访、发表联合声明等，至少有提供以上这些援助的决心和意愿。

专栏 12.1　北大西洋公约

本公约各缔约国重申其对于联合国宪章宗旨与原则所具之信念，及其对于一切民族与一切政府和平相处之愿望，决心保障基于民主、个人自由及法治原则的各国人民之自由、共同传统及文明，愿意促进北大西洋区域之安全与幸福，决定联合一切力量，进行集体防御及维持和平与安全，因此同意此项北大西洋公约：

第一条　各缔约国保证依联合国宪章之规定，以和平方法解决任何有关各国之国际争端，其方式在使国际之和平与安全及公理不致遭受危害，并在其国际关系中避免采用不合联合国宗旨之武力威胁或使用武力。

第二条　缔约国应加强其自由制度，实现对于此种制度所基之原则的较好了解，促进安全与幸福之条件，以推进和平与友善之国际关系向前发展。缔约国应消除其国际经济政策中之冲突，并鼓励任何缔约国或所有缔约国之间的经济合作。

第三条　为更有效地达成本条约之目标起见，缔约国的个别或集体以不断而有效的自助及互助方法，维持并发展其单独及集体抵抗武装攻击之能力。

第四条　无论何时任何一缔约国认为缔约国中的任何一国领土之完整、政治独立或安全遭受威胁，各缔约国应共同协商。

第五条　各缔约国同意对欧洲或北美之一个或数个缔约国之武装攻击，应视为对缔约国全体之攻击。因此，缔约国同意如此种武装攻击发生，每一缔约国按照联合国宪章第五十一条所承认之单独或集体自卫权利之行使，应单独并会同其他缔约国采取视为必要之行动，包括武力之使用，协助被攻击之一国或数国以恢复并维持北大西洋区域之安全。此等武装攻击及因此而采取之一切措施，均应立即呈报联合国安全理事会，在安全理事会采取恢复并维持国际和平及安全之必要措施时，此项措施应即终止。

第六条　第五条所述对于一个或数个缔约国之武装攻击，包括对于欧洲或北美任何一缔约国之领土、法国之阿尔及利亚、欧洲任何缔约国之占领军队、北大西洋区域回归线以北任何缔约国所辖岛屿，以及该区域内任何缔约国之船舶或飞机之武装攻击在内。

第七条　本公约并不影响，亦不得被解释为在任何方面对于身为联合国会员国之缔约国在联合国宪章下之权利与义务，以及安全理事会对于维持国际和平及安全之基本责任有所影响。

第八条　每一缔约国声明该国与任何其他缔约国或与任何第三国家间目前之有效之国际协定，并不与本公约中之规定相抵触，同时并保证决不缔结与本公约相抵触之任何国际协定。

第九条　缔约各国应各派代表组织——理事会，以考虑有关实施本公约之事宜。理事会之组织，须能使其能随时迅速集会。理事会应设立必要之附属机构，尤其应立即设立——防务委员会，该委员会应对本公约第三条与第五条之实施提供建议。

第十条　欧洲任何其他国家，凡能发扬本公约之原则，并对北大西洋区域安全有所贡献者，经缔约各国之一致同意，得邀请其加入本公约。被邀请国家一经将其加入文件交存美国政府，即可成为本公约之一缔约国。美国政府应将此种加入文件之收存之情形，通知各缔约国。

第十一条　本公约须由各缔约国依照本国之宪法程序予以批准，并履行条约中之一切规定，批准书须尽速交存美国政府，由美国政府将收存之批准书通知其他各缔约国。过半数缔约国家包括比利时、加拿大、法国、卢森堡、荷兰、英国及美国已交存其批准书以后，本公约在此等国家之间应即生效，对其他国家，则应自交存批准书之日起生效。

第十二条　在本公约生效十年，或十年以后，无论何时如经任何一缔约国之请求，各缔约国须共同协商以重新检查本公约，并注意当时影响北大西洋公约区域和平与安全之因素，包括在联合国宪章中对于维持国际和平与安全之世界性及区域性办法之发展。

第十三条　在本公约生效二十年后，任何缔约国在通知美国政府废止本条约一年以后，得停止为本公约之缔约国，美国政府对于此种废止通知之交存，应即转告其他缔约国。

第十四条　本公约之英文与法文本，具有同等效力，其正本将存于美国政府之档案中，由该政府将认证之副本送交其他缔约国政府。

下列全权代表在本公约上签字以资证明。

1949 年 4 月 4 日订于华盛顿。

比利时王国代表　　　斯巴克

加拿大代表　　　　　皮尔逊

丹麦王国代表　　古斯达夫·拉斯默逊
法国代表　　舒曼
冰岛代表　　本尼迪特逊
意大利代表　　斯福尔查
卢森堡大公国代表　　贝赫
荷兰王国代表　　斯蒂克尔
挪威王国代表　　哈·姆·朗吉
葡萄牙代表　　约瑟·凯洛·塔·马达
大不列颠和北爱尔兰联合王国代表　　贝文
美利坚合众国代表　　艾奇逊

——《国际条约集（1948～1949）》，世界知识出版社 1959 年版。

因此，军事联盟可以被定义为在两个或多个参与方之间合作性的安全安排，且对它们卷入军事冲突具有重要影响。这样的安排可能包括关于进攻型行为、防御型行为、中立，以及/或者不侵略的协议［利兹（Leeds，2003）］。

12.1.2　军事联盟情况

国家间军事联盟在国际体系中是实际的和潜在冲突的一个主要因素。安德顿和约翰（Anderton & John，2009）整理给出了一些军事联盟情况（见表 12.1）。表的上半部分显示了冷战和第一次世界大战、第二次世界大战中涉及的主要军事联盟；表的下半部分显示了近年来发展起来的一些新型联盟。

表 12.1　　**一些主要的军事联盟**

名　称	类　型	成　员	时　段	概　要
北大西洋公约组织（NATO）	国家间	美国、加拿大、各欧洲国家	1949 年至今	在冷战期间形成以对付苏联的威胁。现在，开展维和、反恐和其他安全行动
华沙条约	国家间	苏联和各东欧国家	1955～1991 年	在冷战期间成立以对抗北约威胁

续表

名　　称	类　型	成　　员	时　段	概　　要
同盟国	国家间	德国、奥匈帝国、意大利	1882～1925年（间断）	成立以对抗法国和其他大国的威胁
协约国	国家间	法国、俄罗斯、英国	1907～1917年	用以与德国和同盟国抗衡
三方轴心国条约	国家间	德国、意大利、日本（后期还有其他国家成为成员国）	1940～1945年（意大利在1943年退出）	对抗“二战”中的同盟国
第二次世界大战同盟国	国家间	许多国家	1939～1945年	对抗“二战”中的轴心国
西部苏丹革命军联盟	国家内部	苏丹解放军/运动、正义与平等运动	在2006年成立	反对苏丹政府
人民国家	国家内部	大约两打在芝加哥和其他城市活动的美国帮派	在20世纪80年代成立	涉及针对竞争联盟，例如Folk Nation进行的高度有组织的暴力犯罪活动和地盘争斗
伊斯兰反犹太人和十字军国际阵线	非国家	基地组织和一些恐怖组织	1998年成立	目标是通过杀害美国人（军人和平民），推翻穆斯林世界的非伊斯兰政权，并把非穆斯林驱逐出穆斯林国家，以此建立一个泛伊斯兰哈里发
金三角联盟（又名华雷斯贩毒集团）	非国家	位于和美国接壤的、墨西哥州的三个非法的毒品组织	从20世纪90年代到21世纪00年代中期	目标是从墨西哥向美国西南部地区非法贩运毒品

资料来源：Anderton，C. H. and John R. C.，2009，*Principles of Conflict Economics：A Primer for Social Scientists*，Cambridge University Press.

安德顿和约翰（2009）以联盟条约义务和规定（Alliance Treaty Obligations and Provisions，ATOP）以及战争相关（COW）项目的数据为基础，给出了不同

年份国家间联盟的数量（见图 12.1）。如图所示，第一次世界大战之后，国家间联盟取得了长足的发展，ATOP 和 COW 数据之间总体相同，但也存在一些差别。

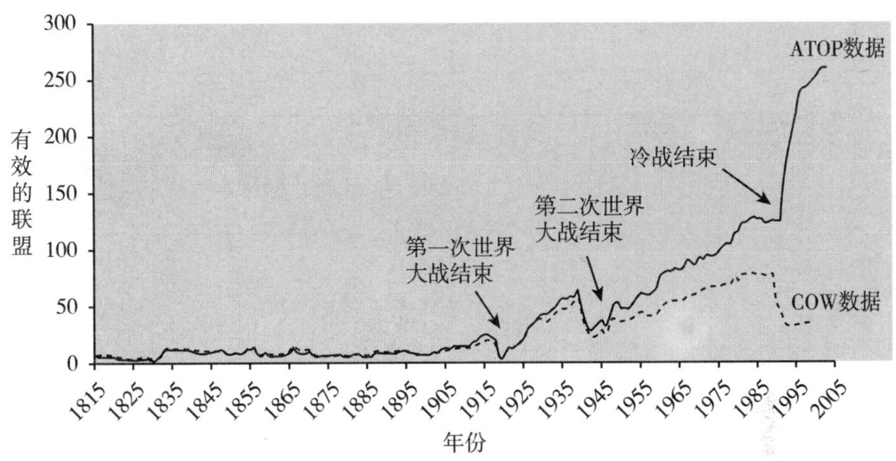

图 12.1　由 ATOP 和 COW 提供的国家间军事联盟数目

资料来源：Leeds 等（2002）提供 ATOP 原始数据，吉布勒和萨科斯（Gibler & Sarkees，2004）提供 COW 3.03 版本原始数据。转引自 Anderton，C. H. and John R. C.，2009，*Principles of Conflict Economics：A Primer for Social Scientists*，Cambridge University Press.

ATOP 区分了军事冲突中一国可能对盟友承担的五种义务：

- 提供现役军队支持遭受攻击的盟友（防御条约）；
- 在盟友没有受到攻击的条件下提供现役军队支持盟友（进攻条约）；
- 在军事冲突中禁止帮助盟友的对手（中立性条约）；
- 禁止与盟友卷入军事冲突（互不侵犯条约）；
- 在有潜在军事冲突的危机时期，与盟友进行沟通（协商条约）。

在 ATOP 数据中，这五种义务的细节并不是相互排斥的。因此，单独的一个联盟协议可能包含对于一种类型的义务。图 12.2 给出了不同年份包含现役军队支持承诺的有效联盟的数量。军事联盟的数量从第一次世界大战后增加了，但从大约 1960 年开始，在总联盟中所占比例有所下降。

多边联盟是那些有 3 个或者更多成员的联盟。图 12.3 给出了不同年份多边联盟的数量，图中可见，自第二次世界大战结束以后，多边联盟在数量上普遍增加，但在总联盟中的比例却下降了。

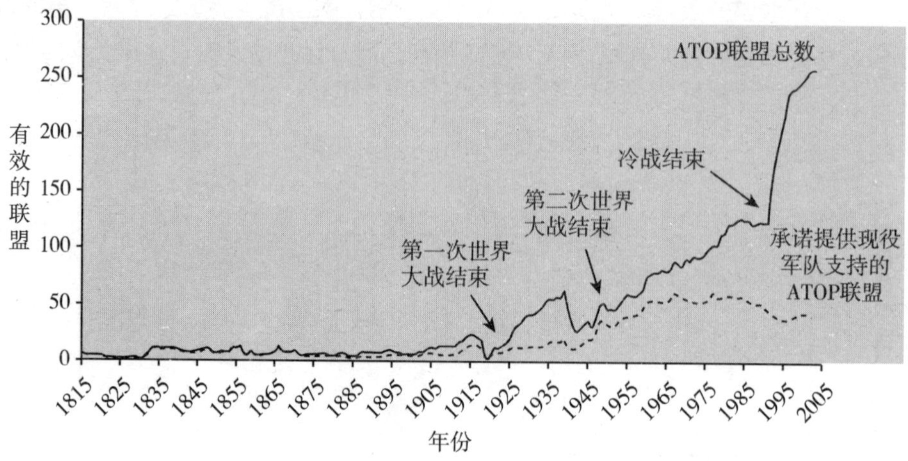

图 12.2　承诺提供现役军队支持的国家间联盟的数目

资料来源：Leeds 等（2002），转引自 Anderton，C. H. and John R. C.，2009，*Principles of Conflict Economics：A Primer for Social Scientists*，Cambridge University Press.

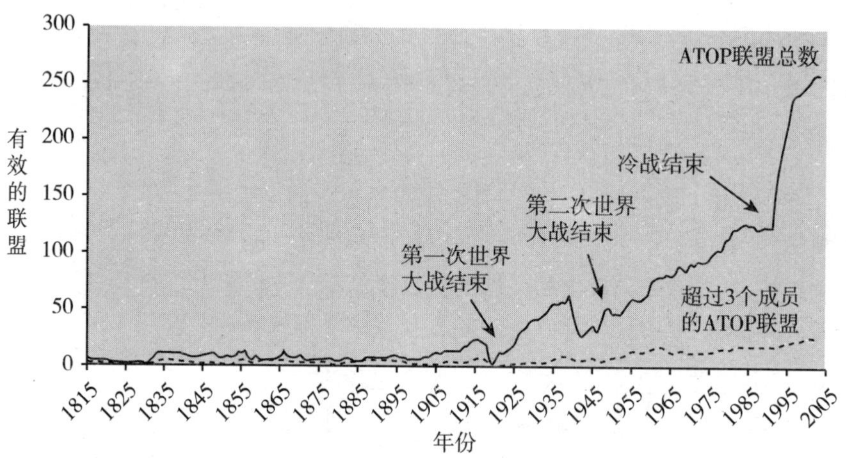

图 12.3　多边联盟数目

资料来源：Leeds 等（2002），转引自 Anderton，C. H. and John R. C.，2009，*Principles of Conflict Economics：A Primer for Social Scientists*，Cambridge University Press.

图 12.4 则给出了由 COW 确定的 7 个主要的国际大国基于 2003 年 ATOP 数据的联盟承诺情况。根据这些数据，大国之间在承诺的总数目和构成方面存在巨

大差别。如俄罗斯和法国拥有的承诺远远超过了其他每个大国，而美国是保证现役军队支持承诺占其联盟承诺超过一半的唯一的大国。

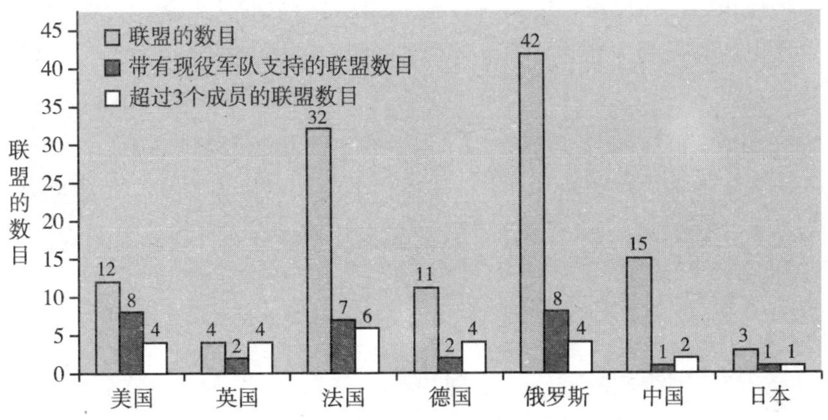

图 12.4　2003 年大国联盟承诺情况

资料来源：Leeds 等（2002），转引自 Anderton，C. H. and John R. C.，2009，*Principles of Conflict Economics：A Primer for Social Scientists*，Cambridge University Press.

12.2　纯公共品模型

从各联盟成员国的角度看，联盟所提供的安全或威慑，是一种公共品。因此，研究军事联盟行为所采用的一般工具就是公共经济学方法。其中，主要有两个模型：纯公共品模型与联合产品模型，本节介绍纯公共品模型。

12.2.1　纯公共品模型一般形式

如果防务对盟国具有纯公共品性质，那么防务利益在盟国之间必须是非竞争性和非排他性的。当一组物品被一个主体（如一个盟国）消费时没有出现哪怕是很小的消费机会上的减少，仍然可以完整地提供给其他主体消费时，我们说这种物品的利益在它的使用者之间是非竞争性的。只要它的提供者能承诺它将毫无保留地报复来自其他联盟的侵略者，它所带来的利益就是非排他性的。很显然，关于成员国之间和联盟内部在防务方面的纯公共性的概念，在某种情况下，只是一种近乎理性的或理论上的说法。但这种分析法为研究军事联盟防务负担提供了一个很好的视角。

从联盟内成员国的角度看，保护的公平，也就是所谓的安全或者威慑，是一种公共品，所以就可以利用公共品理论对军事联盟问题进行研究。著名经济学家奥尔森和泽克豪泽（Olson & Zeckhauser，1966）率先在这方面进行了探索性研究。默多克（Murdoch，1996）继续发展了这种研究，桑德勒和哈特利（Sandler & Hartley，1995）在他们研究的基础上全面梳理了国际领域关于这一领域的研究成果，本节在桑德勒和哈特利（1995）总结的基础上展开。公共品模型的基本内容是：

假定：

（1）n 个盟国中的各国都将自己的国民收入（I）在私人非防务产品（y）和纯防务产品（Q）之间进行配置；

（2）假定决策者是某个没有具体说明的主体 i。同时假定效用函数随 y^i 和 Q 的增加而增加，随 T 的减少而减少。同时，假定效用函数在 y^i 和 Q 组成的坐标中是严格的半凹型曲线。则第 i 个联盟成员国的效用函数为：

$$U^i = U^i(y^i, Q, T) \tag{12.1}$$

式中的上标表示某个盟国 i，Q 表示联盟中所有盟国防务拨款总额，T 表示敌对国对本联盟威胁的估量（可以用敌对国的国防支出来表示）。如以 q^i 表示第 i 国的防务供给，则联盟中所有盟国防务拨款总额为：

$$Q = \sum_{i=1}^{n} q^i \tag{12.2}$$

该式的基本含义是：联盟的防务水平是各盟国防务活动的简单相加。这也意味着盟国之间的防务力量完全可以相互替代。桑德勒和哈特利（1995）认为，正是这种完全可替代性在很大程度上导致了“搭便车”问题，容易造成盟国中的一些国家不增强自身的国防实力，而主要依靠其他盟国来为其提供安全保障。

如果定义 y 的单位价格为 1，q^i 的单位价格为 p，则盟国 i 的资源约束为：

$$I^i = y^i + pq^i \tag{12.3}$$

各个盟国根据效用最大化原则建立起来的纳什均衡配置，以资源约束和以其他盟国在防务方面的最佳回应水平为条件。相对于盟国 i，联盟内其他盟国的总防务水平为：

$$\tilde{Q}^{i} = \sum_{j \neq i} q^{j} \tag{12.4}$$

这里的 $\tilde{Q}^{i}$ 称为联盟防务对盟国 i 的溢入。当每一个盟国都认为它在防务方面的选择最优，并认为其他盟国的选择也处于最优态时，便得到一个最优溢入水平 $\tilde{Q}^{i*}$。此时，没有盟国愿意调整它在 y^{i} 和 q^{i} 配置上的选择，这就实现了纳什均衡。

联盟成员国 i 的纳什均衡问题可以通过下式解决：

$$\max_{y^{i}, q^{i}} \{ U^{i}(y^{i}, q^{i} + \tilde{Q}^{i*}, T) \mid I^{i} = y^{i} + pq^{i} \} \tag{12.5}$$

各盟国的防务配置（y^{i}，q^{i}）就是满足（12.5）式的一个纳什均衡。这就要求 y^{i}，q^{i} 需要满足预算约束并遵循一阶条件：

$$MRS^{i}_{Qy} = p \tag{12.6}$$

式中，MRS^{i}_{Qy}表示第 i 个盟国的军用和民品的边际替代率。

通过对比防务的纳什均衡水平非合作解 Q^{N} 和帕累托最优合作解 Q^{P}，很容易发现纯公共范式的次优性质。在纳什均衡条件下，联盟成员国的决策者仅关心本国公民的社会福利，而忽视对盟内或盟外国家的溢出效果。

当然，如果联盟的所有成员国能授权一个超国家的权威机构按照联盟社会福利最大化的标准来选择联盟的防务水平，那么帕累托最优这种理想状态也许是可以实现的。这时整个联盟防务水平的帕累托最优可以在其他盟国效用水平保持不变和联盟范围资源约束的情况下，通过使第 i 个盟国效用最大化得到。

$$\sum_{i=1}^{n} I^{i} = \sum_{i=1}^{n} y^{i} + p \sum_{i=1}^{n} q^{i} \tag{12.7}$$

相应地，一阶条件可以表示为：

$$\sum_{i=1}^{n} MRS^{i}_{Qy} = p \tag{12.8}$$

即边际替代率之和等于每一单位防务的价格。从本质上说，因为每个盟国都不考虑他的防务为其盟国提供的边际利益，即 $\sum_{j \neq i} MRS^{j}_{Qy}$ 这部分没有包括在内。所以，纳什均衡只能是一种次优选择。

12.2.2　纯公共品模型需求和反应函数

（12.5）式最大化有三个一阶条件，可以解出对私人产品和防务产品的需求：

$$y^i = y^i(I^i, p, \tilde{Q}, T) \tag{12.9}$$

$$q^i = q^i(I^i, p, \tilde{Q}, T) \tag{12.10}$$

式中可见，i 国对国防支出的需求取决于它的国民收入、防务产品的相对价格、溢入水平和威胁的程度。

当防务被表示为一个溢入和其他外生变量的函数时，得到的需求方程也被称为反应函数。如果将所有的价格都确定为 1，且不考虑威胁方面的因素，定义 K 为溢入为零时，防务产品的独立采购。则反应函数就可以用一个线性形式来表示：

$$q^i = K - \gamma^i \tilde{Q} \qquad i = 1, \cdots, n \tag{12.11}$$

线性反应函数可以通过一个斯通—吉尔里（Stones-Geary）效用函数而得出：

$$U^i = (Q - \beta T)^{\alpha}(y^i - \Theta^i)^{1-\alpha} \tag{12.12}$$

式中 βT 表示在基于威胁时最低限度的或仅能维持生存的最小防务公共品水平，Θ^i 表示对私人物品消费的基本需要，α 表示一个小于 1 的正数，参数 β 和 α 可以通过引入指数 i 来加以单个考虑。

结合（12.12）式并解其一阶条件，在资源约束下，可以得出如下的线性支出函数：

$$pq^i = \alpha(I^i - \Theta^i) - (1 - \alpha)p\tilde{Q}^i + (1 - \alpha)\beta pT \tag{12.13}$$

因为 $\alpha < 1$，反应函数具有相对溢入项 $\tilde{Q}^i$ 的负斜率。

12.2.3　模型应用：两国联盟的图表分析

科尔内斯和桑德勒（Cornes & Sandler，1984）利用图形分析了两国联盟的防务负担分担问题。科尔内斯和桑德勒认为，在两国联盟中，每个国家都会面对下列问题：

$$\max_{y^i, q^i}\{U^i(y^i, q^i + q^j, T) \mid I^i = y^i + pq^i\} \tag{12.14}$$

因为只有两国，所以为了分析方便，以 1 代表盟国 i，以 2 代表盟国 j。将

$y^1 = I^1 - pq^1$ 代入效用函数，则盟国 1 受到约束效用为：

$$U^1 = U^1(I^1 - pq^1, q^1 + q^2, T) = U^1(q^1, q^2, I^1, p, T) \qquad (12.15)$$

如图 12.5，在收入、公共产品价格和威胁给定的情况下，预算约束效用可在（q^1，q^2）平面上表示。

图 12.5 表示了三条预算约束等效用曲线。对于一个给定的 q^1 水平而言，溢入值越高越理想，所以曲线 v^2v^2 是一条比 v^1v^1 更高的效用水平线。而且，对任何给定的配置来说，其很少愿意选择的点所组成的图形，一定是凸的。因为它本身是两个凸集的交，即由线性资源约束决定的实际可行点的集合和可参考配置的弱选择配置点的集合。图中，弱选择点的集合由等效用曲线上方的阴影区域来表示，垂直线 I^1/P 表示将耗尽盟国 1 收入的配置。

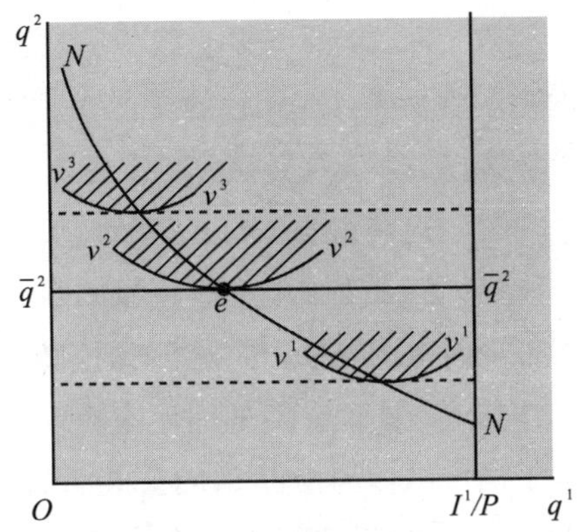

图 12.5　等效用曲线

图中等效用曲线的斜率为：

$$\left.\frac{\mathrm{d}q^2}{\mathrm{d}q^1}\right|_{U^1=\bar{U}^1} = -\frac{\partial U^1/\partial q^1}{\partial U^1/\partial q^2} = -1 + \frac{p}{MRS^1_{Qy}} \qquad (12.16)$$

当这条等效用曲线的斜率为零时，就如方程（12.16）中所表示的，纳什均衡的一阶条件得到满足。图 12.5 中，在任何溢入水平上，比如说溢入水平为 $\bar{q}^2$，满足纳什条件的点是等效用曲线与水平线 $\bar{q}^2\,\bar{q}^2$ 相切的切点 e。这一切点表示联盟在给定目前的溢入水平条件下防务的最佳选择。通过改变溢入的水平并确定相切点的位置，可以得到盟国 1 的纳什反应曲线 NN。

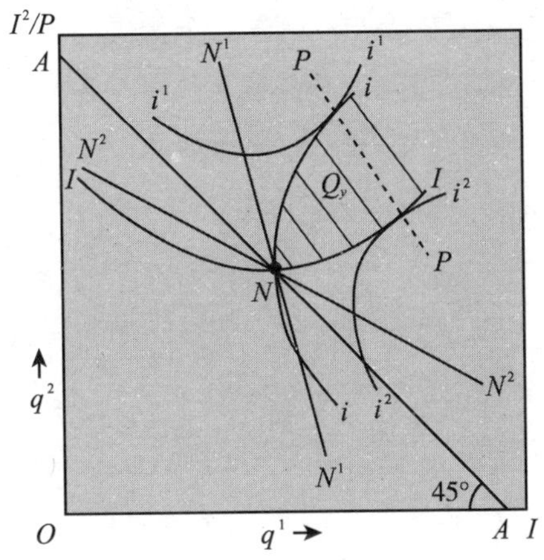

图 12.6　两国的纳什均衡

两个盟国的纳什均衡可以用图 12.6 来描述，盟国 2 的两条等效用曲线 ii 和 i^1i^1 与盟国 1 的两条等效用曲线 II 和 I^1I^1 放在一个坐标系中，除了 q^1 在这里表示

溢入、q^2 表示盟国的防务贡献外，对盟国 2 的分析与盟国 1 的分析相同。结果，盟国 2 的等效用曲线被翻转 90°，以使它的等效用曲线相对于它的 q^2 轴来说是一条“U”形线，且斜率等于（$-1+P/MRS^2_{Qy}$）的倒数。对应于一个固定水平 q^1，其等效用曲线与一条垂直线相切，连接这些切点，则得到盟国 2 的纳什反应路径 N^2N^2。在两条反应路径的交点 N 上，两个盟国的纳什条件都得到满足，没有哪个盟国愿意单方面改变它的配置决策。

科尔内斯和桑德勒（1986）证明了如果所有的物品都是标准的且具有正收入弹性，那么盟国 1 反应路径的斜率是负的，而且在数值上小于 -1。同样地，可以证明由于等效用曲线 90°的翻转，盟国 2 的反应路径的斜率值大于 1。在这种情况下，不仅 N 点的纳什均衡是稳定的，而且正如图 12.6 表示的也是唯一的。为了确定纳什均衡点 N 的公共品的总量，画一条通过点 N、斜率为 -1 的直线 AA，这条直线与两条轴线的交角都是 45°。轴线上的截距 OA 所表示的便是联盟防务的投入总量。

纳什均衡的次优选择，也可以通过图 12.6 表示出来。图中有一个由盟国的等效用曲线 II 和 ii 围成的用斜线表示的阴影区域，这个区域里的每一点在帕累托最优选择中都要比 N 点更优，因为对两个盟国来说，这个区域里的点所带来的效用都比 N 点大。也就是说，通过该范围中的每一个点（比如说通过 Q 点）的两个盟国的等效用曲线的位置都比各自通过 N 点的等效用曲线的位置要高。帕累托轨迹与经过这两个盟国的等效用曲线的切点的点画曲线 PP 相一致，沿着这一路径，帕累托最优条件 $\sum MRS^i_{Qy}=p$ 得到满足。

那么，在剥削假说存在，即较大、较富裕的盟国为较小、较贫穷的盟国承担防务分担的情况下怎么样呢？图 12.7 讨论了这一问题，图中，盟国 1（较富裕的盟国）相对于盟国 2（较贫穷的盟国）来说，它在整个联盟的防务保障方面作出了更多的贡献。各盟国的收入情况决定它们各自的纳什反应路径的相对位置。在其他条件相同的情形下，较低的收入水平意味着联盟会提供一个较低水平的防务 q

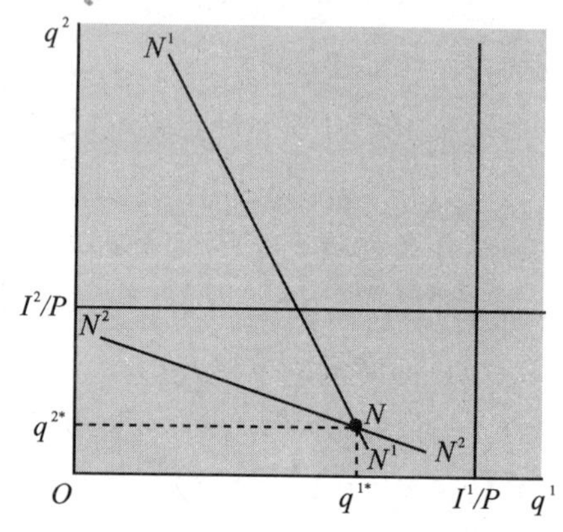

图 12.7　剥削假说

来回应其所得到的各个防务溢入水平。图中，盟国 2 的收入较少，意味着他可以提供一个较低的防务支持水平 q^2，如图中 I^2/p 所示。纳什均衡点为 N，盟国 1 提供 q^{1*}、盟国 2 提供 q^{2*} 的防务溢出。如盟国 1 的收入增加，其纳什均衡路径 N^1N^1 将会外移，很显然，这时便会出现由于盟国 2 几乎不能提供防务而使纳什均衡陷入困境的可能性。

12.2.4　模型应用：三国联盟的代数分析

现实生活中，好多军事联盟并不限于两国之间，多国情况下的军事联盟情况怎么样呢？默多克（1996）扩展了两国情况军事联盟的分析，利用纯公共品模型分析了三国联盟的情况，其分析假定有一个由 3 个国家组成的军事联盟，国家间的唯一差别是收入不同。定义 $I^1 > I^2 > I^3$，如果效用函数相等且是柯布—道格拉斯族（$U = y^a Q^b$, $Q = q^1 + q^2 + q^3$），同时 $f' = 1$，那么，需求方程可以表示为：

$$q^1 = a\frac{I^1}{p} - b(q^2 + q^3) \tag{12.17}$$

$$q^2 = a\frac{I^2}{p} - b(q^1 + q^3) \tag{12.18}$$

$$q^3 = a\frac{I^3}{p} - b(q^1 + q^2) \tag{12.19}$$

式中 $a = \beta/(\alpha + \beta)$，$b = \alpha/(\alpha + \beta)$，$T$ 已忽略不计。上式很好地说明了收入、价格、溢入和军事活动之间关系的假定，模型的参数在经验推导中也很容易识别。

纳什均衡点是上述需求方程的解。在这个例子中，纳什均衡点或“次优均衡”解为：

$$q^{1*} = a\frac{I^1 + b(I^1 - I^2 - I^3)}{c} \tag{12.20}$$

$$q^{2*} = a\frac{I^2 + b(I^2 - I^1 - I^3)}{c} \tag{12.21}$$

$$q^{3*} = a\frac{I^3 + b(I^3 - I^1 - I^2)}{c} \tag{12.22}$$

在上述三式中，$q^{i*} \geqslant 0$，同时 $c = (1 + b - 2b^2)p$。可以看出，纯公共品模型的一个重要结果是，供给水平取决于收入的相对规模。如假定 $I^1 = 100$，$I^2 = 90$，$I^3 =$

80，$a=b=0.5$，防务价格等于1，此时$c=1$，在整体供给水平67.5中，均衡的联盟成员国供给分别为$q^{1*}=32.5$，$q^{2*}=22.5$，$q^{3*}=12.5$。此时，成员国3也会对联盟防务做出自己的贡献，因为其收入规模与其他两国相近。如果假定$I^1=100$，$I^2=60$，$I^3=40$，此时在整体供给水平53.33中，均衡的联盟成员国供给分别为$q^{1*}=46.67$,$q^{2*}=6.67$，$q^{3*}=0$。此时，成员国3对联盟防务水平没有做贡献。

在第一种假设条件下，利用q^i/I^i估算，联盟成员国1、联盟成员国2和联盟成员国3各自的防务负担分别为0.325、0.25和0.156。在第二种假设条件下，各自的防务负担分别为0.466、0.066和0。可见，联盟内一国经济规模与其军事防务负担之间呈正相关性，也就是说，经济实力较强的联盟成员国防务负担相应也较大。而且，联盟之间经济实力差别越大，实力强的国家与实力弱的国家之间国防分担相差更远。也就是说，联盟内部存在被防务经济学家称为联盟之间的“剥削假定”现象。

纳什方案的无效率也得到证明。当$I^1=100$，$I^2=90$，$I^3=80$时，在总供给135中，供给的帕累托最优水平分别是$q^1=55$，$q^2=45$，$q^3=35$。在$I^1=100$，$I^2=60$，$I^3=40$时，在总供给100时帕累托最优水平分别是$q^1=66.67$，$q^2=26.67$，$q^3=6.67$。而在上述情况下，供给的纳什水平都低于帕累托最优水平。

12.3　联合产品模型

纯公共品模型应用公共品理论对军事联盟问题进行了开创性探索，但不少学者陆续发现这一模型与现实似乎还有一定的差距。范·伊珀塞莱·德斯特里霍（Van Ypersele de Strihou，1967）指出，防务利益对联盟成员国部分具有“私人”物品的性质。以武器装备为例，一个盟国可能增加它的武器装备来继续维持其对殖民地的控制，武器装备为这个盟国的国民提供的是纯公共利益，但这种利益不会溢出到其他盟国中去。即使两个盟国都有殖民地方面的利益，但一个盟国的部队在其殖民地的驻扎并不会为另一个盟国的殖民利益提供保护。这种殖民地保护在联盟的各盟国之间是具有排他性和竞争性的，因而具有“私人”物品的性质。他还指出，在联盟成员国接受到的国防收益中“私人收益”① 占一个显著的比例

① 所谓“私人收益”，就是指联盟内某一成员国从军事行为中所获得的收益，但这种收益却不能同时提供给其他成员国。

时，国防负担的分担似乎更能反映受益原则。其后学术界把纯公共品模型推广到联合产品模型，认为，防务行为可以生产各种产品，这些产品在各盟国之间可以是纯公共的，或是纯私人的，或者是非纯公共的。

12.3.1　联合产品模型的一般形式

联合产品模型中防务负担被认为是以与其所得到的收益更为一致的方式进行分摊的。尽管一些小的盟国经济地位较低，但当它们能得到实质性的、具有排他性的收益时，它们也会承担较大的防务开支。同时，当联合产品出现的时候，防务水平可能更接近帕累托最优状态。桑特勒和哈特利（1995）总结了这一模型，该模型的基本内容是：

假定：

（1）一个盟国在军事活动领域和私人（非防务）消费活动领域分别用 q、y 配置它的稀缺资源，一个单位的私人非防务活动与一个单位的私人物品相等；

（2）假定一个单位的军事活动既生产私人物品又生产防务物品。

设 x 代表私人防务产出，z 代表纯公共防务产出，则联合生产的关系为：

$$x^i = f(q^i) \tag{12.23}$$

$$z^i = g(q^i) \tag{12.24}$$

式中，$f(q^i)$、$g(q^i)$ 都是递增且严格凹的两次连续可微函数。

为使模型更具有普遍意义，该表达式与下文中的 $f(\cdot)$、$g(\cdot)$ 和 $h(\cdot)$ 函数在盟国之间可以有所不同。对等式（12.23）和（12.24），其导数 f' 和 g' 表示各自在提供防务产出方面的军事活动边际生产力，联盟的公共收益总溢入量为 $\tilde{Z}$，它是各盟国军事活动集合 $\tilde{Q}$ 的一个函数，故：

$$Z^i = h(\tilde{Q}^i) \tag{12.25}$$

式中，$h'>0$ 且 $h''<0$。其纯公共防务利益的总水平 Z 为：

$$Z = z^i + \tilde{Z}^i \tag{12.26}$$

为简化分析起见，考虑固定系数，则有：

$$x^i = \sigma q^i \tag{12.27}$$

$$z^i = \delta q^i \tag{12.28}$$

$$\tilde{Z}^i = \delta \tilde{Q}^i \tag{12.29}$$

(12.27)式、(12.28)式、(12.29)式分别是(12.23)式、(12.24)式、(12.25)式的一个变形。一般地，该盟国的效用函数可以表示为：

$$U^i = U^i(y^i, x^i, Z, T) \tag{12.30}$$

将(12.26)式、(12.27)式、(12.28)式、(12.29)式分别代入，则该效用函数变为：

$$U^i = U^i[y^i, \sigma q^i, \delta(q^i + \tilde{Q}^i), T] \tag{12.31}$$

其资源约束条件仍为：

$$I^i = y^i + pq^i \tag{12.32}$$

$\tilde{Q}^i$ 被确定在对其他盟国最好的反应水平上。相应地，当下式的一阶条件同时得到满足时，便得到一个纳什均衡：

$$\sigma MRS^i_{xy} + \delta MRS^i_{Zy} = p,\ i = 1,\ \cdots,\ n \tag{12.33}$$

式中 MRS_{xy} 是私人防务产出 x 对物品 y 的边际替代率，MRS_{Zy} 具有相似含义。方程左边表示一盟国一个单位防务活动所产生的边际效益。因为每个单位的军事活动 q 产生不同数量的私人和公共防务产出，所以每一单位私人和公共防务产出的边际值由各自的边际生产力 σ 和 δ 来解释和衡量。方程右边是 q 的边际成本。

这个纳什均衡仍然是次优的，因为就整个联盟来说，一个盟国给其他盟国带来的边际收益，也就是 $\sum_{j \neq i} \delta MRS^j_{Zy}$ 部分没有包括在内。这里我们仍可用图(12.5)～(12.6)的方法来解释两个盟国存在联合产品时的纳什均衡情况。这时等效用曲线的斜率为：

$$\left.\frac{\mathrm{d}q^2}{\mathrm{d}q^1}\right|_{\overline{U}^1} = \frac{p - MRS^1_{qy}}{\delta MRS^1_{Zy}} \tag{12.34}$$

式中 MRS^1_{qy} 是(12.33)式等号左边各项的加权和。

与纯公共品模型相比，图形中的主要差异在于纳什反应路径的形状上，当联合产品是互补关系时，纳什反应路径的斜率可能为正，即 $\partial MRS_{xy}/\partial Z > 0$。该不等式说明，如果可以利用的物品 Z 更多，x 物品的边际价值就会更大。也

就是说，联合生产的产品最好能被一起消费。随着物品 Z 所带来的效用从其同盟国防务活动中溢入，一国将更愿意消费与 Z 物品互补的物品 x，这种情况只有在该国提高其防务活动水平时才有可能。因此，如果联合产品的互补性足够强的话，在防务方面溢入水平的增加，并非必然意味着一个盟国将减少其防务活动。如果能在军事活动中的排他性和非排他性联合产品之间建立一种相互补充关系，那么各盟国就会考虑到其他盟国的努力而增加它们自己在防务方面的贡献。

12.3.2　联合产品全收入和需求函数

为比较纯公共品模型需求函数与联合产品模型需求函数之间的区别，桑德勒和哈特利（1995）在分析时引入“全收入”概念（用 F 表示），全收入包括收入总额和溢入值。因为在（y，Q）空间内，它们都会引起预算约束线的平行外移，所以把收入与溢入量以相同的方式加入到标准纯公共品模型中。

联合产品情况下，在（12.32）式两边分别加上溢入 pQ^i，则资源约束变为：

$$F^i \equiv I^i + p\tilde{Q}^i = y^i + pQ^i \tag{12.35}$$

式中 $pq^i + p\tilde{Q}^i = pQ^i$，故 $q^i = Q^i - \tilde{Q}^i$。

在完全收入模型中，选择是在 y^i 和 Q^i 之间进行，而不是在 y^i 和 q^i 之间进行。相应地，盟国 i 的效用函数可以被改写为：

$$U^i = U^i(y^i, Q^i, \tilde{Q}^i, T) \tag{12.36}$$

在（12.35）式的约束条件下求（12.36）式的最大化，得出能够表示盟国 i 防务需求的一阶条件：

$$Q^i = Q^i(F^i, \tilde{Q}^i, p, T) \tag{12.37}$$

式中 Q^i 即为整个联盟的防务活动水平。在一个纳什均衡中，所有盟国的防务需求水平 Q 必定满足（12.37）式；同时，Q^i 必定等于所有 i 国的 Q。通过联合产品，其他盟国国防支出增加对一个盟国的防务活动需求将产生间接和直接两方面的影响：因为溢入是全部收入的一个组成部分，所以全收入间接地影响国防需求，溢入直接影响国防需求。因为没有盟国能从 $\tilde{Q}^i$ 中得到特殊的利益，因此溢入的变化将影响到私人和纯公共品产出的组合。

联合产品模型与纯公共品模型有许多不同。

首先，因为私人产品是不可以分享的，而纯公共品是非排他的，所以私人产品和纯公共防务产品与联盟成员国的数量并无密切关系。因此如果现存的非纯公共防务产品导致防务力量弱化情况的出现，那么对联盟成员国在数量上的限制必定是基于这种非纯公共品所引起的防务力量弱化的考虑。就防务力量弱化的情况而言，想要加入联盟的国家只有等到因其加入而带来的成本降低所产生的边际效用，与因其加入而给联盟带来的边际防务力量的弱化相等时才会被接收，因为随着更多的联盟国分担既定的防务开支会导致成本的降低，这与纯公共品模型给出的结果不同。①

其次是关于次优的程度。由于私人利益和非纯公共利益的增加是与联合生产防务产品成一定比例关系的，所以各盟国会逐渐流露出它们通过市场或准市场（类似于俱乐部的情况）安排的方式进行支付的真实想法。而后者可以通过向盟国收取一定部署武器和武装力量的费用来解决，就像 1991 年海湾战争发生的情况一样。

再次是联盟构成的可能性。联合产品的存在，对一个国家贡献其防务力量具有一定的刺激作用，即使对相当小的国家来说也是如此。防务负担的分担在很大程度上被预期为应按照盟国具体配置到的特殊利益而不是按照盟国的大小来配置。一个面对国内动荡局面和特殊威胁的小盟国（如以色列），可能承担沉重的防务负担，其防务投入占国内生产总值的百分率比联盟内的任何盟国，甚至很强大的盟国都要大。

最后是收入在盟国之间重新分配时的非中立性问题。在盟国之间防务负担的分摊和福利的分配受到税收政策和其他收入分配政策的影响，这类收入分配政策包括在盟国之间对基础设施（管线、人造卫星、早期预警系统）等资金或联盟内部的预算资金进行分摊等方面的安排等。

默多克和桑德勒（1990）认为通过全收入方法，就可以通过使用一个嵌入检验程序把纯公共品模型与联合产品模型区别开来。对纯公共品模型，全收入防

---

① 纯公共品模型认为，联盟不接纳新加入者的原因主要在于要求既定的武器装备和军事人力保卫更长的边境线。

务需求方程由下式决定：

$$\max_{y^iQ^i}\{U^i(y^i,Q^i,T)\mid y^i+pQ^i=I^i+p\tilde{Q}^i\} \tag{12.38}$$

且：

$$Q^i=Q^i(F^i,p,T),\ i=1,\ \cdots,\ n \tag{12.39}$$

将此式与联合产品的需求函数进行对比可以看出，后者被嵌入进了前者。因为仅在联合产品模型中多了 $\tilde{Q}^i$ 一项。对联合产品的需求模型，可以使用二阶段最小二乘法（2SLS）进行估计，然后使用"F 检验"来确定变量 $\tilde{Q}^i$ 系数的显著性。如果该系数等于零，那么就是纯公共品。

12.4　军事联盟经验分析

1966 年以来，军事联盟的计量检验开始成为国防经济学界关注的焦点，大量的文献对此进行了研究（见表 12.2）。这些研究主要集中在对北约联盟的分析，但也有文章对美以联盟、美日联盟等进行了分析。

表 12.2　　军事联盟经济分析

作　者	所研究联盟	理论模型	经验模型	结　论	时　期
科尼比尔和桑德勒（Conybeare & Sandler, 1990）	三国联盟协约国	联合产品	广义最小二乘法	几乎没有"搭便车"的证据	1880～1914 年
冈萨雷斯和梅海（Gonzales & Mehey, 1990）	发达国家和欠发达国家	安全函数和比例效应	普通最小二乘法	发达国家的防务力量由经济力量决定，存在一些对非正式盟国的"搭便车"现象	1982 年
冈萨雷斯和梅海（1991）	北约组织	联合产品、纯公共品	时间序列、截面数据	发现对联合产品模型更多的支持	1974～1984 年

续表

作　者	所研究联盟	理论模型	经验模型	结　论	时　期
汉森、默多克和桑德勒（Hansen，Murdoch & Sandler，1990）	北约组织	联合产品，区分战略武器和常规武器	广义最小二乘法	对战略核武器的“搭便车”现象比常规武器更多	1972～1985年
希尔顿和乌（Hilton & Vu，1990）	北约组织	纯公共品	联立方程、斯通—吉尔里效用函数\线性支出系统	许多盟国对溢入反应积极而对威胁反应消极	1960～1985年
麦圭尔（McGuire，1982）	美国—以色列	纯公共品、非纯公共品	联立方程、斯通—吉尔里效用函数和线性支出系统	美国对以色列的援助随着阿拉伯国家防务支出增加而增加，以色列对威胁反应积极	1960～1979年
默多克和桑德勒（1984）	北约	联合产品	似不相关回归分析，滞后的溢入和虚拟的转换变量对军事学说的变化	灵活反应减少了美国的负担，互补引起的溢入系数是积极的	1961～1979年
默多克和桑德勒（1985）	太平洋共同防卫组织	联合产品	广义最小二乘法、溢入的滞后	美国和英国溢入比较重要	1961～1979年
默多克和桑德勒（1986）	北约和中立国	联合产品	似不相关回归分析	1974年后瑞典搭北约的便车	1957～1982年
默多克、桑德勒和汉森（1991）	北约	联合产品、中间选民和寡头政治选择	二阶段最小二乘法	比利时、英国和荷兰适合中间选民，法国、联邦德国、美国和意大利适合寡头模型	1965～1988年

续表

作　者	所研究联盟	理论模型	经验模型	结　论	时　期
奥卡穆拉（Okamura，1991）	美国—日本	纯公共品	广义间接对数效用函数、联立方程	威胁变化具有十分积极的效应，存在弹性	1972～1985 年
奥尔森和泽克豪泽（1966）	北约	纯公共品	非参数统计，等级相关测试	防务负担与国家大小呈正相关关系	1964 年
奥尼尔（1990a）	北约	奥尔森的集体行为（1965）	广义最小二乘法、时间序列、截面数据	北约提供有关纯公共品，相对的经济力量和东、西方紧张状态十分重要	1950～1984 年
奥尼尔（1990b）	北约	麦圭尔—格罗斯的图形设计（1985）	普通最小二乘法、截面数据	追求私人利益，盟国认识到要增强合作	1950～1984 年
奥尼尔（1992）	北约	奥尔森的集体行动	普通最小二乘法、时间序列、截面数据	征兵制的改进对剥削假说没有多大影响	1974 年，1981 年，1987 年
奥尼尔和埃尔罗德（Oneal & Elrod，1989）	北约	奥尔森的集体行为	普通最小二乘法、时间序列、截面数据	北约是唯一的特权组织。私人利益出现	1950～1984 年
帕默尔（Palmer，1990a，1990b）	欧洲北约联盟和中立国	纳什模型和林达尔（契约）模型	普通最小二乘法、时间序列、截面数据	美国的防务负担和盟国防务负担之间存在正相关关系	1950～1984 年
普赖尔（Pryor，1968）	北约、华约	奥尔森的剥削假说	普通最小二乘法、截面数据	北约符合剥削假说，华约则不符合	1956～1962 年

续表

作　者	所研究联盟	理论模型	经验模型	结　论	时　期
拉西特（1968）	北约、华约、东南亚贸易组织、中央条约组织、里约热内卢协议组织、阿拉伯联盟	奥尔森的剥削假说	非参数统计、等级相关测试	剥削假说符合东南亚贸易组织、中央条约组织、华约（1965年，1967年）和北约（到1966年）	北约：1950～1967年；华约：1965年，1967年其他：1965年
桑德勒和默多克（1990）	北约	联合产品、全收入方法、林达尔模型和纳什模型	二阶段最小二乘法、纳什和林达尔模型、嵌套测试以区别联合产品和纯公共产品	10个样本盟国遵循联合产品模型，9/10的国家遵循纳什模型，没有国家遵循林达尔模型	1956～1987年
史密斯（1989）	北约（英国和法国）	没有提供先行模型	广义最小二乘法、基于各种适合统计数据模型的混合变量	英国和法国都对溢入反应积极	1951～1987年
斯塔尔（Starr，1974）	华约	奥尔森的剥削假说	非参数统计法、等级相关测试	符合剥削假说	1967～1971年
范·伊珀塞莱·德斯特里霍（1967）	北约	联合产品	没有提供真实的测试	防务负担与国民生产总值之间的正相关关系并不总是有效	1949～1964年

资料来源：Sandler，T.，Hartley，K.，1995，“The Economic Theory of Alliances”，*The Economics of Defense*，Cambridge University Press；Sandler，T.，1993，“The Economic Theory of Alliances：A survey”，*Journal of Conflict Resolution*，37：446～483.

12.4.1　纯公共品模型的经验验证

纯公共品模型的经验分析是要验证：在其他条件相同时，军事联盟内经济规

模较大的国家，相对于经济规模较小的国家，须将更大的国民收入份额用于防务。该计量经济模型有几个代表性的研究：

奥尔森、泽克豪泽的斯皮尔曼随机关联因子分析

军事联盟纯公共品模型的开创者奥尔森、泽克豪泽（1966）验证纯公共品模型，采取了斯皮尔曼随机关联因子方法。他们检测了1964年北约14国“国防负担”和GNP之间的斯皮尔曼随机关联因子，结果表明：二者之间没有关系的假定不成立，而二者之间正相关的假定成立。该研究的一个缺陷是普通最小二乘法（OLS）可能给一些大国权重过大，从而误导参数估计。所以达德利和蒙马奎特（Dudley & Montmarquette，1981）试图通过建立中位投票者模型克服这一问题。

达德利、蒙马奎特中位投票者模型估计

达德利、蒙马奎特通过在定义所需变量后，应用斯通—吉尔里效用函数导出防务需求的经验近似值：

$$\frac{ME_i}{N_i} = \beta_0 + \beta_1 \frac{\mathrm{GNP}_i}{N_i} + \beta_2 \frac{1}{N_i^{1-\alpha}} + \beta_3 \frac{SPILL_i + OSPILL_i}{N_i} + \beta_4 E_i + \varepsilon_i \tag{12.40}$$

式中 ME_i 表示国家 i 的国防支出，N_i 表示国家 i 的人口，GNP_i 表示国家 i 的国民生产总值，$SPILL_i$ 表示样本国 i 所在联盟成员国 ME_i 的总和，$OSPILL_i$ 表示非样本国 i 所在联盟联盟成员国 ME_i 的总和，E_i 表示可能改变关联性的辅助变量，β 表示未知参数，ε_i 表示随机干扰条件。

达德利和蒙马奎特使用了38个国家以及几个联盟1960年、1970年和1975年的数据为样本，使用完全信息最大似然法（FIML）对参数进行估计。结果 β_1 为正且显著，β_3 为负且显著，α 非零且不显著，估计结果支持了中位投票人为决策者的纯公共品模型。

奥尼尔对北约的估计

作为典型的军事联盟，北约符合纯公共品模型还是联合产品模型一直是这一领域关注的焦点。奥尼尔（Oneal，1990a）建立了如下回归模型：

$$\frac{ME_i}{\mathrm{GDP}_{it}} = \beta_0 + \beta_1 \left(\frac{\mathrm{GDP}_{it}}{\sum \mathrm{GDP}_{it}} \right)^2 + \beta_2 E_{it} \tag{12.41}$$

奥尼尔使用北约15国1950～1984年的数据为样本进行了估计。参数估计使用了一个联合时间序列的截面估计量，结果显示，β_1 为正且显著，这也支持了纯公共品模型。许多国防经济学家以北约为对象的研究也发现，20世纪60年代中期以前，北约国防分担接近纯公共品模型结果，即便是20世纪80年代，在对数据加以调整后，北约各盟国防务分担也接近纯公共品模型结果。

12.4.2　联合产品模型的经验验证

桑德勒和福布斯（Sandler & Forbes，1980）等人以北约防务负担数据分析发现，北约1967年后其结果更接近于联合产品模型。他们认为，在联合产品模型中，防务的私人收益将意味着防务负担的分担会更加平均。也就是说，相对经济规模不再是决定分担份额的唯一值。他们比较了相对国防负担与私人收益值后发现，相比1960年，1975年北约私人收益与防务相对负担之间的正相关更显著。此后，默多克、桑德勒（1984），桑德勒和默多克（1990）进一步进行了联合产品模型的经验验证。

默多克—桑德勒检验

默多克和桑德勒（1984）将横截面研究方法改为时间序列方法，其需求解释由需求方程的简化形式导出。设军事活动的价格等于1，则国防支出就是 q^i 的最佳测度。默多克—桑德勒方法涉及对联盟中各个成员国 i 的估算。基于数据中的时间序列变量，他们为联盟成员国建立起的一般估算方程为：

$$ME_{it} = \beta_{i0} + \beta_{i1}\mathrm{GDP}_{it} + \beta_{i2}SPILL_{it-1} + \beta_{i3}E_{it} + \varepsilon_{it} \qquad (12.42)$$

默多克和桑德勒分析发现，在北约内部，某些成员国对溢出的反应（β_{i2}）为正，而另一些成员国对溢出的反应为负。负反应与纯公共品模型和联合产品模型都是不符合的。而正反应又拒绝了纯公共品模型假设。为更清楚地验证联合产品模型，他们认为，灵活反应条令增加了联合产品之间的互补性，并因此使 β_{i2} 因子朝正数方向移动。他们利用（12.42）式估计发现1974年后，70%的北约联盟成员国在灵活反应条令出台后 β_{i2} 为正数，这时北约的情况更符合联合产品模型。

桑德勒—默多克检验

这一验证中，桑德勒、默多克（1990）假设各联盟国自变量相同，他们建立如下的回归方程：

$$\sum_{i} ME_{it} = \beta_{i0} + \beta_{i1}(\mathrm{GDP}_{it} + SPILL_{it}) + \beta_{i2}SPILL_{it} + \beta_{i3}E_{it} + \varepsilon_{it} \quad (12.43)$$

桑德勒和默多克使用 1956～1987 年的北约数据进行普通最小二乘法估计，结果支持了联盟的联合产品性质。

关键术语

军事联盟　纯公共品模型　联合产品模型

课后思考

1. 试述军事联盟纯公共品模型的形式、原理和方法。
2. 试用纯公共品模型对二国联盟和三国联盟的情况进行分析。
3. 试述军事联盟联合产品模型的形式、原理和方法。
4. 试述军事联盟纯公共品模型和联合产品模型的联系和区别。

参考文献

Anderton，C. H. and Carter，J. R.，2009，*Principles of Conflict Economics：A Primer for Social Scientists*，Cambridge University Press.

Conybeare，J. and Sandler，T.，1990，"The Triple Entente and the Triple Alliance，1880－1914：A Collective Goods Approach"，*American Political Science Review*，84：197～206.

Cornes，R. and Sandler，T.，1986，*the Theory of Externalities*，*Public Goods*，*and Club Goods*，New York：Cambridge University Press.

Cornes，R. and Todd S.，1984，"Easy Riders，Joint Production and Public Goods，" *Economic Journal*，94（3）：580～598.

Dudley，L. and Montmarquette，C.，1981，"The Demand for Military Expenditures：An International Comparison"，*Public Choice*，37：5～31.

Gibler，Douglas M. and Sarkees，Meredith Reid，2004，"Measuring Alliances：The Correlates of War Formal Interstate Alliance Dataset，1816～2000"，*Journal of Peace Research*，41（2）：211～222.

Glenn，H. Snyder，1987，*Alliance Politics*，Ithaca：Cornell University Press.

Gonzales，R. A. and Mehay，S. L.，1991，"Burden Sharing in the NATO Alliance"，*Public Choice*，68：107～116.

Gonzalez，R. A. and Mehay，S. L.，1990，"Publicness，Scale and Spillover Effects in Defense Spending", *Public Finance Review*, 18: 273～290.

Hansen, L., Murdoch, J. C. and Sandler, T., 1990, "On Distinguishing the Behavior of Nuclear and Non-Nuclear Allies in NATO", *Defence Economics*, 1: 37～55.

Hilton, B. J. and Vu, A., 1991, "NATO and the Warsaw Pact: An Interactive Econometric Model", *Defence Economics*, 2 (3): 105～121.

Leeds, B. A., 2003, "Do Alliances Deter Aggression? The Influence of Military Alliances on the Initiation of Militarized Interstate Disputes", *American Journal of Political Science*, 47 (3): 427～439.

McGuire, M. C., 1982, "U. S. Assistance, Israeli Allocation and the Arms Race in the Middle East", *Journal of Conflict Resolution*, 26: 199～235.

Murdoch, J. C. and Sandler, T., 1986, "The Political Economy of Scandinavian Neutrality", *Scandinavian Journal of Economics*, 88: 583～603.

Murdoch, J. C. and Sandler, T., 1984, "Complementariry, Free Ride and the Military Expenditure of NATO Allies", *Journal of Public Economics*, 25: 83～101.

Murdoch, J. C. and Sandler, T., 1985, "Australian Demand for Military Expenditures", *Australian Economic Papers*, 44 (1): 142～153.

Murdoch, J. C., 1996, "Military Alliances: Theory and Empirics", *Handbook of Defense Economics* Ⅰ, New York.

Murdoch, J. C., Sandler, T. and Hansen, L., 1991, "An Econometric Technique for Comparing Median. Voter and Oligarchy Choice Models of Collective Action-the Case of NATO Alliance", *the Review of Economics and Statistics*, 73: 624～631.

Okamura, M., 1991, "Estimating the Impact of the Soviet Union' s Threat on the United States-Japan Alliance: A Demand System Approach", *the Review of Economics and Statistics*, 73 (2): 200～207.

Olson, M. and Zeckhauser, R., 1966, "An Economic Theory of Alliances", *Review of Economics and Statistics*, 48: 266～279.

Oneal, J. R. and Elrod, M. A. 1989, "NATO Burden Sharing and the Forces of Change", *International Studies Quarterly*, 33: 435～456.

Oneal, J. R, 1992, "Budgetary Savings from Conscription and Burden Sharing in NATO", *Defence Economics*, 3 (2): 113～125.

Oneal, J. R., 1990a, "Testing the Theory of Collective Action: Defence Burdens, 1950–1984", *Journal of Conflict Resolution*, 34: 426～448.

Oneal, J. R., 1990b, "The Theory of Collective Action and Burden Sharing in NATO", *In-*

ternational Organization, 44 (3): 379 ~402.

Palmer, G., 1990a, "Alliance Politics and Issue Areas: Determinants of Defense Spending", *American Journal of Political Science*, 34: 190 ~211.

Palmer, G., 1990, "Corralling the Free Rider: Deterrence and the Western Alliance", *International Studies Quarterly*, 34: 147 ~164.

Pryor, F. L., 1968, *Public expenditures in communist and Capitalist Nations*, George Allen and Unwin, London.

Russett, B. M., 1968, "Components of an Operational Theory of International Alliance Formation", *Journal of Conflict Resolution*, 12 (3): 285 ~301.

Sandler, T. and Forbes, J. F., 1980, "Burden Sharing, Strategy and the Design of NATO", *Economics Inquiry*, 18: 425 ~444.

Sandler, T. and Murdoch, J. C., 1990, "Nash-Cournot or Lindahl Behavior? An Empirical Test for the NATO Allies", *Quarterly Journal of Economics*, 105 (4): 875 ~894.

Sandler, T., 1993, "The Economic Theory of Alliances: A Survey", *Journal of Conflict Resolution*, 37: 446 ~483.

Sandler, T. and Murdoch, J., 1990, "Nash-Cournot or Lindahl behavior? An Empirical Test for the NATO Allies", *Quarterly Journal of Economics*, 105 (4): 875 ~894.

Sandler, T., Hartley, K., 1995, "The Economic Theory of Alliances", *The Economics of Defense*, Cambridge University Press.

Smith, R., 1989, "Models of military expenditures", *Journal of Applied Econometrics*, 4: 45 ~59.

Starr, H., 1974, "A Collective Goods Analysis of the Warsaw Pact after Czechoslovakia", *International Organization*, 28: 521 ~532.

Van Ypersele de Strihou, J., 1967, "Sharing the Defence Burden among Western Allies", *Review of Economics and Statistics*, 49: 527 ~536.

Wolfers A., "Alliances", in David L. Sills (eds.), *International Encyclopedia of Social Sciences*, New York: Macmillan, 1968, 1268 ~1269.

第4篇

国防工业、国防研究与发展

第13章　国防工业（I）：结构与演变

国防工业是支撑国家军事力量的物质技术基础，国防工业既有一般产业的共同特性，也有区别于一般产业的不同特性。冷战结束后，在国防预算增速放缓、武器装备价格又不断攀升的情况下，如何调整国防工业基础、提高国防工业效率的问题更加突出。

本书在国防工业部分分两章介绍国防工业基础的界定、结构、发展演变和国防工业成本收益、规模、绩效等。本章主要介绍国防工业基础的基本内涵和国防工业基础的发展演化、转型与全球化。第一节讨论国防工业基础的概念、分类与度量；第二节讨论国防工业结构；第三节讨论国防工业的演变与发展；第四节、第五节分别介绍国防工业转型与全球化时代的国防工业。

13.1　国防工业基础

国防工业基础是构成国防政策的重要内容。冷战结束后，国防工业在竞争日益激烈的市场中面临产品需求不断下降的现实问题，这使得国防工业基础的内涵、性质、范围，以及国防工业企业与政府的关系都在发生着深刻的变化。

13.1.1　国防工业基础界定

表面上看，国防工业基础（Defense Industry Base，DIB）似乎是一个很明确的概念。世界上很多国家都拥有自己的国防工业基础，它由向国防部门提供防务产品以及与国防相关的装备公司和企业组成。但事实上，理论与实践部门对国防工业基础的认识也并非一致。其中下面几种观点较具代表性：

（1）国防工业基础包括给国防部门和武装力量提供所需要装备的一系列公司（Taylor & Hayward，1989）；

（2）国防工业基础由那些提供国家军事能力和国家安全关键因素的工业资产所组成，这些资产受到政府的特殊关注（Taylor & Hayward，1989）；

（3）国防工业基础包括那些生产军用产品（如武器、弹药、潜艇等）的工业部门，也包括那些生产民用产品的部门。国防工业的责任主要决定于大部分工业产出的目的：大部分应当为国防市场所专用（Todd，1988）；

（4）国防工业基础包括“那些为国家武装力量最终消费生产产品、服务和技术的经济部门”。国防工业基础满足两个需要：一国军事平时情况下的物资需求，以及战时或紧急状态下的快速扩张以满足增长的需求（Haglund，1989）；

（5）国防工业基础包含主要合约、次合约和那些提供空、地、海作战系统的国有或私有部门。除了确保本国充分自给外，国防工业在战时必须能迅速扩张（Gansler，1989）。

陈德第等（2001）编撰的《国防经济大辞典》认为：国防工业基础是设计、研制和生产国防所需武器装备的人员、设备、技术和设施的总和。它必须具备两个基本能力：一是不断研制先进和精良的高技术武器装备的能力；二是具有和平时期能满足小规模生产的能力和战时应急扩大生产的能力。

上述观点虽不尽一致，但有一些基本的要素是相同的，邓恩（Dunne，2005）在《国防经济学手册》中把国防工业基础定义为“国家拥有独立的依靠国防开支的产业群或产业部门，依此国家在某种程度上可以自主地生产国防或战争所需要的武器装备，它由向国防部门提供国防以及与国防相关装备的公司企业组成。”

13.1.2 国防工业基础分类

国防工业基础概念所涵盖的产品范围可能极其广泛，例如对于武器这个概念而言，就包括从大型的技术先进的代价高昂的先进武器系统到低价的小型装备，还有军事部门消费的数量巨大的其他更具通用性的一般产品。可以按照不同的方

法对国防工业基础进行分类：

根据专用性程度进行分类　根据其所提供的国防及国防相关装备与军事或战争行为专用性程度，一般可把国防工业基础分为三类，即：

（1）大型或小型的杀伤性武器系统。这类产品的专用性非常强。

（2）非杀伤性的战略物资（如汽车与油料）。这类产品的技术专用性不强，但最终产品专用性较强。

（3）军事部门消费的其他产品（如食品和衣物）。这类产品无论是技术还是最终产品都是军民通用的。

需要说明的是，专用性的差别并不必然反映它们在国防和安全生产中作用的重要性。因为如果没有战略物资、油料和运输工具等足够的后勤供给，即使专用性非常强的武器系统也无法正常发挥作用，而没有基本消费品的充足供给，士兵也不可能完成军事任务。

根据以上情况，国防工业基础中的企业也可以相应地分为专用性很强的企业、专用性一般的企业以及军民通用型企业。

根据国防工业企业对军事生产的依赖性和重要性差异进行分类　这是分别从供给方和需求方的角度来考察的，国防工业企业依赖军事生产的程度和它们在国防工业基础中的重要性有一致的一面，也有不同的一面。但没有理由认为企业依赖军事生产的程度和它在国防工业基础中重要性间存在必然的联系。比如，一些多元化经营的大公司，国防产品订货仅占到其利润很小的部分，所以企业本身依赖军事生产的程度很低，但这些公司的产品对特定武器系统来说可能是必不可少的，这意味着它在国防工业基础中的重要性很高。相反，某些规模较小的公司，其全部利润和经营也许都来自于军事订货，但它却并非是重要的供应商。按照这一标准可以把国防工业企业分为下面四类：

（1）高依赖性、极具重要性的企业，如英国的VSEL公司、美国的诺思罗普（Northrop）公司和法国的GIAT公司；

（2）低依赖性、极具重要性的企业，如英国的通用电气公司、美国的麦克唐奈·道格拉斯公司、德国的戴姆勒·奔驰公司；

（3）高依赖性，但重要性却相对较小的企业，如很专业但却比较容易成为主承包商的分承包商；

（4）低依赖性，且重要性也相对较小的企业，如生产纸巾的企业。

专栏 13.1 诺思罗普·格鲁曼公司

诺思罗普·格鲁曼公司（Northrop Grumman Corporation）是美国主要的航空航天飞行器制造厂商之一，由原诺思罗普公司和格鲁曼公司于1994年合并而成。同年，诺思罗普·格鲁曼公司收购了沃特（Vought）飞机公司；1996年又收购了威斯汀豪斯电气公司的防务和电子系统分部；1997年完成了与防务信息技术（Logicon）公司的合并。1997年7月，诺思罗普·格鲁曼公司和洛克希德·马丁公司提出合并，以便进一步加强全球竞争力，但出于反垄断等的种种考虑，美国政府未予批准。

诺思罗普·格鲁曼公司在电子和系统集成、军用轰炸机、战斗机、侦察机以及军用和民用飞机部件、精密武器和信息系统等领域具有很大优势。1997年，公司雇员为5.2万人，销售额为92亿美元。

诺思罗普·格鲁曼公司的董事会是最高决策机构，下设五个分部及一个中心：

（1）军用飞机系统分部（Military Aircraft Systems Div.） 负责制造B-2轰炸机并为其提供GPS辅助轰炸系统和GPS辅助制导炸弹；为F/A-18C/D、F/A-18E/F攻击机制造后机身和双垂尾；制造和改进E-2C预警机；将波音-707改装成能与地面机构联合监视目标攻击雷达系统的战区监视飞机；为EA-68、F-14、A-10、A-6、A-7、C-2及S-2飞机提供支持和维护服务；改进F-5系列飞机和T-38教练机。

（2）电子和系统集成分部（Electronic & Systems Integration Div.） 该分部下设四个子公司：精确武器及系统公司、监视及电子战系统公司、电子及预备支持系统公司和监视及战场管理系统公司。

（3）民用飞机分部（Commercial Aircraft Div.） 该分部制造波音-747的机身及尾部、货舱和客舱门；波音-757和波音-767的机尾；波音-767的机翼中段；该分部也是波音-777和C-17的转包商。

（4）数据系统及服务分部（Data Systems & Service Div.） 提供大规模系统集成和专业服务，计算机软硬件支持、工程和维护服务。

（5）电子传感器和系统分部（Electronic Sensors and Systems Div.）。

（6）先进技术和设计中心（Advanced Technology and Design Center） 从事

新技术的研究、设计和工程应用，包括先进飞行器、综合监视系统、战斗机系统集成、先进电子系统及产品等。

公司业务是研究、生产和经销军用、民用飞机；研究、生产导弹和无人驾驶飞行器；电子产品和提供技术服务等其他领域；研究、生产军用电子系统、军用飞机和空间飞行器的系统一体化、特种运输车辆、信息及其他服务。

诺思罗普·格鲁曼公司近来的主要产品有B－2隐身轰炸机、A－6舰载攻击机、F－14"雄猫"战斗机、EA－6B电子战飞机、E－2C"鹰眼"预警机；为F－16飞机和F－22飞机生产火控雷达；为AH－64D"长弓阿帕奇"直升机生产长弓火控雷达和"海法尔"导弹；作为子承包商生产波音－747和F－18的部件；生产制导和导航设备、电子传感器和跟踪系统、自动化试验设备、军用电子对抗装置、自动检测设备、联合侦测目标攻击雷达系统、航天飞机的指令辅助系统、空间站信息及控制辅助程序；铝质卡车车体和耐用车辆等。同时，作为F－5系列飞机的原制造商，该公司将致力于改进F－5飞机的机载电子设备、延长其使用寿命的工作。该公司还曾进行了YF－23先进战术战斗机样机的研制工作。

——国防在线 http：//www. defenseonline. com. cn/industry/star_ com/northrop. htm

根据技术水平进行分类　沃克等人（Walker et. al，1988）和斯科菲尔德（Schofield，1993）认为，军工主承包商是一个把各个子系统归并到完整的最终产品的制造商系统。由此，存在着一个从系统产品到通用和具有专业特点的低层次部件以及军民界限逐渐淡化的产品等级系列。他们提出的产品等级是：

（1）军事战略与思想（高层次计划）；

（2）综合武器与信息系统（如国家预警系统）；

（3）大型武器平台与通讯系统（如飞机、战舰等）；

（4）完整的武器与通讯的组成部分（如鱼雷）；

（5）子系统（如陀螺仪）；

（6）分装配件（如瞄准具、信管）；

（7）部件（如集成电路）；

（8）材料（如半导体）。

在这个分类中，顶部的产品是具有长寿命、高单位成本、复杂系统的综合产品，而处在底部的则是单位成本较低，可以大批量生产的产品，每一层次上的产品其特征和专用性也存在很大差别，国防工业基础的这种分类方法凸显了军品与民品的差异。

13.1.3 国防工业基础度量

如何判断一国国防工业基础规模，这就涉及国防工业基础的衡量问题。由于国防工业基础的复杂性，理解这一概念时应注意以下几个方面：

（1）不同企业对军事生产的依赖程度是不同的。有些军事订单直接从国防部门获得，而有些则是分承包商从主承包商那里获得。因此直接衡量国防工业基础企业的方法容易低估这些分承包商在国防工业基础中的重要性（某些分承包商只制造中间产品或零部件，可能连他们自己都不知道自己是国防工业基础的一部分）。

（2）世界各国界定军事生产的口径并不一致。一些国家将武器组件的生产和出口（如英国与伊拉克的重型炮交易）、防暴和暴乱控制装备、防暴金属网和刑具以及其他类似设备没列入军事产品的范围。另外，随着军民两用技术的增长，使得军品和民品的界限模糊起来。不少国家在民用项目下发展与国防有关的装备，如电子工业。因此，一些国家对军事生产的依赖程度往往被大大低估。

（3）关于国外防务产品供应商是否应被看作是本国国防工业基础的一部分也存在争议。传统观点认为，国防工业基础这一概念本身强调本国自主生产武器装备。但是，由于先进武器的成本和复杂性日益增加，一个国家在所有武器领域内都维持生产能力并不经济。而且，任何拥有完整的国防工业基础的国家可能都还需要进口零部件。所以，是否将国外防务产品供给商看作本国国防工业基础的一部分还存在争论。

（4）国防工业基础所起的作用并不仅限于提供战争的技术和设备。目前国防经济学界关于必须维持国防工业基础的理由有两点：一是能够提供安全；二是国防工业基础的正外部性，即它能通过溢出效应提供技术性的就业和促进技术进步，因而有利于国民经济发展。但也有学者指出，国防工业基础对私人投资与就业产生挤出效应。因此，国防工业基础在政府产业和技术政策中具有重要作用（特别是在美国、法国和英国），这些因素意味着对国防工业基础作用和性质的任何评估都必须将问题置于更广阔的范围中去考察。

（5）军转民问题。冷战结束后一段时间，军事订货下降，国防工业基础关注的重点事实上已经从强调维持完整的军工生产设施，转向通过维持生产先进武

器系统的技术能力来保持战略的自主性。因而各国都选择军转民战略，希望通过发展“两用”技术可以增强这种自主性。这种两用技术意在允许军工承包商在民品市场上开展多种经营，使他们减少对国防采购的依赖性，但依然保持着武器生产能力。这种军转民对于国防工业基础的影响到底如何，牵涉到国防工业基础的概念，需要关注。

（6）国防工业基础测算中的问题。对国防工业基础的界定，不可避免地要对其进行测算。但在测算中出现了许多问题：

第一，许多国家国防工业企业的信息是保密的。

第二，在军民品混合生产的企业中，要区分军品和民品生产的工作和它们对利润的贡献等界限往往十分困难。

第三，即使在军工生产单位单独设立的企业中，有利可图的军工合同对民品生产的交叉补贴很可能被隐蔽起来了。

第四，要获取劳动力的技术构成和就业方面的数据也绝非易事，由于秘密研究，获取有高度技能的科学家和工程技术人员的数据尤其困难。

第五，测算整个国防工业基础的就业范围要求对所有涉及国防工业生产的公司，包括子承包商的供应链都十分清楚，而这又是一件很困难的事。

第六，除了直接和间接地从事国防工业生产的公司外，还存在着一种乘数效应，它反映了国防部门的花费对当地经济的影响。

（7）厂商供给装备的效率决定了武器装备的单位成本，也决定了不断紧缩的国防预算所能购买的装备数量。因此，国防工业是国防的主要组成部分。然而，不能脱离采购政策来评估国防工业的效率，因为政府已经创建了一个被管制的市场，而这一市场实质上与经济学家的竞争模型相背离。由此又引发了政府是否应当干预和支持其国防工业基础的一系列问题。

因此，国防工业基础并不是一个好界定、好衡量的概念。在实际中，应该依据所研究的具体问题、所使用的资料，以及数据的质量和来源来确定国防工业基础的具体含义和测算的范围。

13.1.4　军事—工业复合体

政府是理解国防工业或军火市场的核心因素。经济学中经常假定政府以社会福利的最大化为目标。而国防工业基础通常被看作是国家安全政策的一个被动的组成部分，它是政府实现福利最大化的手段，受到政府政策的控制。事实上，这样的假设隐含了一个前提，就是政府代表全体公民对防务和进攻能力的需要做出决策，对实现这些目标的武装力量结构和武器采购最佳方式进行决策，而后对适应这些目标的最佳国防工业基础的形式进行决策。

“军事—工业复合体（Military – Industrial Complex，MIC）”则反过来显示国防工业基础主动地影响政府决策的问题。“军事—工业复合体”这一概念是由美国前共和党总统艾森豪威尔（Eisenhower）提出来的。他在 1961 年 1 月 17 日的《告别演说》中首次提出这一概念。他说“巨大的军事体制与大规模的军备工业相结合是美国的新经验，其全面影响力——经济的、政治的，甚至心理的，在联邦政府的每个城市、每个州议会及每个办公室，都可以感觉得到。我们承认此发展的必要性，然而却不能不去理解其重大含义：我们的辛劳、资源及生活都涉及其中，所以这是我们的真正社会结构。我们的各级政府必须对这种军事工业复合体有意或无意而获得的不正常影响力提高警惕，否则不当权力配置的灾难可能存在且会持续着。”可见，艾森豪威尔当时关注的问题是，在国家和产业内部存在的既得利益集团的联合体，可能导致根据联合体成员的利益决策而不是根据国家安全利益决策。这些联合体可能包括武装部队、文职的国防部门、立法机关、军火制造商及其工作人员中的某些成员，这种联合体就是“军事—工业复合体”。

专栏 13.2 艾森豪威尔和军工复合体的创建

政府和军工企业之间的牢固关系体现在“军工复合体”（MIC）这个词中。这个著名的词是美国总统艾森豪威尔在 1961 年 1 月的告别演说中创造出来的。在他的演说中，他将 MIC 的创建和存在归因为众多因素：

国家安全 首先，艾森豪威尔提到了国家安全，他说：“我们的军事机构是维护和平必不可少的要素……直至最近的一次世界性冲突之前、美国仍没有军事工业。美国的犁铧制造商们在必要时也能制造剑。但是现在我们不能再以临阵磨枪的方式承担国防上的风险；我们已被迫创建一个规模宏大的永久性军事工业。”

经济 其次，艾森豪威尔重视 MIC 后面的经济动机，他说：350 万男人和妇女直接服务于国防机构。我们每年在军事安全上的开支超过了美国所有的公司的纯收入……它涉及我们的人力、资源、生活，乃至我们社会的结构。

在和平年代维持高国防支出可获得一些短期的实惠，如拉动美国摆脱1949/1950年的衰退和使受制于战后生产能力过剩的工业部门恢复元气。另外，国防支出可以维持充分就业，直到达成贸易协议。

科研　再次，艾森豪威尔指出，科学家和政府之间新的关系推动了MIC的诞生和延续："近几十年的技术革命与我们的工业—军事状况的巨大变化有相似之处，而且对这种巨大变化起了很大作用。在这场技术革命中，研究工作已趋于集中；它也变得更正规、更复杂、更昂贵。为联邦政府而实施，由联邦政府实施，或在联邦政府指导下实施的研究工作份额正逐步增加。"

……

政治动机　自始至终，艾森豪威尔都注意到了军工复合体潜在的政治动机，他说："当我们展望社会的未来时，我们、你、我和我国政府必须避免一种只顾今日生活的冲动，不应为了我们自己的舒适和便利巧取豪夺明天的宝贵资源。我们不可能以孙儿辈的物质财富作抵押，而又不冒使他们丧失政治和精神遗产的风险。我们要让民主代代相传，它不该成为明天无力还债的鬼魂。"

特别地，内含的政治动机为MIC的继续存在作出了贡献。第二次世界大战见证了新的政府机构的激增。它们包括战时生产委员会、价格管制办公室、战时人力委员会、战时食品管制、OSRD、战时航运委员会、战时劳工委员会、战略服务办公室（中央情报局的前身），以及众多的基层部门。结果，联邦政府的雇用在20世纪40年代初期显著地增长了，而且尽管存在战后的衰退，也将永远不会下降到战前的水平。

由于这一扩张的官僚机构寻求战后新的任务，政客们开始将之视为一种恩赐而加以利用。因此，MIC继续存在，部分是因为它产生了私人可专用的利益—企业、联邦工资、官僚工作、国会投票、研究补贴等等。反过来，这些利益可以使一个政客待在办公室里或更容易地进行他/她的工作。

——Poast，P.，2006，*The Economics of War*，McGraw-Hill/Irwin.

"军事—工业复合体"概念的提出有其独特的历史背景，但经过40多年的发展，概念本身已发生了变化，可以从以下三个方面来理解它的含义。

首先，从本质上讲，军工复合体代表了政府和经济机构之间的互动关系，是行政机构中的军事机构与经济部门中的军工企业的联合体。这种联合体是一种制度性的结合，并在经济、政治、精神等诸多方面对一国产生深刻影响。

其次，军工复合体是一种特殊的利益集团。科伊斯蒂宁（Koistinen，1980）指出：从我们的政府寻求特别的关注——在这里寻求合同，又在那里寻求税收利益，试图改变政府条例去方便攫取金条，最终是要使他们更加有利可图。

最后，军工复合体也是一定历史阶段的产物，只有在军事机构与工业企业之间的密切联系完全建立起来后（不论在战争时期还是在和平时期这种密切联系都存在），并在它们对政府的政策产生强有力的、持续的影响的情况下，完整意义上的军工复合体才真正出现。

由此，这就决定了军事—工业复合体的独特性质。一方面，它虽然有军方背景，能极大地影响政府的决策，但它本身只是政府决策的影响因素之一，不能代替政府进行决策，不直接掌控公共权力；另一方面，由于军工企业与军事机构在经济、人事等各方面的密切结合，它对政府政策，主要是政府防务政策的影响远较其他一般企业大得多。

从名称上看，军事—工业复合体包括两部分——军事机构和企业。在2007年出版的《国防经济学手册》第2卷中，哈特利（Hartley，2007）在“军事—工业”后面又加上了“政治”一词，称为“军事—工业—政治复合体”（Military-Industrial-political Complex）。他认为军事—工业—政治复合体是由武装部队、国防部、主承包商构成的生产者团体和政客所组成的利益集团，他们通过游说政府以影响合同的回报和武器采购过程中的竞争程序，越大的承包商在生产者团体中的影响力越大、越有力。

美国的军工复合体是美国最强势的利益集团之一，这里我们以沈发惠（2007）的研究为基础，以美国为例介绍军事—工业复合体的组成。

国会议员　国会议员在军工企业厂商的游说下，不得不在国防预算与相关议案上重视军工企业的意见。特别是军工企业所在地的选区议员，更是备受选举压力。但国会也不是任由军方予取予求。美国政府每年都必须对国会提出未来2年的国防预算、后续3年支出计划预算，以及长期支出的6年国防预算；在国会完成审核前称为“需求预算”，核准后是“授权预算”。

国会在总统提出预算案后，参众两院同时进行各自的武装部队委员会（Senate Armed Services Committee，SASC）听证后，再交由预算委员会（Budget Committees）

协商预算基准。国防拨款委员会（Appropriation Defense Subcommittees）可以核准单一计划，并与其他委员会监督国防预算。国会议员通过对预算过程及军事计划进行干预，造成对军方和军工企业的压力，谋取自身利益。

军方　军方和军工企业最基本的交流即是人员的互相转任。例如，肯尼迪时代的国务卿迪安·腊斯克（Dean Rusk）就任前为洛克菲勒基金会的主席，国防部长麦克纳马拉（McNamara）为福特汽车总裁，财政部长道格拉斯·迪伦（Douglas Dillon）为迪伦投资公司总裁。里根政府第一任国务卿亚历山大·黑格（Alexander Haig）为军工企业"联合科技"（United Technologies）总裁。随着4年一任的总统任职，不少企业界人士被聘请到政府机关担任管理及决策工作，数年后又回到企业界（见表13.1）。这种"旋转门"（Revolving Door）式的联结，使军工企业可以进入政府的决策管道，甚至做出有利于自己的决策。

表13.1　20世纪70年代美国军工企业与联邦政府人员流动情况

	政府流向公司			公司流向政府		
公司	国防部军人	国防部文职	NASA①	国防部	NASA	总人数
波音	316	35	3	37	7	398
通用动力	189	17	1	32	0	293
格鲁曼	67	5	1	16	7	96
洛克希德	240	30	6	34	11	321
麦道	159	12	2	29	9	211
诺斯罗普	284	50	9	16	1	360
罗克韦尔	150	26	6	47	5	234
通用技术	50	11	3	12	7	83
总计	1455	186	31	223	47	1942

资料来源：Gordon A.，1981，*The Iron Triangle：Politics of Defense Contracting*，New York：Council on Economic Priorities.

除人员转任外，军方还可以运用采购权控制军工企业。如1994年采购通用动力公司（General Dynamics）价值25亿美元的海狼级（Seawolf Class）潜艇、

① NASA是美国国家航空航天局（National Aeronautics and Space Administration）的简称。

2001年10月洛克希德·马丁公司（Lockheed Martin）赢得联合攻击战斗机（Joint Strike Fighter）的合约。另外研发奖助权（如1962年麦克纳马拉部长选择通用动力公司负责TFX计划）和国外军售决定权，也是控制军工企业的方法。

军工企业 军工企业运用其影响力，游说国会议员以争取国防采购合约，或避免预算遭到删减、基地被裁。他们除了雇用退休的国会议员或军方将领，也会做政治布局，譬如让各个相关地区都分到一点好处，使武器计划获得广泛支持；洛克威尔公司（Rockwell）争取B-1轰炸机就是最著名的案例。洛克威尔将B-1轰炸机的承包业务打散到48个州，等于全国435个选区里的400多个选区都有转包商，让国会议员感受到选区压力，不得不支持。洛克威尔的强力运作，加之正确地支持了共和党，在里根当选后即以“为你的选区造就工作机会（jobs for your district）”为口号游说国会议员，推翻了卡特总统在1977年反对制造B-1轰炸机的决定，使4架原型轰炸机的研究发展得以持续。因此，国会、军方和军工企业之间的关系被形象地描述为“铁三角”（见图13.1）。

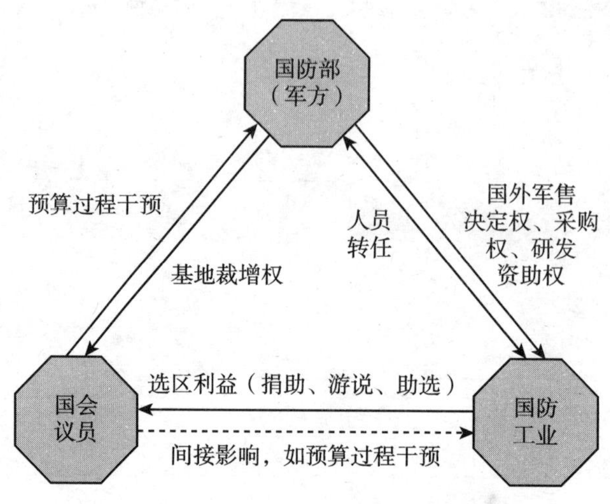

图13.1 军工复合体“铁三角”关系结构图

资料来源：沈发惠，《秃鹰或白鸽？浅谈“军工复合体”》，台湾大学政治学系研究生论文，2007年。

美国的军事工业复合体是在“二战”后发展起来的。冷战结束后，美国裁减军力，削减国防预算。直到“9·11”事件之后，反恐成为美国国家政策的基

调，预防性防卫、先发制人打击和攻击性现实主义等观念，使美国开始重整军备以保卫国家安全。对武装力量的需求，造成国防预算再度提高。国家导弹防御系统（National Missile Defense System，NMD）和战区导弹防御系统（Theater Missile Defense System，TMD），再加上阿富汗战争和伊拉克战争，使国防预算又开始上升。尤其是伊拉克战争再度强化了“军工复合体”。军工企业的边界正在迅速扩展，军方已经越来越赋予那些专门提供军事服务的公司以外购任务，如维护设备和提供后勤保障。在伊拉克战争中，传统和非传统技术都同样成功。对军工企业而言，武器装备在战争中的成功应用将是继续拓展市场最有力的宣传工具。

专栏13.3　铁三角的运作实例

在冷战期间最有名的铁三角运作实例就是有“九命怪炮”之称的“师防空炮”。师防空炮的构想始自20世纪70年代中期，美国陆军希望借此保护其坦克师对抗苏联的空中攻击。每座造价高达630万美元，比它要保护的M－1坦克车还要贵3倍以上，但陆军最后仍决定以45亿美元的经费制造618座师防空炮。在竞标过程中，通用动力公司击中目标数是福特公司的2倍，但福特公司反而得标。在签约前测试表演中，炮弹几乎打不中目标，甚至有一颗偏离轨道，朝校阅台的高级军官们飞去。但3个月后，国防部仍然签下总价15亿美元、276座师防空炮的合约。1984年，当福特公司终于生产出第一座完成品，测试时又发生瞄准错误目标的乌龙事——由雷达导引、计算机操作的发射控制系统，却瞄准建筑物厕所里的电风扇。当时还有笑话说，苏联的直升机只要拖着一架流动厕所，就可以成功转移师防空炮的注意力了。各种测试问题的传言不断，包括在寒天测试时需要用吹风机加热六小时后才能发射、需要在充当目标的老旧直升机上绑着4个大金属反射器，才能帮助师防空炮发现目标等，都使国会在1984年底禁止国防部再进一步采购，除非师防空炮能通过实地试验。

在1985年春天的大规模演习中，陆军高层宣称师防空炮完全击中并摧毁目标，但国会议员得到的内幕消息却是：“战机以400～500公尺的自杀高度、直线且以420节的水平状态飞行，没有任何躲避动作。直升机飞在一个正常在战场上绝对不会选择的高度。即使如此，安全官在地面上摧毁每一架靶机，师防空炮没有一架射中。”国会议员的公开谴责在新闻界引起一阵大骚动，电视台和新闻杂志紧追着师防空炮，逼得国防部长温伯格宣布取消师防空炮计划，并公开承认该系统不够好。但至此，国防部已经投入将近20亿美元的经费，在这个从一开始就状况连连且问题没断过的师防空炮上。师防空炮能够延续一段长时间的原因，就是受到铁三角关系的保护。在1983年众议院封杀师防空炮时，有5个以上的议员们基于选区的经济利益考虑，仍为它拼命辩护。福特公司和它的下游承包商为了师防空炮能带来的工作和利润，固执地奋战。甚至有人质疑，福特公司之所以能击败通用动力公司获得合约，就是因为它在争取制造师防空炮初期，雇用了4个刚退休的陆军三星将领。

——沈发惠：《秃鹰或白鸽？浅谈“军工复合体”》，台湾大学政治学系研究生论文，2007年。

如何来评价军工复合体？按照艾森豪威尔的观点，军事—工业复合体是一种自生结构（机构），它代表了社会中某一部分与防务相关尤其是军事和国防厂商的利益集团。这一利益集团通过其对权力的影响力，通过诸如夸大外部威胁等办法，主张扩大军费开支。表面上看，他们维护的是国家利益，但这种国家利益却被既得利益扭曲了。其后果是，军事—工业复合体给社会其他成员带来了负担，对民用部门产生了消极作用。它挤占了民用资源，所涉及的公司发展了一种导致低效率、浪费的文化，由于它们在民品市场中的竞争力越来越小，这种企业对军工合同的依赖性日趋增加。

一些左翼经济学家如巴朗和斯威奇（Baran & Sweezy，1966）则认为，军事—工业复合体整体上维护了资本主义的利益。因为军费开支不像其他政府开支，它可以不必增加工资就能吸收剩余，是防止资本主义周期性危机爆发的重要因素，因此能维持利润增长。所以，军事—工业复合体为维护资本主义提供了有价值的工具。同时，军费是浪费性的开支，将资源投入这一部门可防止经济过热。这样，军事—工业复合体和国防工业基础的低效率可以被看作是积极因素；军事—工业复合体和国防工业基础的发展在资本主义发展中起着积极的作用。

专栏13.4　洛克希德·马丁公司——21世纪最大军工复合体

美国防部宣布，由洛克希德·马丁公司所领导的研发团队，击败波音公司团队，赢得一纸总值预计高达4000亿美金的JSF战机建造合约。结果宣布之后，堪称全世界最大的两家军火工业集团输赢底定，洛克希德·马丁公司铁定成为21世纪初全世界最大的军事工业托拉斯集团，而落败的波音公司，随即宣布大幅度裁员计划。美国甚至全世界的军事工业版图，都已经在10月26日之后，完全被重整。

JSF联合打击战机（Joint Strike Fighter）是美国下一代的多功能通用战机，这一战斗机是有史以来，第一种同时被美国空军、海军、海军陆战队和英国皇家海军所使用的通用战机，将会大量取代F-16、F-18、AV-8垂直起降战机等多种目前现役机种，预计总生产数目将会高达3000架以上，也可能是有史以来生产数量最多的战机。除了目前已经确定的3000架订单之外，目前全世界各地使用F-16、F-18等美系战机的国家，都可能是JSF战机的潜在客户，所以最终的产量，预计可能会突破令人咋舌的4000架！

从1996年JSF战机竞标开始时，洛马公司的身段就已经引起军工业界的瞩目。由于洛马刚刚在1992年赢得一纸合约，生产美国空军下一代F-22A猛禽式主力制空战机，如果再度拿到JSF的合约，则美国空军在21世纪前期，将几乎完全使用洛马公司的产品，没有别的选择。而洛马公司如果铁定"赢者全拿"，也可能造成其他的军机生产者一蹶不振，竞标案落败之后，波音公司率先宣布大规模裁员，就是一个很引人注目的情势。

美国的军机生产工业，之前已经在20世纪90年代进行过一次重整，一些比较小或者竞标失败的厂商，纷纷被大公司并购。其中，最受瞩目的就是1997年波音公司买下麦道（MD）公司。麦道公司原本是美国境内数一数二的顶尖航空工业集团，美国空军目前的主力战机F-15以及著名的AH-64阿帕奇战斗直升机，都是麦道公司的杰作。但是，该公司在20世纪90年代中期开始，与波音和洛马公司一起竞争JSF战机合约，由于所提出的"无尾翼"设计太过先进，风险过高而惨遭淘汰，导致血本无归，竟然短短不到一年就被波音公司买下来，在当时震惊航空界，而美国政府也一度质疑波音在买下麦道之后，可能会成为全世界最大的飞机制造托拉斯集团。

……

但是，在“9·11”事件之后，美国军方得到空前的民意支持，下一波的军事革新也在国防部长伦斯斐的大力主导下升火待发，由于经济不景气所造成的军事版图缩减，已经成为过去。也因此，虽然波音公司在竞争过程中数次领先洛马完成飞机的试飞目标，但是由于洛马公司完整又有质量保证的战机研发科技，还是在最后的关头登上宝座！

由于JSF战机的市场是全球性的，未来世界各使用美系战机的国家，不论目标锁定的是F-22或者JSF，都将是洛马公司的潜在客户，其影响将会导致全球军火工业的生态重组，未来洛马公司将会以优势的战机研发能力，彻底主导所有战机使用国的航空工业发展方向，不论是授权生产或者组装的“航空第三世界”，都将会受到洛马公司体系的深远影响！

——陈宗逸：《新台湾新闻周刊》，2001年第293期。

13.2 国防工业结构

构成国防工业基础的公司并不是武器装备系统的被动提供者，而是影响国防支出水平和国防活动的积极参与者。国防工业在产权、产业与地区结构方面都表现出其不同的特性。

13.2.1 国防工业产权结构

在各国国防工业基础与国家的关系上有很多方面都存在差别，但主要差别是承包厂商的所有制不同。美国国防工业企业可分为国有与私有两大类，以私有为主。私有部门占国防部科研任务的70%以上、生产任务的90%以上。国有部门又分为两大类：一类是国有国营，20世纪80年代初期有70余家，经过里根政府私有化政策，到1986年仅剩下13家；另一类是国有私营，1989年为63家。

英国的国防工业企业基本上是私有的，主要分布在军用电子、陆军武器和航空航天领域，约有7000家公司，其中大型企业约40家。20世纪60~70年代，英国政府曾一度积极推进企业国有化，由国家控股的军工企业迅速增加。到20世纪70年代末，除军用电子工业外，其他军工行业大部分已归国家控制。1979

年撒切尔夫人上台后，反其道而行之，大力推行国有企业私有化，国有军工企业占整个国防工业的比重越来越小。

德国和日本的军工生产基本上由民间企业来承担，这些民间企业就是私营企业，一般为股份有限公司或有限责任公司。其中规模较大的企业既从事武器装备的生产又承担研制工作。在这些企业的营业额中，主要部分还是民品，军工生产只占较小的比例。

法国直到 1998 年，国家还控制着大多数的军事装备研究和生产。1998 ~ 1999 年欧洲一体化使其主要军事航空航天和电子公司发生了一系列私有化。然而，重要的资产还是保留在国家管理或国有制形式下，包括 DCN 造船公司、SMA 飞机维护公司、GIA 军用车辆公司等。

在整个 20 世纪 90 年代，意大利几乎所有的军火生产企业（菲亚特公司除外）都属于国家掌管的大公司。2000 年，其主要的航空航天公司（芬梅卡尼卡集团）实行了私有化。同时，芬坎蒂里造船厂的私有化也开始启动。

西班牙是另一个国有制在军火工业中占统治模式的国家。从 1999 年起也开始了一系列的私有化，以便能够加入欧洲军火工业的国际化进程。这样，到 21 世纪初，在西方所有主要军火生产国中，大型私有公司成为军火工业所有制的主导模式。

如同民用工业一样，国防工业同样面临着所有权、控制权和公司治理等问题。但国防工业是一个特殊行业，关系着国家安全和利益。因此，与民用工业相比，国防工业的私有化是否被限制在一定的范围内？国防工业原有的巨大的国有资产在私有化之后被哪些群体所控制？政府对国防工业的控制力是否随着其持有股份的减少而同比减少？这些都成为国防工业市场化改革中人们所关注的问题。

此处以俄罗斯为例对国防工业私有化对产权和控制权的影响进行重点分析。伊久莫夫等人（Izyumov et. al.，2000）对俄罗斯 1995 ~ 1999 年私有化的结果进行了研究，他们发现俄罗斯国防工业的私有化进程确实落后于民用工业部门。截止到 1999 年年中，超过 40% 的国防工业企业还是完全国有的，而这一比例在民用工业中只有 5%。此外，在进行私有化改革的企业中政府仍然大量持股，或者通过持有“黄金比例”的股份以达到控制企业的目的。一项大型问卷调查的结果显示，在所调查的全部 1489 家国防工业实体（包括国防研发机构）中，到 1999 年 1 月为止，有 41%（612 家）仍然是完全的国有企业，26%（387）家已经完全私有化，而另外的 33%（490 家）国防工业实体则是混合（政府和私人）

所有制。在混合所有制企业中，大约有一半以上（285家）的企业政府持有“黄金比例”的股份。表13.2和图13.2显示了俄罗斯国防工业私有化改革后产权结构的几个特点和趋势。

表13.2　　1995～1999年私有化的国防工业企业的所有权结构　　单位:%

公司股东类型	1995年	1996年	1997年	1998年	1999年
公司员工	47	37	38	37	37
政府	24	20	21	15	19
经理人	5	8	7	7	8
投资基金	8	6	5	6	1
国有企业	0	1	2	3	2
其他私人企业	7	13	13	12	21
外国投资者	1	1	1	3	0
银行	2	2	2	3	1
私人个体（俄罗斯）	4	10	10	9	10
其他	2	2	1	5	1
总计	100	100	100	100	100

资料来源：Izyumov，A.，Leonid，K. and Rosalina R.，2000，“Privatisation of the Russia Defence Industry”，*Post-Communist Economics*，12（4）：485～496.

首先，从1995～1999年间，政府和职工持股的比例有了明显的下降。在1995年政府和职工持有企业大约3/4的股份，而到1999年下降到一半左右。其次，如表中所示，外部持股（其他企业、外国投资者、银行和私人持股）比例从14%增加到了32%。第三，虽然管理层和职工持股比例从1995年的52%下滑到了1999年的45%，但这一比例仍然可以保持“内部人员”对企业的绝对控制力。从总体上看，私有化后的国防工业企业职工持股比例非常高，外部持股比例虽然在增长但是增长速度缓慢。

数据也显示了国防工业企业和非国防工业企业私有化方面的一些差别。以管理层持股水平为例，国防工业企业管理层仅仅拥有企业7%～8%的股份，这大约是民用工业中管理层持股水平的一半。而且在国防工业企业中管理层持股比例相对稳定，并没有显示出增长的趋势，这也与民用工业企业不同。

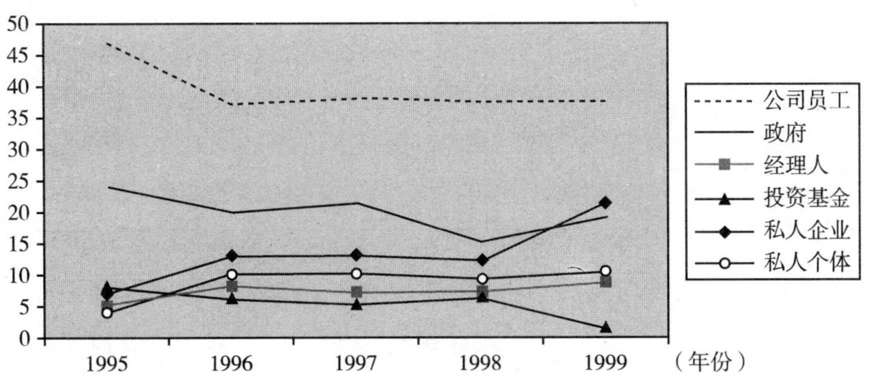

图 13.2　1995～1999 年私有化的国防工业企业的所有权结构（%）

此外，从表中还能看到外部持股结构的变化，比如金融机构（投资基金和银行）持股比例从 10% 下降到 2%，非金融私人企业（其他私人企业和私人个体）持股从 11% 上升到 31%，这一变化可能与 1998 年金融危机的影响有关。以上我们看到了私有化如何影响了国防工业企业所有权的结构，那么对企业的控制权是否也相应地发生了转移呢？表 13.3 和图 13.3 回答了这个问题。

表 13.3　　1999 年国防工业企业的所有权和控制权　　单位：%

	所有权比例	主要决策权比例	控制权与所有权之比
公司员工	37	13	0.35:1
政府	19	46	2.42:1
经理人	8	35	4.38:1
投资基金	1	0	0
国有企业	2	0	0
其他私人企业	21	3	0.14:1
外国投资者	0	0	0
银行	1	0	0
私人个体（俄罗斯）	10	3	0.30:1
其他	1	0	0
总计	100	100	

资料来源：Izyumov, A., Leonid, K. and Rosalina R., 2000, "Privatisation of the Russia Defence Industry", *Post-Communist Economics*, 12 (4): 485～496.

尽管股权结构是重要的，但它仅仅是影响企业控制权/决策权部分的一个因素。从表 13.3 和图 13.3 中我们可以看到私有化的俄罗斯国防工业企业中所有权和决策权结构的重大差异。首先，政府的决策权为 46%，远高于它的所有权比例 19%，这样得到政府控制权—所有权比率为 2.42∶1，这也意味着除了所有权之外，政府还有多种途径和工具控制国防工业企业；第二，职工持股比例虽然高达 37%，但其决策权只有 13%，控制权—所有权比率为 0.35∶1；第三，企业的管理层拥有最高的控制权—所有权比率，达到了 4.38∶1，控制权仅低于政府为 35%；第四，外部投资对国防工业企业基本没有控制力，他们总共拥有 36% 的股份，可是只有 6% 的决策权，控制权—所有权比率仅为 0.2∶1。

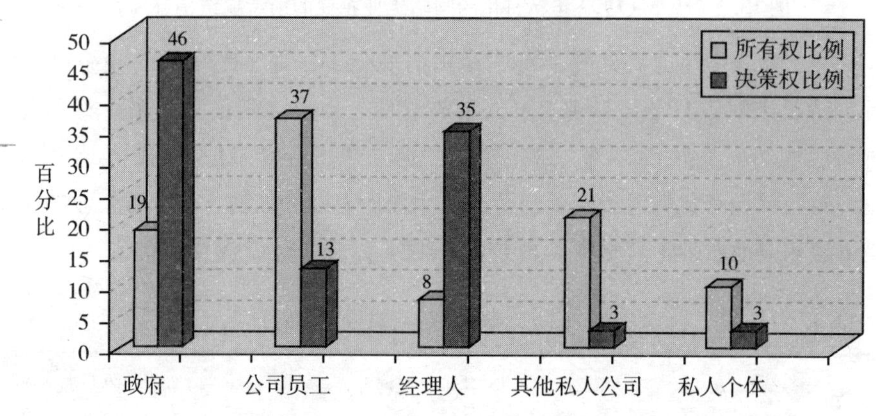

图 13.3　1999 年国防工业企业的所有权和控制权

因此，企业的管理层和政府牢固地控制着企业的决策权，外部投资者虽然持有的股份越来越多，但对企业决策的影响力却是微乎其微的。而职工股东几乎没有行使股东权益的积极性和经验，在大多数情况下，他们只是简单依赖或信任管理层，这也是导致职工控制权—所有权比率低，而管理层控制权—所有权比率高的一个原因。

13.2.2　国防工业产业结构

国防工业基础的承包厂商往往集中于航空与航天工业、电子工业、兵器工业和造船工业。其中，欧洲国家拥有的国防部门最大、军事采购支出比重最大的部分往往集中于航空与航天部门以及电子部门（见表 13.4）。航空与航天工业是从

规模小但专业化却极强的军械部门中分离出来的，它在很大程度上有赖于军火生产，而电子部门则有很大的消费者基础。

从产业部门来看，美国的国防工业基础主要有航空航天导弹工业、军用电子工业、船舶工业、核工业和兵器工业等，与国防工业基础相关的行业共有 200 余种。其中，军品销售占行业总销售额 10% 以上的有 61 种，占 25% 以上的 21 种。例如，船舶工业军品销售额占 80% 以上，飞机工业军品占 55%，无线电与电视通信设备军品销售额占 51%。

表 13.4　　军事生产和采购所占百分比　　单位：%

国家	航空	造船	机械	电子	军火、武器	运输
A. 军事采购占产业部门的百分比						
德国（1987～1990 年）	17.5	6.9	25.0	25.2	缺	7.5
英国（1987～1988 年）	31.0	7.0	缺	23.0	8.0	缺
法国（1986～1988 年）	34.0	10.0	8.0	27.3	缺	缺
比利时（1986～1987 年）	10.0	4.0	缺	16.0	50.0	20.0
B. 1986～1990 年军工生产占工业总生产的百分比						
德国	45	20	缺	缺	缺	缺
英国	50	50	缺	39	100	3
法国	69	50	缺	57	60	缺
意大利	50	25	缺	10	缺	2
比利时	35	10	3	4	80	2
荷兰	10	30	缺	5	100	3
西班牙	50	70	缺	8	20	6

资料来源：哈特利、桑德勒主编，姜鲁鸣等译，《国防经济学手册》，经济科学出版社 2001 年版，第 423 页。

13.2.3　国防工业地区结构

国防工业的巨大投入，使国防工业在世界各国的分布十分不均衡。从 1988 年开始，斯德哥尔摩国际和平研究所（SIPRI）每年都会搜集世界最大的 100 家军火生产商的资料，包括这些军工企业的军火销售额、军火销售额占其总销售额的比重、利润和就业情况，并从1993年开始公布。根据斯德哥尔摩国际和平研究所2008年的年度报告，此处摘录了2006年世界最大的100家国防工业企业的数据（见表13.5）。

表13.5以2006年军火销售额大小为序，列举了不含中国的全世界100家最大的军火生产公司在2006年和2005年军火销售额、2006年公司总销售额、2006年利润和2006年雇员数量。2006年全世界100家大军火生产商的军火销售总额高达3150亿美元，比斯德哥尔摩国际和平研究所公布的2005年的数据增长了9%。在这100家军火生产公司中，美国公司有41家，西欧有34家，俄罗斯占据了8家，日本和以色列分别有4家，印度和韩国分别有3家，新加坡、澳大利亚和加拿大各有1家。41家美国公司占据了100家大军火生产公司军火销售总额的63%，而34家西欧公司大约占到29%。在美国之后，英国在100家强中所拥有的承包厂商数最多，也是销售数额最大的国家，占美国以外其他100强销售总额的32.8%。总的预期是，市场仍将由几个大的控制者与相对处于次要地位的专业生产者组成。从全球看，美国和西欧公司在100强中占压倒优势，而美国大的军工企业占绝对统治地位。

表13.5　　　　2006年世界前100大军工生产企业情况

排名		公司（母公司）	地区/国家	军火销售额（百万美元）		2006年军火销售额占总销售额的比例（%）	利润（百万美元）	雇员
2006年	2005年			2006年	2005年		2006年	2006年
1	1	波音	美国	30690	29590	50	2215	154000
2	2	洛克希德·马丁	美国	28120	2620	71	2529	140000
3	4	航空航天（BAE）系统公司	英国	24060	23230	95	1189	88600
4	3	诺思罗普·格鲁曼	美国	23650	23330	78	1542	122200
5	5	雷声公司	美国	19530	18500	96	1283	80000
6	6	通用动力	美国	18770	16570	78	1856	81000
7	7	欧洲航空防务及航天公司（EADS）	欧洲	12600	9580	25	124	116810
S	—	航空航天（BAE）系统股份有限公司	美国	11280	—	100	—	51700

续表

排名		公司（母公司）	地区/国家	军火销售额（百万美元）		2006年军火销售额占总销售额的比例（%）	利润（百万美元）	雇员
2006年	2005年			2006年	2005年		2006年	2006年
8	10	L－3通信公司	美国	9980	8470	80	526	63700
9	9	芬梅卡尼卡集团	意大利	8990	8770	57	1280	58060
10	8	泰利斯	法国	8240	8940	64	487	52160
11	11	联合技术	美国	7650	6840	16	3732	214500
12	13	哈利伯顿	美国	6630	6040	29	2348	104000
S	S	凯洛格·布朗·路特（KBR）集团（哈利伯顿）	美国	6630	6040	69	168	56000
13	12	计算机科学公司	美国	6300	6100	42	..	79000
14	14	科学应用国际公司（SAIC）	美国	5800	5060	70	391	44000
15	15	霍尼维尔	美国	4400	4300	14	2083	118000
S	S	MBDA（BAE系统公司、英国/EADS，欧洲/芬梅卡尼卡集团，意大利）	欧洲	4140	4080	100	..	10400
16	17	劳斯莱斯	英国	3960	3470	30	1829	38000
17	20	赛峰	法国	3780	2630	28	222	61360
S	S	普拉特－惠特尼（联合技术）	美国	3650	3280	33	..	38420
18	16	海军造船公司，DCN，CSC	法国	3400	3520	100	279	12460
19	18	ITT工业	美国	3290	3190	42	581	37500
20	19	通用电力	美国	3260	3000	2	20829	319000
S	S	阿古斯塔·韦斯特兰公司（芬梅卡尼卡）	意大利	2820	2560	82	213	8900

续表

排名		公司（母公司）	地区/国家	军火销售额（百万美元）		2006年军火销售额占总销售额的比例（%）	利润（百万美元）	雇员
2006年	2005年			2006年	2005年		2006年	2006年
21	29	DRS技术	美国	2740	1670	97	127	9670
S	S	欧洲直升机集团（EADS，欧洲）	法国	2580	2120	54	0	13420
22	22	三菱重工	日本	2390	2190	9	420	62200
23	24	阿连特技术系统公司	美国	2350	2060	66	184	16000
S	S	法国MBDA（MBDA，W. 欧洲）	法国	2260	2040	100	124	4420
24	23	瑞典飞机有限公司（Saab）	瑞典	2250	2110	79	..	13560
25	26	达信	美国	2180	1800	19	706	40000
26	31	电子资讯系统公司（EDS）	美国	2170	1570	10	470	131000
S	S	塞莱克斯（Selex）传感器和机载系统（芬梅卡尼卡）	意大利	2060	1580	94	98	7170
27	25	罗克韦尔－柯灵斯	美国	2040	1810	53	477	19000
28	30	阿尔马兹－安泰	俄罗斯	1960	1590	86	181	82790
29	42	装甲控股公司	美国	1930	1190	82	134562	8150
30	33	以色列飞机工业	以色列	1820	1520	65	130	15000
S	S	西科斯基飞机公司（UTC）	美国	1820	1550	57	..	11420
31	27	莱茵金属	德国	1810	1740	40	154	18800
32	41	AM通用	美国	1700	1280	..	..	..
33	37	哈里斯	美国	1660	1440	48	238	13900
34	39	蒂森克虏伯，TK	德国	1620	1390	3	2138	187590

续表

排名		公司（母公司）	地区/国家	军火销售额（百万美元）		2006 年军火销售额占总销售额的比例（%）	利润（百万美元）	雇员
2006 年	2005 年			2006 年	2005 年		2006 年	2006 年
35	32	奎奈蒂克	英国	1610	1550	76	127	13500
36	28	原子能委员会，CEA	法国	1590	1710	38	..	15330
37	21	达索航空公司	法国	1570	2210	38	353	11930
38	46	印度斯坦航空	印度	1550	1100	90	385	..
39	38	URS 公司	美国	1530	1410	36	113	26000
40	36	史密斯	英国	1480	1450	23	45	31320
41	35	佳富（Goodrich）	美国	1470	1510	25	482	23400
S	S	阿莱尼亚航空航天公司（芬梅卡尼卡集团）	意大利	1450	1390	60	65	12140
42	51	阿莱尼亚航空航天公司（芬梅卡尼卡集团）	意大利	1400	1000	92	72	8030
43	45	VT 集团	英国	1400	1170	76	93	12900
44	47	奥斯科什卡车	美国	1320	1060	38	326	9390
45	40	印度军火工业	印度	1300		82	..	116910
S	S	欧洲航空防务及航天公司艾斯特里厄姆（EADS Astrium）（EADS，欧洲）	法国	1290	960	32	..	11930
46	43	CACI 国际	美国	1280	1190	73	85	10400
47	60	克劳斯-马菲威克曼	德国	1190	750	95	..	2800
48	49	信佳（Serco）	英国	1170	1030	25	146	40090
49	50	科伯姆（Cobham）	英国	1140	1010	61	273	9510
50	44	川崎重工	日本	1120	1180	9	256	29210
51	53	纳凡蒂亚公司（Navantia）	西班牙	1110	970	79	-44	5560

续表

排名		公司（母公司）	地区/国家	军火销售额（百万美元）		2006年军火销售额占总销售额的比例（%）	利润（百万美元）	雇员
2006年	2005年			2006年	2005年		2006年	2006年
52	56	美泰科技国际公司	美国	1080	930	95	51	5600
53	48	三菱电气	日本	1010	1040	3	1058	102840
54	59	拉法尔	以色列	950	800	95	26	..
55	57	地面武器工业集团	法国	900	910	100	98	2490
56	58	德阳（Dyncorp）国际	美国	900	870	43	27	14000
57	55	新加坡技术工程（ST）	新加坡	880	940	31	280	17000
58	62	迪尔	德国	850	720	32	..	10440
S	S	加拿大通用动力（通用动力，USA）	加拿大	820	420	..	..	1700
S	S	达文波特管理（KBR）	英国	780	800	94	59	5190
59	70	巴布考克国际集团	英国	760	610	42	83	9640
60	66	伊尔库特（Irkut）公司	俄罗斯	740	630	89	44	17620
61	64	英德拉（Indra）	西班牙	740	670	30	143	19500
62	61	吉凯恩（GKN）	英国	740	740	10	326	36120
63	63	三星	韩国	720	710	1	8150	222000
64	52	日电（NEC）	日本	710	980	2	-86	154180
65	76	巴拉特电子	印度	660	560	76	158	..
66	69	利芬坎特里（Fincantieri）	意大利	660	610	22	74	9400
67	71	EDO公司	美国	660	600	92	12	4000
68	95	战术导弹（TRV）公司	俄罗斯	650		95	55	21360

续表

排名		公司（母公司）	地区/国家	军火销售额（百万美元）		2006 年军火销售额占总销售额的比例（%）	利润（百万美元）	雇员
2006 年	2005 年			2006 年	2005 年		2006 年	2006 年
69	74	航空工业公司	美国	640	580	89	..	3500
S	S	塞莱克斯通信（芬梅卡尼卡集团）	意大利	630	680	80	..	4910
70	68	MTU 航空发动机公司	德国	610	610	20	112	7080
71	80	苏霍伊（Sukhoi）	俄罗斯	600	520	84	12	27700
72	75	柯蒂斯 - 莱特（Curtiss - Wright）	美国	580	570	45	81	6230
73	88	SRA 国际	美国	580	470	49	63	4960
74	-	米格（MiG）	俄罗斯	570	240	99	30	24830
75	78	立方体（Cubic）	美国	560	540	69	24	6000
76	86	穆格（Moog）	美国	560	480	43	81	7270
77	72	韩国航空公司	韩国	550	590	76	-114	2720
78	81	安克雷奇·阿拉斯加（Chugach Alaska）公司	美国	550	520	62	..	6300
79	87	联合工业（United Industrial）	美国	550	480	97	47	2320
80	73	鲁格（RUAG）	瑞士	540	590	55	55	5680
81	-	航空无线电通信（ARINC）	美国	540	330	58	10	3200
82	83	迈塔（Mitre）	美国	540	500	53	..	6310
83	89	泰里达因公司	美国	540	470	38	80	7700
84	-	乌法发动机（Ufimskoe MPO）	俄罗斯	530	350	96	55	18670
85	84	超级电子	英国	530	490	76	73	2990

续表

排名		公司（母公司）	地区/国家	军火销售额（百万美元）		2006年军火销售额占总销售额的比例（%）	利润（百万美元）	雇员
2006年	2005年			2006年	2005年		2006年	2006年
S	S	泰利斯（泰利斯，法国）	澳大利亚	530	500	85	..	3340
86	82	泰尼克斯（Tenix）	澳大利亚	510	500	68	..	4000
87	94	北方造船厂（Severnaya Verf）	俄罗斯	510	440	80	1	3330
88	–	赛瑞丹热(Ceradyne)股份有限公司	美国	510	240	76	128	2210
S	S	三星光电子（三星）	韩国	510	510	17	162	4830
89	93	CAE	加拿大	500	440	45	112	5000
90	79	航空（Avio）	意大利	500	530	28	-29	4840
91	97	航空设备公司	俄罗斯	500	400	71	104	37600
S	S	泰利斯荷兰（泰利斯，法国）	荷兰	500	430	100	..	..
S	S	通用动力圣塔芭芭拉分公司	西班牙	500	480	100	..	1980
92	–	帕提亚（Patria）	芬兰	480	340	85	32	2450
93	–	斗山（Doosan）	韩国	480	380	3	..	29800
94	91	美捷特（Meggitt）	英国	480	460	39	178	6400
95	–	通用（Gencorp）	英国	480	380	77	-39	3140
S	S	斗山工程机械（Doosan集团）	韩国	480	380	14	140	..
96	85	雅克布（Jacobs）工程集团	美国	460	480	6	197	43800
97	–	康士伯集团（Kongsberg Gruppen）	挪威	450	370	43	39	3650

续表

排名		公司（母公司）	地区/国家	军火销售额（百万美元）		2006年军火销售额占总销售额的比例（%）	利润（百万美元）	雇员
2006年	2005年			2006年	2005年		2006年	2006年
98	–	以色列军事工业	以色列	440	340	95	..	3080
99	–	电子（Elettronica）	意大利	440	300	100	13	800
S	S	加拿大通用动力（通用动力，美国）	加拿大	440	250	100	0	2100
S	S	塞莱克斯系统集成（Selex Sistemi Integrati）（芬梅卡尼卡）	意大利	440	470	59	78	2880
S	S	意大利MBDA（MBDA，欧洲）	意大利	440	410	100	56	1410
100	99	菲亚特（Fiat）	意大利	430	390	1	1444	172010
S	S	依维柯（菲亚特）	意大利	430	390	4	685	24530
S	S	奥托梅莱拉（Oto Melara）（芬梅卡尼卡集团）	意大利	430	380	100	4	1360
S	S	三星泰利斯（泰利斯，法国/三星）	韩国	430	400	90	23	1000

说明：(1) 军火销售：SIPRI把军火销售定义为军工产品的销售和对军事雇主的相关服务带来的收入，包括国内采办和出口。军火销售额包括与军事装备销售相关的所有收入，即不仅包括制造而且包括研究开发、维护、保养和设备维修的收入。战后重建期间如果某项合同是由国防部授予的，相关的销售就被定义为军火销售。(2) 销售总额、利润和雇员数量是整个公司的数据，不单是军工生产部门的。所有数据都是把国内外子公司合并后的数据。利润是公司的税后所得。雇员数量为年终时的人数，除非某些公司公布年均人数。所有数据均为公司年度报告公布的财政年度数据。(3) 在第1、2栏中用S表示子公司。第2栏"–"表示该公司2006年（或2005年）没有销售军火或不在2006年（或2005年）最大的100家公司之内。(4) ".."表示缺失数据。

资料来源：SIPRI，2007，"The 100 Largest Arms-Producing Companies，2006"，SIPRI Yearbook 2008，Oxford University Press.

13.3 国防工业演变

国防工业是资本主义工业兴起的产物，在两次世界大战中发挥了巨大的作用。冷战后国防工业正在经历着深刻的变革，未来国防工业发展也面对一系列的挑战。

13.3.1 冷战结束前的国防工业

国防工业基础至少从19世纪末以来就一直存在着。它是资本主义工业兴起的产物，由于实现了规模生产和机械化，它使武器装备完成了革命性变革。当时的国防工业具有明显的国际化发展趋向，而且为少数大公司所左右。这些公司在第一次世界大战过程中发挥了重要作用。战争结束后，面对军品需求的下降，大的国防工业企业组成卡特尔，来瓜分国际市场。

20世纪30年代开始，随着国际关系日趋复杂与紧张，欧美等国政府开始更加注重军品供给的本土化，开始有意识地努力建立本国的军火生产力量。在英国和美国，它是以政府直接插手一系列核心产业的形式出现的，国防工业基础基本是以“国家的”形式建立起来的。国防工业在第二次世界大战中发挥了重要的作用，同时自身也借助“二战”获得了空前的发展。

随着“二战”的结束，国防产品订货再度下降，大量的国防厂商都面临军转民问题。一方面，在战争期间发展起来的某些新技术的确可以转为民用，并已经刺激了民用工业的发展，如航空技术等；另一方面，对于某些国防专用技术，国家从维持自身国防工业的发展能力出发，由政府进行了资助。因此，一些经济较发达的国家如美国、英国和瑞典的国防工业基础基本上保持完整。很快，东西方冷战的开始，使这些国家对发展军备研究、开发和生产能力的需要重新升温。

但由于军品订货的需求急剧变化，仍使欧美各国国防工业基础经历了一次较大的结构调整。一些原有的厂家被淘汰，而一些准备开发和生产适应新的战争需要的企业开始进入。这一重组过程大约是在20世纪60年代末结束。自那时起到20世纪80年代中期，构成美国以及欧洲主要大国国防工业基础的军工主承包商几乎没有什么变化。仅有很少数量的兼并和退出，但比非军工的承包商还是少

多了。

冷战期间，军备竞赛使得各国国防支出在 GDP 中占到很大比重，而国防支出中装备采购费所占百分比也很高；同时，为取得技术上的相对优势，各国都十分注重军事研究与开发，并投入了大量费用。正是由于各主要军事大国在国防支出、采购费与 R&D 费用的大量投入，使得冷战期间国防工业基础稳定发展。而且，与大多数其他走向跨国公司的制造工业不同，国防工业企业保持国有特征。

13.3.2　冷战后的国防工业

冷战结束后，随着需求的下降，即使是重要大国要保持其国内国防工业基础的能力都成了问题，政府不得不决定或者允许合并和收购以减少竞争，或者特别是允许包含外国伙伴的合并与收购。如英国、比利时、挪威等国家。

冷战的结束不仅对武器要求的数量产生了变化，而且对所要求的武器类型也产生了质的变化。民用技术对武器系统变得日益重要，国防工业越来越多地使用标准的商业部件：重要武器系统中的许多部件是商业现货供应的产品，是由那些不认为自己属于国防工业的制造商生产，那些主承包商则越来越多地成为系统的整合者。

由于政府是主要消费者并实行出口管制，冷战后世界国防工业的规模、结构和贸易仍然是由政府的政策决定的。然而工业的结构和性质还是有明显的变化：由于跨国重组的必然需要，在美国之外的许多公司借助国家力量，在许多情况下形成垄断或接近垄断。这种调整与重组表现在：

- 国防产品市场竞争性有所增强，使得国防厂商面临竞争的局面。这除了因为私有化浪潮中欧美各国政府都强调要在军工生产中引入更多市场因素之外，还在于技术水平的军民通用化发展使得军品市场进入的技术壁垒得以降低。比如电子产业，军事技术与民用技术二者之间并没有很大的差别。
- 国防工业厂商合并与购买行为增加。由于市场不确定性的增加，同时由于国际军火市场的发展，使得美欧等国在 20 世纪 90 年代初中期掀起了一股国防企业并购浪潮。
- 国防生产全球化。跨国并购的增加，把生产和研究与发展融为一体的军工企业巨头的建立，全球化趋势的加快，通过在许可证生产、合资、合作、兼并等形式的国际化，正在所有的国防工业部门日趋盛行。

作为冷战结束后合并和收购活动的结果，工业结构方面发生了明显的变化。表 13.6 显示了 1990～2003 年间国防工业生产企业 100 强在集中度方面的变化。冷战结束时，国际国防工业不是非常集中，最强的 5 家公司只占 SIPRI 所统计的 100 强军火销售总额的 22%。到 2003 年这一点发生了极大的改变，最强的 5 家公司占了军火销售总额的 44%。而且，到 2003 年总销售的集中度与军火销售的集中度非常接近，这可能是因为主承包商国防销售的专门化程度日益增大。但比起其他高技术市场，军火销售的集中度还是非常低。如果政府没有压制跨国公司增长以保护本国的国防工业基础，那么重要的武器系统市场将会更加集中，就像民航客机和医药品市场那样。

表 13.6　　1990～2003 年国防工业的集中度变化　　单位：%

	总军火销售的份额				总销售的份额			
	1990 年	1995 年	2000 年	2003 年	1990 年	1995 年	2000 年	2003 年
前 5 家公司	22	28	41	44	33	34	43	45
前 10 家公司	37	42	57	61	51	52	61	61
前 15 家公司	48	53	65	69	61	64	71	72
前 20 家公司	57	61	70	74	69	72	79	80

资料来源：斯德哥尔摩国际和平研究所，《SIPRI 年鉴 2006》，时事出版社 2007 年版，第 513 页。

13.3.3　国防工业演变前景

国际国防工业仍处于不断变化之中，未来前景如何受到很多因素影响，这些因素包括：

第一，战争性质的变化。战争性质的变化将影响到所需的武器系统。

第二，武器系统的报废速度。一些主要武器系统不断达到其服役年限需要替换，也对国防工业产生影响。

第三，安全环境及新军事任务。如世界范围内的危机管理和维和任务的日益增多，将改变所需要武装力量的性质、结构，以及他们所需武器系统的类型。

第四，新技术的引入。如“全球反恐战争”等刺激了通信和监视技术的需

求，也促使没有这些技术的公司积极收购这些技术。

第五，军事部门（武装部队和国防部）外购服务的程度。国防部（尤其是美国的国防部）正越来越多地利用私人公司来承担过去由军事部门完成的任务。

以上这些变化都会促使国防工业不断发生改变，但是这个行业同时又存在着巨大的惯性。

第一，主要武器系统从订货到交货时间较长，而且大量资金投入带来了行业退出的障碍。军方也更喜欢使用最近战争中使用过的武器打仗，导致了军火采购中的惯性。

第二，政府主导国防工业的性质并未改变多少。政府依然能够影响行业的规模和结构、进入和退出、效率和所有权，以及技术水平和军火出口。

第三，军事工业复合体依然存在，军火市场依然面临相当大的政治影响和市场壁垒。

因此，传统国防工业基础的许多特征还不会很快消失。但总的来说，生产的国际化、所有权的改变、民间技术的使用以及民间公司在供应链中的增加，已经使国防工业较之冷战时期非常不同了。

13.4　国防工业转型

随着以信息技术为核心的高科技的迅猛发展，世界领域兴起了一场深刻的新军事变革，国防工业也处于深刻的转型之中。

13.4.1　国防工业转型环境

第二次世界大战结束后，主要国家的国防工业曾经历过一次转型。然而冷战结束之后，国防工业转型的环境与之前相比有很大的不同。

“二战”后，很多民用工业（如汽车工业）从战争时期生产防务产品很容易地转换到它们在战争之前提供的民用产品。之所以说转型很容易，是因为战争对经济基础造成了巨大的破坏，人们对日常消费品（如车、衣服、工具等）的需求远远超出了供给水平，供需之间的缺口给转型生产民品的企业以足够的利润空间。而对那些继续提供武器装备的企业来讲也有很好的发展机遇：一方面，武器装备市场的竞争程度不高，几乎没有来自国外的竞争者；另一方面，冷战的需要对武器装备产生了巨大需求。

表 13.7　　国防工业企业和普通工业企业的主要区别

	国防企业	民用企业
产品	复杂系统、低产量、严格的产品要求、系统通常需要手动加工	简单产品、高产量、低价格、可靠的产品、适度的性能要求、自动化生产
时间结构	长发展阶段（长达 15 年）；长产品生命周期（15～20 年）	短发展时期（3 个月到 2 或 3 年）；短产品生命周期（几个月到几年）
产品发展	产品发展的投资主要来源于消费者	产品发展通过公司自己来融资
市场	与特定的客户保持长期关系；上层经理只负责少数客户，没有销售能力	没有特定客户；具有分散市场功能、市场研究、广告、销售等能力；市场营销成本高（高达发展成本的四倍）
标准和限制	由消费者确定产品标准，产品要求高，验证标准的成本高昂，政府合同中会设定利润上限（25%）	通常没有消费者确定的标准，也无须由消费者验证；某些新的标准（ISO9000），FDA 对药品质量实行管理
竞争	只有少数竞争者（大多数是国内的）	很多竞争者，包括国内和国外的；在价格和质量方面进行激烈竞争
决策过程	缓慢的决策过程；随时间进展对决策进行评估	快速和及时的决策是至关重要的
组织	大型的功能型部门；多个项目通过矩阵型组织进行管理	小型的交叉领域团队；强大的交叉功能
企业策略	推进尖端技术发展；令消费者能够拥有最好的技术，并承担费用	不同的企业战略，通过技术、成本、质量、设计、图像、美学设计等等为消费者创造价值
企业文化和价值	尖端技术和业务知识是最重要的；几乎没有商业导向的企业文化	提倡商业导向、快速发展、实用的业务实践、节约成本

而 20 世纪 90 年代的民品市场供求基本平衡，利润空间狭小；全球化的趋势

和激烈的竞争使得进入民品市场的门槛很高。对那些继续武器装备生产的企业来讲，一方面是政府国防预算的减少，这意味着对武器产品的需求在减小；另一方面，苏联解体后，其大量武器装备以低廉的价格流入国际市场，国际军火市场的竞争程度也因此加剧。因此，沃里特（Wallet，1993）认为，冷战之后的国防工业转型并不能仅像过去一样只进行与国防有关的组织调整，而应该采用由国防工业企业、非国防工业企业和政府部门共同参与的系统方法。国防工业转型后要尽量用较少的资源保证足够的国防能力，而从国防工业中释放出来的资源要有效地分配到国民经济中，促进经济的长期增长。

国防工业转型的主要困难在于与民用工业企业在企业文化和管理方式上的巨大差距，申哈等人（Shenhar，et al.，1998）总结了国防工业企业和民用工业企业的主要区别（见表 13.7）。

13.4.2　国防工业转型选择

国防工业企业按照其规模大致可以分为三种类型——大型、中型和小型。大型国防承包商主要负责武器系统的设计、开发和生产，是系统集成者，如洛克希德·马丁、通用动力等。一些中小型专业公司为这些大型国防承包商提供子系统或者操作系统的部件，是第二个层次的中型国防工业企业。第三个层次的小公司为主承包商和子承包商提供原材料、零部件或者做一些技术工作。处于不同层次的国防工业企业在转型时会选择不同的方式和转型方向。

国防工业企业在转型时期的调整策略主要有缩减规模、集中和多元化三种方式。大型承包商通常三种方式都会使用，但缩减规模是最普遍的。优利系统（Unisys）、罗克韦尔（Rockwell）、通用动力、麦克唐纳·道哥拉斯（McDonnell Douglas）进行了大规模裁员，通用动力和霍尼维尔（Honeywell）还卖掉了部分业务。通用休斯电子公司（GM Hughe）原本是一家提供军用电子设备的专业公司，选择了多元化的策略，它利用自身的技术优势进军民品市场。但与之相反的是洛克希德、马丁·马丽埃塔（Martin Marietta）和劳拉公司（Loral）（这 3 家如今都归属于洛克希德公司）则认为多元化的策略并不现实，他们通过并购增强了提供防务产品的潜能。例如，劳拉公司（Loral）购买了福特、LTV、IBM、固特异（Goodyear）、施乐士（Xerox）、仙童（Fairchild）、斯伦贝谢（Schlumberger）等公司的国防或者政府采购业务，仅收购 IBM 一项①，就使其销售收入增加了原来的 1/3。并购形成的大公司有足够的能力占领国防产品市场的大部分市场份额，因而能够生存下去，但另一方面也带给规模较小的承包商更大的压力。

事实上，很多中小型公司进行了多元化的转型。小企业数量多、产品可替代性强，竞争比较激烈，但同大承包商相比缺乏市场力量，在谈判中处于劣势。因此转型带给小企业的冲击更大，它们不得已选择了多元化的转型策略。

对于面临转型的国防工业企业而言，首先选择的公司发展战略可能是在未来是否还要保留国防产品业务，以及国防业务占多大比例的问题，之后才是并购、缩减规模、出售业务和多元化等策略选择。申哈等人（1998）给出了一个简单但非常直观的分析框架。

市场 \ 产品技术	相同产品	改造后的产品	相同技术，不同产品	相同人员，不同技术
消费者		高风险	非常高风险	非常高风险
企业		中度风险	高风险	非常高风险
准军事/政府部门		低风险	中度风险	高风险
军事部门	企业的位置			

图 13.4　国防工业转型产品市场选择的风险分析框架

图 13.4 中，横轴表示转型后使用的技术类型，纵轴表示产品类型。无论是横轴还是纵轴，离原点（转型前企业的业务模式）越远表明调整的程度越大，对国防业务的依赖性也就越弱，更重要的是，转型中的风险也就越高。从控制风险的角度看，采用现有技术为准军事部门（如警察部门、保安公司等）提供产品是最好的选择；而使用军民两用技术为工业部门提供产品风险也不高。

① 这也意味着 IBM 出售了军品业务。事实上，GE 和 IBM 在这次转型中卖掉了全部与国防有关的业务，完全退出了国防产品市场。

13.4.3　国防工业转型对就业的影响

裁军和国防工业的转型减少了国防工业中的就业人员。到 1999 年，中国、美国、俄罗斯和欧洲拥有世界上最多的国防就业人员。尽管在大规模裁军后，也有学者认为欧洲和美国的国防工业中依然存在大量过剩生产力（Eland，2001）。表 13.8 对比了世界主要国家 2000 年较 1990 年（冷战即将结束时期）国防工业就业人数的变化情况。

表 13.8　　1990 年和 2000 年世界各国国防工业就业情况对比

国家	1990 年的指数（2000 年 = 100）	2000 年就业人数（千人）	2000 年占世界总人数的比例（%）
全世界总计	201	8080	100
非洲	222	90	1
美洲	138	2360	29
美国	135	2240	28
亚洲	140	3480	43
中国	148	2700	33
朝鲜	83	120	1.5
印度	100	250	3
欧洲	371	2150	27
俄罗斯	296	850	11
乌克兰	545	220	3
英国	160	275	3.4
法国	147	260	3.2
德国	267	90	1
大洋洲	120	10	0.001
欧盟	175	760	9
北约	148	3180	39
裁员最多的一些国家			

续表

国家	1990年的指数（2000年=100）	2000年就业人数（千人）	2000年占世界总人数的比例（%）
比利时	417	6	0.0743
保加利亚	400	5	0.0006
爱沙尼亚	556	18	0.0022
匈牙利	1667	2	0.0002
伊拉克	300	20	0.0025
波兰	300	60	0.0074
罗马尼亚	563	16	0.0020
捷克斯洛伐克	311	30	0.0037
南非	281	42	0.0052
西班牙	400	25	0.0031
瑞士	313	8	0.0010

资料来源：Hartley，K. and Sandler，T.，2003，“The Future of the Defence Firm”，*Kyklos*，56（3）：361～380.

2000年全世界国防工业的就业人员约为800万人，也就是在冷战结束后差不多10年的时间内，国防工业从业人员减少了一半。裁员比例最大的是匈牙利、罗马尼亚、爱沙尼亚、保加利亚等国家；而裁员人数最多的则是俄罗斯、乌克兰和德国。美国的国防工业并没有进行大规模裁员，这也与它在国际社会的强大军事实力以及国内军事工业复合体的影响力有很大关系。按哈特利等的研究，在所有国家中，朝鲜是一个例外，因为它的国防工业就业人员在冷战后的10年中不仅没有减少，反而增加了大约24万人。

国防工业基础中的很多就业岗位都是高技术性的，比如研发和设计团队，而这些工作的独特性却使得这些技术人员难以找到其他替代性的工作。随着国防工业的转型，大量的冗余人员需要在民用工业中寻找新的工作机会。胡珀和巴巴拉（Hooper & Barbara，1996）的一项问卷调查反映的就是这方面的一些情况。

英国航空航天防务有限公司（British Aerospace Defence Ltd.）在20世纪80年代末进行重组时，关闭了在哈特菲尔德（Hatfield）的一个基地，大大削减了在斯蒂夫尼奇（Stevenage）的就业岗位。胡珀和巴巴拉（1996）的调查对象就是在1988年到1994年间离开位于斯蒂夫尼奇和哈特菲尔德的英国航空航天防务

有限公司的 1000 名员工。

问卷于 1994 年 11 月分发给这 1000 名员工，到 1995 年 1 月为止，共收回 221 份，其中有效答卷 218 份。在这 218 份答卷中，有 1/4 的人在 1989 年离开 BAe，1/4 的人在 1991 年离开，1/5 的人在 1992 年离开；大约有 30% 的人已经超过了 60 岁，而约 2/3 的人超过了 50 岁；218 人中的 36% 是被迫离开公司的，而将近 1/3（31%）的人则是选择自愿离开。根据问卷调查的情况，有 61% 的人离开 BAe 后找到了工作，大部分人很快找到了工作，约有一半人在离开 BAe 后 2 个月内找到了新工作，约有 3/4 的人在 10 个月内重新就业；但 218 人中有 77 名员工一直没有找到新的工作，其中有 22 人还在继续寻找工作，他们大约占到了有效样本数的 10%。大多数找到工作的人认为，他们在现在的工作中仍使用着从 BAe 得到的技术。而在收入方面，调查问卷显示 3/4 的员工目前的工资收入要比在 BAe 时少一半，但高于原工资的 1/3。有 20% 的人反映为了找到新工作需要首先接受培训，差不多有相同比例的人在找到新工作后需要接受培训。超过一半的人（68%）认为他们找到了合意的工作。

这项问卷调查的结果同很多文献研究得到的一般结论是非常一致的。大部分员工在离开国防工业后会很快找到新的工作，只有少数人没有找到工作。在新的工作中，很多员工可以发挥他们的技术特长，但新工作只需要一般和基础性的技术，不需要他们的专业技术，而这些员工从新工作中得到的收入比之前低很多。尽管大多数人认为他们的新工作是合意的，但从他们的反馈中也能看到被裁减的经历严重打击了他们的职业抱负。

13.5　国防工业全球化

在大多数国家的经济中，国防工业一直受到较多的保护。按照传统的观点，大多数国家在武器生产方面都倾向于自给自足或自力更生，本土化的国防工业一般被认为是对一个国家的国防至关重要的“国家资产”。但冷战的结束改变了武器生产的自给自足。同时，面对着与下一代武器系统相关的不断增加的研发和制造费用，政府也正在试图继续将其军事力量现代化。在军工行业继续裁员并关闭工厂的同时，政府官员也正受到日益增加的压力，要求保留国防工业生产的就业岗位。为了确保国防工业资产的生存与生机，武器生产“走向全球”开始成为有吸引力的战略。

13.5.1 国防工业全球化的动因

直到20世纪末期，国际军备合作在很大程度上是由战略合理性所驱动的。例如，在冷战期间，北大西洋公约组织（NATO）支持这样的观点，即盟国内部的军备合作是一种手段，旨在通过消除武器生产的无效重复来增强盟军的战斗效率与效力，同时促进战区的合理化、标准化并提高其协同能力（RSI）。另外，武器生产能力的转让经常用来支持盟国和友好国家，并以此来代替直接军事介入。

然而，经济动机日益主宰着国防工业的全球化。世界范围的国防工业面临着国内武器市场的萎缩，并受到武器成本日益增加的困扰。在没有任何补偿行动的情况下，军事生产的大量削减以及随之而来的国防工业岗位的丢失是不可避免的。武器出口是解决这个问题的一个办法。然而，武器出口也是有限的。首先，部分美国和欧洲的军工企业为增加其海外销售所做的努力与国际武器市场的重大萎缩发生冲突。另外，美国和欧洲的武器出口商必须面对下述竞争局面，一是几个雄心勃勃的第三世界国家正在本土制造武器；二是许多发展中国家不再仅仅满足于以现货交易的方式购买武器，相反这些国家正在要求以补偿加工协议、特许生产及技术转让的形式，参与工业化的武器生产。

由于国际武器市场日益萎缩和竞争激烈，因此对外军贸不是军工企业谋求在国内克服其经济问题的灵丹妙药。另一方面，全球化为那些仅仅从武器出口中得到发展的武器制造商提供了许多潜在利益：

- 合作可使武器研发的经济性合理化，并共同承担研发费用和风险。随着武器研发和制造越来越昂贵，没有几个国家能自行承受发展大型武器系统的费用。通过合作，特别是共同发展项目，或者通过由多国联营来协同运作，公司能够在数个合作伙伴间分散设计和开发费用，同时削减重复的研发活动。
- 通过特定武器的大规模生产，制造商能够扩大经济规模。与多种竞争性武器独自以小批量生产相比，通过集中联合生产通用武器系统，武器生产能够提高效率并降低成本。
- 通过将产品的某些元件转移至海外，尤其是转移至劳动力成本较低的发展中国家进行生产，也可以提高武器生产的效率。虽然此举也受到一些限制，但某些部件（尤其是低技术的）已成功地在新兴工业化国家生产

并送往发达国家进行最后组装。

- 武器研发方面的合作能够帮助一个国家有权使用创新的国外技术。几乎没有一个国家在所有关键技术方面都是领先者，只有通过国防工业全球化来实现技术共享，才能找到另外的捷径来发展、生产和获取更为先进的武器。
- 全球化有助于对国外市场的渗透，否则这块市场只能让现行的军贸所占有。仅有极少数几个国家愿意购买成品武器系统，它们坚决要求在它们所购买武器的生产中，甚至是研发中起到一些作用。一些形式上的本地参与作为军贸的一个条件，正在日益成为“入场的筹码”，因此通过特许生产、补偿加工或共同研发的协定，武器供应商能够在报价时对预期买主更具吸引力。

13.5.2　国防工业全球化的趋势

“武器生产的全球化”并不是新鲜的概念。军事技术的跨国传播已有几个世纪的历史了。随着武器制造技术更为先进和复杂，甚至需要通过专利权和公司的商业秘密来加以保护，但仍然有许多政府和公司或是通过各种手段，继续不断获取有关国外武器发展和制造的技术诀窍。即使在冷战最初的年代里（约从 1950 年至 20 世纪 60 年代中期），美国和苏联都极力依靠特许生产来帮助其朋友和盟国重建和发展它们本国的国防工业。冷战时期，国际武器合作得到空前的发展。表 13.9 总结了武器生产全球化的类型。

表 13.9　　武器生产的全球化类型

术　语	定　　义
许可生产	在另一个国家制造一种武器系统的权力的跨国销售或转让
合作生产	国际间共同制造最初由一个国家开发的武器系统
合作开发	国际设计、开发和（通常）生产一种武器系统
“武器家族”	一种国际分工，一个国际集团同意借此进行数个相关武器系统（如空对空导弹或直升机）的生产，但每一单项武器是一个国家开发的，然后由所有的参与国共同生产
国际战略联盟	一种在两个或多个国家军工企业之间的松散工业布局，用来共享情报，或者对未来可能的合作生产或共同开发进行研究

续表

术　语	定　　义
联营	为了合作开发和生产某一特定武器或一类武器，两个或两个以上国家的军工企业联合拥有及共同经营的一种国际合作方式
跨国合并与收购	一个国家的军工企业购买另一国家一个军工企业的股票，直至能够控股

资料来源：安·马库森和肖恩·科斯蒂冈主编，殷雄、吴春喜和徐静等译，《武装未来》，新华出版社 2000 年版，第 310 页。

在武器生产全球化进程中，最为关键和值得注意的发展趋势是，自 20 世纪 80 年代末，是产业界而不是国家日益积极地进行国际国防工业基础的重组。

跨国合并与收购（M&A）已经在世界范围的国防工业界出现，近几年来，开始日益成为全球化过程中的重要事件。国防工业的跨国并购成功案例包括：（1）法国军火制造商——陆军武器工业集团（GIAT）收购了比利时的 FN 赫斯塔尔公司；（2）罗尔斯—罗伊斯公司收购了艾莉森公司；（3）法国汤姆森无线电公司收购了荷兰国防电子企业——荷兰电信公司；（4）德国宇航公司收购了现在破产的荷兰宇航公司——福克尔公司；（5）加拿大的轰炸机公司收购了英国的肖特兄弟公司；（6）英国宇航公司与 DASA 联合收购了西门子公司的国防电子分部。国防工业交叉持股的现象也在增加，马特拉公司持有德国导弹制造公司（BGT）22% 的股份；法国汤姆森无线电公司持有西班牙因德拉公司 20% 的股份；美国西科尔斯基飞机公司曾一度持有英国韦斯特兰直升机有限公司的少数股份。

由于西欧武器生产的能力过剩和冗余尤为严重，在 20 世纪末几乎所有与国防相关的联营或并购都是在西欧国家发生的，如图 13.5 和图 13.6 所示。

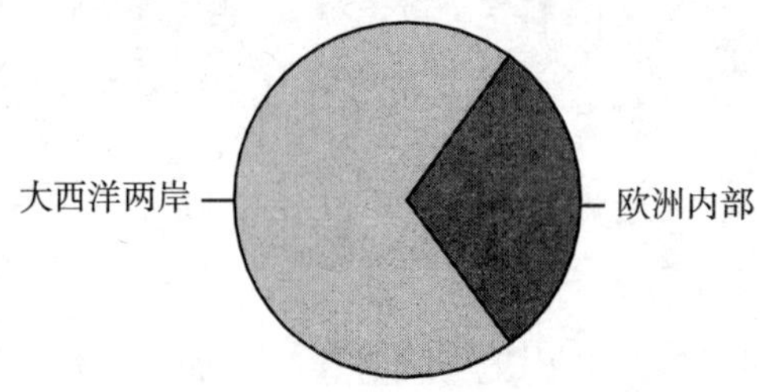

图 13.5　1986 ~ 1995 年大西洋两岸与欧洲内部的国防工业联营公司

随着并购事件的急剧增多以及公司间的联系更为正式和一体化，全球化进程已在地域方面扩大了，并且包括了许多发展中国家。自 20 世纪 70 年代末，五大洲的 20 多个发展中国家已经参与了数百项武器合作项目，其中包括 50 多个现行的主要项目。这种全球化活动被作为一种重要的手段，使得许多发展中国家有能力建立和培育自己的国防工业基础。更多的跨国军工企业的出现意味着不再能够用严格意义上的国家术语来描述武器生产了。与跨国企业的正规化和一体化相结合，国际化的武器开发和制造模糊了“本土”武器系统的概念。

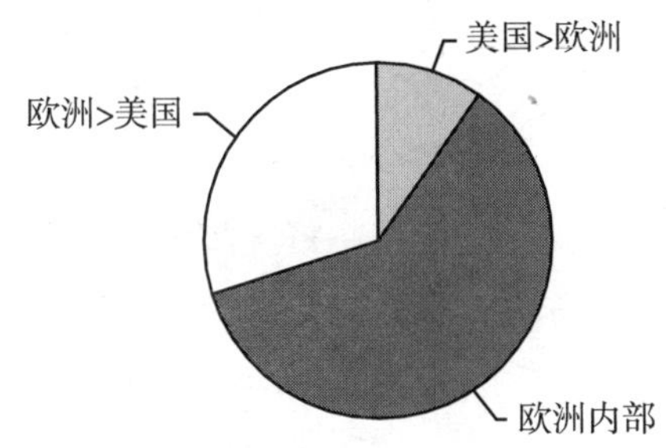

图 13.6　1986～1995 年大西洋两岸与欧洲内部的国防工业的并购

13.5.3　国防工业全球化的影响

日益推进的武器生产全球化对工业界和政府都具有经济、政治和军事影响。随着冷战的结束，在军费预算不断削减而武器市场竞争日益加剧的时代，越来越多的政府认为，跨国武器开发和生产对保存国防工业和技术基础是至关重要的。各国将其武器工业国际化看成一个关键的措施，一些国家试图以此以最节省的方式保持“关键的、最低限度”的军事研发与生产能力，以满足本国国防工业的需要。另外，全球化日益成为技术回流的一个潜在的重要机制。与此同时，令人非常忧虑的是，武器生产能力的全球化将持续不断地导致常规武器、军事系统技术以及属于国防生产和系统一体化的其他技术诀窍的扩散。随着全球化活动日益补充着、甚至替代着武器系统的公开销售，导致更多的尖端武器在第三世界国家内生产，先进军事技术向发展中国家的扩散正在日益变得更为复杂和更加难以阻止或迟缓。

美国和欧洲在进行武器合作的初期，特别是在冷战期间为了促进北约内部的合理化、标准化和增强协同能力，就一直在加强大西洋两岸的合作伙伴关系。然而，欧洲内部的武器合作和国防工业一体化的扩大速度远远高于横跨大西洋的合作速度。事实上，欧洲国防工业基础的这一地区性进程，对未来美国—欧洲的武器合作构成了潜在的严重挑战，并且可能使美国与西欧武器工业之间开始更为激烈的竞争，而不是合作。

许多西欧国家已经认识到，其本土国防工业基础正在受到较大型的、经济效益更好的美国武器工业的威胁。即使对于其最亲密的盟国来说，美国经常是国际武器合作方面最不可靠的伙伴。美国政府从未热心于国际武器合作计划，因为此类计划涉及先进军工技术的出口，或者有可能使其关键的军事系统对外国产生依赖性。美国武装力量经常对武器合作计划的支持缺乏热情，而热衷于按其特定要求定做专用系统。总体上讲，美国很少始终如一地促进或参与盟国之间的武器合作。许多欧洲国家，特别是法国，越来越将大西洋两岸的国防合作看作是一种高度不可靠与不平等的伙伴关系，因为它们自己的国防工业被作为一个永久的从属伙伴，只能采用“二流”的技术，并且主要充当美国国防工业的分包商。倘若欧洲想要维持一个富有生机与独立的国防工业和技术基础，那么地区性的国防工业合作已经被作为一种维持基本生存的措施，努力将武器生产的重点从国家向地区进行根本性的转移，使本土的国防工业“欧洲化”。

全球化进程也引起人们对一些明显的扩散行为产生担忧。通过技术转让、特许生产协定以及军事合作开发计划，武器生产能力向发展中国家的转移是一种武器扩散的形式。比起公开的军贸活动，此类国际武器合作更有可能动荡不安。全球化进程已经使一些发展中国家能够将其本土国防工业发展到向其他发展中国家出口武器的水平。再加上这些武器的成本较低而且非常适用，这就唤起新兴的第三世界制造商涌入全球武器市场的某些领域（特别是“中等技术”武器系统领域），这将打破地区武器平衡并加速地区军备竞赛。

常规武器的扩散及技术的扩散，最终将证明全球化对西方、尤其是对美国构成威胁。由于发展中国家试图维持其国防工业基础，因此工业化国家可能会失去已获得的短期利益，并最终在发展中国家出现技术更为先进的军事挑战者。这样，西方会发现自己不得不增加军费，并在国防研发方面做出更大的努力，以便维持现有的军事技术优势。

关键术语

国防工业基础　军事—工业复合体　国防工业转型

课后思考

1. 在度量和测算国防工业基础时应该注意哪些问题？
2. 军事—工业复合体是如何影响政府决策的？导致的后果是什么？
3. 国防工业转型的经济背景是什么？国防工业的转型产生了哪些经济影响？
4. 国防工业基础的全球化呈现出哪些特点？

参考文献

陈德第、李　轴、库桂生主编：《国防经济大词典》，军事科学出版社2001年版。

陈宗逸：《新台湾新闻周刊》2001年第293期。

沈发惠：《秃鹰或白鸽？浅谈“军工复合体”》，台湾大学政治学系研究生论文2007年。

［瑞］斯德哥尔摩国际和平研究所编，中国军控与裁军协会译：《SIPRI年鉴2006》，时事出版社2007年版。

［美］安·马库森、肖恩·科斯蒂冈主编，殷雄、吴春喜和徐静等译：《武装未来》，新华出版社2000年版。

［英］基斯·哈特利，［美］托德·桑德勒主编，姜鲁鸣，沈志华，卢周来等译：《国防经济学手册（第1卷）》，经济科学出版社2001年版。

Baran, P. and Sweezy, P. M., 1966, *Monopoly Capital*, Monthly Review Press, London.

Dunne, J. P., 1995, The Defence Industry Base, In Sandler, T. and Hartley, K. (eds.), *Handbook of Defence Economics*, Vol. 1, North-Holland, Amsterdam.

Eland, I., 2001, “Reforming a Defense Industry Rife With Socialism, Industrial Policy and Excessive Regulation”, *Policy Analysis*, 421: 1 ~ 18.

Gansler, J. S., 1989, *Affording Defense*, Cambridge, MA: MIT Press.

Gordon A., 1981, *The Iron Triangle: Politics of Defense Contracting*, New York: Council on Economic Priorities.

Haglund, D., 1989, *The Defence Industrial Base and the West*, London: Routledge.

Hartley, K., 2007, “The Arms Industry, Procurement and Industrial Policies”, in Hartley, K. and Sandler, T. (eds.) *Handbook of Defence Economics*, Vol. 2, Elsevier.

Hartley, K. and Sandler, T., 2003, “The Future of the Defence Firm”, *Kyklos*, 56 (3): 361 ~ 380.

Hooper, N. and Barbara, B., 1996, “A Case Study of Redundant Defense Workers”,

Defence and Peace Economics, 5 (2): 153 ~ 166.

Izyumov, A., Leonid, K. and Rosalina R., 2000, "Privatisation of the Russia Defence Industry", *Post-Communist Economics*, 12 (4): 485 ~ 496.

Koistinen, P., 1980, *The Military-Industrial Complex: A Historical Perspective*, New York: Praeger.

Poast, P., 2006, *The Economics of War*, McGraw-Hill/Irwin.

Schofield, S., 1993, "Defence Technology, Industrial Structure and Arms Conversion", in: Coopey, R., Uttley, M. and Sporardi, G. (eds.), *Defence science and technology: Adjusting to Change*, Harwood, Reading.

Shenhar, A. J., Hougui, S. Z., Dvir, D., Tishler, A. and Sharan, Y., 1998, "Understanding the Defense Conversion Dilemma", *Technological Forecasting and Social Change*, 59: 275 ~ 289.

SIPRI, 2008, "The 100 Largest Arms-Producing Companies, 2006", *SIPRI Yearbook* 2008, Oxford University Press: Oxford.

Taylor, T. and Hayward, K., 1989, *The UK Defence Industrial Base*, London: Brassey's.

Todd, D., 1988, *Defence Industries: A Global Prospective*, London: Routledge.

Walker, W., Graham M. and Harbor, B., 1988, "From Components to Integrated Systems: Technological Diversity and Interactions between Military and Civilian Sectors", in: Gummett P. and Reppy, J. (eds.), *The Relation Between Military and Civilian Technologies*, Kluwer Academic Publishers, Dordrecht, Netherlands.

Wallet, R. M., 1993, *Realizing the Peace Dividend: A Systems Perspective on Defense Conversion*, The Industrial College of the Armed Forces, National Defense University, Washington, DC.

第 *14* 章　国防工业（Ⅱ）：成本与收益

国防工业是实现国家利益的重要保证，但维持独立的国防工业又必须承担庞大的成本，国防工业的特殊属性，使国防工业生产函数、国防工业规模、国防工业就业函数与利润水平等均表现出与其他产业一些不同的微观特征。

本章从广义上对国防工业的成本与收益进行讨论，包括成本收益、生产函数、基础确定、就业函数、利润水平等。第一节讨论国防工业的成本与收益；第二节讨论国防工业生产函数；第三节介绍国防工业基础的一个理论模型；第四节讨论国防工业就业函数；第五节讨论国防工业利润水平。

14.1　国防工业成本与收益

在理性经济人的假设下，一项经济活动得到的收益如果大于付出的成本，就应当进行这项活动；反之，则不应当进行此项活动。所以必须首先明确国家维持国防工业基础究竟谁会获利，谁会受损。

14.1.1　国防工业成本

国家拥有独立的国防工业基础又必须承担高昂的研究、发展和生产成本，桑德勒和哈特利（Sandler & Hartley，2007）概括了国防工业基础五个方面的成本：

（1）高昂的研究和发展成本。武器装备的研发成本构成国防工业基础的一个固定成本。尤其对于高端技术的武器系统来讲，研究和发展成本可能是非常高昂的。如果一个国内市场比较狭小的国家独自进行研发，这种成本可能是其无力承担的。

（2）生产投入和生产时间超支的成本。武器装备的研发和生产具有很大的风险和不确定性。实际的研发成本和研发时间常常超出预期，因此一国利用自己的国防工业基础进行研发和生产，也必须面对这样的资金和时间成本。

（3）武器装备的成本增长趋势。军事装备成本高昂，而且就实际情况而言，在连续数代武器装备研制过程中，单位生产成本总体趋势始终是上升的。由此不可避免地造成国防预算的规模难以适应新武器装备成本上升的情况。

（4）无法享受规模经济和学习经济的好处。如果一国国防工业基础仅仅提供给国内武器装备市场，由于生产数量比较小，就无法充分得到规模经济与学习经济带来的效率，这也可以看作是一种成本。

（5）项目迟滞造成的成本上升。国防工业生产中，由于国防预算的限制，采购项目严重拖后，从而延缓生产的现象并不罕见，这可能造成生产成本的不断攀升。

当然，维持国防工业基础具有外部性，其中既包括前面谈到的正外部性，还包括负外部性，如用于国防工业基础的资源同样可以进行其他方面的投资，有可能比用于国防工业基础带来更多的就业岗位、更快的技术进步和更高的经济增长率。

14.1.2 国防工业收益

国防工业是战略威慑的基础，也是军方以合理价格获得适合本国军队所需武器装备的基础。虽然在发达国家与发展中国家可能会有所不同，但一般认为国防工业收益主要表现在以下几个方面：

（1）维护国家主权和领土完整，提供维护本国安全所需要的武器装备。这是一国国防工业存在的主要原因，也是一国国防工业基础的主要收益。国防工业基础能使一国不依赖那些潜在的不可信赖的外国供货商提供重要武器装备。它也能使一国在战时能迅速调整自己的装备。

（2）保持国家未来需要的能力。如果没有本国的国防工业，那么进口高技

术军事装备事实上意味着要丧失高技术创新和生产能力，那么为未来的武器开发而再造这种技术不仅成本高昂，而且耗时甚多，保持独立的国防工业则可保持这种技术与生产能力。

（3）避免受制于外国供应商的垄断价格。外国军火供应商往往易使买方备受垄断价格上涨的煎熬。一个国家一旦将自身锁定在国外供应商的供应链上，或许购买初始装备的价格是低廉的，但卖方此后在备件供应上却能够索要垄断价格，因而全寿命周期费用比国内生产可能还是要高。

（4）提供适合本国需要的武器装备。国外供应商提供的装备并不是为满足进口国需要而设计的，本国的国防工业则可较好地贯彻本国的国防需求，生产本国需要的武器装备。

（5）平衡国内外对武器装备的购买。国防工业基础可使一国有效比较国内外武器购买的成本，成为更理智的购买者，增强与外国军火供应商讨价还价的能力。

（6）提供国民经济收益。国防工业可以提供本国的就业机会、发展技术、改善国际收支、增加国家财源（如增加税收、减少失业救济支出）等，提高民用收益。

（7）经济利益。庞大的国防工业为发达国家开辟了源源不断的财源，发展中国家也会把国防工业基础视为节约和挣得宝贵外汇的重要来源，而且许多发展中国家还将国防工业看作一个能够对其他经济部门产生附带利益的主导经济部门。

14.2　国防工业生产能力

国防工业生产存在规模经济、学习效应和范围经济。国防工业的高投入，使各国都必须客观评价本国的国防生产能力，而按照企业边界理论，资产专用性也对武器生产纵向一体化产生影响。

14.2.1　国防工业的规模经济与学习效应

成本方面有无规模经济和学习效应，是决定产业结构的主要因素，影响企业的规模和集中率。可以通过案例来说明国防工业生产函数中的规模经济和学习效应。

规模经济 驶德美（Sturmey，1964）以某一特定型号飞机为例，通过分析飞机生产成本和价格的特点，考察了国防工业生产中的规模效应。驶德美把生产成本分成可变成本（Variable Cost）、固定成本（Fixed Cost）和启动成本（Launching Cost），定义可变成本加固定成本为生产成本（Production Cost）。表14.1显示了每种成本所包含的内容，以及经估算后每种成本在总成本中所占的比例。

表14.1 飞机生产总成本的构成和结构 单位：%

直接劳动成本				8
原材料成本				5
直接成本小计				**13**
购买零部件成本				27
可变的生产性上头成本				10
	可变成本小计			**50**
生产性上头成本				22
管理性上头成本				8
	固定成本小计			**30**
		生产成本合计		**80**
		启动成本		**20**
			总成本	**100**

从表中可以看到，启动成本占到总成本的20%，而启动成本中研发费用和跳汰（Jigging）加工费用是比例最大的两个部分。生产成本中的固定成本占总成本的30%。固定生产成本和启动成本是总成本中不随产出而变化的成本，它们大致占总成本的50%。这也证明了国防工业基础的固定成本（或沉没成本）是相当大的，因此具有规模经济。

该案例中，上头成本①分为三个部分：可变的生产性上头成本、固定成本中

① 上头成本（Overhead），是张五常的翻译方法。也有人将它翻译为“间接成本”、“运营成本”、“管理费用”等，但都无法准确表述其含义，因此在这里使用了张五常的译法。简单地说，上头成本是指那些即使不生产也要发生的成本。上头成本是要在做了生产投资，开了档，才可以存在的。这些成本是指开始经营后，有些费用不生产也要支付。

的生产性上头成本和管理性上头成本，其占到总成本的40%，如果再加上启动成本，这一比例就高达60%。上头成本的大小通常用与直接劳动成本的比率表示，它的大小与管理和生产效率有关。高比率则意味着管理效率比较低，而劳动的生产效率比较高，低比率则反之。但需要注意的是，在生产不同产品时，上头成本所包含的内容是不一样的。因此，不同企业上头成本与直接劳动成本的比率不能直接作为进行效率比较的指标。

假设生产要素价格固定，当产出水平提高时，规模经济会导致单位成本下降。图14.1以某种型号的战斗机为例，反映了平均成本（AC）随生产规模变化这一特点。

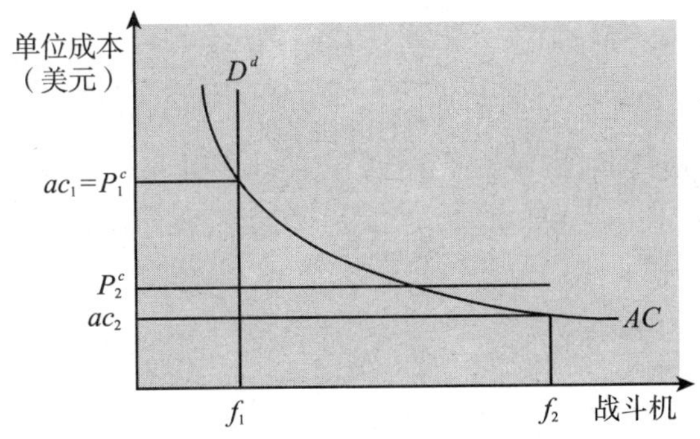

图14.1　武器出口的规模经济动因

图中以D^d表示对战斗机完全无弹性的国内需求曲线。P_1^c为战斗机买方（政府）确定的“控制价格”。武器生产者所获得的收入（$P_1^c \cdot f_1$）则恰好等于总成本（此时，生产者的利润为0）。如果武器生产者将其产量增加到f_2，由于规模经济的作用，武器生产者单位成本将从ac_1降到ac_2。这将加剧武器生产者的成本竞争，提高其出口武器的能力。图14.1中，武器出口为f_2-f_1。如果P_2^c是国际市场战斗机的价格，政府为国内需求所支付的价格如果降至P_2^c，那么政府和武器生产商都能从武器出口中获益。政府购买战斗机的“防务负担”从$P_1^c \cdot f_1$降到$P_2^c \cdot f_1$，武器生产者获得了“一般水平之上”的利润，即$(P_2^c \cdot f_2)-(ac_2 \cdot f_2)$。

假如世界所有国家都实现了规模经济，那么每个国家将专门从事一个有限范围武器系统的专业化生产，这将比每个国家独自生产全部武器装备更加有效率。而每个专业化了的国家必须同其他国家进行军火贸易。但是，武器与民用产品是不一样的。出于安全或国内政治的原因，大多数国家一方面限制武器出口，另一方面也警惕过多依赖武器进口，宁愿牺牲规模经济的利益也要维持一个独立、坚实、灵活的国防工业基础。但是规模经济仍然为武器的专业化生产与贸易，提供了强有力的动因。

学习效应 学习经济，是由经济学家克鲁格曼和奥布斯费尔等人提出的一个概念。它是随着累积生产的时间，生产的专业化程度、生产经验以及熟练程度等的提高，使得生产的单位成本下降。这也被称为动态递增回报或动态规模经济。赖特（Wright，1936）发现当总产出的数目加倍时，生产每件产品的平均劳动时间投入就减少到产量加倍之前的80%。因为赖特考察的是总平均成本，因此赖特曲线也被称为累积平均学习曲线。与此相对应，也有人研究了边际成本随产量的变化，即边际曲线，发现当产出数量加倍时，生产每件产品的劳动投入会下降。驶德美（1964）通过对美国战时飞机生产数据的分析，认为边际曲线与现实数据更加吻合。这同时也说明了，“学习曲线”在飞机生产中确实存在，作者在对样本数据进行分析之后，认为80%的学习因子是比较合理的估计，即当飞机产量加倍时，平均劳动成本减小到之前的80%（见表14.2）。

表14.2 飞机生产的平均劳动成本、平均生产成本和平均总成本

产量（架）	平均劳动成本	平均生产成本	平均总成本
1	2.43	9.63	200.63
10	1.54	8.74	28.74
20	1.28	8.48	18.48
30	1.15	8.35	15.01
40	1.05	8.25	13.25
50	0.98	8.18	12.18
60	0.93	8.13	11.46
70	0.89	8.09	10.95
80	0.85	8.05	10.55
90	0.82	8.02	10.24
100	0.8	8.0	10
200	0.65	7.85	8.85

从表14.2中可以看出：

（1）学习效应确实发生了，学习因子近似为0.8。通常来说，生产工艺越复杂，学习带来的边际成本下降也就越显著。

（2）平均总成本随产量的增加而减少。在盈亏平衡点，总成本中不随产出而变化的成本大致占总成本的50%。

这个以飞机生产为例的案例表明，国防工业确实具有显著的规模经济和学习效应。

学习经济是武器出口的另一个动因。对一个国家而言，武器出口将是积累武器生产经验的有效机制，并以此通过学习效应得到较低单位的成本。这一方面可以降低武器出口国国内武器采办的防务负担；另一方面较低的成本又进一步提高了武器出口的竞争力。

14.2.2　潜在国防能力指数

因为主要常规武器生产要求先进的人力和物质资本投入，肯尼迪（Kennedy，1974），伍尔夫（Wulf，1983）和布劳尔（Brauer，1991，2000）构造了潜在国防能力（Potential Defense Capacity，PDC）指数，来评价一国的国防生产能力。PDC指数是一个百分比，它度量了一个国家在任意一年（1986～1995年）在283个与武器制造有关的工业类别中有多少个行业有生产记录。这些工业类别包括9个主要的工业群：工业化学、其他化学、钢铁、不锈钢、金属制品、非电子机械、电子机械、运输设备、科学、测量、控制设备。该指数是以国际标准产业分类代码为依据，反映武器生产定性的、分级排列的指标。布劳尔（1991，2000）对整个20世纪70年代中期到90年代中期的研究表明：一国制造武器的潜在能力越高，它在实际武器生产方面的排名就越高（斯皮尔曼等级相关系数为正）。令人注意的是，生产武器最多的非高收入国家的PDC指数超过了高收入国家该指数的平均水平。甚至第二等级非高收入武器制造国都达到了在高收入国家10%以内的平均PDC指数，表14.3列出了部分国家PDC指标情况。

在非高收入国家中，如果比较持续低水平武器生产国和持续高水平武器生产国的PDC指数，可以看到它们在统计上还是相等的，这意味着尽管其潜在生产能力相当，但在实际武器生产水平上还是有差别的，这可以用地域等因素来解释：前一组由地处相对比较“平静”地区的国家组成，而后者则处于相对“敌对”地区。沿着20世纪70年代到90年代的时间轨迹，研究进一步发现非高收入国家大力发展自身武器制造业，正如他们提高人力和物质资本一样，这使得PDC水平与高收入国家的平均值在同一水平上。一些非高收入国家有制造武器的潜力，但它们似乎并未充分使用（如墨西哥、土耳其）；另一些国家则超过它们所能承受的限度，因而自身的生产能力紧张（如印度、印度尼西亚）。

表14.3　　部分高收入国家和非高收入国家的潜在国防能力指数（1986～1995年）

第1组		第2组		第3组	
阿根廷	33.6	智利	19.4	澳大利亚	33.6
巴西	51.6	埃及	24.7	比利时	34.3
巴拉圭	53.7	匈牙利	68.6	加拿大	31.5
中国	32.5	印度	42.1	法国	59.7
捷克共和国	37.1	印度尼西亚	57.2	希腊	44.2
墨西哥	61.8	伊朗	18.0	韩国	54.4
巴基斯坦	13.1	罗马尼亚	60.8	荷兰	26.5
波兰	66.4	乌克兰	55.1	西班牙	86.2
俄罗斯	54.1	南斯拉夫	62.9	瑞典	59.0
南非	23.0			瑞士	10.3
土耳其	55.5			美国	64.7

注：第1组为有持续高水平武器生产的非高收入国家；第2组是有持续低水平武器生产的非高收入国家；第3组为高收入武器制造国。

资料来源：Brauer，J.，2000，“Potential and Actual Arms Production：Implications for the Arms Trade Debate”，*Defence and Peace Economics* 11：461～480.

14.2.3　资产专用性与武器生产纵向一体化

20世纪90年代中期，人们习惯将武器生产划分“阶梯”。“阶梯”上的点衡量一个国家距自己生产武器，甚至自给自足还有多远。冷战时期，当一个国家试图自己单独生产主要常规武器整机时，“阶梯”模型非常有效。非高收入国家提高本国

生产能力，就能登上武器生产的“阶梯”（Krause，1992；Btizinger，1994）。

随着冷战结束，20世纪90年代制造业发生了地域转移，从高收入国家转移到非高收入国家，世界制造业进一步模块化、分散化和系统集成化。这时武器生产的“阶梯”模型不再适用，在武器工业国际化的背景下，需要一个新的武器生产模型，这个模型要围绕与规模经济、范围经济、产业积聚，或者说成本而不是产地的问题展开。高收入国家和非高收入国家对如何进入市场同样要“精挑细选”。布劳尔（2007）以“企业边界”理论（Williamson，1985）为基础，描述了一个军火生产模型，来解释冷战结束后武器生产地点转移和结构变化情况。该模型把武器生产环节中的“纵向一体化”定义为生产活动发生在单独一国境内，而非单独一家企业内，生产决策就是是否将所有相关武器生产活动保留在该国内（本国生产），购买决策就是是否从国外采购全部或部分本国所需要的武器（国外购买）。

假设产出水平不变，进一步定义“技术效率”为一国在生产过程中以多大程度采取最小成本进行生产①。定义“代理效率”为以多大程度在“交易”过程中最小化代理、协调和交易成本。如当购买决策会使一国承受巨大的敲竹杠风险时，与纵向一体化组织中的交易（国内生产）相反，市场交换的代理成本在此时就无法达到最小化。市场需求集中供给在最小化生产成本方面有优势，这是规模经济、范围经济和产业集聚的结果，但代价是会产生潜在的巨大代理风险。与此相反，纵向一体化的优势在于减小代理成本（Coase，1937），但却丢掉了竞争市场体现在生产效率上的唯一优势。例如，从国外购买关键零部件可以提高技术效率，因为世界市场所实现规模经济的程度要远远超过国内生产所能达到的水平，但或许要承担相当大的签约成本，包括监督和执行合约的成本。相反，纵向一体化可以对与代理相关的成本进行严格控制，但会失去大规模生产的效率。因此，需要对技术效率和代理效率进行平衡，将两种成本之和最小化。

以贝桑科等人（Besanko et al.，2004）的研究为基础，图14.2的纵轴是制造成本与采购成本之差。正（负）值表示制造决策的成本高（低）于购买决策，亦即国内生产活动的纵向一体化与购买国外产品相比花费更多（少）。横轴表示资产专用性程度 k。资产可能是（1）专属于一个地点（如靠近机场和飞行训练地的飞

① 两种生产成本的稳定不变的差额：一是（企业）根据自身需要生产某种产品的成本；二是从市场购买同一产品所花的成本（Williamson，1985）。

机维修棚）；（2）专属于一个特定的生产目的（如为达到某种耐热性而经过处理的材料）；（3）专属于某种物资资产（如巡航导弹的生产设备）；（4）专属于人力资源（如为完成军事生产相关任务而在技术训练方面所做的投资）。资产专用性越强，其取值沿横轴走得就越远，资产重新配置到其他用途的适应性也就越小。

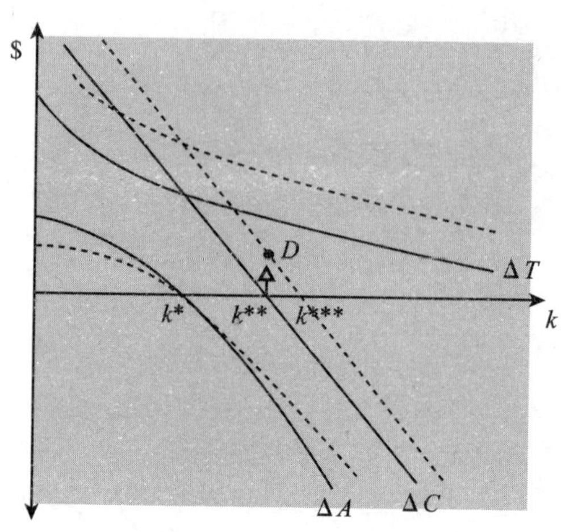

图 14.2　一个武器生产理论

图中标记为 ΔT 的实线是所有“制造－购买”技术效率成本最小值的包络线，标记为 ΔA 的曲线是所有“制造－购买”代理效率成本最小值的包络线。首先，ΔT 在资产专用性程度 k 值增加时减少。对较低的 k 值，国内生产存在成本劣势，因此在 k 值较低时，从国外采购是更好选择；相反，如果资产专用性程度高，那么对外部供应商而言，所使用投入品的专用性越高意味着销售渠道就越少，因此规模经济、范围经济和产业集聚的优势逐渐消失，变得不再显著。假定成本差异 ΔT 是一个很小的正值，逐渐趋近于资产专用性轴。也就是，国内生产相对于国外购买的成本劣势随着资产专用性程度 k 的变大而变小。在极端情况下，如果一种投入品只有这个企业（国家）使用，那么市场的规模经济性就不存在了。

而对代理或治理成本 ΔA，当资产专用性程度比较低时（$k<k^*$），纵向一体化生产比市场交换的代理成本高（ΔA 为正值）；当资产专用性程度比较高时（$k>k^*$），纵向一体化生产比市场交换的代理成本低。图中决定性曲线 ΔC，是在每个 k 水平上 ΔT 和 ΔA 的垂直加。在 k^{**} 的左边，国内生产的技术和代理成本总和超过国外生产的总成本（$\Delta C>0$）。因此，对专用性程度较低的情况，国家应从国外进口投入品。在 k^{**} 的右边，使用资产专用性程度高的投入品就支持国内生产（$\Delta C<0$）了。k^{**} 是一

个国内生产和国外采购无差别的点（$\Delta C=0$）。ΔT、ΔA 和 ΔC 共同向下（向上）移动会导致 k^{**} 向左（右）移动，进而会减少（增加）国外采购的范围，并相应地增加（限制）倾向于国内生产的资产专用性程度。在极端情况下，如果 k^{**} 位于原点，对于所有可能的 k 值（因为 k 不能为负值）都有 $\Delta C \leqslant 0$。那么所有的武器生产将集中于国内。

在国际安全环境非常不好（如冷战期间）的情况下，即便是盟友也不可能完全信任，因此国外交易的代理成本会非常高昂。结果 ΔC 也向下移动并使 k^{**} 沿着 k 轴向左移动，将从国外进口投入品的资产专用性范围减少为零，所有武器生产必需的专用性投入品都在国内生产。技术和代理效率可能不是相互独立的。1982 年以来，全球范围内对主要常规武器的需求普遍下降，减少了规模经济的好处。与国外采购相比，国内生产缺乏优势，这导致在 k 的每个水平上 ΔT 都向上移动（在图中用虚线 ΔT 表示）。但对于较低的资产专用性水平，$k<k^{*}$ 时，市场的代理效率优势可能没有那么显著，因为减小的生产规模会降低纵向一体化的代理成本，而增加更为依赖市场的代理成本。与此相反，对于较高的资产专用性水平，$k>k^{*}$ 时，国外采购相对于国内生产的代理优势将更加明显。结果导致 ΔA 围绕着 k^{*} 逆时针旋转（图中的虚线 ΔA），ΔC 的斜率更加陡峭，k^{**} 向右移动变为 k^{***}。因此，1982 年后需求的减少很可能预示着从国外采购所对应的资产专用性范围将增加。

即使对所有的 k 来说代理效应是对称的，如果降低与市场交易相关的代理成本相对于纵向一体化的代理成本的大小，即将 ΔA 均匀向上移动，那么合并后的成本（虚线 ΔC），将使 k^{**} 移至 k^{***}。这时一国愿从市场（国外）采购武器生产投入品的“起始点”就提高了，通过比较 k^{**} 和 D 点也能看出这一点。对一个“给定的” k 值，如 k^{**}，位于 ΔC 正值部分的 D 点表示生产成本超过购买成本，这时国内生产变得更加昂贵。

14.3　国防工业基础确定

国防工业基础对于在当前、未来以及紧急情况下满足一个国家的军事需求是至关重要的。但如何确定一个合意规模的国防工业基础确实非常困难。国防工业的需求部门必须决定：本国需要多少种不同的武器装备、每种武器系统的质量标准是什么、是否能够以及在多大程度上可以信任盟友提供或共同生产武器系统等。当然，在考虑规模时还有一个国防工业的规模和效率问题。

国防工业规模与结构的确定涉及许多因素，邓恩等人（Dunne et al.，2007）尝试以一个三阶段动态模型来描述政府确定国防工业基础结构的过程，其模型包含了很多因素，使我们可以考察国防工业结构，一国使用的武器系统的数量如何受到国防支出水平、采购政策、R&D 成本、对本国武器的偏好、世界武器市场的规模以及地区冲突性质的影响。

14.3.1 基本模型

该模型假设在世界军火市场中有 l 个生产国，他们既从国内采购武器装备，也从世界市场中进口部分武器；还存在 r 个不自己生产武器装备的国家，他们对军火的需求完全依赖于进口。进一步假设生产国 i 生产的产品，也就是武器系统有 n_i 种。生产国 1 提供 $j=1, 2, \cdots, n_1$ 种武器系统；生产国 2 提供 $j=n_1+1, n_n+2, \cdots, n_1+n_2$ 种武器系统，依此类推。全世界共有 $\sum_{i=1}^{l} n_i = N$ 种武器系统，假设每种武器系统由一家企业生产，而且与其他武器系统存在或多或少的差异。

假设生产国 i 生产的第 j 类武器系统的最高质量水平为 q_{ij}，这也是该种武器系统在本国内使用时所能提供的效力。但其他国家如果进口了这种武器系统，它在进口国内所发挥的效力要小于 q_{ij}。例如，如果第 i 个国家从第 k 个国家进口了第 j 类武器系统，它在第 i 个国家提供的效力用 u_{ij} 表示，则 $u_{ij}=\gamma_{ik}q_{kj}$。这里 $\gamma_{ik}<1$，它表示出口国 k 限制武器出口的政策（或制度）对进口国 i 使用该武器系统质量的影响。为方便起见，假设生产本国使用和出口的同一种武器系统的成本是相同的。

下面的分析以生产国 1 作为生产国代表。假设生产国 1 从本国采购了 n_1 种数量分别为 d_{1j}、质量分别为 $q_{1j}(j=1,2,\cdots,n_1)$ 的武器装备，并且进口了 $N-n_1$ 种数量分别为 m_{1j}、质量分别为 $u_{1j}(j=n_1+1, n_n+2,\cdots, N)$ 的武器装备。这些本国生产和进口的武器共同装备该国的武装力量，如（14.1）式所示：

$$S_1 = [w_1 n_1 + (1-w_1)(N-n_1)]^v [w_1 \sum_{j=1}^{n_1} (q_{1j}d_{1j})^\alpha + (1-w_1) \sum_{j=n_1+1}^{N} (u_{1j}m_{1j})^\alpha]^{\frac{1}{\alpha}} \tag{14.1}$$

式中 $\alpha \in [0, 1)$，$v>0$。其中 $w_1 \in \left[\frac{1}{2}, 1\right]$，表明本国生产的武器比进口武器

对本国军事力量的影响更大一些。

假设生产国1在本国采购武器的价格为 p_{1j}，进口武器的价格由世界市场决定，为 P_j，$j=1$，2，…，n_1，n_1+1，n_n+2，…，N。如用 G_i 表示第 i 国采购武器的预算约束，对生产国1来说，有：

$$\sum_{j=1}^{n_1} p_{1j}d_{1j} + \sum_{j=n_1+1}^{N} P_j m_{1j} = G_1 \tag{14.2}$$

而对完全依靠进口武器系统形成本国军事力量的国家而言，即国家 $i=l+1$，…，$l+r$，其军事力量由下式确定：

$$S_i = N^v \left[\sum_{j=1}^{N} (u_{ij}m_{ij})^{\alpha} \right]^{\frac{1}{\alpha}} \tag{14.3}$$

且其采购武器的预算约束为：

$$\sum_{j=1}^{N} P_j m_{ij} = G_i \tag{14.4}$$

在生产国中，假设提供第 j 类武器厂商 j 的产量为 $y_j \triangleq d_j + x_j$，其中 d_j 由本国政府以 p_j 的价格购买，而剩余的 x_j 则用于出口，出口价格由世界市场确定，为 P_j。假设第 i 国中厂商 j 的成本函数为：

$$C_i(y_j,\ q_j) = F_i + f_i q_j^{\beta_i} + c_i y_j = H_i(q_j) + c_i y_j \tag{14.5}$$

上式等号右侧的第一项 F_i 是固定成本；第二项主要和武器的质量水平相关，可以看作是为了达到一个特定的质量要求所必需的R&D支出；第三项是可变成本。β_i 是一个外生的给定参数，衡量提高产品质量的成本随质量水平呈指数形式增长，其通常大于1①。生产武器的厂商追求利润最大化，其利润函数可以表示为：

$$\pi_j = p_j d_j + P_j x_j - C_i(y_j,\ q_j) \tag{14.6}$$

在本节的分析中，邓恩等（2007）认为厂商可以自由进出行业，因此满足参与约束条件 $\pi_j \geqslant 0$。

14.3.2　行动顺序

下面考察各国政府和厂商的行动顺序。首先在给定他国政府选择的情况下，

① 据米德尔顿等人（Middleton et al.，2006）估算，$1/\beta$ 约为0.2，这意味着 β 大约为5。

考虑一国政府的最优决策问题。

在第一阶段，给定政府军事采购的预算约束，生产国1的政府决定在国内以p_{1j}采购质量为q_{1j}、数量为d_{1j}的第j类本国生产的武器，$j=1, 2, \cdots, n_1$；同时形成一个进口武器的计划m_{1j}，但进口价格P_j由世界市场给定，$j=n_1+1, n_n+2, \cdots, N$。国内采购价格可能高于，也可能低于世界市场价格。但只要国内采购价格大于厂商生产的边际成本，那么已进入世界武器市场的厂商就会接受国内采购价格。

在第二阶段，给定国内采购的数量、质量和价格，各种武器系统的生产商在世界市场展开竞争，从而形成均衡时各武器系统的出口量和世界市场价格。因为各个武器系统互不相同，产品市场的竞争是垄断竞争，因此达到均衡时，世界市场价格$P_j=P=c_i/\alpha$在此时也可确定。

在第三阶段，给定武器系统的世界市场均衡价格和进口武器质量水平u_{ij}，各国政府（包括所有的武器生产国和非生产国）决定进口武器的数量m_{ij}。

14.3.3 模型求解

为考虑政府对武器系统需求的形成，考虑处于地区冲突中的两国A和B，假设它们是风险中性的，其国民收入中的一部分用于国防支出（分别为G_A和G_B），其余的用于各种形式的消费C_A和C_B，因此有$Y_A=G_A+C_A$和$Y_B=G_B+C_B$。由于冲突和战争，两个国家可以消费的部分减少为$\phi(C_A+C_B)$，$\phi\in[0, 1]$刻画了战争的破坏作用。在冲突中，获胜一方可以获得总消费品的比例为θ。如用$p_A(S_A,S_B)$来表示国家A获胜的概率，那么国家A的期望效用就可以表示为：

$$U_A(S_A, S_B; G_A, G_B)=\{p_A(S_A, S_B)\theta+[1-p_A(S_A, S_B)](1-\theta)\}\phi(C_A+C_B) \tag{14.7}$$

式中S_A，S_B就是前面定义的国家武装力量，而$p_A(S_A,S_B)$就是冲突经济学文献中经常出现的竞争成功函数。

军事力量与在冲突中获胜概率的关系，或者说竞争成功函数通常有两种形式：比率形式（14.8）式及差分形式（14.9）式：

$$p_A=\frac{(b_AS_A)^m}{(b_AS_A)^m+(b_BS_B)^m} \tag{14.8}$$

$$p_A=\frac{\exp(kb_AS_A)}{\exp(kb_AS_A)+\exp(kb_BS_B)}=\frac{1}{1+\exp[k(b_BS_B-b_AS_A)]} \tag{14.9}$$

同理可以相应地写出 $p_B(S_B,\ S_A)$ 的表达式。假设 $p_A+p_B=1$，即不考虑冲突双方和解的可能性。

各国政府是以本国的期望效用［如（14.7）式所示］最大化为目标函数的，由此可以进一步推导出各国的进口武器需求函数，进而可以求解均衡。

不生产武器的国家，其对进口武器的需求可以表示为：

$$u_{Aj}m_{Aj}=\frac{G_A}{\hat{P}_A^{1-\sigma}}\left[\frac{P_j}{u_{Aj}}\right]^{-\sigma} \tag{14.10}$$

式中 $\sigma=\frac{1}{(1-\alpha)}>1$，$\hat{P}_A=\left[\sum_{k=1}^{N}\left(\frac{P_k}{u_{Ak}}\right)^{1-\sigma}\right]^{\frac{1}{1-\sigma}}$ 可以看作是进口武器产品的价格指数，它随进口产品质量的不同而不同。

如用 S_A^* 表示在给定政府国防支出水平 G_A 时能够达到的最大军事力量，则 S_A^* 由下式确定：

$$S_A^*=\frac{N^{v}G_A}{\hat{P}_A} \tag{14.11}$$

进而均衡时，有：

$$\frac{G^{np}}{Y^{np}}=\kappa\frac{(2\theta-1)m}{1+(2\theta-1)m}+(1-\kappa)\left[1-\frac{N^{-v}\hat{P}}{(2\theta-1)kbY^{np}}\right] \tag{14.12}$$

当 $\kappa=1$ 时，表示采用了比率形式的竞争成功函数；但 $\kappa=0$ 时，表示采用了差分形式的竞争成功函数。由此看到：对非武器生产国而言，如果竞争成功函数是比率形式，那么均衡时的国防支出水平与武器系统的数量 N 和价格指数 $\hat{P}$ 都无关；如果竞争成功函数是差分形式，那么均衡时的国防支出水平随武器系统数量的增加、武器质量水平的提高而增加，但整个国家的效用水平却会相应降低。

类似地，也可以得到武器生产国对武器进口的需求，即对于国家 i 有：

$$u_{ij}m_{ij}=\begin{cases}\dfrac{G_i-\sum_{j=n_{i-1}+1}^{n_{i-1}+n_i}p_{ij}d_{ij}}{\left(\dfrac{P_j}{u_{ij}}\right)^{\sigma}\sum_{k\neq(N_{i-1},N_i)}^{N}\left(\dfrac{P_k}{u_{ik}}\right)^{1-\sigma}}; & j\neq N_{i-1}+1,N_{i-1}+2,\cdots,N_{i-1}+n_i\\ 0; & j=N_{i-1}+1,N_{i-1}+2,\cdots,N_{i-1}+n_i\end{cases} \tag{14.13}$$

在前面分析的基础上，进一步求解后，可以从以下方面得到结论①：

第一，武器系统的数量和质量对非武器生产国的影响：如果竞争成功函数符合比率形式，那么非武器生产国的国防支出占 GDP 的比例将是固定的，不受武器系统数量和质量变化的影响；但如果竞争成功函数符合差分形式，那么国防支出水平将随武器系统数量和质量的增加而增加，但同时会降低该国的福利水平，因为军备竞赛降低了本国的安全度。

第二，武器的采购价格和行业集中度：国内采购价格可能高于，也可能低于世界市场上的价格，但一定会高于该武器产品的边际成本。如果外部市场更广，则国内价格低于国际价格。

国内武器采购价格的选择会影响本国武器生产商的数目，并最终决定整个市场中厂商的数量。在固定成本给定的情况下，当国防支出减少时，均衡时的武器系统数目减少。在武器质量和武器数量之间存在此消彼长的关系。在武器系统的质量水平给定时，当国内市场更开放，国外市场更广阔时，国内武器生产商的数目减少了。但另一方面，国内市场开放程度的增加，会降低厂商提高产品质量的激励，这又会产生厂商数目增加的趋势。尽管对厂商数目的净影响还不确定，但根据这个模型可以预测，如武器系统的质量和 R&D 支出保持不变或确实增加，那么国际化（对本国武器系统的偏爱程度减少，外部市场相对规模扩大，以及愿意出口质量更高的武器产品）会减少武器系统的数量。除了军费支出减少外，武器系统质量和 R&D 支出的增加都可以帮助解释冷战结束后国防工业集中的现象。

第三，武器生产国之间合作的影响：如果武器生产国之间在武器系统数目、国内购买和出口方面进行合作，那么他们都可以获益，因为这样做可以使武器系统多样性的好处内部化，而且减少在外部市场中“以邻为壑”的竞争。合作会降低武器系统的质量，这会减少非武器生产国的国防支出，但同时合作会促进武器系统多样化，这又会增加非武器生产国的国防支出。因此，在合作情况下，非武器生产国国防支出如何变化还需要依照不同情况具体讨论。

第四，对武器出口的控制：对武器出口的控制，在模型中反映在出口武器质量水平的降低上。更为严格的武器出口控制会使非武器生产国减少国防支出，在

① 由于该模型的函数形式设定较为复杂，无法得到显示解，因此作者做了数值模拟。这里我们只是简单地汇总了结论，详细的分析和推导请参考原文。

合作情况下，会把合作的收益从武器生产国转移到武器进口国。

14.4　国防工业就业函数

国防工业中的就业行为有无特殊性，一些学者比较了军工企业和民用部门企业的就业行为，验证了主要国防项目的削减是否会引起装备密集型产业中劳动力大量溢出的问题（Hartley & Corcoran，1975；Hartley & Lykn，1983）。

14.4.1　就业与成本导向定价法

这里从国防合同的成本导向定价法（Cost-Based Pricing）和劳动力准固定生产要素（Quasi-Fixed Factor）性质入手，来解释国防工业企业的劳动力保留政策①。

成本导向定价法就是使价格等于企业的全部成本加上一个政府允许的利润边际（Profit Margin），其最典型的例子就是国防合同的成本加成定价法。这种合同类型在企业提高效率、减小成本方面的激励是非常小的。因为国防项目经常会面临很大的不确定性，承包商为了尽量降低国防项目取消或者需求减少所产生的影响，除了详尽、完美地阐述计划书之外，还会同时为新项目的投标累积资源，特别是熟练工人，在生产线安排方面尽量做到对需求变化能进行快速转换。在一个非竞争性市场中，成本导向定价法为承包商的这些做法提供了可能。

维（OI，1962）认为，劳动力是一种准固定生产要素。这一理论要求对劳动力的投入由边际产品收入和工资率之差的租金中得到补偿。由产品需求变化而导致的要素需求变化中，可变要素的变化程度相对更大一些。因此，一家企业固定的劳动力成本越高，由于需求降低而减少的劳动力就越少。这可以用来解释为什么国防工业企业劳动力调整要比民用企业缓慢，因为相对来说，军工企业固定劳动成本的比例要更高一些。

① 学者一般认为军工企业执行劳动力保留政策（Labor Retention Policy），因为在一些武器装备计划撤销之后，通常会导致国防工业基础中的就业减少，但减少的就业人数远远小于该项目所使用的人数。例如，在1965年，英国取消了某个军用飞机项目，据估计，大约有30000人为该项目服务，项目取消应该会带来25000个富余人员和5家工厂关闭。而事实上，1年之后减少的富余人员只有7000～8000人，并且也仅仅关闭了1家工厂。

但劳动力投入作为准固定成本只是劳动力保留政策的一个充分而非必要条件，必要条件是成本导向定价法将企业的总（平均）成本限制在一定水平上。如在图 14.3 中，呈“几”字形的曲线是“利润—雇员人数”边界线（图中分别用f_1、f_2 和f_3 表示），它表示在某种给定需求水平的条件下，企业雇佣不同数量的劳动力能够实现的利润大小。对一个利润最大化的厂商来说，他一定会选择雇员人数，使得利润水平达到边界线上的某个值。凸向原点的曲线可以理解为厂商的“无差异曲线”（图中分别用 u_1、u_2 和 u_3 表示）。厂商不仅希望利润越高越好，而且员工人数越多也越好。正如前文中提到的，企业储存的人力资本越多，就越有利于在未来得到新的国防合同，从而更好地实现未来收益。因此，在政府对武器装备的需求函数给定的情况下，不受约束且追求利润最大化的厂商最优选择（均衡）一定是边界线与“无差异曲线”的切点，如图 14.3 中的 A 点。

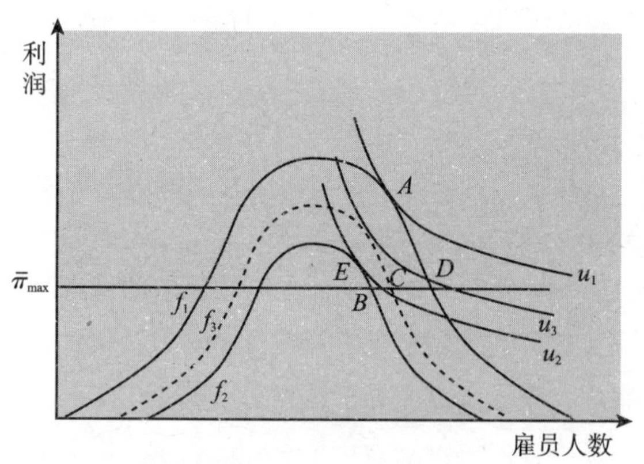

图 14.3　成本导向定价下劳动力人数的缓慢调整

在成本导向定价合同中，政府通常还会规定一个利润上限，在图 14.3 中用$\bar{\pi}_{max}$表示。此时，在边界线f_1 上，厂商无法实现最优的 A 点，而只能选择 D 点。当需求减少时，对竞争市场中的一般厂商，其边界线会从f_1 缩小到f_2，最优选择在 B 点；而对非竞争市场中的成本导向定价合同，面对需求相同幅度的变化，其边界线可能会高于f_2，比如位于f_3。因此，即使国防承包商受到了利润上限$\bar{\pi}_{max}$的限制，其均衡点位于 C 点，虽然这一点可能是无效率的，但还可能好于竞争市场中厂商能达到的最好情况（经过 C 点的无差异曲线可能高于 u_2）。最主要的原因就是成本导向定价合同，面对需求的减少，国防承包商保留或转移劳动力，这部分支出分摊在整个武器生产过程中，提高了武器生产的成本，这表现为

合同价格上升，部分抵销了需求下降对企业收入和利润的影响。

而在需求变化时，国防承包商对劳动力进行调整的幅度是否小于普通竞争性市场中的民用厂商，无论从理论分析还是图形分析（在图 14.3 中，国防承包商的调整幅度为 D 点与 C 点之间的水平差距，竞争性民品生产企业的调整幅度为 A 点和 E 点所对应的雇员人数之差）中都无法得到一个确定的结果，需要通过实际数据进行验证。

14.4.2　短期就业函数

为验证国防项目中劳动力就业的变化情况，需要一个刻画短期就业的函数。此分析基于两点重要假设——利润最大化和成本导向定价法。因为实际数据很难检验利润最大化行为，这里借助灵沃思（Killingworth，1970）提出的一个短期就业函数得到计量模型。假设产量（生产函数）由下式给出：

$$Q = AK^{\beta}(L^{*})^{\alpha} \tag{14.14}$$

该式是一个典型的 Cobb-Douglas 生产函数，其中 A 表示技术水平；K 表示资本存量；AK^{β} 在短期内被视为给定，但其随时间的变化趋势为 $(AK^{\beta})_t = (AK^{\beta})_0 e^{rt}$；$L^*$ 是合意的劳动力投入水平；α，$\beta > 0$ 为参数。

接下来假定每个时期所雇佣的劳动力数量的调整规律为：

$$\frac{L_t}{L_{t-1}} = \left(\frac{L_t^*}{L_{t-1}}\right)^{\lambda},\ 0 < \lambda < 1 \tag{14.15}$$

将（14.15）式代入（14.14）式中，得到：

$$L_t = B\exp\left(-\frac{r\lambda t}{\alpha}\right)Q^{\lambda/\alpha}L_{t-1}^{1-\lambda} \tag{14.16}$$

式中，$B = (AK^{\beta})_0^{-\lambda/\alpha}$ 是一个常数。

对（14.16）式取对数，得到可以根据实际数据进行检验的计量方程：

$$\log L_t = \log a + bt + c\log Q + d\log L_{t-1} \tag{14.17}$$

对比（14.16）式和（14.17）式，可以确定参数之间的关系：$b = -r\lambda/\alpha$，$c = \lambda/\alpha$，$d = 1 - \lambda$，$\log a$ 表示截距项。定义 $\varepsilon = 1/\alpha$，它衡量了需求变化导致的最优就业水平（L^*）变化的弹性，根据上述参数之间的关系，也有：

$$\varepsilon = \frac{c}{\lambda} \tag{14.18}$$

14.4.3 短期就业函数实证分析

哈特利和科科伦（Hartley & Corcoran，1975）对国防工业就业函数进行了实证分析，该研究使用了衡量劳动力投入的三个指标：劳动力人数、劳动力成本、劳动时间，检验结果见表14.4。

表14.4　1949～1971年英国航天工业的就业函数

$\log L_t$	t	$\log S$	$\log Q$	$\log L_{t-1}$	ε'	ε''	λ	R^2
E	−0.010** (0.002)	0.342** (0.076)		0.576** (0.091)	0.34	0.81	0.42	0.95
E	−0.003** (0.001)		0.362** (0.098)	0.573** (0.108)	0.36	0.85	0.43	0.94
Eh	−0.004** (0.001)		0.382** (0.098)	0.593** (0.103)	0.38	0.94	0.41	0.95
VE	0.003 (0.002)	0.482** (0.110)		0.411** (0.120)	0.48	0.81	0.59	0.99
VE^*	0.003 (0.002)		0.377** (0.103)	0.539** (0.119)	0.38	0.82	0.46	0.97

注：

①表中E表示雇员数量，Eh表示劳动时间（单位：小时），VE表示劳动成本，VE^*表示用不变价格表示的劳动成本；

②该研究使用从1949～1971年的数据；S是以当期价格表示的产出水平，Q是以不变价格表示的产出水平；

③表中$\varepsilon' = c$，$\varepsilon'' = c/\lambda$，$\lambda = 1 - d$；

④ ** 表示显著性水平为1%，* 表示显著性水平为5%。

无论用哪种指标表示劳动力投入，表14.4中参数估计值的符号都与预测相符。从R^2值看，（14.17）式很好地解释了就业短期变化的情况。从表的右半部分结果看，$\varepsilon' = c$表示的是短期就业水平相对于需求变化的弹性，可以看到它的数值大部分在30%～40%之间；而ε''是需求变化导致的最优就业水平（L^*）变化的弹性，

它非常接近于1。也就是说，从长期看，合意的就业水平会与需求同幅度变化；而在短期，就业水平调整的幅度和速度要小于需求变化。而就业水平调整到合意的水平大约会滞后1.5年。

哈特利和林克（Hartley & Lykn，1983）再次采用英国航天工业的数据对这一模型进行了检验，检验结果如下：

$$\log L_t = 0.94 - 0.005t + 0.20\log Q + 0.66\log L_{t-1} + 0.025DV \qquad (14.19)$$
$$(0.56)(0.717)\quad(2.29)\quad(0.74)\quad(1.774)$$

括号内为 t 值，DV 为反映英国国防报告公布后所造成冲击效应的哑变量（1，0），调整后的 $\bar{R}^2 = 0.96$，t 为1959～1976年的时间趋势。

哈特利和科科伦（1975）将上述研究的航天工业与其他行业进行比较（见表14.5）。在表14.5所列出的所有行业中，航天工业对国防合同的依赖程度最高，政府销售额的比例高达65.4%。但不幸的是，结果并没有支持航天工业的就业弹性最低，而且就业弹性与对政府销售的依赖程度之间似乎也并没有显著关系。

表14.5　　1949～1971年英国航天工业和其他行业的对比

行业	ε'	ε''	λ	1968年政府销售的比例（%）
英国航天工业 S	0.342	0.807	0.424	65.4
Q	0.362	0.848	0.427	
钟表	0.264	0.364	0.726	21.3
煤炭	0.542	1.993	0.272	15.6
建筑	0.371	1.379	0.269	12.0
玻璃	0.211	0.478	0.441	4.3
铁铸造	0.460	0.687	0.670	1.7
钢铁	0.368	1.051	0.350	1.7
机械工具	0.355	0.939	0.378	4.6
造船	0.404	0.727	0.556	40.0
汽车	0.230	0.697	0.330	3.5

资料来源：Hartley，K. and Corcoran，W. J.，1975，“Short-Run Employment Functions and Defence Contracts in the UK Aircraft Industry”，*Applied Economy*，7：223～233.

14.5 国防工业利润水平

一般认为国防工业合同的利润率要远远高于一般商业合同的利润率。这种看法是否正确呢？事实上，在20世纪90年代之前，对于这个问题存在很多争议。如甘斯勒（Gansler，1989）认为，“协商确定的税前利润率，取决于合同种类和涉及国防整个经济状况，由按‘一点不变的固定价格合同’计算获利约11%的最高标准（越战最紧张时期），一直到按‘成本加固定酬金合同’计算获利约5%的最低标准（80年代初）。平均标准通常在6.5%左右。然而，协商确定（在合同一开始）的这些标准大都是毫无意义的；对国防工业部门来说，重要的是在合同期结束时实际取得的结果。越战期间平均达到的（税前）销售利润率约4.9%，越战结束后降到约4.7%，可见已实现利润要大大低于协商确定的利润”。“若是将国防企业的平均利润与民用部门中类似的制造企业（集中度高且产品种类相同）所获得的利润作一比较，则国防工业的销售利润率大约是商界中‘从事国防’生产之公司的一半，为纯民用企业的1/3，还不到耐用品制造企业（通常可与国防企业相比的企业）的25%①。”与之相反，大多数研究还是认为国防承包商的利润相当高，如总会计署（GAO，the General Accounting Office's，1986）、国防部（DOD，1985）和国会武装力量委员会（HASC，House Armed Services Committee，1986）等等，根据这些研究的结果，美国国防部在1987年甚至将协商确定的合同利润边际从12.3%降为11.3%，这使得国防工业的利润一年之内减少了60亿美元。

造成这些学术研究结果存在差异的原因大致可以归为两个方面：一是样本数据的选择以及数据本身存在的问题；二是不同的学者度量国防合同利润水平的方法不尽相同。甘斯勒（1989）认为，“最根本的问题无疑还在于使用什么样的数据。如果你使用的只是大型国防企业（特别是拥有大量属政府所有的厂房和设备的飞机与导弹公司）的数据，国防利润往往显得高得多；但若选取造船工业（其固定设备大都属自己所有）或多数其他的国防企业，则收益率似乎就较低。”

① 这是根据1985年6月的国防报告“国防财政和投资评论”得出的。但国防方面的数据不含造船业，如果要将其考虑进去，国防利润实际上还要低一些。此外，应该指出的是，在20世纪80年代初期，因为里根政府大量增加国防预算，国防利润明显上升，而美国的经济却是处于萎缩状态。在这一时期，耐用品的利润要低于国防产品。然而，一般认为这是一个不正常的时期，上述的长期趋势或许更有代表性。

此外，数据本身还会存在一些问题。例如，企业的财务数据往往是一个重要的数据来源，但是账面价值（Book Values）和市场价值（Market Values）之间的差异使得利用会计数据计算得到的利润率丝毫不反映真实的经济利润（Economic Profitability）。而且要把一家企业的财务数据明确地区分为国防合同和一般商业合同根本是不可能的。如上数据问题不仅在研究国防合同赢利性问题时会遇到，几乎在所有与国防工业相关的经验分析中也都无法避免。

14.5.1　度量国防工业利润水平的指标

度量国防合同赢利性常见的有四个主要指标：即投资回报率（ROI，Rate of Return on Investment）、资产回报率（ROA，Rate of Return on Assets）、总市场回报率（MRET，Total Market Rate of Return），根据资本资产定价模型（CAPM），考虑了国防合同风险的回报率。

投资回报率（ROI）和资产回报率（ROA）是两个常用的（会计）财务指标。投资回报率定义为：税后收入除以长期负债、优先股和普通股以及少数股东权益之和。资产回报率则定义为：税后收入除以总资产。以上各个指标均以会计记账的账面价值为准。

总市场回报率（MRET）体现了企业股东的财富增长率，它是用（一年的）每股资产损益加每股红利除以上年最后一天股票收盘价得到的。具体处理方法可以参考施蒂格勒和弗里德兰（Stigler & Friedland，1971）的研究。CAPM 可以用如下数学公式表示：

$$r_x = r_f + \beta_x r_m + e_x \tag{14.20}$$

式中 r_x 表示资产 x 的回报率；r_f 是无风险资产回报率；r_m 是市场回报率；β_x 是资产 x 相对于市场的风险程度；通常用资产 x 回报率和市场回报率的协方差比市场回报率的方差来表示；e_x 则为残差项，理论上认为 e_x 的期望值为 0。

14.5.2　国防工业和一般行业利润比较

有了度量赢利性的指标，接下来就可以比较国防合同和一般商业合同在赢利性方面是否存在显著差距，如果有，程度有多大？并且这种差距是如何变化的。

首先来看施蒂格勒和弗里德兰（1971）的研究结果（见表14.6）：

表14.6显示，20世纪50年代末期，国防合同的利润率确实高于一般商业合同。但从1961年开始，大小关系就逆转了，一般商业合同的投资回报率高于国防合同。用股票价格变化表示的市场回报率（见表14.7）也得到了相类似的结论。[①]

表14.6　　1958～1968年国防合同和一般商业合同投资回报率　　单位:%

年份	国防合同	一般商业合同	FTC-SEC 企业
1958	10.1	7.0	7.1
1959	9.5	6.8	9.3
1960	8.7	4.8	7.8
1961	7.5	4.7	7.4
1962	7.4	9.0	9.3
1963	6.5	8.7	9.8
1964	6.3	10.9	10.8
1965	7.6	11.6	12.6
1966	7.0	10.8	12.4
1967	7.3	7.4	10.1
1968	6.8	8.3	10.2

说明："FTC-SEC企业"表示美国Federal Trade Commission-Securities and Exchange Commission的3 500家企业。

资料来源：Stigler, J. and Friedland, C., 1971, "Profits of Defense Contractors", *American Economic Review*, Vol. 61 (4): 692～694.

① 该研究使用的市场回报率与前文中定义的略有不同，他们用上市公司股票在某个时点的平均价格除以基年价格来表示。比如，1948年6月在纽约证券交易所（New York Stock Exchange, NYSE）投资1000美元购买股票，到1950年6月和1958年6月时，这部分股票的价值变为1106美元和3841美元。因此，市场投资回报率就分别为1.106和3.841。他们用50家大国防承包商的市场投资回报率与纽约证券交易所所有股票的平均回报率做了比较。

表 14.7　　**1958～1968 年国防合同和一般商业合同投资回报率（以股票价格变化表示）**　　单位：%

年份	NYSE	50 家国防承包商
1958	1.000	1.000
1959	1.434	1.449
1960	1.429	1.356
1961	1.755	1.618
1962	1.442	1.378
1963	1.869	1.793
1964	2.148	2.081
1965	2.386	2.252
1966	2.902	2.970
1967	3.596	3.558
1968	4.702	3.860

资料来源：Stigler, J. and Friedland, C., 1971, "Profits of Defense Contractors", *American Economic Review*, Vol. 61 (4): 692～694.

此后 20 年，尽管学者们还在争议和讨论国防合同的赢利性问题，但并没有人对施蒂格勒和弗里德兰（1971）的研究做出更新，直到特雷维尼奥和希格斯（Trevino & Higgs, 1992）利用标准普尔数据库（Standard & Poor's Compustat）的资料分析比较了 50 个大国防承包商的平均利润率。他们在研究中报告了三个指标，即投资回报率 ROI、资产回报率 ROA 和全市场回报率 MRET，如表 14.8 所示。

表 14.8　　**1970～1989 年国防承包商的平均利润率**　　单位：%

	ROI	ROA	MRET
1970～1979 年			
1969 年的前 50 大国防承包商	7.71	4.99	12.56
1969 年的前 10 大国防承包商	8.27	4.72	16.42
1979 年的前 50 大国防承包商	8.50	5.43	14.55
1979 年的前 10 大国防承包商	7.49	3.97	19.24
标准普尔 500 公司	8.23	3.93	7.33

续表

	ROI	ROA	MRET
1980 ~ 1989 年			
1979 年的前 50 大国防承包商	9.19	4.93	17.94
1979 年的前 10 大国防承包商	12.13	5.85	15.97
1989 年的前 50 大国防承包商	10.20	5.45	16.27
1989 年的前 10 大国防承包商	12.88	6.18	16.33
标准普尔 500 公司	7.68	3.19	17.69
1970 ~ 1989 年			
1979 年的前 50 大国防承包商	8.85	5.18	16.24
1979 年的前 50 大（*D/S* > 5%）国防承包商	9.51	5.33	16.72
1979 年的前 10 大国防承包商	9.81	4.91	17.60
1979 年的前 10 大（*D/S* > 5%）国防承包商	10.14	5.07	17.46
标准普尔 500 公司	7.96	3.56	12.51

注：*D/S* > 5% 表示国防销售占总销售额的比重大于 5%。

资料来源：Trevino，R. and Higgs，R.，1992，"Profits of U. S. Defense Contractors"，*The Economic of Defence* III：158 ~ 165.

表 14.8 的结果分为三段：第一段反映的是 20 世纪 70 年代的情况。在这一期间，从以 ROI 衡量的利润率来看，无论是前 50 还是前 10 大国防承包商的利润率基本与市场（标准普尔 500 企业）的利润率持平。而国防承包商以 ROA 衡量的利润率则高过市场平均利润率，最多超过 1.5 个百分点。但若以 MRET 衡量的利润率，国防承包商的利润率则超过市场平均利润率至少 5 个百分点。

到 20 世纪 80 年代（第二段的结果），以 ROI 和 ROA 表示的利润率都显示了国防承包商的利润率高于市场平均利润率。但 MRET 却显示国防承包商的利润率与市场基本持平。此外，第二段的结果中无论是哪个指标衡量的利润率都表明前 10 大承包商的平均利润率高于前 50 大承包商的平均利润率。

如果综合考察 1970 ~ 1989 年这 20 年的平均利润率，国防承包商明显比市场得到了更高的收益率。尽管特雷维尼奥和希格斯（1992）没有将国防承包商的国防合同与一般的商业合同区分开，分别考察国防合同的利润率和非国防合同的利润率，但他们也尝试寻找军售比例与承包商利润率（仅以 MRET 表示）之间

的关系：

$$\text{MRET} = 13.04 + 34.63D/S - 40.65(D/S)^2 \qquad (14.21)$$
$$(11.79) \qquad (14.78)$$
$$R^2 = 0.19$$

式中 D 表示国防承包商国防产品的销售额，S 表示其总销售额，括号中是 t 统计值。

该式表示在 1970～1989 年，国防利润率同承包商的军售比例之间呈非线性关系。以上比较了国防承包商和市场利润率。但国防承包商的利润率高于市场利润率并不能说明国防承包商就得到了不合理的超额利润，因为还需考虑国防合同的风险。

特雷维尼奥和希格斯（1992）根据 MRET 计算了国防承包商的系统风险，即（14.21）式中的 β_x。统计检验结果却显示 β_x 并未显著异于 1，也就是说，他们所考察的这组国防承包商所面临的风险同一般市场投资者所面临的风险基本相同。按照 CAPM，在有效市场中，国防承包商合理的利润率应该等于市场利润率。但事实上国防承包商的利润率却高于市场利润率，可能的一个原因是 CAPM 模型并没有完全将国防承包商承担的所有风险分析在内。

14.5.3　成本转移对国防工业利润的影响

比较国防合同与一般商业合同的利润率，并不能完全说明国防合同赢利性的情况。这是因为，政府承包商销售额的大多数（平均为 3/4）是销售给商业（非政府）消费者的，而且政府承包商似乎可以将其商业活动中企业的一般管理费用和养老金成本转嫁给政府（Rogersen，1992；Thomas & Tung，1992；Lichtenberg，1992）。

国防承包商通常会同时生产多种不同的产品，这些产品有些由政府采购，有些则销售给普通消费者。商业合同中的产品价格基本由市场竞争确定，而国防产品的定价则以成本为基础。这种定价规则会造成两个后果，即：第一，在缺少替代产品的情况下，国防产品的协商价格并不是与产品成本同幅度变化的，即产品成本增加 1 元钱，协商价格增加可能会超过 1 元钱；第二，以成本为基础的国防采购定价要求国防承包商计算每种产品的生产成本。而实际上，大多数成本是总成本（或者称为“上头成本”），并不是直接发生在单个产品上，只能根据生产每种产品所直接投入的劳动力人数占总劳动力的比例进行划分。

国防承包商的这两个特点会产生激励（道德风险）问题：前者激励承包商将竞争性商业合同的成本转移到国防合同上。后者则提供了一种成本转移的方法，即增加生产国防产品的直接劳动投入，从而加大总成本分摊到国防产品中的比例。承包商在销售收入对成本较敏感的产品生产中使用更多的劳动力又会进一步扭曲生产要素之间的替代关系。首先是资本和劳动的替代关系，承包商会在销售收入对成本敏感的产品生产中增加劳动力投入，减少资本投入；与之相应，会在销售收入对成本不敏感的产品生产中减少劳动力投入，增加资本投入。其次，对某些投入品和中间产品，原本可以由子承包商提供，也有可能为了转移成本而变成由主承包商自己生产，因为这样可以增加提供国防产品的劳动力投入。这是第二种替代效应。也就是，承包商会在销售收入对成本敏感的国防产品中更多使用自己生产的中间产品，相应地，对于那些销售收入对成本不敏感的国防产品，生产它们的中间产品则更多地由其子承包商来提供。

罗杰森的研究

罗杰森（Rogerson，1992）将成本转移的上述影响模型化了。该模型假设一家厂商生产 n 种产品，$i \in \{1, \cdots, n\}$，而且每种产品的产量都是固定的。用 C_i 表示分摊到第 i 种产品上的成本，该种产品的销售收入 $\phi_i(C_i)$ 仅由成本决定。假设 $0 \leqslant \phi_i'(C_i) \leqslant 1$，即一方面销售收入随着成本的增加而增加；另一方面，销售收入的增长幅度小于成本的增长幅度，从而避免了定价规则直接刺激成本增长。如上所述，共同成本以每种产品所直接使用的劳动力人数占总人数的比例进行划分。以 L_i 和 M_i 分别表示生产第 i 种产品的直接劳动力和原材料投入，用 V 表示需要分摊的共同成本，用 Z_i 表示包含在 V 中的 i 产品的生产成本，J 表示联合成本，即原则上根本无法在产品之间明确划分的成本。这样，共同成本 V 可以表示为：

$$V = \sum_{i=1}^{n} Z_i + J \tag{14.22}$$

则分摊到每种产品上的成本是：

$$V_i = \frac{L_i}{\sum_{k=1}^{n} L_k} \cdot V \tag{14.23}$$

令 $R^M = V/\sum_{k=1}^{n} L_k$，则上式简化为：

$$V_i = R^M L_i \tag{14.24}$$

生产 i 产品的总成本 C_i 由直接成本（L_i 和 M_i）和间接分摊成本（V_i）组成，即：

$$C_i = (1 + R^M) L_i + M_i \tag{14.25}$$

而企业的利润也很容易表示出来：

$$\prod = \sum_{i=1}^{n} \phi_i(C_i) - C_i \tag{14.26}$$

为描述由于成本转移所造成的要素之间、中间产品之间替代关系的变化，引入如下关系式：

$$Z_i = g_i(L_i) \tag{14.27}$$

$$M_i = h_i(L_i) \tag{14.28}$$

将（14.27）和（14.28）式代入（14.26）式中，就得到了由劳动力数量决定的企业利润函数。企业选择生产每种产品最优的劳动力投入以达到利润最大化的目标。这个最优化问题的一阶条件为：

$$\begin{aligned}\frac{\partial \Pi}{\partial L_i} &= [R^M - g_i'(L_i)][\phi_i'(C_i) - A] \\ &+ [1 + h_i'(L_i) + g_i'(L_i)][\phi_i'(C_i) - 1]\end{aligned} \tag{14.29}$$

式中 $A = \sum_{i=1}^{n} (L_i/\sum_{k=1}^{n} L_k)\phi_i'(C_i)$。

进一步假设企业选择的生产要素和中间产品的数量达到了成本有效性，即 $g_i'(L_i) = -1$ 和 $h_i'(L_i) = -1$。也就是说，劳动成本增加 1 元会使得其他生产成本增加 1 元。

首先只考虑劳动和原材料 M_i 之间的替代关系，而假设劳动同成本 Z_i 之间没有替代关系，即 $h_i'(L_i) = -1$，$g_i'(L_i) = 0$。利润最大化的一阶条件（14.29）式可以改写为：

$$\frac{\partial \Pi}{\partial L_i} = R^M[\phi_i'(C_i) - A] \tag{14.30}$$

（14.30）式意味着在生产收入对成本比较敏感的产品［$\phi_i'(C_i)$ 比较大］时，厂商会使用更多的劳动力，而在生产收入对成本不敏感［$\phi_i'(C_i)$ 比较小］的产品时，则会使用比较少的劳动力。

继续考察劳动同成本 Z_i 之间存在替代关系的情况，即假设 $g_i'(L_i) = -1$、$h_i'(L_i) = 0$。代入（14.29）式后得到：

$$\frac{\partial \Pi}{\partial L_i} = (1 + R^M)[\phi_i'(C_i) - A] \quad (14.31)$$

可以看到（14.31）和（14.30）式除系数不同之外，由它们确定的各个产品最优的劳动投入数量都是相同的。因此也有，生产收入对成本比较敏感产品[$\phi_i'(C_i)$比较大]会使用更多的劳动力，而生产收入对成本不敏感[$\phi_i'(C_i)$比较小]产品会使用比较少的劳动力。

这样就从理论上证明了追求利润最大化的承包商会通过改变国防产品和一般商业产品使用的劳动力数量，达到成本转移。罗杰森还为他的理论结论进行了实证检验，表明承包商在国防产品的生产成本上每增加 1 美元，国防产品的销售收入将增加 1 美元以上，大约在 1.2 ~ 1.4 美元之间。

利希腾贝格的研究

成本转移似乎意味着国防承包商的一般商业合同的利润应当高于非国防承包商的同类合同的利润。利希腾贝格（Lichtenberg，1992）就承包商和其他厂商从事商业活动的收益率进行了比较。

首先，利希腾贝格区分并定义了三种利润率，以 π_1 表示国防承包商政府合同的收益率、以 π_2 表示国防承包商商业合同的收益率、以 π_3 表示非国防承包商商业合同的收益率。通过成本转移，承包商的收益率可以超过商业活动的正常收益率和正常的政府业务的收益率。因此估计如下关系成立：$\pi_1 > \pi_2 > \pi_3$。利希腾贝格使用了 Compustat 数据库①提供的 9300 个工业部门的数据对这一假说进行了检验。

首先，国防承包商能够转移成本，它必须是既有国防合同又有商业合同的“混合型”企业，表 14.9 列出了样本数据中企业总销售额和政府销售额的情况。

① “Compustat”数据库是美国著名的信用评级公司标准普尔（Standard & Poor’s）的产品。数据库收录有全球 80 多个国家中的 5 万多家上市公司及北美地区公司的资料，其中包括 7 千多家亚洲上市公司。利用该数据库提供的“Research Insight”软件可以进行公司及公司财务、行业等分析，制作各种报表及动态图表。

表 14.9　　**样本数据中企业的总销售额和政府销售额（1984～1989 年）**　　单位：10 亿美元

年份	所有产业部门		政府承包商		
	企业数目	总销售额	企业数目	总销售额	政府销售额
1984	7112	3468	689	336	74
1985	7837	3921	740	353	88
1986	8591	3997	799	369	102
1987	9108	4605	821	384	103
1988	9599	5169	833	402	104
1989	9298	5550	766	409	104

资料来源：Lichtenberg，1992，"A Perspective on Accounting for Defense Contracts"，*The Accounting Review*，Vol. 67，No. 4：741～752.

表 14.9 显示，1989 年在大约 9300 个产业部门中有 8% 的是政府承包商，而在政府承包商这类"混合型"企业中，政府合同销售额确实占到了很大的比重，这就为成本转移提供了空间。

美国国防财政与投资评论（Defense Financial and Investment Review，DFAIR）提供了关于 π_1 和 π_3 关系的信息，他们通常会评估 $D_{1,23}$ 这样的一个利润率差值。$D_{1,23}$ 定义为：

$$D_{1,23} \triangleq \pi_1 - [s\pi_2 + (1-s)\pi_3] \tag{14.32}$$

其中，s 为政府承包商在商业合同使用的资产数量占所有产业部门在商业合同中使用资产数量的比例。(14.32) 式中，政府承包商商业合同的销售额占所有产业部门商业合同销售额的 6%，用这一数字作为 s 的估计值。因此，$D_{1,23} \approx \pi_1 - \pi_3$，即 DFAIR 公布的 $D_{1,23}$ 可以近似为 π_1 和 π_3 的差值。在 1970～1979 年，$D_{1,23}$ 的平均值为正但很小，约为 0.7%～0.9%，而在 1980～1983 年间，为 8.4%～8.7%。这项研究基本反映了 $\pi_1 > \pi_3$。

定义 $D_{1,2}$ 为 $D_{1,2} = \pi_1 - \pi_2$。美国国防财政与投资评论的另外一项研究显示，1977～1983 年美国国防合同的（所有产品的综合）利润率要比同类型部门的商业合同利润率高 8 个百分点，而某些单个产品，如飞机可能会高出 14 个百分点。因此 $\pi_1 > \pi_2$ 是成立的。

样本数据中没有 π_1 和 π_2 的数据，而只有国防承包商所有业务的综合利润率，

以 π_{12} 来表示。π_{12} 定义为 $\pi_{12}=[g\pi_1+(1-g)\pi_2]$，其中 g 是国防承包商用于生产国防产品的资产的比重，经估计约为 0.2。定义 $D_{12,3}=\pi_{12}-\pi_3$。将 $g=0.2$ 代入上式，则有 $D_{12,3}=\pi_{12}-\pi_3=[\pi_2+0.2(\pi_1-\pi_2)]-\pi_3$。根据前面的研究成果，$\pi_1-\pi_2$ 用 0.08 来代替，得到：$D_{12,3}=(\pi_2-\pi_3)+0.016$。因此用 $D_{12,3}$，国防承包商的利润率与非国防承包商的利润率之差作为（$\pi_2-\pi_3$）的近似估计值。下面通过如下计量方程来估计 $D_{12,3}$：

$$PROFIT_{ijt}=\alpha_j+\delta_t+\beta GOVPOS_{ijt}+u_{ijt} \tag{14.33}$$

式中下标的含义分别为行业 j 的第 i 个部门在第 t 年（$t=1984$，…，1989）的数据，$GOVPOS$ 是一个哑变量，$GOVPOS=1$ 表示这个部门有国防合同，$GOVPOS=0$ 则表示只有商业业务，α_j 是区分不同行业影响的行业哑变量。因此，参数 β 的大小就衡量了国防承包商和非国防承包商的利润率差值。定义 $GOVSHR$ 为国防合同销售额占总销售额的比重。这个计量模型的估计结果总结在表 14.10 中。

表 14.10　　利希腾贝格的估计结果

	GOVPOS	*GOVSHR*
全部数据的回归结果	0.030（9.11）	0.044（6.42）
包含 α_j 的回归结果	0.036（9.85）	0.067（9.15）

$GOVSHR$ 一列的数据是用 $GOVSHR$ 代替（14.33）式中的 $GOVPOS$ 得到的估计结果。无论使用哪种方法，β 的估计值均为正，且显著异于零。因此，国防承包商的利润率比非国防承包商的利润率高 3.0～3.6 个百分点，而后者的利润率平均为 4.4%。所以，国防承包商商业合同的利润率（π_2）大约比非国防承包商商业合同的利润率（π_3）高出 68%～82%。

利希腾贝格（1992）进一步指出，尽管从理论上说，由于对资产计量的不准确，可能夸大政府和非政府合同收益率之间的差距。但为纠正这种不准确性所做出的努力是有限的，这种努力并没有为上述理论上的推测提出任何证据。他还指出，有证据表明，高度政府导向型部门在资本密集型方面比低政府导向型部门和非承包商要低。

麦高文和文德里科的研究

为检验成本转移对国防合同赢利性的确切影响，麦高文和文德里科（McGowan & Vendrzyk，2002）作了进一步的研究。他们使用 1984～1989 年和

1994～1998 年两个时间段的企业数据[①]。该研究首先把国防承包商的收入分解为商业收入（完全来自于商业合同的销售收入）、政府收入（绝大部分，超过 90% 来自于政府合同的销售收入）、“混合型”收入（既有来自于商业合同的收入，也有来自于政府合同的销售收入，政府收入小于 90%）三个部分，而在最后一种类型中，国防承包商最有可能进行成本转移。

麦高文和文德里科检验了以下四个假说：

假说一：在竞争程度比较低的情况下，“混合型”合同要比单纯的商业合同和政府合同具有更高的赢利性。

假说二：在竞争程度比较低的情况下，（前 100 位）大国防承包商的“混合型”合同要比小承包商的“混合型”合同具有更高的赢利性。

假说三：从 1984～1989 年到 1994～1998 年，随竞争程度的加剧，“混合型”合同利润率的下降幅度高于商业合同和政府合同。

假说四：从 1984～1989 年到 1994～1998 年，随着竞争程度的加剧，大国防承包商“混合型”合同利润率降低的程度与小国防承包商没有明显差异。[②]

假说的检验过程分为两步：第一，先计算不同时期各种类型合同的利润率，用资产回报率 ROA 来表示；第二，从统计上检验，不同利润率之间的大小关系。

检验结果发现，在竞争程度比较低的 1984～1989 年间，商业合同的平均利润率为 $ROA_{commercial,1984\sim1989}=12.4$，“混合型”合同的平均利润率 $ROA_{mixed,1984\sim1989}=14.1$，而政府合同的平均利润率为 $ROA_{government,1984\sim1989}=19.4$。“混合型”合同的平均利润率并没有显著异于商业合同利润率（$F=0.04$，$p=0.834$），但它却明显小于政府合同利润率（$F=8.27$，$p=0.004$）。即使在 1994～1998 年，“混合型”合同的平均利润率 $ROA_{mixed,1994\sim1998}=12.3$，它在统计上也没有显著不同于商业合同的利润率 $ROA_{commercial,1994\sim1998}=12.0$（$F=0.23$，$p=0.634$）和政府合同的利润率 $ROA_{government,1994\sim1998}=12.3$（$F=0.10$，$p=0.757$）。因此，计量结果并未支持假说一。

大承包商和小承包商“混合型”合同的利润率在 1984～1989 年和 1994～1998 年两个时段中都没有显著的不同。$ROA_{mixed,1984\sim1989,ranked}=14.1$，$ROA_{mixed,1984\sim1989,unranked}=14.1$，统

① 之所以选择两个时间段，是为了体现竞争对国防合同赢利性的影响：1984～1989 年国防合同的竞争程度很低，但随着国防支出的减少，到 1994～1998 年国防合同的竞争程度明显提高了，特别是 1994 年《联邦采购简化法》（Federal Acquisition Streamlining Act，FASA）和 1996 年《克林格—卡亨法》（Clinger-Cohen Act）的推行，使国防采购从原来以成本为基础的谈判向价格竞争迈出了一大步。

② 竞争对不同类型承包商利润率的影响是不同的，但竞争如何影响成本转移很难预测。

计指标为 $F=0.12$，$p=0.727$；$ROA_{mixed,1994\sim1998,ranked}=13.9$，$ROA_{mixed,1994\sim1998,unranked}=10.3$，$F=0.14$，$p=0.705$。因此，计量结果也没有支持假说二。

大承包商“混合型”合同的利润率从1984～1989年的 $ROA_{mixed,1984\sim1989,ranked}=14.1$ 到1994～1998年的 $ROA_{mixed,1994\sim1998,ranked}=13.9$，变化了0.2个百分点，同商业合同利润率（$ROA_{commercail,1984\sim1989,ranked}=12.3$，$ROA_{commercial,1994\sim1998,ranked}=13.9$）的变化幅度和政府合同利润率（$ROA_{government,1984\sim1989,ranked}=18.1$，$ROA_{government,1994\sim1998,ranked}=17.7$）的变化幅度相比，并没有显著差异（统计指标分别为 $F=0.07$，$p=0.791$ 和 $F=3.89$，$p=0.049$）。因此，假说三也没有得到计量结果的支持。

小承包商“混合型”合同的利润率分别为 $ROA_{mixed,1984\sim1989,unranked}=14.1$ 和 $ROA_{mixed,1994\sim1998,unranked}=10.3$，减少了3.8个百分点。统计结果显示其变化幅度明显不同于大承包商“混合型”合同利润率的变化幅度（$F=0.01$，$p=0.914$）。因此，假说四也未得到支持。

根据计量结果，可以得出如下结论：在竞争程度比较低的1984～1989年，承包商的政府合同利润率要高于商业合同利润率和“混合型”合同的利润率。但在竞争比较激烈的1994～1998年，这三种类型合同的利润率却没有显著差异。这表明，随着竞争程度的加剧，政府合同的利润率下降得更快。

“混合型”合同与政府合同比起来，并不存在超额利润（假说一）；大、小承包商“混合型”合同的利润没有明显差别（假说二）；随着竞争加剧，无论是大承包商还是小承包商“混合型”合同利润下降幅度并未明显大于其他两种类型的合同（假说三和假说四），所有这些结论都与成本转移假说相矛盾。因此，目前的证据都没有支持成本转移为国防承包商带来超额利润的假说。

麦高文和文德里科的研究也给出了两点非常重要的启示：（1）不能只着眼于会计数据，应从更多角度理解国防合同的赢利性，比如制度经济学的“政府俘获理论”、产业组织中的“卖方市场”理论等；（2）同一个理论问题用不同时期的数据去解释，很可能得到不同的结论。因此，经验研究要具有连续性，及时更新结果并根据经济现实对结果做出新的解释。

关键术语

潜在国防能力　资产专用性　成本—收益分析　国防合同赢利性

课后思考

1. 如何理解政府对于国防工业基础的作用和影响？

2. 如何利用“成本—收益法”分析国防工业基础？国防工业基础的成本和收益都有哪些？

3. 如何理解劳动力保留政策对国防工业基础短期就业函数的影响？

4. 如何评价和分析国防合同的赢利性？

参考文献

［美］托德·桑德勒、［英］基思·哈特利：《国防经济学》，北京理工大学出版社 2007 年版。

Besanko, D., Dranove, D., Shanley, M. and Schaeffer, S., 2004, *Economics of Strateg*, Wiley, New York.

Bitzinger, R. A., 1994, “The Globalization of the Arms Industry: The Next Proliferation Challenge”, *International Security*, 19: 170 ~ 198.

Brauer, J., 1991, “Arms Production in Developing Nations: The Relation to Industrial Structure, Industrial Diversification, and Human Capital Formation”, *Defence Economics* 2: 165 ~ 175.

Brauer, J., 2000, “Potential and Actual Arms Production: Implications for the Arms Trade Debate”, *Defence and Peace Economics* 11: 461 ~ 480.

Brauer, J., 2007, “Arms Industries, Arms Trade, and Developing Countries”, In Sandler, T., Hartley, K. (eds.), *Handbook of Defense Economics*, Vol. 2, North-Holland.

Department of Defense, 1985, *Defense Financial and Investment Review*, Washington, D. C., U. S. Government Printing Office.

Dunne P., Garcia-Alonso, M., Levine, P. and Smith, R., 2007, “Determining the Defence Industrial Base”, *Defence and Peace Economics*, Vol. 18 (3): 199 ~ 221.

Gansler, J. S., 1989, *Affording Defense*, MIT Press, Cambridge, MA.

Hartley, K. and Corcoran, W. J., 1975, “Short-Run Employment Functions and Defence Contracts in the UK Aircraft Industry”, *Applied Economy*, 7: 223 ~ 233.

Hartley, K. and Lykn, 1983, “Labor Demand and Allocation in the UK”, *Scottish Journal of Political Economy*, 3 (1): 42 ~ 53.

Kennedy, G., 1974, *The Military in the Third World*, Scribner's, New York.

Killingsworth, M., 1970, “A Critical Survey of Neo-classical Models of Labour”, *Bulletion of Oxford Institute of Economics and Statistics*, 30.

Krause, K., 1992, *Arms and the State: Patterns of Military Production and Trade*, Cambridge University Press, Cambridge.

Lichtenberg, 1992, “A Perspective on Accounting for Defense Contracts”, *The Accounting*

Review, Vol. 67, No. 4: 741 ~752.

McGowan, A. S. and Vendrzyk, V. P. , 2002, "The Relation between Cost Shifting and Segment Profitability in the Defense-Contracting Industry", *The Accounting Review*, 77 (4): 949 ~969.

Middleton, A. , Bowns, S. , Hartley, K. and Reid J. , 2006, "The Effect of Defence R&D on Military Equipment Quality", *Defence and Peace Economics*, 17: 117 ~140.

OI, W. Y. , 1962, "Labor As a Quasi-Fixed Factor", *Journal of Political Economy*, 70: 538.

Rogerson, W. P. , 1992, "Overhead Allocation and Incentives for Cost Minimization in Defense Procurement", *The Accounting Review*, Vol. 67 (4): 671 ~690.

Stigler, J. and Friedland, C. , 1971, "Profits of Defense Contractors", *American Economic Review*, Vol. 61 (4): 692 ~694.

Sturmey, S. G. , 1964, "Cost Curves and Pricing in Aircraft Production", *Economic Journal*, 954 ~982.

Thomas, J. K. and Tung, S. , 1992, "Cost Manipulation Incentives Under Cost Reimbursement: Pension Costs for Defense Contracts", *The Accounting Review*, Vol. 67 (4): 691 ~711.

Trevino, R. and Higgs, R. , 1992, "Profits of U. S. Defense Contractors", *The Economic of Defence* III: 158 ~165.

U. S. General Accounting Office, 1986, *Government Contracting: Assessment of the Study of Defense Contractor Profitability*, Washington, D. C. , U. S. Government Printing Office.

Williamson, O. , 1985, *The Economic Institutions of Capitalism*, Free Press, New York.

Wright, T. P. , 1936, "Factors Affecting the Cost of Airplanes", *Journal of the Aeronautical Sciences*, 3, 122 ~128.

Wulf, H. , 1983, "Developing countries", In: Ball, N. and Leitenberg, M. (eds.), *The Structure of the Defence Industry: An International Survey*. St. Martin's Press, New York, 310 ~343.

第 15 章　国防研究与发展（I）：投入

开展国防研究和发展的最终目的是保持国防工业先进水平和发展的可持续性，因此拥有国防工业基础的国家都非常重视国防研发，不但政府自身承担国防研发的主要投资角色，也采取各种措施积极鼓励私人部门的投资。

国防研发部分本书共分两章讨论，本章主要讨论国防研发的范围、基本情况和激励私人国防研发投入的机制。第一节讨论国防研发范围，并通过数据展示国防研发投资的规模、发展趋势和资金来源结构等基本情况；第二节、第三节分别讨论政府鼓励私人国防研发投资的两种激励机制——设计竞争和独立国防研究与发展补贴。

15.1　国防研究与发展投入

国防研发包括基础和应用型研究，也包括对新武器和武器系统的发展、测试和试验生产，同时还涵盖对已在服役的武器和武器系统进行的改进。

国防研发可以提高一个国家的军事能力，提高该国的安全水平，因此各国都非常重视国防研发，不断加大国防研发投入。表 15.1 中的数据显示了自 1961 ~ 2004 年几个主要军事大国在国防研发方面的支出（只含政府国防研发支出，不含来自私人部门的国防研发投资）。据不完全统计，2004 年全世界主要国家的国防研发投入超过 900 亿美元。

表 15.1　**1961~2004 年国防 R&D 支出**

（2001 年价格及购买力平价汇率）　单位：百万美元

国家	1961 年	1971 年	1981 年	1991 年	2001 年	2004 年	2003 年国防工业就业人数（千人）	2001 年国防研发支出占国防预算的比例(%)
美国	43542	35477	34751	51105	46210	67464	2700	14.6
俄罗斯	19200	40000	64100	68500	4800	6100	780	11.5
英国	5362	4151	6465	4593	3267	4681	200	9.1
法国	1789	2593	4936	6899	3708	4061	240	11.1
德国	674	1574	1258	2030	1231	1410	80	4.6
日本	112	228	272	807	996	1148	80	2.2
意大利	61	105	334	748	407	Na	26	1.8
西班牙	10	13	28	519	2215	Na	20	31.2
瑞典	281	324	269	636	295	667	25	6.8
欧盟	8177	8760	13290	15425	11123	13441	645	6.9
欧盟和美国	51629	44237	48041	66530	57333	80905	3345	9.1
总计	70941	84465	112413	135837	63129	88153	4151	9.1

注：Na 表示数据无法获得，下表同。

资料来源：Hartley，K.，2006，“Defence R & D：Data Issues”，*Defence and Peace Economics*，17（3）：169~175.

数据显示，冷战期间（1971~1991 年）苏联在国防研发投入方面处于领头地位，1971 年的研发支出比 1961 年翻了一番。然而，冷战结束之后（2001 年和 2004 年），大多数国家都减少了国防研发方面的投入，以俄罗斯最为显著。但西班牙却是一个例外，它的政府国防研发投资有明显的长期增长趋势，这主要可能是由西班牙的航空和国防电子计划导致的。与之类似的是“二战”后的德国和意大利，这两个国家重建国防工业的努力表现为 1961~1991 年期间国防研发支出的不断增长。日本的情况则有所不同，日本在 1945 年后依赖美国武器装备的许可生产，

直到 1981 年后，才在国防研发投入方面有了显著的增长。美国成为冷战后世界国防研发的主要支出国，大约占到全球政府国防研发投入的 70%。

专栏 15.1　国防科研试制费

为加强国防科研试制费的管理，有利于国防科学研究和武器装备研制计划的综合平衡，中国国务院、中央军委于 1987 年 1 月发布了《国防科研试制费拨款管理暂行办法》。我国国家财政确定的国防科研试制费由三个部分组成：武器装备研制费；应用与基础研究费；技术基础费。

中国国防科研试制费用于国防科学技术研究和武器装备研制，以及研制过程中引进技术、样品样机和仪器设备，不能作其他用途。开支范围是：(1) 设计费，包括论证、调研、计算和技术资料费等；(2) 材料费，包括材料采购费和专用新材料应用的试验费；(3) 电子元器件费；(4) 工资及补助工资，指已全部或部分上收事业费的单位，在接受横向或纵向军品科研任务时，按上收事业费比例计入直接参与项目的工程技术人员、工人和管理人员的工资及补助工资；(5) 样品样机购置费；(6) 外协费，指委托外单位协作需要的费用；(7) 试验费，包括研制过程中必须由科研试制费开支的试验费；(8) 专用测试仪器设备购置费；(9) 必需的零星技术措施和设备安装调整费；(10) 工艺装备费，包括工艺规程制定费、专用工艺研究费和工装费（涉及定型前的工装费由科研试制费开支，生产定型阶段的工装费按科研试制费占 50% 及成批生产产品成本占 50% 的比例分摊）；(11) 动力燃料消耗费；(12) 科研管理费，包括运输费、仪器设备使用与维修费、技术培训费、科研用房屋与建筑的修缮费和劳动保护费等；(13) 不可预见费。

——陈德第等主编：《国防经济学大词典》，军事科学出版社 2001 年版。

在国防研发支出占国防预算的比例上，各个国家也表现出差异。2001 年，美国的这一比例为 14.6%，俄罗斯为 11.5%，欧盟则约为 7%。表 15.1 关注的是各国国防研发投入水平，尚无法反映国防研发与民品研发之间的社会偏好。表 15.2 列出了国防预算中研发支出占整个政府研发支出的比例。如果用欧盟 25 国作为一个比较标尺，可以发现美国、西班牙、英国、法国和韩国等国的国防研发在整个研发支出中所占的比例非常高。

表 15.2　国防研发预算占全部政府研发预算的比例　单位：%

国家	1991 年	2001 年	2004 年
美国	59.7	50.5	55.1
西班牙	16.8	37.3	Na
英国	43.9	30.5	34.1
法国	36.1	22.8	24.2
韩国	Na	15.8	14.2
瑞典	27.3	14.6	22.2
挪威	6.2	7.5	6.9
德国	11.0	7.4	6.7
澳大利亚	10.3	5.8	5.4
加拿大	5.1	4.3	Na
日本	5.7	4.3	4.5
意大利	7.9	4.0	Na
新西兰	3.0	1.9	2.3
芬兰	1.4	1.6	0.9
希腊	1.4	0.8	2.0
葡萄牙	0.7	2.1	1.2
丹麦	0.6	0.5	Na
比利时	0.2	0.2	Na
欧盟 25 国	Na	14.9	Na
OECD 总和	36.4	28.8	Na

资料来源：Hartley，K.，2006，"Defence R & D：Data Issues"，*Defence and Peace Economics*，17（3）：169～175.

15.2　设计竞争与私人国防研发投资

随着科技的不断进步，国防研发的成本和风险也不断攀升。政府希望国防承包商能投资于它们所从事的国防研发活动。这一方面是因为其可以分摊政府国防

研发的成本和风险；另一方面可以减少政府和承包商之间由于信息不对称所造成的效率损失。政府通过激励性制度安排，也会大大推动国防研发项目的发展，这有利于推动武器装备的更新换代，甚至推动社会技术进步。政府鼓励厂商用自有资金投资于国防研发活动一般有两种制度安排："设计和技术竞争"以及"独立研究与发展补贴"。本节在分析的基础上主要从理论和实证角度分析设计竞争。

15.2.1　设计和技术竞争

为促进国防研发投资，一般有两个可选的制度安排，一是由政府实验室从事研究与发展工作；二是与私人厂商和非营利组织（如大学）签订合同，由其从事研发工作。除此之外，还有一种经常采用的途径，就是通过采办方法对主要承包合同给予奖励，这种办法被称为"通过设计和技术竞争来采购"。该方法的本质在于，直接公布政府需要某种类型的技术创新，鼓励私人厂商进行必要的研发投资，其投资所需要的成本通过产品的销售利润来获得补偿。下面以美国为例进行介绍。

设计竞争的成功实施需要政府和军方重点解决好以下三个问题：一是军方如何选择设计方案和参与竞争的厂商；二是如何选择厂商给予生产特许权；三是如何对在设计阶段有亏损的厂商给予补偿。

设计和技术竞争（以下简称为"设计竞争"）的基本流程是：

- 设计阶段　亦称系统研制和验证阶段。该阶段首先由政府机构（如国防部）向有一定实力的企业发出正式招标书。一般有 3 ~ 4 个厂商针对招标书提出自己的方案。到设计阶段结束时，国防部通常留下两个竞争的厂商，每个厂商拥有自己的设计，国防部通过成本偿还合同直接对这种研究提供部分投资。然后，围绕生产特许权展开的竞争常常是很激烈的，厂商往往用自有资金来补充国防部投资。
- 选择唯一厂商阶段　厂商向国防部提供模型或最终设计，而国防部则对每个竞争厂商进行详细审查，审查时组织专家对各设计方案的技术合理性、可行性和先进性进行打分，得分最高者将被选为承包商。国防部保证在许多年内与其持续签订一系列合同。这些合同包括研究与开发、生产、零部件、维修、训练等。
- 生产与补偿阶段　在这一阶段，经过选择阶段确定的唯一厂商开始生产武器装备，该阶段可能持续10年甚至更长时间。由于成本的不确定性、需求的不确定性和产品不断改进等特征，在优胜者选出之后，几乎所有的生产合同都是与唯一厂商签订的。生产阶段的价格很大程度上以成本为基础。厂商在该阶段拥有不对称信息，且相对政府和军方处于优势地位，所以能够从生产合同中获取大量租金。军方为了补偿其在设计与技术竞争过程中的损失，大多默许这种获取租金行为。

专栏15.2 国防科研程序

现代新型武器系统具有复杂、综合和高技术的特点，其研制工作必须按科学的程序进行，否则将产生灾难性后果。整个过程一般按预先研究和型号研制两大阶段来安排，先预先研究，后型号研制，以确保质量和成效。每个阶段任务完成时，须经专家评估，确认达到规定要求，并经有关部门批准，方可转入下一阶段工作。在技术储备条件不同时，经批准也可适当调整程序阶段。

国防科研程序的主要阶段如下：应用基础研究——应用研究——先期技术开发——论证阶段——方案阶段——工程研制阶段——小批生产阶段。其中，前三个阶段是预先研究阶段，后四个阶段是型号研制阶段。

美国国防项目研制程序一般按国防产品的采办过程来制定。属预先研究范畴的项目，按国防科技计划，由军方提出要求，以签订合同的方式开展研究。其成果由军方掌握，作为技术储备用于型号发展工作。美国国防项目研制程序如下图所示：

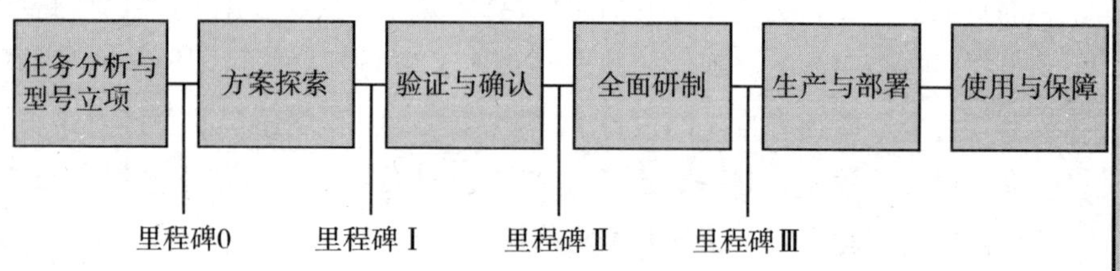

这里有下述几个重要的里程碑，即分阶段决策点：

（1）里程碑0：依据国防威胁分析和国家防卫政策，在判断己方装备系统能力不足，且现有军事装备重新部署和技术变更等均无选择余地时，由军方提出新武器系统的任务范围分析和立项论证，由国防部长作出型号研制起步决策并报国会审批。

(2) 里程碑Ⅰ：工业部门参与竞标的厂家依据军方研制要求提出各自的方案，由军方进行性能、费用、风险、进度及战备完好率等方面的比较，选定一到两种方案，经过修订以后，形成下一阶段任务招标书，并由国防部长作出进入下一研制阶段的决策。

(3) 里程碑Ⅱ：根据选定方案的实物演示对比结果，最终选定一种方案。在确认系统的功能满足需求，风险已缓解、设计要求已合理分解和技术途径已妥善选择，而且系统工程计划进度和技术状态管理均能达到较好均衡要求的情况下，经过评审，确认在后续研制阶段将遇到的关键问题已可解决，技术协调与管理计划已满足要求时，由国防部长作出型号全面研制决策，发布决策协调书（CDP）、型号计划概要（IPS）和试验与鉴定计划。

(4) 里程碑Ⅲ：承包商完成全面研制任务之后，对系统进行全面试验与鉴定，确认达到原定合同要求；承包商提供为实现批量生产所需的世纪文件（包括图纸和规范）、部署使用和综合后勤保障所需的文件及在设计、可靠性、可生产性和保障性等方面满足要求的详细实际验证资料（试验程序、装置和报告），包括接口间的兼容性、研制试验中的技术障碍和技术状态项目软件试验协调等均已解决；通过了技术性能测定、费用进度控制门限值要求和风险评估等；通过了在预期使用和保障环境下对系统或设备进行的试验，验证系统的作战效能和适用性，并已取得正式评审鉴定；确认系统的设计已充分成熟。在这种情况下，由国防部长做出生产决策，以生产决策备忘录的形式报国会批准后执行。

——陈德第、李轴、库桂生主编：《国防经济大词典》，军事科学出版社2001年版。

利希腾贝格（Lichtenberg，1988）给出了美国国防部1984财年竞争性和非竞争性采购合同情况（见表15.3）。表中可见，竞争性合同采购金额占全部采购合同的40%左右，设计竞争之后的非竞争性合同价值是竞争性合同价值的2.72倍。这表明设计竞争中的获胜者最终可以获得大量的后续合同，承包人通常在竞争合同阶段愿意承受损失（通过“大宗买入”，或者提出低于其成本的标书）。

表 15.3　　1984 财年（美）国防部竞争性和非竞争性协议采购数量　　单位：10 亿美元

采购方式	合同总额	R&D 合同
竞争性		
设计和技术竞争	11.6	4.4
价格竞争	35.0	0.4
非竞争性		
设计和技术竞争的后续合同	31.6	4.6
价格竞争的后续合同	4.1	0.1
价目表或市场价格	0.9	<0.05
其他	34.3	3.9
总计	117.6	13.4

数据来源：Lichtenberg，F. R.，1988，“The Private R & D Investment Response to Federal Design and Technical Competitions”，*American Economic Review*，78：550～559.

15.2.2　设计竞争模型

政府除与厂商签订合同，使厂商从事研发工作外，之所以还要通过开展设计竞争来推动政府任务导向型研发，可以从不完美信息的角度来解释。在竞赛或竞争补偿计划中，每个人的报酬或补偿（如他是否能获得合同）由他在竞争者中的名次所决定，而不是由他自己的成绩所决定。这与纯价格竞争古典模型中所反映的情况相同。研究表明，当政府（委托人）不能直接或无成本地观察到承包商的投入（努力）时，以相对产出为基础支付报酬比以个人产出为基础给予报酬要好。竞争性补偿计划与其他形式补偿相比，能够适应环境变化，表现出很强的灵活性和适用性。所以，当与公共环境变量有关的风险较大时，竞赛是较好的选择。而且，将竞赛作为一种激励机制，可以刺激厂商放弃自然存在的厌恶风险的观念，采用风险更大同时也是利润更高的生产技术。

委托人没有能力监控各类厂商的（相对）能力或生产力，这是不完美信息的第二种形式，也是说明竞争补偿计划为最优计划的另一理由。假定政府合同是各不相同的，其潜在的承包商也是各不相同的。也就是说，对于某一特定的合同，某一个厂商可能是最合适的人选。但是，政府却不能确切地知道谁是最合适

的厂商。许多以这种不完美信息为特征的理论模型表明，卖方投资以获得关于质量和能力的信号，而买方依据这些信号做出购买决策都是均衡行为。因此，可以将设计竞争解释为发送信号的现象，在这里，政府所依据的关于承包商能力的信号就是其技术投标的评分。

专栏 15.3　设计竞争的例子

2003 年美国五角大楼希望研制新一代空地导弹——联合通用导弹，以取代陆军阿帕奇直升机使用的地域火导弹以及海军 F-18 大黄蜂战机上的幼畜导弹，并且成为海空军以及海军陆战队的通用导弹。美国国防部以此性能要求，向许多大型武器承包商提出招标书，最后选出洛克希德·马丁公司、雷锡恩公司和波音公司参与未来空地导弹的设计与技术竞争，并为此向每个公司提供了近 1 亿美元的研发资金。

2004 年洛克希德·马丁公司研制出联合通用导弹的模型，该导弹重约 49 公斤，长近 1.8 米，装备直升机和固定翼飞机时的发射距离分别约为 16 和 28 公里，而且还有以下技术创新：一是通用导弹的三模块导引头，即半主动激光、红外成像和毫米波雷达导引头。半主动激光导引头赋予导弹“一击必中”，减少附带伤亡的精确打击能力。红外成像系统使导弹具有“被动发射后不管”（发射后无须飞行员引导导弹飞向目标，以利于发射者及早脱离防御火力）的攻击力和强大的抗干扰性。毫米波雷达则让导弹具有“主动性发射后不管”的全天候昼夜攻击力。二是通用导弹配有多用途战斗部（弹头）系统。该导弹的空心装药（锥形装药）战斗部可以摧毁最先进的装甲目标，而破片杀伤战斗部能够对舰船、建筑、掩体和其他“软目标”进行致命打击。三是通用导弹的单级发动机能够在直升机、固定翼飞机以及地面车辆等发射平台的极端温度考验下为导弹提供持久飞行力，最大限度提高导弹的射程。军方和专家小组对该样机的评价是“能使美军飞行员们在各种战斗环境下顺利进行近距离支援攻击任务”。凭借这种设计，洛克希德·马丁公司在竞标中击败雷锡恩公司和波音公司赢得美军未来空地导弹的生产合同。美国防部和各军种承诺到 2010 年采购 5.4 万枚通用导弹，合同总价值约为 50 亿美元，从而为洛克希德·马丁公司带来丰厚的利润。

——《美军选定洛马公司研发未来导弹 总价值 50 亿美元》，http：//news. sohu. com

基本模型 利希腾贝格（1988）借助纳尔布夫和斯蒂格勒（Nalebuff & Stiglitz，1983）的模型来分析“竞赛”对国防研发的激励作用。该模型假设 Q_i 是对承包商 i 开发的产品的评分，Q_i 由下式决定：

$$Q_i = e_i\theta + u_i \tag{15.1}$$

式中 e_i 表示承包商 i 的努力程度，也可表示承包商 i 的技术水平，或研发投入，e_i 是不可观测的，θ 是一个随机，且对所有承包商都相同的“环境”变量，它可以刻画一项任务的难度，或系统风险，u_i 则代表单个竞争者的比较优势。

在某种武器系统的研发中基本的技术、质量标准如用 θ 表示，u_i 就可以代表承包商 i 所研制武器装备的特殊性能。假设 u_i 是一个随机变量，不妨设它的分布函数为 G，密度函数为 g，且 $E(u_i)=0, E(u_iu_j)=0, E(\theta)=1$。假设：

第一，$Q_{e\theta}\neq 0$，即研发的难度或风险 θ 会影响研发投入的边际产出；

第二，对每一个 θ，无法从 Q_i 和 θ 的信息准确推测出承包商研发投入的水平 e_i。

第二点假设体现了不完美信息的一个来源，正是因为既无法观测又不能推测出承包商的研发投入水平，而承包商的投入水平又直接决定产出水平，因此需要激励机制促使承包商加大研发投入的程度。

假设政府和承包商的合同在 θ 和 u_i 实现之前就要签订，承包商可以观测到 θ 和 u_i 的情况，而政府却无法直接得知 θ 和 u_i 的真实水平。因此，在政府和承包商之间存在着信息不对称。假设承包商的效用函数为：

$$W = E\{U(Y) - V[e(\theta)]\} \tag{15.2}$$

这里 Y 表示政府支付给承包商的报酬，它是一个随机变量，因此 W 是期望效用。为保证最优解的存在性和唯一性，进一步假设收入带来的边际效用为正，且边际效用是递减的（排除了承包商是风险爱好者的可能）；付出努力的边际效用为负，且是随着努力程度的提高递增的。即 $U'(Y)>0, U''(Y)\leqslant 0; V'(e)>0, V''(e)>0$。

政府则根据承包商提供的产品情况确定支付给承包商的报酬，即 $Y=E(Q)$。由于承包商和政府之间存在信息不对称，因而产生了委托—代理问题。

基准模型 首先在完全信息假设下求解承包商和政府之间的委托—代理问题，得到的解作为比较的基准。完全信息就是假设 θ 和 u_i 都是可观测的，则在政府和承包商之间就不存在信息不对称了，因此也没有效率损失。

$$\max_e W = E\{U(Y) - V[e(\theta)]\}$$
$$s.t.\ Y = E[\theta e(\theta)] \tag{15.3}$$

不难得到这个最大化问题的解为：

$$\begin{cases} e^*(\theta) = V'^{-1}[\theta U'(\bar{Y})] \\ \bar{Y} = E\{\theta V'^{-1}[\theta U'(\bar{Y})]\} \end{cases} \tag{15.4}$$

“竞赛”解　“竞赛”制度的核心就是承包商获得的研发补偿根据他们在“竞赛”结果中的排名确定，而不是根据他们的研发成果获得收入。“竞赛”规定，哪个承包商研发结果的得分最高，即 Q 最高，哪个承包商就能赢得国防合同。

为简便起见，这里只考虑有两个承包商进行“竞赛”的情况。不妨用 Y_w 表示获胜者的报酬，用 Y_l 表示失败者的报酬。政府在确定 Y_w 和 Y_l 大小时，要满足 $Y_w + Y_l = 2E[Q]$，由此定义：$\bar{Y} = \frac{Y_w + Y_l}{2}$；$x = \frac{Y_w - Y_l}{2}$。不难看出，$Y_w = \bar{Y} + x$，$Y_l = \bar{Y} - x$。$x$ 在这个激励机制中是非常关键的一个变量，可以把它解释为获胜者能够得到的奖金，而 x 的大小也反映出激励程度的大小。

用 $p(e_1, e_2, \theta)$ 表示第一个承包商获胜的概率。根据规定的获胜条件，在给定 θ 和 u_2 的条件下，承包商 1 如果获胜，则意味着 $\theta e_1 + u_1 > \theta e_2 + u_2$，即 $u_1 > \theta(e_2 - e_1) + u_2$。因此，在给定 θ 和 u_2 的条件下，承包商 1 获胜的概率为 $u_1 > \theta(e_2 - e_1) + u_2$ 的概率，即 $1 - G[\theta(e_2 - e_1) + u_2]$。

因为 u_2 对于承包商来说是一个随机变量，故可进一步求解出在给定 θ 的条件下，承包商 1 获胜的概率是：

$$p(e_1, e_2, \theta) = \int \{1 - G[\theta(e_2 - e_1) + u_2]\} g(u_2) \mathrm{d}u_2 \tag{15.5}$$

同理可得承包商 2 获胜的概率。

需要注意的是，这里假设两个竞争者是对称的，尽管存在不对称均衡，但这里只考虑对称解，也就是两个竞争者最优的研发投入相等，即 $e_1^* = e_2^*$，这也意味着每个承包商获胜的可能性相同，均为 $p = \frac{1}{2}$。

下面来求解承包商的最优化问题。以第一个承包商为例，他的期望效用可以表示为：

$$W = p(e_1, e_2, \theta) U(\bar{Y} + x) + [1 - p(e_1, e_2, \theta)] U(\bar{Y} - x) - E[V(e_1)] \tag{15.6}$$

在观测到 θ 值之后，承包商选择努力程度（也就是研发投入水平）最大化自己的期望效用。一阶条件为：

$$\left[\frac{\partial p(e_1, e_2, u)}{\partial e_1}\right][U(Y_w) - U(Y_l)] - V'[e(\theta)] = 0 \tag{15.7}$$

其中，

$$\frac{\partial p(e_1, e_2, \theta)}{\partial e_1} = \theta \int g[\theta(e_2 - e_1) + u_2]g(u_2)\mathrm{d}u_2 \tag{15.8}$$

而且要满足：

$$\bar{Y} = E(Q_1) \tag{15.9}$$

类似地，可得到第二个承包商的一阶条件，进而得到关于 e_1，e_2 的反应函数。在承包商为同质的假设条件下考虑一个对称均衡①，即达到均衡时，$e_1^* = e_2^*$，$p = \frac{1}{2}$。将以上两个等式代入（15.9）式中，有：

$$\frac{\partial p(e_1, e_2, \theta)}{\partial e_1}\Big|_{e_1^* = e_2^*} = \theta \int g(u_2)g(u_2)\mathrm{d}u_2$$

$$= \theta E[g(u_2)] \triangleq \theta\bar{g} \tag{15.10}$$

$$e^*(\theta) = V'^{-1}(\theta\bar{g}\Delta U) \tag{15.11}$$

这里 $\Delta U = U(Y_w) - U(Y_l)$。进而有：

$$\bar{Y} = E[\theta e^*(\theta)] = E[\theta V'^{-1}(\theta\bar{g}\Delta U)] \tag{15.12}$$

从以上表达式中，可以得到下述结论：

第一，最优研发投入水平 $e^*(\theta)$ 随着 θ，即研发项目的难度不同而变化；第二，政府通过选择不同的 (Y_w, Y_l) 组合，能够得到完全信息情况下最优的研发投入水平，即当 $\bar{Y} = \frac{Y_w + Y_l}{2} = \bar{g}\Delta U$ 时，可以复制社会最优的研发投入水平；第三，“竞赛”制度下最优的研发投资水平随着奖金（x）的提高而提高。这一结论从均衡解的比较静态分析中很容易看出：

$$\frac{\partial e^*(\theta)}{\partial x} = V''^{-1}(\theta\bar{g}\Delta U)\left\{\theta\bar{g}\left[U'(\bar{Y}+x)\left(\frac{\mathrm{d}\bar{Y}}{\mathrm{d}x}+1\right) - U'(\bar{Y}-x)\left(\frac{\mathrm{d}\bar{Y}}{\mathrm{d}x}-1\right)\right]\right\} \tag{15.13}$$

因 $\frac{\mathrm{d}\bar{Y}}{\mathrm{d}x} = E\left[\theta\frac{\partial e(\theta)}{\partial x}\right] = E\{\theta^2 V''^{-1}[e^*(\theta)]\}\left(\Delta U'\frac{\mathrm{d}\bar{Y}}{\mathrm{d}x} + s\right)$，其中，

① 当然，也可能存在不对称的均衡。为简化起见，利希腾贝格只考虑了对称均衡。

$\Delta U' = U'(\bar{Y}+x) - U'(\bar{Y}-x)$；$s = U'(\bar{Y}+x) + U'(\bar{Y}-x)$，进而得到：

$$\frac{\mathrm{d}\bar{Y}}{\mathrm{d}x} = \frac{\bar{g}sE\dfrac{\theta^2}{V''[e^*(\theta)]}}{1-\Delta U'\bar{g}E\dfrac{\theta^2}{V''[e^*(\theta)]}} > 0 \tag{15.14}$$

代入（15.13）式，得到：

$$\frac{\partial e^*(\theta)}{\partial x} = V''^{-1}(\theta\bar{g}\Delta U)\theta\bar{g}\left\{\frac{\Delta U'\bar{g}sE\dfrac{\theta^2}{V''[e^*(\theta)]}}{1-\Delta U'\bar{g}E\dfrac{\theta^2}{V''[e^*(\theta)]}}+s\right\} > 0 \tag{15.15}$$

15.2.3　设计竞争激励作用

设计竞争对私人研发投资的激励作用效果到底怎样？利希腾贝格（1988）根据 169 个私人厂商和美国国防部的合同信息，进行了关于设计竞争对私人研发投资激励效果的实证分析，研究得出了设计竞争采办激励私人企业在国防研发中投入自有资金数量的大小，同时得到为了引导企业投资某一项武器装备研发，需要多大的采办合同进行激励。表 15.4 描述了样本数据的基本情况。

表 15.4　　**169 个样本企业数据合计**　　单位：10 亿美元

年份	企业 R&D 支出	销售总额	国防合同金额	国防 R&D 合同金额
1979	17.4	732.8	38.3	7.0
1980	20.1	807.3	43.0	7.8
1981	23.0	887.5	52.6	8.3
1982	25.6	877.6	66.6	12.1
1983	28.0	908.6	72.7	13.5
1984	33.3	968.7	78.9	14.8

资料来源：Lichtenberg，F. R.，1988，"The Private R & D Investment Response to Federal Design and Technical Competitions"，*American Economic Review*，78：550 ~ 559.

自 1979 ~ 1984 年，美国进行了大规模军力建设，联邦政府国防合同金额翻了一番，但总销售额仅增加了 35%。而来自于美国国防部同时期的数据也反映了类似的情况（见表 15.5）。

为得到政府采购，尤其是设计竞争对私人 R&D 投资的影响，利希腾贝格（1988）以私人 R&D 支出作为因变量，以竞争性合同金额、非竞争性合同金额和非政府销售金额[①]作为自变量进行回归。需要注意的是，竞争性的政府采购合同中，不仅包含着设计竞争合同，还包括了价格竞争，但很难从数据中区分开。通常认为，价格竞争对私人 R&D 投资的激励作用要小于设计竞争，因此使用总竞争性合同金额与私人 R&D 支出回归得到的系数会小于设计竞争对私人 R&D 支出的实际影响。

表 15.5　　美国 1979～1984 年国防合同数据　　单位：10 亿美元

年份	企业及其他来源 R&D 支出	销售总额	国防部主承包商合同金额	国防资助的 R&D
1979	25.7	1215.0	58.5	12.5
1980	30.5	1427.5	66.7	14.0
1981	35.4	1589.2	87.2	16.4
1982	39.5	1479.3	102.5	18.5
1983	42.6	1596.5	121.1	20.2
1984	47.3	—	124.9	22.0

资料来源：Lichtenberg，F. R.，1988，“The Private R & D Investment Response to Federal Design and Technical Competitions”，*American Economic Review*，78：550～559.

利希腾贝格（1988）分别使用普通最小二乘法和工具变量法估算私人（企业）R&D 投资对不同类型销售额的相关性。为避免样本数据自身存在问题对计量结果的影响，除使用全部数据进行回归之外，作者还引入了企业哑变量。这两种方法得到的结果，在下面的表格中分别用“*Total*”和“*Within*”来表示。表 15.6～15.10 分别表示竞争性合同和政府合同对私人 R&D 投资的影响。

表 15.6　　政府合同和非政府销售对私人 R&D 支出的影响

因变量	普通最小二乘法（OLS）		工具变量法（IV）	
	Total	*Within*	*Total*	*Within*
政府合同	0.046（10.3）	0.050（9.95）	0.093（7.12）	0.027（1.08）
非政府销售	0.027（33.4）	0.034（20.4）	0.017（7.46）	0.041（6.38）

注：括号中的数字是 t 统计量。

① 这三个变量之和就是企业的总销售额。

表 15.6 考察了政府合同和非政府销售对私人 R&D 支出的影响，即暗含假定（政府合同中的）竞争性和非竞争性采办对私人 R&D 支出的影响系数相同。从表中可以看到，每增加 1 美元政府采购将引发 9.3 美分的私人 R&D 投资的增加；而每增加 1 美元非政府销售只能引发 1.7 美分私人 R&D 投资的增加，这两个系数之间也存在着显著的差异。进一步利用以上计量结果，还可以计算由政府采办所引发的私人R&D投资的增加占私人 R&D 投资增加总额的比例 π[①]。经计算得到 π 为 0.528，标准差为 0.05。这意味着，1979 ~ 1984 年，一半多一点的私人 R&D 投资是由政府采购引发的。

表 15.7　　合同竞争性对私人 R&D 支出的影响

因变量	普通最小二乘法（OLS）		工具变量法（IV）	
	Total	*Within*	*Total*	*Within*
竞争性合同	0.039（1.79）	0.105（6.38）	0.544（4.85）	0.694（2.57）
非竞争性合同	0.048（6.53）	0.041（7.12）	-0.040（1.06）	-0.153（1.74）
非政府销售	0.027（33.4）	0.034（20.2）	0.017（6.35）	0.038（3.31）

注：括号中的数字是 t 统计量值。

表 15.7 显示了将政府合同区分为竞争性合同和非竞争性合同条件下的回归结果。除最小二乘法下的“*Total*”外，其他方法得到的计量结果均显示竞争性合同和非竞争性合同之间的系数差异为正，且显著异于零。工具变量法估计值显示，每增加 1 美元竞争性采办将引发 54 美分私人研发投资的增加。因此，出于对设计竞争优胜者将获得未来非竞争性后续合同奖励的预期，私人厂商都愿意为先期的竞争性合同投入大量自有资金进行研发。非竞争性合同的系数为负且不显著，表明由政府引发的私人研发投资激励来源于竞争性采办。

表 15.8 显示的是不同时间（t 年和 $t+1$ 年）、不同销售合同对私人 R&D 投资的影响。有一些私人 R&D 投资发生在获得竞争性合同之前，目的是增强得到合同的竞争力。表中的结果支持了这一观点：未来（$t+1$ 年）竞争合同的系数都大于或等于现期（t 年）竞争合同的系数。这种评估表明，私人 R&D 对竞争性采购所做出的长期反映，实际上是对未来采购所做出的反映。该表中 t 年和 $t+1$ 年的系数

① $\pi=\gamma_1\Delta G/(\gamma_1\Delta G+\gamma_2\Delta N)$，这里 ΔG 表示政府采购金额的增加值，ΔN 表示非政府采购金额的增加值。如表 15.4 所示，1984 年较 1979 年相比，样本数据中这两个指标分别为 406 亿美元和 1953 亿美元；γ_1 和 γ_2 则分别为表 15.6 中政府采购和非政府采购对私人研发投资增加的影响系数。

之和与表15.7中的相关变量系数非常接近，这说明只考虑现期变量的模型对长期反应提供了合理的估计，因此在后面的分析中，利希腾贝格并未再考虑时间因素。

表15.8　　时间因素对私人R&D支出的影响

因变量	普通最小二乘法（OLS）		工具变量法（IV）	
	Total	*Within*	*Total*	*Within*
第t年的竞争性合同	-0.044（0.96）	0.062（3.23）	0.085（0.35）	0.300（1.05）
第$t+1$年的竞争性合同	0.072（1.77）	0.056（3.56）	0.400（1.85）	0.498（1.55）
第t年的非竞争性合同	0.33（1.42）	0.031（3.79）	0.097（0.84）	-0.012（0.11）
第$t+1$年的非竞争性合同	0.015（0.73）	0.007（0.93）	-0.116（1.13）	-0.193（1.14）
第t年的非政府销售	0.002（0.35）	0.022（11.0）	-0.026（0.87）	-0.001（0.03）
第$t+1$年的非政府销售	0.022（4.33）	0.009（4.67）	0.040（1.43）	0.044（1.82）

注：括号中的数字是t统计量值。

表15.9　　竞争性R&D合同对私人R&D支出的影响

因变量	普通最小二乘法（OLS）		工具变量法（IV）	
	Total	*Within*	*Total*	*Within*
竞争性R&D	-0.048（1.29）	0.085（1.87）	0.857（1.01）	0.174（0.08）
非竞争性R&D	0.156（3.09）	0.005（0.17）	-2.113（2.18）	-1.683（1.24）
竞争性非R&D	0.072（2.07）	0.123（6.05）	1.212（3.89）	1.077（1.80）
非竞争性非R&D	0.036（4.05）	0.046（6.42）	-0.074（0.96）	-0.050（0.32）
非政府销售	0.027（33.5）	0.034（20.2）	0.016（3.53）	0.037（2.03）

注：括号中的数字是t统计量值。

表15.9中，竞争性合同和非竞争性合同被区分为R&D合同和非R&D合同。可以发现，R&D和竞争性非R&D合同对私人竞争性投入有着很大的激励作用。竞争性合同，不管是否为R&D合同，都对私人R&D投入有着积极的影响。非竞争R&D合同则对私人R&D投资产生挤出作用，非竞争性R&D采购每增加1美元，私人R&D投资将减少2美元以上。对非竞争性研究与发展合同的奖励标志着设计和技术竞争的终结。在采购周期的这个阶段，厂商具有减少私人R&D投资的动机；竞争中的失败者会减少开支，因为奖励已经不复存在，胜出者也会减少支出，因为这时政府愿意通过合同直接资助研究与发展。其他非竞争性采购则对私人R&D投资没有显著影响。

与其他政府采购对私人 R&D 投资影响效果的经验分析相比，利希腾贝格（1988）既检验了 R&D 合同的影响又检验了非 R&D 合同的影响，而且同时区分了竞争性的 R&D 合同和非竞争性的 R&D 合同，因此更加全面和准确。

表 15.10　　R&D 合同对私人 R&D 支出的影响

因变量	普通最小二乘法（OLS）		工具变量法（IV）	
	Total	*Within*	*Total*	*Within*
R&D 合同	0.039（1.98）	0.047（2.56）	-0.476（2.63）	-0.930（2.05）
非 R&D 合同	0.048（7.09）	0.051（7.92）	0.151（7.14）	0.134（1.94）
非政府销售	0.027（33.4）	0.034（20.4）	0.017（5.73）	0.040（3.04）

注：括号中的数字是 t 统计量值。

表 15.10 表明，政府 R&D 合同对私人 R&D 投资的净效应为负，即非竞争性 R&D 合同的负效应超过了竞争性 R&D 合同带来的正效应。每增加 1 美元 R&D 合同将会导致 48 美分私人 R&D 投资的减少。相反，竞争性非 R&D 合同的正效应超过了非竞争性非 R&D 合同的负效应，因此，非 R&D 采办的净效应为正。由于政府 R&D 合同只占采办合同总额的 1/6 左右，总体上看，政府采购对私人 R&D 投资有积极和显著的影响。因此，政府在决定国家科技资源配置以及技术进步的比率和方向上，将发挥更大的作用。

15.3　独立国防研究和发展补贴

为鼓励私人部门对军事研究与发展的投入，许多国家不仅在设计竞争方面给予奖励，而且还对用于赢得这种奖励的研究开支实施补贴。这里以美国的情况为例进行说明。

15.3.1　独立国防研究和发展补贴

一般把政府部门（如国防部）向私人部门军事研发提供资助的政策称为“独立研究和发展”（Independent R&D，IR&D）补贴。“独立”是指研发项目是承包商为保持本身的竞争力而发起并组织实施的，并没有得到政府和军方的资助或许可。在独立研发过程中，政府部门拥有不完全信息，无法获知私人承包商独立研发投资的偏重，因此独立研发项目既可以是军事技术，也可以是民用技术和军民两用技术。国防部只能在财年结束时，通过承包商的财务报告，了解其独立研发的支出情况。政府部门提供的独立研发补贴的数量不是企业该财年独立研发的全部开支，而只是其承认的独立研发开支的一部分，这种可承认的独立研发开支是承包商独立研发中预期可能满足军事需求或可能用于国防部门的价值。国防部门给予的补贴被包含在承包商的国防合同间接成本（间接费用）之内。

独立研发补贴制度的流程为：

- 首先，每一财年年初，由国防部门和主要承包商协商确定今年可认可成本的最高限额，这个最高限额是根据历史资料和讨价还价得来的；
- 其后，承包商自发选择独立研发项目，并自己负担研发经费。承包商的研发开支总是大于国防部门认可的最高限额，也就是说，承包商往往需要向独立研发活动投入自有资金；
- 随后，财年结束，承包商以财务报告的形式公布其独立研发项目研究情况和费用开支情况，由国防部审查备案，并以官方政府研发数据的形式发布出来，同时对该财年的独立研发开支予以补贴；
- 最终，一个周期的结束是下个周期的开始，承包商和国防部又会根据本年的独立研发开支情况确定下一年认可独立研发成本的最高限额。如此循环，国防部门通过向承包商独立研发活动提供一部分补贴，激励承包商大量投入自有资金开展研究与发展项目，尤其是军事技术研发，从而实现“经济上负担得起的”国防关键技术，以较小的投入获得较大的技术成果。

独立研究与发展政策对于私人军事 R&D 投资实施补贴，会对创新行为的数量和质量，以及整个国民经济运行效率产生重大影响。因为独立研发政策不会补贴民用研发投资，因此它降低了私人企业进行军事研发的相对成本，会增加军事技术研发的相对数量。如果研发资金的供给是足够缺乏弹性的，那么独立研发补贴政策将会减少民用技术研发的相对和绝对数量。因此独立研发政策能够影响工业研究与开发的数量和构成，会对经济增长产生影响。

15.3.2　独立国防研发实际补贴率测算

从独立研发补贴制度设置和流程中可以看出，边际补贴率的大小是影响整个独立研发补贴制度对私人企业投资国防技术研发产生激励作用的关键因素。

独立研发补贴激励承包商大量投入自有资金进行国防技术研发，而补贴量的大小则是由国防部承认的最高限额决定的。对此，利希腾贝格（1990）建立起一个国防部门可承认的成本决定模型，来测算对企业有激励作用的实际补贴率。该模型中，C 表示允许成本的最高限额，X 表示已发生的总成本，R 表示从国防部收回的成本，S 表示承包商总销售额，D 表示承包商的国防部销售额。则国防部收回的成本数量 R 由下式决定：

$$R = \frac{D}{S}\min(X, C) \tag{15.16}$$

也就是说，企业从国防部收回的成本等于承包商的国防部销售占总销售额的比例乘以已发生的总成本与允许成本最高限额之中的较低者。而事实上，对所有厂商来说，$X \geqslant C$。如根据利希腾贝格（1990）提供的数据，1985～1986 年 598 个 IR&D 补贴合同的 C/X 比值的最大值为 1，平均值和中位数分别是 0.823 和 0.872，因此，$\min(X, C) = C$。假定 $\theta = \frac{D}{S}$，它是国防部销售额占总销售额的比例。这样（15.16）式就可简化为：

$$R = \theta C \tag{15.17}$$

如果厂商和政府签订纯粹的成本加成合同，则其投资所造成的私人成本 P 为：

$$P = X - R = X - \theta C \tag{15.18}$$

承包商私人研究和发展的边际补贴率（The Marginal Rate of Subsidy，MRS）为：

$$MRS = \frac{\mathrm{d}R}{\mathrm{d}X} = \theta\frac{\mathrm{d}C}{\mathrm{d}X} \tag{15.19}$$

一般认为，决定均衡投资率的是边际私人投资成本，即 $1 - MRS$。从（15.19）式可以看出，边际补贴率，以及由其决定的边际私人投资成本取决于 $\frac{\mathrm{d}C}{\mathrm{d}X}$。通常该导数值是一个经验数据，最高限额 C 是由厂商和国防部在投资前事先商定的。

关于最高限额 C 和总成本 X 之间的关系可以从短期和长期两个角度去分析。短期内可以认为 C 是给定的，也就是说，C 与实际投资支出 X 没有关系。在这种情况下，$\frac{dC}{dX}=0$。短期内独立研发补贴对边际投资成本没有影响，对承包商独立研发活动没有激励作用，它仅起到了降低总成本的作用。

从长期来看，因为关于 C 的商定是在一个连续的过程中发生的，是由 X 的历史经验数据得来的。国防经济学家认为，C 被设定为承包商独立研发达到军事要求的预期支出中的一个部分①。这一思想可以用下式表示：

$$C_{it}=\gamma X_{it}^{A} \tag{15.20}$$

这里 C_{it} 表示经过协商确定的厂商 i 在第 t 期内获得补贴的最高限额，X_{it}^{A} 表示厂商 i 在第 t 期内预期的支出，$0<\gamma<1$。承包商在与政府谈判期间会公布其预期支出 X_{it}^{A}，但这些数据并未公开。利希腾贝格（1990）使用了两种方法来估计 X_{it}^{A} 的值，一种是理性预期，即 $X_{it}^{A}=X_{it}$；另一种是适应性预期。由于理性预期的方法可能会产生联立方程偏差，所以这里主要介绍基于适应性预期估计长期边际补贴率的方法和估计结果。

根据适应性预期的基本假设，可以认为 X_{it}^{A} 由过去多期实际支出决定，具体函数关系为：

$$X_{it}^{A}=\delta(X_{it-1}+\lambda X_{it-2}+\lambda^{2}X_{it-3}+\cdots) \tag{15.21}$$

将（15.21）式代入（15.20）式中，得：

$$C_{it}=\gamma\delta(X_{it-1}+\lambda X_{it-2}+\lambda^{2}X_{it-3}+\cdots) \tag{15.22}$$

进一步有，

$$\lambda C_{it-1}=\gamma\delta(\lambda X_{it-2}+\lambda^{2}X_{it-3}+\lambda^{3}X_{it-4}+\cdots) \tag{15.23}$$

将（15.23）式代入（15.22）式中，得到：

$$C_{it}=\gamma\delta X_{it-1}+\lambda C_{it-1}\triangleq\beta X_{it-1}+\lambda C_{it-1} \tag{15.24}$$

---

① 原文见 Winston, J., 1985, *The Accepted Ceilings Are Set at a Fraction of the Contractor's Anticipated* IR&D *Expenditures That are Deemed to Meet the* PMR（*Potential Military Relevance*）*Criterion and to Be of Value to DOD*, London: Sage Publication. P. 22。

在（15.24）式中，C 和 X 的关系$\frac{dC}{dX}$在短期和长期（稳定）状态下存在区别，分别是 β 和 $\beta/(1-\lambda)$。当 $C_{it}=C_{it-1}$时，便达到了稳定状态。

上面的推导假定 C 被设定为研发总支出的一个固定比例，然而从另一个决定 C 的“结构”模型中也可以推导出类似的方程。假设厂商经过谈判形成最高限额的年度间的差异与独立研发资金的“超额需求”成正比，“超额需求”用上一期总成本和上一期最高限额之差来表示，即：

$$C_{it}-C_{it-1}=\rho(X_{it-1}-C_{it-1}) \tag{15.25}$$

这种最高限额的调整过程与人们早就发现的预算程序的政策是一致的，即哪个部门越是超过其预算，它的预算便会越增加，而一个部门如果没有花费到其限额，它的预算就有被削减的危险。上式整理后可以得到：

$$C_{it}=\rho X_{it-1}+(1-\rho)C_{it-1} \tag{15.26}$$

（15.26）式所显示的 C 和 X 的关系，短期为 ρ，长期则为 1。与（15.24）式相比，X_{it-1}和 C_{it-1}的系数之和为 1。因此在用实际数据进行分析时，需要进一步考察（15.24）式中 $\beta+\lambda=1$ 这一约束条件是否成立。

利希腾贝格（1990）运用 275 个具有代表性的进行独立研发的承包商资料对上述方程进行了评估。为消除数据的异方差问题，同时还因为国防部和承包商之间的谈判可能集中于 C 和 X 的相对数量而非 C 的绝对数量，因此利希腾贝格（1990）估计的是上述方程的对数形式，即（15.24）式和（15.26）式分别对应于下面的（15.27）式和（15.28）式。

$$\ln C_{it}=\beta\ln X_{it-1}+\lambda\ln C_{it-1} \tag{15.27}$$

$$\ln C_{it}=\rho\ln X_{it-1}+(1-\rho)\ln C_{it-1} \tag{15.28}$$

相应地，β 和 $\beta/(1-\lambda)$分别变成短期和长期稳定状态下 C 对 X 的弹性。长期稳态条件下的边际补贴率可以表示为：

$$MRS_{LR}=\frac{D}{S}\cdot\frac{\beta}{1-\lambda}\cdot\frac{C}{X} \tag{15.29}$$

估算结果见表 15.11。

该表是（15.24）式基于广义最小二乘法得到的估计结果，其中“IR&D”表示使用独立研发数据得到的估计结果；“B&P”表示使用投标与提议（Bids & Proposals）数据得到的估计结果，因为它与 IR&D 开支具有某种程度的可替代性；“Restircted”表示在所有方程的β和λ都分别相等的约束条件下得到的估计结果。

表 15.11　　独立研发补贴的估计结果

参数或函数（标准差）	IR&D	B&P	Restricted
β	0.202（0.096）	0.297（0.078）	0.246（0.059）
λ	0.721（0.100）	0.675（0.078）	0.706（0.060）
$\beta/(1-\lambda)$	0.750（0.093）	0.909（0.052）	0.834（0.047）
截距	0.500（0.135）	0.184（0.135）	
F统计量（H_0:$\beta+\lambda=1$）	17.1（0.000）	2.65（0.104）	18.8（0.000）
加权平均的R^2		0.9289	0.9284
加权平均的 MSE		1.000	1.002
自由度		555	554

回归结果显示：（1）系数β值为正且显著异于零，说明上一期承包商独立研发的总成本越高，当期的最高限额就越高；（2）回归结果基本没有支持β+λ=1；（3）*IR&D*和*B&P*交叉模型残差相关系数为-0.093，意味着在独立研究与发展和投标与提议的最高限额支出之间存在着某种替代关系。

在表 15.11 的基础上，根据式（15.29）的方法可以计算边际补贴率和平均补贴率，估计结果见表 15.12。

表 15.12　　边际补贴率和平均补贴率的估计值

	$\beta/(1-\lambda)$	边际补贴率	平均补贴率	t统计量（H_0：边际补贴率=平均补贴率）
IR&D	0.750	0.369（0.046）	0.434	1.41
B&P	0.909	0.457（0.026）	0.556	3.81
Pooled	0.834	0.413（0.023）	0.474	2.65

资料来源：“Pooled”一行是在将 IR&D 和 B&P 数据混合在一起后得到的计算结果。

因此，政府支付了独立研发以及投标与提议边际成本的41.3%，这一数字略低于美国政府的平均补贴率47.4%。

与政府鼓励一般性独立研发相比较，与国防相关的独立研发所获得的补贴要

高得多。1981年美国颁布的相关规定中，对研发进行税收减免制度，允许厂商减去的应纳税额相当于其研发支出中超出某个基数期的25%，但政府的实际补贴率远远低于25%，据学者（Baily & Chakrabarti，1988）测算，实际补贴率只有大约7%～8%。而且，这种补助通常只是暂时的。这一政策在1985年底终止了。与此相反，国防部的IR&D政策从1970年后基本没有变化。

关键术语

国防研究与发展　设计竞争　独立国防研发补贴

课后思考

1. 国防研究与发展的新特点和趋势是什么？

2. 如何理解"设计竞争"对私人国防研究与发展投资的激励作用和效果？

3. 如何测算"独立国防研发补贴"对私人国防研究与发展投资的激励作用和效果？

参考文献

陈德第、李轴、库桂生主编：《国防经济大词典》，军事科学出版社2001年版。

Bail，M. and Chakrabarti，A. K.，1988，*Innovation and the Productivity Crisis*，The Brookings Institution，Washington，D. C..

Hartley，K.，2006，"Defence R&D：Data Issues"，*Defence and Peace Economics*，17（3）：169～175.

Lichtenberg，F. R.，1988，"The Private R&D Investment Response to Federal Design and Technical Competitions"，*American Economic Review*，78：550～559.

Lichtenberg，F. R.，1990，"U. S. Government Subsidies to Private Military R&D：the Defense Department's Independent R&D Policy"，*Defense Economics*，1：139～158.

Nalebuff，B. J. and Stiglitz，J.，1983，"Prizes and Incentives：Towards a General Theory of Compensation and Competition"，*The Bell Journal of Economics*，14：21～23.

Winston，J.，1985，*The Accepted Ceilings Are Set at a Fraction of the Contractor's Anticipated* IR&D *Expenditures That are Deemed to Meet the* PMR（*Potential Military Relevance*）*Criterion and to Be of Value to* DOD，*London*：*Sage Publication.*

第16章　国防研究与发展（Ⅱ）：影响

国防研究和发展是一项任务导向型的研究与发展活动，国防研发促进了武器装备的不断创新，改变了战争的形态，对提高生产率、非国防研发有一定的外部性，国防研发投资也影响武器的需求和性能。

在上一章对国防研究与发展分析的基础上，本章主要讨论国防研发的外部性和其对武器装备需求和性能的影响。第一节讨论国防研发对提高生产率的影响；第二节讨论国防研发对非国防研发的影响；第三节讨论国防研发的挤出效应；第四节讨论国防研发投资对武器需求的影响；第五节讨论国防研发投资对武器性能的影响。

16.1　国防研发对提高生产率的影响

在经济理论中，研究与发展（R&D）是一个广泛被研究的主题。仅就研发回报率而言，大体可以分为这样几个方面：一是研发投资的私人回报率；二是考虑到研发溢出效应的社会回报率，而社会回报率又可以分成对企业、行业和全社会劳动生产率的贡献；三是分别考察私人投资和政府投资研发的回报率。

本节根据新古典经济增长模型考察国防研发对全要素生产率的影响。

16.1.1　国防研发的新古典模型

假设 t 时期生产函数为：

$$Y(t)=F[K(t),L(t),Z(t)] \tag{16.1}$$

式中 $Y(t)$ 表示实际产出，$K(t)$ 为实物资本存量，$L(t)$ 为劳动力投入，$Z(t)$ 表示知识资本存量，$F(\cdot)$ 是生产函数的具体形式。

假设实物资本存量和知识资本存量的累积方程分别为：

$$K(t) = \sum_i (1 - \delta_k)^i I(t - i) \tag{16.2}$$

$$Z(t) = \sum_i (1 - \delta_z)^i RD(t - i) \tag{16.3}$$

式中 δ_k 和 δ_z 分别为实物资本和知识资本的折旧率，I 和 RD 分别表示实物资本投资和知识资本投资，即 R&D 投资。

假设生产函数具有 Cobb-Douglas 形式：

$$Y = F(K, L, Z) = K^{\alpha} L^{1-\alpha} Z^{\beta} \tag{16.4}$$

定义经济增长率为：$Y' \equiv \frac{\mathrm{d}\ln Y}{\mathrm{d}t}$。则 $Y' = \alpha K' + (1-\alpha)L' + \beta Z'$，其中 K'、L'和 Z'的定义与 Y'类似。劳动生产率的增长率则为 $Y' - L'$，它由实物资本增长率 $K' - L'$和知识资本存量的增长率 Z' 共同决定，即：

$$Y' - L' = \alpha(K' - L') + \beta Z' \tag{16.5}$$

全要素生产率（*TFP*）是指一组传统投入的生产率：

$$TFP = \frac{Y}{K^{\alpha} L^{1-\alpha}} \tag{16.6}$$

因此，全要素生产率的增长率可以表示为：

$$TFP' = Y' - [\alpha K' + (1-\alpha)L'] = \beta Z' \tag{16.7}$$

该式表明全要素生产率的增长率等于知识资本存量的增长率乘以产出的知识资本弹性。

（16.7）式中的 β 反映了研发投入对提高全要素生产率的贡献，它是进一步计算国防研发投入对生产率影响的基础。因此，需要首先知道有关 β 的信息。

取 $\alpha = s_k$，即令产出的实物资本存量弹性等于资本在总的生产成本（或国民收入）中所占的比例。其次，根据实际数据计算出的对知识资产折旧率的最好的估计值是 $\delta z = 0$。因此可以根据 Y'、K'、L'和 Z'的样本数据计算出对应的 TFP'的数值。

由（16.4）式可以得到 $\beta = \frac{\mathrm{d}\ln Y}{\mathrm{d}\ln Z}$，进而（16.7）式可以改写为：

$$TFP' = \frac{\mathrm{d}Y}{\mathrm{d}Z} \cdot \frac{RD}{Y} \equiv \Omega \frac{RD}{Y} \tag{16.8}$$

这里 $\Omega \equiv \frac{dY}{dZ}$，也就是知识资本的边际生产力。因为假设知识资本的折旧率为零，所以知识资本存量的变化 dZ 就等于总的研究与发展投资，即 RD。但（16.8）式隐含了这样的假设，即不同类型的研究与发展其收益率是相同的。而这里所关注的是国防研发投资的收益率，因此要对国防与非国防研发的收益率进行分解，方法如下：

$$TFP' = \Omega_1 \frac{RD_1}{Y} + \Omega_2 \frac{RD_2}{Y} \tag{16.9}$$

式中 RD_1 表示国防研发投资，RD_2 是非国防研发投资，且 $RD_1 + RD_2 = RD$。

根据前述计算得到的 TFP' 的数据以及国防研发和非国防研发支出分别占 GDP 的比例，就可以估计 Ω_1 和 Ω_2 的参数值了。

16.1.2 国防研发影响的实证研究

由于资料有限，在许多情况下，国防研发投资通常被政府的研发投资代替，而非国防研发投资则用私人研发投资代表。然而大量实证研究结果表明私人国防研发投资的回报率是相当高的，私人回报率约为 25%，而全部社会回报率高达 65%。但政府（或公共）资金的研究与发展的投资却几乎是零（Sveikauskas，2007）。

利希腾贝格和西格尔（Lichtenberg & Siegel，1991）的研究结果显示：

$$TFP' = const. + 0.03 \underset{(0.8)}{\frac{FRD}{Y}} + 0.35 \underset{(13.1)}{\frac{CRD}{Y}} \tag{16.10}$$

该结果表明，公司研发投资 $\frac{CRD}{Y}$ 的收益率为正，且显著；而政府研发投资 $\frac{FRD}{Y}$ 的回报率虽为正，但统计上并不显著。

16.2 国防研发对非国防研发的影响

前一部分的分析表明，假定非国防研发保持不变，政府投资的国防研发对全要素生产率的增长没有任何显著的作用。但是，从理论上说，国防研发可以影响

非国防研发的投入水平，进而对生产率具有不可忽视的作用。

同上节一样，这里用 RD_1 表示国防研发投资，RD_2 表示非国防研发投资，如果国防研发会对非国防研发产生影响，那么它们之间的关系由 $RD_2 = \delta RD_1 + u$ 决定。因此，根据（16.9）式可知：

$$\frac{\partial TFP'}{\partial\left(\frac{RD_1}{Y}\right)} = \Omega_1 + \delta\Omega_2 \tag{16.11}$$

该式的正负取决于非国防研发的收益以及它对国防研发的反应，也取决于国防研发的收益。如果国防研发对生产率增长没有显著影响，即 $\Omega_1 = 0$，国防 R&D 减少或“挤出”了非国防研发投资的话，那么它便会对生产率增长产生负面影响。

利希腾贝格（1984）引入了反映（行业或企业）“固定效应（Fixed Effects）”的虚拟变量并采用科学家和工程师的人数来表示研发的投入水平来对非国防研发的影响进行研究。其讨论的政府研发已经不仅仅是国防研发了，所以此处不再沿用前文中的符号，而是用 F 表示政府研发投入，用 C 表示私人研发投入。利希腾贝格（1984）使用的回归模型为：

$$C_{it} = \beta_0 + \sum_{k=1}^{N-1} \beta_k D_k + \delta F_{it} \tag{16.12}$$

式中：D_k，$k=1$，…，n 是表示企业或行业特征的虚拟变量。

利希腾贝格（1984）首先使用 1963～1979 年 12 个制造业行业的面板数据进行回归，他研究的是政府研发的变化对私人研发变化的影响。即考虑（16.12）式的差分形式：

$$\tilde{C}_{it} = \beta_0 + \sum_{k=1}^{n-1} \beta_k D_k + \delta \tilde{F}_{it} \tag{16.13}$$

式中 $\tilde{C} \equiv \frac{C - C_{-1}}{C_{-1} + F_{-1}} = \frac{\Delta C}{C_{-1} + F_{-1}}, \tilde{F} \equiv \frac{F - F_{-1}}{C_{-1} + F_{-1}} = \frac{\Delta F}{C_{-1} + F_{-1}}$。

回归结果见表 16.1。

表 16.1 的前两行是未考虑滞后因素的结果。可以看到，如用“R&D 投资数量”来衡量投入水平，那么政府研发（$\tilde{F}$）的系数为正，但并不显著；而如果用科研人员人数衡量投入水平，那么政府研发（$\tilde{F}$）的增加会减少私人研发投入。在引入滞后因素 $\tilde{F}_{-1}$和 $\tilde{F}_{-2}$之后，在“R&D 投资数量”下的回归结果中，

当期政府研发（$\tilde{F}$）的系数仍为正且不显著；滞后一期政府研发（$\tilde{F}_{-1}$）系数为正，且在只有行业虚拟变量的回归方程中是显著的；而滞后两期的政府研发（$\tilde{F}_{-2}$）系数为负且显著。这些结果表明，政府研发变化会对私人研发投入产生持续影响。考虑了年份虚拟变量的回归模型“（2）”似乎具有更强的解释能力。总之，引入滞后因素的模型削弱了，而不是加强了政府研发刺激私人研发的结论。

表 16.1　政府研发投入变化对私人研发投入的影响

	R&D 投资数量		科学家和工程师人数	
	（1）	（2）	（1）	（2）
$\tilde{F}$	0.090	0.012	-0.182	-0.306
	(0.90)	(0.13)	(2.22)	(3.57)
$\bar{R}^2$	0.1887	4.857	0.0885	0.3267
$\tilde{F}$	0.059	0.008	-0.198	-0.389
	(0.55)	(0.07)	(1.87)	(3.72)
$\tilde{F}_{-1}$	0.216	0.099	0.204	0.005
	(2.14)	(0.98)	(1.93)	(0.05)
$\tilde{F}_{-2}$	-0.156	-0.190	0.097	0.071
	(1.60)	(1.95)	(0.98)	(0.69)
$\bar{R}^2$	0.2875	0.5231	0.1365	0.3931

注：“（1）”表示包括行业虚拟变量的回归结果；“（2）”表示既包括了行业虚拟变量，也包括了年份虚拟变量的回归结果。括号中是 t 统计量。

资料来源：Lichtenberg，F. R.，1984，“The Relationship between Federal Contract R&D and Company R&D”，*American Economic Review*，74：73～78.

对“科学家和工程师人数”下的结果可以做类似的分析，政府研发对私人研发的挤出作用在这里就更加明显。考虑了年份虚拟变量的模型显示，当期政府研发（$\tilde{F}_{-1}$）系数为负，说明政府资助的科研人员每增加 100 人，在同一年中私人公司资助的工程师就会减少 39 人，第二年不会有明显变化，第三年则会增加 7 人，而这三项系数之和为 -0.313，非常接近于不考虑滞后因素得到的政府研发（$\tilde{F}$）的系数 -0.306。

利希腾贝格（1984）还提供了用991 家企业1967 年、1972 年和1977 年数据的检验结果。他将私人企业研发占其销售额的比率作为因变量，与政府研发占其销售额的比率进行回归，此外还对上述变量的差分形式进行了考察。回归结果如表 16. 2 和表 16. 3 所示。

表 16. 2　　企业研发占销售额比率与政府研发占销售额比率的关系

年份	政府研发占销售额的比率	常数项
1967	0. 046（2. 11）	0. 030（11. 51）
1972	0. 100（4. 72）	0. 026（11. 40）
1977	-0. 218（5. 03）	0. 032（11. 70）

资料来源：Lichtenberg，F. R. ，1984，“The Relationship between Federal Contract R&D and Company R&D”，*American Economic Review*，74：73 ~78.

表 16. 3　　政府研发占销售额比率的变化对企业研发占销售额比率的影响

年份	政府研发占销售额的比率	常数项
1967 ~1972	-0. 476（21. 84）	-0. 001（2. 26）
1972 ~1977	-0. 168（14. 05）	0. 000（0. 75）
1967 ~1977	-0. 261（14. 06）	-0. 001（2. 26. ）

资料来源：Lichtenberg，F. R. ，1984，“The Relationship between Federal Contract R&D and Company R&D”，*American Economic Review*，74：73 ~78.

如表 16. 2 所示，在 1967 年和 1972 年的回归中，政府研发占销售额比率的系数为正且显著，表明较多地从事合同研发的厂商也将较多地从事自己投资的研发。但 1977 年的结论却相反，同时它的系数估计值比 1967 年和 1972 年的系数要大得多。

而在表 16. 3 中，对 1967 ~1972 年、1972 ~1977 年和 1967 ~1977 年一阶差分形式模型的回归结果中，所有的系数值都为负，且非常显著。以 10 年时间作为一个整体的点估计（即 1967 ~1977 年）值是 -0. 26，与前面行业层次上研发与科技人员数量回归得到的系数值很接近。

种种经过改进的关于公司和政府研发关系的计量研究所提供的证据与国防研发刺激非国防或民用研发的假定并不一致。此外，国防和民用研发相互关系具有时滞较长的特征。

16.3 国防研发的挤出效应

国防研发具有区别于一般民品研发的特殊性，比如保密性要求和对技术转移的限制会大大降低国防研发投入的（资金）收益率等，莫拉莱斯—拉莫斯（Morales-Ramos，2002）补充了国防研究发展支出与经济发展关系方面的研究不足，不仅分别从需求侧和供给侧，而且还从需求—供给综合方面考虑了国防研发对经济的影响。

16.3.1 需求侧模型

需求侧模型的原型由史密斯（Smith，1980）提出，其基本思想基于凯恩斯的总需求理论。不同的是，在这里作者将原文中的国防支出（M）分解为国防研发支出（DRD）和非国防研发支出（$DNRD$），即在数量上有 $M=DRD+DNRD$。以 Y 和 Q 分别表示国民经济的实际产出和潜在产出，用 C 表示消费，I 表示投资，M 表示国防支出（进一步区分为国防研发支出 DRD 和非国防研发支出 $DNRD$），B 表示经常账户净支付余额（即净进口），并且有：

$$Y=C+I+DRD+DNRD+B=Q-W \tag{16.14}$$

式中，$W\equiv Q-Y$，即潜在产出与实际产出之间的缺口。

用与上式中相应的小写字母表示该变量与潜在产出 Q 的比值，移项后得到：

$$i=1-w-c-drd-dnrd-b \tag{16.15}$$

根据消费的生命周期理论和收入分配效应，假设消费是经济增长率 g 和失业率 u 的函数：

$$c=\alpha_0-\alpha_1 u-\alpha_2 g \tag{16.16}$$

式中，α_0、α_1 和 α_2 分别为大于 0 的系数。该式表明，经济增长率和失业率的增加会降低消费在潜在产出中的比例。

$w+b$ 反映了对本国产品的需求与潜在供给之间的缺口，根据菲利普斯曲线，它与本国的失业率有关，不妨假设：

$$w+b=\beta u \tag{16.17}$$

其中 $\beta>0$。将（16.16）式和（16.17）式代入（16.15）式中，得到：

$$i=1-\alpha_0+(\alpha_1+\beta)u+\alpha_2 g-drd-dnrd-\beta u \tag{16.18}$$

从上式中可以看到，国防研发支出同投资之间存在竞争关系（非国防研发支出也是如此）。在短期内，一国资本性产品的生产能力是相对缺乏弹性的，而对国防支出的需求对价格变化也缺乏弹性，因此，国防研发支出的变化会引起投资的相应调整。进一步把（16.18）式写成待估计的计量模型，即：

$$i=\alpha+\beta_1 drd+\beta_2 dnrd+\gamma g+\delta u+\varepsilon \tag{16.19}$$

式中 α、β_1、β_2、γ、δ 是需要通过数据估计的参数，而 ε 是随机扰动项。

根据理论模型，可以预测，α 的估计值应该大于0；β_1 和 β_2 的估计值应该小于0，且二者相等；γ 估计值大于0；δ 的估计值小于0。

16.3.2　供给侧模型

供给侧模型基于费德尔（Feder，1983）和拉姆（Ram，1986）的研究。该模型假设国民经济中只存在两个部门：民用部门（Ci）① 和国防部门（D）。国防部门通过国防研发（DR）和非国防研发（DN）② 影响民用部门，但这种影响可能是正面的，也可能是负面的。假设民用部门、国防研发部门、国防非研发部门的生产函数表示如下：

$$Ci=Ci(L_c, K_c, DR, DN) \tag{16.20}$$

$$DR=DR(L_{dr}, K_{dr}) \tag{16.21}$$

$$DN=DN(L_{dn}, K_{dn}) \tag{16.22}$$

式中 L_i，$i=c$，dr，dn 分别是民用部门、国防研发和非国防研发使用的劳动力，同理，K_i，$i=c$，dr，dn 则分别表示不同部门的资本投入。从（16.20）式可以看到，国防研发和非国防研发都会对民用部门的生产造成一定影响。

国民经济的总供给（Q）为：

$$Q=Ci+DR+DN \tag{16.23}$$

---

① 民用部门在英文中是 Civil 一词，在这里我们用 Ci 来代表，而不用 C，则是为了避免与前文中的 C（消费）混淆。

② 之所以没有采取与上文相同的符号，仅是为了区分出对该部门的需求还是该部门的产出。

同时，劳动力和资本投入要满足资源约束，即：

$$L_c + L_{dr} + L_{dn} = L \tag{16.24}$$

$$K_c + K_{dr} + K_{dn} = K \tag{16.25}$$

下面引入两个非常重要的假设：

$$\frac{DR_L}{Ci_L} = \frac{DR_K}{Ci_K} = 1 + \eta_{dr} \tag{16.26}$$

$$\frac{DN_L}{Ci_L} = \frac{DN_K}{Ci_K} = 1 + \eta_{dn} \tag{16.27}$$

DR_L、DN_L 和 Ci_L 分别表示国防研发部门、非国防研发部门和民事部门劳动力的边际产出；DR_K、DN_K 和 Ci_K 则分别表示这三个部门资本的边际产出。（16.26）式假设国防研发部门与民事部门的劳动边际产出比率等于这两个部门资本的边际产出之比，但两个部门中到底哪个部门的边际生产率更高一些，取决于 η_{dr} 为负还是正。（16.27）式的含义与此类似。

下面推导经济增长率（即总供给增长率）的决定方程。

对（16.20）式～（16.25）式全微分，可以得到：

$$\mathrm{d}Ci = Ci_L \cdot \mathrm{d}L_c + Ci_K \cdot \mathrm{d}K_c + Ci_{DN} \cdot \mathrm{d}DN + Ci_{DR} \cdot \mathrm{d}DR \tag{16.28}$$

$$\mathrm{d}DR = DR_L \cdot \mathrm{d}L_{dn} + DR_K \cdot \mathrm{d}K_{dr} \tag{16.29}$$

$$\mathrm{d}DN = DN_L \cdot \mathrm{d}L_{dn} + DN_K \cdot \mathrm{d}K_{dn} \tag{16.30}$$

$$\mathrm{d}Q = \mathrm{d}Ci + \mathrm{d}DR + \mathrm{d}DN \tag{16.31}$$

$$\mathrm{d}L_c + \mathrm{d}L_{dr} + \mathrm{d}L_{dn} = \mathrm{d}L \tag{16.32}$$

$$\mathrm{d}K_c + \mathrm{d}K_{dr} + \mathrm{d}K_{dn} = \mathrm{d}K \tag{16.33}$$

由此得到：

$$\frac{\mathrm{d}Q}{Q} = Ci\left(\frac{\mathrm{d}L}{L}\right)\left(\frac{L}{Q}\right) + Ci_K\left(\frac{I}{Q}\right) + \left[\frac{\eta_{dn}}{1+\eta_{dn}} + Ci_{dn}\right]\left(\frac{\mathrm{d}DN}{DN}\right)\left(\frac{DN}{Q}\right) + \left[\frac{\eta_{dr}}{1+\eta_{dr}} + Ci_{dr}\right]\left(\frac{\mathrm{d}DR}{DR}\right)\left(\frac{DR}{Q}\right) \tag{16.34}$$

式中，$I = \mathrm{d}K$。如令 $\pi_{dr} = Ci_{dr}\left(\frac{DR}{C+DN}\right)$，$\pi_{dn} = Ci_{dn}\left(\frac{DN}{C+DR}\right)$，上式可以写成：

$$\frac{\mathrm{d}Q}{Q} = Ci\left(\frac{\mathrm{d}L}{L}\right)\left(\frac{L}{Q}\right) + Ci_K\left(\frac{I}{Q}\right) + \left[\frac{\eta_{dn}}{1+\eta_{dn}} - \pi_{dn}\right]\left(\frac{\mathrm{d}DN}{DN}\right)\left(\frac{DN}{Q}\right) + \pi_{dn}\left(\frac{\mathrm{d}DN}{DN}\right)$$

$$+\left[\frac{\eta_{dr}}{1+\eta_{dr}}-\pi_{dr}\right]\left(\frac{\mathrm{d}DR}{DR}\right)\left(\frac{DR}{Q}\right)+\pi_{dr}\left(\frac{\mathrm{d}DR}{DR}\right) \tag{16.35}$$

或者，(16.34）式也可以写成：

$$\frac{\mathrm{d}Q}{Q}=Ci_K\left(\frac{I}{Q}\right)+e_l\left(\frac{L}{Q}\right)+e_{dn}\left(\frac{\mathrm{d}DN}{DN}\right)+e_{dr}\left(\frac{\mathrm{d}DR}{DR}\right) \tag{16.36}$$

(16.34）式、(16.35）式、(16.36）式都可以作为待估计的计量方程。

16.3.3　需求—供给模型

从需求和供给两个方面综合考察国防研发支出的经济影响，德格和史密斯（Deger & Smith，1983）提供了一个研究范例。这里把国防支出分解为国防支出和非国防支出。

该模型假设总产出服从一个传统生产函数：$Y=F(K, L, T)$，K，L，T 是生产要素，分别代表资本、劳动和技术。产出增长率（g）可以表示为：

$$g=\alpha_0\frac{\Delta K}{K}+\alpha_1\frac{\Delta L}{L}+\alpha_2\frac{\Delta T}{T} \tag{16.37}$$

而资本增长率$\frac{\Delta K}{K}=\frac{I-\delta K}{K}\triangleq iv-\delta$，这里 I 表示投资，δ 是资本折旧率，$i=\frac{I}{Y}$为投资占总产出的比例，而 $v=\frac{Y}{K}$是产出—资本比。

进一步假设投资来自于国内储蓄（s）和外国资本流入（a），即 $i=s+a$。并假设国内融资（s）和国外融资（a）对技术进步和经济增长的贡献是不同的。由此得到：

$$\frac{\Delta K}{K}=v_1 s+v_2 a-\delta \tag{16.38}$$

由于很难得到劳动力增长率的数据，故简单地认为劳动增长率等于人口增长率，即：

$$\frac{\Delta L}{L}=p \tag{16.39}$$

而技术进步则取决于两个因素——国防支出占总产出的比率（m），以及人均产出水平（y），且认为国防支出比例越高，技术进步越快，而人均产出水平越高，本国与世界最高水平的差距就越小。不妨设：

$$\frac{\Delta T}{T}=\alpha_2 m-\alpha_3 y+\alpha_4 \tag{16.40}$$

将（16.38）式、（16.39）式和（16.40）式代入（16.37）式中，经济增长率可以表示为：

$$g=(\alpha_4-\alpha_0\delta)+\alpha_0 v_1 s+\alpha_0 v_2 a+\alpha_1 p+\alpha_2 m-\alpha_3 y \tag{16.41}$$

通常认为农业增长率会对整个经济的增长率带来正向效应，因此在（16.41）式的基础上，加入农业增长率 r，并把国防支出 m 分解为国防研发支出以及国防非研发支出，得到联立方程组的一个方程——经济增长方程：

$$g=a_0+\alpha_1 s+a_2 f+a_3 p+a_4 drd+a_5 dnrd+a_6 y+a_7 r+\varepsilon_g \tag{16.42}$$

式中 a_i，$i=0$，…，7 是参数，ε_g 是随即扰动项。

可以进一步推出储蓄方程。根据国民经济核算方程，有 $Y=C+I+M-A$。这里 A 是国外资本净流入值①。同样，用相应的小写字母表示该变量与总产出 Y 的比值，即：

$$c+i+m-a=1 \tag{16.43}$$

假设消费方程由下式给出：

$$c=\beta_0-(\beta_1+\beta_2 y)g-\beta_3 m+\beta_4 a \tag{16.44}$$

该式表明，根据消费的生命周期理论，平均消费倾向是经济增长率 g 和人均产出水平的减函数；国防支出比例的增加会挤出消费；而国外净资本流入却可以为消费来融资。

根据国民经济核算的恒等式，不难得到储蓄占总产出的比率 $s=i-a$，而储蓄率还会受到通货膨胀率（$\dot{p}$）的影响。将这些关系和等式代入（16.43）式，得：

$$s=(1-\beta_0)+(\beta_1+\beta_2 y)g-(1-\beta_3)m+\beta_4 a+\beta_5\dot{p} \tag{16.45}$$

所以，联立方程组的第二个方程，储蓄方程可以写为：

$$s=b_0+b_1 g+b_2 gy+b_3 drd+b_4 dnrn+b_5 a+b_6\dot{p}+\varepsilon_s \tag{16.46}$$

式中 b_i，$i=0$，…，6 是参数，ε_s 是随机扰动项。

① $A=-B$

最后，可以直接写出联立方程组的第三个方程——国防研发支出方程：

$$drd = d_0 + d_1 y + d_2 N + d_3 dnrd + d_4 ad + d_5 CW + \varepsilon_{drd} \quad (16.47)$$

式中 d_i，$i=0$，…，5 是参数；ε_{drd}是随即扰动项；N 是一国人口数量，因为国防是公共品，随着人口数目增加，所需要的国防支出也就越大，因此，认为人口数量会影响到国防研发支出。ad 是盟国国防支出水平；CW 是一个哑变量，用来反映冷战的影响，$CW=1$ 表示 1990 年之前，$CW=0$ 表示 1990 年后。

16.3.4 计量分析

莫拉莱斯—拉莫斯（Morales-Ramos，2002）首先使用英国 1966～1996 年的数据分别对需求侧模型、供给侧模型和需求—供给模型进行了估计。

需求侧模型（16.19）式的估计结果显示，国防研发支出（*drd*）的系数为负，但不显著；国防非研发支出（*dnrd*）的系数为正，且显著异于零。国防研发支出对投资的影响不显著，可以解释为国防研发支出水平并没有对资本品需求产生太大的压力，以至于在国防研发支出与民品生产投资之间没有形成竞争。这一结论也表明，国防研发支出通过影响投资进而对经济增长产生挤出效应的假说在这里并不成立。

供给侧模型的估计结果均为国防研发支出和国防非研发支出对总供给的影响不显著。国防研发支出相对于整个国民经济而言，其规模是非常小的，因此国防研发支出对总供给影响不显著可以理解。但这与国防非研发支出的系数不显著的结果结合在一起考虑，似乎意味着国防支出对经济增长的影响不显著，确实有些难于理解。但该结论明确否定了国防研发支出对经济增长产生挤出效应的假说。

下面重点介绍需求—供给模型的估计结果。为处理样本数据所表现出的多重共线性、自相关等问题，莫拉莱斯—拉莫斯（2002）使用了多种方法对联立方程组进行了估计，其中最可信的二阶段最小二乘法估计结果见表 16.4。

表 16.4　国防研发支出方程的估计结果

	d_0	y	ad	CW	$dnrd$		R^2	F	DW
估计值	−1.8E−4 (−0.120)	0.286 * (2.314)	−1.3E−8 * (−6.037)	0.0013 * (4.871)	0.158 * (6.009)	统计量	0.914	68.986 *	1.086

注：* 表示 5% 的显著性水平；** 表示 10% 的显著性水平；括号中的是 t 统计量。

在估计国防研发支出方程（16.47）式时，为解决多重共线性问题，作者在进行参数估计时去掉了总人口数 N。从回归结果可以看到：同盟国国防支出（ad）的增加减少了英国国防研发的支出水平，表明在国防研发支出上同盟国之间也存在“搭便车”现象；冷战结束前后的哑变量（CW）系数为正且在5%水平上显著，表明随着冷战的结果，英国的国防研发支出水平确实显著地下降了；而国防非研发支出（$dnrd$）的系数为正，表明国防研发支出和国防非研发支出在英国是同方向变化的，即国防研发支出的增加（或减少）同时伴随着国防非研发支出的增加（或减少）。

表 16.5　　储蓄方程的估计结果

	β_0	g	drd	$dnrd$	a	$\dot{p}$		R^2	F	DW
估计值	0.214* (7.574)	0.482* (2.552)	11.23* (2.000)	−1.7* (−1.848)	−0.16* (−4.67)	0.0015* (2.741)	统计量	0.883	37.6*	1.3

注：*表示5%的显著性水平；**表示10%的显著性水平；括号中是 t 统计量。

储蓄方程（16.46）式在回归时去掉了变量 yg，可以看到，国防研发支出（drd）的系数为正，国防非研发支出（$dnrd$）的系数为负，且都很显著（见表16.5）。但 $dnrd$ 对储蓄有负面影响的结果却与需求侧模型预测的国防支出对经济增长的正面影响不一致。如果对比需求—供给模型和之前需求侧模型的估计结果，似乎可以得到这样的结论：如果存在国防支出通过储蓄对经济增长的挤出效应的话，那么是由国防非研发支出造成的，国防研发支出不仅没有挤出反而刺激了更多的储蓄，这一点可以从国防研发对民用部门的技术转让和溢出等方面解释。

经济增长率方程（16.42）式的估计结果却多少令人失望，除了劳动和农业增长率的系数显著之外，其他的参数估计结果均不显著。即使运用前面的估计结果计算国防研发支出对经济增长率的影响（$dg/ddrd$）为负值，然而它在统计上不显著，不能说明任何结论（见表16.6）。

表 16.6　　经济增长率方程的估计结果

	a_0	s	a	L	drd	$dnrd$	y	r		R^2	F	DW	$dg/ddrd$
估计值	−0.063 (−0.746)	0.273 (0.646)	0.019 (0.111)	0.642* (2.292)	−10.072 (−1.162)	1.149 (1.231)	0.922 (0.99)	0.192* (2.431)	统计量	0.536	3.803*	2.259	−8.067

注：*表示5%的显著性水平；**表示10%的显著性水平；括号中的是 t 统计量。

所以，运用英国 1966 ~ 1996 年数据估计国防支出中的研发支出和非研发支出对经济增长率的影响，能且只能说明这两者并没有对经济增长产生显著的直接影响。

16.3.5　扩展分析

莫拉莱斯—拉莫斯（2002）在需求—供给模型的基础上，又利用 1971 ~ 1996 年五个 OECD 国家（法国、德国、英国、美国和日本）的数据进一步验证国防研发支出对经济增长率存在挤出效应的假说。同样在这里只介绍最可信的计量结果。使用的是双向固定效应模型（two-way fixed effect model）和二阶段最小二乘法（见表 16.7）。

表 16.7　　国防研发支出的扩展分析结果

	d_0	y	ad	$dnrd$		R^2
估计值	0.0316* (14.896)	-7.91E-7* (-6.958)	-2.95E-8* (-6.337)	-0.08* (-3.396)	统计量	0.937

注：* 表示 5% 的显著性水平；** 表示 10% 的显著性水平；括号中是 t 统计量。

这里重点看储蓄方程和经济增长率方程的估计结果。在表 16.8 中，国防研发支出和国防非研发支出的系数估计值均为负且显著，说明国防支出通过减少储蓄存在对经济增长的挤出作用，这与需求侧模型的一般结论相吻合。在表 16.9 中，国防研发支出系数估计值为正且显著，但国防非研发支出的系数估计值不显著，综合这两个结果，可以推出国防支出对经济增长的总体影响是正向的，并且这种对经济增长的促进作用主要是通过国防研发支出对民用部门的溢出效应完成的。尽管在需求侧，国防研发支出会挤出部分储蓄，从而间接降低经济增长率，但是这种负面作用低于国防研发支出溢出效应所带来的正面影响，所以从总体上看，OECD 五国 1971 年至 1996 年的数据支持了国防研发支出对经济增长的促进作用。

表 16.8　　储蓄方程的扩展分析结果

	β_0	g	drd	$dnrd$	a	$\dot{p}$		R^2
估计值	0.224* (9.717)	0.272 (1.607)	-4.244* (-2.661)	-0.716* (-1.918)	-2.575* (-3.599)	0.00175* (3.106)	统计量	0.967

注：* 表示 5% 的显著性水平；** 表示 10% 的显著性水平；括号中是 t 统计量。

国防研发支出对经济增长的作用是一个有趣而且重要的课题，尽管相关的研究有很多，但看来仍难以得出较为一致的一般性结论。

表 16.9　　经济增长率方程的扩展分析结果

	a_0	s	a	L	drd	$dnrd$	y	r		R^2	$dg/ddrd$
估计值	-0.130 * (-2.293)	0.627 * (3.854)	1.075 * (2.460)	0.691 * (4.420)	3.304 * (2.127)	0.406 (1.551)	-3.92E-7 (-0.163)	0.0361 * (2.270)	统计量	0.770	0.7752

注：* 表示5%的显著性水平；** 表示10%的显著性水平；括号中是 t 统计量。

16.4　国防研发投资对武器需求的影响

国防研发是为新武器开发和提高武器质量服务的，研发投资对武器需求产生影响。佩克和谢勒（Peck & Scherer，1962）指出："国防采办过程中的不确定性，无论其大小还是其不同的来源，都具有唯一性"。他们定义了两类不确定性：内部不确定性和外部不确定性。内部不确定性或者称为技术不确定性，是那些在研发某种特定类型的武器装备时出现的无法事先预计到的技术难题。而这种不确定性，在武器装备研发生产的生命周期开始阶段是比较大的，当资源被用于系统的研发时，便产生了获取这种系统的真实成本方面的信息，技术不确定性的程度就会减轻。

在获得了关于武器系统成本的新信息之后，国防决策者会做出什么反应呢?因为在大多数情况下，如果不随着新的信息对行为做出调整，将是缺乏效率的。下面讨论政府对单个武器系统的需求弹性。对某些特定武器需求弹性的一个重要决定因素是它与其他现实或潜在可以获得的武器之间的替代程度。

在一个计划生命周期的初期，通常在开发和生产这种武器的潜在供给者之间存在着激烈的竞争。但是当设计和技术竞争结束后，系统可能由一个厂商来生产。合同的获胜者在系统的供给方面享有垄断权。承包商生产支配力的大小，获取垄断利润的能力，与政府需求弹性之间呈反向关系。需求弹性越高，价格越低，厂商的利润也越少。但也可能出现下述情况，需求弹性越高，政府在监督和调节国防承包商成本和利润上的理想支出便越低。

利希腾贝格（1989）构建了一个武器系统数量和成本评估的简单模型。他假定在一个武器系统全面开发开始之际（$t=0$），政府会对这个系统的边际

成本（供给曲线）和边际收益（需求曲线）进行评估。此时的评估被称为“基线评估”。在全面开发开始之后的某个时刻，决策者将校正他们对供给曲线和需求曲线的评估。根据关于成本或者获取这种系统的难度方面的信息，校正供给曲线；根据实际的或察觉到的来自敌人的“威胁”变化方面的信息，校正需求曲线。

利希腾贝格（1989）假设供给和需求曲线是对数线性形式，即 $\ln MC = \delta - \alpha \ln Q$，$\ln MB = \theta - \beta^{-1} \ln Q$。这里 MC 表示边际成本，MB 表示边际收益，Q 表示数量，β 是需求弹性。因此，当 $t = 0$ 时，基线评估可以表示为：

$$\ln MC = \delta_0 - \alpha \ln Q \tag{16.48}$$

$$\ln MB = \theta_0 - \beta^{-1} \ln Q \tag{16.49}$$

为简化起见，假定政府选择的基线数量可以满足 $\ln MC$ 和 $\ln MB$ 相等的条件，即：

$$\ln MC = \ln MB \Rightarrow \ln Q_0 = \frac{\theta_0 - \delta_0}{\beta^{-1} - \alpha} \tag{16.50}$$

为使 Q_0 成为均衡产量，必须使 $\beta^{-1} > \alpha$：需求曲线与供给曲线相比具有更大的负斜率。正如下面将会看到的那样，武器系统通常表现出边际成本下降的趋势。

利希腾贝格（1989）假设只有截距项得到了校正，而斜率项并没有得到校正。假定在时间 t（$t > 0$），对供给曲线和需求曲线校正后的评估为：

$$\ln MC = \delta_t - \alpha \ln Q \tag{16.51}$$

$$\ln MB = \theta_t - \beta^{-1} \ln Q \tag{16.52}$$

因此，相应的均衡产量满足下述条件：

$$\ln Q_t = \frac{\theta_t - \delta_t}{\beta^{-1} - \alpha} \tag{16.53}$$

在时间0和时间 t 之间均衡产量的校正，可以用（16.53）式减去（16.50）式计算出来：

$$\ln(Q_t / Q_0) = -\frac{\delta_t - \delta_0}{\beta^{-1} - \alpha} + \frac{\theta_t - \theta_0}{\beta^{-1} - \alpha} \tag{16.54}$$

对数在数量上的变化是由需求曲线的校正和供给曲线的校正共同引起的，每一项都除以曲线之间斜率之差。(16.50)式和基线供给曲线(16.54)式,在一定的假定条件下,可以为估算系数 α 和 β 提供基础。利希腾贝格从"采办报告选"获取了有关84个主要武器系统的数量和供给变动量 $\ln(Q_t/Q_0)$ 和 $\delta_t-\delta_0$ 方面的资料。但缺少关于 $\theta_t-\theta_0$ 的数据,不过可以认为在武器系统之间,需求变动与供给变动彼此之间并无相关关系;此外,假定在武器系统之间 α 和 β 不发生变化,于是可以得出如下回归方程:

$$\ln\frac{Q_t}{Q_0}=-\frac{(\delta_t-\delta_0)_i}{\beta^{-1}-\alpha}+\varepsilon_i \tag{16.55}$$

式中下标 i 表示武器系统 i;ε 是扰动项。

从上式可以对有关系数 $-(\beta^{-1}-\alpha)^{-1}$ 进行估计。当然,无论是 α 还是 β 都不能从这个式子中单独分离出来加以考察,但是如果数据允许对另一个确定 α 的方程进行估计,那么同时估计两个方程,就可以分别得到 α 和 β 的估计值了。

利希腾贝格(1989)认为武器系统成本变化的原因可以分为两大类:一是因为数量的变化;二是其他原因,包括研发时间表的变化,武器系统性能变化引起的工程上的变化,成本评估上的变化,支持系统成本的变化,以及其他由于自然灾害等无法预计的事件造成的变化。他认为第一类原因使得武器成本沿着既定的供给曲线移动,而第二类原因造成供给曲线的移动,如图16.1所示。

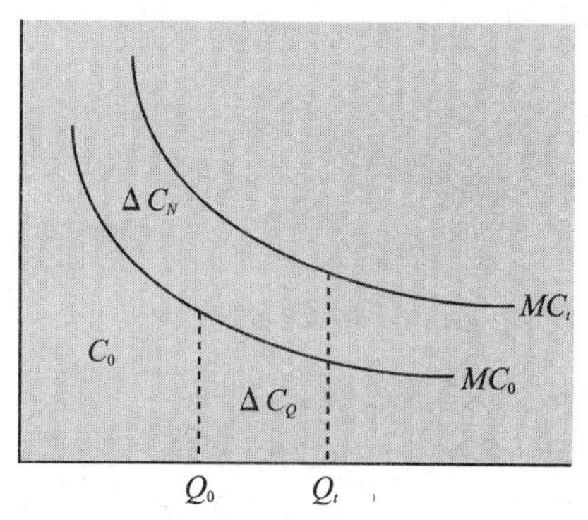

图16.1 武器系统成本的变化情况

图中,C_0 表示在基线情况下采购数量为 Q_0 的武器系统所需要的成本;而当供给函数变为 MC_t,采购数量增加至 Q_t 时,单纯由于数量增加而增加的采购成本在图中用 ΔC_Q 表示;而由其他方面,也就是第二类变化导致的成本增加用 ΔC_N 表示。

根据前面设定的函数形式,不难得到:

$$\ln\left(1+\frac{\Delta C_Q}{C_0}\right)=(1-\alpha)\ln\frac{Q_t}{Q_0} \tag{16.56}$$

$$\delta_t-\delta_0=\ln\left(1+\frac{\Delta C_N}{C_0+\Delta C_Q}\right) \tag{16.57}$$

将（16.57）式代入（16.55）式中，得到：

$$\ln\left(\frac{Q_t}{Q_0}\right)_i = \bar{\varepsilon} - \left\{ (\beta^{-1} - \alpha)^{-1} \left[\ln\left(1 + \frac{\Delta C_N}{C_0 + \Delta C_Q}\right) \right]_i \right\} + (\varepsilon_i + \bar{\varepsilon}) \tag{16.58}$$

（16.56）式和（16.58）式就构成了一个方程组，可以将 α 和 β 分别估计出来。

利希腾贝格（1989）研究发现：在需求数量与成本之间存在着明显的负相关关系，估算出的需求价格弹性为 0.55，与 0 和 1 明显不同。这表明，政府对某种特定武器系统的需求是缺乏弹性的，但又不是完全没有弹性；这个结果同时意味着武器采办具有收益不断增加的特征。

造成供给曲线移动的第二类原因中包含着五种可能性，而后两种可能性造成的成本变化并非是武器装备系统自身的成本，因此在这里不予考虑。作者进一步的分析表明，造成供给曲线移动的主要原因是由采办时间表的变化引起的①。因此，数量与成本校正之间呈负相关关系，而不等于零的需求弹性，完全归结于成本的校正，所有这些与采办时间表的变化有关。有关时间进度方面的成本增加的数量弹性是一般成本增加数量弹性的两倍。从原理上说，时间进度相关的成本增加可能是由需求引致的计划工作的展开引起的，而不是由与供给相关的，或者技术的变动所引起的。

16.5　国防研发投资对武器性能的影响

很多人认为国防研发可以提高武器装备的质量，但这一结论并不是无条件成立的，要视研发的时机、重点等多种因素而异。米德尔顿等人（Middleton et al.，2006）就这一问题进行了一次实证分析。但在他们之前的研究中发现，武器装备的质量和全部国防支出，以及与国防支出中研发支出的比例之间都不存在很强的正相关关系。其研究使用与之前相同的方法，分析了武器装备的质量和研发支出间的相关关系。该文献无论是研究方法还是结论都非常有意义，本节对其进行重点介绍。

① 与采办时间表变化引致成本变化的 β 为 1.125，而且显著异于零。

16.5.1 武器装备质量

米德尔顿等人（2006）将“武器装备质量”定义为对军事目标的适应程度。高质量的武器装备不仅意味着能够以高标准支撑每个可能的军事行动，还意味着要以高标准支撑全面可预见的军事行动。因此，要从武器装备的强度和其所覆盖的范围两个维度综合考察武器装备的质量。这里重点强调了武器装备所覆盖军事行为范围的重要性，因为不难想象，一个国家即使装备了世界上最尖端的武器，但只能支撑有限的军事行动，就很难说这个国家是装备良好的。

要研究武器装备质量和国防研发支出之间的关系，就需要度量武器装备质量和国防研发支出规模的指标和数据。

“军事装备质量评分” 基于前述“武器装备质量”定义中的思想，米德尔顿等人（2006）考察了15000种单个武器装备，并将它们划分为69类。由于不同国家所拥有的武器种类有着很大的区别，因此对不同的国家而言，这69大类中每一类所包括的单个武器通常可以完成相同的军事目的，具有相当的军事重要性。在分类的基础上，使用联合分析法将同一类武器装备质量在不同国家间进行两两对比，并采取“3分制”评分法。具体过程如下：

首先，应用联合分析法需要将同一类武器装备的各个特点和性质按照重要性进行排序，然后对不同国家该类武器装备的这些特点和性质分别进行评分，最后再将这些评分进行综合，得到每个国家该类武器系统质量的一个总体评价。

其次，在分别对每个国家69类武器系统完成总体评价之后，接下来对每一类武器系统进行国家之间的两两比较，得到三种可能的结果，即两国该类武器系统质量相似，第一个国家该类武器系统质量高于第二个国家，或第一个国家该类武器系统质量低于第二个国家。这三种结果分别对应于如下三种评分：第一个国家和第二个国家都得2分；第一个国家得3分、第二个国家得1分；以及第一个国家得1分、第二个国家得3分。

最后，将各个国家各类武器装备的得分加总，得到该国“军事装备质量评分”的分数。

该项研究将英国的武器装备质量作为对比的标准，即每一个国家的每一类武器装备都分别与英国的该类武器装备进行质量上的比较，这也意味着，英国每类武器装备的总体评价得分均为2分，总分为138分。如果一个国家某类军事装备的质

量比英国的高，则得 3 分；与英国的相当，得 2 分；低于英国的质量，则得 1 分。所以除英国外，其余各个国家“军事装备质量评分”最低为 69 分，最高为 207 分。表 16.10 列出了美国、英国、俄罗斯、法国、日本、意大利、德国、澳大利亚、西班牙和瑞典从 1971 年至 2005 年（5 年一次）的“军事装备质量评分”。

表 16.10　美国等 10 国 1971～2005 年军事装备质量评分　单位：分

国　家	1971 年	1976 年	1981 年	1986 年	1991 年	1996 年	2001 年	2005 年
美国	164	158	152	155	160	155	155	152
英国	138	138	138	138	138	138	138	138
俄罗斯	148	148	157	153	151	149	140	137
法国	127	124	133	126	131	126	128	129
日本	116	116	126	121	121	118	123	114
意大利	123	124	121	117	122	115	116	113
德国	125	120	118	115	118	118	122	122
澳大利亚	118	111	118	115	117	117	113	107
西班牙	115	117	106	111	112	109	108	109
瑞典	118	113	108	107	109	108	112	106
平均值	129.2	126.9	127.7	125.8	127.9	125.3	125.5	122.7

资料来源：Middleton，A. and Bowns S.，Hartley，K. and Reid J.，2006，“The Effect of Defence R&D on Military Equipment Quality”，*Defence and Peace Economics*，17：117～140.

政府国防研发支出和军事装备质量的相关关系　如果分别将各个国家政府国防研发支出和军事装备评分从高到低进行排序，就可以计算斯皮尔曼等级相关系数（Spearman Rank Correlation Coefficients），它能够简单地表示出国防研发与武器装备质量之间的关系。结果如图 16.2 所示。

从图中可以看到：当前军事装备的质量与 5～10 年前的国防研发支出是高度正相关的，即使是 30 年前的国防研发支出对武器装备质量也有着相当的影响，但是大约 45 年之前的国防研发对当前武器质量的贡献急剧下降。图 16.3 显示了斯皮尔曼等级相关系数的分布情况。

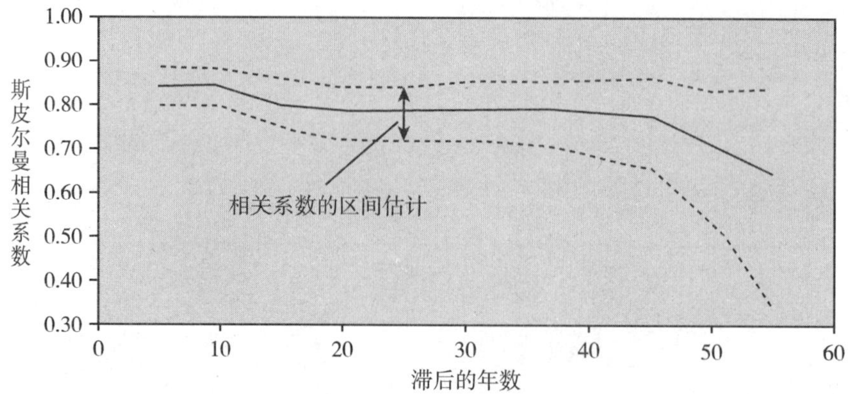

图 16.2　武器装备质量与研发支出随时间滞后的斯皮尔曼相关系数

资料来源：Middleton，A. and Bowns S.，Hartley，K. and Reid J.，2006，"The Effect of Defence R&D on Military Equipment Quality"，*Defence and Peace Economics*，17：117～140.

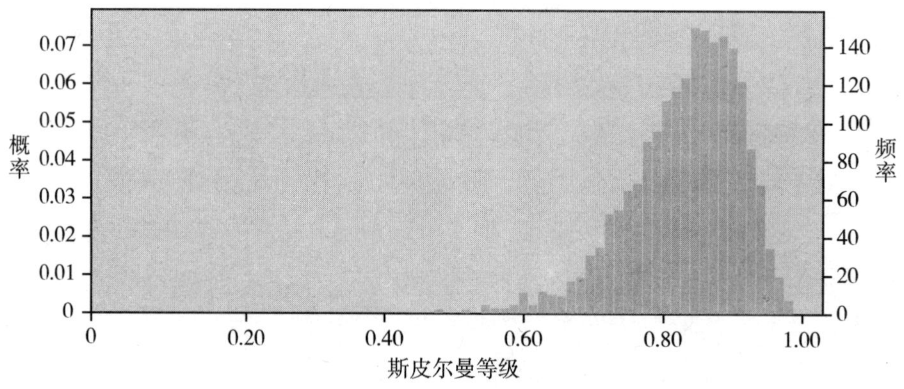

图 16.3　1991 年研发支出和 2005 年武器装备质量
斯皮尔曼等级相关系数的概率分布

资料来源：Middleton，A. and Bowns S.，Hartley，K. and Reid J.，2006，"The Effect of Defence R&D on Military Equipment Quality"，*Defence and Peace Economics*，17：117～140.

在经过类似的多次检验之后，米德尔顿发现斯皮尔曼等级相关系数几乎不会低于0.65，而0.9左右的相关系数是非常普遍的。进一步选取斯皮尔曼等级相关系数为0.8以上的那些年份，用蒙特卡洛方法估算其出现的频率，发现对2005年武器装备质量影响最大的是10～25年之前的国防研发投资。

16.5.2　研发投资对装备质量的影响

那么哪种类型的国防研发投资，即研究投资还是发展投资与武器装备质量的关系更为紧密呢？

由于在现有政府国防研发支出的数据中并未具体区分是研究支出还是发展支出，只能从时间上加以划分——距离武器装备开始服役比较远的是研究支出，而距离武器装备开始服役比较近的是发展支出。根据英国武器系统研发生产的一般规律，对研究和发展做了如下粗略划分（见图 16.4）。对 2005 年的武器装备系统而言，它可能是在 1995 年开始服役的，从 1980 年开始进入研发阶段。研究的阶段比较长，大约是从 1980 年至 1991 年或 1992 年，之后是大约 5 年左右的发展阶段。从图中可以看到，即使在武器装备开始服役后，也仍然有发展投入。

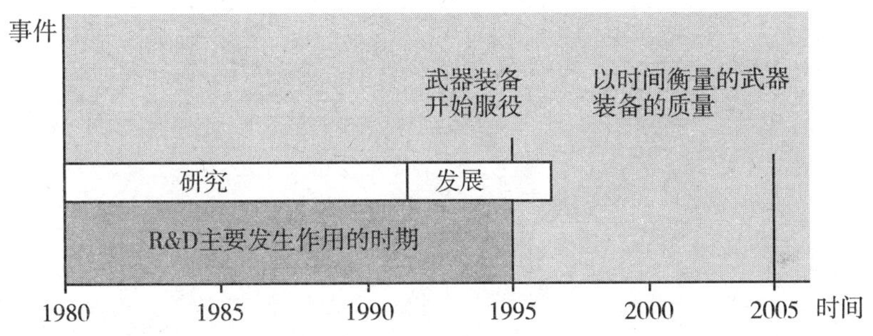

图 16.4　研究支出和发展支出划分

资料来源：Middleton，A. and Bowns S.，Hartley，K. and Reid J.，2006，“The Effect of Defence R&D on Military Equipment Quality”，*Defence and Peace Economics*，17：117 ~ 140.

米德尔顿等（2006）建立两个相似的计量模型，用来估计不同年份的研发支出对当前军事装备质量的影响。

模型一：

$$Q = a\left(by_5 + cy_{10} + dy_{15} + ey_{20} + fy_{25} + gy_{30}\right)^h + i \qquad (16.59)$$

模型二：

$$Q = s\left(jy_5^r + ky_{10}^r + ly_{15}^r + my_{20}^r + ny_{25}^r + py_{30}^r\right) + q \qquad (16.60)$$

式中，a、b、c、d、e、f、g、h、s、j、k、l、m、n、p、r 都是待估计的参数，并且要分别满足如下约束条件：

$$b+c+d+e+f+g=1 \tag{16.61}$$

以及

$$j+k+l+m+n+p=1 \tag{16.62}$$

式中 q 和 i 分别是随机扰动项；Q 代表武器装备质量；y_t，$t=5$，10，15，20，25，30 表示在 t 年之前的国防研发投资。

最后，可以得到如下估计结果（在5%的显著性水平上）：$\hat{b}=0.57$，$\hat{g}=0.43$，$\hat{h}=0.218$；$\hat{j}=0.54$，$\hat{p}=0.46$，$\hat{r}=0.215$（见图16.5）。

首先，$\hat{h}=0.218$ 和 $\hat{r}=0.215$ 均小于1，表明了研发投资边际收益递减的规律；其次，$\hat{b}=0.57>\hat{g}=0.43$ 以及 $\hat{j}=0.54>\hat{p}=0.46$ 说明短期研发支出（发展投资）与长期研发支出（研究投资）相比略大一些，但两者基本相同。这也意味着减少的长期研发支出可以通过短期内增加发展投资得到弥补。不过，从边际投资收益递减的规律看，要得到相同的军事装备质量水平，短期发展投资要大于长期的研究投资。

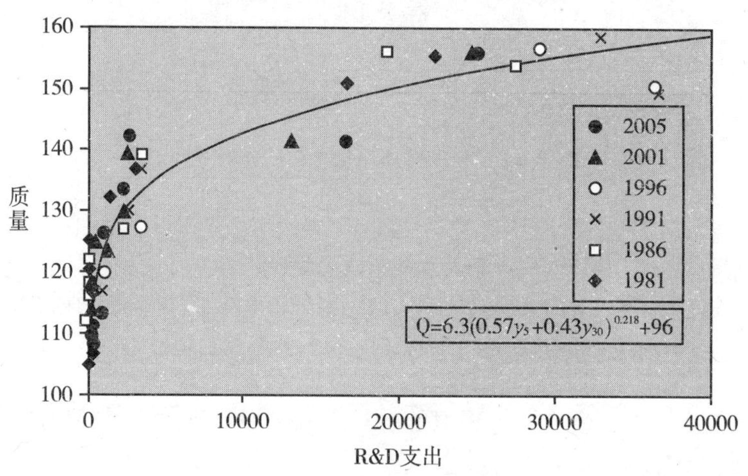

图16.5　不同年份武器质量和研发支出的关系

资料来源：Middleton，A. and Bowns S.，Hartley，K. and Reid J.，2006，"The Effect of Defence R&D on Military Equipment Quality"，*Defence and Peace Economics*，17：117～140.

同一国家不同时期武器装备质量的比较

以英国为例，米德尔顿等人（2006）通过比较英国1991年和2001年武器装备质量的变化，进而估计出英国武器装备质量提高的速率。为了减少不确定性的

影响，米德尔顿选择法国作为参考对象：

$$UK_{2001:1991} = (UK_{2001} - France_{2001}) + France_{2001:1991} - (UK_{1991} - France_{1991}) \tag{16.63}$$

$UK_{2001:1991}$和$France_{2001:1991}$分别表示英国和法国 2001 年武器装备质量相对于 1991 年提高的幅度；UK_{2001}表示英国 2001 年武器装备的质量，其他指标含义类似。

估计结果显示，英国从 1991 年至 2001 年武器装备的质量每年提高 3.2 分。如果将这一结论扩展到 1998 年至 2005 年，可以得到一组不同年份下，英国武器装备质量同研发支出水平关系的示意图（见图 16.6）。

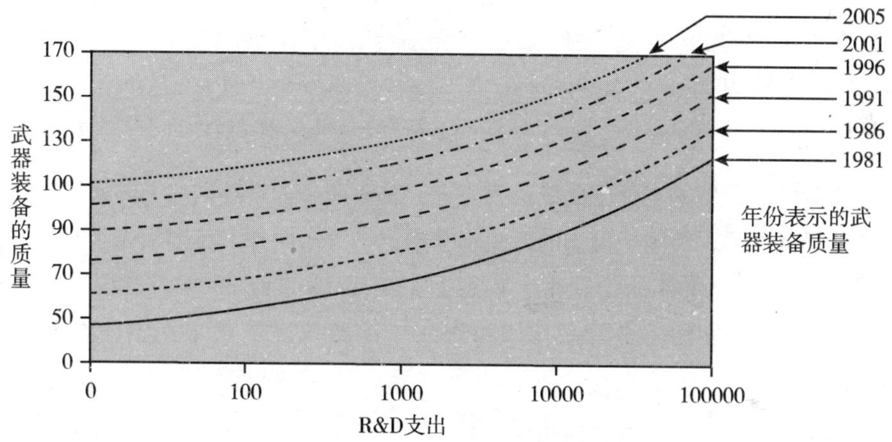

图 16.6　武器装备的质量与研发投资支出

资料来源：Middleton, A. and Bowns S., Hartley, K. and Reid J., 2006, "The Effect of Defence R&D on Military Equipment Quality", *Defence and Peace Economics*, 17：117～140.

不同国家之间武器装备质量的比较

根据图 16.6 的结果，把各国武器装备质量之间的差距转换为时间差距表示出来。如图 16.7 所示，在 2001 年，美国的武器装备质量领先英国 6 年时间，也就是说，如果美国维持目前的武器装备性能，英国需要 6 年时间才能赶上美国现在的武器装备质量。

在图 16.7 中还可以看到，对国防研发支出较少的国家来讲，如德国、法国，较低的国防研发支出就能够保持一个较大的领先水平；但如美国这样的国防研发支出大国，保持较小的领先水平却需要支付高昂的国防研发成本。

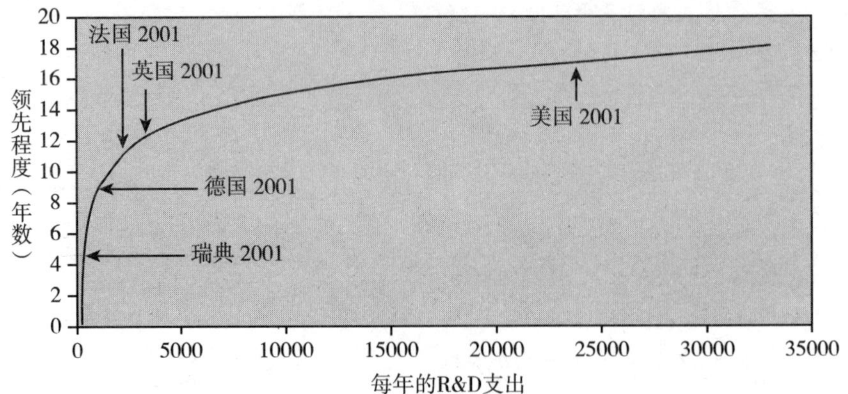

图 16.7　国防研发投资转化为武器装备质量的领先程度

资料来源：Middleton，A. and Bowns S.，Hartley，K. and Reid J.，2006，"The Effect of Defence R&D on Military Equipment Quality"，*Defence and Peace Economics*，17：117～140.

而英国的位置基本处于曲线的拐点上，这表明，如果英国的国防研发支出水平继续降低的话，英国与美国的差距将会迅速扩大。此外，英国领先于其他国家的优势（英国2001年的位置很大程度上归功于20世纪80年代的国防研发投资），也很快会随着这些国家（如西班牙）国防研发支出水平的不断增加而丧失。

根据以上的分析，有一点是毋庸置疑的，那就是一个国家的国防研发投资对于这个国家提高武器装备质量，和保持武器装备的先进地位至关重要。而国防研发投入具有相当长的时滞性，对目前武器装备质量产生重要影响的研发投资，往往是10～25年之前做出的。因此，国防研发需要持续不断的投入。

关键术语

武器需求　武器装备质量　国防研发的新古典模型

课后思考

1. 国防研发对提高生产率有作用吗?
2. 如何衡量国防研发的"挤出效应"?
3. 如何考察国防研发投资对"武器装备质量"的作用?

参考文献

Deger, S. and Smith, R., 1983, "Military Expenditure and Growth in Less Developed Countries", *Journal of Conflict Resolution*, 27 (2): 335 ~ 353.

Feder, G., 1983, "On Exports and Economic Growth", *Journal of Development Economics*, 12 (1/2): 59 ~ 73.

Lichtenberg, F. R., 1984, "The Relationship between Federal Contract R&D and Company R&D", *American Economic Review*, 74: 73 ~ 78.

Lichtenberg, F. R., 1989, "How Elastic Is the Government's Demand for Weapons?", *Journal of Public Economics*, 40: 57 ~ 78.

Lichtenberg, F. R. and Siegel, D., 1991, "The Impact of R&D Investment on Productivity: New Evidence Using Linked R&D-LRD Data", *Economic Inquiry*, 29: 203 ~ 228.

Middleton, A. and Bowns S., Hartley, K. and Reid J., 2006, "The Effect of Defence R&D on Military Equipment Quality", *Defence and Peace Economics*, 17: 117 ~ 140.

Morales-Ramos, 2002, "Defence R&D Expenditure: The Crowding-Out Hypothesis", *Defence and Peace Economics*, 13 (5): 365 ~ 383.

Ram, R., 1986, "Government Size and Economic Growth: A New Framework and Some Evidence From Cross-Section and Time-Series Data", *American Economic Review*, 76 (1): 191 ~ 203.

Smith, R. P., 1980, "Military Expenditure and Investment in OECD Countries, 1954 – 1973", *Journal of Comparative Economics*, 4: 19 ~ 32.

Sveikauskas, 2007, R&D *and Productivity Growth: A Review of the Literature*, Bureau of Labor Statistics Working Paper 408.

第 5 篇

国防采办、军火贸易与政策

第 *17* 章　国防采办（Ⅰ）：市场与合同

国防采办是联结国防产品供给和需求的关键环节，在国防和军队现代化建设中占有十分重要的地位，如何在有限的国防资源约束下，既采购到军方所需要的国防产品，又得到最大的采办效益，成为国防采办广泛关注的议题。

本书分两章对国防采办部分的基本理论和原理进行分析，本章主要介绍国防采办的基本内涵、国防采办市场、采办成本和采办合同。第一节讨论国防采办的内涵和基本事实；第二节讨论国防采办市场的基本特征；第三节讨论国防采办成本构成及估算方法；第四节讨论国防采办合同。

17.1　国防采办概述

由于现代武器装备日趋先进、复杂，国防采办日益成为一种包含多种专业、复杂、综合性的工作，采办内容日趋复杂，采办规模越来越大。

国防采办（Defence Acquisition）是军方为满足军事任务或保障军事任务需要，就武器和其他系统、物品或劳务提出方案、计划、设计、研制和试验，签订合同、生产、部署、后勤保障、改进及处理的过程。

国防采办是一个常受到不同理解的概念。从外延上看，广义的国防采办包括对所有军品和服务的采办，而狭义的国防采办仅主要指武器装备的采办；从内涵上看，有时国防采办仅被理解为一次交易过程，这可以看做对国防采办的最狭义的理解，广义的国防采办则可概括为三大部分：科研（研究、发展、试验与签订）、生产（或采购）及使用与保障，它是从军方所需商品或劳务提供之前一直延续到其使用活动结束的全系统、全过程的经济行为。

国防采办直接为国防提供物质和技术保证，冷战的结束并没有带来国防采办的下降，相反在有些国家和地区其规模还不断攀升。2000 年，世界范围内武器销售规模为前 100 位的国防工业公司的销售量达到 1570 亿美元，其中 60% 的份额来自美国的 43 项大型国防合同。仅 2004 年，美国防部就提交了一份高达 1134 亿美元的武器装备采购预算。表 17.1 给出了 OECD 与发展中国家军火公司四十强的军火销售情况，从中也可一窥国防采办的巨大市场。

表 17.1　　OECD 与发展中国家军火公司四十强　　单位：百万美元

公　司	国家	军火销售（2000 年）	总销售额（2000 年）	军火销售/总销售（%）
洛克希德·马丁	美国	18610	25329	73
波音	美国	16900	51521	33
英国航空航天	英国	14895	19054	78
雷神（Raytheon）	美国	10100	16895	60
诺斯罗普·格鲁曼（Northrop Grumman）	美国	6660	7618	87
通用动力	美国	6520	10356	63
欧洲宇航防务集团	法国/德国/西班牙	5340	22303	24
泰雷兹集团（Thales）	法国	5990	9306	64
利顿（Litton）	美国	3950	5588	71
汤姆森拉莫伍尔德里奇（TRW）	美国	3370	17231	20
意大利器械或工业投资公司（Finmeccania）	意大利	2935	6121	48
联合技术公司（United Technologies）	美国	2880	26583	11
三菱重工	日本	2850	28255	10
劳斯莱斯	英国	2130	8890	24

续表

公　司	国家	军火销售（2000 年）	总销售额（2000 年）	军火销售/总销售（%）
纽波特公司（Newport News）	美国	2030	2072	98
科学应用国际公司（Science Applications）	美国	1950	5896	33
GKN 公司	英国	1740	7726	23
计算机科学公司	美国	1610	10524	15
法国舰艇建造局（DCN）	法国	1600	1603	100
通用电气	美国	1600	129853	1
霍尼韦尔国际（Honeywell International）	美国	1550	25023	6
莱茵金属集团公司（Rheinmetall）	德国	1460	4137	35
以色列飞机工业公司（Israel Aircraft Industries）	以色列	1350	2180	62
L-3 通信公司	美国	1340	1910	70
国际电报电话工业公司（ITT Industries）	美国	1330	4829	28
萨博（瑞典飞机工业公司）	瑞典	1210	1947	62
达信公司（Textron）	美国	1200	13090	9
联合防务公司（United Defense）	美国	1180	1184	100
印度军工厂（Ordnance Factories）	印度	1130	1247	91
三菱电气	日本	1120	38318	3
法国原子能集团（CEA）	法国	1050	6329	17
斯奈克玛集团（SNECMA Groupe）	法国	970	5989	16
电子数据系统公司	美国	950	19227	5

续表

公　　司	国家	军火销售（2000 年）	总销售额（2000 年）	军火销售/总销售（%）
达索飞机制造公司（Dassault Aviation Groupe）	法国	930	3211	29
川崎重工	日本	920	9840	9
阿连特科技公司（Alliant Tech Systems）	美国	900	1142	79
萨吉姆公司（SAGEM）	法国	820	3934	21
戴恩公司（Dyncorp）	美国	800	1809	44
泰坦公司（Titan）	美国	780	1033	76
埃尔比特系统公司（Elbit Systems）	以色列	700	700	100

资料来源：斯德哥尔摩国际和平研究所，《SIPRI 年鉴 2002》，世界知识出版社 2003 年版。

20 世纪 80 年代中期，全球武器装备采购的经费大约为每年 2900 亿～3000 亿美元。而美国的国防装备采购费用一直在全球占据首位。1985 年，美国国防部装备采购金额到了有史以来的最高峰，达 968 亿美元之多，如图 17.1 所示。

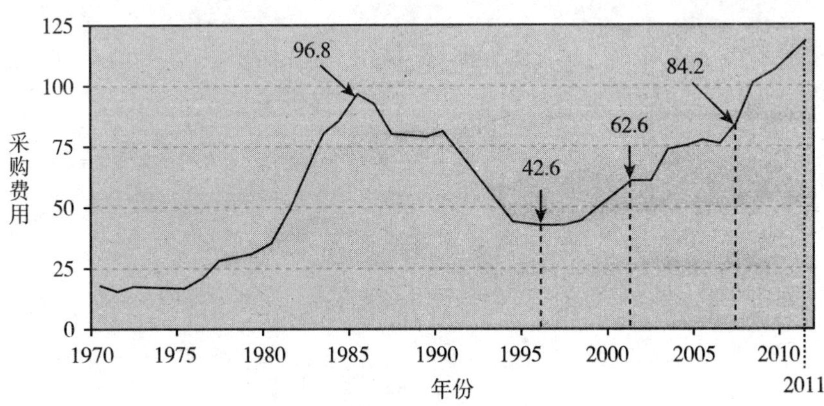

图 17.1　美国的国防装备采购费用（单位：10 亿美元）

17.2　国防采办市场

国防采办市场不是一个完美的市场，政府常常扮演唯一的采办者角色，而主要军火承包商也常常是某种武器的垄断或寡头垄断者，这使国防采办市场表现出与一般商品市场明显不同的特征。

17.2.1　国防采办市场的需求方特征

由于国防只能由政府来承担，那么国防采办市场的买方主体就自然而然具备了垄断性。美国国防工业和武器采办管理研究领域的知名专家雅克·甘斯勒指出："如果国防市场是一个有许多供应商和许多买主按各自最高利益自由行事的真正的自由市场，那么就应该完全让它自由运行以获得必要的效益和效率。然而，实际情况并非如此。因此，即使提出政府是否参与这个市场的问题也是不适宜的。政府作为唯一的买主、市场各项活动的管制者、待购产品要求的规定者、银行家（通过按项目进展付款）和权利申诉法院（对付采购过程中的不轨活动），它完全参与了。因而，国防工业的这个独特性质，使它同自由市场那种应有的特征相去甚远"。可见，国防工业的买方垄断性决定了其运行规律的特殊性，在其他产业中运作良好的市场经济行为，在这里可能根本行不通。

决定国防市场特点的是政府作为买方独家垄断的作用，政府是决定市场需求量和供给量的主要推动力量，能够影响国防工业的规模、结构、进入和退出、价格和利润、效率、所有制以及技术水平。政府关于买什么、在什么地方买、怎样买的决策，以及关于比较宽泛的政策目标重要性的决策，将是至关重要的。而其保护、支持、财政扶持、基础设施与资本投入、教育和意识形态的有关政策也是重要的。

在国防采办市场的买方独家垄断情况下，从需求方的角度看，军工生产的总体特征表现在以下几个方面：

- 强调高技术武器的性能而非成本；
- 风险由政府承担，政府往往对研发和某些项目提供资本和基础设施投资；

- 精细的规则与合约管理；
- 军工承包商与采购官员和军方人员关系密切；
- 很多公司是国家垄断或接近国家垄断，这意味着任何竞争的引入将不得不借助于外国公司。

这些特征将有利于那些专门从事国防生产的公司。它们把发展技术先进的武器系统作为随后得到生产合同的最佳途径，这可能导致“大宗买进”。按照著名经济学家让·雅克·拉丰、让·梯若尔（2004）的观点，在这种情况下，公司为赢得初始合同而隐报其风险或成本，得到合同后再弥补损失。过去的项目被视为“镀金法”，军方通过它来寻求额外的东西，或是寻求在整个合同期内不断进行技术改进。这就允许对合同进行再谈判或追加额外的支出，这通常有利于承包商。

这种市场情况所导致的结果是在市场进入和退出两方面存在着障碍，使得国防工业在主承包商的构成方面表现出显著的稳定性。

武器装备市场的进入障碍主要表现在：

- **市场障碍**　私人关系和关系网络可能比普通的广告更为重要；军火的市场需求可能是无弹性的；军品的性质可能也对商标的忠实性有严格的要求；消费者也有要求与以前购买的武器系统相匹配、相一致的特性，或可能接着提供以前合同的订单。
- **技术障碍**　国防生产的性质决定了技术能力对买方是十分重要的，很多项目需要经历从开发阶段至生产阶段的过程，要求高技能的劳动力和昂贵的专用资本设备，其管理风格也与民品生产有所不同。
- **程序障碍**　政治是赢得大的军工合同非常重要的影响因素，而在整个时期建立起来的私人关系也可能很关键。新公司需要安全许可证，这可能代价非常大，获得它可能需要很长时间。

美国和英国一直想冲破这些障碍，其方法是改变合同安排，在决定赢得合同者之前对参与竞争的公司生产样品进行资助，以及允许外国公司参与竞争。事实上，外部竞争的威胁通常是用来建立竞争性的市场，使国内供给商更有效率而不是取代他们。

武器装备市场的退出障碍主要表现在：

- **市场障碍**　军工合同通常可长期承担。军工市场是周期性的，由于存在会好起来的预期，特别是在主承包商遇到困难时，政府可能依然会

帮助他们摆脱困境，所以即使在不景气的时期里留在该市场内可能也是值得的。即便当削减国内销售额时，政府也愿意在向海外销售方面提供帮助。这些对承包商来说都是有利可图的，减弱了他们退出市场的动机。

- ***技术障碍***　政府对国防研究与发展的资助对军工企业是有价值的，企业并不想放弃这些资助。况且，专业性的技术和资本设备转向民用生产很困难。民用生产所要求的管理技术也不大相同，强调质量、忽视成本而不是强调数量和低成本，可能造成转向民品生产的困难。
- ***程序障碍***　军工主承包商在运用专业经验从政府那里得到军品订单的丰厚利润方面已经相当成功，他们不会愿意放弃这些技能。此外，某些公司之所以能在日趋萎缩的军工市场中努力坚持下来，也许是出于通过生产国防产品为国家担负责任的意识，而非商业性的动机。

这些因素不仅意味着企业进入生产武器系统的军工部门，或从分承包商的地位向上升级到主承包商地位是困难的，也意味着军工企业要离开国防工业也是比较困难的。

17.2.2　国防采办市场的供给方特征

从供给方的角度看，国防工业在固定成本、资产专用性、研发风险与研发投入等方面都表现出一些不同的特点，主要体现在：

国防工业的固定成本大，因此具有巨大的规模经济和学习效应　这意味着在某些武器装备的生产上由较少企业（甚至可能是一家企业）大规模生产是最有效率的。但随着装备采购市场需求的扩张、技术进步以及工业水平的提高，国防工业这种由原有技术结构所决定的自然垄断特性的基础将被动摇，其自然垄断特性呈减弱趋势，甚至某些环节将变得不再具有自然垄断特性。

国防工业资产专用性强，沉没成本大　国防工业部门的设备、技术和人力投入，一般来说主要用于研制生产武器装备，尤其是生产枪、炮、弹药、坦克这样的工厂，其设备、技术的专用程度更强。换言之，资源一旦投入到国防工业领域，就很难再转作他用，这决定了国防工业资产的专用性。因此，在国防工业具有很大的沉没成本。国防工业的这一性质至少会造成两方面的问题：第一，巨大的沉没成本使得国防工业具有很高的进入和退出壁垒；第二，根据经济学中的不

完全契约理论，资产专用性会导致投资不足和违约要求再谈判的风险。

对武器装备的需求存在很大的波动性和不确定性 一般来讲，除战争时期，国家对武器装备的采购数量一般是比较小的。而为了保证紧急情况下武器装备的供给，国防工业企业在平时通常会保有闲置的生产能力。自由竞争的短视性和逐利性很难使国防工业达到最优的规模，因此政府的干预必不可少，由需求不确定带来的企业利润的损失，通常由政府来买单。企业和政府之间的信息不对称以及企业的“软约束”问题，又会带来新的效率损失。

研发投入在政府的国防支出中占有较大比重 对于主要的武器系统，研发费用不仅高昂，而且不断攀升，同时研发周期也较长。例如，美国空军F/A－22猛禽战斗机是世界上最先进的战斗机之一，而对它的采购计划是从1986年开始的，研发的成本和周期远远超过了当初的估计。至2004年，其研发费用大约为287亿美元，比1986年的预期成本增长了1.27倍；研发周期也由9年延长到了19年。所以不奇怪，美国空军的购买计划从开始的750架减少到了183架（2006年），采购数量的减少意味着每架战斗机所分摊的研发费用大大增加了。

国防研发风险高、周期长 武器装备的研制和生产是一个周期性系统性的工程，要经过先期研究、工程研制、少量试制造、小批量制造、一定批量制造、大批量制造等阶段。在不同的阶段有不同的风险，飞机、坦克、潜艇等武器平台的研制周期比较长，而且随着高新技术应用、作战性能提高、系统复杂性增强等原因，研制周期越来越长。如20世纪50年代装备部队飞机的研制周期是3～5年，60年代第二代飞机则为5～7年，70～80年代的第三代飞机又延长至7～12年。现代的“三代半”、四代飞机的时间更长了。武器装备的复杂性和先进性决定了研制生产过程中有大量的风险存在，这点在航空、航天、核领域特别突出。美国曾发生过两次航天飞机坠毁事件，给科研造成了重大损失。苏联著名航天英雄加加林就是在太空飞行中遭遇事故死亡的。武器装备的研制生产对国家对企业来说都具有很大的风险。

国防研发具有巨大的“溢出效应” 科学技术的最新成果往往最先用在国防工业上，一国国防工业基本上是本国科学技术总体发展水平的反映。现代国防工业几乎包括了所有新兴技术在内的高技术产业。电子工业、核工业、航空航天工业基本都是在国防需求的拉动下发展壮大的，这些发展反过来又对新材料、生物技术、制造技术等提出了新要求，从而促进了它们的创新和发展。

国防工业的高保密性　由于某些军品和技术，特别是高精尖武器装备的技术与生产涉及国家安全和国家战略意图，因此往往处于高保密状态。国防工业的高保密性决定了一些军品只能由某些特定的军工企业进行研制与生产。无论是通过许可证方式规制国防工业企业资质，还是通过专利保护国防研发，都会造成国防工业的进入壁垒问题。

国防工业技术的可分性　国防工业可以分成核、航空、航天、电子、船舶、兵器等子系统，每一个子系统又可以重新按不同的方法分成更小的系统，例如航天工业可以分为航天器、推进器、地面控制和信息处理系统等部分。但可分并不是说彼此之间没有联系，各个子系统之间往往又具有相关性，如电子设备对各个行业都十分重要；航空和航天之间也有很大的相通性。①

从上述国防工业需求和供给两方面特征的分析中不难看出，国防工业的进入壁垒高，会导致武器装备供给方之间的竞争不充分，进而带来社会效率损失，这是传统经济理论中政府规制的原因之一。由于自由竞争和单个企业的最优决策（利润最大化）无法满足社会最优的防务和武器装备（包括研发）供给，也需要政府对国防工业进行干预。

总之，武器装备市场不可能是一个完美的市场，政府通常是唯一的购买者，因此市场是买方垄断的；而主要军火承包商都是一些大企业，他们是某种武器的垄断者或者寡头垄断者。所以，政府的（经济）行为应当是理解国防采办市场的关键所在。然而，如同市场会失灵一样，政府也会“失灵”。政府的干预在很多时候都无法达到社会福利最大化的最优结果。抛开政府（官员）会存在个人利益的问题（寻租可能会导致更大的福利损失），即便一个以最大化社会福利为目标的政府也会由于信息不对称、交易成本、讨价还价能力等问题，无法达到政府干预的有效结果。

17.2.3　买家垄断的国防采办市场

国防采办市场的一个显著特点是不完全竞争。波斯特（Poast，2006）以B－2轰炸机为例，对这一市场进行了分析。波斯特（2006）认为如果它是一个完全竞争的市场，那么按图 17.2 所示，受预算约束，这一市场具有一条下降的需求曲线

① 可以结合这个特点，讨论国防工业专业化生产和并购的问题。

D。同时，市场有一条向上的供给曲线 S。向上的曲线表明随着轰炸机价格的上升，公司有销售更多轰炸机以获取最大收入的动机。在需求曲线与供给曲线相交的地方即达到了均衡。这一均衡表明根据需求战斗机的购买者与提供战斗机的销售者意愿，市场决定轰炸机的数量以及售价。

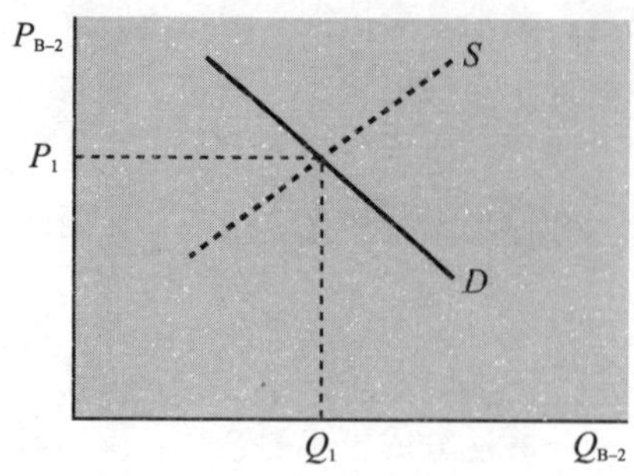

图 17.2　完全竞争下的采办市场

问题是，国防采办市场不是完全竞争的。首先，军方是唯一的购买者，除此之外再无第二个购买者；其次，相对于其他市场而言，只有少数公司从事国防工业，在这些公司当中，只有很少几家，有时甚至只有一家，具有提供某些产品的能力。因此，军方不是价格的制定者，而需要与公司对价格进行谈判，同时还要对生产的产品进行规范，提出要求。

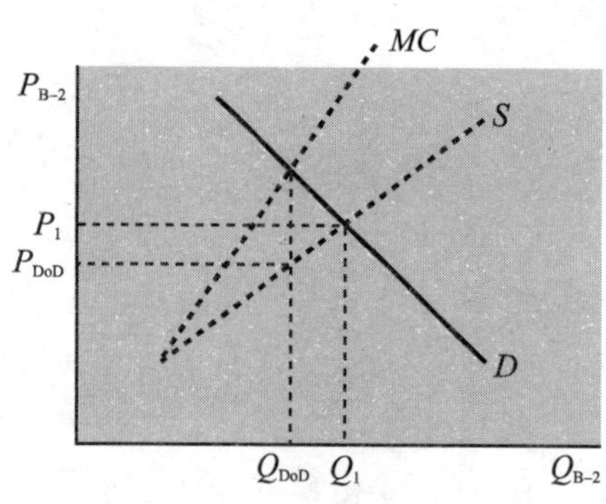

图 17.3　买家垄断市场

图 17.3 说明了 B－2 轰炸机买家垄断市场的情况。注意边际成本曲线（MC）在供给曲线之上。这说明了每增加一架轰炸机所增加的成本都大于那架轰炸机的价格。军方将会购买的轰炸机数量在 MC 与 D 的交点上。因此，轰炸机的销售数量 Q_{DoD} 以及价格 P_{DoD} 都低于完全竞争市场下的结果。

进一步，假设边际成本为一常数。这一条件意味着公司对每一架战机承担相同的额外成本。公司仍具有固定成本，但是每额外增加一件产品所增加的总成本数额是相同的。如图 17.4 所示，B－2 隐形轰炸机的完全竞争军火市场在 A 点，即在这一点上呈下降趋势的竞争需求曲线 D_{comp}，与呈水平的边际成本曲线相交。这一交点产生了 B－2 轰炸机的均衡价格 P_1 和均衡数量 Q_1。然而根据微观经济学理论，当市场上的购买者

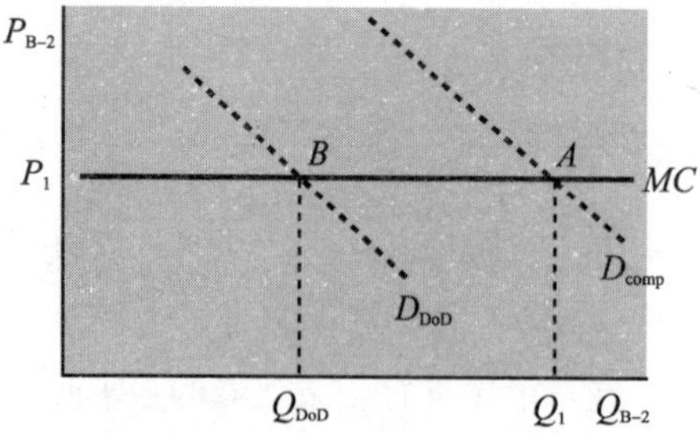

图 17.4　买家垄断的国内市场

数量减少时，需求曲线会降低到一个更低的层次，而在市场上购买B－2轰炸机的买家只有一个（军方），因此国防部门的需求曲线 D_{DoD} 的位置要比完全竞争市场环境下的需求曲线低。反映在图中就是 Q_{DoD} 要小于竞争产生的结果 Q_1。

17.2.4　双边垄断的国防采办市场

双边垄断市场是由垄断购买者和垄断供应者组成的市场。波斯特（2006）认为要很好地理解这一问题，首先要弄清价格歧视垄断与单一价格垄断之间的不同，这样才会发现这种差异如何影响公司获得的边际收入。

价格歧视垄断的边际收入　除了预算效应，需求曲线倾斜下降是因为边际收益递减。根据边际收益递减理论，人们相信他自己能够从某件物品中获益的越多，他就对这件物品愿支付的价格越高。在理想的垄断情况下，垄断者向每一位购买者提出的价格将等同于消费者认为他可以从该产品中所获得的“收益”。比如，假设一位购买者急需“毒刺”地对空导弹，那么购买者愿支付高价（如5万美元）来购买毒刺导弹。然而，一旦购买者拥有了第一枚毒刺导弹，第二枚毒刺导弹的价值对购买者来说就不那么高了。因此，购买者将只愿支付4万美元来购买第二枚毒刺导弹。因此，军火商将会以5万美元的价格出售第一枚毒刺导弹，以4万美元的价格出售第二枚毒刺导弹。根据购买者购买产品欲望的不同，军火商能够以不同的价格出售相同的产品。

当一家公司可以实施价格歧视时，它在每额外销售一件产品所获得的额外收益（边际收益）等同于它所售出的产品的价格。如表17.2所示，对第一枚毒刺导弹，购买者愿意支付5万美元。对第二枚毒刺导弹，购买者依然愿意支付4万美元，但这一数字已达不到第一枚毒刺导弹的价格了。因为公司有能力实施价格歧视政策，因此它可以5万美元卖第一枚，以4万美元卖第二枚。所以第一件产品的边际收益是5万美元，而对第二件产品边际收益是4万美元。

表 17.2　　**价格歧视垄断**　　单位：美元

产品	价格（购买欲）	总收益	边际收益（售出下一件产品收益的变化）
第一枚毒刺导弹	50000	（1×50000）＝50000	50000
第二枚毒刺导弹	40000	（1×50000＋1×40000）＝90000	40000

资料来源：Poast，P.，2006，*The Economics of War*，McGraw-Hill/Irwin.

单一价格垄断的边际收入 军火公司是单一价格垄断，因为军方和具有垄断性质的军火公司必须对生产的产品价格达成一致。这意味着与前述的例子不同，军火商无法采取价格歧视政策。因此，公司只能以相同的价格销售每件产品，而不是采取不同的定价。如果公司想向政府销售三件相同的产品，它必须对每件产品报以相同的价格。由于政府准备购买三件产品，因此政府支付的单价只能等于它愿意购买的第三件产品的价格。

这种情形会如何影响军火公司呢？不论军火商何时决定再多销售一件产品，它不仅必须降低这件产品的价格，还必须降低以前售出的产品的价格。因此，垄断军火商会放弃能够从其他数量的产品中获得的收益。

波斯特（2006）继续分析了 B－2 轰炸机市场。假设这家军火商可以 30 亿美元的价格销售一架 B－2 轰炸机，但政府只会支付 20 亿美元来购买第二架 B－2轰炸机。因此，如果公司销售一架 B－2 轰炸机，它的总收益是 30 亿美元，但如果公司想销售两架，它将以 20 亿美元的单价销售。因此，尽管第二架轰炸机的价格是 20 亿美元，但销售第二架轰炸机增加的总收益是 10 亿美元（从 30 亿美元增加到 40 亿美元）。如表 17.3 所示，销售一架轰炸机所增加的总收益为 10 亿美元，低于轰炸机本身的价格 20 亿美元。

表 17.3 **单一价格垄断** 单位：亿美元

产品	价格（购买欲）	总收益	边际收益（售出下一件产品收益的变化）
第一架 B－2 轰炸机	30	（1×30）=30	30
第二架 B－2 轰炸机	20	（2×20）=40	（40－30）=10

资料来源：Poast, P., 2006, *The Economics of War*, McGraw-Hill/Irwin.

由于每一单位产品的边际收益低于单位产品的价格，垄断军火商的边际收益（*MR*）曲线不是需求曲线，但这一曲线在需求曲线之下（见图 17.5）。然而，尽管 *MR* 曲线在需求曲线之下，垄断者提出的价格会反映在需求曲线上，而不是 *MR* 曲线上（如公司提出的更高价格是 P_2，而不是 P_1）。军火商提出更高的价格原因有二：首先，从理论上看，*MR* 曲线所描述的信息只被军火商掌握，而不为购买者所知；其次，垄断军火商只能根据购买者愿意购买的产品数量来提出价格。对较低数量 Q_3，购买者愿意支付的价格为 P_2。当达到较高的数量 Q_{DoD} 时，购买者只愿意支付较低的价格 P_1。

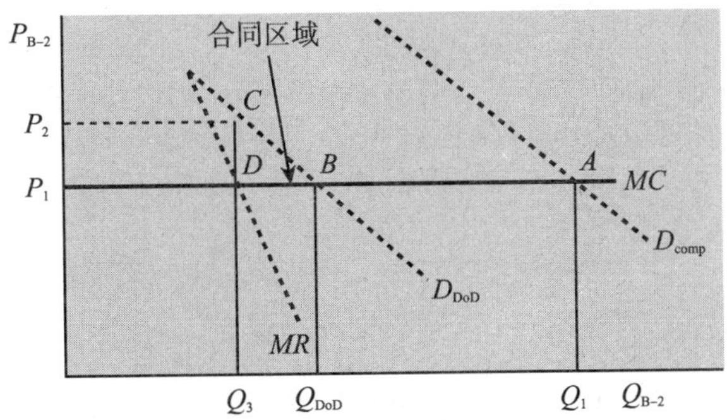

图 17.5　双边垄断市场

但价格 P_2 与数量 Q_3 的均衡点不是国内武器装备市场的最终结果。政府在武器装备市场的买家垄断地位意味着它同完全竞争市场（或至少一个没有垄断购买者的市场）的买家不同，它了解需求曲线也了解军火商的边际收益曲线。因此，生产的产品数量与购买价格不一定会反映在图 17.5 中的 C 点上，其价格会落在合同区域 BCD 内。

价格是接近 P_2 还是 P_1 取决于军火商在与政府讨价还价中的地位与能力。如军火商可以生产替代产品（如民用飞机），则在与政府的讨价还价中会坚持更强硬的底线，并要求一个更好的实现收益最大化的合同来生产武器装备。这一要求会使价格向 P_2 移动。然而，如公司没有多样化的生产任务，则其在谈判中便没有地位。在这种情况下，价格便会接近 P_1。

17.3　国防采办成本

保证性能、成本和进度之间的平衡，是国防采办成功的关键。发达国家特别是美国从 20 世纪的 60 年代起就把成本作为与性能和研制进度同等重要的因素看待，提出了全寿命周期成本管理的概念、方法和技术，在装备系统的整个寿命周期内全过程实施跟踪和控制，分阶段进行评审并作出相应的决策，取得了显著的效益。全寿命周期成本管理已成为美国武器装备最重要的采办管理手段之一。

17.3.1 全寿命周期成本

国防采办中一个重要概念是全寿命周期成本，也称寿命周期费用，即 LCC（Life Cycle Cost）。最早由美国国防部于 20 世纪 60 年代末正式提出并率先使用。LCC 是指政府为了设置和获得系统以及系统一生所消耗的总费用，其中包括开发、设置、使用、后勤支援和报废等费用。

全寿命周期成本是装备系统在整个寿命周期内，为购置以及维持其正常运行所支付的全部费用。因此，全寿命周期成本可简单地表述为：采购费用和使用与维修保障费用之和；或一次性费用与重复性费用之和。装备研制与生产费用（采购费用），这项费用是一次性投资，非再现的。对于研制的装备包括论证与研制费分摊到批量生产的单台装备和单台装备的购置费之和；对于外购的装备或购置军选民用产品就是单台装备的订购费用，其产品的开发研制费用一般已经分摊到单台产品的售价之中。使用与维修保障费用是在装备长期的使用保障阶段为装备使用、维修、运输与储存等支付的费用，是多次重复性的费用，所以也称复生费用。

在整个全寿命周期成本中使用与维修保障费往往占有很大的份额，有的甚至超过采购费用的数倍以上。这就要求在进行成本分析时，不但要考虑装备采购费用，同时应该考虑装备使用与维修保障费用。只有这样，才能使所采办的装备达到预期的效能—费用，做到效能先进，费用经济合理。

全寿命周期成本构成　不同类型的装备和同类装备在不同的条件下可以由不同的费用构成。全寿命周期成本分解结构的详细程度，可以因估算的目的和估算所处的寿命周期阶段的不同而异。一般而言，装备的全寿命周期成本主要包括：论证与研制（研究与研制）费、购置（生产）费、使用与保障费及退役处置费，如图 17.6 所示（曲炜和郑绍玉，2003）。

全寿命周期成本分布　国外的统计资料显示，在不计退役处置费时，图 17.6 中三项主要费用单元的费用通常占全寿命周期成本的典型比例是：研究与研制费为 10%、生产费为 30%、使用保障费为 60%（如图 17.7 所示）。对退役处置费用，除核武器的销毁费用较大外，大部分装备的退役处置是负值（收益），其数值较其他三项主要费用单元的费用少得多。

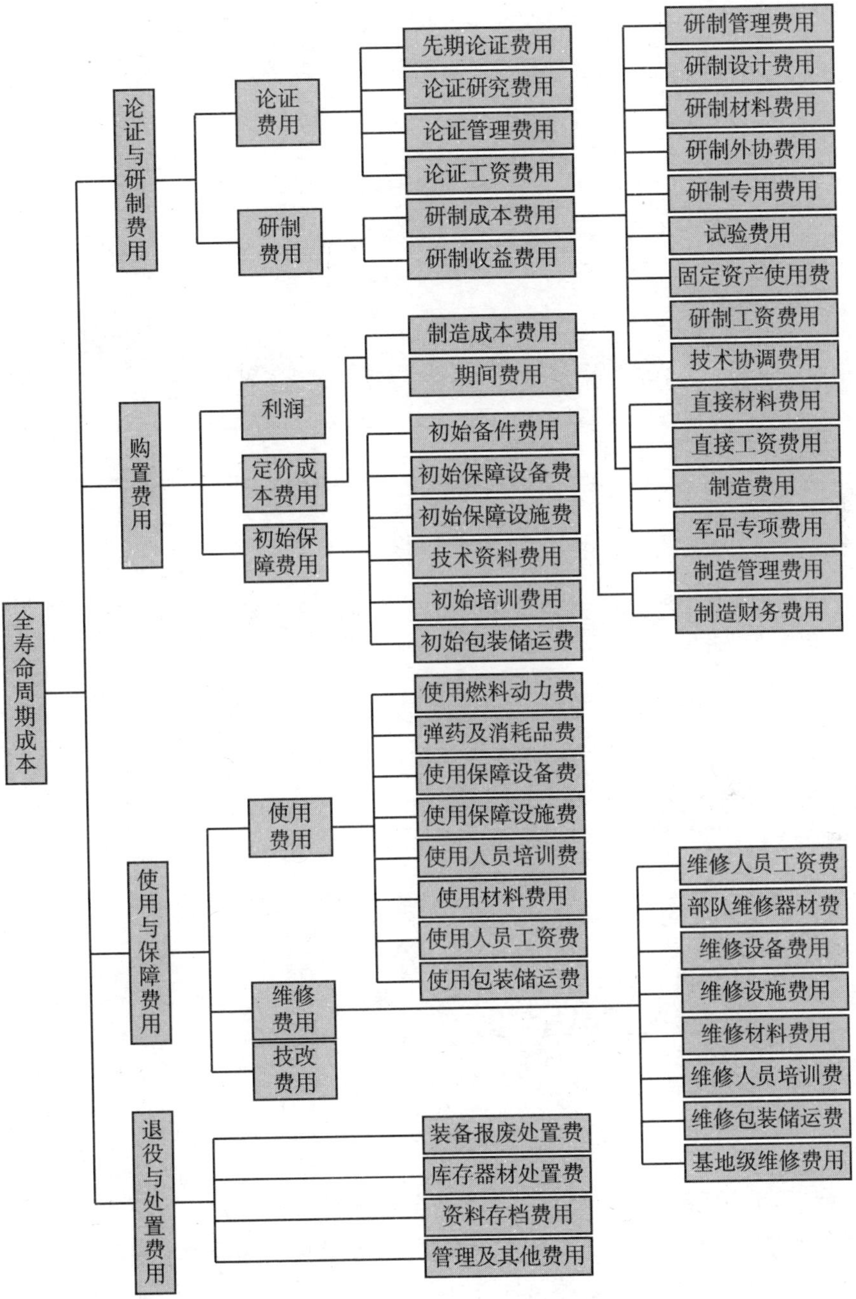

- 全寿命周期成本
  - 论证与研制费用
    - 论证费用
      - 先期论证费用
      - 论证研究费用
      - 论证管理费用
      - 论证工资费用
    - 研制费用
      - 研制成本费用
        - 研制管理费用
        - 研制设计费用
        - 研制材料费用
        - 研制外协费用
        - 研制专用费用
        - 试验费用
        - 固定资产使用费
        - 研制工资费用
        - 技术协调费用
      - 研制收益费用
  - 购置费用
    - 利润
    - 定价成本费用
      - 制造成本费用
        - 直接材料费用
        - 直接工资费用
        - 制造费用
        - 军品专项费用
      - 期间费用
        - 制造管理费用
        - 制造财务费用
    - 初始保障费用
      - 初始备件费用
      - 初始保障设备费
      - 初始保障设施费
      - 技术资料费用
      - 初始培训费用
      - 初始包装储运费
  - 使用与保障费用
    - 使用费用
      - 使用燃料动力费
      - 弹药及消耗品费
      - 使用保障设备费
      - 使用保障设施费
      - 使用人员培训费
      - 使用材料费用
      - 使用人员工资费
      - 使用包装储运费
    - 维修费用
      - 维修人员工资费
      - 部队维修器材费
      - 维修设备费用
      - 维修设施费用
      - 维修材料费用
      - 维修人员培训费
      - 维修包装储运费
      - 基地级维修费用
    - 技改费用
  - 退役与处置费用
    - 装备报废处置费
    - 库存器材处置费
    - 资料存档费用
    - 管理及其他费用

图 17.6　全寿命周期成本构成

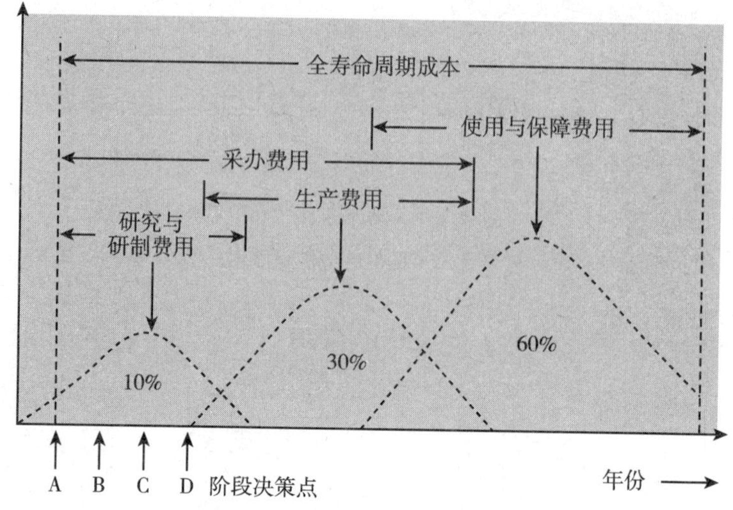

图 17.7 全寿命周期成本分布比例

将全寿命周期成本做成帕累托曲线则如图 17.8 所示。

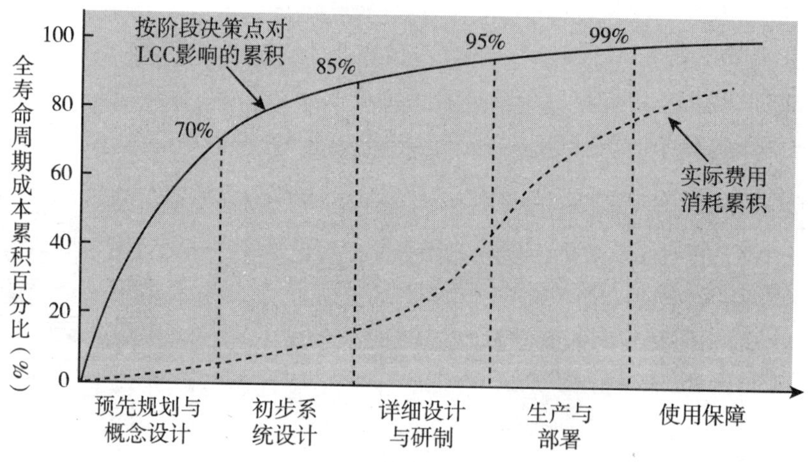

图 17.8 全寿命周期成本帕累托曲线

图 17.8 中作出两条曲线，一条为按全寿命周期阶段决策点对全寿命周期成本影响的累积曲线，另一条是全寿命周期各阶段实际费用消耗累积曲线。从两条曲线可知，在预先规划与概念设计阶段结束，即进行需求与可行性分析、确定使用要求与战术技术指标以及初步的总体技术方案（包括使用、保障与设计）时，就决定了其寿命周期费用的 70%；到初步系统设计阶段结束，即进行了功能分

析与设计指标的分配、总体技术方案（包括使用、保障与设计）的权衡优化与系统综合及定义之后，就决定了其寿命周期费用的 85%；到详细设计与研制阶段结束时，研制了正式样机并进行了研制与使用试验，确定了保障计划之后，就已决定了其寿命周期的 95%，该装备寿命周期费用已成定局；到生产及部署阶段结束时，这时武器装备正式产品生产出来后，已决定了寿命周期费用的 99%。而研制阶段实际消耗经费的比例却很少，在详细设计与研制之前仅占寿命周期费用的 3%，在投产之前约占 15% ~20%。因此，控制寿命周期费用的最佳时机是装备研制早期，正确的设计与决策，采用创新的技术，提高装备的质量和可靠性、维修性、测试性及保障系统特性，虽增加了研制费用，却可减少未来使用与保障费用。

17.3.2　国防采办成本估算

全寿命周期成本估算的目的是向负责装备论证、研制、生产及使用的主管部门和管理人员与工程技术人员提供寿命周期费用的估计值、各主要费用单元费用估计值及其按年度的预计费用等费用信息，以便对寿命周期费用进行有效设计、控制与管理。

估算方法　准确的经费估算，是武器项目实行全寿命周期成本管理的前提和基本保证。目前，对武器系统的全寿命费用估算方法一般有四种（张玉华，2006）。

参数估算法（Paramentric Estimating Methods）　参数估算法，又称为经验公式法。这种方法利用类似项目的数据库，根据某些选定的项目性能或设计特征，对新项目所需经费做出估算。这就要使某些性能数（如速度、质量和推力等）与武器系统费用之间建立起费用估算关系（*CER*）。这种估算关系式既可以是一个复杂的数学函数关系，使某种武器系统的投资额（因变量）与该种武器系统的速度、质量、推力、射程等（自变量）发生关系；也可以是一种简单的函数表达式，如把某个系统每年的维修费表示为原投资额度的一个固定百分比。

使用参数估算法来估算新上武器项目所需经费的最重要条件是必须具备理想的数据库，且须符合某些标准。首先，它应在设计、制造和材料等方面尽可能反映当前的技术水平，不能照搬老项目的数据来估算新上项目的经费。其次，数据库必须具有同一性，数据库中的同一种数据，应包含相同的组成部分，采用相同的衡量标准和始终如一的处理方法。

工程估算法（Engineering estimating methods） 工程估算法，又称为技术分析法，其主要做法是根据装备项目的工作分解结构，在对各个独立部分和系统零部件的料、工、费进行详细估算的基础上，再将各单项估算值综合为总费用。因而，这种方法亦称为组合法或“自下而上”法。

采用工程估算法，首先要层层分解产品，编制装备项目的工作分解结构。费用估算/分析人员根据分解结果，从具有工程图纸和技术规格的最底层工作着手，分析和确定完成工作所需的每项任务、模具制造、材料等费用。然后，再根据所估算的直接人工与直接材料费用，加上应分摊的间接费用和其他一些应有但尚未估算的费用，如质量保证、系统工程和仓库保管等费用。最后将所有费用加在一起，便估算出装备项目的总费用。

类推估算法（Analogy estimating methods） 类推估算法，也称为类似法，是用一种或少数几种相同或相似的产品与将要采购的产品进行对比的方法。使用这种方法，原产品应有准确的费用数据和技术资料，分析人员要对新、旧产品之间的相似程序做出主观评定。通常工程人员先对两种产品的技术差异进行评估，然后费用分析人员再据此对费用差异进行比较。

在使用类推法时，可不必以整个系统来相互对比。类推法的缺陷在于工程技术人员和费用分析人员的评定带有很大主观色彩，尤其是费用分析人员很难客观、准确地将技术上的差异转换成费用上的差额。在许多情况下，由于技术差异对费用的影响是主观确定的，用类推法做出的费用估算可能很不准确。

类推法在新技术产品研制的初期阶段比较适用，因为那时新产品的实际费用数据很少，也可能缺乏大量类似产品的资料。在这种情况下，只能用一两种类似产品进行对比，不可能像统计法那样用大量类似产品的资料进行统计。

外推估算法（Extrapolation estimating methods） 目前，在装备全寿命周期成本估算中，外推法也经常使用，这种方法是根据相同系统的历史实际成本来推算新型产品费用。在以前同类系统成本资料齐全的情况下，使用这种费用估算方法是装备项目费用估算方法中最准确可信的一种。由于外推法所依据的资料是实际或接近实际的，许多项目管理人员都比较喜欢使用这种方法。

一般情况下，两个武器系统越相似，费用估算结果就越准确；项目越向前发展，外推法得出的结论就越可靠。外推法的这个特点限制了它的有效应用范围，即只有在存在两种非常相似产品，而且先前产品费用数据齐全的情况下，或在产

品发展得十分成熟的情况下，才能显示它的优越性。如果两种产品相差很大，那么技术人员评定技术差异的工作量就很大，而且费用分析人员再根据技术鉴别结果来估算费用差异，准确性就难以保证。

估算程序　装备项目全寿命周期成本估算一般程序如图 17.9 所示。

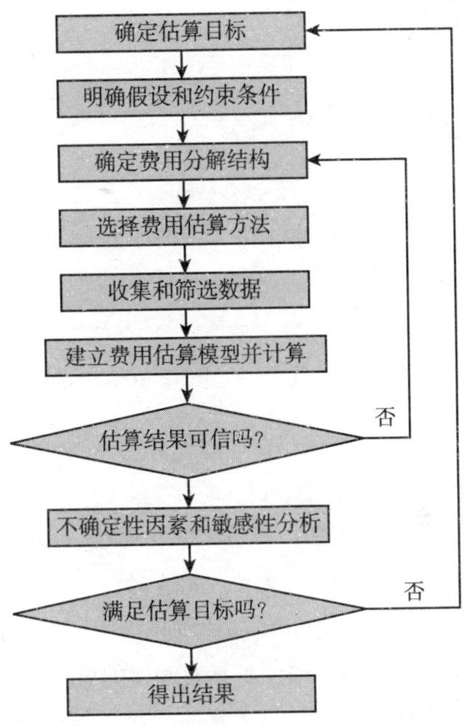

图 17.9　全寿命周期成本的估算程序

明确估算目标　根据估算所处的阶段及具体任务，确定估算的目标。明确估算范围（寿命周期费用或某主要费用单元，或主要分系统的费用）及估算精度要求。

明确假定和约束条件　假定和约束条件是进行费用估算的基础。假定和约束条件包括完成进度、装备数量、使用方案、使用年限、维修要求、保障方案、利率、物价指数、科学技术发展水平以及可供借鉴的资料等因素。

确定费用分解结构　根据费用估算目标、假定与约束条件，确定费用各单元和最终的费用分解结构。费用分解结构的一般要求有：

- 一切费用既不能遗漏也不能重复，必须考虑武器项目整个估算范围内所有费用；
- 由上到下逐级分类展开，一直分解到可进行估算的费用单元。根据费用估算的时机、目标、进度和方法不同，费用分解的范围和层次可以有所不同；
- 费用分解结构应与财会费用类目相一致；
- 每个费用单元必须有明确的定义和代号，并为各有关单位所共识。

选择费用估算方法　估算方法的选择一般取决于费用估算的目标、时机和掌握的信息量。武器项目全寿命费用常见的四种估算法，及其在武器项目全寿命周期各阶段的适用性如图 17.10 所示：

收集和筛选数据　在装备项目全寿命费用估算时，收集和筛选数据的一般要求有：

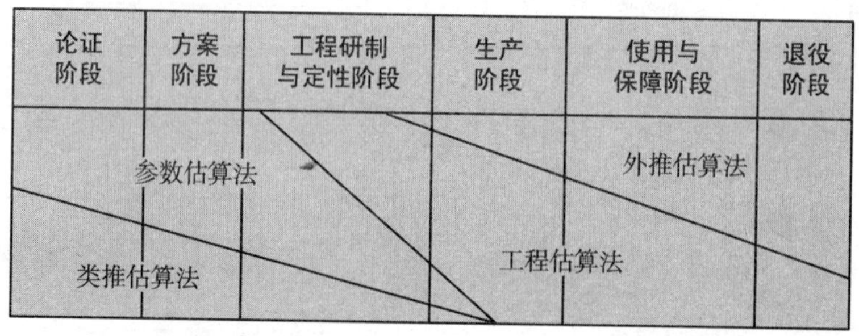

图 17.10　成本估算法与采办阶段的关系

● 准确性。费用数据必须准确可靠，虚假的数据将导致费用估算精度降低或失败。

● 系统性。费用数据要连续、系统和全面，应按费用分解结构进行分类收集，费用单元不交叉、无遗漏。

● 可比性。要注意所收集费用数据的时间和条件，使之具有可比性，对不可比的费用数据使其具有间接的可比性。

● 时效性。要有历史数据，更要有近期和最新的费用数据。

● 适用性。筛选出那些对估算目标有用的费用数据。

建立费用估算关系式并计算　根据费用估算目标和方法，推导出费用估算公式，该式应能使费用估算简易、快速。为估算某些因素或参数对整个装备项目全寿命周期成本的影响，必要时可建立主导费用单元费用估算关系式。利用估算关系式进行计算前需进一步收集、整理并筛选数据。进行计算时应考虑费用的时间价值并进行折算。

不确定性因素和灵敏度分析　不确定性因素是指可能与分析时的假定有误差或有变化的因素，主要包括经济、资源、技术、进度等方面的假定和约束条件，以及估算方法与估算模型的误差等。对于某些明显且对寿命周期费用影响重大的不确定因素和影响费用的主要因素应进行灵敏度分析，以便估计决策风险和提高决策的准确性。

得出结果　整理估算结果，按要求编写全寿命周期成本的估算报告。

17.4　国防采办合同

国防采办市场决定了买卖双方的契约关系，信息不对称等问题使国防采办中的契约关系更加复杂，国防采办合同是规范采办行为的有力工具。目前，世界各国军方所采用的国防采办合同种类很多，主要分为三大类：固定价格合同、成本加成合同和激励合同。

固定价格合同（Fixed-price contracts，FPC）　固定价格合同，即厂商以特定的价格生产某种产品。政府以固定价格接受其产品，这一价格不受厂商的成本影响，政府也不分担厂商的利润和损失。若产品的成本比固定价格低（高），厂商会获得利润（遭受损失）。

固定价格合同的优点是委托人与代理人之间的关系清晰，有利于促进代理人提高效率、降低成本。但此时所有的风险都由代理人承担。因此，它只适用于在技术和经济上不确定性很小的情况。如果不确定性大、风险大，超出了代理人的承受能力，则固定价格合同便不能适用。

成本加成合同（Cost-plus contracts，CPFF）　成本加成合同，即厂商在该项目上的所有花费和成本都将获得补偿，此外还要加上业已商定的依据成本确定的利润率，或者包括一个固定的费用，即固定比例作为报酬的定价方式。

成本加成合同的优点是可以防止出现承包商获得过高的利润，同时可以避免出现承包商因风险过大、报酬太低甚至是严重亏损而不愿承担生产任务的现象。但是，它可能导致成本最大化。根据成本加成合同，政府就像一个保险公司，通过承担所有风险为厂商提供全部保险。如果承包商是风险厌恶型，而政府是风险中立型的，成本加成合同代表着一个最佳的风险分摊安排，但是它们的行为效率是低下的，牺牲了厂商的效率动机。因此，成本加成合同适用于经济和技术风险较大的情况，尤其适用于研究与开发阶段。

激励合同（Incentive contracts）　激励合同，即固定价格和成本加成合同两种极端形式的折衷，它试图体现一种集二者之长、避二者之短的设计理念。依据激励合同，政府为厂商确定一个目标成本和目标利润，实际成本超出目标成本的部分由政府与厂商按照一定比例分摊。由于激励性合同能够较好地处理效率与风险的相互关系，兼具固定价格合同和成本加成合同的优点，所以被许多学者视为国防采办合同的理想形式。

三类合同比较 三类合同可以用统一的公式表示如下：

$$\pi_a = \pi_t + S(C_t - C_a) \tag{17.1}$$

式中 π_a 表示厂商实际利润；π_t 表示政府允许的目标利润；C_t 表示评估的目标成本；C_a 表示实际成本；S 表示分摊比率，即评估成本与实际成本差额在厂商和政府之间的分担比例。

对固定价格合同，$S=1$；对成本加成合同，$S=0$；对激励合同，$0<S<1$，表明在风险分担（保险）和效率之间的相互交替转换。如果厂商实际成本低于评估成本则获得“激励”利润，成本乘以分担率表示厂商承担部分，剩下部分由政府承担。三类合同的关系还可用图 17.11 表示：

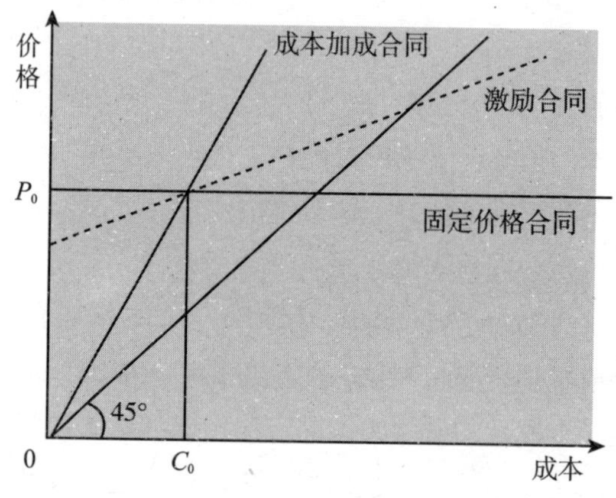

图 17.11 三类合同的关系图

图 17.11 中，固定价格合同表示为一条水平的价格线 $P_0 = C_0 + \pi_t$。从激励角度，理想的合同是固定价格合同。从保险的角度，所有的风险都由厂商承担。因此，该合同存在风险分担的问题。成本加成合同表示为参照成本与价格相等的45°线加上利润的斜线；若厂商是风险厌恶型的，理想的合同便是成本加成合同。该合同简单易行，也存在风险分担，但存在激励不足的问题；激励合同表示为在以上两者之间的斜线，其斜率反映了分摊比率。它是在固定价格和成本加成合同两个极端的综合。

关键术语

国防采办　国防采办市场　全寿命周期成本　固定价格合同　成本加成合同　激励合同

课后思考

1. 如何理解国防采办的概念与内涵？
2. 国防采办市场与一般商品市场有哪些不同？
3. 国防采办成本应由哪几部分组成？如何来进行估算？
4. 国防采办合同的类型有哪些？如何进行合同类型的选择？

参考文献

杜为公：《西方国防经济学研究》，军事科学出版社 2005 年版。

果增明：《装备采办论纲》，中国统计出版社 2006 年版。

姜鲁鸣：《现代国防经济学导论》，国防大学出版社 2002 年版。

李　鸣、毛景立：《装备采购理论与实践》，国防工业出版社 2003 年版。

卢周来：《现代国防经济学教程》，石油工业出版社 2006 年版。

曲　炜、郑绍玉：《军事装备采办概论》，解放军出版社 2003 年版。

张玉华：《现代武器项目管理》，国防工业出版社 2006 年版。

张振龙：《军事采办经济学》，中国物价出版社 1996 年版。

［英］基斯·哈特利、托德·桑德勒主编，姜鲁鸣、沈志华、卢周来等译：《国防经济学手册（第一卷）》，经济科学出版社 2002 年版。

［法］让-雅克·拉丰、让-梯若尔：《政府采购与规制中的激励理论》，上海人民出版社 2004 年版。

Poast, P., 2006, *The Economics of War*, McGraw-Hill/Irwin.

第 *18* 章　国防采办（Ⅱ）：激励与约束

国防采办过程的突出特点是信息不对称，政府在国防采办过程中面临着一个特别复杂和多侧面的激励问题。因此，如何解决国防采办合同带来的可能损害委托人利益的问题，成为国防部门设计激励合同时要考虑的首要问题。

本章刻画国防采办中的激励问题，探讨如何进行有效管制来改善激励和改进国防采办的效率。全章共分四节，分别介绍了几个主要的国防采办激励模型。第一节是单代理人简单国防采办激励模型；第二节是多代理人简单国防采办激励模型；第三节是多阶段简单国防采办动态激励模型；第四节是多层次简单国防采办内部激励模型。

18.1　单代理人简单国防采办激励模型

在国防采办激励模型研究中，大部分重要进展都是在简单采办模型框架内获得的。因此，简单采办模型是复杂采办模型的基础。

简单采办模型的基本假设如下：

假设 1：一个委托人（国防采办部门）只雇用一个代理人（厂商）来生产一个单位的产品（武器系统）。而且这种产品具有明确界定的特征，可以对其特点做出客观描述。

假设 2：尽管国防采办部门难以确切地预料生产这种武器系统的最终成本，但是可以审核以及计算事后的生产成本。

假设 3：国防采办部门可以与一个厂商签订合同，以保证国防采办部门按照事后计算出来的成本支付厂商。厂商对于其未来的生产成本可

能拥有，也有可能不拥有私人信息。

假设 4： 国防采办部门的目标是在孤立的采办过程下使其预期成本最小化。

在这里，所谓“孤立的采办过程”，就是不考虑这种采办对未来同种或相近产品采办所带来的影响，不考虑采办对工业结构和能力的影响。实际上，单个项目通常是在一系列相互联系的阶段中进行的，为这个项目所进行的投资通常对于其他项目具有溢出效应。因此，“孤立的采办过程”在现实中是不可能存在的。

18.1.1 一般采办激励模型

假设只有一家国防厂商，且政府能够从这个企业购买到所需的产品。设 c 表示代理人的生产成本，尽管委托人不能确切预测 c，但它能够在生产开始后测算生产成本，并据此来签订合同。假定成本由下式决定：

$$c = \Gamma(e, \varepsilon, \theta) \tag{18.1}$$

式中，ε，θ 是不受代理人控制的随机变量。ε，θ 的取值范围由 $(\varepsilon_{\min}, \varepsilon_{\max}) \times (\theta_{\min}, \theta_{\max})$ 上的分布函数 $G(\varepsilon, \theta)$ 决定，其密度函数为 $g(\varepsilon, \theta)$。ε，θ 之间的区别在于它们的可观察性。其中 ε 表示成本的对称不确定性，即双方都不知道其值；θ 表示成本的非对称不确定性，即代理人知道其值而委托人不知道其值，通常参数 θ 称为代理人的“类型”，由于 $\Gamma_\theta > 0$，θ 值越高，代理人的类型就越差。

设 e 表示代理人选择的努力水平，$e \in [0, \infty)$。这种努力变量具有既能降低生产成本，也会对代理人产生一定负效用的性质。若假定 $\Gamma_e < 0$，则努力水平提高，成本下降；若假定 $\Gamma_\varepsilon > 0$，$\Gamma_\theta > 0$，则随机变量越高，自然状态越坏，成本越提高。

以 $p(c)$ 来表示生产合同，测得的成本是签订合同的唯一依据，代理人付出的努力水平不影响合同本身，而只有通过影响成本间接影响合同。在这种合同 $p(c)$ 下，代理人承诺向委托人提供产品，委托人承诺测算到的生产成本为 c，它将向代理人支付 $p(c)$。

代理人的收入 I 等于它从委托人那里获得的收益减去生产成本。假定代理人的效用取决于收入 I 以及努力程度 e，并由下列可分函数决定[①]：

---

① 可分离性假定，主要是为了解释问题的方便。同样，基础性的定性分析方法也适用于非分离性的情形，只不过这种分析更为复杂，因为代理人对风险的态度及其对收入的偏好受到其所选择努力水平的潜在影响。

$$u(I)-\Phi(e) \tag{18.2}$$

该式表明，代理人通过计算预期的效用并把它们进行相互比较来计算未来的收入。若假定 $u'>0$，$u''\leqslant 0$（凹函数），则代理人愿意获取更多的收入，而风险则为中性或风险厌恶；若假定 $\Phi'(e)>0$，$\Phi''(e)\geqslant 0$（凸函数），则代理人不喜欢努力，努力的边际负效用是递增的。

该模型直观方法可见：在成本补偿合同下，$p(c)=c$，也就是说厂商仅能得到补偿成本的收入，故其收益 $I=0$。这时，厂商便会选择可能存在的最低努力水平即 $e=0$，这样就有 $u(0)=0$，$\Phi(0)=0$，代理人的效用保留水平为 0。此时，代理人接受一个成本偿还合同与完全不接受委托是没有区别的。

为方便起见，现在假定委托人是风险中性的，那么委托人的目标就是用最低的预期成本购买到产品。委托人和代理人之间的这种关系可以通过以下三个步骤来展开：

（1）自然选择 ε 和 θ；

（2）委托人向代理人提供 $p(c)$ 合同，代理人决定是否接受这个合同；

（3）如果代理人接受该合同，它选择一个努力水平 e，这就会形成一个生产成本 c，国防采办部门接受这种产品并向厂商支付 $p(c)$。

18.1.2 纯粹道德风险模型

一般讨论 假定不存在非对称性成本的不确定性，便产生了纯粹道德风险模型。也就是说，假定 θ 为某一概率的特殊值，因为 θ 不变化，因此完全可以去掉 θ，以简化符号。设 $G(\varepsilon)$ 和 $g(\varepsilon)$ 分别表示 ε 的分布函数与密度函数，$\Gamma(e,\varepsilon)$ 表示成本是由 e 和 ε 所决定的函数。

假定委托人向代理人提供成本补偿合同①。从代理人的观点看，通过降低生产成本不能获取任何利益，所以它将把自己的努力水平降低到最低限度。由于对努力水平难以用专门的合同来规定，因而刺激厂商努力降低成本的唯一办法是使厂商付出的努力能获得经济上的激励。然而，在固定价格合同下，代理人会获取其努力所带来的所有收益，不会发生任何不愿努力的问题。但是，在固定价格合

---

① 此处采用成本补偿合同这个术语以描述由 $p(c)=c$ 决定的合同。固定价格合同是由 $p(c)=k$ 决定的合同，这里 k 是常量。

同下，代理人承担了成本过高或成本过低的风险。如果代理人不愿意承担风险，从保险的角度来看，理想的合同将是成本补偿合同，在这种情况下委托人承担所有风险。

这正是纯粹道德风险模型中的基本问题。从激励的角度考察，理想的合同是固定价格合同。然而，从保险的角度考察，这种合同将所有的风险都给了厂商。如果厂商对风险的态度是中性的，理想的合同便是固定价格合同。然而，如果厂商是风险规避者，从保险的角度考察，理想的合同便是成本补偿合同。然而，不可能同时实现既有理想的激励、又有理想的保险这两个方面的目标。无疑，从一般意义上说，理想的合同便是成本分摊合同，这种合同试图在两个竞争性目标之间获得理想的平衡。

基本模型　显然，如果直接讨论由努力水平所引致的成本分布问题，便可以使模型变得更为简便。设 $F(c,e)$ 表示成本 c 的分布函数，假定代理人的努力为 e，则：

$$F(c,e)=\Pr\{\Gamma(e,\varepsilon)\leqslant c\} \tag{18.3}$$

设 $f(c,e)$ 为密度函数。委托人通过在代理人可以接受的限度内，使其预期的支付最小化这一途径来计算其提供给代理人的最佳合同。实际上，委托人只选择一个合同，且能够预测代理人关于努力的选择。

为进一步简化，假设委托人既选择合同也选择厂商的努力水平，这种选择受到附加约束条件的限制，即代理人愿意选择委托人所指定的努力水平。因此，最优合同可以由下式解出：

$$\min_{p(),e}\int p(c)f(c,e)\,\mathrm{d}c \tag{18.4}$$

$$s.t.\ IR\quad \int u[p(c)-c]f(c,e)\,\mathrm{d}c-\Phi(e)\geqslant 0 \tag{18.5}$$

$$ICe\in\arg\max_{\hat{e}}\int u[p(c)-c]f(c,\hat{e})\,\mathrm{d}c-\Phi(\hat{e}) \tag{18.6}$$

（18.4）式表示委托人向代理人的支付额。委托人选择合同 $p(c)$ 和努力水平 e，其约束条件是代理人接受预期效用的保留水平（18.5 式），代理人选择委托人指定的努力水平（18.6 式）。

求解以上问题的标准方法是用代理人努力选择问题的一阶条件代替约束条件（18.6）式：

$$\int u[p(c)-c]f_e(c,e)\mathrm{d}c-\Phi'(e)=0 \tag{18.7}$$

如运用标准拉格朗日方法，也可以获得同样的结论：即从一般意义上说，理想的合同既不是固定价格合同，也不是成本补偿合同。因为价格依赖于成本的途径是很复杂的。

进一步讨论 纯粹道德风险模型从基础理论上简明地描述了激励合同可能涉及的努力诱导与风险分摊之间的权衡问题，由此提供了激励合同理论。但并没有解释清楚最优合同的度量问题。从一般意义上说，这个最优合同既不能是固定价格模型，也不能是成本补偿模型，这在分析时将遇到一个问题，即最优合同的准确性在很大程度上取决于签订合同时的环境特点，而这种特点可能是国防采办部门难以确知的。

实际上，国防采办部门采用的绝大多数合同是与成本呈线性关系的。即它们采取以下形式：

$$p=\alpha+\beta c \tag{18.8}$$

这里 α 是一个常量，符号为正；β 是 0～1 之间的常量。如 β 等于 0，这便是一个固定价格合同；如 β 等于 1，这就是一个成本补偿合同；如果在 0～1 之间，就是一个成本分摊合同。β 通常被称为国防采办部门承担风险的比例；同样，$(1-\beta)$ 通常被称为厂商承担的风险比例。要注意的是，正式模型中最优合同呈线性，仅是一个经验假设，同时也是为研究方便。因为将合同限定为线性合同，可以计算出具有较强适用性的结果。尤其是，可能推出一个非常直观的结论，而该结论是可验证的。这个可验证的结果可表述如下：假定合同是线性的，在最优合同里，国防采办部门承担的风险份额 β，始终处于 0 到 1 之间。如果成本不确定性增加，国防采办部门承担的风险增加。

β 值随着成本不确定性的增加而增加，也可从事实中观察到。随着计划的成熟，国防采办部门承担的风险越来越低。在早期研发阶段，通常采用的是成本补偿合同。因为在研究与发展阶段，国防采办部门不能客观地界定所有的产品，所以通常采用成本补偿合同。如果这时签订固定价格合同，则只能刺激厂商降低所提供的研究与发展的质量。在开发阶段，厂商承担的风险份额较小；而在生产初期，厂商将承担较大份额的风险；在生产初期之后，厂商通常采用固定价格合同。一个中性的假定是，这种行为可以用简单的道德风险模型来解释，这就是成本的不确定性在计划的生命周期内呈下降的趋势，它表现为 β 值的递减。

总之，简单道德风险模型解释了 β 为什么会有不同的值。即在很大程度上是由于成本的不确定性不同造成的，而成本不确定性的不同，又取决于在多大程度上交易双方能够对产品的各项性能指标进行客观的描述与规定。

18.1.3　纯粹自我选择模型

一般讨论　现实的国防采办过程中，在合同签订阶段，成本信息往往是非对称的。也就是说，在签订合同时，厂商通常比国防采办部门知道更多的关于执行这项合同可能引起的成本方面的信息。这便是纯粹自我选择模型所要研究的问题。

纯粹自我选择模型假定成本的唯一不确定性是在成本不确定性信息上，即国防采办方与厂商之间的非对称性。也就是说，它假定 ε 为某一概率的特殊值。因为 ε 是个常量，为简化起见，可以去掉它。设 $G(\theta)$ 和 $g(\theta)$ 分别表示 θ 的分布函数和密度函数，设 Γ（e，θ）表示成本函数。从代理人的角度看，这个模型没有任何不确定性。因而，不失一般性，可假设 $u(I)=I$。

在纯粹道德风险模型中，签订合同的基本问题是对努力的诱导与风险分摊之间的权衡。在纯粹自我选择模型中，签订合同的基本问题则是委托人必须提出一个各类型厂商都能接受的合同①。一种情况是提供一种成本补偿合同，从理论上说就是一个各类型厂商都能接受的合同，但问题是这种合同不会引致代理人的任何努力；另一个极端情况是提供一种固定价格合同，在该情况下各类型厂商都愿选择一个有效的努力水平，然而这种合同的问题是，为了保证各类型厂商都能接受这种合同，委托人必须提供一个固定价格，这种固定价格足够高，以致最高的成本类型 θ_{max} 也会接受它，在这种情况下，其他所有类型的厂商都能获得正的剩余。所以，一个成本补偿合同使得委托人获取了从这种关系中产生的所有的总剩余，但其所产生的总剩余水平却是较低的，因为它没有引致代理人的任何努力；固定价格合同产生较高水平的总剩余，因为它引致了代理人的努力，但是委托人只获取了很小一部分的总剩余。因此，从一般意义上说，最优合同是能够权衡这两种因素的某种形式的成本分摊合同。

在纯粹道德风险模型中，存在着努力引致和风险分摊之间的权衡关系。从一

---

① 如果不做这样的假定，考虑到委托人愿意吸引各类厂商，那么同样的逻辑也是适用的。

般意义上说，最优合同是某种类型的成本分摊合同，这种合同寻求在两者之间的最佳折衷。在纯粹自我选择模型中，问题则变成了谁获取租金。所以，直观地看两个模型可以给出共同的启示。当成本的不确定性很高时，国防采办部门愿意选择一种合同使得国防采办部门承担更多的风险。在纯粹道德风险模型中，是因为双方对称地了解的不确定性产生了较大的风险，这种风险委托人较易承受。在纯粹自我选择模型中，则是因为双方非对称地了解的不确定性使得委托人难以借助于固定价格获取租金，因此也是选择成本分摊合同。

尽管最终都是选择成本分摊合同，但纯粹自我选择模型的分析方法与纯粹道德风险模型完全不同。在纯粹自我选择模型中，委托人并不知道代理人的类型。所以，当委托人考虑合同时，它必须推算各种类型的厂商是否会参与这种合同，以及各种类型厂商将选择何种努力水平。因而，每一种类型的厂商都会从这个合同中“自我选择”价格/成本的组合。一般来说，每种类型的厂商都将选择一个不同的成本/价格组合，因而需要留意并分析不同类型的自我选择如何增加了这些模型的复杂性。

基本模型 因为代理人没有面临任何不确定性，因此假定代理人直接选择成本 c 而不是直接选择努力水平。设 $z(c,\theta)$ 表示当厂商类型为 θ 时，产生成本 c 所需要的付出努力水平（与 Γ 正相反）。定义 $\delta(c,\theta)$ 为选择 c 时的负效用，它由下式决定：

$$\delta(c,\theta)=\Phi[z(c,\theta)] \tag{18.9}$$

按照前文已做假定，努力会降低成本，同时引致负效用（$\Gamma_e<0$，$\Phi'>0$）；θ 值越高，意味着成本越高（$\Gamma_\theta>0$），随之就意味着这种负效用会随成本降低而增加，随 θ 值增加而增加，即：

$$\delta_c<0,\ \delta_\theta>0 \tag{18.10}$$

因此，可做如下规则性假定：

$$\delta_{c\theta}<0 \tag{18.11}$$

这意味着，随 θ 值的增大，由降低成本所引起的负效用和降低成本所引起的边际负效用都将增加。因此，当给予代理人一个固定价格合同时，假如其类型较为高级，则它会选择较高的成本。可见，θ 值越大，则其类型越差。这个假定是进行定性分析的基础。如果可以把 δ 从 c 和 θ 中区分开来，则意味着所有的类型都将选用同一成本。在这种情况下，固定价格合同将可以从每种类型厂商中吸取所有的租金，这将是委托人提供的一种理想的合同。如果 $\delta_{c\theta}<0$，则越差（即更高）类型的厂商，选择的

成本越高。这样，为吸引较高类型的厂商，就必须制定足够高的价格，这将使较低类型的厂商都获得租金。这与前面关于纯粹自我选择问题直观的讨论一致。

更一般地，对任何一种类型 θ，代理人的总负效用由生产成本总和 c 和努力负效用 $\delta(c,\theta)$ 所决定：

$$c+\delta(c,\theta) \tag{18.12}$$

假定：

$$\delta_{cc}>0 \tag{18.13}$$

对每一个 θ，存在唯一的 c 和 $c^F(\theta)$ 值，它满足一阶条件：

$$1+\delta_c[c^F(\theta),\theta]=0 \tag{18.14}$$

因此，对类型 θ 来说，$c^F(\theta)$ 是唯一最优的或效率—成本最优选择，它将总的负效用降到了最低限度。对（18.14）式全微分可得如下结果：

$$c^{F'}(\theta)=-\frac{\delta_{c\theta}}{\delta_{cc}} \tag{18.15}$$

根据（18.11）式、（18.13）式，此式为正，即高类型的厂商将以高成本进行最优生产（当成本较高时，类型越高，产生的结果就越理想）。

为进一步考察，假定：

$$\Gamma(e,\theta)=\theta-e \tag{18.16}$$

同时假定 $\Phi(e)$ 严格递增和严格凸。如果不进行任何努力，那么代理人的类型便等于其成本的值。产生的努力可以使得成本下降低于 θ。如 Γ 由式（18.16）来确定，则：

$$\delta(c,\theta)=\Phi(\theta-c) \tag{18.17}$$

很容易证明，θ 满足（18.10）式～（18.14）式提出的假定。

现在对委托人的合同设计问题进行描述。当国防采办部门在考虑一个合同 $p(c)$ 时，假定委托人要预测每种类型的厂商 θ，哪一种类型厂商会参与，厂商将选择哪种类型的成本来进行生产。在促使各类企业参与的各种合同中，委托人将选择使其预期成本最小化的合同。假定 $c(\theta)$ 表示 θ 类型的厂商所选择的成本，那么委托人将通过求解下述方程来决定自己的行为：

$$\min_{c(),p()}\int p[c(\theta)]g(\theta)\mathrm{d}\theta \tag{18.18}$$

对所有 θ，有：

$$c(\theta) \in \arg\max_{\hat{c}} \{p(\hat{c}) - \hat{c} - \delta(\hat{c}, \theta)\} \tag{18.19}$$

$$p[c(\theta)] - c[\theta] - \delta[c(\theta), \theta] \geqslant 0 \tag{18.20}$$

在各种规则性假定之下，可以将该问题转换成一个最优控制问题。根据厂商的不同特征，将分别产生关于 $c^*(\theta)$ 和 $p^*(\theta)$ 的唯一结论。

- 较高类型厂商选择较高的成本为：

$$c^{*\prime}(\theta) > 0 \tag{18.21}$$

- 最低的类型 $\theta_{\min}$ 选择最优的成本。其他各种类型所选择的成本都严格地大于最优成本：

$$c^*(\theta_{\min}) = c^F(\theta_{\min}) \tag{18.22}$$

对每个 $\theta \in (\theta_{\min}, \theta_{\max})$ 有：

$$c^*(\theta) > c^F(\theta) \tag{18.23}$$

- 最高的类型 $\theta_{\max}$ 产生预期效用为 0。其他类型产生正的预期效用且预期效用随类型严格递减：

$$v^*(\theta_{\max}) = 0 \tag{18.24}$$

$$v^{*\prime}(\theta) < 0 \tag{18.25}$$

这里 $v^*(\theta)$ 由下式定义：

$$v^*(\theta) = p^*[c^*(\theta)] - c^*(\theta) - \delta[c^*(\theta), \theta] \tag{18.26}$$

上述这些特征都不能直接地描述 $p^*(c)$ 的性质。进一步，当某一个类型的 θ 选择成本 c 时，可以通过求解使下列问题实现最大化：

$$p(c) - c - \delta(c, \theta) \tag{18.27}$$

该问题的一阶条件是：

$$p'(c) - 1 - \delta_c(c, \theta) = 0 \tag{18.28}$$

将（18.28）式和（18.14）式作比较，可清楚看出，类型 θ 选择的 $p(c)$ 在 c 点的斜率便足以用来解释类型 θ 所选择的成本是小于、等于还是大于最优成本。特别是，当且仅当 $p'[c^*(\theta)] > 0$ 时，大于最优成本；当且仅当 $p'[c^*(\theta)] = 0$ 时，等于最优成本。即：

$$c^*(\theta)\ \overset{>}{\underset{<}{=}}\ c^F(\theta) \Leftrightarrow p'[c^*(\theta)]\ \overset{>}{\underset{<}{=}}\ 0 \tag{18.29}$$

假设 $[c_{min}, c_{max}]$ 是成本区间，$p(c)$ 限定在这个区间内。成本 c_{min} 由类型 θ_{min} 选定，成本 c_{max} 由类型 θ_{max} 选定。则有：

$$p'(c_{min}) = 0 \tag{18.30}$$

对 $c \in (c_{min}, c_{max})$，有：

$$p'(c) > 0 \tag{18.31}$$

即在 c_{min} 点，$p(c)$ 的斜率为 0，而在其他各点则一定为正。这是从一般分析中所得出的关于函数 $p(c)$ 的唯一特性。

固定价格合同是 $p'(c)$ 恒等于 0 时的合同。所以总的结论是：委托人提供一种价格随成本增加而提高的成本分摊合同是最理想的。

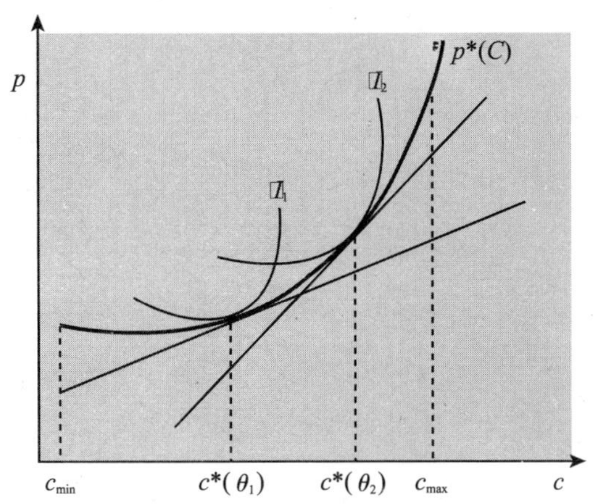

图 18.1　厂商成本—负效用曲线图

图 18.1 中，在区间 $[c_{min}, c_{max}]$ 内，合同 $p^*(c)$ 是凸函数。每一个类型的代理人在该曲线上选择一个 (p, c) 组合，以使其预期效用最大化。效用随价格提高和成本下降而增加。假定 θ_1 和 θ_2 是两种不同的类型，$\theta_1 < \theta_2$。可画出各类型的最优无差异曲线。该图描绘的最佳几何学特性是，较高类型具有较平的无差异曲线。这与 $\delta_{c\theta} < 0$ 的假定一致，称其为“单一交叉状态”①。这种特性就是

① 图 18.1 中，I_1（I_2）是属于较低（较高）类型的无差异曲线。单一交叉性说明，在它们的相交点上 I_2 比 I_1 更平一些。如果这个属性对所有的无差异曲线都适用的话，类型 1 的切点肯定位于类型 2 的切点的左边。

较高类型在较高成本处相切的原因。

拉丰和梯若尔（Laffont & Tirole，1986）以及罗杰森（Rogerson，1987）的研究得出了一个结论，如 $p^*(c)$ 如图中所示是凸起的，即可用一个线性合同的组合来代替合同 $p^*(c)$。假定该线性合同组合由所有的在区间［c_{min}，c_{max}］内对 $p^*(c)$ 的切线组成，同时假定委托人开始时就向代理人提供该组合。从几何上看，显然每一个类型的 θ 将在 $c^*(\theta)$ 点选择切线，然后选择成本 $c^*(\theta)$。这样，非线性合同 $p^*(c)$ 将通过提供线性合同组合来实现。

进一步讨论　与纯粹道德风险模型一样，纯粹自我选择模型清楚、简明地描述了这样一个基本观念，即激励合同可以包括厂商努力的引致和吸取租金方面的权衡问题，这为激励性合同提供了理论基础。然而，该模型的最大问题在于技术分析过于细致和复杂，而且理想合同的一般性质，依照所假定的具体作用形式，表现出相当大的差别。

对于纯粹自我选择模型，还有以下五点需要作补充说明：

（1）与道德风险模型相比，纯粹自我选择模型的基本思想更为复杂和精细。因此，可以说，即使那些在建立该模型之间已有一些直观想法的经济学家，也没有很好理解这一模型的基本思想。

（2）纯粹自我选择模型更注重研究更为基础和重要的现象。在对各种各样合同实践进行解释时，用合同签订时的信息不对称性来做解释比用风险厌恶来解释显得更为重要。

（3）纯粹自我选择模型的“线性组合”可能产生另一个可检验的结果：在 β 较高的线性合同下运作的厂商，将会获得较少的租金。也就是说，在理想状态下，更高类型的厂商选择一个具有更高价值的 β 和获取更低租金（即总效用）的线性合同。这是一个公认的事实，厂商通过固定价格合同所获取的精确的事后会计利润率大于厂商通过成本补偿合同所获取的精确的事后会计利润率。

（4）线性组合分析可以帮助国防采办部门在与厂商的谈判中，通过明确提出组合而形成更好的谈判策略。

（5）简单采办问题是在相对人为地讨价还价的结构中进行的，国防采办部门提出唯一的要么接受、要么放弃的提议。在道德风险模型中，签订合同时信息是对称的；但是，在纯粹自我选择模型中，信息是不对称的。在这种情况下，对谈判和国防采办部门承诺能力产生影响的制度，对合同结果具有至关重要的作用。

18.2 多代理人简单国防采办激励模型

单代理人简单国防采办激励模型考虑的是不确定性和代理人风险厌恶问题，而多代理人简单采办激励模型则研究委托人在市场上 n 个代理人中的择优问题。当不存在信息不对称时，委托人面临的是 n 个不同的纯粹道德风险问题，即可以通过对每一问题来计算理想的合同和由此产生的预期支付额，来选择使预期成本最小化的代理人。而当存在信息不对称时，引入众多潜在厂商，委托人可以通过拍卖的方式从企业抽取租金来获取利益。

本节着重对车（Che，1993）的多代理人多选择多维度国防采办招标模型进行详细介绍。该模型中多维是指厂商既要提出报价，又要给出质量标准，这两项内容由国防采办部门通过一定的评分规则予以评估；而多选择是指设计三种招标方案，即第一高分，第二高分，以及第二首选报价，以探讨国防部门应如何设计评分规则来实现其最优机制。

18.2.1 基本模型

国防采办部门通常依靠竞争性来源选择采购武器系统，与大多数私人招标不同，这一采购竞争涉及多种要素，除价格之外还包括性能/质量。因此，这里设计了一个二维招标模型，每家厂商都要对质量和价格提出报价。本模型中，国防采办部门从 N 家厂商那里获得报价。每一个报价都明确给出可达到的质量 q 和价格 p，其价格是在产品数量固定的情况下对所给定质量 q 的反映。数量通常被归一化为 1。为简便起见，在模型中质量被看作是一维因素（实际中，质量包含多种因素：技术特点、交货日期，以及其他的管理绩效标准等）。

国防采办部门与厂商的特点可以描述如下。国防采办部门从合同（q，p）$\in \Re_+^2$ 中获得效用：

$$U(q,p) = V(q) - p \tag{18.32}$$

其中 $V' > 0$，$V'' < 0$，且 $\lim_{q\to 0} = V'(q) = \infty$，$\lim_{q\to\infty} V'(q) = 0$，获胜的厂商 i，从合同（q，p）中获得的收益为：

$$\pi_i(q, p) = p - c(q, \theta_i) \tag{18.33}$$

其中，厂商 i 的成本 $c(q, \theta_i)$ 随质量 q 和成本参数 θ_i 的增加而增加。假设 $c_{qq} \geq 0$，$c_{q\theta} > 0$ 和 $c_{qq\theta} \geq 0$。也就是说，边际成本随参数 θ 的增加而增加。最终，可以认定的是国防采办部门从来都不愿意把合同拆分给一家以上的厂商（即成本函数在 q 上不会太凸）。这些假设满足一个具有不变单位成本 θ 的成本函数，即 $c(q, \theta) = \theta q$。

失利的厂商获得保留收益，通常被假设为零。在报价前，每家厂商 i 意识到它的成本函数是私人信息。国防采办部门只知道成本参数的分布函数，可以假定 θ_i 是独立的，且在 $[\underline{\theta}, \bar{\theta}]$（$0 < \underline{\theta} < \bar{\theta} < \infty$）上服从均匀分布，并有分布函数 F 和一个正的连续可微的密度函数 f。因为企业是完全对称的，下面分析中，下标 i 将不加以区分。同时，在本模型中，可以做出以下假设：

假设 1：$c_q + \frac{F}{f}c_{q\theta}$ 是 θ 的非递减函数；

假设 2：即使有最高的成本类型 $\bar{\theta}$，交易也会发生。

根据显示原则（Myerson，1982），便可以得出下列命题 1，也可参见拉丰和梯若尔（1987）、麦卡菲和麦克米伦（McAfee & McMillan，1987），以及赖尔登和萨平顿（Riordan & Sappington，1987）的研究。

命题 1：在最优的显示机制中，拥有最低成本类型 θ 的厂商中标，同时中标厂商提供的标的质量 q_0 能满足国防采办部门效用最高。即对任意拥有最低成本类型 θ 的中标厂商提供的质量 q_0 为：

$$q_0(\theta) = \arg\max[V(q) - J(q,\theta)] \tag{18.34}$$

其中，$J(q,\theta) \equiv c(q,\theta) + \frac{F(\theta)}{f(\theta)}c_\theta(q,\theta)$ 为购买者的最终支付价格。

命题 1 表明，在最优机制中，质量扭曲限制了相对有效率厂商的信息租金，然而竞争进一步减少了租金的绝对大小。本模型中，把该最优结果作为一基准点，并关注它如何在两维招标机制中得到应用，而二维招标机制抓住了国防采办部门来源选择的显著特点。

考察下列三种招标规则：第一高分招标，第二高分招标，以及第二首选报价招标。在这三种招标机制中，购买者凭借评分规则来选择获胜厂商；更准确地说，合同签署是对提出的报价获得最高分的厂商的回报和奖励。设 $S = S(q, p)$

表示一种对报价（q，p）的评分规则。这一规则应当在各厂商报价之初就广而告之，而最初国防采办部门设计这一规则符合它的最佳利益。国防采办部门的真正偏好应该反映在评分规则中：如 $S(q, p) = U(q, p)$。本模型中，采用线性评分规则。

假设3：$S(q, p) = s(q) - p$，且对所有 $\theta \in [\underline{\theta}, \bar{\theta}]$，$s(q) - c(q, \theta)$ 在 q 点有唯一最大值，同时至少对 $q \leq \arg\max\ [s(q) - c(q, \underline{\theta})]$，$s(\cdot)$ 是递增。

为理解三种招标机制之间的不同，就必须区分获胜厂商的报价和厂商最终获得的合同之间的区别。在第一高分招标中，获胜厂商的报价最终便成为合同。因此，这一招标规则与第一价格招标机制相类似；第二高分与第二首选报价招标规则代表了第二价格招标的两个变体。在第二高分招标机制中，获胜的厂商需要（在合同中）达到最高的落选分数。但是，为了满足这一分数，厂商可以自由地选择质量（或者质量/价格组合）。德加涅（Desgagne，1988）提出的第二首选报价招标规则与第二高分招标很相似，只是获胜者不仅要满足分数，还要满足最高失利厂商提出的质量选择。

18.2.2　均衡分析

每一种选择招标模式下均衡的特点都是一个满足假设3的总评分原则。每一个招标规则都可以被看作是对贝叶斯博弈的运用，每家厂商都选择一个质量/价格组合（q，p）作为其成本参数的函数。不失一般性，每家厂商的战略都可以被描述为选择一种分数和质量（S，q）。下列引理证明了在第一高分和第二高分招标中，均衡质量报价受到分数选择的决定。

引理1：在第一高分和第二高分招标中，对所有的 $\theta \in [\underline{\theta}, \bar{\theta}]$，质量选择 $q_s(\theta)$ 满足 $q_s(\theta) = \arg\max\ [s(q) - c(q, \theta)]$。

这一结论可以在图18.2中直观表现出来。假设厂商 i 想提供一任意的分数 S，表现在国防采办部门的等分数线曲线上（图中凹曲线）。只要厂商沿着曲线运动，它获胜的可能性就不会改变。显然，在两条曲线相切点上，厂商获得收益最大化，因为这一点使得厂商最大化收益的同时，又不会降低它获胜的几率。

实际上，引理1将二维招标简化为一维问题。设 $S_0(\cdot) \equiv \max\ [s(q) - c(q,\theta)]$，

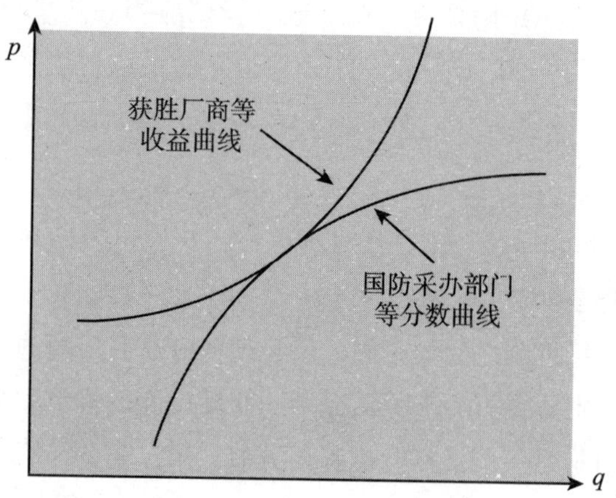

图 18.2 等收益—等分数曲线

$\theta \in [\underline{\theta}, \bar{\theta}]$。于是，由包络定理，$S_0(\cdot)$是严格递减的；因此，其反函数存在。考虑下面变量变化：

$$v \equiv S_0(\theta), H(v) \equiv 1 - F[S_0^{-1}(v)], b \equiv S[q_s(\theta), p] \tag{18.35}$$

于是，该问题可以被重新解释为每家厂商都依照它的生产潜能 v 去获得一个评分水平 b，生产潜能 v 的累积分布函数为 $H(\cdot)$。特别地，$b(\cdot)$表示 v 的均衡报价函数，且是对称和递增的，在第一高分招标模式下每家厂商的目标函数可表述为：

$$\begin{aligned}\pi[q_s(\theta), p|\theta] &= \{p - c[q_s(\theta), \theta]\} Prob\ \{win | S[q_s(\theta), p]\} \\ &= [v - b]\{H[b^{-1}(b)]\}^{N-1}\end{aligned} \tag{18.36}$$

由此，可以立即得到下列命题：

命题 2：①第一高分招标模式唯一的对称性均衡，是每家厂商提供一个报价：

$$q_s(\theta) = \arg\max\ [s(q) - c(q, \theta)] \tag{18.37}$$

$$p_s(\theta) = c(q, \theta) + \int_{\theta}^{\bar{\theta}} c_\theta[q_s(t), t]\left[\frac{1 - F(t)}{1 - F(\theta)}\right]^{N-1} dt \tag{18.38}$$

② 第二高分招标模式的均衡占优策略，是 θ 类型的每家厂商提供一个报价：

$$q_s(\theta) = \arg\max[s(q) - c(q, \theta)] \tag{18.39}$$

$$\bar{p}_s(\theta) = c(q_s, \theta) \tag{18.40}$$

从命题 2 可以看出：第一，如果 $c(q, \theta)=\theta$（即质量是确定的），第一高分招标的均衡就成了第一价格招标的均衡；第二，维克瑞（Vickrey，1961）招标在第二高分招标的直观应用：给定评分 $S_0(\theta)$，如果 θ 类型厂商报价一个高的得分，它获胜将冒着获得负收益的风险；如果报价一个低的得分，它将放弃赢得正收益的一些机会。最后，这些招标的实现取决于 $S_0(\cdot)$ 的可逆性，这永远是得到满足的。

代入（18.38）式中的均衡报价，得到第一高分招标模式下的国防采办部门期望效用：

$$EU_{FS}=E\{V[q_s(\theta_1)]-J[q_s(\theta_1), \theta_1]\} \tag{18.41}$$

其中，θ_1 是最低统计量（即 $\theta_1 \equiv \min\{\theta_i\}_{i=1}^{N}$）。因为在一般等价收入中可能不成立，于是可以得到第二高分招标模式下的期望效用：

$$EU_{SS}=E\{V[q_s(\theta_1)]-p_s(\theta_1, \theta_2)\} \tag{18.42}$$

其中，$p_s(\theta_1, \theta_2)$ 是获胜厂商实际支付给国防采办部门的价格，即：

$$p_s(\theta_1,\theta_2)=s[q_s(\theta_1)]-s[q_s(\theta_2)]+c[q_s(\theta_2),\theta_2] \tag{18.43}$$

可以看出，在第二首选报价中，每家厂商都报价获得 0 收益的分数，这个报价将被确定为最后的合同。然而，在第二首选报价招标中，获胜的企业并不控制质量的选择。因此，每家企业的 0 收益分数报价取决于其他企业的质量/价格报价。因而，均衡占优策略不存在。

命题 3： 在第二首选报价招标中，如果 $p(\theta)=c[q(\theta), \theta]$ 和 $S[q(\theta), p(\theta)]$ 是 θ 的增函数，那么任一 $[q(\cdot), p(\cdot)]$ 是每家厂商的对称贝叶斯纳什均衡策略。

命题 3 确定的均衡中，每家厂商报价最高分数不会遭受任何损失。这个均衡是最高分数——有效率的，对于给定的报价在所有均衡中这个分数是最高的。下面，关注一个特殊的均衡。

在该均衡中，每家厂商报价 $q_s(\theta)$ 正像两个其他的招标原则一样。但是获胜厂商有责任去生产由最高失败厂商所提供的标的质量，获胜厂商生产的均衡质量是 $q_s(\theta_2)$，低于其提供的标的质量 $q_s(\theta_1)$。

在这个均衡下国防采办部门的期望效用是：

$$EU_{SPO}=E\{S_0(\theta_2)\}=E\{V[q_s(\theta_2)]-c[q_s(\theta_2),\theta_2]\} \tag{18.44}$$

18.2.3 最优机制

上节在选择招标模式下建立了均衡结果，其总的评分原则均满足假设3。对此，可以提出两个问题：第一，如果国防采办部门具有完全的承诺能力，那什么是最优评分规则？第二，最优评分规则是否会允许任一招标机制去实现在假设1下所明确的最优结果？这两个问题可以同时得到解答。

考虑下列评分规则：$\tilde{S}(q, p)=V(q)-p-\Delta(q)$。其中$\Delta q$可以这样被选择：

$$\Delta(q) = \int_k^q \frac{F[q_0^{-1}(s)]}{f[q_0^{-1}(s)]} c_{q\theta}[s, q_0^{-1}(s)] \mathrm{d}s, q \in [q_0(\bar{\theta}), q_0(\underline{\theta})] \quad (18.45)$$

同时，对$q \notin [q_0(\bar{\theta}), q_0(\underline{\theta})]$时，$\Delta q=\infty$。另外，$k$为任意实数。$q_0(\cdot)$是命题1中定义的最优质量。注意评分规则不同于效用函数$\Delta(q)$。

命题4：在评分规则$\tilde{S}(q, p)$下，第一高分与第二高分招标机制是最优机制；第二首选报价机制在任何评分规则下都不能实现最优机制。

命题4表明了二维招标模式的一个潜在优势：若有一个合适的评分规则，第一和第二高分招标能够实现最优结果。需要注意的是，这个最优评分规则有时需要国防采办部门在事后去选择一个没有吸引力的建议。图18.3表示了这种可能性的存在，在图18.3中，评分规则是通过等分数线来描绘的，这条曲线没有国防采办部门的无差异线陡峭。按照评分规则，报价A优于B，但是在两个报价收到之后，国防采办部门可能会拒绝该评分规则，去选择B而不是A。

因此，这个最优评分规则的实现，国防采办部门必须有强大的承诺能力去支持评分系统。在国防采办中，这种承诺能力经常是缺乏的。第一，国防采办部门对一项复杂技术偏好的传达，特别是这项技术能在某种程度上被第三方验证，实际上这是非常困难的。因而，对于质量要求在合同上几乎是不可能实现的。第二，政府经常禁止透露它的评价程序，以至于避免卷入高昂的报价争夺当中；同样，公开评价程序，失败厂商就很容易提出诉讼。

如果国防采办部门缺乏承诺能力，这个评分规则仅仅反映了国防采办部门的偏好次序。下列命题表示了没有承诺能力的情形，所有三类机制对于国防采办部门得到了同样的期望效用，实际上这就是“收入等价定理”的二维扩展。

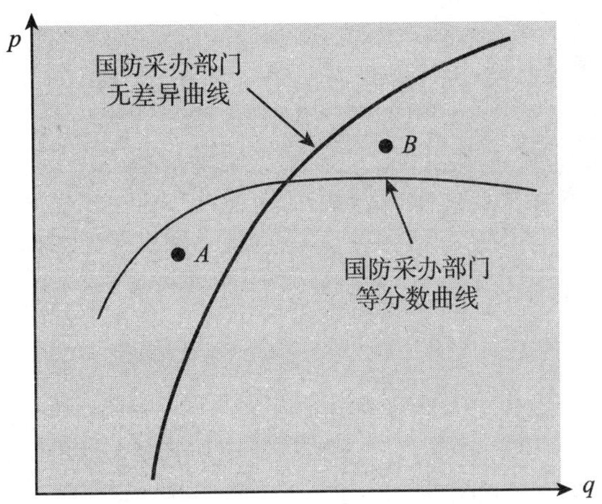

图 18.3　无差异—等分数曲线

命题 5： 如果国防采办部门不能提交一个评分规则，这个规则不同于 $U(\cdot,\ \cdot)$，所有三类招标机制对于国防采办部门得到相同的期望效用，等于：

$$E\{V[q^*(\theta_1)]-J[q^*(\theta_1),\ \theta_1]\} \tag{18.46}$$

其中，$q^*(\theta_1)\equiv \arg\max[V(q)-c(q,\theta_1)]$ 为最优的质量水平。

从上面的分析结论可以看出：第一，在第一和第二高分招标模式中，获胜厂商以最优质量水平生产，国防采办部门发现相对于命题 1 的最优质量水平是过多的。这是因为缺乏承诺能力，就促使多余最优质量的水平必须从命题 4 中清除，即真实的效用函数未能实现质量信息成本的内在化。第二，这个等价性质有一个有趣的政策含义。众所周知，第二首选报价招标模式的实现有一个有限谈判的阶段，上面的结果可以用来解释增加谈判的限制并不损害国防采办部门的利益。第三，从国防采办部门的观点来说，即使三类招标规则是等价的，同样的等价性对所有的厂商来说可能是不成立的。因为第二首选报价招标模式中，获胜的厂商会选择最高失败厂商的最优质量水平 $q^*(\theta_2)$，低于它自己的最优质量水平$q^*(\theta_1)$，在第二首选报价招标模式下的总剩余是严格小于其他两类招标模式下的总剩余。因为在所有的招标规则下国防采办部门的期望效用是一样的，因此可以推出：第一和第二高分招标模式下获胜厂商的期望收益是一样的，但其严格小于第二首选报价招标模式下的期望收益。

18.3 多阶段简单国防采办动态激励模型

简单采办模型舍弃了实际采办过程中存在的一个重要问题，即国防采办部门就同一个产品或同一产品的不同样式的采办通常要持续许多年。因为设计在按难以预见的方式不断改进，同时未来需求方面也存在诸多不确定性，因而难以签订长期合同。

大量事实表明，委托人每一年都按照一个固定价格来采办，而每一年的固定价格又在很大程度上是按照上一年成本来计算的。这样，一方面，固定价格合同会激励厂商努力寻求途径以降低成本，以使自己在现有合同的框架内获得好处；但另一方面，厂商降低了成本后，委托人根据第一阶段成本情况来签订第二阶段的固定价格合同时，将对厂商在成本方面提出更高的要求。这就是典型的所谓“鞭打快牛”现象。而当厂商意识到这一点时，它降低成本的积极性会下降，甚至人为增加成本，以换取下阶段合同中有利于自己的局面。

关于委托人能否承诺长期合同问题，拉丰和梯若尔（1988）建立了一个两期委托代理模型对该问题进行了研究，并探讨了委托人的承诺能力对长期合同签订所产生的影响。本节就以拉丰和梯若尔（1988）的模型为基础，探讨国防采办过程中的多阶段动态激励问题。

18.3.1 基本模型

考察静态两期模型，在每一期军工厂商必须完成一个项目，其成本为：

$$c_t = \beta - e_\tau \quad (\tau = 1,\ 2) \tag{18.47}$$

式中，e_τ 反映 τ 期成本水平的减少，或者厂商付出的努力水平，β 是不随时间变化的参数，只有厂商知道这一参数的值。β 的累积分布函数是 $F_1(\beta)$，$\beta \in [\underline{\beta}, \bar{\beta}]$，$F_1$ 的密度函数是 f_1，f_1 可微并在 $[\underline{\beta}, \bar{\beta}]$ 有界。

τ 期的社会福利为：

$$W_\tau = s - (1 + \lambda)(c_\tau + t_\tau) + u_\tau \tag{18.48}$$

式中，s 为每期项目的社会效用；$u_\tau = t_\tau - \psi(e_\tau)$ 为厂商的效用水平；t_τ 是委托

人（即国防采办部门）转移支付给厂商的净收益；$\psi(e_\tau)$是努力的负效用（$\psi'>0$，$\psi''>0$），委托人给厂商总的支付是 $c_\tau+t_\tau$；λ 为导致单位货币提高的扭曲成本（例如以特许权税的形式）；另外，还假设双方的贴现因子都为 δ。

在完全信息（$\beta=\underline{\beta}=\bar{\beta}$）和个人理性约束$[t_\tau-\psi(e_\tau)\geqslant 0]$条件下，实现（18.48）式社会福利最大化，其最优静态解为：

$$t_\tau=\psi(e_\tau) \tag{18.49}$$

$$e_\tau=e^* \tag{18.50}$$

式中 $\psi'(e^*)=1$。

18.3.2　动态均衡

假设委托人根据它当期对厂商类型的信念来选取第 2 期的最优激励方案。这些信念取决于第 1 期实际发生的成本和第 1 期的激励方案。

在两种类型（$\underline{\beta}<\bar{\beta}$）的情形下，用 ν_1 和 ν_2 分别表示 $\beta=\underline{\beta}$ 的先验概率和后验概率；在连续统[①]（$\beta\in[\underline{\beta},\bar{\beta}]$）情形下，$F_1(\cdot)$ 和 $F_2(\cdot)$ 分别表示先验和后验累积分布函数。将委托人与厂商之间的博弈均衡模型化为一个完美贝叶斯均衡。

委托人的策略是第 1 期的激励方案 $c_1\to t_1(c_1)$ 和第 2 期的激励方案 $c_2\to t_2[c_2;\ t_1(\cdot),\ c_1]$。这里允许厂商任何时候都可以退出这种关系（并可得到保留效用 0）。如果厂商在 τ 期接受这种激励方案，令 $\chi_\tau=1$；如果厂商退出，则令 $\chi_\tau=0$。厂商的策略就是在第 1 期选择是否参加并选择努力水平：

$$\chi_1[\beta,t_1(\cdot)],e_1[\beta,t_1(\cdot)] \tag{18.51}$$

在第 2 期就是选择：

$$\chi_2[\beta,t_1(\cdot),t_2(\cdot),c_1],e_2[\beta,t_1(\cdot),t_2(\cdot),c_1] \tag{18.52}$$

这些策略和信念会形成一个完美贝叶斯均衡，当且仅当：

（1）对于给定 $t_2(\cdot)$，$\{e_2(\cdot),\ \chi_2(\cdot)\}$ 对厂商来说是最优的；

（2）给定委托人的后验信念，$t_2(\cdot)$ 对它来说是最优的；

---

① 无限可数集（比如自然数集）的所有子集构成的集合叫连续统。

(3) 给定 $t_1(\cdot)$ 和如下事实：委托人第 2 期的激励方案取决于 c_1，$\{e_1(\cdot),\ \chi_1(\cdot)\}$ 对于厂商来说是最优的；

(4) 给定后续策略，$t_1(\cdot)$ 对委托人来说是最优的；

(5) 从先验信念可以推出后验信念，运用贝叶斯法则，企业的策略由条件 (3)、第 1 期的激励方案 $t_1(\cdot)$ 和观察到的成本 c_1 给出。

条件 (1) 到 (4) 需要求出"完美"状态，即博弈主体在博弈的每个阶段的最优化行为。条件 (5) 要求委托人对有关厂商类型的信念更新遵循贝叶斯法则。注意，(2) 要求委托人在第 2 期选择与其后验信念对应的最优静态激励方案，即使偏离均衡路径。同样，也要求厂商在博弈任何阶段的行为都是最优的。

最后，考察任意的第 1 期激励方案 $t_1(\cdot)$。一个后续均衡（Continuation Equilibrium）就是一组具有满足 (1)、(2)、(3) 和 (5) 的更新规则的策略集合 [$t_1(\cdot)$ 除外]。换句话说，它是一个外生给定的第 1 期激励方案的均衡。如果函数 $\beta \to c_1(\beta) = \beta - e_1(\beta)$ 是一对一的话，那么该均衡就是完全可分离的。

18.3.3 棘轮效应

考察值为 [$\underline{\beta}$, $\bar{\beta}$] 的连续统情形，其先验的概率分布为 $F_1(\cdot)$，密度函数 $f_1(\cdot)$ 在 [$\underline{\beta}$, $\bar{\beta}$] 上严格为正，并满足：F_1 的单调风险率或对数凹性 $\mathrm{d}[F_1(\beta)/f_1(\beta)]/\mathrm{d}\beta > 0$。在这种假设下，最优静态机制是完全可分离的。连续统情形有如命题 1 的结论。

命题 1： 对任何第 1 期激励方案 $t_1(\cdot)$，都存在着非完全分离的后续均衡。

命题 1 说明，尽管在静态情况下，完全分离是可行的和理想的，但在动态情况下，它就不再是可行的。对这一命题直观的理解是：如果企业在第 1 期完全显示了它的信息，那么它在第 2 期就得不到任何租金。因此，它必然会最大化第 1 期收益。现在假设 β 类型的厂商偏离了它的均衡策略，并按照 $\beta + \mathrm{d}\beta$ 类型的成本进行生产，这里 $\mathrm{d}\beta > 0$。根据包络定理，它在第 1 期失去的只是第二次定购的利润；但在第 2 期它却得到了第一次定购的租金，因为委托人认为它的类型是 $\beta + \mathrm{d}\beta$。因此 β 类型的厂商愿意与 $\beta + \mathrm{d}\beta$ 类型的厂商相混同。

对于后续均衡有两个特点需要说明：一是，如果存在两个均衡成本水平 c^0 和

c^1，并在 $[\underline{\beta}, \bar{\beta}]$ 上存在一个无穷有序序列 $\{\beta_k\}_{k\in N}$，使得对所有 k 按照成本 c^0（或 c^1）进行生产时，若类型为 β_{2k}（或 β_{2k+1}）的厂商是最优行动，后续均衡就表现出无穷再转换（Infinite Reswitching）特点；二是，对于一个给定（很小）的 ε，如果存在一个成本水平 c 和两个值 $\beta_1 < \beta_2$，使得 $(\beta_2 - \beta_1)/(\bar{\beta} - \underline{\beta}) \geqslant 1-\varepsilon$，且 c 是 β_1 和 β_2 类型厂商的最优行动，那么就称后续均衡在大范围 $(1-\varepsilon)$ 内表现了混同的特点。

命题 2 考察了有固定 $\bar{\beta}$ 的经济序列。令 $\underline{\beta}_n$ 的下界收敛于 $\bar{\beta}$，新的密度函数为 $f_1^n(\beta) = f_1(\beta)/[1 - F_1(\underline{\beta}_n)]$，定义域为 $[\underline{\beta}_n, \bar{\beta}]$。

命题 2： 考察任意的第 1 期激励方案 $t_1(\cdot)$，假定 ψ' 的下界为某一正数。对任意 $\varepsilon>0$，存在 $\beta_\varepsilon<\bar{\beta}$ 使得当 $\underline{\beta}_n \geqslant \beta_\varepsilon$ 时，对所有的 n 不存在一种后续均衡能使委托人获得比最优完全混同合约条件下更多的收益，并且要么（1）使得低于 $(1-\varepsilon)$ 比例的按同样成本生产；要么（2）不表现出无穷的再转换和在大范围 $(1-\varepsilon)$ 上的混同。

命题 2 表明，对于较小的不确定性，委托人要么会造成几乎完全的混同，要么必须诉诸于无穷再转换和很多混同的后续均衡，图 18.4 对该均衡进行了描述。委托人提供两对（成本，转移支付）参数，两种成本是 c 和 $\tilde{c}$。在区间 $[\underline{\beta}, \tilde{\beta}]$ 厂商严格偏好 c，在区间 $[\tilde{\beta}, \bar{\beta}]$ 厂商在 c 和 $\tilde{c}$ 之间的选择无差异，从而是随机的。可以证明，选择在第 1 期进行随机选择，从而委托人的后验信念和厂商的第 2 期租金可以在这段区间内维持第 2 期租金 u 和 $\tilde{u}$ 是相等的。还可以证明，选出的 c 和 $\tilde{c}$ 可以是很接近的（通过选择 $\tilde{\beta}$ 接近于 $\underline{\beta}$）。因此，对于较小的不确定性，这个均衡未必是次优的。

在完全混同均衡情形下，很容易刻画最优的成本目标。如果对厂商施加这样的成本目标，厂商的第 1 期努力水平与厂商的效率就是反方向变化的（虽然在静态模型中，它与效率是同方向变化的）。进一步，尽管存在棘轮效应，在第 1 期也没有出现努力不足。的确，在努力的二次负效用函数和均匀先验分布的情况下，所有类型厂商第 1 期努力的平均边际负效用与静态的不完全信息情形下是相同的。更重要的是，当 β 接近于 $\bar{\beta}$ 时，厂商的努力程度大于最优水平。这是由于以下事实：委托人在提供产生混同的合约时，会迫使效率较低类型的厂商努力工作以避免高效率类型的厂商过分偷懒。最后，效率最高类型的厂商在第 2 期会更努力，而效率最低类型的厂商在第1期会更努力。对所有类型厂商，收入 t_τ 的方差随时间的推移而增加。

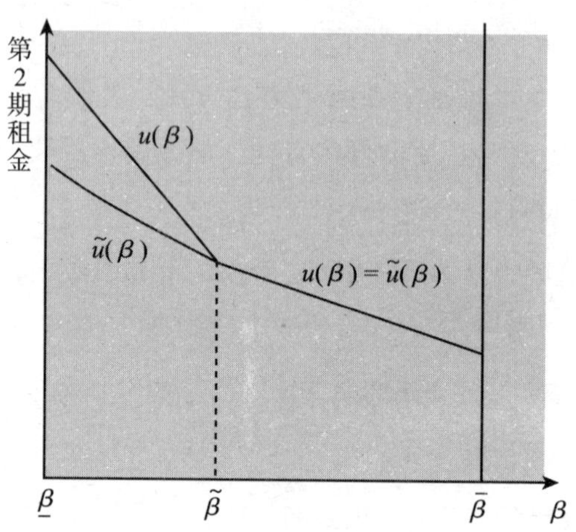

图 18.4　非分离均衡

图 18.5 表示了当努力的负效用函数为 $\psi(e)=\alpha e^2/2$ 时，二次方程—均匀分布情形下的最优完全混同均衡。因此，对称信息的努力水平为 $e^*=1/\alpha$。在图 18.5 中，第1期中有承诺情形下的努力函数与最优完全混同情形下的努力函数之间的面积用 A_1 和 A_2 表示，它们在二次方程—均匀分布的情形下是相等的。

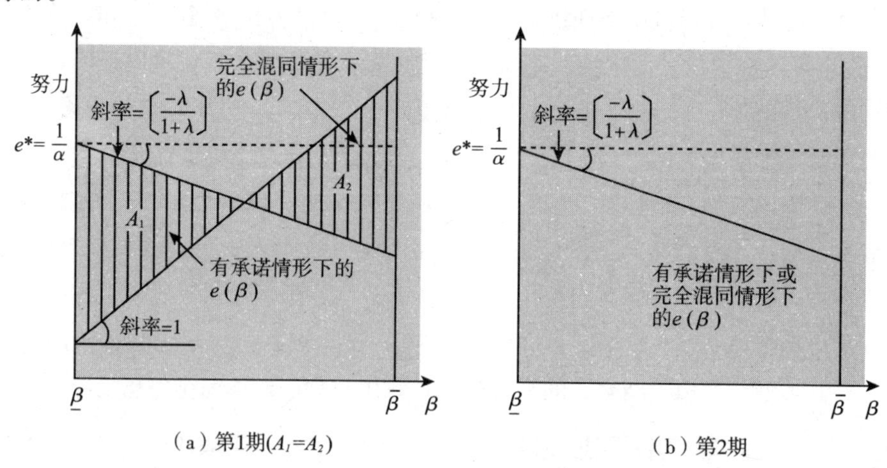

（a）第1期($A_1=A_2$)　　（b）第2期

图 18.5　二次方程—均匀分布不确定性较小的情形

18.3.4　均衡分析

在这类动态激励问题中寻找的后续均衡种类自然是分离均衡。在分离均衡中，$[\underline{\beta}, \bar{\beta}]$ 可以被划分为许多有序区间，使得第 1 期中一个区间内所有类型的厂商都选择同样的成本水平，而分属两个不同区间的两种类型的厂商选择不同的成本水平。完全混同情形是退化的分离均衡，这种均衡中只有一个这样的区间。由于在下面的分析中，所有成本水平都是第 1 期的，因此不再表明时间，只是用上标来区别第 1 期的不同成本水平。

当努力的负效用函数为二次方（或者更一般的 α—凸的，这里 $\psi'' \geqslant \alpha$ 处处成立）时，可以推出在后续博弈（Continuation game）中允许非退化分离均衡的任意第 1 期激励方案的必要条件和充分条件。

命题 3（必要条件）： 假设 ψ 是二次的 $[\psi(e) = \alpha e^2/2]$，且均衡是分离均衡。如果 c^k 和 c^l 是两个均衡的第 1 期成本水平，则 $|c^k - c^l| \geqslant \delta/\alpha$。

命题 3 表明，在一个分离均衡中，两个均衡成本之间的最小距离等于贴现因子除以努力的负效用函数的曲率。

由于当厂商的成本不是均衡成本时，委托人可以对厂商施加较大的负的转移支付，所以可以定义所有类型厂商必须从中选择允许的"成本—转移支付"对集合，有如下命题 4：

命题 4（充分条件）： 假设 ψ 是二次的 $[\psi(e) = \alpha e^2/2]$，并且满足假定 $\mathrm{d}[F_1(\beta)/f_1(\beta)]/\mathrm{d}\beta > 0$。如果委托人提供一个允许的"成本—转移支付"对 $\{t^k, c^k\}$ 的有限集合，使得对于所有的 (k, l) 都有 $|c^k - c^l| \geqslant \delta/\alpha$，那么在后续博弈中就存在一个分离均衡。

以上在类型为连续统情形下得到的结论，对大量的、有限的情形（厂商类型是有限、委托人潜在的成本—转移支付对有限）仍然是成立的，于是命题 1 可表述为下列命题 5：

命题 5： 令 $[\underline{c}, \bar{c}]$ 表示一个任意成本范围，$[\underline{\beta}, \bar{\beta}]$ 表示不确定性的范围。假定在不确定性的范围内，潜在的效率类型集合是有限的，并且委托人向厂商提供有限的"成本—转移支付"对。那么，对任何第 1 期激励方案 $t_1(\cdot)$ 和数量足够大的潜在效率类型，不存在分离均衡。

命题5表明，对有限类型来说，分离是可行的。更一般地，可以考察第2期的条件概率累积分布 $G(\beta_2 \mid \beta_1)$，为了继续强调极端形式的棘轮效应，集中研究厂商类型几乎相关的情形。也就是说，可以固定第1期的累积分布 $F_1(\beta_1)$，并考察第2期条件概率累积分布序列 $G^n(\beta_2 \mid \beta_1)$（$n$ 趋于无穷大），使得存在 $\varepsilon(n)>0$ 时，在 β_1 上一致满足 $\lim_{n\to\infty}\varepsilon(n)=0$ 和 $\lim_{n\to\infty}\{G^n[\beta_1+\varepsilon(n) \mid \beta_1]-G^n[\beta_1-\varepsilon(n) \mid \beta_1]\}=1$。于是得到下列命题6：

命题6：在几乎完全相关下，分离均衡不是最优的。也就是说，存在 n_0 使得当 $n\geqslant n_0$ 时，最优的完全混同均衡优于任何分离均衡。

命题6表明，并不是对一般性激励方案而言完全混同均衡都是最优的，而是完全混同均衡会优于任何分离均衡。

18.4 多层次简单国防采办内部激励模型

以上研究都是将国防采办部门描述成一个统一的理性整体，目的是集中研究国防采办部门与军工厂商之间的激励问题，但国防采办部门的决策是多个目标冲突的个体分散决策。国防采办部门对决策过程的组织，按照自身利益运作的个体所面临的激励，都将对如何做出决定产生影响。因此，国防采办部门自身遇到内部激励方面的问题。

目前，研究国防采办内部激励问题主要有两种不同形式的委托代理模型，一种是双层模型；另一种是三层模型。在双层国防采办内部激励模型中，委托人是国防采办部门或国会，代理人是国防采办部门内部的行政部门或其他机构。委托人的目标是使自身预算规模最小化，而代理人的目标却是使本部门的预算最大化。这类模型主要研究国防采办的数量与质量等决策问题。而三层国防采办内部激励模型包括委托人、监督人和代理人三个层次。在这种模型中，委托人是国防采办部门或国会，监督人是军事部门，代理人是军工厂商。这类模型研究的主要问题是简要分析国防采办分等级控制的性质。

本节主要介绍国防采办的三个双层内部激励模型：一个是罗杰森（1990）的关于质量与数量之间的权衡模型，另一类是罗杰森（1991）的关于生产设施技术标准的单期决策模型，第三个是罗杰森（1991）的关于生产设施技术标准的多期决策模型。

18.4.1　数量与质量决策模型

罗杰森（1990）描述了一个简单的框架，在该框架中军方选择武器的质量，而国会选择武器的数量。军方的目标是使军事准备的收益最大化，而国会的目标是使军事准备收益与其成本之差最大化。模型最主要的结论是，当质量与数量之间不能较好地相互替代时，军方会有意选择高于效率水平的质量，也就是军方有意通过提高质量来提高军事准备的水平，因为这样做只会引起国会所选择的数量产生较小幅度的下降。

最优计划　假设一个武器计划完全可以用两个非负实数（q，x）来描述，其中 q 表示武器的质量；x 表示购买武器的数量。$C(q, x)$ 表示生产质量为 q、数量为 x 的武器系统的成本；$V(q, x)$ 表示武器系统对国会的军事价值。对国会而言，最优武器计划是收益与成本之差的最大化。

定义 1：计划（q，x）是最优计划，它须满足下式

$$\operatorname*{Max}_{(\hat{q},\hat{x})\in R^{+2}} V(\hat{q}, \hat{x}) - C(\hat{q}, \hat{x}) \tag{18.53}$$

定义 2：计划（q，x）是给定预算 B 下的次优计划，它须满足下式

$$\operatorname*{Max}_{(\hat{q},\hat{x})\in R^{+2}} V(\hat{q}, \hat{x}) \tag{18.54}$$

$$s.t.\quad C(\hat{q}, \hat{x}) \leqslant B \tag{18.55}$$

均衡计划　采用新武器系统的决策过程可以视为国会和军方的博弈，有两个基本假设：

第一个基本假设：军方的偏好，用 $>_m$ 表示军方对武器系统的偏好顺序。则有：

$$(q, x) >_m (\hat{q}, \hat{x}) \Leftrightarrow V(q, x) > V(\hat{q}, \hat{x}) \tag{18.56}$$

上式认为军方是完全可信的代理机构，军方无任何私利。然而，军方是非完美的，一个完美的代理偏好可以表示为：

$$(q, x) >_m (\hat{q}, \hat{x}) \Leftrightarrow V(q, x) - C(q, x) > V(\hat{q}, \hat{x}) - C(\hat{q}, \hat{x}) \tag{18.57}$$

（18.57）式是基于假设 $C(q, x)$ 和 $V(q, x)$ 都是可客观衡量的，从而 $V-C$的大小可以直接衡量。然而，武器计划的社会价值 V 却无法客观衡量，所以国会很难基于（18.57）式制定出完美的激励合同，从而军方决策者自己个人

的偏好代表了军方的偏好。

第二个基本假设：因为决策过程是序贯进行的，军方首先选择武器的质量，而国会在给定质量下选择产出水平。这一假设反映了国防采办的两个特征：第一，武器系统的技术特征是在先于生产阶段的研发阶段而被确定下来；第二，只有军方才有专门的技术来评估、选择、决策武器的技术特征。因而，在研发阶段军方决定质量，在生产阶段国会决定产出规模。国会也会在主动权不完全被军方掌握的情况下或多或少影响前期设计（这里假设军方完全掌握质量的选择）。

国会与军方之间的博弈均衡是通过逆向求解的。在第2阶段（生产阶段）国会选择在既定 q 下的 x，使 $V(q, x)-C(q, x)$ 达到最大化；在第1阶段（研发阶段）军方知道他自己选择会影响国会 x 选择的情况下，选择 q 使 $V(q, x)$ 达到最大化。

定义3：均衡计划满足下式：

$$\operatorname*{Max}_{(q,x)\in R^{+2}} V(q, x) \tag{18.58}$$

$$s.t.\ x \in \arg\max_{\hat{x}\geq 0}\ [V(q, \hat{x})-C(q, \hat{x})] \tag{18.59}$$

技术假设　上述的公式是基于以下四个假设条件：

假设1：V 和 C 在 $(0, \infty)^2$ 上二次连续可微，且它们的一阶导数非负；V 的等效用曲线是严格递减和严格凸的；C 的等成本曲线是严格递减和严格凹的；$V-C$ 在 $(0, \infty)^2$ 上是严格凹的。

假设2：唯一的最优计划存在，用 (q^*, x^*) 表示。

假设3：对每一个 $q\geq 0$，(18.59) 式有唯一解，用 $\phi(q)$ 表示，$\phi(q)$ 连续可微。

假设4：唯一的均衡计划存在，用 (q^e, x^e) 表示此计划。

假设1的一个直接结论是：对每一个给定的预算水平 B，存在唯一的次优计划，用 $[q^s(B), x^s(B)]$ 表示。假设3要求对军方任何质量选择，国会都有唯一的最优产量选择。

另外，假设 $E(q)$ 表示国会在军方既定 q 下的武器采购费用，即 $E(q)=C[q, \phi(q)]$。

均衡分析　现在主要分析均衡质量水平是太大还是太小了。均衡质量用 q^e 表示，用最优质量 q^* 和次优质量 $q^s[C(q^e, x^e)]$ 来和均衡质量对比。在与后者的对比中，如果在同样的预算下选择低质高量（高质低量）的武器能达到同样高

的军备力，则认为均衡质量太高（低）了。也可以说，均衡质量当且仅当相对于次优质量太高（低）时，才认为相对最优质量也太高（低），可以用命题 1 证明。

命题 1：$q^e \overset{>}{\underset{<}{=}} q^* \Leftrightarrow q^e \overset{>}{\underset{<}{=}} q^s[C(q^e, x^e)]$。

但从军方最优化问题的结构可以很清楚看出，通常均衡质量不是最优质量。军方的目标方程表示为 $M(q) = V[q, \phi(q)]$，因此均衡质量满足 $M'(q^e) = 0$。而最优质量方程为 $M(q) - E(q)$，满足 $M'(q^*) - E'(q^*) = 0$。

因此，只有当 $E'(q^*) = 0$ 时，$q^* = q^e$，但这是偶然的。当 $E'(q^*)$ 为正，M 随 q 的增大而局部增大，因此军方倾向于提高质量。当 $E'(q^*)$ 为负时，M 随 q 增大而局部减小，军方会选择降低质量。但当 M 是单峰的，局部结果当然是全局结果，可以用命题 2 来描述。

命题 2：假设 M 是单峰的，即 M 当 $q < (>) q^e$ 时是严格递增（减）的，那么 $q^e \overset{>}{\underset{<}{=}} q^* \Leftrightarrow E'(q^*) \overset{>}{\underset{<}{=}} 0$。

命题 2 的结果是很直观的，对 M（q）求导有：

$$M'(q) = V_q[q, \phi(q)] + V_x[q, \phi(q)]\phi'(q) \tag{18.60}$$

上式表明，q 的增加对 M 的影响分为两个部分：

（1）直接影响：q 的增加直接增大 V（V 是 q 的增函数），即（18.60）式的第一项。

（2）间接影响：q 的增加促使国会重新选择 x，从而间接影响 V，即（18.60）式的第二项。间接影响的正负取决于 x 对 q 增加的反应是增大还是减小。

假设军方暂时选择 q^*，并评估是否些微地增加 q。从（18.60）式知，增加 q 的直接影响永远为正。如果 q 增加促使 x 增大，那么间接影响也为正，军方将倾向于增加 q；如果 q 增加仅仅引起 x 非常小的减少，则间接影响为负但非常小，而增加 q 的净影响仍然为正。然而，如果 q 的增加引起 x 非常大的减少，则间接影响为负且很大，以至于净影响为负，在这种情形下，军方将倾向于减少质量，以补偿更多 x 的增加。

由此，根据上述分析，可以对命题 2 作出进一步的解释：

（1）当 q 增加而 x 不变或增大，则费用增加，军方将倾向于选择高于 q^* 的 q；

（2）当 q 增加而 x 减小较少，则费用仍然增加，军方将倾向于选择高于 q^* 的 q；

（3）当 q 增加而 x 减少较多，则费用减少，军方倾向于选择低于 q^* 的 q。

命题2提供了一个对均衡和最优的直观解释，但并未计算观测的有效性，因为这里假设观测的是均衡质量而不是最优质量，或者说是 $E'(q^e)$ 而非 $E'(q^*)$。因此用命题3来解释 $E'(q^e)$ 同样可以测算质量选择的高低。

命题3： $q^e \overset{>}{\underset{<}{=}} q^* \Leftrightarrow E'(q^e) \overset{>}{\underset{<}{=}} 0$。

命题3表明，可以通过估计或推测 $E'(q)$ 的符号，以此来推断质量是太高还是太低。$E'(q)$ 符号的一个影响因素就是质量和数量之间的替代性。如果质量和数量是很好替代的，则国会会选择增加质量和大量减少数量；如果质量和数量不是很好替代的，则质量的增加并不会带来数量的大幅下降，在这种情况下，则认为均衡质量是太高了，所以军方会提高质量而不会顾及国会大量减少数量。

固定预算水平 假如国会在前期军方选择质量的时候已确定了预算水平，即无论军方如何进行质量选择，国会都确定 B 的预算水平用于该计划。在这种情况下，军方将选择 q 和 x 求解下列问题：

$$\underset{q,x}{\mathrm{Max}} V(q,x) \tag{18.61}$$

$$s.t. \qquad C(q,x) \leq B \tag{18.62}$$

在既定的预算水平 B 下，其解当然是次优计划。因此，如果国会预算等于最优计划的成本，则军方将选择最优计划。用 B^* 表示最优预算水平，则有：

$$B^* = C(q^*, x^*) \tag{18.63}$$

上述结果可以概括于命题4。

命题4： 如果国会事先确定预算水平 B，则军方将选择次优计划；如果国会事先确定预算水平 B^*，则军方将选择最优计划。

对国会来说，想要利用固定预算水平提供一个最优计划，它必须具有完全的信息和能力。即国会要计算 B^*，就必须知道 V 和 C，以测算 q^* 和 x^*。这样，国会就不用授权军方去作出决策，而直接命令军方去选择质量 q^*。然而，现实中这是很难的，国会不具备军方所具有的评估不同设计方案下收益和成本的能力，特别是面对过于复杂、持续时间长和环境变化大的情形更是如此。因此，较好的做法是国会确定最优的预算 B^*，而授权军方去选择 q 和 x。

更重要的是，在项目设计阶段和采购阶段之间，面临许多环境因素的变化。因此，为了建立一个更现实的模型，必须引入环境因素。用 $\theta \in \Theta$ 表示环境因素，该因素在设计阶段是未知的。设 θ 的密度函数是 $f(\theta)$，新系统的军事价值和成本有赖于 θ，分别用 $V(q,x,\theta)$ 和 $C(q,x,\theta)$ 表示。

决策是序贯进行的，在设计决策时 θ 未知，在设计决策作出之后，θ 已知并作出产出决策。因此，一个计划可以用一对实数 $[q,\psi(\theta)]$ 表述，其中 q 表示质量选择，$\psi(\theta)$ 表示在既定 θ 下的产出决策。

用 $E\{\}$ 表示 θ 上的期望算子，那么最优计划可定义如下：

定义 4： 如果满足以下条件，则 $[q^*,\psi^*(\theta)]$ 为最优计划：

$$\psi^*(\theta) \in \arg\max_{x \geqslant 0}[V(q^*,x,\theta) - C(q^*,x,\theta)],\theta \in \Theta \tag{18.64}$$

$$q^* \in \arg\max E\{V[q,\psi^*(\theta),\theta] - C[q,\psi^*(\theta),\theta]\} \tag{18.65}$$

在最优解下，预算水平取决于 θ 的实现。设 $B^*(\theta) = C[q^*,\psi^*(\theta),\theta]$ 表示最优计划 $[q^*,\psi^*(\theta)]$ 的最优预算规则。国会依此确定最优预算，在此预算下指导军方选择最优的 q^*。因此，国会会在 θ 与军方质量选择无关的情况下承诺花费 $B^*(\theta)$。

但是，各种可能的环境因素对新武器计划的社会成本或收益的影响，在未来 5 年或 10 年影响的大小是无法预测的，所以计算每种可能情况下或有费用和预算水平通常是一项不可能的任务。同时，国会同样面临着 θ 无法预测和预测的可信性问题。因此，国会承诺固定预算有其应用局限性，但其在短期项目中扮演一个非常有益的角色。

18.4.2　生产设施技术标准单期决策模型

在上述关于数量和质量相互关系的模型基础上，罗杰森（1991）又建立了生产设施技术标准决策模型，来说明军方可以通过有意地选择过高标准的生产技术，促使国会增加武器购买的数量。

基本模型　对于一个武器装备决策，国会必须去选择年生产率和总产量。为了分析问题的简便，罗杰森（1991）首先仅考虑了一个单期生产模型，即所有的生产在一年内完成，因此年生产率和总产量是相同的。

设一个武器装备计划完全可以用二维非负元素 (x,s) 来描述，其中 x 表示产量，s 表示生产规模。$V(\cdot)$表示武器的军事价值函数，$C(\cdot)$表示成本函数，为保证不同最优化问题有唯一的最优解，必须对 V 和 C 做出如下规则性假设。

假设 1：$V(x)$ 在 $(0,\infty)$ 上二次连续可微；$V(x)$ 在 $[0,\infty)$ 上严格递增；$V(0)=0$。

假设 2：$C(x,s)$在$(0,\infty)^2$ 上二次连续可微；对每一个 s，C 在 $x\in[0,\infty)$严格递增；$C(0,0)=0$；对于$(x,s)\neq(0,0)$，有 $C(x,s)>0$。

假设 3：$V(x)-C(x,s)$在$(0,\infty)^2$ 上全局严格凹。

定义 1：在决策的过程中，最优解应符合下式：

$$\max_{x,s\geqslant 0}[V(x)-C(x,s)] \tag{18.66}$$

假设 4：存在一个唯一的最优解(x^*,s^*)，严格偏好于（0，0），而且：

$$V(x^*)-C(x^*,s^*)>0 \tag{18.67}$$

定义 2：对任一给定的产量水平 x，有一个次优规模可使成本最小化，符合下式：

$$\min_{s\geqslant 0}C(x,s) \tag{18.68}$$

假设 5：用 $\phi(x)$表示对于每一个 $x>0$ 时唯一的次优规模，而且对于所有 $x>0$有 $\phi(x)>0$。

注意由假设 2，当 $x=0$ 时，$s=0$ 是次优规模。

设 $L(x)$表示长期成本曲线，其表达式为：

$$L(x)=\begin{cases}0, & x=0\\ C[x,\phi(x)], & x>0\end{cases} \tag{18.69}$$

定义 3：已知 s 的情况下，则次优（内部次优）产出水平可以由下式给出：

$$\max_{x\geqslant 0(x>0)}[V(x)-C(x,s)] \tag{18.70}$$

假设 6：已知 s 存在并对每一个 $s>0$，以 $\psi(s)$表示唯一的内部次优产出水平。

（18.70）式中，军事价值和国防采购成本之间的差额就是国会从这些武器中获得的净社会剩余。罗杰森（1991）同时假设存在一个最大生产规模水平 $\bar{s}$。当 $s>\bar{s}$ 时，最优内部次优产出会产生负的社会福利。如果生产规模水平足够大，那么成本将会很高，甚至会超过整个产出水平所带来的军事价值的总和。因此，这时的产出水平为零即为最优选择。显然，在这种情况下，即使是最热心于军事

的人也不愿意将生产规模推向超过 $\bar{s}$ 点，因为超过这一点后国防采购便不会有什么结果。当 $s<\bar{s}$ 时，可以得到正的社会剩余。

假设 7：存在一个 $\bar{s}>0$ 并有下列性质

$$V\{\psi(s)-C[\psi(s),s]\}\ \substack{>\\=\\<}\ 0 \Leftrightarrow s\ \substack{<\\=\\>}\ \bar{s} \tag{18.71}$$

设 $\bar{x}$ 表示在 $\bar{s}$ 的内部次优产出水平，即

$$\bar{x}=\psi(\bar{s}) \tag{18.72}$$

上述这些就完成了技术规则性的假设。现在对规模产出水平 s 还要作如下假设。

假设 8：

$$C_{xs}(x,s)<0 \tag{18.73}$$

（18.73）式表明，边际生产成本会随着生产规模的增大而降低。这个假设是直观的和合理的。其直观地表现是大规模的产出水平必然有大的固定成本，当然也就降低了边际成本。合理性表现在生产规模的定义主要是通过考察次优规模选择如何随 x 变化来建立的。这个次优规模水平的选择由下列一阶条件来决定：

$$C_s(x,s)=0 \tag{18.74}$$

全微分可以得到：

$$\frac{\mathrm{d}s}{\mathrm{d}x}=\frac{C_{sx}}{-C_{ss}} \tag{18.75}$$

（18.75）式分母由凹函数假设（假设 3）一定为正，可以看出，当且仅当 C_{sx} 为正，大的生产规模对大的产出水平来说是最优选择。

博弈均衡　为研究国会与军方之间的博弈均衡问题，以下三条基本假设是必须做出的。

首先，军方在两个武器装备计划和忽视成本之间决策时，考虑的仅仅是武器系统所带来的军事利益。也就是说，当且仅当 $x>\hat{x}$ 时，相对于武器装备计划 $(\hat{x},\hat{s})$ 来说，军方更喜欢武器装备计划 (x,s)，而无论 $V(x)-C(x,s)$ 是否大于或小于 $V(\hat{x})-C(\hat{x},\hat{s})$。

其次，假设决策过程是序贯进行的。军方首先选择生产规模，而国会是在军方作出生产规模决策的情况下作出生产产量水平决策。这个假设表明军方在

生产设备的技术设计决策方面比国会拥有更多的信息。因此，国会必须授权军方对生产技术进行决策。在军方作出技术选择后，国会对不同产量水平下的生产成本进行计算，而在确定有多少生产单位之后，再对装备计划的资金水平作出选择。

最后，假设国防承包商（完全受约束于军方）最初要支付生产设备的费用。当且仅当国会购买所有的武器系统时，国会支付部分生产成本的设备费用。也就是说，国会购买零单位的武器系统，其支付为零；如果国会购买所有的武器系统，其将支付全部的生产设备费用。

国会与军方之间的博弈是通过逆向求解的，即给定军方的选择 s 后，国会选择一个 x 值去最大化下式：

$$V(x) - C(x,s) \tag{18.76}$$

只要上式能获得到大于 0 的剩余，否则，它将选择 $x=0$。设 $\xi(s)$ 表示给定 s 情况下国会相应的选择，用公式来表示这种关系就是：

$$\xi(s) = \begin{cases} \psi(s) & ,s < \bar{s} \\ \{0,\bar{x}\} & ,s = \bar{s} \\ 0 & ,s > \bar{s} \end{cases} \tag{18.77}$$

军方然后选择一个生产规模 s，以实现 $V[\xi(s)]$ 的最大化。

定义 4：一个武器项目的均衡是解下列问题

$$\max_{x,s} V(x) \tag{18.78}$$

$$s.t.\ x \in \xi(s) \tag{18.79}$$

模型分析　因为 V 是 x 的严格递增函数，军方的问题就是选择 s 去最大化 $\xi(s)$。因此，为了描述能力选择就必须对 $\xi(s)$ 的行为进行描述。可以知道，当 $s \leqslant \bar{s}$ 时，$\xi(s)$ 等于内部解 $\psi(s)$；当 $s > \bar{s}$ 时，$\xi(s)$ 等于 0。下列命题 1 描述了 $\psi(s)$ 的临界特征，即 $\psi(s)$ 是严格递增的。其原因是非常简单和直观的，即增大规模降低了边际成本。

命题 1：$\psi'(s) > 0$。

军方能够通过选择大的生产规模来促使国会去购买更多的武器，以降低生产成本。然而，规模大于 $\bar{s}$ 的生产是无效的，国会宁愿取消这个项目。因此，军方的最优行动是增大规模直到 $\bar{s}$ 这个无差别的点。于是，有下列命题 2。

命题 2：唯一的（次优）均衡规划出现在（$\bar{x}$，$\bar{s}$）点上。

上述命题表明，国会在规模 $\bar{s}$ 下选择 0 或 $\bar{x}$ 生产单位之间实际上是无差别的。(18.78）式和（18.79）式中的均衡定义隐含的假设是：国会将选择军方在两个无差别产量水平间首选的产量水平。

命题 3：

（1）均衡导致了比最优选择更大的生产规模和产出水平，即：

$$\bar{x} > x^* \tag{18.80}$$

$$\bar{s} > s^* \tag{18.81}$$

（2）给定均衡生产规模下均衡产出水平是次优产出水平，即：

$$x = \psi_v(\bar{x}) \tag{18.82}$$

$$V(\bar{x}) - C(\bar{x},\bar{s}) \geqslant V(0) - C(0,\bar{s}) \tag{18.83}$$

（3）给定产出水平下均衡生产规模严格大于次优生产规模，即：

$$\bar{s} > \phi(\bar{x}) \tag{18.84}$$

这些结果可以很清楚地描述在下列平均成本曲线（见图 18.6）中。

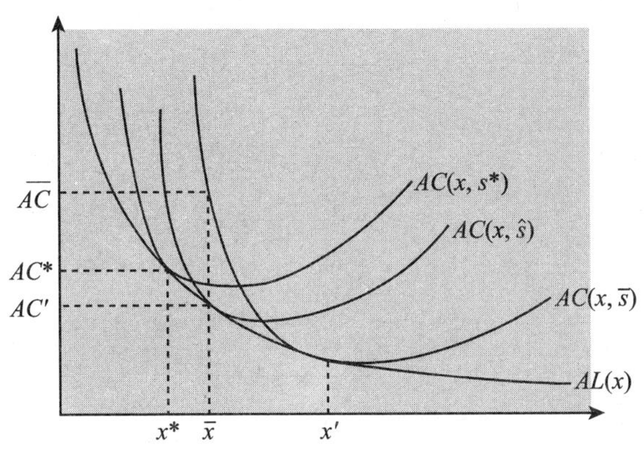

图 18.6　均衡武器计划图

设 $AC(x,s)$ 表示给定规模 s 下生产 x 单位的平均成本。并设 $AL(x)$ 表示长期成本曲线，该曲线是向下倾斜的。产量 x^* 表示最优产量，规模 S^* 表示生产 x^* 时的最优规模。这就意味着 $AC(x,s^*)$ 与 $AL(x)$ 相切于 x^* 点。$\bar{x}$ 是实际购买量并大于 x^*。设 s' 表示生产 $\bar{x}$ 的最优技术规模。因此，$AC(x,s')$ 与 $AL(x)$ 相切于 $\bar{x}$ 点。

然而，这不是均衡时使用的技术规模，而是使用大的 $\bar{s}$ 技术规模。因此，$AC(x,\bar{s})$ 向下相切于 $AL(x)$，切点在 $\bar{x}$ 右边，用 x' 表示。

最优计划是以平均成本 AC^* 来生产。如果实际生产产量是有效的，那么它将以较低的平均成本 AC' 来生产，即便是在社会内部选择，因为边际成本是大于边际利润的。然而，实际结果甚至是更坏的，因为生产 $\bar{x}$ 是采用一个无效率的大的技术规模。其结果是在平均成本 $\overline{AC}$ 下生产（$\overline{AC}$ 可能大于也可能不大于 AC^*）。

18.4.3 生产设施技术标准多期决策模型

罗杰森（1991）在上述生产设施技术标准单期决策模型的基础上，进一步将模型扩展到多期模型，用来解释这样一个事实：当生产设施的设计标准远远高于其实际运行标准时，就会出现武器装备有计划、有步骤的生产现象。

基本模型 该模型假设国会对年生产率和生产年限两个变量都作出决策，其中生产年限是军方规模选择的反应函数。定义产出变量是一对非负变量 (x, n)，其中 x 表示年生产率，n 表示生产年限，为整数。总的生产产量用 y 表示：

$$y = nx \tag{18.85}$$

一个武器计划可以用三个非负变量来描述 (x,n,s)。其中 (x,n) 表示生产产量；s 表示生产规模。设 $V(x,n)$ 表示 (x,n) 产出的军事价值现值，$C(x,n,s)$ 表示给出规模 s 下的 (x,n) 产出的生产成本的现值。

类似于单期模型，也必须对 V 和 C 做出如下规则性假设。

假设1：$V(x,n)$ 在 $(0,\infty)^2$ 上二次连续可微；$V(x,n)$ 在 $[0,\infty)^2$ 上随两个变量都严格递增；$V(0,n)=V(x,0)=0$。

假设2：$C(x,n,s)$ 在 $(0,\infty)^3$ 上二次连续可微；对每一个 s，C 在 $(0,\infty)^2$ 上随两个变量中的第一个变量严格递增；$C(0,n,0)=C(x,0,0)=0$；如果 $(x,n)\gg 0$ 或 $s>0$，有 $C(x,n,s)>0$。

假设3：$V(x,n)-C(x,n,s)$ 在 $(0,\infty)^3$ 上全局严格凹。

假设4：存在唯一的最优武器计划 (x^*,n^*,s^*)，而且最优计划严格优于什么也不生产，即 $V(x^*,n^*)-C(x^*,n^*,s^*)>0$。

假设5：对每一个 $(x,n)\gg 0$，存在唯一的次优生产规模 $\phi(x,n)$，而且 $\phi(x,n)>0$。

长期成本曲线 $L(x,n)$ 表述为：$L(x,n)=\begin{cases}0, & x=0 \text{ 或 } n=0 \\ C[x,n,\phi(x,n)], & (x,n)\gg 0\end{cases}$

假设 6： 对每一个 $s>0$，存在唯一的内部次优产出水平 $\psi(s)=[\psi_x(s),\psi_n(s)]$。

假设 7： 存在 $\bar{s}>0$ 并有性质：$V[\psi(s)]-C[\psi(s),s]\overset{>}{\underset{<}{=}}0 \Leftrightarrow s\overset{<}{\underset{>}{=}}\bar{s}$。

以上 7 个假设相应于单期模型的 7 个规则性假设。同样，设 $(\bar{x},\bar{n})$ 表示在 $\bar{s}$ 处的内部最大化解，即

$$(\bar{x},\bar{n})=\psi(s) \tag{18.86}$$

$\xi(s)$ 表示给定规模 s 下国会最优生产产量的相应决策，用公式来表示这种关系就是：

$$\xi(s)=\begin{cases}\psi(s), & s<\bar{s} \\ [(0,0),(\bar{x},\bar{n})], & s=\bar{s} \\ (0,0), & s>\bar{s}\end{cases} \tag{18.87}$$

与单期模型相比，多期模型多了两个规则性的假设。下面定义内部次优产出率和生产周期。

定义 1： ① 给定 (n,s)，一个内部次优 x 的值是下式的解 $\underset{x>0}{\mathrm{Max}}[V(x,n)-C(x,n,s)]$；② 给定 (x,s)，一个内部次优 n 的值是下式的解 $\underset{n>0}{\mathrm{Max}}[V(x,n)-C(x,n,s)]$。

首先第一个额外假设保证了唯一次优解的存在。

假设 8： 对每一个 $(n,s)\gg 0$，唯一的次优 x 值存在，用 $f(n,s)$ 表示。对每个 $(x,s)\gg 0$，唯一的次优 n 存在，用 $g(x,s)$ 表示。

为便于介绍第二个额外假设，定义 $V^f(n,s)=V[f(n,s),n]$，表示国会在给定规模 s 下对年限 n 和产量 x 作出决策时的军事利益。同时定义 $V^g(x,s)=V[x,g(x,s)]$，其解释与 $V^f(n,s)$ 类似。

假设 9： ①$\dfrac{\partial V^f(n,s)}{\partial n}>0$；②$\dfrac{\partial V^g(x,s)}{\partial x}>0$。其中，①表明如果国会授权军方去决策，则军方永远偏好去增大生产的年限；②表明如果国会授权军方去决策，则军方永远偏好增大年产出率。

生产规模经济性质　下面对生产规模的经济性质进行定义和讨论。

假设 10： ①$C_{xs}<0$；②$C_{ns}<0$。

该假设表明大规模生产要求增加产出水平。如同单期模型一样，该假设可以用来解释次优规模随产出水平的增大而增大。通过全微分，得到：

$$\frac{\partial\phi}{\partial x}=-\frac{C_{sx}}{C_{ss}} \tag{18.88}$$

$$\frac{\partial\phi}{\partial n}=-\frac{C_{sn}}{C_{ss}} \tag{18.89}$$

由于凹函数的假设（假设3）上两式中的分母为正，假设10意味着如果任一x或n增大，则次优生产规模也是增大的。

为了对生产规模给予更好的解决解释，可以对$C(x,n,s)$作如下假设

$$C(x,n,s)=N(s)+R(x,s)\Gamma(n) \tag{18.90}$$

其中，Γ在$[0,\infty)$上二次连续可微；$\Gamma(0)=0$；$\Gamma'(n)\geqslant0$；$\Gamma''(n)\leqslant0$。

函数$\Gamma(n)$表示获得1美元/年的贴现值；函数$N(s)$表示非重置成本，不管总产出和生产率如何，只要生产该成本就存在；函数$R(x,s)$表示生产x单位产出的年重置成本。

现在利用假设10来解释（18.90）式。首先，考虑假设10的第一式。由（18.90）式有：

$$C_{ns}=R_s(x,s)\Gamma'(n) \tag{18.91}$$

因为Γ'为正，假设10的第一式也因此等价于$R_s<0$。这就是说，增大规模s可以降低生产的重置成本。这和大规模技术包含着大的初始投资和较低的年可变成本是一致的。

现在考虑假设10的第二式。由（18.90）式有：

$$C_{xs}=R_{xs}(x,s)\Gamma(n) \tag{18.92}$$

因为$\Gamma(n)$是正的，假设10的第二式等价于$R_{xs}<0$。这就是说，增大规模可以降低边际重置成本。

均衡分析　均衡武器装备决策的定义和单期模型是一样的，只需将单期模型中的x替换成多期模型中的(x,n)。对任意$s\leqslant\bar{s}$，国会选择产出水平$\psi(s)$。设$\nu(s)$表示军方选择s时的军事价值。因此可以定义

$$\nu(s)=V[\psi(s)] \tag{18.93}$$

上式表明$\nu(s)$随s的增大而增大，在这种情形下，军方选择大s是可

能的。

经过上述分析，可以得到下面三个命题：

命题 1：$\nu'(s)>0$。

命题 2：$(\bar{x},\bar{n},\bar{s})$是唯一的均衡武器装备决策。

命题 3：①均衡规模严格大于最优规模水平，即$\bar{s}>s^*$；②给定规模水平下，均衡产出是次优产出水平，即$(\bar{x},\bar{n})=\psi(\bar{s}),V(\bar{x},\bar{n})-C(\bar{x},\bar{n},\bar{s})\geqslant V(0,0)-C(0,0,\bar{s})$；③给定产出水平下，均衡规模严格大于次优规模水平，即$\bar{s}>\phi(\bar{x},\bar{n})$。

罗杰森（1991）的分析结果表明：博弈均衡使得规模和产出大于最优水平，博弈所产生的最终结果偏离了最优目标，不能增加社会福利。原因在于，这样的经济不具有完全的竞争性，它们的均衡一般不是最优的。尤其是，这些分散化均衡可能造成资源在研发活动和传统产品生产之间的无效分配。因此需要从扩大竞争方面设计新的更为理想的制度安排，从而更好地提高国防 R&D 投资效率。

关键术语

国防采办　委托代理　道德风险　自我选择　多代理人　动态激励　内部激励

课后思考

1. 纯粹道德风险模型和纯粹自我选择模型之间有何联系和区别？
2. 如何设计多维度招标评分规则来实现国防竞争性采办的最优机制？
3. 如何解决多阶段国防采办过程中的声誉效应和棘轮效应？
4. 如何运用委托代理理论来分析国防采办中的多层次内部激励问题？

参考文献

张维迎：《博弈论与信息经济学》，上海人民出版社 2000 年版。

［英］基斯·哈特利、托德·桑德勒主编，姜鲁鸣、沈志华、卢周来等译：《国防经济学手册（第一卷）》，经济科学出版社 2002 年版。

［法］让—雅克·拉丰、让—梯若尔著，石磊、王永钦译：《政府采购与规制中的激励理论》，上海人民出版社 2004 年版。

Baron, D. P. and Andmyerson, R. B. , 1982, “Regulating a Monopolist with Unknown Costs”,

Econometrics, 50: 911～930.

Che. Y. K., 1993, "Design Competition Through Multidimensional Auctions", *The RAND Journal of Economics*, 24 (4): 668～680.

Desgagneb, S., 1988, *Price Formation and Product Design Through Bidding*, Mimeo, INSEAD.

Dasgupta, S. and Spulber, D. F., 1990, "Managing Procurement Auctions", *Information Economics and Policy*, 4: 5～29.

Laffont, J. J. and Tirole, J., 1986, "Using Cost Observation to Regulate Firms", *The Journal of Political Economy*, 94 (3): 614～641.

Laffont. J. J., 1987, "Toward a Normative Theory of Incentive Contracts Between Government and Private Firms", *The Economic Journal*, 97: 17～31.

Laffont, J. J. and Tirole, J., 1988, "The Dynamics of Incentive Contracts", *Econometrica*, 56 (5): 1153～1175.

Mcafee, R. P. and Mcmillan, J., 1987, "Competition for Agency Contracts", *RAND Journal of Economics*, 18: 296～307.

RiordanmI, H. and Sappingtond, E. M., 1987, "Awarding Monopoly Franchises", *American Economic Review*, 77: 375～387.

Rogerson, W. P., 1987, *On The Optimality of Menus of Linear Contracts*, Discussion Paper 714R.

Rogerson, W. P., 1990, "Quality vs. Quantity in Military Procurement", *The American Economic Review*, 80 (1): 83～92.

Rogerson, W. P., 1991, "Incentives, the Budgetary Process and Inefficiently Low Production Rates in Defense Procurement", *Defence economics*, 3: 1～18.

Vickrey, W., 1961, "Counterspeculation, Auctions and Competitive Sealed Tenders", *Journal of Finance*, 16: 8～37.

第19章　国际军火贸易

国家和地区间的武器买卖贯穿了人类的历史，武器贸易同世界经济结构、政治、军事格局相互联系，是近代国际政治经济关系的一个特殊组成部分。尽管军火贸易一直带有极强的政治性，但随着冷战的结束，人们也越来越重视军火贸易的经济动因和经济影响。

本章讨论军火贸易的动因、影响。全章共分6节，第一节讨论军火贸易的内涵；第二节讨论国际军火贸易的结构；第三节讨论军火贸易的经济模型；第四节讨论决定军火贸易的政治经济因素；第五节讨论军火贸易的影响；第六节讨论军火贸易与外交政策。

19.1　军火贸易内涵

军火贸易是一种特殊形式的商品贸易，一百多年来，军火贸易不断发展演变。随着冷战的结束，国际军火贸易又经历了结构上的重大变化。

从内涵上看，军火贸易，是指武器、武器系统和军事技术、器材等作为商品在不同国家或地区间的买卖和流通。军火贸易有时也被称为武器贸易或武器转让（Arms Transfer）。国际军火贸易既包括武器产品的贸易，又包括用于武器生产的资源和技术的贸易，甚至包括与武器有关的军事投资和军事劳务，严格意义的军火转让还包括“赠与”形式的军事援助。

耶纳（Gerner，1983）依据军火贸易近一百多年来的历史特性，将冷战结束前军火贸易的发展归纳为六个主要阶段（见表19.1）：

表 19.1　　军火贸易的发展阶段

历史时期	交易量	参与者（私人或政府）	供给	需求	目的	国际环境
第一次世界大战前	小规模	私人参与	法国、德国、美国、英国的制造商	西欧国家及其殖民地	个人利益	公众的观点中立、不一致
第一次世界大战和第二次世界大战之间	小于"一战"的规模	政府控制的私人参与	法国、德国、美国、英国的制造商	西欧国家及其殖民地	个人利益	强烈反对
第二次世界大战	中等规模	私人和政府共同参与	美国是主要的政府供给国	西欧国家及其殖民地	个人利益和外交政策	公众普遍支持
1945～1959年	中等规模	政府占主导地位，有一些私人参与	美国、法国、英国、苏联	西欧国家及其殖民地，以及被选择的第三世界同盟国	个人利益和外交政策	冷战时期
1960～1973年	中大规模	政府占主导地位，有一些私人参与	美国、法国、英国、苏联、意大利、德国和其他国家	西欧国家及其殖民地，以及第三世界国家，尤其是中东各国	外交政策和经济利益	冷战时期
1973～1989年	大规模	政府占主导地位，有一些私人参与	40多个国家，美国、英国、法国、苏联占主导地位	所有国家，特别是第三世界国家	经济利益和外交政策	重新引起公众关注，南北问题是关键

资料来源：Gerner，D.，1983，"Arms Transfers to the Third World：Research on Patterns，Causes and Effects"，*International Interactions*，10：5～73.

18世纪末到20世纪初期，是武器贸易的产生和初步发展阶段。这个阶段受到整个国际社会生产和流通规模的限制，国际军火贸易的规模不是很大，贸易的动机主要是为了满足战争的直接需要，以轻武器装备的转让为主。

从第一次世界大战到第二次世界大战结束为止，是战时武器贸易发展时期，武器贸易额不断上升。这个阶段军火贸易的动机不仅仅是为了战时的直接需要，还为了平时扩军备战的需要。此外，除了大量的武器装备制成品外，军工生产必

需的战略物资也是主要的贸易内容之一。

第二次世界大战后到 20 世纪 80 年代末，是国际军火贸易发展的特殊时期。因为“冷战”使政治和军事动机在国际武器贸易中强化，使得武器输出的国家越来越多，军火贸易规模越来越大，武器贸易的内容也越来越广泛，但武器贸易的范围具有了集团内向性。

现在，对于耶纳（1987）定义的 6 个军火贸易的发展阶段，还必须加上第 7 个阶段，即冷战后的军火贸易。冷战的结束导致世界军火贸易的急剧下降，使得世界军火贸易市场发生了重大的结构性变化，经济因素在解释军火贸易的起因和结果方面的重要性日益增加。半个世纪以来，军火贸易第一次不再被认为是大国政治的晴雨表。但仍需注意重大政治和军事事件对国际武器贸易的影响。如海湾战争后，国际武器贸易出现了转机，军火贸易又有了上升的趋势。

19.2　军火贸易结构

从第一次世界大战、第二次世界大战，到冷战结束，再到“9·11”事件，世界军火贸易的出口格局、销售市场结构、主要参与者以及武器构成等等，也在不断发生变化。

19.2.1　军火贸易数据来源

军火贸易的研究通常会受到数据有限性的制约。有些军火贸易（或军火转让）的数据是各国政府公开发布的，但更多的数据主要是由一些组织和机构进行收集整理后公布的。由于各国或各机构统计目的、统计方法以及定义范畴的不同，使得不同来源的军火贸易数据存在一定差异。

国防经济学研究中经常使用到的军火贸易数据来源主要有：

斯德哥尔摩国际和平研究所的武器转让项目　斯德哥尔摩国际和平研究所（SIPRI）武器转让项目介绍了主要国家常规武器转让的情况。由于缺乏足够的信息来跟踪所有的武器和其他军事装备，斯德哥尔摩国际和平研究所只涵盖了“主要常规武器”。所谓“主要常规武器”是由斯德哥尔摩国际和平研究所认定的，在《SIPRI 年鉴（2006）》中这类武器共包括 7 类：飞机、装甲车、炮、雷达系统、导弹、舰船和发动机[①]。其他武器装备的转让，如小型武器和轻武器、卡车、口径小于100毫米的火炮、弹药、支援装备及部件，以及服务与技术转让则不在此列。

斯德哥尔摩国际和平研究所武器转让数据库中的数据取自公开信息来源，按照供应方、接受方和交付的武器进行分类登记，并以表格的形式表现出主要常规武器的转让趋势及地域分布状况。斯德哥尔摩国际和平研究所建立了独特的“趋势指示值”（TIV，Trend-indicator Values）作为武器转让评估系统，它可以衡量主要武器总的流动及地域分布的变化情况。

CRS报告 美国国会研究服务局（CRS）报告中有关于向发展中国家转让的常规武器（Conventional Arms Transfers to Developing Nations）数据。美国国会研究服务局数据所涵盖的范围包括“所有类别的武器和弹药、军用备件、军用建筑、军用辅助设施和训练计划，以及与此相关的所有服务”。其中，主要常规武器转让数据并未和其他武器转让数据单独分开。但美国国会研究服务局不仅提供了武器转让实际交付的价值，还提供了武器转让的协议价值，即武器订单的价值。

《世界军费开支与军火转让》 《世界军费开支与军火转让》（WMEAT）报告之前由美国军备控制与裁军署（ACDA）提供，自1998年开始由美国国务院核查与信守局（BVC）提供。WMEAT的内容为常规军事装备的国际转让，包括零件、小型装备、军工生产设施以及某些军事服务。WMEAT提供的数据是根据实际价格计算而得的武器转让的金额。由于涵盖内容不同，WMEAT的数字要高于斯德哥尔摩国际和平研究所的数据，但要略低于美国国会研究服务局的数据，因为它不包含大部分的服务贸易。

联合国常规武器装备登记 “联合国登记”项目要求其成员国政府按照武器装备系统的7个类目提供本国进口和出口的年度数据。这7个类目是主战坦克、装甲车、大口径火炮、战斗机、攻击型直升机、军舰和导弹。通过增加军火贸易的透明度和公开性，“联合国登记”项目旨在推进和平与稳定。此外，“联合国登记”项目还凸显了数据方面存在的重要差异性，可以用来测度人们在努力减少区域性军火进口方面的信心。不过，由于联合国登记项目仅仅提供了军火贸易的数量，而不涉及交易价值及其资金筹措方面的数据，所以它对了解军火贸

① 其中第7类“发动机”是2005年才列入到SIPRI数据库统计范围的，包括：（1）军用飞机引擎；（2）军舰发动机；（3）大多数装甲车发动机——输出功率一般在200匹马力以上的发动机；（4）舰用反潜战（ASW）声呐系统。

易的经济情况还有一定的局限。

专栏19.1 联合国常规武器装备登记

1991年12月9日，第46届联大通过了题为《军备透明》的第46/36L号决议，该决议认为增加军备透明可以加强信任、减缓紧张局势、加强地区及国际和平与安全，有助于制约军备生产和武器转让；要求联合国秘书长制定并在纽约联合国总部设立常规武器登记册，以登记国际武器转让的数据以及成员国提供的军事资产、武器采办与生产及有关政策情况；吁请成员国每年向联合国秘书长提供上一年度列入登记范围的常规武器进出口情况，包括赠与、信贷、易货或现金支付等各种方式的武器转让。该决议在其附件中，将作战坦克、装甲战斗车、大口径火炮、作战飞机、攻击直升机、舰艇、导弹或导弹发射系统等7类武器纳入登记范围，规定了每类武器的技术参数。1992年1月1日，联合国秘书长根据第46届联大的第46/36L号决议在纽约设立《联合国常规武器登记册》。

登记册列出的7类武器的转让情况绝大部分已经登记。有的国家提出，将登记册的适用范围扩大到武器的储备与采办，将有关的防空导弹、通讯和信息战武器列入登记范围，也有的国家提出，将登记册的适用范围扩大到大规模杀伤性武器，但不少国家出于维护自身安全利益的需要予以抵制，各方对扩大适用范围存在较大分歧。从目前看，除上述因素外，联合国建立这一登记册由于一些国家出于自身安全等各方面的考虑，造成普遍性不足，其影响十分有限。

——http：//www. chinadaily. com. cn

小型武器和轻武器的数据　“小型武器调查”是位于瑞士日内瓦国际研究协会的一个同名项目的年度报告。小型武器调查组织是关于小型武器和轻武器数据的收集者和分析家，他们在小型武器方面扮演的角色就如同斯德哥尔摩国际和平研究所在主要常规武器方面所扮演的角色一样。这一《调查报告》每年都会提供关于小型武器和轻武器的产品、制造商、库存、贸易以及相关问题的最新信息。由于《调查报告》仅从2001年才开始发布，因此可用于进行推断统计的时间序列数据尚不可获得。

当然，由于军火贸易的复杂性，用于估计世界军火贸易的资料来源与方法也有不少局限性，存在很多数据问题。主要表现在：

（1）由于国际军火贸易协议通常是秘密签订的，具有某种黑市交易的性质，因而武器订购和运送的准确数量在公开场合往往难以得到。

(2) 价格数据更难以获取，而且这方面的价格因装备、零部件、训练、保障、基础设施、补偿安排等方面的差异而不同。

(3) 国际军火贸易还具有支付方式多样化的特点，这些方式包括军事援助(含馈赠)、无息贷款、回购和实物支付（如石油换导弹)。但数据通常集中于货币表现形式的实物交货，忽略了是否支付以及何时支付等问题。

(4) 现有数据仅仅局限在用于军火进口的经济效益分析，而对由于贿赂、额外支付、寻租等行为而带来的费用尚无从探知。

(5) 更为困难的问题产生于武器装备的界定。特别是一些两用用途的装备，如普通直升机能够迅速改装为攻击型直升机。国际贸易中的民品、劳务和技术交易具有当前或未来潜在的军事用途，这给军火贸易数据统计也带来了难度。

总体上说，数据的主要缺陷，既给经济学家的军火贸易经验研究提出了问题，也给政策制定者监控国际军火贸易提出了难题。

19.2.2 武器转让变化趋势

图 19.1 给出了 1997 ~ 2006 年主要常规武器的国际转让趋势。从图中可以看出，2003 年到 2006 年 4 年间，世界主要常规武器转让量大约增长了 50%，扭转了 2002 年之前武器转让数量下降的趋势。

常规武器在军火贸易中扮演着重要的角色，表 19.2 给出了 1950 ~ 2004 年部分年份主要常规武器供应大国的世界排名和武器转让量，按照斯德哥尔摩国际和平研究所的惯例，所列国家按照过去 5 年（2000 ~ 2004 年）的转让总量高低进行排序，表 19.2 显示，除俄罗斯外，非高收入国作为供应国在世界武器市场扮演次要的角色。总的来看，在 2000 ~ 2004 年间，之前和现在的前 10 位非高收入国（乌克兰到印度尼西亚）仅支配着 8.8% 的世界主要常规武器市场。如果把以色列、西班牙和韩国从计量中除去，因为在 2004 年他们已成为高收入国（增加南非、土耳其和朝鲜，仍保持总共 10 个非高收入国)，这一比例会跌至 6.8%。如果进一步排除现已独立的原苏联的非俄罗斯共和国国家，只考虑在整个 1950 ~ 2004 年期间内一直为非高收入的 10 个国家，那么在 2000 ~ 2004 年内，非高收入国作为供应国参与的武器转让比例下跌至 2.7%。这和占据超过 80% 的世界前 5 大武器供应国形成了鲜明对比。这 55 年的情况清晰表明，无论是之前还是现在的非

高收入国在世界武器市场的供应方面是微不足道的，唯一的特例是俄罗斯。巴西、印度尼西亚、韩国、土耳其、朝鲜、约旦、利比亚、黎巴嫩和印度在整个 55 年间总共出口的主要常规武器大致只相当于美国 2004 年一年的出口量。

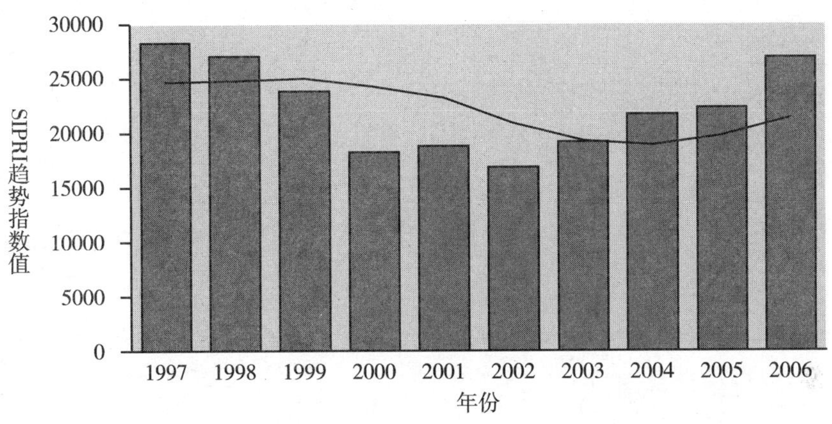

图 19.1　1997～2006 年主要常规武器国际转让趋势

（百万美元，1990 年不变价格）

注：柱状图表示每年转让的总量，曲线表示 5 年中武器转让的移动平均值。5 年的平均值标注在每五年时段的最后一年。

资料来源：斯德哥尔摩国际和平研究所，《SIPRI 年鉴 2007 年》，世界知识出版社 2008 年版。

表 19.2　1950～2004 年部分年份主要常规武器供应大国的世界排名和武器转让量

（1990 年不变美元价格，百万美元，SIPRI 趋势指标值）

国家排名/供给国	2000～2004 年总计	1950 年	1960 年	1970 年	1980 年	1990 年	2000 年	2004 年	1950～2004 年总计	
01/俄罗斯	26925	0	0	0	0	0	4016	6197	49169	1992～2004 年
02/美国	25930	1446	5074	7138	8588	7901	6400	5453	465685	
03/法国	6358	15	889	1608	2958	1605	717	2122	86230	
04/联邦德国	4878	0	135	1096	1249	1468	1195 **	1091 **	47640 **	
05/英国	4450	1456	1804	478	1040	1569	1121	985	80470	
†06/乌克兰	2118	0	0	0	0	0	326	452	5316	1992～2004 年

续表

国家排名/供给国	2000~2004年总计	1950年	1960年	1970年	1980年	1990年	2000年	2004年	1950~2004年总计	
‡10/以色列	1258	0	0	13	227	46	272	283	5598	
†13/白俄罗斯	744	0	0	0	0	0	261	50	1837	1993~2004年
†14/乌兹别克斯坦	595	0	0	0	0	0	0	170	595	2002~2004年
‡15/西班牙	479	0	4	70	11	130	50	75	4546	
‡19/韩国	313	0	0	0	71	44	6	50	1328	
†21/格鲁吉亚	248	0	0	0	0	0	54	20	320	1999~2004年
*24/巴西	131	0	2	0	158	65	0	100	2578	
*25/印度尼西亚	130	0	0	5	4	0	0	50	443	
*27/南非	122	0	25	3	24	0	17	35	641	
*28/土耳其	117	0	0	0	11	0	21	18	181	
*29/朝鲜	96	0	0	0	5	4	0	0	1996	
†30/吉尔吉斯斯坦	92	0	0	0	0	0	0	0	153	1995~2004年
‡33/新加坡	73	0	0	0	0	5	1	70	616	
*34/约旦	72	0	0	0	0	0	0	72	435	
*37/利比亚	50	0	0	0	65	36	0	0	919	
*38/黎巴嫩	45	0	0	0	0	0	0	0	48	
*39/印度	44	0	0	0	0	2	16	22	190	
世界总和	84479	6358	14006	22069	36744	26053	15838	19156	1341671	

注：国家名称前面的数字为2000~2004年间（在117个国家或政治实体中）武器出口量的排名。

†表示之前为苏联国家，‡表示之前为非高收入国家；*表示除俄罗斯之外的非高收入国家；**表示统一后的德国。非高收入/高收入国家根据2004年世界银行公布的人均国民收入（GNI）排名确定。

资料来源：Brauer，J.，2007，"Arms Industries，Arms Trade and Developing Countries"，*Handbook of Defence Economics*，Vol. 2，Elsevier.

19.2.3　军火出口情况

表 19.3 和表 19.4 给出了世界上最大的几个武器供应国在 2004 年武器转让的协议数量和实际交付的数量。从中可以看到，大部分武器（协议数量的 58.9% 和实际交付数量的 64.6%）都转让到了发展中国家，它们的武器进口数量在过去几年中不断增加。2002 ~ 2006 年，美国和俄罗斯是最大的主要常规武器提供者，大约占到总量的 30%。从欧盟成员国出口到非欧盟国家的武器装备占到全球武器贸易总量的 20% 以上。

表 19.3　　2004 年世界主要武器供应国武器协议转让数据

单位：百万美元，2004 年价格

武器供应国	协议转让总价值(以 2004 年价格表示)	转移到发展中国家的比例(%)
美国	12391	55.5
俄罗斯	6100	96.7
英国	5500	58.2
法国	4800	20.8
意大利	600	100
德国	200	0
其他欧洲国家总计	4300	30.2
其他国家总计	2500	92
总和	36991	58.9

资料来源：García-Alonso, M. and Levine, P., 2007, "Arms Trade and Arms Races: A strategic Analysis". In: Sandler, T., Hartley, K. (eds.), *Handbook of Defense Economics*, Vol. 2. North-Holland, Amsterdam.

中国在世界军火市场中的份额很小。即便按照表 19.3 和表 19.4 所示的外方统计数据，2004 年中国的武器协议转让额仅占世界全部转让额的 1.62%。在 2004 年实际转让的武器中，全世界有一半以上流向了发展中国家，总价值约为 5 亿美元（以 2004 年的价格表示）。

表 19.4　　2004 年世界主要武器供应国实际武器转让数据（节选）

单位：百万美元，2004 年价格

武器供应国	实际转让总价值（以 2004 年价格表示）	转移到发展中国家的比例（%）
美国	18555	51.5
俄罗斯	4600	97.8
英国	4400	95.5
法国	1900	68.4
意大利	700	85.7
德国	100	100
其他欧洲国家总计	1200	41.7
其他国家总计	2400	50
总和	34755	64.6

资料来源：García-Alonso，M. and Levine，P.，2007，"Arms Trade and Arms Races：A strategic Analysis"，In：Sandler，T.，Hartley，K.（eds.），*Handbook of Defense Economics*，Vol. 2. North – Holland，Amsterdam.

斯德哥尔摩国际和平研究所列出了 1990～2007 年世界前 20 大武器出口国的武器出口情况，这 20 个国家按照 1990～2007 年武器出口总额由大到小进行了排序（见表 19.5）。

表 19.5　　1990～2007 年前 20 大武器出口国（或地区）武器出口情况（节选）

单位：百万美元

出口国	1990 年	1995 年	2000 年	2001 年	2002 年	2003 年	2004 年	2005 年	2006 年	2007 年	1990～2007 年
美国	10497	11298	7505	5801	4984	5581	6616	7026	7821	7454	180214
俄罗斯		3337	4190	5631	5458	5355	6400	5576	6463	4588	67242
德国	1831	1465	1622	825	910	1707	1017	1879	2891	3395	31930
法国	1627	795	1033	1235	1342	1313	2267	1688	1586	2690	29047
英国	1844	1402	1356	1116	772	624	1143	871	978	1151	23133
苏联	10001	9									15359
荷兰	412	421	259	192	243	342	218	611	1575	1355	9447
意大利	359	367	192	224	408	311	210	818	694	562	7710
乌克兰		215	280	661	244	397	354	308	563	109	5952
瑞典	281	222	308	850	125	468	287	536	437	413	5647

续表

出口国	1990 年	1995 年	2000 年	2001 年	2002 年	2003 年	2004 年	2005 年	2006 年	2007 年	1990 ~ 2007 年
以色列	88	113	316	298	365	309	561	280	246	238	3991
西班牙	114	82	46	7	120	158	56	133	825	529	3497
加拿大	90	326	109	129	182	276	302	206	210	343	2992
瑞士	188	36	104	102	102	120	217	196	208	211	2228
白俄罗斯		8	293	299	56	80	50	24	35		1934
波兰	75	176	43	70	43	72	43	17	255	135	1311
捷克斯洛伐克	587										1165
捷克共和国		122	78	87	58	64	1	68	38	13	1136
韩国	72	21	8	165		104	20	32	80	214	1067
其他国家	885	915	307	478	786	890	1038	715	756	454	14491
总计	29887	22347	18278	18677	16759	18750	21089	21256	26223	24210	420909

注：表格中的数据为 SIPRI 趋势指示值（TIV），以 1990 年不变美元价格表示；空白格说明武器转移价值量少于 50 万美元。有关中国的数据不准确，未采用。后同。

资料来源：http：//www. sipri. org/contents/armstrad/output_ types_ TIV. html

从表中可以看到：

（1）美国在世界武器出口市场中处于首位，不仅其 1990 ~ 2007 年武器出口总额高居世界第一，而且各个年份的武器出口额都是最多的。1990 ~ 2007 年美国武器出口总额占全世界武器出口总额的 42.8%，大幅超过其他国家。在 1990 ~ 2007年间，居于第二位的俄罗斯其出口总额还不到美国的一半。

（2）从世界武器出口的总额看，从 1995 年到 2002 年，世界武器出口量一直在逐年减少。这种下降趋势从 2002 年之后开始扭转。

（3）在这 20 大武器出口国中有 12 个是高收入国家（美国、德国、法国、英国、荷兰、意大利、瑞典、以色列、西班牙、加拿大、瑞士和韩国），其余的都是发展中国家。虽然两种类型的国家数目基本相当，但是发展中国家在世界武器出口市场中所占份额在这近 20 年时间里一般从未超过 40%，大部分时间不超过30%。发展中国家所占份额也呈现出非单调变化的特点。1990年发展中国家的武器出口额占世界市场的39%，而在1995年，这一比例为21.8%。随后，发展中国家武器出口占全世界武器出口额的比例开始上升，直到2002年达到最高值38.3%，然后转而下降，在2007年下降到基本与1995年相同的水平——21.4%。有意思的是，发展中国家武器出口额所占比例变化的情况恰好与全世界武器出口总额变化的趋势相反。

19.2.4 军火进口情况

表19.6列出了1990~2007年排前的武器进口国和地区，同样按照1990~2007年总的武器进口额进行了排序。在这些国家和地区中，发达国家有13个（日本、韩国、希腊、沙特阿拉伯、阿拉伯联合酋长国、以色列、英国、澳大利亚、美国、新加坡、德国、西班牙和加拿大），发展中国家和地区有7个。7个发展中国家和地区从1990~2007年武器进口总额占世界武器进口总额的比例为31%，13个发达国家的这一比例为37.5%，而剩余的31.5%则由未在表19.6中列出的其他国家占据。

表19.6　1990~2007年前20大武器进口国（或地区）武器进口情况　单位：百万美元

进口国（地区）	1990年	1995年	2000年	2001年	2002年	2003年	2004年	2005年	2006年	2007年	1990~2007年
印度	2547	968	826	924	1613	2870	2331	1182	1404	1318	25010
土耳其	1240	1582	1042	430	887	433	174	984	317	944	22269
日本	2692	1254	431	499	426	465	412	299	477	519	20506
中国台湾	399	1356	598	416	299	101	341	794	608	3	20210
韩国	1084	1788	1266	583	336	575	967	661	1527	1807	19510
希腊	897	872	651	700	480	2226	1498	540	817	2089	19265
沙特阿拉伯	1994	987	81	59	550	159	952	148	185	72	18952
埃及	556	1700	826	804	827	816	752	736	1020	418	16611
阿拉伯联合酋长国	540	427	309	182	208	700	1436	2224	2067	1040	12959
以色列	71	308	364	147	325	292	845	1108	1102	891	12286

续表

进口国（地区）	1990 年	1995 年	2000 年	2001 年	2002 年	2003 年	2004 年	2005 年	2006 年	2007 年	1990～2007 年
英国	112	659	808	1227	713	787	135	16	332	698	11757
巴基斯坦	628	327	160	397	528	592	385	333	321	715	9695
澳大利亚	343	149	366	1237	711	864	558	560	765	685	9271
美国	199	767	268	391	430	501	523	476	514	587	9012
伊朗	474	328	413	496	320	198	136	86	450	297	7891
新加坡	538	269	612	210	235	70	384	543	47	707	6326
德国	705	233	135	152	69	62	254	248	560	85	6231
西班牙	730	363	332	186	246	110	245	391	537	385	6141
加拿大	152	356	560	522	389	127	317	110	120	623	5995
其他国家	13773	7013	6357	5881	4529	4732	5539	6473	9333	8900	131989
总计	29887	22347	18278	18677	16759	18750	21089	21256	26223	24210	420909

注：表格中的数据为 SIPRI 趋势指示值（TIV），以 1990 年不变美元价格表示。

资料来源：http：//www. sipri. org/contents/armstrad/output_ types_ TIV. html

表中可见，1990～2007 年世界武器进口额的变化趋势与之前分析的世界武器出口额的变化趋势相同，即从 1990 年后逐年递减，到 2002 年开始，转为逐年增加。

除斯德哥尔摩国际和平研究所外，世界军费开支与军火贸易（WMEAT）也提供过关于世界武器进口方面的报告。图 19. 2 反映了 1989～1999 年间世界、发达国家和发展中国家的武器进口情况。

尽管 WMEAT 和斯德哥尔摩国际和平研究所关于武器进口的数据是不同的，但其变化趋势基本一致。从图 19. 2 中可以看到，自 1989 年至 1999 年，世界武器交易量基本呈递减趋势。WMEAT 还提供了世界各个地区武器进口的比率及增长率数据（见表 19. 7）。

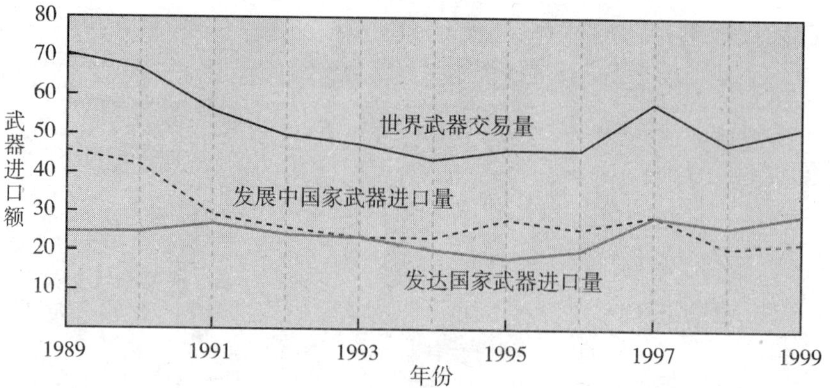

图 19.2　1989～1999 年世界武器进口情况（10 亿美元，1999 年不变美元价格）

资料来源：U. S. Department of State Bureau of Verification and Compliance，2003，*World Military Expenditures and Arms Transfer*（1999－2000）.

表 19.7　　1989～1999 年世界各地区武器进口比率及增长率　　单位:%

	所占比率		实际增长率	
	1989 年	1999 年	1989～1999 年	1995～1999 年
世界	100	100	－2.7	2.6
发达国家	35	57	0.6	13.2
发展中国家	65	43	－5.5	－6.4
地区				
西欧	16.9	29.2	－1.7	12.1
中东	31.2	26.2	－3.3	－6.7
东亚	12.2	22.2	5.4	5.1
北美	3.9	5.4	－3.1	16.9
南亚	13.4	3.5	－16.7	8.8
大洋洲	2.4	3.3	1.4	3.9
东欧	5.8	2.3	－2.5	7.0
南美	2.0	1.6	0.1	－12.8

续表

	所占比率		实际增长率	
	1989 年	1999 年	1989～1999 年	1995～1999 年
北非	3.4	1.4	-7.5	14.3
南非	2.8	1.1	-12.3	7.2
中非	2.7	1.1	-9.9	28.4
中亚	—	0.4	—	-31.2
中美	3.1	0.1	-31.2	-26.7
欧洲	22.7	31.5	-2.8	11.6
非洲	8.8	3.6	-9.8	15.4
组织或团体				
OECD	25	48.6	0.6	15.2
NATO	18.9	31.4	-2.4	14.7
NATO 欧洲部分	15.2	26.4	-2.4	14.0
OPEC	25.7	21.3	-3.0	-7.5
拉丁美洲	5.4	2.0	-9.2	-12.1
CIS	—	1.3	—	-7.5

资料来源：U. S. Department of State Bureau of Verification and Compliance，2003，*World Military Expenditures and Arms Transfer*（1999－2000）.

从表中看到，在所有这些地区和组织中，从 1989 年到 1999 年，武器进口较多的地区是中非、东亚、西欧、北美和南非。

19.3　军火贸易动因的经济模型

经济因素是军火贸易的重要考量，近年来国防经济学将国际贸易、博弈论等现代经济分析方法引入军火贸易领域，进行了很多分析尝试，下面介绍这方面的研究成果。

19.3.1 军火贸易的需求供给模型

该模型是一个描述性模型，意在确定影响一国军火贸易（进口和出口）的要素。模型假定存在 R 国和 M 国两个国家。R 国和 M 国对于某种武器的市场需求和供给的表达式分别为：

R 国：

$$W_d^r = a_0 - a_1 P^r \tag{19.1}$$

$$W_s^r = b_0 + b_1 P^r \tag{19.2}$$

M 国：

$$W_d^m = c_0 - c_1 P^m \tag{19.3}$$

$$W_s^m = d_0 + d_1 P^m \tag{19.4}$$

式中，W_d^r、W_d^m 分别代表 R 国和 M 国武器的国内需求，W_s^r、W_s^m 分别代表 R 国和 M 国武器的国内供给，P^r 和 P^m 分别是 R 国和 M 国的国内武器价格，$a_0>0$，$c_0>0$，$b_1>0$，$d_1>0$，$a_1\geqslant 0$，$c_1\geqslant 0$，$b_0\leqslant 0$，$d_0\leqslant 0$ 均为参数。

假设 R 国和 M 国符合完全竞争国际军火贸易市场条件（Alexander et al.，1981），则达到均衡时，满足：①市场出清，即 R 国和 M 国对武器的总需求等于两国的总供给；②R 国和 M 国国内的武器价格相同，且等于两国间武器进出口的价格。

用 EX^r 和 EX^m 分别表示 R 国和 M 国国内武器供给和国内武器需求的差值：

$$EX^r = W_s^r - W_d^r = (b_0 - a_0) + (b_1 + a_1)P^r \tag{19.5}$$

$$EX^m = W_s^m - W_d^m = (d_0 - c_0) + (c_1 + d_1)P^m \tag{19.6}$$

如果 $EX^r>0(EX^m>0)$，则 $R(M)$ 国是该武器的出口国；如果 $EX^r<0(EX^m<0)$，则 $R(M)$ 国是该武器的进口国。根据对均衡特点的分析，用 P^* 表示自由国际军火贸易的均衡价格，用 W^* 代表武器贸易量，则 P^* 既是 R 国和 M 国的国内价格，也是国际市场上武器的价格。

均衡时市场出清，意味着当 $P^r=P^m=P^*$ 时，$EX^r+EX^m=0$，进而得到：

$$P^* = \frac{c_0 - d_0 - b_0 + a_0}{a_1 + b_1 + c_1 + d_1} \tag{19.7}$$

$$W^* = (b_0 - a_0) + (b_1 + a_1)P^* \tag{19.8}$$

或

$$W^* = (d_0 - c_0) + (c_1 + d_1)P^* \tag{19.9}$$

从以上分析中可以看到，在完全竞争市场的假设下，军火贸易量是由影响两国国内军火需求和供给的变量决定的。一国的国内军火需求由以下因素确定：①预期的外部和内部威胁的力度和稳定性；②军事行动计划；③国民收入；④外汇供给；⑤反抗预期威胁或实施军事行动的替代性供给，如盟国的实力和可靠度等。武器的国内供给由下列因素确定：①资源的价格；②技术；③所能生产的替代品的价格，等等。

传统军火贸易文献认为军火贸易是武器制造商为盈利而向外推销武器，因此国际体系中的军火交易数量与军火生产数量之间存在着正相关关系。但需求—供给则认为国家间的军火交易量由各国国内的军火生产和军火需求共同决定，所以在军火贸易数量和国际体系中军火数量之间，并不一定存在正相关的关系。

19.3.2　新古典军火贸易模型

新古典军火贸易借助一个标准的贸易（商品交换）模型，来描述两国间军火贸易的情况，以确定两国军火贸易的条件。模型假设 R 国和 M 国分别生产两种产品：食品和武器，而且在两国之间，食品和武器可以进行自由贸易，图19.3描述了两国间的自由贸易均衡。

图中，l^R 和 l^M 分别表示 R 国和 M 国的生产可能性边界；$(P_w/P_f)^R$ 和 $(P_w/P_f)^M$ 分别表示两国经济自给自足时，国内武器和食品的价格比；R^* 和 M^* 表示 R 国和 M 国经济自给自足时的均衡点；$(P_w/P_f)^u$ 为武器相对食品的进出口价格比；R_p 和 M_p 表示自由贸易情况下 R 国和 M 国的生产均衡点；R_c 和 M_c 表示贸易情况下 R 国和 M 国的消费均衡点。

如图中所示，R 国在武器生产上有比较优势，而 M 国在食品生产上有比较优势。R 国出口武器，数量用 AB 表示，进口食品数量为 CB；M 国则正好相反，进口数量为 $A'B'$ 的武器，出口数量为 $C'B'$ 的食品。因为贸易只发生在两个国家之间，故 $AB = A'B'$，$CB = C'B'$。

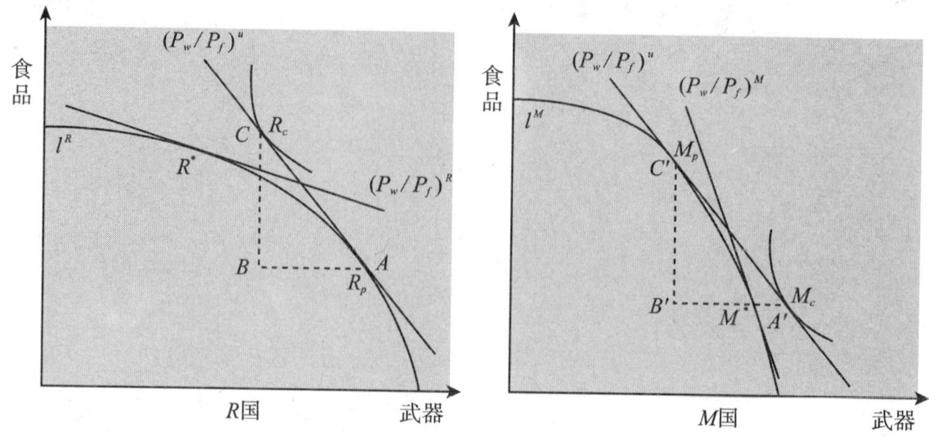

图 19.3　新古典军火贸易模型

军火贸易的数量和相关价格是由新古典模型中的三个关键变量：偏好、生产技术和资源禀赋决定的。偏好取决于所预期的外部和内部威胁、同盟的可靠度和实力以及军事行动计划。

赫克歇尔—俄林贸易理论认为，一国某种资源对其他资源的相对供给比较大，就称这种资源为该国的充裕资源。一国将生产充裕资源密集型产品，也就是各国倾向于出口其国内充裕资源密集型的产品。具体到新古典军火贸易模型，假定两国之间的生产技术水平和偏好是完全相同的，在这种情况下，贸易的数量和条件，可以用两国生产要素的自然禀赋差异来解释。例如，假设武器和食品生产需要投资劳动和资本，如果武器相对于食品是资本密集型产品，而 *R* 国的资本丰富，按照赫克歇尔—俄林理论，*R* 国将出口武器。

根据斯托尔珀—萨缪尔森定理，如果某种产品的价格上升，则生产该产品密集使用的生产要素的实际收益会增加。在新古典军火贸易模型中，如果在封闭经济中 *R* 国的武器价格低于 *M* 国的武器价格，则 *R* 国和 *M* 国之间的开放贸易，会导致 *R* 国武器相对价格上升，*M* 国武器价格下降。假定武器是资本密集型产品，那么军火贸易使得 *R* 国资本所有者的实际收益增加，*M* 国资本所有者的实际收益减少。

军火贸易模型中假定有三种生产要素——资本、劳动和土地。武器的生产需要资本和劳动，而食品的生产需要劳动和土地。因此，资本和土地为特定要素，而劳动则是流动要素。假设 *R* 国和 *M* 国对武器和食品的相对需求一致，但 *R* 国的资本较 *M* 国更加丰裕，因此 *R* 国能够生产更多的武器，在自由贸易情况下 *R*

国向 M 国出口武器。同样地，假设 M 国向 R 国出口食品。根据特定要素模型①的结论，可以推断 R 国资本所有者从武器贸易中获利，而土地所有者的收益受损；M 国资本所有者受损，而土地所有者从食品出口贸易中获利。但对于两国的劳动资源所有者来说，国际贸易可能使他们受益也可能使他们受损。

从军火贸易的新古典模型可以看出，军火贸易是由两国的武器和非武器生产、需求、资源禀赋共同决定的。其结论表明，一个国家将同与其生产要素自然禀赋、生产技术或偏好不同的国家进行贸易。经验分析表明，在不发达国家与发达国家之间的军火贸易的确支持这一结论。比如，据美国军备控制与裁军署（ACDA，1991）一项研究表明，自 1981 ~ 1991 年，美国对拉丁美洲国家出口了 36 亿美元的军火，而此期间拉丁美洲对美国的军火出口基本为零。这表明，资本充足的美国对劳动力充足的拉丁美洲出口资本密集型武器，作为劳动密集型民品的交换。

但完全相反的经验证据也存在。一个最明显的证据是，发达国家之间的军火贸易数额也相当大，而这些国家在生产要素自然禀赋、生产技术水平和偏好方面都较为相似。按照 1987 ~ 1991 年美国 ACDA（1991）的数据，所选择国的一些工业化国家间贸易指数分别为：美国为 0.30、英国为 0.25、巴西为 0.66、希腊为 0.05、瑞士为 0.76。这些指数表明在世界贸易中，工业化国家间武器贸易是普遍的。

19.3.3　规模经济与学习经济的军火贸易模型

武器生产具有规模经济的特点。假设生产要素价格固定，当产出水平提高时，规模经济会导致单位成本下降。图 19.4 以某种型号的战斗机为例，反映了平均成本（AC）随生产规模变化的这一特点。

图中以 D^d 表示对战斗机完全无弹性的国内需求曲线，P_1^c 为战斗机买方（政

---

① 特定要素模型是由保罗·萨缪尔森和罗纳德·琼斯创建发展的。该模型假定一个国家生产两种产品，劳动是一种流动要素，可以在两个部门间进行配置。而其他要素则是特定的，它们只能被用于生产某些特定产品。即使假定不同国家对两种产品的相对需求相同，每个国家拥有资源禀赋的不同也会使各国的相对供给曲线不同，并因而产生国际贸易。特定要素模型的基本结论是：每个国家出口部门的特定要素拥有者从贸易中获利，而与进口产品竞争部门的特定要素拥有者受损，流动要素的拥有者可能受益也可能受损。

府）确定的"控制价格"，武器生产者所获得的收入$(P_1^c \cdot f_1)$则恰好等于总成本（此时，生产者的利润为0）。如果武器生产者将其产量增加至f_2，由于规模经济的作用，武器生产者单位成本将从ac_1降到ac_2，这将加剧武器生产者的成本竞争，提高其出口武器的能力。图19.4中，武器出口为f_2-f_1。如果P_2^c是国际市场战斗机的价格，政府为国内需求所支付的价格如果降至P_2^c，那么政府和武器生产商都能从武器出口中获益。政府购买战斗机的"防务负担"从$P_1^c \cdot f_1$降到$P_2^c \cdot f_1$，武器生产者获得了"一般水平之上"的利润即$(P_2^c \cdot f_2)-(ac_2 \cdot f_2)$。

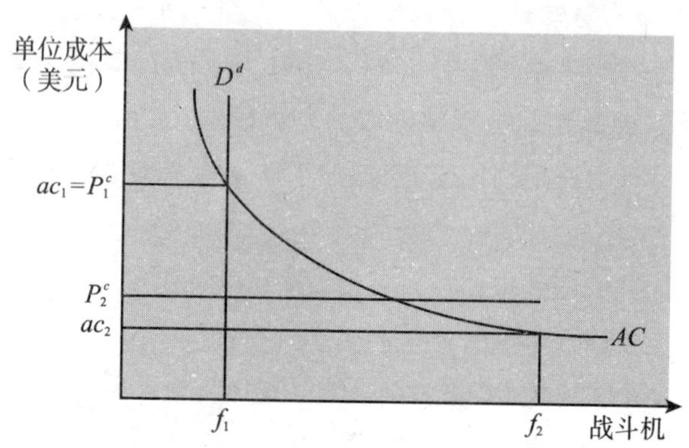

图19.4　武器出口的规模经济动因

假如世界所有国家都实现了规模经济，那么每个国家将专门从事一个有限范围武器系统的专业化生产，这将比各国独自生产全部武器装备更加有效率。而每个专业化了的国家必须同其他国家进行军火贸易。但是，武器与民品是不一样的。出于安全或国内政治的原因，大多数国家一方面限制武器出口，另一方面也警惕过多依赖武器进口，宁愿牺牲规模经济的利益也要维持一个独立、坚实、灵活的国防工业基础。但是规模经济仍然为武器的专业化生产与贸易，提供了强有力的动因。

学习经济是武器出口的另一个动因。所谓学习经济，是由经济学家克鲁格曼和奥布斯费尔等人提出的一个概念。它是随着累积生产的时间，生产的专业化程度、生产经验以及熟练程度等的提高，使得生产的单位成本下降。这也被称为动态递增回报或动态规模经济。对一个国家来说，武器出口将是积累武器生产经验的有效机制，并以此通过学习效应得到较低单位的成本。这一方面可以降低武器出口国国内武器采办的防务负担；另一方面较低的成本又进一步提高了武器出口的竞争力。

19.3.4　不完全竞争与军火贸易

完全竞争市场只是一种理想状态，规模经济、学习经济及不同国家之间不同武器系统的交易，通常意味着不完全竞争的市场结构，如垄断竞争、寡头垄断或者垄断。在武器装备市场上，一个国家如果同时生产多种武器则不可能获得规模经济。因此，存在着某种程度的专业分工，竞争也因此肯定是不完全的。而不完全竞争的市场结构，又反过来使一国可以大批量生产较少种类的武器，从生产的规模经济和学习经济中受益，同时改善了国家间的武器种类和生产规模的平衡。

可以用一个垄断竞争贸易模型来分析国际军火市场。在垄断竞争模型中，有两个关键性的假设：第一，每个厂商均能生产与竞争对手有差异的产品，产品的差异确保每家厂商在行业中拥有垄断地位；第二，每个厂商把竞争对手的价格作为既定价格，即他不考虑自己的价格对其他厂商价格的影响。

首先描述一个典型的垄断竞争厂商所面临的需求：

$$Q = S \times \left[\frac{1}{n} - b \times (P - \bar{P}) \right] \tag{19.10}$$

式中，Q 是某厂商的销售量，S 是行业的总销售量，n 是行业中的厂商数目，P 是该厂商产品的价格，$\bar{P}$ 是竞争者的平均价格。

该式表明，对行业产品的需求（S）越大、竞争对手的价格（$\bar{P}$）越高，则单个厂商的产品销售量就越大；反之，若行业中竞争者数量增多，自己的价格升高，则该厂商销售量就会减少。这是垄断竞争厂商所面临需求的基本特征。但该式也隐含如下结论：如果所有厂商制定相同的价格，则每家分享 $1/n$ 的市场份额；价格高于其他厂商平均水平的厂商只能有较小的份额，价格定得低于平均水平则能占有较大的市场份额。假定武器的总销售量 S 不受平均价格 $\bar{P}$ 的影响，即任何厂商赢得顾客获得市场都意味着其他厂商失去顾客。这意味着 S 是衡量市场规模的尺度，而且当各厂商的价格一致时，各自的销售量均为 S/n 单位。

假定某厂商的成本函数具有如下形式：

$$C = F + cQ \tag{19.11}$$

式中 F 是与厂商的产量不相关的固定成本，c 是边际成本，Q 仍是产量（该等式被称为线性成本函数）。

线性成本函数中的固定成本使生产出现规模经济。平均成本可以具体表示为：

$$AC = \frac{C}{Q} = \frac{F}{Q} + c \tag{19.12}$$

假定这一行业的所有厂商都是对称的，即各厂商的需求曲线、成本函数完全一致（尽管他们生产和销售有差别的产品）①，为分析国际贸易对该行业的影响，需要确定厂商数目 n 和其平均价格 $\bar{P}$。为此，需要首先推导厂商数目与平均成本的关系。

由于模型中各个厂商是对称的，在均衡时，他们制定的价格相同。当 $P = \bar{P}$ 时，从（19.10）式可知 $Q = S/n$，即各厂商的产出是全行业销售量的 $1/n$，代入（19.12）式，得平均成本为：

$$AC = \frac{F}{Q} + c = n\frac{F}{S} + c \tag{19.13}$$

该式表明在其他因素相等的情况下，行业中厂商越多，每个厂商的产量就越少，平均成本就越高。图 19.5 的 CC 线反映了厂商数目 n 与平均成本 AC 之间向上倾斜的关系。

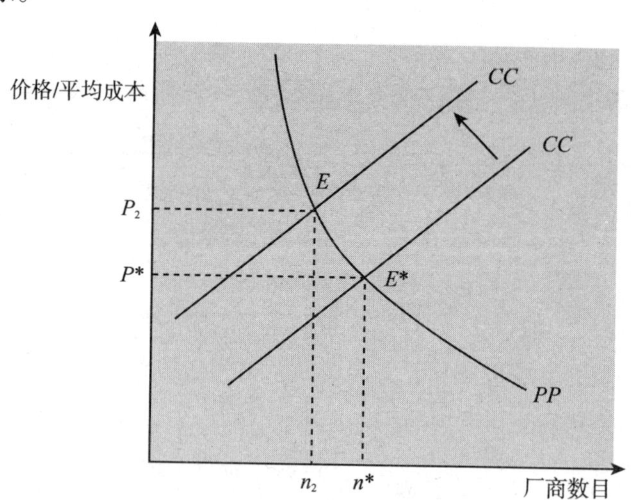

图 19.5　武器交易的不完全竞争市场

① 当所有厂商对称时，就可以不详细列举各厂商的特征而只考虑全行业状况。

接下来推导厂商数目与市场均衡价格的关系。在垄断竞争模型中，假设每个厂商把其他厂商的价格作为既定的价格，即不考虑自己变动价格会引起其他厂商也改变价格。这样，(19.10) 式的需求曲线就可以改写成如下形式：

$$Q = \left(\frac{S}{n} + S \times b \times \bar{P}\right) - S \times b \times P \tag{19.14}$$

进而，可以得到一个代表性厂商的边际收益函数：

$$MR = P - \frac{Q}{Sb} \tag{19.15}$$

根据追求利润最大化的厂商会使其边际收益等于边际成本，于是得到一个代表性厂商的价格函数：

$$P = c + \frac{Q}{Sb} \tag{19.16}$$

而当所有厂商制定同样价格时，各自的销售量为 $Q = S/n$，代入 (19.16) 式，就得到厂商数目与各自定价之间的关系：

$$P = c + \frac{1}{bn} \tag{19.17}$$

这表明行业中厂商数越多，各厂商定价就越低。等式 (19.17) 可以用图 19.5 中向下倾斜的曲线 PP 来表示。

这里已经把一个行业用两条曲线 CC 和 PP 加以概括。在此基础之上，就可以确定均衡的厂商数目了。在图 19.5 中，两条曲线相交于点 E，对应的厂商数目为 n_2，则利润最大化的定价就为 P_2，且 P_2 正好等于平均成本 AC_2。

在垄断竞争行业中，厂商数和其定价受到市场规模的影响，在较大的市场中通常会有更多的厂商，且每个厂商有更大的销售量。同时，消费者还能以比较低的价格获得更丰富的产品。从上面的分析中也不难发现，对于给定的厂商数 n，随着销售量 S 的上升，平均成本会下降。因而，大市场对应的平均成本曲线 CC 位于小市场的平均成本曲线的下方。这一点也体现在图 19.5 中。

在图 19.5 中，假设最初均衡在 E^*，厂商的均衡数目是 n^*，由每个厂商决定的均衡价格是 P^*。$P^* = AC$ 说明了长期零利润均衡。冷战的结束导致世界军火市场对武器需求量的减少。这也导致了武器总销售量 S 的下降，使图 19.5 中的 CC 曲线向左移动。世界国防工业中的“淘汰”现象使得厂商的数量从 n^* 下

降到 n_2。尽管所有的武器需求都减少了，每个幸存下来的厂商却能以较高的价格生产更少数量的武器。因产量的减少引起平均成本上升，导致在较高的价格 P_2 上出现新的长期均衡。

在高技术武器市场（如飞机、导弹、潜艇），小组合的寡头垄断比大组合的垄断竞争更为适合。由于寡头可能实行相互勾结并采取战略行为，所以厂商能通过相互勾结来提高利润。而随着武器技术含量的下降，供给商的增加，厂商行为更接近竞争性市场理论所描述的情况。图 19.6 提供了一个关于武器类型、贸易理论、分市场及供给者数量的军火贸易类型图解。

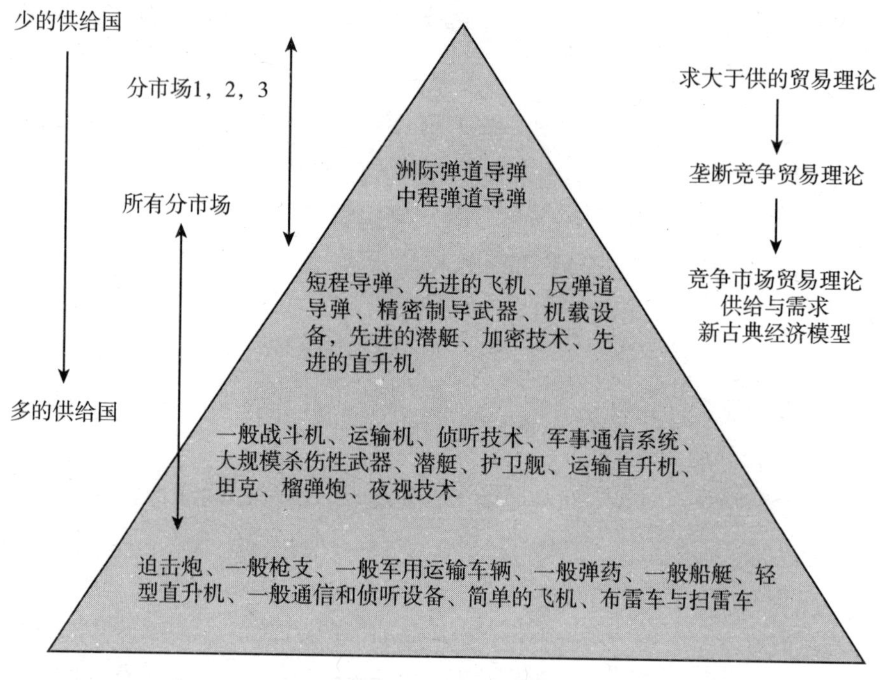

图 19.6　武器贸易的类型

19.4　军火贸易的政治经济因素

经济方面的分析并未体现出军火贸易与普通商品国际贸易的特殊之处，下面结合政治因素来讨论军火贸易的原因。

19.4.1　国防工业与就业

国防工业基础　许多国家都把维持国防工业基础（DIB）看做是国家安全所必需的。在战争爆发或战争可能爆发的谈判中，一个拥有强大国防工业基础（DIB）的国家能够威慑对手或者促使谈判成功。

国防工业基础通过影响贸易政策和该国在军火市场上的地位促进或限制军火贸易。例如，一个国家可能补贴机枪生产的企业，从而使得它从一个机枪进口国成为一个机枪出口国。政府通过诸多种类武器系统维持国防工业基础的努力，实际上可能导致军火贸易的萎缩，使整个国际体系内的武器存量减少。国内武器采办和许多有补贴的武器系统生产线不会从规模经济中获利，对几条生产线的自由放任却可以获利。这样的结果导致许多国家诸多武器系统的生产，不能从专业化和规模经济中得到大量的生产利润。图 19.7 就反映了这种情况。

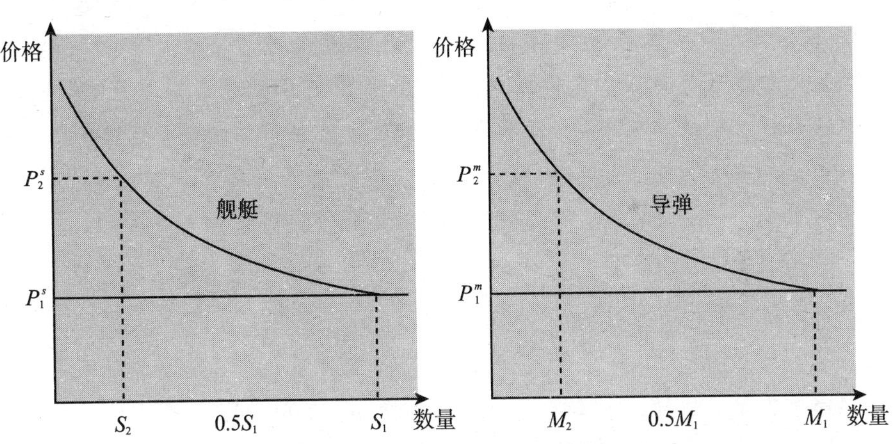

图 19.7　维持国防工业基础的成本

假设德国和以色列在每个武器系统上的平均成本都相等，德国专门生产舰艇，造舰艇耗费为 $P_1^s \cdot S_1$，总产量的一半出口，以换得以色列生产导弹数量的一半。以色列生产数量为 M_1 的导弹，其中一半出口给德国。此时，假设德国对本国的导弹生产进行补贴，以色列补贴本国的舰艇生产，目的是在每一系统中建立国防工业基础。假设贸易停止，各国都生产各自所需 S_2 的舰艇和 M_2 的导弹。德国和以色列两国的武器总支出为 $P_2^s \cdot S_2 + P_2^m \cdot M_2$，高于两国曾经各自负担的

$P_1^s \cdot S_1$ 和 $P_1^m \cdot M_1$ 之和（假设 $P_2^s \cdot S_2 = P_1^s \cdot S_1$，$P_2^m \cdot M_2 = P_1^m \cdot M_1$）。

两国武器支出的前后差额，是两国政府为了维持两种武器的国防工业生产能力提供的补贴。尽管两国对武器的支出都增加了，但军火贸易却停止了，整个体系中的武器数量也减少了 $2S_2 < S_1$，$2M_2 < M_1$。

专栏 19.2 军火贸易与军事工业基础

台湾当局在岛内经济持续低迷的情况下，大肆花费纳税人的血汗钱，狂购洋武器。台湾已经有一支近40万人的部队，配备了主战坦克1500多辆、地对空导弹2000多枚、各型作战飞机近1000架、大型主力战舰艇50多艘、潜艇4艘。这些武器主要是从外部采办的，只有少部分由台湾自行研制。

60年代以前，台湾的武器装备完全依赖美国援助。从70年代开始，台湾当局一方面不惜花费巨额资金向外搜集武器装备；另一方面也强调“自力”发展军事科研，“自行”研制武器装备，逐步建立“自立自主的军工体系”，明确提出武器装备将逐步朝着自制化方向发展。

虽然台湾当局提出了“武器自制”的口号，并确实在军事工业的研究、生产方面投入了相当多的人力、物力，取得了一些成果。但是，正因为武器装备过分依赖于进口，自欺欺人的“武器自制”政策并未落实，使得台湾自身的军事工业研制与开发能力十分低下。即便台湾军方近年来一再渲染台湾造出了这样或那样的武器、装备，而实质上这些武器与装备绝大多数不是台湾自己研制出来的，而只是引进技术生产，或进口零部件在台湾岛上进行组装。可以说，台湾的武器装备“自制”是假，仿造、装配是真。如陆军使用的M48“勇虎”坦克，主要综合美国M48型坦克、M60A3型坦克的设计生产出坦克底盘，再装上美制的火控、搜索系统，改装成所谓“新型战车”。空军用的F－5E54和F－5F型战斗机，基本上是用美国F－5战斗机的零件在台湾组装，只不过更换了一些美制的电子设备；IDF战斗机，这种被称为“经国号”的战斗机，是仿照美国的F－16战斗机模型，引进美国涡轮机生产技术，装配改良后的美制雷达，而生产的“自制战机”。海军建造的“二代舰”，基本上是美国“佩里”级护卫舰、法国“拉斐特”级护卫舰在台湾的“克隆”版本，台湾自制的成分很少。

> 对此，西方一位评论家感慨道："20多年前，台湾和以色列同时建造兵工厂生产武器，无论人力、物力或是自然条件，以色列都要比台湾差，可现在以色列已能制造飞机、战车和导弹，形成了完整的国防体系。而台湾现在连战车履带都制造不出来。"
>
> ——卢周来：《现代国防经济学教程》，石油工业出版社2006年版。

就业　与国防相关的就业也是各国军火贸易政策制订的依据之一。因为随着国防产品需求的下降，国防工业的就业水平也随之下降。面对国内武器需求下降，刺激武器出口，限制武器进口就通常作为维持国防工业就业水平的手段。表19.8列出了三项对军火贸易经济作用的研究，就业是分析的重点。在每项研究中，大量裁员都是由于军火出口受到了限制，裁员不仅仅直接发生在国防生产部门，而且也通过乘数效应和部门间的连锁效应间接地发生在其他部门。

表19.8　　有关军火贸易经济作用的经验研究

作者	经济作用	结　论
格罗比尔、斯特恩和迪尔多夫(1990)	美国单方面进行军火限制，对所选工业化国家或发展中国家的部门贸易、就业及其他经济变量的影响	**美国单方面禁运** 美国：有140000个工作转移，大多在运输设备、电力、机械行业，进出口交换率提高了0.06%，汇率贬值0.5%，价格上升0.5%。 其他国家：工作转移从新西兰的300个到希腊的27000个不等；但是对进出口交换率、汇率及价格的影响很少，可忽略不计。 **多边禁运** 美国：工作转移达到了118000个，但也为许多部门创造了就业机会，而对于进出口交换率、汇率及价格的作用可以忽略不计。 其他国家：工作损失相当大（例如：韩国为153000个，印度为141000个，巴西为140000个）；除了以色列、韩国、南斯拉夫外，对进出口交换率、汇率、价格的影响可忽略。

续表

作者	经济作用	结　论
鲍尤斯和洛斯切尔(1988)	美国对中东武器出口的限制，对美国宏观经济，及航空部门对沃斯堡经济的影响	美国对中东出口先进武器进行限制，在14年间导致国家收入损失85.4亿~283.6亿美元，裁员270000~886000人/年。美国限制向中东出口作战飞机，14年间导致的直接损失为：国家收入损失高达135.1亿美元，航空工业的就业损失高达473000人/年。1985年，限制对约旦出口40架F-16战机，导致沃思堡8200人/年的失业。
美国国会预算办公室(1976)	禁止对外军贸，对美国宏观经济的影响	1977年对外军贸削减82亿美元，导致1981年名义GNP下降200亿美元，损失350000个就业岗位；失业率上升0.3%；物价水平、利率、个人收入、公司利润及净出口都下降了。

资料来源：Anderton，C. H.，1995，“Economics of Arms Trade”，*Handbook of Defense Economics*，Vol. 1，Elsevier：549.

美国国会预算办公室（CBO，1976）、鲍尤斯和洛斯切尔（Bajusz & Louscher，1988）的乘数效应分析方法的弱点之一是使用了局部分析方法。分析框架中所推导的失业，忽视了在其他部门发生的就业转移现象，这种就业转移是由于国防生产部门资源向外流动而引起的。格罗比尔、斯特恩和迪尔多夫（Grobar，Stern & Deardorff，1990）分析方法的优点在于，由于武器生产和出口的下降，其他经济部门的就业可以增加。他们发现美国单方面禁止军事用品的出口和进口，导致美国运输设备部门和电力机械部门净就业水平明显下降。然而，由于美国单方面采取限制进出口的措施，美国经济中的其他约24个部门熟练工作的净就业水平增加了。从广义上说，对于多边军火出口限制体系中美国的研究，也得出了相似的结论。

19.4.2 经济与安全回应

莱文、森和史密斯（Levine，Sen & Smith，1994）从经济利益和供应国对军火进口国的安全回应（Security Repercussion）两个方面来分析军火转让数量和武器存量水平是如何决定的。他们建立了一个综合模型，在模型所描述的军火市场上，供应方为多个相互竞争的军火供给国，需求方为一个单一的普通军火进

口国。

该模型假设所有的供应国是对称的，提供完全同质的武器，但他们之间进行不完全竞争。用 q_{it}，$i=1$，2，…，n，表示 t 时期第 i 个军火供应国出售给军火进口国的武器数量；武器的供应总量用 Q_t 表示，$Q_t=Q_{it}+q_{it}$，式中 Q_{it} 为除 i 国外其他所有国家的武器供应量；用 S_{t+1} 表示 t 时期末军火进口国拥有的武器存量：

$$S_{t+1}=(1-\delta)S_t+Q_t \tag{19.18}$$

式中，δ 为折旧率。一国的武器存量可以衡量该国的军事能力，并进而影响该国的经济和军事行为。假设军火进口国的武器需求由其安全需要和预算约束共同决定，用线性需求函数来表示：

$$P_t(Q_t)=a-bQ_t=a-b(Q_{it}+q_{it}) \tag{19.19}$$

式中，P_t 为 t 时期武器的价格。

用 U_{it} 表示军火供应国 i 在 t 时期的目标函数，U_{it} 由军火销售的利润 Π_{it} 和供应商对安全的回应 $V(S_t)$ 组成，其中安全回应是军火进口国武器存量的函数，即：

$$U_{it}=\prod_{it}+V(S_t) \tag{19.20}$$

式中：

$$\prod_{it}=P(Q_t)q_{it}-C(q_{it}) \tag{19.21}$$

$$V(S_t)=dS_t+eS_t^2 \tag{19.22}$$

$C(q_{it})$ 是供应国 i 的成本函数，进一步假设它是产量的线性函数，不妨设

$$C(q_{it})=cq_{it} \tag{19.23}$$

（19.22）式反映了进口国的军事能力对军火供应国安全的影响，假设它是可度量的。其中的参数 d 和 e 表示军火转让者不同的安全特性。如果买卖双方是同盟国，把军火卖给同盟国会增加军火供应国的安全，则 $d>0$，$e\geqslant 0$；若买卖双方是敌对国，卖给敌对国会降低供应国的安全水平，则 $d<0$，$e\leqslant 0$。也可能出现这样的结果，即对于军火供应国而言，短期效果和长期效果是不同的。有一些进口国，武器转让可以使供应国的安全增加到一个点，但超过该点后，进口国反而可能对供应国安全造成威胁，安全性降低，有 $d>0$，$e<0$。而对于另一些

进口国，从短期看武器转让降低了供应国安全度，但长期来看，因为供应国能同化进口国从而增加自己的安全度，此时 $d<0$，$e>0$。

在军火贸易中，长期的供应关系是更重要的，特别是在两国发生冲突时。这使得供应商承诺在未来也会提供军火的可信性成为非常重要的一个问题。将（19.20）式扩展为供应国 i 的跨期福利函数：

$$W_{i\tau} = \sum_{t=0}^{\infty} \left(\frac{1}{1+r}\right)^{t} \left[P_{\tau+t} q_{i\tau+t} - C_i(q_{i\tau+t}) + V(S_{i\tau+t}) \right] \tag{19.24}$$

式中，r 是贴现率。该式表示供应国 i 贴现到第 τ 期的总效用值。将前面的（19.19）式、（19.21）式、（19.22）式代入（19.24）式，求解供应国福利最大化的问题，可以得到一个稳态纳什均衡：

$$\bar{q}_i = \frac{a - c - b\bar{Q}_i + \bar{p}_1}{2b} \tag{19.25}$$

$$\bar{p}_1 = \frac{\lambda(d + 2e\bar{S})}{1 - \lambda(1-\delta)} \tag{19.26}$$

$$\bar{S} = \frac{\bar{Q}_i + \bar{q}_i}{\delta} \tag{19.27}$$

$$\lambda \equiv \frac{1}{1+r} \tag{19.28}$$

$$\bar{Q}_i = \sum_{i=0, i\neq j}^{n} \bar{q}_i \tag{19.29}$$

根据前述供应商同质的假设，求解一个对称的纳什均衡，即 $\bar{q}_i = \bar{q}$，$i=1,\cdots,n$，代入（19.25）式中得：

$$\bar{q} = \frac{\delta(a - c + \theta d)}{\delta(n+1)b - 2ne\theta} \tag{19.30}$$

进而得到均衡时军火进口国的武器存量、均衡价格以及其他国家的武器供应：

$$\bar{S} = \frac{n\bar{q}}{\delta} \tag{19.31}$$

$$\bar{P} = a - bn\bar{q} \tag{19.32}$$

$$\bar{Q} = n\bar{q} \tag{19.33}$$

式中 $\theta = \lambda / [1 - \lambda(1-\delta)] > 0$。

如果供应商仅仅考虑军火贸易的经济因素，即单纯追求利润最大化，可以得到类似的均衡解。用 $\bar{q}^{C}$ 表示最大化供应国利润的产出水平（$d=e=0$），则：

$$\bar{q}^{C}=\frac{a-c}{(n+1)b} \tag{19.34}$$

显然，$\bar{q}\geqslant\bar{q}^{C}$。因此，可得：

第一，如果军火进口国是一个同盟国，或者有足够的可能性被军火出口国同化，那么军火的产出水平和进口国武器存量都将超过单纯利润最大化的水平。

第二，如果军火进口国是一个敌对国（$d<0$，$e\leqslant 0$）或是一个有“二心”的国家（$d>0$，$e<0$），那么稳态时的军火产出和存量水平均低于纯利润最大化的水平。

第三，军火市场的竞争越激烈（如军火供应国越多，当 $n\rightarrow\infty$ 时，$\bar{Q}=\frac{\delta(a-c+\theta d)}{\delta b-2e\theta}$），越能增加军火销售总量。

接下来引入军火进口国的前瞻性行为（Forward-Looking Behavior），假设其行为依赖于预期未来武器存量总和的贴现值 X_t。

$$X_t=(1-\xi)(S_t+\xi S^{e}_{t+1,t}+\xi^{2}S^{e}_{t+2,t}+\cdots) \tag{19.35}$$

$S^{e}_{t+i,t}$表示在第 t 期预期第 $t+i$ 期的武器存量水平；$\xi\in[0,1)$ 是一个衡量进口国是否短视的一个指标，如果 $\xi=0$，说明进口国只关注当期的武器存量水平，是短视的，也就是前文中所讨论的模型。

下面用（19.35）式所定义的 X_t 来代替前文中的 S_t。模型的求解过程与前文类似，这里直接给出稳态的纳什均衡结果。

情形一：如果供应商是有信誉的，他可以做出可信的有约束力的承诺，则意味着 $S^{e}_{t+i,t}=S_{t+i,t}$，得：

$$\bar{q}^{R}=\frac{\delta(a-c+\eta d)}{\delta(n+1)b-2ne\eta} \tag{19.36}$$

式中 $\eta=-\frac{\lambda^{2}(1-\xi)}{[1-\lambda(1-\delta)](\xi-\lambda)}$。而（19.31）式～（19.33）式所表示变量间的关系不变。进一步可以得到：

$$\frac{\mathrm{d}\bar{q}^{R}}{\mathrm{d}\eta}=\frac{b(n+1)(d+2e\bar{S}^{C})}{[\delta(n+1)b-2ne]^{2}} \tag{19.37}$$

$$\frac{\mathrm{d}\eta}{\mathrm{d}\xi}=-\frac{\lambda^{2}(\lambda-1)}{[1-\lambda(1-\delta)](\xi-\lambda)^{2}}>0 \tag{19.38}$$

于是有当 $\bar{q}\geqslant\bar{q}^{C}$（$\bar{q}<\bar{q}^{C}$）时，$\frac{\mathrm{d}\bar{q}^{R}}{\mathrm{d}\xi}>0\left(\frac{\mathrm{d}\bar{q}^{R}}{\mathrm{d}\xi}<0\right)$①。

情形二：如果武器供应国缺乏承诺的信誉，进口国的预期 $S^{e}_{t+i,t}$ 则被看做是模型外生的，得：

$$\bar{q}^{NR}=\frac{\delta(a-c+\gamma d)}{\delta(n+1)b-2ne\gamma} \tag{19.39}$$

式中 $\gamma=\frac{\lambda(1-\xi)}{1-\lambda(1-\delta)}<\theta<\eta$。类似地，（19.31）式～（19.33）式所表示的变量间的关系不变。而且可以得到：

$$\frac{\mathrm{d}\bar{q}^{NR}}{\mathrm{d}\gamma}=\frac{b(n+1)(d+2e\bar{S}^{C})}{[\delta(n+1)b-2ne]^{2}} \tag{19.40}$$

$$\frac{\mathrm{d}\gamma}{\mathrm{d}\xi}=-\frac{\lambda}{1-\lambda(1-\delta)}<0 \tag{19.41}$$

因此，当 $\bar{q}\geqslant\bar{q}^{C}$（$\bar{q}<\bar{q}^{C}$）时，$\frac{\mathrm{d}\bar{q}^{NR}}{\mathrm{d}\xi}<0\left(\frac{\mathrm{d}\bar{q}^{NR}}{\mathrm{d}\xi}>0\right)$。

综上所述，可以进一步得到第四个结论：供应国能否对将来武器的供应做出可置信的承诺，会使军火进口国的前瞻性行为对武器产出和存量水平产生截然相反的影响；在 $\bar{q}\geqslant\bar{q}^{C}$ 时，供应国有信誉则前瞻性行为增加均衡时武器的生产和存量水平，供应国无信誉则前瞻性行为减少均衡时武器的生产和存量水平；当 $\bar{q}<\bar{q}^{C}$时，供应国有信誉则前瞻性行为减少均衡时武器的生产和存量水平，供应国无信誉则前瞻性行为增加均衡时武器的生产和存量水平。

19.5 军火贸易影响

显然，军火贸易是为战争服务的，冲突、军备竞赛、经济等因素导致了军火贸易，但军火贸易反过来又进一步影响冲突和军备竞赛。

---

① 原文中证明了［δ（$n+1$）$b-2ne$］<0 时不存在稳态，并证明了 $\bar{q}\geqslant\bar{q}^{C}$ 当且仅当 $d\geqslant-2e\bar{S}^{C}$。

19.5.1　军火贸易与冲突

军火贸易对于战争或冲突的发展，如战争爆发的可能性、战争的进程和战争的激烈程度等所起的作用，基本上可以归纳为两种观点。“不稳定学派”认为，军火转让加剧了地区或国际间的紧张局势、增强了军事实力并为进行更大规模的冲突提供了工具，所以军火转让助长了冲突的爆发；而“稳定学派”则认为，由于军火转让有利于保持不稳定地区军事力量的平衡，进而能有效遏制冲突。

但事实上，军火贸易与冲突的关系远比上述两种观点复杂。军火转让能否增加或降低国家间战争或国内冲突的可能性，是由所介入的多个变量决定的，例如冲突背景（即对抗的强度、关系生死存亡的重大问题、历史地理）、武器转让的类型和数量、武器存量、政治领导人的目标和感觉、联盟的承诺及对国外势力干涉的预期等。也正由于介入的变量太多，以至于无法建立军火贸易和冲突之间的因果关系，但仍然可以研究军火转让是否促进或限制了冲突的发生。

理论分析　图 19.8 表示两个敌对国 J 和 L 之间的进攻和防御区域，图中横轴和纵轴分别为 L 国和 J 国的武器存量 W_L 和 W_J。如果表示武器的矢量在 1 区，那么两国相互都是安全的，即哪一方都没有能力对另一方发动进攻。如果武器的矢量在 2L 或 2J 地区，那么 L 国或 J 国则分别有可能对另一方发动攻击，并赢得胜利。进攻/防御线的位置及斜率是由兰彻斯特战争模型推导出来的（Anderton，1992）。影响着战争进程的各种变量——武器质量、地域条件、国防生产能力、决策者的感觉及资源禀赋——都能根据所选择的兰彻斯特模型的变形，在进攻/防御线上体现出来。

图 19.8 可以说明军火贸易和冲突之间的模糊关系。假设武器矢量在 A 点。依据兰彻斯特模型，L 国将进攻 J 国，并打败 J 国。一些决策者可能断定 L 国和 J 国间地区武器存量的不平衡，将导致 L 国发动侵略。这时第三国，如 K 国，以能保持地区武器平衡减少战争可能性为借口向 J 国出口军火，则能将武器矢量从 A 点移到 B 点。而在 B 点，两国之间将不会有战争。这种军火出口稳定性的观点，成为某些美国官员允许美国向我国台湾出口军火的理论依据。

然而，也有人论证了一个相反的观点，即图 19.8 说明的武器出口增加了战争的可能性或烈度。因为也许 L 国觉察到对 J 国的武器出口将削弱本国的军事优势或最终使武器的矢量移动到某点，此时 J 国能进攻 L 国。所以，L 国在失去优势或成为弱者之前会首先发动战争或更激烈地进行当前的战争。在这种情况下，军火出口对于 J 国来说犹如战争的催化剂。

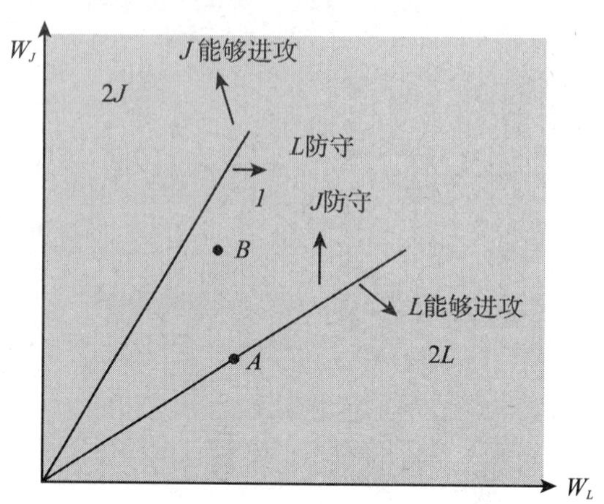

图 19.8　军火贸易关于战争爆发和战争消失

从理论上评估军火转让对战争的爆发和结束起促进还是遏制作用的另一个模型是威特曼模型（Vittman，1979）。在该模型中，P_{iw}（$i=J$，L）表示 i 国主观上赢得战争的可能性，U_i^t 表示 i 国的效用函数，S 表示两国和解的结果（如获得或失去土地），$\hat{S}_i$ 表示 i 国无条件投降，$U_i^t(w)$ 表示 i 国发动或延续战争的预期效用，$U_i^t(S)$ 表示 i 国 $\hat{S}_i$ 和解或不发动战争的预期效用。

从图 19.9 可看出：①J 国和 L 国存在和平的可能性；②发动或延续战争的必要条件。

假设 J 国对发动和延续战争的预期效用 $U_J^t(w)=A_t^0$，而且和解给 J 国带来的效用至少不低于 A_t^0 时，J 国只能接受和解。假设 J 国获得的效用大于 $U_J^t(w)$，则和解向 A_t' 的左方向移动。如果 L 国处于 B_t' 的右方，那么 L 国只能同意和解。在 A_t' 点以左和 B_t' 点以右之间的重叠区域是指通过谈判和解的可能性。另外，如果 J 国对发动或延续战争的预期效用是 $U_J^t(w)=A_t^1$，那么 A_t'' 和 B_t' 之间的差距意味着两国间的矛盾不可能和平解决。这是发动或延续战争的必要条件。

从图 19.9 中可得出军火贸易与战争可能性之间关系的两个典型结论：

结论一　假设 $U_J^t(w)=A_t^0$ 且两国正在进行和解。如果 L 国进口了新式武器，而此时 J 国没有进口武器，这就会产生出发动战争的必要条件。因为 L 国拥有额外的武器，而 J 国没有，L 国对战争的期望效用就会提高，而 J 国对战争的预期

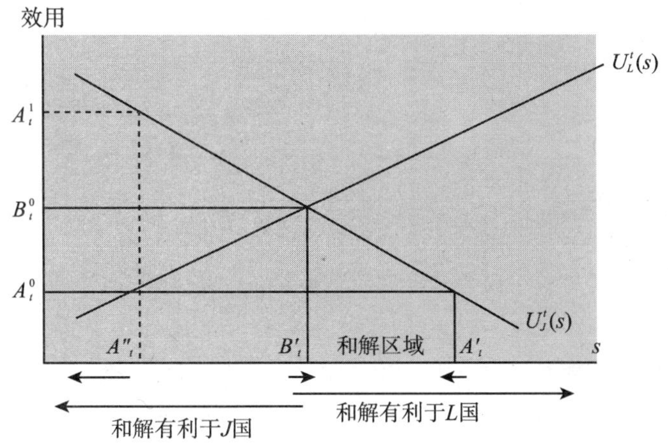

图 19.9　威特曼模型中的战争与和平

效用则会下降。如果 L 国上升的预期效用上升充分且大于 J 国下降的预期效用时，那么和解的区间将会消失，也可能会引发战争。或者和解的区域不会消失，但会朝着有利于 L 国的方向移动，因为新式武器会增加 L 国谈判的筹码。

结论二　假设 J 国的预期效用为 $U_J^t(w)=A_t^1$，且两国处于战争状态。假设 L 国进口新式武器，如果 L 国的预期效用上升的幅度小于 J 国预期效用下降的幅度，那么将会出现一个和解的区域。20 世纪 80 年代美国给阿富汗的穆斯林游击队出口毒刺导弹也许大大减少了苏联对继续战争的预期效用，从而对其撤军做出了贡献。

经验分析　安德顿（Anderton，1995）总结了军火贸易同冲突之间关系的经验和个案的研究。不同的数据来源、不同的经验模型及研究的时间期限，研究结果的差异也非常大。

个案研究一：肯普的研究

肯普（Kemp，1970）进行了 1945 ~ 1970 年，特别是 60 年代，军火贸易与第三世界国家冲突地的相关性研究。在其所研究的区间内，第三世界国家爆发了许多冲突，“在这些冲突中使用的所有武器都出自于工业化强国的军工厂”。然而，肯普强调“仅有这个证据并不能说明军火引发或促使了冲突的发生”。军火供应、冲突与第三世界稳定之间的关系非常复杂。肯普研究的目的在于归纳军火转让、军事需求及第三世界国家冲突的一般原则，然后将这些原则应用于区域性的逐一个案基础研究。

在评价武器转让对第三世界国家冲突的作用中，肯普（1970）指出应首先评估武器转让的有效性。所谓武器转让的有效性，是指所转让的武器对于接受国的影响取决于军事环境、武器的技术特性及政治因素。因此，“在对各种武器进行质的区分时，对第三世界国家的不同区域中存在或认为存在的不同类别的军事、地理及技术环境，进行更为准确的研究是非常必要的”。

在探讨军火贸易与军火贸易控制对第三世界和平与安全造成的影响时，肯普逐地区进行了分析，得出了以下结论：“……可以说军火贸易对第三世界而言既不好也不坏，某些类型的军火转让既有利于也有害于供应者和购买者的利益，更具体地说，没有一个优先的事实可以使我们预先就确定军火转让必然引发冲突”。

个案研究二：纽曼的研究

纽曼（Neuman，1986）对军火贸易与冲突之间的因果关系进行了考察。纽曼考察的是发生在 8 个欠发达国家的战争对武器转让的影响——这 8 次战争中有 5 次是常规国家间战争，有 3 次是叛乱。纽曼发现对大多数处于战争中的国家而言，冲突中武器进口的币值呈上升趋势。而苏联特别是美国的捐助却减少了，与此同时，其他的供应者不断介入以满足对武器的需求。纽曼得出的结论是：两个超级大国对于随武器出口而增多的第三世界冲突感到不安，并对军火贸易实施限制，尤其是在战争爆发的初期，或者直到政治或战略利益出现时为止。

个案研究三：皮尔逊的研究

皮尔逊等人（Pearson et al.，1992）分析了武器转让对 10 次国家间战争的影响。得出总的结论：

（1）考虑到军事优势、所感受到的力量平衡变化以及建立与所支援国联系而产生的利益，武器转让是决定是否进行战争的一个因素。

（2）供应国在制约甚至决定战争后果的过程中不起什么作用。

（3）武器转让通常会使战争延期升级，结果导致更大的痛苦和灾难。

（4）武器禁运不论是部分或全部，几乎没有可能迫使交战双方停止战争，回到谈判桌上，相反会使战争继续下去。

（5）与其他武器供应国相比，两个超级大国会更倾向于利用军火转让作为手段去影响交战双方。在战争中超级大国武器供应的份额普遍降低。

因此，皮尔逊等人（1992）总结认为：军火转让既有刺激武装冲突，又有减少冲突的作用；它是导致战争发生与终止的因素。

19.5.2　军火贸易与军备竞赛

阿朗索和莱文（Alonso & Levine，2007）介绍了基于莱文、史密斯（Levine & Smith，1995，1997）和邓恩等人（Dunne et al.，2005）对军火贸易和军备竞赛之间关系的研究。在一个特定的武器贸易体制中，根据武器需求方和武器供给方的最优化选择，还可以得到军火贸易的均衡价格和均衡数量，下面以阿朗索和莱文（2007）的研究为线索介绍该模型。

该模型假设世界上的国家可分成两类。第一类国家是武器装备的进口国（买方），他们与邻国处于两两之间的地区冲突之中（如印度和巴基斯坦，希腊和土耳其）。假设大多数国家属于这一类，用 $b=1, 2, \cdots, r$ 来表示军火进口国。第二类国家则是武器装备的提供者，即供应国，用 $s=1, 2, \cdots, l$ 表示。这些国家具有生产主要武器系统的能力。

需求函数　假设武器装备进口国的效用函数为：

$$U_{bt} = \sum_{i=0}^{\infty} (1+r_b)^{-i} W(C_{b,t+i}, S_{b,t+i}) \tag{19.42}$$

这里 $W(\cdot)$ 是一个单期效用函数，S 表示国家安全水平，C 是消费水平，r_b 则表示贴现率。为与国家 b 进行地区军备竞赛的对手的效用函数等变量区分，这里加“$*$”以示区别，如对手的效用函数可表示为 U_{bt}^*。

一国安全水平与它自己和其对手的军事能力息息相关。这里认为军事能力取决于这个国家武器装备的水平。因此，有下面的式子：

$$S_{bt} = S(k_{bt}, k_{bt}^*) \tag{19.43}$$

且 $\partial S/\partial K_b > 0$，$\partial S/\partial K_b^* < 0$。这正好符合两国处于敌对状态的情形。

而该国在时期 t 武器装备的水平又由武器装备的进口量 M_{bt} 和本国生产的武器装备 D_{bt}，以及之前的武装水平决定，也就是：

$$K_{bt} = f(D_{bt}, M_{bt}) + (1-\delta)K_{b,t-1} \tag{19.44}$$

这里的 δ 表示折旧率，进一步假设 $f(D_{bt}, M_{bt})$ 采取常替代弹性（CES，

Constant Elasticity Substitution)① 的函数形式：

$$f(D_{bt},M_{bt}) = \left[w_b D_{bt}^{\frac{\sigma-1}{\sigma}} + (1-w_b) M_{bt}^{\frac{\sigma-1}{\sigma}} \right]^{\frac{\sigma}{\sigma-1}} \tag{19.45}$$

各国对武器和消费的选择还必须满足预算约束条件：

$$Y_{bt} = C_{bt} + p_{bt}D_{bt} + P_t M_{bt} \tag{19.46}$$

Y_{bt}是该国的总产出，也即总收入；p_{bt}是国内生产武器的单位成本；P_t 是进口武器的价格。进一步假设国内武器生产企业进行武器生产的参与约束是紧的，即：

$$p_{bt}D_{bt} - C(D_{bt}) = 0 \tag{19.47}$$

假设一个军火进口国和他的对手是对称的，即他们以相同的方式最优化自己的选择。由此可以简单描绘出两个处于地区军备竞赛国武器装备水平的纳什均衡（见图 19.10），这里，引入了莱文和史密斯（1994）的分析，他们假设（19.43）式是线性的，且武器进口国不在其国内生产武器。

图 19.10 中，*BN* 和 *AN* 是两国的反应线，它们是线性的②。*N* 是唯一的纳什均衡。在给定第二国的武器装备水平 K_b^2 的情况下，表示第一国可能的最大效用无差异曲线落在 *BN* 之外；同理，在给定 K_b^1 的情况下，表示第二国可能的最大效用无差异曲线落在了 *AN* 之外。这说明纳什均衡 *N* 是无效率的。因为，“安全”具有负的外部性——一国的安全，意味着另一国的不安全。如果两国可以合作，不再进行军备竞赛，那么两国的效用水平都会提高。

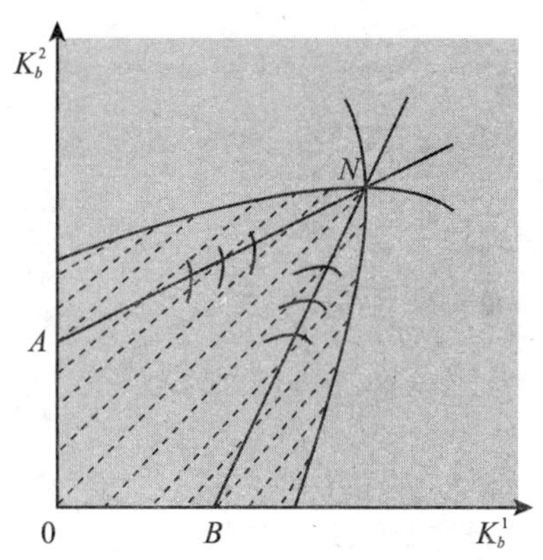

图 19.10　武器进口国武器装备水平的纳什均衡

通过以上的分析，可以得到一个进口国

① 1961 年，阿罗等建立了具有不变替代弹性的 CES（Constant Elasticity of Substitution）生产函数，由于该生产函数的许多优点，目前应用也较为广泛。例如在（19.45）式中，国产武器和进口武器之间的替代弹性为 σ。当 σ 趋于零时，（19.45）式就趋近于柯布—道格拉斯函数形式 $f(D_{bt},M_{bt}) = D_{bt}^{w_{bt}} M_{bt}^{w_{bt}}$，而当 σ 为 1 时，(19.45) 式就变成线性形式 $f(D_{bt},M_{bt}) = w_{bt}D_{bt} + (1-w_{bt})M_{bt}$。

② 这里只考虑它们是线性的情况。如果反应线是非线性的，则可能存在多个纳什均衡。

关于武器进口的需求函数，它是武器进口价格、敌对国家威胁情况，以及本国收入水平的函数。

供给函数　假设武器出口国的效用函数类似于进口国的效用函数，即：

$$U_{st} = \sum_{i=0}^{\infty} (1+r_s)^{-i} W(C_{s,t+i}, S_{s,t+i}) \tag{19.48}$$

这里假设武器出口国考虑的是全球安全，而非地区安全。因此，其安全函数不仅取决于自己的武器装备水平，更取决于所有其他国的武器装备水平。

$$S_{st} = S\ (\cdots,\ k_{bt},\ k_{bt}^*,\ \cdots;\ \cdots,\ k_{st},\ \cdots) \tag{19.49}$$

武器供应国也可能会从其他的武器供应国那里进口武器，它的武器装备水平可以类似地表示为：

$$K_{st} = f(D_{st}, M_{st}) + (1-\delta) K_{s,t-1} \tag{19.50}$$

同样，它的武器使用和消费也必须满足预算约束：

$$Y_{st} = C_{st} + p_{st} D_{st} + P_t M_{st} \tag{19.51}$$

则（19.46）式和（19.51）式也表示了贸易平衡条件。

与单纯武器进口国不同的是，第二种类型国家中武器生产厂商的参与约束条件为：

$$p_{st} D_{st} + P_t X_{st} - C(D_{st} + X_{st}) = 0 \tag{19.52}$$

这里，$C(\cdot)$ 是成本函数。武器出口的世界价格 P_t 由市场出清条件决定：

$$\sum_{b=1}^{l+r} (M_{bt} + M_{bt}^*) = \sum_{s=1}^{l} X_{st} \tag{19.53}$$

由于模型中的函数形式和条件比较一般化，在以上分析的基础上，很难求出解析解。如果进一步给定某种特殊的函数形式，通过数字模拟就可以得到丰富的结论。

19.6　军火贸易与外交政策

冷战期间，军火贸易曾经是美国影响其外交政策的有力手段之一。表 19.9 列出了美国历届政府所进行的武器影响次数。冷战期间苏联也是如此，如在 1960 ~ 1980 年间，苏联对第三世界国家的经济和军事援助增加了军火接受国在贸易上对苏联的依赖性，也导致了这些国家政治上的顺从。

表 19.9　美国历届政府尝试武器影响的次数

政府	每年的平均影响尝试次数
杜鲁门（1950～1952 年）	3.0
艾森豪威尔（1953～1960 年）	2.0
肯尼迪（1961～1963 年）	3.0
约翰逊（1964～1968 年）	6.4
尼克松（1969～1974 年）	3.8
福特（1975～1976 年）	8.5
卡特（1977～1980 年）	10.5
里根（1981～1988 年）	3.5
布什（1989～1992 年）	3.8
总计（1950～1992 年）	4.5

资料来源：Anderton，C. H.，1995，“Economics of Arms Trade”，*Handbook of Defense Economics*，Vol. 1，Elsevier，523－559.

冷战结束后，军火贸易政策仍然与外交政策联系在一起。特别是军火大国美国对国际军火市场武器进出口限制更是直接成为其外交政策的一个有机组成部分，并利用了相关国际组织付诸于行动。

19.6.1　西斯林军火影响成功理论

西斯林（Sislin，1993）提出了军火影响外交政策的理论，该理论假设军火转让中有两个决策者：军火接受者和供应者，而且两者被视作一个行动整体。在第一阶段，军火接受者做出了武器供应者不接受的行为；在第二阶段，军火供应者决定通过操纵军火出口，来改变接受者的行为；在最后阶段，即第三阶段，接受者决定如何对供应者试图发挥影响的尝试做出反应。即：

第一阶段：

$$V^s(c) > V^s(nc) \tag{19.54}$$

式中，$V^s(c)$ 表示接受国妥协时给军火供应国带来的价值，$V^s(nc)$ 表示接受国

不妥协时给军火供应国带来的价值。

(19.54) 式对于军火影响尝试来说是必要但不充分条件。西斯林认为，由于影响的技术成本太高，结果降低了军火供应国从接受国妥协中得到的收益，供给国所得到的收益并不多于什么都不做。

第二阶段：

$$E(V^s)=P_cV^s(c)+(1-P_c)V^s(nc)-C^s(i)>V^s(nc) \tag{19.55}$$

式中，$E(V^s)$ 为军火供应国通过军火的影响尝试所要达到的预期值，P_c 是供应国认为军火接受国妥协的概率，$C^s(i)$ 是军火供应国认为的影响尝试成本。

如果忽略风险偏好，(19.55) 式表示的就是供应国进行军火影响的充分条件。

假设只有 P_c 和 C^s 是军火影响尝试的函数，那么供给国必须选择一个军火影响工具以实现 $E(V^s)$ 的最大化。

第三阶段：

$$V^{\Gamma}(c)>V^{\Gamma}(nc)-P_iC^{\Gamma}(i) \tag{19.56}$$

式中，$V^{\Gamma}(c)$ 是军火接受国妥协后获得的利益，$V^{\Gamma}(nc)$ 是军火接受国不妥协获得的利益，$C^{\Gamma}(i)$ 是受军火影响手段作用的接受国成本，P_i 是军火制裁手段将承担成本的概率，$C^{\Gamma}(i)$ 是接受国不妥协遭受制裁的成本。

忽略风险的选择，(19.56) 式表示的是军火接受国对军火影响尝试妥协的充分条件。

19.6.2　武器影响成功的决定因素

西斯林根据对美国 1950～1992 年间进行的 191 次军火影响尝试中 80 次成功的数据进行分析的基础上，列出了他认为可能决定军火影响成功的因素（见表 19.10）。

表 19.10　　军火影响成功可能的因素

1. 影响尝试的特征
(1) 制裁类型—军火供应国的制裁是积极的还是消极的
(2) 目标—军火供应者的目标是威慑还是强制
(3) 政策—军火供应国企图改变的是接受国的外交政策还是国内政策

续表

2. **军火接受国的特征**
A. 政治
(4) 政权—军火接受国是军人政权还是文职政权
(5) 接受国的内聚力—军火接受国统治集团是团结的还是分裂的
B. 军事
(6) 冲突—军火接受国参与的是否是国际冲突
(7) 安全—军火接受国是否感到安全
(8) 国内冲突—军火接受国的领导面对的是国内冲突还是国内安宁
C. 经济
(9) 资源—军火接受国的资源基础
(10) 国内军火生产—军火接受国的国内武器生产水平
3. 军火供应国和接受国之间相互作用的特征
(11) 供应国的武器—军火接受国对供应国武器的依赖程度
(12) 贸易—军火供应国和接受国之间经济的相互作用程度
(13) 先例—以前影响尝试的结果(如果有的话)
4. 供应国的特征
(14) 供应国的内聚力—供应国统治集团是团结的还是分裂的
(15) 领袖的风格—是积极主动的美国总统风格还是其他风格
5. 体系特征
(16) 霸权—美国的霸权趋势
(17) 合作—美国和苏联的敌对或友好程度
(18) 替代的军火供应国—对于军火接受国而言可替代的军火供应国数量

资料来源：Sislin, J., 1993, *Arms As Influence: The Elusive Link Between Military Assistance and Political Compliance*, Ph. D. Thesis, Department of Political Science, Indiana University.

在此基础上，西斯林利用多元逻辑分析方法的筛选步骤，鉴定出军火影响成功的 6 个核心决定因素：制裁的类型、政策、政权、霸权、供应的武器及可选择的供给国。具体地说，在下述条件下，军火影响的尝试更有可能成功：

- 制裁政策是积极，而不是消极的；
- 军火影响尝试的核心是改变接受国的外交政策，而不是其国内政策；
- 军火接受国是文职政府而不是军人政权；
- 美国在世界体系中发挥更大的作用；
- 军火接受国从美国进口更多的武器；
- 几乎没有适合接受国的预备供应国。

西斯林的研究认为军火影响是否成功取决于一系列变量，而不是一两个变量，这些变量构成了军火影响成功高几率的环境，改变其中任何一个变量，只对军火影响成功的可能性产生很小的影响。

关键术语

军火贸易　军火转让　国际军火市场　军火进口国（接受国）　军火出口国

课后思考

1. 军火贸易的数据反映了国际军火贸易有哪些变化和趋势？

2. 军火贸易的经济原因有哪些？经济学家是如何分析这些因素对军火贸易的影响的？

3. 军火贸易的影响是什么？试从经济影响和政治影响两个方面来分析。

4. 试分析军火贸易对外交政策的影响。

参考文献

卢周来：《现代国际经济学教程》，石油工业出版社 2006 年版。

［瑞］斯德哥尔摩国际和平研究所：《SIPRI 年鉴 2007》，时事出版社 2008 年版。

Alexander, A. J., Butz, W. P. and Mihaka, M., 1981, *Modeling the production and International Trade of Arms: An Economic Framework for Analyzing Policy Alternative*, The Rand Corporation, Santa Monica, CA.

Anderton, C. H., 1992, "Toward A Mathematical Theory of the Offensive/Defensive Balance", *International Studies Quaterly*, 36: 75 ~ 100.

Anderton, C. H., 1995, "Economics of Arms Trade", *Handbook of Defense Economics*, Vol. 1, Elsevier. 523 ~ 559.

Bajusz, W. D. and Louscher, D. J., 1988, *Arms Sales and the U. S. Economy: the Impact of Restricting Military Exports*, Westview Press, Boulder, CO.

Brauer, J., 2007, "Arms Industries, Arms Trade and Developing Countries", In: Sandler, T., Hartley, K. (eds.), *Handbook of Defense Economics*, Vol. 2. North-Holland, Amsterdam.

Dunne, P., Garcia-Alonso, M. D. C., Levien, P. and Smith, R. P., 2005, "Military Procurement, Industry Structure and Regional Conflict", Disscusion Paper 0502, University of Kent.

García-Alonso, M. and Levine, P., 2007, "Arms Trade and Arms Races: A strategic Analysis", In: Sandler, T., Hartley, K. (eds.), *Handbook of Defense Economics*, Vol. 2. North – Holland, Amsterdam.

Gerner, D., 1983, "Arms Transfers to the Third World: Research on Patterns, Causes and Effects", *International Interactions*, 10: 5 ~ 73.

Grobar, L. M., Stern E. M. and Deardorff, A. V., 1990, "The Economic Effects of International Trade in Armaments in the Major Western Industrialized and Developing Countries", *Defence Economics*, 1: 97 ~ 120.

Kemp, G., 1970, "Arms Traffic and Third World Conflicts", *International Conciliation*, 577: 1 ~ 77.

Levine, P. and Smith, R. P., 1995, "The Arms Trade and Arms Control", *The Economic Journal*, 105: 471 ~ 484.

Levine, P. and Smith, R. P., 1997, "The Arms Trade", *Economic Policy*: 337 ~ 370.

Levine, P., Sen, S. and Smith, R., 1994, "A Model of the International Arms Market", *Defense and Peace Economics*, 5: 1 ~ 18.

Neuman, S. G., 1986, "The Arms Trade in Recent Wars: The Role of the Superpowers", *Journal of International Affairs*, 40: 77 ~ 100.

Pearson, E. S., Brzoska, M. and Crantz, C., 1992, "The Effects of Arms Transfers on Wars and Peace Negotiations", in: SIPRI YEARBOOK *1992*: *World Armaments and Disarmament* (Oxford University Press, New York) 399 ~ 415.

Sislin, J., 1993, *Arms As Influence: The Elusive Link Between Military Assistance and Political Compliance*, Ph. D. Thesis, Department of Political Science, Indiana University.

U. S. Arms Control and Disarmament Agency, 1994, *World Military Expenditures and Arms*

Transfer 1991/92., Washington, DC.

U. S. Department of State Bureau of Verification and Compliance, 2003, *World Military Expenditures and Arms Transfer* (1999 - 2000), Washington, DC.

US Congressional Budget Office, 1976, *The Effect of Foreign Military Sales on the U. S. Economy*, Congressional Budget Office, Washington, D. C..

Vittman, D., 1979, "How a War Ends: A Rational Model Approach", *Journal of conflict resolution*, 23: 743 ~763.

第 20 章　国防工业与采办政策

国防工业和国防采办面临两方面的挑战：一方面，随着新技术不断引入武器装备生产，国防工业的研发费用和生产成本急剧攀升；另一方面，裁军和各国面临的经济压力使国防预算总是赶不上需求的增加。这两种压力要求政府采取合理的国防工业和采办政策以提高武器装备的生产和采办效率。

本章介绍基本的国防工业、采办政策。第一节讨论国防采办政策；第二节讨论国防工业政策；第三节讨论军事联盟国防工业政策；第四节讨论军转民政策；第五节讨论国防工业与采办政策面临的挑战。

20.1　国防采办政策

国防采办中面临政策选择目标、时间、合同等问题，国防采办政策选择亦可采用成本—效益框架进行分析。

20.1.1　国防采办政策选择

国防采办政策涉及包括国防合同在内的一整套相关选择，这些选择包括：

标准选择　即采办政策目标是军事目标还是更广泛的经济或产业目标，如就业、经济增长、技术进步、国际收支等等。

产品选择　即要选择购买什么样的产品。政府要采办的武器装备，可能是已存在并可以在市场上购买到的产品（如办公设备、运输机等），也可能是一些高技术产品，它们还未被研发出来，甚至可能仅有少数国家有技术和生产能力能够提供这种武器系统（如导弹、卫星通讯系统、核动力潜艇等）。

因此，国防采办政策首先要明确武器系统的质量、数量和技术标准。还必须要考虑到采办过程中的风险和不确定性。如由于信息的不完备性，政府和承包商之间的采办合同通常是不完全契约，这会导致“敲竹杠”问题，即承包商增加很多无谓的研发投入，增加了政府采办成本。同时由于政府和承包商之间的信息不对称，也会出现逆向选择和道德风险等问题。

承包商选择　即要选择从哪个承包商那里购买武器装备。政府选择承包商的方法大致可以分成两种：一是直接从比较偏爱的供应商那里购买，价格、利润等合同条款通过政府和承包商的直接谈判确定。二是政府通过竞争选择承包商。承包商之间在技术、效率、价格等方面展开竞争，政府则决定是否允许国外承包商参与竞争，依据价格还是非价格因素确定国防合同的归属，采办价格和承包商的利润由竞争情况决定。

合同类型选择　即要选择怎样购买。每种采办合同都会对承包商的效率、成本、利润产生不同的激励，进而导致承包商不同的策略性行为。

时间选择　即要选择什么时间进行武器装备的采办。武器系统的研发和生产是一个漫长的过程，从最初的设计到最终大批量服役，还需要经历研发、测试、定型等多个阶段。政府选择在哪个阶段进行采办会直接影响到项目的风险和效率。如政府采办发生在最初的设计阶段，对政府来讲风险是最高的，而对承包商提高效率降低成本的激励也最低，但好处是项目所有的研发都可以根据政府对武器装备的要求和标准进行。相反，政府采办越是处于后面的阶段，承包商之间的竞争持续时间就会越长，但政府资助的承包商如果最后并不能赢得合同，政府先期的投资就无法收回。

规制选择　国防采办涉及公众利益，需要有完善的制度对采办合同、采办者和承包商进行严格的监督和规制，甚至需要借助于司法程序。

20.1.2　国防采办政策评估

国防采办政策既然是由一整套相关的选择组成，那么如何做出这些选择就至关重要。尽管国防采办政策不能仅仅考虑经济成本和经济利益，但成本—收益方法仍为国防采办政策选择和评估提供了一个很好的分析框架。该框架要求对每一个可选择的军事装备或采办方案进行成本—收益分析，包括：

生命周期成本评估 采办价格只是生命周期成本的一部分，而生命周期成本才是一个项目真实的总成本，所以除采办成本外，还必须考虑到服役支撑、操作和维护方面的成本。

在进行成本评估时需要注意：第一，不能仅仅比较单位成本的数据，例如，战斗机在性能上是不同的，因此要以能够满足作战需要的机群的总成本作为比较的基础；第二，总成本必须用现值表示出来。

国家经济利益评估 装备采办选择涉及广泛的经济利益，它对就业、技术和国际收支平衡都会产生影响。就业影响涉及工作的数量和其技术含量；技术的影响包括对其他经济部门的溢出效应；国际收支平衡的影响包括进出口方面的节约；财政方面则包括对税收收入和失业，以及社会福利方面的影响。因此国防采办政策中要综合考虑国防采办对国家经济利益的价值。

军事与战略评估 成本和收益分析除考虑经济性之外，还要考虑该采办的军事和战略价值，如在军事上，要考虑对满足战斗需要的武器系统的性能、数量和交付日期进行分析，要考虑到不同方案对标准化和通用性、国际合作和对保持本国国防工业基础的不同作用。在战略意义上，要考虑到国防采办政策选择对国家安全、国际政治关系的影响。

因此，在国防采办政策选择上，不但要重视那些可量化的成本和收益，也要重视那些无形的成本和收益。

成本—收益分析为政府政策选择提供了一个框架，政府在进行国防采办政策选择之前需要了解与武器装备的军事战略特征有密切关系的选择利益，需要分析选择对所有更广泛的经济利益所带来的贡献。表 20.1 提供了一个信息框架，它向政策制定者展示了各种可选政策的成本和收益。

表 20.1 是说明性的，可以包括政策选择的各种变量，因此在一些特殊成本和收益方面可以加上更多的信息。

表 20.1 国防采办政策选择：一个选择框架

政策选择	成 本				收 益								
	采办价格		生命周期成本		军事/战略特征				国家经济收益				
	单件	批量	单件	批量	性能	数量交货时间	标准化	其他	就业	技术	国际收支	财政	其他
国家项目 (一国独自完成)													
合作项目													
许可证生产 或联合生产													
进口装备 现货 补偿贸易													

资料来源：托德·桑德勒、基斯·哈特利著，姜鲁鸣、罗永光译，《国防经济学》，北京理工大学出版社 2007 年版。

20.2 国防工业政策

国防工业政策对国防工业发展产生直接影响，从国际范围看，被各国广泛采用的国防工业政策包括国防工业标准化、许可证生产与联合生产、国际合作、军火贸易补偿政策等。

20.2.1 国防工业标准化政策

对同一种武器，单独一个国家的需求可能是比较小的，为获得规模经济和学习效应的好处就需要扩大生产，因此该产品必须满足国外市场需求方的要求。标准化就是要求军事联盟成员国在某种武器需求上达成一致，以便可以大规模生产，把平均成本降低到较低的水平上。

标准化通常在军事联盟内部比较好操作，因为除了在武器需求上达成一致之外，标准化还要求成员国在由哪个国家提供武器的问题上取得一致。与直接从市场采办武器装备不同的是，从国外采办标准化的武器系统经常与“补偿贸易”结合在一起。图 20.1 显示了军备市场标准化和自由贸易的简单情况。

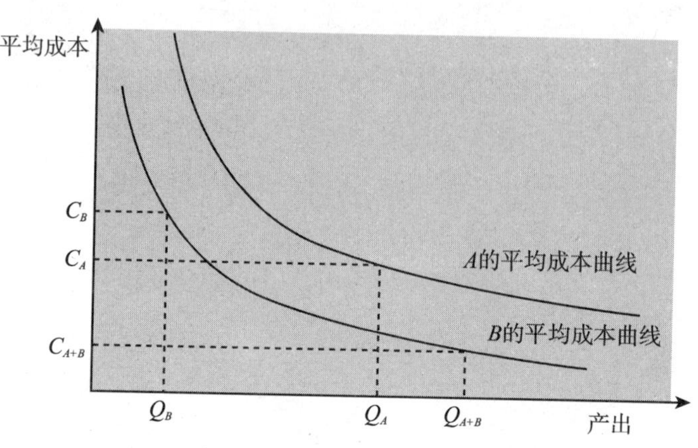

图 20.1　国防工业标准化和自由贸易

按照标准化的经济学理论，军事装备市场标准化和自由贸易可以降低单位成本。如果考虑两个国家的情形，设国家 A 最初沿着长期平均成本曲线运行，它在单位成本 C_A 的水平上购买数量为 Q_A；国家 B 沿着它的长期平均成本曲线运行，在单位成本 C_B 处购买数量为 Q_B 的武器。显然，如果能得到两国加在一起的订单 $Q_A + Q_B = Q_{A+B}$，而且从较低生产成本的 B 国购买相同的标准化装备，即在 C_{A+B}位置购买 Q_{A+B}。这样两国都能获得好处，国家 A 节约了$(C_A - C_{A+B})Q_A$ 的成本，国家 B 节约了$(C_B - C_{A+B})Q_B$ 的成本。这还不包括节省的研发费用。因此，该图至少有两点启示：第一，标准化使每个参与国获得了大规模生产带来的规模经济；第二，武器装备由具有比较优势，即有成本优势的国家提供。

如果标准化能够带来经济效率，为什么它没有被实施呢？政府自身恰恰是军事装备自由贸易的最主要的障碍。政府可以通过设置进入障碍，使用优先采办和对技术转移限制等措施，阻止由市场需求方引起的竞争行为。这种做法反映了传统的独立和安全供给的需要，这种需要要求保护本国的国防工业基础。同时，国家也不愿看到在军事联盟国之间开展自由贸易所产生的后果。如在北约，有人预言，如果建立自由贸易区，将会导致美国专门生产高技术的军事装备，而欧洲却被限制在“金属敲打”式的生产领域，并且不得不减少其“关键”技术产业如

航空航天产业的规模。

20.2.2　国防工业许可证生产和联合生产

当购买外国军事装备时，进口国通常要求采取某些形式的经济活动以便对本国工业进行补偿。解决办法之一是进口国自行生产外国设计的装备，分担生产任务一般采取许可证生产（Licensed）和联合生产（Co-operation）两种形式。

许可证生产是建立直接贸易补偿的传统方式，也就是说，进口国在出口国的许可下，在本国建立这种由国外设计的武器装备的生产线。对于被授予许可证的生产国，其目标可能是在国内建设整个武器装备的生产线，也可能是建立部分零部件的生产线并进行产品的最后组装。如英国和意大利都经常通过许可证方式生产美国设计的直升机，日本通过许可证生产一系列美国的 F－14、F－15战斗机。

联合生产是一个国家通过购买外国装备而被允许共同参与生产，其订单来自于本国、装备供给国以及第三方。每一个参与联合生产的国家都购买相同的装备，并且生产彼此订单的一部分。如欧洲四国向美国购买 F－16 战斗机，这次采办采取了联合生产的方式，欧洲的防务工业部门获得美国空军所购买的 650 架 F－16战斗机的 10% 的生产合同，同时获得欧洲购买的 384 架 F－16 战斗机的 40% 的生产合同，以及 15% 的出口销售额。这就保证了欧洲防务工业部门可以获得欧洲对这种飞机订货价值 58% 的生产额。

与直接从主要生产商那里购买现货相比，许可证生产和联合生产通常涉及“成本惩罚”，主要反映在进入成本、转移技术成本、生产周期较短、缺乏学习经济、得不到规模经济等，许可证生产和联合生产降低了主要生产商的产出规模，因而无法得到集中由唯一厂商生产的较低的平均成本，如图 20.2 所示。

图 20.2 中，假设某国成为武器装备的许可证生产商，其产量为 OQ_1，与 Q_3-Q_2 相等。假定许可证生产商与原厂商在同一个单位成本曲线 AC_0 上运行，生产 OQ_1 的成本会很高，为 C_1。而直接购买则会使主承包商的产量由 Q_2 增加到 Q_3，此时单位成本为 C_0。更有可能出现的情况是，许可证生产商会在更高的单位成本曲线 AC_1 上运行，因而 OQ_1 的单位成本将更高，为 C_2。据估算，美国和欧洲合作生产的 F－16 战斗机，与直接从通用动力公司购买相比，其成本降低达 34%。

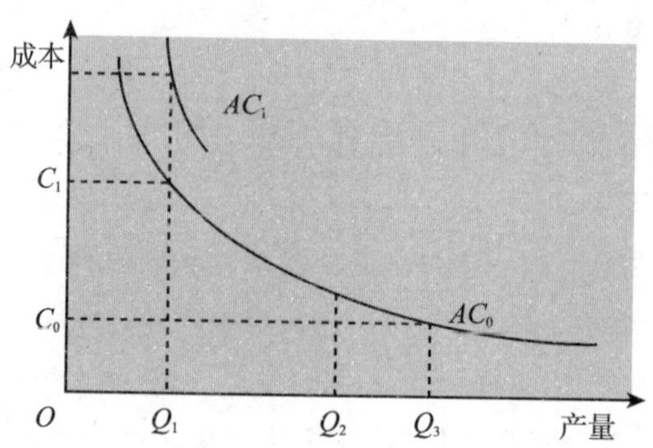

图 20.2　武器装备的许可证生产与联合生产

当然，武器装备许可证生产和联合生产有利的方面表现在有利于支持本国国防工业基础、技术转移（如管理、生产制造方面的技术）、就业、进口节约和军事武器装备标准化。此外，许可证生产可以节约大量的研发资源，这些资源是国内独立的生产投资所需要的。

20.2.3　国防工业国际合作政策

国防工业国际合作是两国或多国分担军事装备的总开发，以及生产成本及工作而进行的联合。在高技术武器装备系统的研发成本不断提高，国内市场需求相对较小的情况下，国际合作有利于实现经济、工业、军事和政治利益：

- **经济收益**　从理论上说，无论是研发还是生产都可以节约成本。合作的成员国可以在昂贵的研究与发展项目上分摊成本和风险，并且通过把各国的订单汇总起来集中生产供应，可以获得规模效益和长期经济利益。如两个国家各自需要 300 架战斗机，战斗机的研发费用为 100 亿英镑。如果他们进行合作，各国仅需要承担研发费用的一半，即 50 亿英镑。而大批量生产会产生学习效应，当产量从 300 架提高到 600 架时，单位生产成本会减少 10%。
- **产业收益**　国际合作使每个合作成员国的国防工业基础都仍然保持着生产高技术武器装备的能力。同时，国际合作也使得小国能够联合起来与大国相竞争。如欧洲在航空与航天方面的合作产生了该方面较大的产业集团，使其具备了与美国竞争的实力。

- **军事和政治收益**　国际合作可以在更大范围内实现武器装备的标准化。

当然，国际合作也会带来偏离“理想模型”的成本，其显著特征为效率低下，交易成本增加：

- **管理和组织成本**　这由严重的官僚政治和重复采办以及供应组织所引起。如最为有效的管理项目需要一个主承包商与供应商。但这一安排对两个平等的合作国和他们的主承包商来说是不可能接受的。政府还可能主要依据政治而不是商业原则和标准来选择主承包商。
- **工作分摊**　通常来说，某些技术开发工作可能被分配给了缺乏必要技术知识和专家的国家。现实情况是的确有很多国家把参与联合当作进入高技术领域的途径。
- **研发以及生产工作的重复进行**　如合作航空工业研发中，每个国家都要求有一个飞行试验中心和总装线，这显然是重复配置。
- **交易成本**　国际合作时产品的设计必须得到各方的一致同意，必须反映每个合作国军事和科技的要求，这就要求在最终决策前要征求所有合作国的意见，要频繁召开会议，而且由于语言、文化、民族自尊心、管理哲学和实践的差异还会导致更多的问题，这些都必然产生非常高的交易成本。
- **控制成本**　国际合作中在政府和厂商之间需要进行一系列复杂的国际交易和签订合同的工作，其中包括那些难以事先界定清楚的高技术项目，对已经形成的合同也需要实施监管或取消，其成本都是相当巨大的。

要提高国际合作的效率，在政府政策上至少有三点需要注意：首先，以竞争为基础来分配研发和生产工作，需要根据各国的比较优势来进行国家间的分工；其次，需要一个主承包商，根据契约给予其激励和惩罚，由其承担风险；最后，补偿原理，由于旨在提高效率的政策可能造成某些参与者的损失，需要做出妥善安排以弥补这种损失。这种补偿需要在项目的范围内来组织，它可能涉及从其他国防项目获得补偿，或者以地区援助的形式或人力资源政策给予更为普遍的援助。

哈特利和马丁（Hartley & Martin，1993）以飞机的合作开发为例，对国际合作的成本、开发时间和产出规模等进行了研究。他们的研究结果表明：

首先，合作开发的成本与参与开发的成员国数量有关系。合作开发的成本随成员国数量的增长幅度大致为成员国数量的平方根。合作中的低效率和交易成本大约使开发成本增加了 58%。但对于每个成员国来讲，在开发方面的投资确实减少了，每个主承包商所分担的开发成本大约减少了 37%。

对于研发成本占相当大比例的武器系统来讲，国际合作仍然是减少支出的选择。战斗机的研发成本与单位生产成本相比约为 100:1，而制导武器的这一比例则高达 1000:1。皮尤（Pugh，1986）估计，如果两国合作研发生产 300 架战斗机，即使考虑到合作附加的成本，与各国单独研发生产相比，可节约 10%~18%的成本支出；而如果合作的成员国增加为 4 个，每个国家订购 150 架战斗机，则与各个国家单独研发生产相比，可以节约成本 20%~30%。

其次，研究结果支持了国际合作提高竞争力的假说。从哈特利和马丁（1993）给出的数据看，在 1945 年后期，无论是欧洲合作项目还是欧洲各国独自生产的军用战斗机的平均数量还不到美国的 1/3（美国为 1152 架，欧洲 8 个合作项目为 355 架，法国为 373 架，英国为 353 架），甚至还不及世界平均水平（628 架）。从 1960 年开始，欧洲内部的合作项目大量展开。哈特利和马丁（1993）考察的 1960 年后的一段时期中，美国战斗机的平均产量为 558 架，欧洲国家独立生产 226 架，而合作生产战斗机的数量为 355 架。合作项目使得欧洲与美国在战斗机产量方面的差距减小了，其教练机和轻型攻击机在世界市场上的占有率甚至超过了美国。

最后，关于合作对开发时间的影响，哈特利和马丁（1993）使用了两种方法进行评估。如果简单地看一下不同项目所用的研发时间（如表 20.2 所示），合作项目的发展时间确实比单个国家独自进行研发的时间要长一些，而且这种发展时间的差距在统计上是显著的。

但上述对有限类型战斗机在某段时间内的简单比较，无法得到一般性的规律。因此，哈特利和马丁（1993）又利用多元回归模型对影响战斗机发展时间的因素作了计量分析。在控制了战斗机性能（如最大载重量、最大飞行速度、最大飞行距离）、国别差异和时间差异之后，得到了发展时间与合作成员国数量之间的关系。尽管对于所有战斗机而言，合作延迟发展时间的结论并不显著，但如果进而考察从制造出原型到交付使用这段时间，合作的迟滞作用是非常明显的，大约每增加一个合作成员国，交付使用的时间就要推迟 7.5 个月（这一估计结果在 5% 的水平上是显著的）。

表 20.2　不同项目战斗机的开发生产时间　单位：月

	所有战斗机	轰炸机	运输机	教练机
合作项目	104		111	75
法国	72			
意大利	63			89
日本	75			74
西班牙			68	
英国	78	95	83	48
美国	63	100	48	46
世界其他国家	86	80	67	83
所有国家	74	97	66	71

资料来源：Hartley，K. and Martin，S.，1993，"Evaluating Collaborative Programs"，*Defence Economics*，4（2）：195～211.

20.2.4　军火补偿贸易政策

政府通常不愿意为许可证生产支付补贴。然而，政府和利益集团都认为工业利益是非常必要的，于是就产生了补偿贸易这种形式，它是工作分摊的另一种形式。补偿贸易在国防武器装备特别是在航天装备的国际贸易中逐渐成长起来的。简单地说，补偿贸易指供应商将部分工作给予购买国厂商，而这一工作量大于不存在补偿贸易时购买者必需的购买量。

补偿贸易包括直接补偿贸易和间接补偿贸易。直接补偿贸易是购买国的工业在某些方面参与外国军事武器装备的供应合同。例如 A 国购买 B 国的飞机，A 国的厂商可以以分承包商或供应商的身份加入到生产中来，或者可以完整地参与整个联合生产项目，也可以以特许生产厂商的身份在本国制造这类飞机。间接补偿贸易涉及与购买国所购装备不相关的商品和服务，有时还会利用投资来代替补偿贸易。例如，美国在向西班牙出售 F－18 战机时，承诺将支持西班牙的旅游事业，并将这一承诺作为补偿贸易的一个组成部分。间接贸易补偿可以包括外国投资以及诸如易货贸易、对等购买和购回等对等交易方式。

尤迪斯和马库斯（Udis & Maskus，1991）曾经指出，适合进行补偿贸易的武器装备通常具有如下一些特点：价值量高、技术含量高、具有规模经济（包括静态和动态）、市场结构集中。航空航天工业就具有以上特点。

通常情况下，实施补偿贸易的目的是将武器装备出口国的部分经济活动分配给进口国，即实现经济活动的再分配。按照一般的经济学观点，这种重新配置，类似于贸易转移（Trade Diversion）①，会带来社会福利的损失。某些强制性的补偿贸易政策可能限制购买者交易的灵活性，进而导致效率损失。

对于出口商来说，补偿贸易反映了追求利润的厂商与政府合作的愿望，它是一系列销售活动的组成部分，也可以认为它是一种可供选择的价格折扣。对于供应国，它们关心补偿贸易对其国防工业、就业特别是潜在竞争对手的影响。对于购买国来说，补偿贸易带来就业机会、技术、支持工业基础、外汇节约等方面的收益。对选举敏感的政府来说，这些收益很有吸引力。

补偿贸易并不一定会导致效率低下和福利损失。如果补偿贸易可以消除关税壁垒，让主承包商发现更有效率的分承包商，也会增加社会福利。此外，补偿贸易还可以被看成平衡价格—质量—数量方案的一种方法，具有围绕复杂交易反复进行讨价还价的特点。在不完善的市场，复杂交易、寡头租金和非对称性、补偿贸易可以增进购买者的福利。

显然，在对国外国防合同进行竞争性投标的过程中，外国厂商有充分的积极性提供补偿贸易方案，并将此作为其投标的一个组成部分。在厂商寻找新的、具有独创性且能确保其履行合同义务方法的过程中，补偿贸易的最大化便成为其竞争进程中的一个部分。

总之，高技术产品的国际贸易市场充满了不确定性和不完全竞争，也因此造成了采办合同的不完全性。在这种情况下，买卖双方进行谈判时需要更加灵活的价格条款以适应不断变化的供给和需求状况。而补偿贸易就是这样的一种方式，通过贸易补偿纠正垄断造成的错误的资源配置和扭曲，抵销部分垄断价格对购买国福利的影响。此外，对于购买国政府而言，补偿贸易有助于实现复杂的多重经济和政治目标，是一种非常有效的产业政策。

---

① 贸易转移是指关税同盟建立后，一国的进口由非成员国低成本的产品转向成员国高成本的产品时，所发生的资源配置效率降低和福利减少的效应。

20.3　军事联盟国防工业政策

原则上，军事联盟各成员国如果通过武器装备的标准化、国际专业化分工以及联盟成员国间的自由贸易形成共同防务，不仅可以大大降低防务成本，还能够使每个成员国都专注于军事技术和武器装备供应，并建立各自的比较优势。这种通过协商达成统一联盟供给政策的动因来自于实现规模经济、范围经济和学习经济的收益。

欧盟作为较大的经济共同体，其共同国防工业政策及其效果如何？哈特利（2006）利用进出口数据、相对价格数据和关于规模经济和学习效应的数据，对欧盟国防工业政策所带来的效率提升进行了评估。

单一欧洲市场　2000～2004 年，欧盟占世界主要常规武器出口量的 25%，美国占 32%，俄罗斯占 32%。而在欧盟内部，法国、德国和英国占到欧盟出口量的 73%，再加上瑞典、意大利和荷兰，这 6 国占到了欧盟出口量的 91%。尽管武器出口会受到很多经济和非经济因素的影响，但欧盟武器出口的集中状况也反映出其武器生产高度集中在少数大国的国防工业基础上，武器生产的集中也表明竞争并不充分。

表 20.3 反映了 1997～1999 年主要欧盟成员国不同武器装备的出口情况。国家之间，尤其是欧洲国家之间出口武器数量的多少，大致可以反映出它们在这一武器生产上是否具有比较优势。从表 20.3 中可以看到，在 20 世纪 90 年代末的欧洲，法国和德国在坦克生产上具有比较优势；德国和英国在 APC（Armored personnel carriers，装甲人员运输车）上具有比较优势。德国常规潜艇的生产不仅在欧洲，即使与美国和世界其他国家比较起来也具有优势，它的出口量占到了世界市场的 43%；类似地，英国亚音速战斗机的出口量大约占世界市场的 25%，也是英国具有比较优势的防务产品。

欧盟主要国家在不同武器生产方面具有不同的比较优势，因此欧洲各国是有可能从武器装备的单一市场贸易中获得收益的。这一点同样适用于北约各国。表 20.3 中最引人注意的数字是美国出口的武器数量，表明美国在多种武器生产上具有优势，但这也意味着如果在北约内部实行自由贸易存在着潜在收益。

表 20.3　　1997～1999 年主要欧盟成员国武器出口数量

	坦克	APC	军舰	潜艇	超音速战斗机	亚音速战斗机	直升机	地空导弹
法国	240	160	4	2	90	0	60	1900
英国	10	260	4	0	30	30	30	0
德国	150	310	4	6	0	0	0	0
其他北约国家	290	620	19	0	10	10	20	90
美国	510	2387	27	0	697	40	212	1047
世界	3100	5987	64	14	1147	120	602	6717

资料来源：Hartley，K.，2006，“Defense Industrial Policy in a Military Alliance”，*Journal of Peace Research*，43（4）：473～489.

表 20.4 给出了军用飞机和直升机的单位价格。尽管这些飞机和直升机在性能和用途特征等方面存在差异，但价格差异仍然能够体现出单一市场带来的好处。

表 20.4　　军用飞机和直升机的单位价格

单位：百万欧元，1993 年不变价格

军用飞机或直升机的类型	价格
教练机—攻击型飞机	
艾里塔里亚－巴西航空工业公司（Aeritalia-Embraer）AMX（意大利/巴西）	5.24～16.23
英国航空航天公司“鹰”式教练机（British Aerospace Hawk）（英国）	15.18～26.31
达索－德尼尔阿尔法喷气教练机（Dassault－Dornier AlphaJet）（法国/德国）	7.19～12.88
战斗机	
达索幻影（Dassault Mirage）2000（法国）	28.57～41.29
帕那维亚旋风战斗机（Panavia Tornado）（德国/意大利/英国）	53.76～79.28

续表

军用飞机或直升机的类型	价格
瑞典航空航天工业集团鹰狮战斗机（Saab Gripen）（瑞典）	23.72～52.37
洛克希德·马丁公司 F－16 攻击机（Lockheed Martin F－16）（美国）	17.71～25.3
波音公司 F－15E 多用途战斗机（Boeing F－15E）（美国）	63.25～87.29
波音公司 F－18“大黄蜂”舰载战斗机（Boeing F－18 Hornet）（美国）	50.23～66.02
米高扬－米格 29 战斗机（Mikoyan MiG 29）（俄罗斯）	26.31～42.12
直升机	
“海豚”多用途双发动机直升机（Eurocopter Dauphin）（法国）	3.65～11.22
“超级美洲豹”直升机（Eurocopter Super Puma）（法国）	18.09～30.36
欧洲“虎式”直升机（Eurocopter Tiger）（法国/德国）	20.87～29.73
阿古斯塔“猫鼬”A－129 武装直升机（Agusta A－129）（意大利）	6.08～8.95
韦斯特兰“超级山猫”直升机（Westland Super Lynx）（英国）	5.82～13.08
贝尔直升机公司 AH－1“眼镜蛇”武装直升机（Bell AH－1 Cobra）（美国）	8.51～14.94
波音公司“阿帕奇”武装直升机（Boeing Apache）（美国）	28.97～41.75
西科斯基“黑鹰”多用途直升机（Sikorsky Blackhawk）（美国）	8.29～20.24

资料来源：Hartley，K.，2006，“Defense Industrial Policy in a Military Alliance”，*Journal of Peace Research*，43（4）：473～489.

对于每一大类的飞机，欧盟成员国之间及美国和欧洲之间存在很大的价格差异。如由欧盟成员国提供的教练机—攻击机一类中，价格之差高达3倍（AMX与“鹰”式）。

学习效应 单一欧洲市场是否存在学习效应？哈特利和考克斯（Hartley & Cox，1992）研究了某些武器装备的生产成本函数和学习效应，有关劳动的学习曲线结果见表20.5。

表20.5 不同武器装备（劳动力）的学习因子 单位：%

武器装备类型	学习因子
飞机	78～90
航空发动机	85～94
直升机	80～93
导弹	90～95
雷达	80～96
电子器件	85～96
主战坦克	80～92
军舰	75

资料来源：Hartley，K. and Cox，1992，*The Costs of Non－Europe in Defence Procurement*，Brussels：Commission of the European Communities，（Unpublished）．

表20.5中给出了生产单位防务产品劳动力投入随产量增加而变化的情况。单位劳动力成本的下降与单位总成本的下降并不是同比例的，必须考虑到劳动力成本在总成本中的比重。如在飞机生产中，劳动力成本占总成本的30%～50%；占直升机总生产成本的30%左右；而在导弹、坦克和电子器件中，劳动力成本的比例在27%～33%之间。

同时应当注意，尽管学习效应对成本的影响很重要，但它对成本降低的贡献却随着新技术、新材料和新生产方式的应用有降低的趋势。因为新型的武器系统资本密集度在加大，相对来说，劳动力使用得越来越少。以欧洲某种航天飞机为例，传统的（劳动力）的学习因子为80%，而现在已经上升到了85%～90%。

成本收益 前面的分析分别反映了竞争和规模生产可能会为欧洲武器装备单一市场条件下带来收益，但并未将这种收益用成本节约的形式具体体现出来。那么，竞争、规模经济和学习经济对降低成本的贡献到底有多大呢？哈特利和考克斯（1992）也对此进行了评估（见表20.6）。

表 20.6　　　　　　　　**武器装备单一市场带来的收益**　　　　　　　　单位：%

影响类型	单位生产成本节约程度
竞争	
欧盟企业之间竞争	10 ~ 20
欧盟企业同世界其他企业竞争	15 ~ 25
规模效应	10 ~ 20
学习效应	5

注：计算学习效应时假定劳动成本占总成本的 30%，假定学习因子为 78% ~96%，平均为 85%。

资料来源：Hartley，K. and Cox，1992，*The Costs of Non-Europe in Defence Procurement*，Brussels：Commission of the European Communities，(Unpublished).

表 20.6 的数据表明，竞争能够带来最大幅度的成本节约，随着竞争者范围扩大，成本降低的程度也就越大。如果竞争只局限于欧盟企业之间，竞争使得单位成本降低 10% ~20%，而如果欧盟允许世界其他国家的企业参与国防合同的竞争，则武器的生产成本会减少 15% ~25%。大规模生产的好处主要是规模效应的贡献，而学习效应对降低生产成本也是有益的，只不过作用比较有限。

政策选择　经验分析清晰地展现了通过自由贸易、竞争和大规模生产能够带来的经济效益，对于欧盟而言，这也为欧洲防务局（European Defence Agency）选择有效的国防工业政策提供了有意义的参考。根据经济分析的结论，哈特利（2006）就建立单一欧洲防务市场（Single European Defence Market）提出了三种模式，并对每种模式能够达到成本节约的程度和规模进行了估算，估算结果总结在表 20.7 中。这三种不同的单一防务市场模式分别为：

- 自由竞争的市场模式。即武器装备由各个国家的国防部在一个充分竞争的装备市场上独立采办，每个国家的承包商都可以参与其他国家国防合同的竞争。
- 欧盟国家共同采办。即成立欧盟国家国防采办局进行武器装备的统一购买。这意味着欧盟各国的武装部队必须首先实现装备标准化，甚至在欧盟建立单一军队。
- "双轨制"的单一防务市场模式。即对于中小规模的武器系统采取自由竞争的方式进行采办，而对于大规模的项目则采取合作的方式。

每一种市场方式都还涉及是否允许欧盟之外的承包商参与竞争的问题。

表 20.7　　单一欧洲防务市场三种模型的效率比较

市场模式	自由竞争	共同采办	“双轨”模式
在欧盟范围内			
成本节约的比例（%）	10%～20%（竞争效应）	竞争效应+规模效应	竞争效应+20%的合作节约的成本
成本节约的规模（10亿美元）	2.05～4.1	5.3～7.1	2.1～3.3
包括世界其他国家			
成本节约的比例（%）	15%～25%（竞争效应）	竞争效应+规模效应	竞争效应+20%的合作节约的成本
成本节约的规模（10亿美元）	3.1～5.1	6.2～8.0	2.7～3.9

资料来源：Hartley，K.，2006，“Defense Industrial Policy in a Military Alliance”，*Journal of Peace Research*，43（4）：473～489.

目前为止仅是从经济收益的角度考虑军事联盟政策的效率问题。如果综合考虑国家利益、军事战略等多方面因素，则具有经济效率的政策未必是最好的政策，再加之利益集团的影响，实际采取的政策往往会偏离“最优”。如表 20.7 中所示，“共同采办”带来成本节约的程度最大，而在现实中，国际合作是欧盟国家使用最多的国防工业政策。

20.4　军转民政策

采用高效率的军事装备采办政策，会降低对国防工业部门的需求。对于由此造成国防工业面临的种种困难，各国政府都在寻求将军事资源转移到民用部门的最佳方法。第一种方法是“铸剑为犁”，即利用现有国防工业资源从事民品生产和服务；第二种方法是关闭国防工业企业，将资源重新分配到民用企业中去。两

种方法都涉及政府的军转民政策，可以概括为直接转轨政策和资源重新配置政策。

20.4.1　直接转轨政策

直接转轨可以利用现有的有价值的人力和实物资本，避免企业关闭、减员所造成的成本，但退出现有国防市场和进入民品市场也需要付出成本。一方面，某些国防工业对国防采办的依赖性很强，政府是唯一的客户，为了支持“本国最好的企业”，让它们在有保护的市场上运作，其结果是在国防部与承包商之间形成一种“舒适的关系”；另一方面，国防工业资产在很大程度上具有专用性，如果有其他用途的话，也是微乎其微。

在市场经济条件下，专门的国防工业直接转轨不是没有成本的，也不是能够瞬间完成的，必然会存在转轨的“时滞现象”。重新装备军工企业，重新培训管理和技术人员都需要付出时间和经济成本。从依赖国防采办的文化转向企业文化需要较长的时间，尤其是寻找有利润的民品市场也需要较长的时间。据专家估计，这个周期一般需要 5 年。

在一些处于转型时期的国家，军转民是与整个经济由中央计划型向市场型转化的过程同时发生的。由于要同时进行这两种转换，意味着需要面临更大的困难。如俄罗斯的军转民具有某些显著的特点。第一，数量问题。1992 年，苏联在军事工业联合体的就业人员达到 540 万人，占就业总数的 7.4%，某些地区 40% 的就业与国防部门有关，某些城市是一个“封闭社会”，几乎所有的人都依赖于国防工作。第二，俄罗斯体验了官僚政治和专家政治转轨的区别。官僚政治条件下，由上级官员采取旧有的管理系统来决定民用产品的生产，而不顾忌生产成本的大小。专家政治的转轨涉及从纯粹关注技术标准向关注经济需要和研究市场转化。与官僚政治的转轨相比，专家政治转轨更为成功，但是它推迟了“更大的转轨”。与此同时，当领导人试图保护现有经济，在通向非军事化的途径上不做任何努力时，其公众受到了蒙骗。转轨的决策是由工程师做出的，而不是由实业家和经济计划者做出的，所以许多大型军工生产厂做出较差的选择，实行了不现实或浪费性的计划。

20.4.2 资源重新配置政策

国防工业转轨中的资源重新配置也会遇到同样的困难，并存在时滞现象。资源重新配置的成功与否在很大程度上取决于人力和物力资源的可转移性，以及是否能制定出促进经济较快转换的政策。完善劳动市场制度是经济调整的决定因素，它应该使国防工业释放出的专用技术劳动力和通用技术劳动力在市场上出清。但由于存在市场失灵，政府的介入有时候是必要的，尽管公共选择分析承认也存在政府失灵的可能性。

还有一个问题需要阐明，即是不是因为国防具有“不同之处”，所以适用于“特殊”的公共选择政策，以使其有利于军工厂商和解雇的工人呢？有些人支持这种观点，认为政府在决定国防工业的规模、位置方面需要承担责任，因此必须对变化所导致的潜在损失者进行补偿，以便将变革的障碍最小化。而这种观点的批评者则声称，国防没有什么不同之处，应当与民用部门中的那些夕阳产业同等看待，军工企业的工人已经从这个产业中的就业风险和不确定性中获得了补偿。对于这些问题，经济学家则应该对这种特殊的要求进行经济分析、经验证明和评估，要对各种有利于国防工业政策建议的经济逻辑进行区分，把效率与平等问题区别开来。

20.5 国防工业与采办政策挑战

国防工业与采办政策是非常重要的，不同的工业与采办政策，反映了军事和国家经济利益的各种不同组合状况，国际社会就有效的国防工业与采办政策进行了不懈的探索，但在国防工业与采办政策方面还面临着不少的问题和挑战，这至少包括：

一是竞争在武器装备采办中的作用。军工厂商规模扩大的趋势，市场中武器装备的提供者越来越具有市场力量，都降低了武器市场的竞争程度。从理论上讲，竞争可以促使提高效率、降低价格、提高产品质量并且规制合同的利润水平。但从事实上看，承包商有各种各样的办法阻碍竞争性采办的实施。比如，当买方提出武器设计方面要做比较大的修改时，承包商就会对最初通过竞

争确定的固定价格合同要求和政府再谈判。或者当遇到技术风险或者成本提高有可能导致破产时，承包商也会要求修改固定价格合同。由于国内武器承包商具有垄断力量，为了引入竞争，政府通常也会允许国外承包商参加竞标。但这样的政策也不是没有成本的，在某些时候，政府通常要给国外承包商一些资助，因为如果没有竞标成功的可能性，国外承包商是不会承担高昂成本继续竞争大型合同的。

竞争性采办政策还存在其他的限制。有时候它可能会导致买方和承包商非意愿的行为和结果。如在成本和时间估计上过于乐观，在及时引入新技术方面缺乏灵活性。而且，组织竞争的成本也是相当高昂的，也许会超过从竞争中的获益。美军的联合攻击战斗机就是这方面的一个例子。从发展阶段开始，联合攻击战斗机的成本和交付时间就超出了预期，这使得最初基于成本的固定价格合同无法执行。

考虑到竞争性采办政策的这些限制，需要寻找新的采办政策。一种可以尝试的方法就是建立伙伴关系，政府承诺同承包商之间建立一种长期的伙伴关系，而承包商承诺会分享成本数据，接受某些共享机制，如目标成本激励定价和根据任务类型确定的风险调整利润率。伙伴关系要求合作方之间公开、透明和相互信任。同样，这样的做法也会带来问题，就是这种伙伴关系也确立并保护了承包商的垄断地位。

二是军事外包（Military Outsourcing）的广度。近些年来，军品采办的竞争已经扩展到了军品外购，如广为所知的通过合同外包、私人主导融资（Private Finance Initiatives）、公私合营伙伴关系（Public-Private Partnerships）等等。包括像训练、维修维护、运输等都可以由私人公司出资修建，军方租赁的方式完成。这样做的好处是可以节约成本、提高效率，将风险从公共部门转向私人部门。

有些军事外包的合同期限是相当长的，如 20 ~ 30 年。据英国的经验表明，通过军事外包可以节约 5% ~ 40% 的成本，但问题是在这样长的一个合同期内，如何评价成本节约的可行性。此外，在未来出现一些目前难以预料的事件时，这些合同可能就无法执行了，因为合同是不完备的。同样，这种长期的合同关系也确立并包含了承包商的垄断力量，为降低成本，提高利润率，他们会采取一些无法证实的行为，而这可能会影响到武器装备的质量和性能。

三是确定非竞争性合同的利润率。尽管竞争性采办有其优势，但并不是在任何情况下它都是可行并且是最好的。在这种情况下，最重要的问题就是要确定非竞争性合同的价格和利润，而这也是国防经济学中亟待研究的课题。

非竞争性合同的价格是根据预计的成本和反映合理利润水平的利润率来确定的。因此，估计项目的成本最为关键。政府和承包商之间就生产的可能性、努力投入水平等方面有着不对称的信息，而政府则是处于信息劣势的一方。在这种情况下，政府通常会根据事后实际发生的成本或通过再谈判来估计项目成本。

关于什么是国防合同合理的利润率也是一个备受争议的课题。很多人批判非竞争性合同的利润率过高，也有人批评说非竞争性合同在采办机构、国防承包商和规制者之间形成了一种暧昧关系。但随着军品采办环境的变化，各国政府确实在不断尝试新的确定非竞争性合同利润率的方法，既可以鉴别不同的风险，又能够方便管理。如英国长期一直根据某些竞争性行业的平均资本回报率来确定国防采办的非竞争性合同的回报率。在 1996 年，根据历史成本数据确定的目标资本回报率是 19.3%。后来，英国又采取了资本资产定价模型（CAPM）来确定资本回报率。在 1998 年，根据传统方法确定的回报率为 15.7%，而根据资本资产定价模型确定的回报率为 3.6%，要小一些。

关键术语

国防工业标准化政策　国防工业许可证生产　国防工业联合生产　军转民

课后思考

1. 国防采办政策会涉及哪些选择？
2. 如何利用成本—收益法对国防工业与采办政策进行评估？
3. 影响军事联盟政策效率的因素都有哪些？
4. 国防工业政策面临哪些挑战？

参考文献

［美］托德·桑德勒、基斯·哈特利著，姜鲁鸣、罗永光译：《国防经济学》，北京理工大学出版社 2007 年版。

Udis, B. and Maskus, K. E., 1991, “Offsets as Industrial Policy: Lessons from Aerospace”, *Defence Economcis*, 2 (2): 151 ~ 164.

Hartley, K., 2006, “Defense Industrial Policy in a Military Alliance”, *Journal of Peace*

Research, 43 (4): 473 ~ 489.

Hartley, K. and Cox, 1992, *The Costs of Non-Europe in Defence Procurement*, Brussels: Commission of the European Communities (Unpublished).

Hartley, K. and Martin, S., 1993, "Evaluating Collaborative Programs", *Defence Economics*, 4 (2): 195 ~ 211.

Pugh, P., 1986, "The Procurement Nexus", *Defence Economics*, 4: 179 ~ 194.

第6篇

军事人力、军备竞赛与裁军

第21章　军事人力经济分析

军事人力是国家武装力量的基础，国防预算中相当大的一部分用于军事人力支出，军事人力的状况直接影响国防与军队建设以及战争的进程和结局，军事人力经济也是现代国防经济学研究的一个重要内容。

本章对军事人力进行经济分析。第一节给出军事人力的概念和范围，概述军事人力的规模和结构情况；第二节是军事人力需求部分，介绍稳态下的征募需求和期望战斗力模型；第三节是军事人力供给部分，介绍军人职业选择的一般决定原则和军人首次服役以及超期服役的理论和经验研究；第四节是军事人力征募制度，介绍两种主要的兵员征募制度，即志愿兵役制和义务兵役制，以及兵制成本收益分析框架；第五节是军事人力补偿部分，介绍军事人力薪金及其决定。

21.1　军事人力概述

军事人力是国防活动中最重要、最基础的资源，也是军事潜力的重要标志之一。随着科学技术的不断进步和战争形态的改变，军事人力的数量在减少，结构却越来越复杂。

21.1.1　军事人力界定

军事人力是分工和专业化的产物，对军事人力的理解，也经历了一个长期的变迁过程。古时军事人力大致包括两种内涵：一是主要指从事军事活动的劳动者，即军人；二是包括军人和随军从事各种劳动的民夫，如运送粮草的民夫、随营工匠等。《中国军事百科全书·国防经济学分册》认为："军事人力是从事国防活动的社会劳动力。是国家整个人力资源的一部分。包括军事人力资源，即符合服兵役条件的劳动力；国防生产人力资源，即符合国防生产条件的劳动力"。总体看，学术界对军事人力的内涵从量的角度来看有三种不同的观点：一是只包括直接从事军事活动的军人；二是包括直接从事军事活动的军人和支持军事活动的民兵、民夫和预备役等人员；三是再加上从事国防科研、生产的科技人员和工人等劳动者。

一般来说，可以把军事人力分为"广义"和"狭义"两个层次看，"广义"的军事人力包括军事防务人力和军事生产人力；"狭义"的军事人力则仅指军事防务人力。为分析方便，本章的军事人力主要指直接服现役的社会劳动力，部分内容涉及军事生产人员、预备役人员和军队退休人员。

21.1.2 军事人力规模

军事人力在各国都占有重要地位。伦纳（Renner，1989）统计，20 世纪 80 年代中期，世界有军事人员大约 2900 万人，另有 1600 万人员受雇于世界军事工业（见表 21.1）。国际劳工组织一度估计在世界范围内与军事有关的雇员大约有 6000万~8000 万人（包括军队、军事组织、生产工人、科学家、工程师、其他技术人员以及政府人员）。

表 21.1　20 世纪 80 年代中期所选国武装力量和受雇于军事工业的人数

单位：千人

国家	受雇于军事工业人数	军人人数	国家	受雇于军事工业人数	军人人数
苏联	4800	4500	意大利	160	531
中国	5000	4100	巴基斯坦	40	644
美国	3350	2247	韩国	30	600
印度	280	1515	埃及	100	466
法国	435	563	西班牙	66	411
土耳其	40	850	以色列	90	195
朝鲜	55	784	南非	100	95

续表

国家	受雇于军事工业人数	军人人数	国家	受雇于军事工业人数	军人人数
菲律宾	5	157	瑞典	28	69
马来西亚	3	124	阿根廷	60	129
新加坡	11	59	泰国	5	270
澳大利亚	16	40	印度尼西亚	26	281
挪威	15	41	世界	n. a.	29260

资料来源：Renner, M., 1989, *National Security: the Economic and Environmental Dimensions*, World Watch Institute.

按照伦敦国际战略研究所（2002～2003 年）的统计，世界上有 5 个国家的军事人员在 100 万人以上，其中中国、美国、印度、朝鲜和俄罗斯的军人人数较多（见图 21.1）。

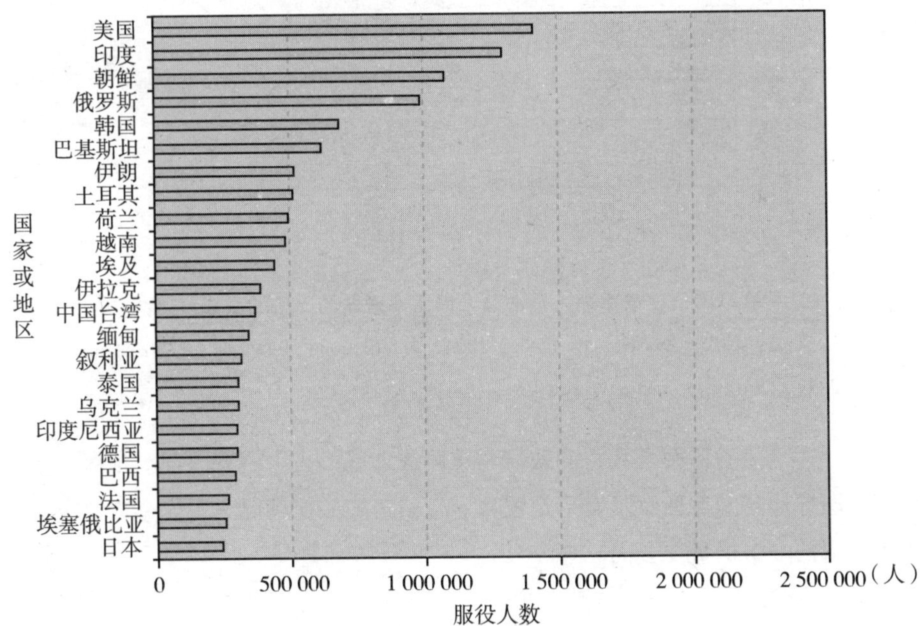

图 21.1　现役军事人员最多的一些国家或地区

资料来源：International Institute for Strategic Studies, 2002－2003, *Military Balance*, Oxford Press.

如果把军事人力与一国或地区的人口资源总和起来进行考虑，则排名会产生一些变化。波斯特（Poast，2006）利用美国中央情报局和国际战略研究所（2002～2003年）的数据，给出了现役军事人员占总人口比例最多的一些国家或地区的情况（见图21.2）。

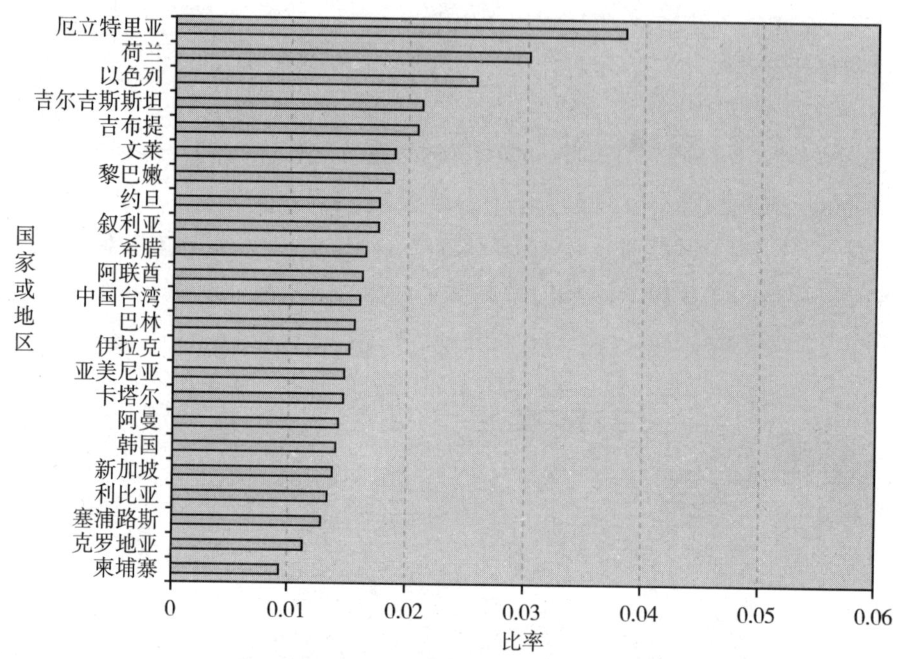

图21.2　现役军事人员占总人口比率最多的一些国家或地区

资料来源：CIA，World Fact Book，2004；International Institute for Strategic Studies，2002－2003，*Military Balance*，Oxford Press.

从上述情况看，军事人力的数量与该国或地区的人力资源状况、地区安全环境和该国或地区的对外政策有一定关系。显然，在一定情况下，安全成为决定其军事人力的一个最重要方面。

21.1.3　军事人力结构

军事人力结构是指各种类型的军事人力之间的比例和相互关系，包括军兵种结构、官兵结构、岗位结构、年龄结构等，这里以美国为例给出军兵种结构

（见表21.2）。

表21.2　　美国军事人力结构　　单位：千人

类别	1995年	1996年	1997年	1998年	1999年	2000年	2001年	2002年	2003年	2004年
现役部队										
陆　军	508.6	491.1	491.7	483.9	479.4	482.2	480.8	486.5	499.3	499.5
海　军	434.6	416.7	395.6	382.3	373.0	373.3	377.8	383.1	382.2	373.2
空　军	400.4	389.0	377.4	367.5	360.6	355.7	353.6	368.3	375.1	376.6
陆战队	174.6	174.9	173.9	173.1	172.6	173.3	172.9	173.7	177.8	177.5
预备役部队										
陆军国民警卫队	374.9	370.0	370.0	362.4	357.5	353.0	356.0	354.5	353.2	345.1
陆军后备队	241.3	226.2	212.9	205.0	205.2	206.9	357.4	345.3	329.3	321.5
海军后备队	100.6	98.0	95.3	93.2	89.0	86.3	168.5	158.7	153.7	160.0
陆战队后备队	40.9	42.1	42.0	40.8	40.0	39.7	96.6	97.9	98.9	99.0
空军国民警卫队	109.8	110.5	110.0	108.1	105.7	106.4	108.5	112.1	108.1	106.7
空军后备队	78.3	73.7	72.0	72.0	71.7	72.3	130.9	128.6	121.4	122.0
总计	2464.0	2392.1	2340.8	2288.3	2254.8	2249.0	2602.9	2608.8	2599.0	2581.1

资料来源：根据美国国防部长2000年、2001年、2002年、2003年、2004年、2005年财政年度国防报告整理。

从表21.2中可以看出，军事人力结构在不同兵种、现役人员和预备役之间分布是不平衡的，部分差别较大。

21.1.4　军事生产函数

军事生产函数指要素投入与产出的关系。国防部门技术、资本和劳动的投入形式分别为：国防力量所需要的军事装备、基地、设备（设施）以及军事人员与文职人员。宏观水平的生产函数可以被看做是一系列微观水平生产函数的总和；微观层次上，国防被看做是一个使用土地、人力、资本和指挥员等资源的产业。该产业包括数量众多的军事单位，每一单位具有不同的规模、生产不同的产品（空军、陆军和海军），共同构成国防产出。如果单纯从经济学观点来看，似乎该产业最优化的问题与竞争市场上私人企业所面临的最优化问题相同，都是使用其要素投入实现利润的最大化。然而，国防部门毕竟不同于私人竞争性市场，国防产出没有市场价格，一国的防务市场上没有竞争性的供给者，获利能力也不是用来衡量产业绩效的指标。

军事装备等的费用越来越昂贵，随技术的不断进步，先进武器装备的成本越来越高。然而包含征兵费用、军人薪金、津贴补贴、训练费用、退休金等在内的军事人力成本也越来越大。日益增加的军事人力成本刺激着要素之间的替代，也为要素替代提供了机会。里奇和史密斯（Ridge & Smith，1991）通过使用联立需求—供给模型，评估了英国的资本和军事人力之间的替代弹性。他们认为，军事人力供给是民用部门人员工资、相关年龄的劳动人口以及诸如征兵和战争之类的转换要素的函数，其最终建立的估计方程为：

$$S=\alpha_0+\alpha_1 M+\alpha_2 W_c+\alpha_3 Z+\alpha_4 N \tag{21.1}$$

式中，S 是军事人员的对数，M 是实际军费的对数，W_c 是在民事部门工作人员实际工资的对数，Z 是其他因素，包括失业率、征兵以及在马尔维纳斯群岛（福克兰群岛）等发生冲突的虚拟变量，N 是 15 ~ 19 岁人口的对数。

该经验分析发现，军事人力的征集与民用部门人员的工资呈负相关，与军费开支等因素呈正相关。研究同时发现，军事人力对军人工资反应的供给弹性较低，只有 0.2。英国的经验表明，每当增加一个单位的工资数额时，民事经济部门劳动力的供给会相应增加 10%，而军事劳动力供给只会增加 2%。

21.2 军事人力需求

在军事劳动力市场上，军方是“独家垄断”购买者，国防部门对军事劳动力的需求是由国防产出、军事部门与民事部门的相对工资水平、相对要素价格和要素替代机会成本等因素决定的。

21.2.1 稳态下的征募需求

沃纳和阿什（Warner & Asch，1995）给出了稳态下的总兵力、新兵的征募需求和战备兵力。定义 c_t 为服役年限为 t 时的再次服役率，则从最初入伍到第 t 年，仍在军中服役的人数为：

$$s_t = \prod_{j=1}^{t} c_j \tag{21.2}$$

设稳态下的总兵力和新兵需求分别为 F 与 E，则封闭军队人事体系中，总的稳态兵力为：

$$F = E + s_1 E + \cdots + s_t E = \left(1 + \sum_{t=1}^{T} s_t\right) E \tag{21.3}$$

因此稳态下的征募（或增加）需求为：

$$E = \frac{F}{1 + \sum_{t=1}^{T} s_t} \tag{21.4}$$

年人力增长 γ 为 $1 + \sum_{t=1}^{T} s_t$，显然，再次服役率的上升会使 γ 上升、E 下降。

由于总兵力中有一部分驻扎于军事基地，无法用于紧急部署，因此区分开总兵力（F）和战备兵力①（M）非常重要。为说明这一思想，该模型假设新兵入伍第一年全部用于训练，而训练者（教官）则至少有1年以上的训练经历。以 k 表示训练者和受训者之间应达的比例，则战备兵力为：

$$M = F - k\left(\sum_{t=1}^{T} s_t\right)E - E = (1 - k)\sum_{t=1}^{T} s_t E \tag{21.5}$$

该式表示，战备兵力随着再次服役率和征募人数的上升而增长，但随所要求的训练者/受训者比率的增长而下降。

21.2.2 期望战斗力模型

研究军事人力需求时，必须考虑军事人力的组成与经验如何影响军队的战斗力。要在战争或冲突中赢得胜利，必须要有一定的期望战斗力。期望战斗力，就是在给定的战备水平（R）条件下对军队人数的需求，这里用 R^* 表示。

一旦确定了 R 的期望水平，军事组织中的各级管理者就需要确定能够达到期望战斗力水平的各种人力（M）和装备（K）的组合。即确定资源（M 和 K）与期望战斗力之间的军事生产函数关系：

$$R^* = R(M, K) \tag{21.6}$$

① 该模型视可用于紧急部署的兵力为战备兵力。

因此，给定战斗力水平的成本最小条件为：

$$\frac{P_M}{P_K}=\frac{MC_M}{MC_K} \tag{21.7}$$

式中，P_M、P_K 分别表示军事人力和军事装备的价格，MC_M、MC_K 分别表示军事人力和军事装备的边际成本。

一旦确定了满足 R^* 的 M 和 K 的组合，就可以选择其中最有效率或效费比最优的资源组合结构。因为军事装备种类繁多且技术复杂，而且技术的迅速发展使事情变得更为复杂，因此对现代军事组织来说，生产函数与成本最小投入组合的确定是一项十分艰巨的工作。

情况一：设 σ_{KM} 为军事人力与军事装备之间的替代弹性，MP_K、MP_M 分别为 M、K 的边际产出，则：

$$\sigma_{KM}=\frac{\frac{d(K/M)}{K/M}}{\frac{d(MP_M/MP_K)}{MP_M/MP_K}} \tag{21.8}$$

该式从一般形式表示两种投入相互替代的难易程度。但如投入的价格固定，成本为最小时，则：

$$\frac{P_M}{P_K}=\frac{MP_M}{MP_K} \tag{21.9}$$

因而

$$\sigma_{KM}=\frac{\frac{d(K/M)}{K/M}}{\frac{d(P_M/P_K)}{P_M/P_K}} \tag{21.10}$$

该式表示投入组合对投入价格比率的某一百分比变化的敏感程度。以一个步兵连为例来说明寻求效费比最高的投入组合问题。该连队所具有的战斗力（R）是基于它所能支配的步枪或其他武器的数量（K）和处于战备状态的人员数量（M）所决定。在一定 R 可以有多种 M 和 K 组合的情况下，为维持一个固定水平 R，减少 M 就需要增加 K。

情况二：以 M_1 和 M_2 分别表示两类显著不同的人员，设战斗力函数为 $R=R(K,\ M_1,\ M_2)$，则 M_1 和 M_2 之间的边际替代率为：

$$\frac{\dfrac{\partial R}{\partial M_1}}{\dfrac{\partial R}{\partial M_2}}=\frac{MP_1}{MP_2} \tag{21.11}$$

局部替代弹性为：

$$\sigma_{21}=\frac{\dfrac{\mathrm{d}(M_2/M_1)}{M_2/M_1}}{\left[\dfrac{\mathrm{d}(P_1/P_2)}{P_1/P_2}\right]_{K=K^*}} \tag{21.12}$$

这样就把分析扩大到有关劳动力—劳动力替代问题的分析上，该分析中，人员类别是根据级别、经验和素质来定义的。

21.3　军事人力供给

军事人力供给主要研究在既定市场价格和其他因素影响下军事劳动力的供给数量和结构。在供给分析中，军队与地方收入的差异、社会失业率、社会对军人尊重程度和对国防的偏好、地区经济发展水平等因素对军事人力供给都有重要影响。

21.3.1　军人职业选择模型

军事部门与民事部门的收入差、非货币收益和社会地位等因素对军人职业选择有重要作用。

理论模型　沃纳和阿施（1995）借用罗森（Rosen，1986）标准的职业选择理论来解释个人在军事部门和民事部门间的职业选择问题。

该模型假设经济体中存在军事部门和民事部门两个部门，个人在决定是否入伍时，必然会对每一部门中薪金和非货币收益进行比较。在军中服役一般比较艰苦，有一定的危险性，甚至可能危及生命。但与在民事部门工作相比，服役又提供了许多非货币收益，如为祖国服务的自豪感、旅行机会、更稳定的职业等。个人通过比较军、民两部门间工资以及非货币收益，决定是否加入或者继续留在部队。

设 U^{M} 和 U^{C} 分别表示各种选择的效用，W^{M} 和 W^{C} 分别表示军事和民事部门的薪金，τ^{M} 和 τ^{C} 分别表示各部门的非货币收益，则入伍的效用为：

$$U^{M} = W^{M} + \tau^{M} \tag{21.13}$$

而在民事部门工作的效用为：

$$U^{C} = W^{C} + \tau^{C} \tag{21.14}$$

个人只有在 $U^{M} > U^{C}$ 时才会入伍。即：

$$W^{M} - W^{C} > \tau^{C} - \tau^{M} \tag{21.15}$$

也就是说，只有当薪金差额（$W^{M} - W^{C}$）超过在民事部门后的净非货币收益（$\tau = \tau^{C} - \tau^{M}$）时，个人才会选择入伍。

在相关人口中，τ 的分布决定了服役的供给曲线水平及其对薪金的弹性。假设 τ^{M} 和 τ^{C} 在符合应征入伍条件的人口中服从二元正态分布，$\mu = \mu^{C} - \mu^{M}$，方差 $\sigma^{2} = \sigma_{C}^{2} + \sigma_{M}^{2} - 2\rho\sigma_{M}\sigma_{C}$。

当 μ 为正时，在符合服役条件的人口中，人们通常认为民事部门非货币收益超过军事部门。军事人力供给曲线的形状由净偏好因素 τ 的方差 σ^{2} 决定。假设 $\sigma^{2} = 0$，即或者符合服役条件的个人在这两部门中有相同的偏好；或者 $\rho = 1$，$\sigma_{M} = \sigma_{C}$。则每个人的净偏好 τ 等于 μ，这种情况下，如果 $W^{M} < W^{C} + \mu$，则没有人会选择入伍。式中 $W^{C} + \mu$，即原先的薪金加上他认为的两部门中非货币收益方面的差额，为个人服役的机会成本。

但如 $W^{M} > W^{C} + \mu$，则人人都想入伍，所以供给曲线在 $W^{M} = W^{C} + \mu$ 时弹性最大。在两部门偏好相似的情况下，参数 μ 是使所有个人在军事部门和民事部门收入相当的补偿性薪金差额。

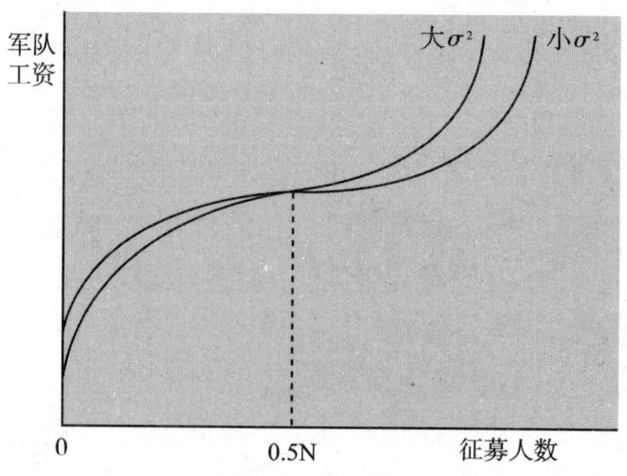

图 21.3　在服役偏好大、小两种方差时的征募供给曲线

进一步研究表明，偏好的方差越大（σ^2 的值较大），供给曲线的弹性越小。如图 21.3 所示，假设净偏好因素 τ 为正态分布时两条不同的供给曲线，N 是符合服役条件的人口。当偏好存在差别时，只有那些 $W^M - W^C > \tau$ 的个人所得到的薪金才超过吸引他们入伍（或超期服役）所需的数额，或者说他们得到了经济租（超过机会成本的薪金）。每条供给曲线的截距是 $W^C + \tau_{min}$，其中 τ_{min} 是情愿服役的人的净偏好。如果个人对服役的喜好是正态分布的，则喜好的累积密度函数，以及由此供给曲线呈 S 形，如图所示。当喜好为正态分布时，在薪金非常低或非常高的情况下，征募对薪金的敏感程度不如薪金在可能的中间值范围时。相反，如果 τ 在人口中的分布是均匀的，且 pdf$f(\tau) = 1/(\tau_{max} - \tau_{min})$，则供给曲线在（$W^C + \tau_{min}$）到（$W^C + \tau_{max}$）的范围内为线性，假设薪金发生变化，其在供给曲线的每一点上都会对征募产生相同的影响。

经验模型　军事人力供给曲线多次被用来评估美国、英国、加拿大和澳大利亚等国家的情况。军事部门与民事部门的总收入差是决定军事人力供给最重要的因素，假定劳动力市场上每一个人都是按照职业收入最大化原则在军事部门和民事部门之间进行选择，阿什等（Ash et al.，1983）建立了军人职业选择的经验模型：

$$\frac{A}{P} = f\left(\frac{W_C}{W_M},\ U,\ \Pi,\ T\right) \tag{21.16}$$

式中，A 为申请入伍者数，P 为 18～19 岁适龄男性青年人口数，W_C 为 18～19 岁适龄男青年在地方工作的平均收入水平，W_M 为应征人员平均的收入水平（含住房、社会津贴、税收减免优惠等），U 为适龄男青年的失业率；Π 为不被军队征召的可能性，T 为有关服役偏好变化的时间趋势。

阿什等人以该经验模型对美国进行的经验估计表明，1976 年其所有男性应征人员的支付弹性为 0.86，1967～1979 年间，对在部队服役的偏好只有轻微弱化，但未发现失业对征兵有显著影响。

21.3.2　首次服役的理论模型

军人职业选择模型提供了分析首次服役供给的出发点，但分析首次服役还需要扩展考虑以下因素以更全面地理解服役行为：

第一，通用性人力资本的生成。首先，潜在应征者的供给取决于技能的可转移性。入伍往往会获得某些对今后有用的技能，如果这些技能具有通用性，可以向民用部门转移，个人就会更愿选择入伍。其次是应征入伍可获得的受教育收益。“二战”后，美国规定圆满完成规定服役期的个人有权享有服役后的教育收益，这大大促进了服役选择。

第二，社会与家庭环境的影响。个人是否做出入伍决定还要考虑环境影响，如社会对服役的态度，家庭、朋友对服役的看法和建议等。

第三，征募人员与征募方式的影响。军事部门选用的不同征募人员，对征募人员的培训、激励和是否通过通知、广告或不同的方式告知公众，以及告知公众广告媒体的种类、地区分布等都对个人的首次服役选择有重要影响。

现代战争中，兵员质量的作用越来越重要，因此各国军队都希望将高素质青年招募进军队来。而高素质青年在民事部门中也会有较好的工作机会，所以让他们应征入伍的难度也就更大，这就给征募工作带来了供给约束。德尔图佐斯（Dertouzos，1985）认为，征募这部分人员入伍与征募低素质人员相比，需要给征兵人员计入更多的工作业绩和激励。有了这些激励，征兵人员就不再是被动地征募，而是通过努力来积极进行高素质兵员的征募工作。按照德尔图佐斯的研究，征募过程和征兵人员努力的作用可以用图 21.4 来表示。征募兵员的生产可能性曲线用 AA'来表示。这条曲线显示了在给定的经济条件、征兵资源和人口对入伍净偏好的条件下，一个征兵人员能够达到的征招高素质（H）和低素质（L）人员的可能性组合。征兵人员所选择的征募组合取决于征兵生产可能性曲线的形状和他所面对的激励。图中 Q 点是征兵人员征收高素质和低素质人员的定额。

如果某项征募的决定因素（如兵源）增加了，则可能的征募结果范围就扩大了，如果征兵人员的努力程度相同，征兵的生产可能性曲线将外移至 BB'。潜在高素质新兵（军方所希望的征募类别）的增加使低素质新兵的数目受到了限制，这可从点 Q 移动到点 M 中看出。然而，移动到点 M 是建立在征兵人员努力程度相同的假设下，即征兵人员并没有强烈的动机

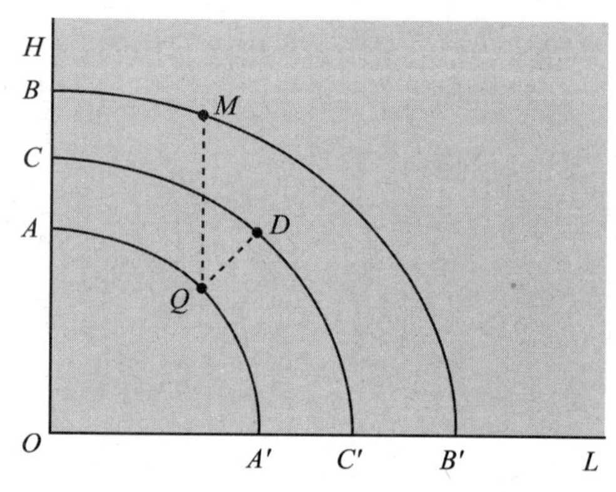

图 21.4　征兵的生产可能性曲线

去超额完成任务，因为这样做可能会提高将来的定额。如果是这种情况，征兵人员可能会减少努力，则征兵生产可能性曲线的移动得小一些，如 CC' 所示。如果征兵人员也有动机去征募低素质新兵，则他们最理想的结果可能会在如 D 点所示的位置，这意味着与 M 点相比，所征募到的高素质新兵更少。

21.3.3　首次服役的经验模型

全志愿兵役制征募供给的经验研究可分为两代模型。由戈德堡（Goldberg，1982）、阿什、尤迪斯和麦克诺恩（Ash，Udis & McNown，1983）等建立的一代模型，忽略了征兵人员行为的潜在作用。该模型的基本形式为：

$$\ln H = \beta \ln X \tag{21.17}$$

式中，H 表示高质量新兵，X 是决定因素向量。因为变量是用对数形式表示的，所以参数估计就可以被解释为供给弹性。

而按照波利克、德尔图佐斯和普雷斯（Polich，Dertouzos & Press，1986）等所建立的二代模型，征兵人员也最大化他们的效用，假定其福利取决于征募数量、定额（Q）和征兵人员的努力（E）。该假定可以用公式表示为：

$$U = U(E,\ H,\ L,\ Q_H,\ Q_L) \tag{21.18}$$

式中，H、L 分别表示高质量和低质量新兵的数量，Q_H 和 Q_L 分别表示高质量和低质量新兵的定额，预期 $U_E < 0$，$U_{Q_H} < 0$，$U_{Q_L} > 0$，而 $U_H > 0$，$U_L > 0$。

征募人员的效用最大化受制于 X 中包含的变量，即在图 21.4 中决定征兵生产可能性曲线的因素。因此征募供给可以具体化为下式：

$$\ln H = \lambda \ln L + \beta \ln X + \ln E \tag{21.19}$$

式中，λ 是征兵生产可能性曲线上 H 和 L 间的折中参数。

显然，低质量（兵员）定额比高质量（兵员）定额更易完成，在征兵市场和潜在入伍者给定的情况下，征兵人员沿着生产可能性边界对低质量和高质量应征入伍者进行权衡。虽然 E 无法直接观察到，但有理由假设征兵人员努力水平取决于征兵人员完成相关定额的结果。或者说：

$$\ln E = \gamma_1 \ln\left(\frac{H}{Q_H}\right) + \gamma_2 \ln\left(\frac{L}{Q_L}\right) \tag{21.20}$$

将 $\ln E$ 代入式（21.19）所示的结构征募方程，可以看到 H 和 L 是由征募者约束优化问题联合决定的，由此给出以下两个征募者的联立方程：

$$\begin{aligned} \ln H &= \alpha_1 \ln L + \alpha_2 \ln X + \alpha_3 \ln Q_H + \alpha_4 \ln Q_L \\ \ln L &= \theta + \pi_1 \ln X + \pi_2 \ln Q_H + \pi_3 \ln Q_L \end{aligned} \tag{21.21}$$

确定基本结构参数 λ 和 β，则上述联立方程可以给出 γ_1 和 γ_2 的系数估计。将联立方程中的第二个等式代入第一个等式，会得到简化形式的高质量征募方程。实际上大多数对高质量兵员征募供给的研究都是采用 $\ln H$ 的简化形式，而非方程组（21.21）那样的结构方程模型。

利用上述经验分析模型，学术界对影响首次服役的因素进行了经验估计：

关于战争对首次服役影响的经验估计

沃纳和西蒙（Warner & Simon，2005）的分析认为，伊拉克战争给美军征兵带来了相当大的损失。其研究表明，伊拉克自由军事行动，以及该军事行动中每一季度的伤亡人数均呈负效应且统计显著。伊拉克自由军事行动估计减少了34%的高质量应征者，其中16%来自于伊拉克自由军事行动本身，18%则源自平均每季度186名的人员伤亡。战斗行动扩展所带来的额外危险和压力也降低了高质量应征者的比例，并给未来军事行动扩展带来了问题。

关于征兵方式对首次服役影响的经验估计

在西方国家，征兵的一个重要方式是通过广告进行，所以广告投入和在不同媒体的广告分布对征兵的影响也是首次服役经验分析的一个重要方面。沃纳、西蒙和佩恩（Warner，Simon & Payne，2001）估计陆军广告每增加10%，可以增加应征者1.63%。德尔图佐斯和加伯（Dertouzos & Garber，2003）则对以往关于广告效用的计量经济模型提出了质疑，认为其通常使用的对数函数形式假定不同水平广告的弹性是相同的。而事实是如果广告投入过少，其作用就很有限，因为其不足以对年轻人入伍态度产生影响；而广告投入过多，似乎也存在浪费现象，因为年轻人接触到了太多同样的广告信息。因此，德尔图佐斯和加伯对基本征募供给模型进行了稍许修改，在广告潜在效果的模型设定上采用了一个可变函数形式，从而使得不同媒体的广告弹性随广告规模而变化，并使广告的门限值与饱和点随媒体类型和时间的不同而变化。其模型中，服役与广告效果之间是一种S形（增加）关系，其效应可以持续几个月，并且与给定媒体类型的参数估计组合有关。

按照他们修正后的模型，德尔图佐斯和加伯利用美国20世纪80年代中期开始的数据和1993～1997年的数据，分电视、无线广播和杂志等几种不同的广告

类型对美国的情况进行了估计。其估计表明，不同媒体的 S 曲线也不同。如广告预算较少，杂志广告是最具费效比的媒介，因为在如此少的支出水平上，杂志广告所产生的征募效果是比较明显的。对更高一些的广告支出水平，同时采用杂志和无线广播进行广告是最好的选择。只有广告预算很大时，电视广告才较为有效。

关于征募人员努力对首次服役影响的经验估计

在市场化征兵情况下，征兵活动的成功与否与征兵者的努力激励及其生产率有关。德尔图佐斯（1985）和波利克、德尔图佐斯和普雷斯（1986）的研究发现，除非征兵者征募高质量新兵所做的努力得到足够奖励，否则他们会征募低质量新兵。

关于津贴或特别补助对首次服役影响的经验估计

自 20 世纪 80 年代后期开始，美国海军对在核领域服役的新兵按入伍季节的不同给予了不同的特别补助。以此为案例，汉森、威尔斯和里斯（Hansen，Wills & Reese，2004）分析了是否该项目已成功地吸引新兵流入。研究发现特别补助越高，在受欢迎的月份流入得越少，较高的补贴事实上会促使入伍者在非高峰月份加入海军。同时，研究发现非高峰特别补助每提高 1%，减少夏季高峰期进入海军核领域服役比例 1.9%。

学历对首次服役影响的经验估计

经济学理论意味着军方在任务相同情况下，在传统征兵市场与非传统征兵市场[①]上，对青年人征募的边际成本相等。而阿施和基尔伯恩（Asch & Kilburn，2003）对高校市场中最有服役潜力人群进行的研究表明：在家庭背景、人口和就业状况相同的前提下，上大学二年级的学生和辍学的二年级大学生具有最大的入伍可能。

21.3.4　超期服役的理论模型

超期服役理论需要解释在现在和未来薪酬如何对超期服役产生影响，所以超期服役理论与可供选择的薪酬结构分析，及其在促进个人努力和自我选择中的作用往往交织在一起。超期服役研究需要解决这样一个理论问题：如何确定个人作

① 这里的传统市场如高中毕业生市场，非传统市场则如高校人才市场等。

出超期服役决定的时间分界线，如某人在 t 时期是选择退役还是超期服役？更进一步，如能等到 $t+1$、$t+2$ 等时期，那么在该时期，个人又如何选择？这个问题之所以重要，是因为各国军队的收入等级一般是很严格的，不少国家的军方规定服役者如果能完成某一规定年限的服役期就可以得到一笔丰厚的养老金。恩斯、纳尔逊和沃纳（Enns，Nelson & Warner，1984）、沃纳和戈德堡（Warner & Goldberg，1984）等所建立的年度退役成本模型（ACOL）提供了一种较好的分析方法。该模型假设一个人在 t 年：

（1）W_j^{M} 为预期第 j 年在军队的薪金；

（2）$W_{j,t}^{\mathrm{C}}$ 为如该人在 t 年退役时，第 j 年的民事收入；

（3）$W_{j,n}^{\mathrm{C}}$ 为如该人在未来 n 年后退役时，第 j 年的民事收入；

（4）R_n 为该人过了 n 年后退役时，其所获得的退役金和其他退役收益在未来 n 年时的预期现值；

（5）R_t 为如该人现在退役，其退役金和其他退役收益在 t 年的现值；

（6）τ^{m} 和 τ^{c} 是偏好因子；

（7）ρ 为个人未来收入的贴现率。

则从时期 t 超期服役到时期 n 的未来收益现值为：

$$S_{t,n} = \sum_{j=t+1}^{n} \frac{W_j^{\mathrm{M}}}{(1+\rho)^{j-t}} + \frac{R_n}{(1+\rho)^{n-t}} + \sum_{j=t+1}^{n} \frac{\tau^{\mathrm{m}}}{(1+\rho)^{j-t}} + \sum_{j=n+1}^{\infty} \frac{W_{j,n}^{\mathrm{C}} + \tau^{\mathrm{c}}}{(1+\rho)^{j-t}} \tag{21.22}$$

即刻退役的值为：

$$L_t = \sum_{j=t+1}^{\infty} \frac{W_{j,t}^{\mathrm{C}} + \tau^{\mathrm{c}}}{(1+\rho)^{j-t}} + R_t \tag{21.23}$$

退役的成本为：

$$C_{t,n} = S_{t,n} - L_t \tag{21.24}$$

此式可以改写为：

$$C_{t,n} = \sum_{j=t+1}^{n} \frac{W_j^{\mathrm{M}} - W_{j,t}^{\mathrm{C}}}{(1+\rho)^{j-t}} + \left[\frac{R_n}{(1+\rho)^{n-t}} - R_t\right] - \sum_{j=n+1}^{\infty} \frac{W_{j,t}^{\mathrm{C}} - W_{j,n}^{\mathrm{C}}}{(1+\rho)^{j-t}} - \sum_{j=t+1}^{n} \frac{\tau^{\mathrm{c}} - \tau^{\mathrm{m}}}{1+\rho} \tag{21.25}$$

式中第一项说明从 t 到 n 时期军事部门与民事部门间的薪金差别，第二项表示退役收益值的变化，第三项表示从 t 到 n 时期服役所带来的民事机会变化，最

后一项表示民事生活的净偏好现值。

如何区别继续留在部队服役和退出现役者呢？模型认为如果至少存在一个未来时间分界线，超过这个时间分界线，即 $C_{t,n}$ 为正值时这个人会再次服役。也就是说，如果存在至少一个未来时间分界线，在下式成立时，则这个人会继续留在部队服役：

$$\tau^{c}-\tau^{m}<\frac{\sum_{j=t+1}^{n}\frac{W_{j}^{M}-W_{j,t}^{C}}{(1+\rho)^{j-t}}+\left[\frac{R_{n}}{(1+\rho)^{n-t}}-R_{t}\right]-\sum_{j=t+1}^{n}\frac{W_{j,t}^{C}-W_{j,n}^{C}}{(1+\rho)^{j-t}}}{\sum_{j=t+1}^{n}\frac{1}{(1+\rho)^{j-t}}} \tag{21.26}$$

上式右边是退役的年度成本 $A_{t,n}$，它相当于个人现在而非未来时期 n 退役承受的财务损失。超期服役的标准是：如果存在某些未来时期 n，该时期 $A_{t,n}$ 超过民事生活的净偏好时，个人就会留下来继续服役。因此个体仅在下列条件时才会选择退伍：

$$\tau=\tau^{c}-\tau^{m}>\max(A_{t,t+1},\ A_{t,t+2},\ \cdots,\ A_{t,T}) \tag{21.27}$$

设 A_t^* 表示退役年度成本的最大值，则超期服役者就是 $\tau<A_t^*$ 的那部分人。

该模型可以在沃纳和戈德堡（1984）的计量经济方法下运行，超期服役的概率为：

$$P(\tau<A_t^*)=P\left(\frac{\tau-\mu}{\sigma}<\frac{A_t^*-\mu}{\sigma}\right)=\Phi\left(-\frac{\mu}{\sigma}+\frac{1}{\sigma}A_t^*\right) \tag{21.28}$$

式中，Φ 表示标准正态分布函数，μ 和 σ 分别是偏好分布的均值和标准差。该模型可以通过对个人超期服役决定数据的概率分析进行估计。

在该模型中，是否延长服役期限取决于军队与地方工资的对比，如工资比例，或年度退役成本的当期价值等。从理论上讲，该模型是与一次职业选择模型相一致的随机效用模型。在随机效用模型中，误差项可以被视为服兵役、短期冲击，或二者的多样化尝试。该模型非常适合横截面数据，包括时间序列横截面数据。运用普通软件，可以很容易地估计出该模型，并对许多解释变量进行处理，这些变量包括延长服役补贴的可得性及数量、失业率、工资级别的控制、职业特性、教育水平、种族、民族、性别以及婚姻状况等。

但年度退役成本模型并不能解释动态选择的结果。因为如果当个人第一次做出再次应征决定时，τ 是正态分布的。可对那些已经再次应征的人来说，τ 将可能不再是正态分布的，这要取决于是否还存在其他因素会干扰第一期延期服役的决定。该模型意味着超过第一个决定点后，只要 A^* 继续增加，那么超期服役率将是相同的，然而事实并非如此。为解决这一问题，一个可行的解决办法是假设 τ 是一个恒定的（或不随时间改变的）偏好因子，其他无法观察的因素（随机扰动），如个人是否喜欢他的指挥官、服役的地点、家庭成员的死亡等，都会在每个时点上影响个人做出超期服役的决定。设 ε_t 是时间 t 时正态分布的随机扰动因子，其均值为 0，标准差为 σ_ε，则在任何时期 t 结束时其个人选择延期服役的概率为：

$$P(A_t^* - \tau + \varepsilon_t) = P(A_t^* - \tau > -\varepsilon_t) = \Phi\left(\frac{A_t^* - \tau}{\sigma_\varepsilon}\right) \tag{21.29}$$

既然 ε' 与时间无关，则时间 t 期间超期服役的累积概率为：

$$\Phi\left(\frac{A_1^* - \tau}{\sigma_\varepsilon}\right)\Phi\left(\frac{A_2^* - \tau}{\sigma_\varepsilon}\right)\cdots\Phi\left(\frac{A_t^* - \tau}{\sigma_\varepsilon}\right) \tag{21.30}$$

由此可看出，那些更偏好在地方生活的人比那些更偏好在部队生活的人其超期服役的概率更低。

ACOL-2 模型通过引入爱好（对军队偏好）和短期冲击的分离项，扩展了一期随机效用模型。面板数据对误差结构确定十分必要。ACOL-2 模型的魅力在于它对超期服役选择特性的解释能力：由于个人总是在不断地受到短时冲击的困扰，因此，只有那些对服兵役有更高喜好的人才会选择留下来。尽管对 ACOL 模型进行了改进，但 ACOL-2 模型没有考虑到个人因为晋升或被提升而被迫非志愿退役的情况。

针对这些情况，戈茨和麦考尔（Gotz & McCall，1984）开发了如下更具说服力的模型：

$$\begin{aligned}
&S_{i,t} = \pi_{i+1,t+1}(W^{M}_{i+1,t+1} + \tau^{m} + \beta V_{i+1,t+1}) + (1 - \pi_{i+1,t+1})(W^{M}_{i,t+1} + \tau^{m} + \beta V_{i,t+1}) \\
&G^*_{i,t} = S_{i,t} - L_{i,t} \\
&\Phi_{i,t} = \Pr(G^*_{i,t} + \varepsilon_{i,t} > 0) \\
&V_{i,t+1} = \Phi_{i,t+1}[\pi_{i+1,t+2}S_{i+1,t+2} + (1 - \pi_{i+1,t+2})S_{i,t+2}] + (1 - \Phi_{i,t+1})L_{i,t+1}
\end{aligned} \tag{22.31}$$

式中，i 表示个人的级别和晋升概率，假设晋升发生在前一次超期服役决定之后的某个特定时期开始；V 表示预期的未来效用；$\beta = 1/(1+\rho)$，其中 ρ 为个人贴现率。

该模型的第一个公式说明在时期 t 末时留在级别 i 中的值，如果晋升则为效用的加权平均效用值，如果没有晋升则为效用值，其中权数是晋升的概率。留下来的预期收益（或退役的预期成本）是个人留下来的预期效用和即刻退役的值（这里可以认为此值取决于级别）之差。留下来的概率是当 $G_{i,t}^{*}+\varepsilon_t$ 为正时的概率。最后，在时期 $t+1$ 末期，任何级别 i 的预期效用是留下和退役值的加权平均，权数为留下来的概率。假如个人必须在最大可能的服役年限（通常为30年）开始求解这个递归模型，以获得在每个可能级别和在最大服役年限之前的服役年限时的 S、V、L、G^{*} 和 Φ 的值。如果某个级别在30年的服役年限之前有一个强制退役点，则在该点上，Φ 为零，而 V 则为 L。

该模型还说明在做出超期服役决定时，个人会对随后的所有可能的晋升和退役的顺序做出效用评估，再根据其发生的概率来排序，而发生的概率则取决于偏好、随机干扰对超期服役决定的重要性和在每一级别（服役年限点）上晋升的概率。

戈茨和麦考尔（1984）首次将动态规划引入到了超期服役研究中。他们开创性地建立了美国空军军官超期服役的理论模型，并对其参数进行了经验估计。受其影响，动态规划模型随后被应用于许多经济学分支的不同主题研究中，如退役、职业选择、职务任期及工资、工业结构（企业的进入、退出以及市场均衡），以及军队超期服役的进一步应用等。

贝尔科韦茨和斯特恩（Berkovec & Stern，1991）进一步对超期服役的动态规划模型进行了研究。按照阿什、霍谢克和沃纳（Asch，Hosek & Warner，2007）的介绍，定义 $V(M,t,s)$ 为在 s 时期入伍、t 时刻的值，$V(C,t,s)$ 为在 s 时期进入地方参加工作，t 时刻的值，β 为个人的折现系数 $[\beta=1/(1+\rho)]$。则贝尔科韦茨和斯特恩所给出的超期服役动态规划模型的基本结构为：

$$
\begin{aligned}
V(M,t,s) &= W_t^{\mathrm{M}}+\tau^{\mathrm{m}}+\beta EZ_{\mathrm{M}}(t,s)+\varepsilon_t^{\mathrm{m}} \equiv \bar{V}(M,t,s)+\varepsilon_t^{\mathrm{m}} \\
V(C,t,s) &= W_t^{\mathrm{C}}+\tau^{\mathrm{c}}+\beta EZ_{\mathrm{C}}(t,s)+\varepsilon_t^{\mathrm{c}} \equiv \bar{V}(C,t,s)+\varepsilon_t^{\mathrm{c}} \\
EZ_M(t,s) &= E\max[\bar{V}(M,t+1,s)+\varepsilon_{t+1}^{\mathrm{m}},\bar{V}(C,t+1,t+1)+\varepsilon_{t+1}^{\mathrm{c}}] \\
EZ_C(t,s) &= E\max[\bar{V}(C,t+1,s)+\varepsilon_{t+1}^{\mathrm{c}},\bar{V}(M,t+1,t+1)+\varepsilon_{t+1}^{\mathrm{m}}]
\end{aligned}
\tag{21.32}
$$

根据该模型，t 时刻如果 $\bar{V}(M,t,s)+\varepsilon_t^{\mathrm{m}}>\bar{V}(C,t,t)+\varepsilon_t^{\mathrm{c}}$，则个人会选择继续留在部队。上划线项是非随机的，且不仅包括当期的薪资和喜好，也包括紧

接的下期最优规划的折现值。这就是说，个人再次能否达到最优取决于同期的条件，包括短期冲击的显示。如果在现期认识到这一点后，个人会在下期通过选择最优规划来实现其期望值。再次最优的机会一直会延续到最后一期的选择。

冲击项通常被假定具有极值分布或正态分布。极值分布产生关于最大期望值以及留在部队概率的闭合形式表达式。特别地，极值分布为 $F(\varepsilon_t^i) = \exp[-\exp(-\varepsilon_t^i/s)]$，这里 i 是对｛M，C｝的选择，s 为形状参数，其与等式 $\sigma^2 = s^2\pi^2/6$ 的方差有关。极值分布也有一个分布参数，在此以值函数（Value Function）表示。最大期望值为：

$$E\max_i[\bar{V}_i+\varepsilon_i] = \iint \max(\bar{V}_{\mathrm{m}}+\varepsilon_{\mathrm{m}},\bar{V}_{\mathrm{c}}+\varepsilon_{\mathrm{c}})\mathrm{d}F(\varepsilon)$$

$$= s\left\{\gamma+\log\left[\exp\left(\frac{\bar{V}_{\mathrm{m}}}{s}\right)+\exp\left(\frac{\bar{V}_{\mathrm{c}}}{s}\right)\right]\right\} \tag{21.33}$$

这里 γ 为欧拉常数（≈0.577216）。在现状给定的情况下，特定选择的概率是一个多项式分对数形式，这是因为 ε 服从极值分布。如某人 t 时刻留在部队概率给定，则其在 $t-1$ 时期是否留在部队的逻辑函数形式为：

$$\frac{\exp[\bar{V}(M,t,s)]}{\exp[\bar{V}(M,t,s)]+\exp[\bar{V}(C,t,t)]} \tag{21.34}$$

类似地可以得出各期的表达式，在 k 个连续期留在部队的概率即为 k 期这种概率的产出。

21.3.5 超期服役的经验估计

国防经济学界围绕超期服役问题进行了大量研究，阿什、霍谢克和沃纳（2007）对此进行了较为全面的综述。这些经验研究表现在：

关于士兵和军官的经验估计

沃纳和阿施（1995）、戈德堡（2001）利用 1975～1990 年的数据，通过对 10 个士兵和 2 个军官超期服役的研究，对美军士兵和军官的薪资弹性分别进行了估计。研究表明，美军士兵薪资的弹性大多落在 1.0～2.5 范围内，有个别较高或较低。军官的工资弹性介于 0.8～1.6 之间。更近的研究发现士兵工资弹性估计值有所降低，介于 0.5～1.5 之间。

关于在地方工作与军队工作的经验研究

富勒顿（Fullerton，2003）利用两个军队工资变量对空军飞行员超期服役进行了经验研究。第一个变量是飞行员现在对未来的预期寿命收益，其对从现在起离开部队并马上到航空公司工作，或在空军服役满 20 年以获得军队退役收益，然后再进入航空公司工作这两种情形进行了比较。比较显示在 1999 年，服役 15 年或更多一直服满 20 年退役，待在空军中获得的报酬要比离开获得的报酬更高。因此，经验丰富的飞行员具有留在部队服役满 20 年的内在动力。但通过对服役 15 年以上者其离开和加入航空公司的工资测算，发现初级飞行员具有离开的内在动力。

第二个工资变量是飞行员在空军服役第 9 个年头退役并进入航空公司所产生的工资损失。造成这一损失的原因是，失去总额为 25000 美元的飞行员补贴，且因军队工资比航空公司初始工资要高一些。在富勒顿看来，飞行员面对的工资损失大约为 6 万美元，或相当于其服役满 9 年后在航空公司第一年收入的 60%。航空公司工资的增长比较快，然而在最初的几年，包括补贴，其与军队工资持平。第二个变量可以被理解为一种转换成本。在富勒顿的超期服役回归中，两个变量均具有期望效应以及统计显著性。他还发现，如果用航空公司雇用的飞行员数量占美国空军飞行员数量比例衡量的话，就如同用失业率来衡量经济运行一样，发现航空公司雇用对空军飞行员的超期服役具有显著影响。航空公司就业每增加 1 个百分点，退役概率增长 1.13 个百分点，而男性失业率每增加 1 个百分点，则可使退役概率降低 20%。

关于非货币收益方面的经验研究

非货币收益也是决定个人是否选择超期服役的重要原因。克劳斯、利恩和奥姆（Kraus，Lien & Orme，2003）对海员服役的非货币收益进行了经验分析。调查结果显示，特殊类型勤务位置和分派的保证等与在延期服役上增长 4% ~6% 的工资往往产生相似的效果。而诸如“要求水手在海上作业停港时，仍然待在船上或集体住在一起，而不是住在地方居所内”等则对海员延期服役意愿产生负面效应。但工资增长可以抵消延期服役意向的降低，如对被要求居住在船上而不是地方居所的水手提高 13% 的工资，可以使其延期服役意向保持不变。

霍谢克等（2004）分析了已入伍信息技术人员（IT）的供给及超期服役

情况。在IT业繁荣的20世纪90年代，军队无法与私人部门所提供的机会展开竞争。但实际上，尽管服役者在IT专业与其他专业之间并无特别的奖励（奖金，教育受益），军队仍可达到IT专业的征兵目标，并吸引高质量的新兵加入到军队IT专业中来。霍谢克等对该方面的研究成果进行了梳理，并发展出动态规划模型来解释。该模型通过包含服役决定，考虑IT人力资本积累（增加地方机会工资），且考虑如果在服满现役之前离队还包含一个转换成本等，扩展了戈茨/麦考尔模型。分析认为，由于许多军队专业（岗位）提供有价值的、通用的训练，提供职业前期培训，所以军队可以与大学和提供在职培训的雇主竞争人力资源。

21.4 兵员征募制度

军事人力是军事体系中最重要的稀缺资源之一，因此如何通过合适的兵员征募制度征集、维持、储备一定数量和质量的兵力，并使之发挥最大的潜能，这既是一个军事问题，也是一个经济学问题。

21.4.1 志愿兵役制与义务兵役制

兵员征募制度是一个国家运用何种方法吸纳一定数量、质量和结构的军人来满足该国防务体系对于军事人力需求的制度安排。一个组织的人力资源管理是一个动态的过程，这一过程包括招募、培训、维持、使用、提升与开发、辞退或离岗、退休与安置几个阶段。如果把军队也看成是一个生产战斗力的组织，其人力资源的管理过程也大致经历招募、训练、维持及退伍安置等几个阶段。

世界各国的兵役制度，基本可分为两大类：一是义务兵役制（又称征兵制），即国家法律规定公民在一定的年龄内必须服兵役，如以色列、朝鲜等国。二是志愿兵役制（又称募兵制、AVF），即公民凭自愿应招到军队服役，并与军方签订服役合同，如英、美等国。波斯特（2006）给出了没有实行征兵制的国家和地区（见表21.3）。对义务兵役制，因为强调服兵役是个人对国家应尽的责任和义务，所以国家给予服役人员的补偿很少，个人服役的成本主要由其个人或家庭承担；而志愿兵役制则军方必须使用薪酬与利益来吸引人们来服役。

表21.3　　没有实行征兵制的国家和地区（2004年）

安提瓜岛和巴布达岛	冰岛	巴基斯坦	澳大利亚	印度
巴拿马	巴哈马群岛	爱尔兰	巴布亚新几内亚	巴林群岛
意大利*	葡萄牙	孟加拉国	牙买加	卡塔尔
巴巴多斯岛	日本	卢旺达	比利时	约旦
圣马力诺	伯利兹	肯尼亚	沙特阿拉伯	博茨瓦纳
吉尔吉斯斯坦	塞拉利昂	文莱	拉脱维亚*	斯洛文尼亚
布基纳法索	莱索托	南非	布隆迪	卢森堡公国
西班牙	喀麦隆	马拉维	斯里兰卡	加拿大
马来西亚	苏里南	哥斯达黎加	马尔代夫	斯威士兰
捷克共和国*	马耳他	汤加	吉布提	毛里塔尼亚
特立尼达和多巴哥	斐济	毛里求斯	乌干达	英国
法国	摩纳哥	阿拉伯联合酋长国	加蓬	缅甸
冈比亚	尼泊尔	美国	加纳	荷兰
乌拉圭	格林纳达	新西兰	瓦努阿图	海地
尼加拉瓜	赞比亚	中国香港Δ	尼日利亚	津巴布韦
匈牙利	阿曼			

注：＊表示原计划2008年取消义务兵役制。

Δ已由中华人民共和国接管防务，兵役制同中国（编者注）。

资料来源：Poast，P.，2006，*The Economics of War*，McGraw-Hill/Irwin.

目前，在西方各国，普遍实行志愿兵役制。美国是在1973年废除义务征兵制度，改为志愿兵役制的；英国在1957年，澳大利亚则在1945年终止了征兵制（在1965年后的一段时间曾重新采用过，但现在又完全是志愿兵役制了）；加拿大军队在其整个历史上，除了“二战”期间，一直都实行志愿兵役制；只有德国至今仍在继续使用义务征兵和志愿兵役制相混合的兵役制度。目前在德国军队中，征兵制军人数量占现役军人总数的43%；前社会主义国家曾经普遍实行义务征兵制度，这一传统目前仍在延续中，但也有所改革。

专栏 21.1 法国兵源足 日美愁人少

法国军队是以职业军人为主、志愿军人为辅的职业化军队。去海外驻扎维和的强大吸引力，使法军能较容易地征召到兵员。法军不仅每年都能如愿征召到 2 万多新兵，且绝大多数人都愿在合同期满后续签。但想成为法军的一员并不容易：不仅要通过严格的体能测试，还要在“安全和动机”询问中过关——法军要去执法机构了解情况，遇有特殊情况还请国际刑警进行鉴定，将有暴力袭击或性虐前科者剔除。

日本现在实行募兵制，所有军人都称“自卫官”，待遇参照公务员的标准适当提高。自卫队一度有极大吸引力——既提供了一个学习高科技知识的好途径，又不必面临上阵受伤的危险。但目前，民众反对出兵海外的呼声高涨，加之自卫队待遇的相对下降和人口出生率的降低，想参加自卫队的青年日益减少。

美国目前实行全志愿兵役制，凡年满 17～35 周岁的男女，经智力测验和身体检查合格者，均可入伍，年限根据本人与军方签订的合同而定。第一次入伍的兵服役期为 4 年，技术复杂的专业士兵服役期为 6 年。第一期服役期满后，可继续签订合同，延长服役最长可达 30 年。伊拉克战争使美军人手越发显得不足，严重依赖后备部队支持。为缓解兵源紧张的压力，美军方将陆军预备役部队和国民警卫队征兵的年龄上限从 34 岁提高到 39 岁。

——《兵员质量关系到战斗力强弱，各国兵役制有不同》，载《青年参考》2007 年 3 月 17 日。

21.4.2 兵役制成本、收益与约束

在历史上，是实行义务兵役制还是志愿兵役制一直是个争论不休的话题，波斯特（2006）认为，决定哪个制度更为理想需要考虑两种兵役制的成本和收益。我们下面介绍波斯特（2006）的分析框架：

军事人力供给需求曲线 波斯特（2006）给出了两种兵役制下的军事人力供给—需求曲线（见图 21.5）。

图中纵坐标表示军事人力工资，横坐标表示军事人力数量；向右下方倾斜的

是军事人力需求曲线 L_d，表示政府对服役人员的需求及政府需求趋向；L_{sAVF} 表示志愿兵役制下的军事人力供给曲线。L_{sAVF} 线被认为是向上倾斜的，这是因为随军方工资的上涨，希望参军的人数也随之增加；L_{sDRAFT} 表示义务兵役制下军事人力供给曲线，L_{sDRAFT} 是一条垂线，表示在义务兵役制下，政府可以控制服役人员的数量而不考虑薪酬问题。

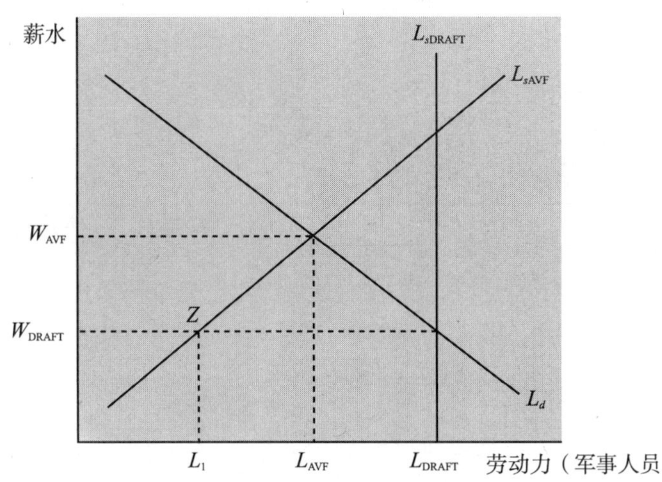

图 21.5　志愿兵役制与义务兵役制的供求曲线

资料来源：Poast，P.，2006，*The Economics of War*，McGraw-Hill/Irwin.

义务兵役制对应的工资水平 W_{DRAFT} 与志愿兵役制供给曲线 L_{sAVF} 相交于点 Z。点 Z 对应的军事人力水平是 L_1，表示在工资水平是 W_{DRAFT} 时自愿服役的人数。因此，就算是在义务兵役制下，也还是会有一些人自愿服役，但因为 L_1 远远少于军队需要的军事人员数量，所以所缺的 L_{DRAFT} 与 L_1 之间的那部分军事人力，就需强制征募。

预算约束与资本替代　显然，在志愿兵役制下，军方必须提供足够的工资以和民事部门竞争，军方征募人员的数量受到总预算的制约。把图 21.5 复制到带有阴影框的图 21.6 中，这些阴影框衡量总成本（支付的工资乘以服役人员的数量）。假设义务兵役制下的面积（框 *GFEC*）与志愿兵役制下的面积（框 *ABCD*）一样大，也就是说在同样的总预算下，征兵制能使政府征募到更多的士兵。

因为志愿兵役制提高了军事人力的成本，当然政府就会考虑在军事人力资本

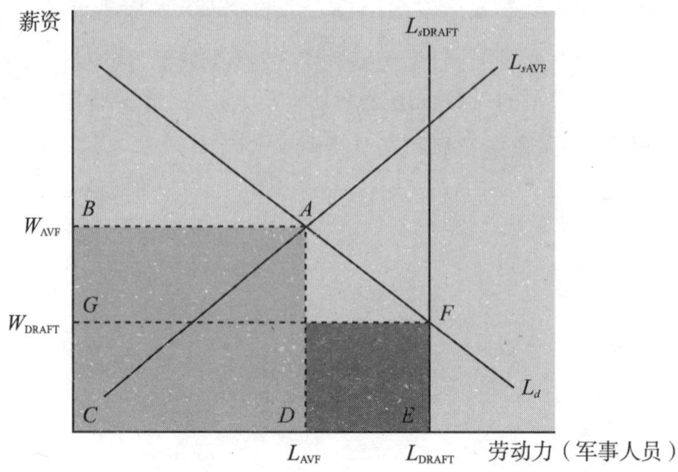

图 21.6　成本约束下的兵员供求

资料来源：Poast，P.，2006，*The Economics of War*，McGraw-Hill/Irwin.

和物质资本之间进行一定程度的替代，也就是说，实行志愿兵役制的政府有可能减少在军事人力上的投入，而加强武器装备的投入。为说明这一观点，波斯特（2006）以英、德、法三个欧洲国家情况为例进行了分析（这三个国家有着比较相似规模的国防预算）。从 1960 年起，英国开始采用志愿兵役制，德国依然采用义务兵役制，而法国在 2001 年才结束义务兵役制。表 21.4 详细比较了这两个国家的军事开支。

表 21.4　　英国、德国和法国军事预算和人员、装备开支比较（2003 年）

国家	军队人数（2002 年）	军事人员开支（2002 年不变美元）	军事人员人均开支（2002 年不变美元）	武器装备开支
英国	210450	14739000000	70035.64	8710000000
德国	296000	16422000000	55479.73	3807000000
法国	260000	20595000000	79211.54	7229000000

资料来源：International Institute for Strategic Studies，2002 – 2003，*Military Balance*，Oxford Press.

表中比较可以发现：首先，英国作为实行志愿兵役制的国家，军队数量比较少；其次，英国单兵开支水平比德国高出 27%，也就是说实行志愿兵役制的英国在每个士兵上花费了比德国更多的金钱；最后，英国在军事装备上的开支比德

国要高出128%。这个比较在一定程度上的确说明了在相同情况下，实行志愿兵役制的国家在武器装备方面的投入比人力上的投入更多。

专栏21.2　欧洲的义务兵役制

在冷战期间，义务兵役制在欧洲得到了广泛使用。在1990年，事实上只有英国一个欧洲国家没有实行义务兵役制（英国在1960年终止采用义务兵役制）。到2000年，已经有7个国家取消或者决定取消义务兵役制，而且在许多其他的欧洲国家，取消义务兵役制也被提上了议事日程。例如，捷克、意大利、立陶宛和斯洛文尼亚准备在2008年结束义务兵役制。当然，还有一些欧洲国家，如德国、瑞典和挪威还仍在使用这种制度，并且没有计划取消。

为什么有这么多的欧洲国家都采用义务兵役制，为什么又有几个国家从这种制度转化成其他制度？回答这个问题要考虑一个国家采用义务兵役制的经济和战略原因。

从经济学角度看，义务兵役制降低了军队管理的成本。例如，在1992年我们估计北约中的欧洲成员国在1987年的国防预算由于义务兵役制的原因而平均低6%。这些政府资金可以投入到其他的公共福利项目中。因此，我们就很容易理解拥有广泛福利制度的斯堪的纳维亚国家（挪威、瑞典以及芬兰）也一直采用义务兵役制。

从战略上看，义务兵役制是欧洲冷战安全情况的结果。在冷战期间，大部分欧洲军队都是用来保卫领土安全的，领土保卫需要很大规模的军队。因为欧洲国家（包括北约和华约）都需要大量的士兵，所以普遍的义务兵役制是一个获取兵员的有效途径。从预算的角度来看，它只需要较少的成本，这是因为所有的人都被这个制度包括在内，它的公平使得民众能够比较容忍它。尽管如此，冷战结束之后，许多国家把它们的安全战略从保卫领土转变成保持和平和远征任务（这通常要把军队派遣到欧洲之外）。没有了具有挑战性的领土保卫任务，保持一个全部义务兵的大规模军队在经济和政治上都是不明智的。因此，义务兵役制变得不是那么普遍了，并且逐渐被取消。因此，我们就不难理解越来越多的欧洲国家都趋向于用志愿兵役制取代义务兵役制。.

——Poast，P.，2006，*The Economics of War*，McGraw-Hill/Irwin.

21.4.3 兵制成本分析框架

选取何种兵役征募制度与不同兵役制的成本收益有关。李和麦肯齐（Lee & McKenzie，1992）提出了较为成熟的兵役成本理论分析框架，沃纳和阿施（1995）综述了这一分析框架，在此基础我们给出该研究框架的基本内容：

假定军事力量 F 由首期服役者（F_1）和职业军人（F_2）组成，其各自的时间长度都为1。设 E 为某个特定时期士兵的人数，c_1 表示首次服役期末的再次服役率。在稳态下，$F_1 = E$，$F_2 = c_1 E$，则 $F = E + c_1 E = (1 + c_1) E$。假定军方支付的薪金 W^M 是与服役时期无关的固定数值，则薪金账单为：

$$W^M (1 + c_1) E \tag{21.35}$$

李和麦肯齐（1992）认为各种兵役征募制度的全部成本由组成军队人员的机会成本、为付工资征税所造成的净损失、训练成本三个部分所构成。

机会成本 在军事人力供给部分，已经知道，在 τ 为均匀分布时，服役的供给曲线为线性函数 $E = a' + b'W^M$，由此可得 $W^M = a + bE$。供给曲线上的各点均表示服役者个人的边际机会成本。这就产生两种情况：

志愿兵役制的机会成本 在志愿兵役制下，E 个士兵首次服役期的机会成本是供给曲线以下从0到 E：$aE + 0.5bE^2$ 的区域。如果在入伍点上满足 $W^M > W^C + \tau$ 的条件，军队薪金或民用部门薪金和偏好保持不变，则此条件将一直保持到首期末。这时，$c_1 = 1$（所有的志愿者都连续服役了两个时期），总兵力 $F = 2E$。因此志愿兵役制的机会成本为：

$$2aE + bE^2 = aF + 0.25bF^2 \tag{21.36}$$

义务兵役制的机会成本 假设有一个群体，人数为 N，由处于符合征兵条件的各年龄段的人组成。但即使在征兵的情况下，也会有 V 名志愿者的边际机会成本小于 W^M。这 V 名志愿者的平均机会成本为 $a + 0.5bV$，总的机会成本为 $aV + 0.5bV^2$。如 E 是所需士兵的数量，考虑志愿者，则军方必须征 $E - V$ 人。如果 $E - V$ 人是从那些机会成本大于 $a + bV$ 的人中随机征募的，则这些人的平均机会成本将处在供给曲线 V 到 N 间的中点上，或 $a + 0.5b(N - V)$。利用加权平均法，E 名服役者的首期平均机会成本为：

$$\frac{V}{E}(a+0.5bV)+\frac{E-V}{E}[a+0.5b(N+V)]$$

E 名服役者总的第一期机会成本为：$aE+0.5b(EN+EV-NV)$。既然 V 名志愿者在机会成本为 $aV+0.5bV^2$ 的情况下会继续服役到第二期，则总兵力的机会成本可以表示为：$aE+0.5b(EN+EV-V)+aV+bV^2$。根据 c_1 和 E 的定义，义务兵役制下，$c_1=V/E$、$E=F/(1+c_1)$，代入上式，则义务兵役制（征兵制）的机会成本为：$aF+0.5b\left[\frac{(1-c_1)NF}{1+c_1}+\frac{c_1F^2}{1+c_1}\right]$。

比较义务兵役制与志愿兵役制，从理论上可以看到，只要条件：①$c_1>0$，即征募的人中有一部分志愿者；②$F<2N$（即不是人口中的所有人都必须服役）这两个条件中有一个成立，征兵制的机会成本就会比志愿兵役制的机会成本大。从实践看，由于并不需要每个符合服役条件的人都来服役，而且在义务兵役制下服役者中总会包括一些再次服役的志愿者，所以有上面两个条件式存在的现实土壤。考虑国防预算成本作为一种从纳税人到服役者的净转移支付，其机会成本的差异就是征兵的社会成本，且几乎总为正值。因此，学者们和专业人员普遍认为志愿兵役制比义务兵役制更为经济。

为付工资征税所产生的净损失　李和麦肯齐（1992）认为，军人薪金不是一种净转移支付，其本身也包含成本。因为当政府增税以支付军事人力薪金时，较高的税率一般会引起经济行为的扭曲，给经济社会发展带来损失。布朗宁（Browning，1987）的研究发现：所得税对劳动力供给的扭曲造成的严重损失大约为：每1美元税收收入中就有30～40美分的损失。因而享有较高薪金的志愿兵役制相对义务兵役制具有更高的税负成本和经济运行成本。

按照前面的分析，一般情况下薪金账单为 W^MF。因此，义务兵役制下，征兵时税收的净损失为 W^MF；在边际供给价格为 $a+bE$ 情况下，志愿兵役制的薪金账单为 $(a+bE)F=(a+bF/2)F=aF+0.5bF^2$。假定 β 为每1美元税收收入的净损失，则此薪金账单造成的净损失为 $aF+0.5bF^2$。因为 W^M 在义务兵役制下固定且不随 E 而上升，所以在志愿兵役制情况下，为支付军人薪金增税所引起的税收的净损失比义务兵役制下的情况要高。

训练成本　现在来考虑训练成本。假设在任何兵役制下训练都是在服役第一期进行，训练一个新兵的成本为 d。则志愿兵役制下的训练成本为：

$$dE = \frac{d}{2}F \tag{21.37}$$

而在义务兵役制下，训练成本为：

$$dE = \frac{d}{1 + c_1}F \tag{21.38}$$

因为 $c_1 < 1$，所以，在规模相同的情况下，义务兵役制下的训练成本必然比志愿兵役制下的训练成本高。

总成本 分别考虑上述三种情况后，可以得到志愿兵役制下的军事人力总成本为：

$$TC_A = \left[a(1 + \beta) + \frac{d}{2}\right]F + 0.5b(0.5 + \beta)F^2 \tag{21.39}$$

志愿兵役制下军事人力的边际成本为：

$$MC_A = \frac{\partial TC_A}{\partial F} = \left[a(1 + \beta) + \frac{d}{2}\right] + b(0.5 + \beta)F \tag{21.40}$$

式中，MC_A 是 F 的线性函数。

而义务兵役制下的军事人力总成本为：

$$TC_D = \left(a + \beta W^M + \frac{d}{1 + c_1}\right)F + 0.5b\left(\frac{1 - c_1}{1 + c_1}NF + \frac{c_1}{1 + c_1}F^2\right) \tag{21.41}$$

图 21.7 给出了两种兵员征募制下的总成本。如果义务兵役制下军事人力的总人数少于 $2V$，它将全部由志愿者组成，这时义务兵役制和志愿兵役制军事人力的总成本就没有差别了。因此，在 $2V$ 以下，$c_1 = 1$、$TC_A = TC_D$。

图中曲线 TC_D 在点 $F = 2V$ 处不连续，因为在此点上军队开始由机会成本比志愿者高的人员和因为超期服役率较低从而提高了训练成本的人员这样的应征者所组成；当 F 增长越过 $2V$ 后，$c_1 = V/E = V/(F - V)$ 减少，$\partial c_1/\partial F = -c_1/E$，这时，义务兵役制的边际成本可以表示为：

$$MC_D = a + 0.5bN + \beta W^M + d + \frac{c_1}{1 + c_1}F \tag{21.42}$$

随着 F 的增长，MC_D 以递减的比率增长，最后趋于固定值：$a + 0.5bN + W^M + d$。图中可见，在 $2V$ 和 F^* 之间志愿兵役制下的总成本要比义务兵役制下的总成本低；在 F^* 以上义务兵役制的总成本较低。因此，直观地理解，在大于

2V、小于 F^* 情况下，志愿兵役制较为经济，因为在 F^* 以下（此区间）义务兵役制下机会成本超过了志愿兵役制下征税的净损失；在 F^* 点以上情况则正好相反，这时尽管义务兵役制的训练成本高，但它仍是一种较经济的兵员征募方法。

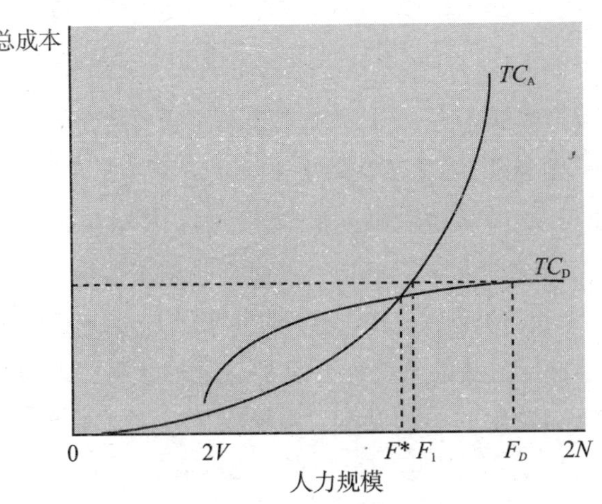

图 21.7　志愿兵制和征兵制的总成本

令式（21.40）与式（21.42）相等，就可以解出曲线的交点 F^*：

$$F^* = \frac{\beta(W^M - a)(1 + c_1) + 0.5(d + bN)(1 - c_1)}{0.5b[(0.25 + \beta)(1 + c_1) - c_1]} \tag{21.43}$$

F^* 随 β 和 b 的增长而减少。前一个条件的含义为，征兵制意味着 F^* 点越低，征税造成的净损失就越大。b 的增长表示征兵供给曲线的弹性降低，从而降低了征兵的水平，在这一水平上，征兵变得较为廉价。a 的增长，意味着士兵供给的减少，也会降低 F^*。但训练成本 d 的增长则会使 F^* 增加。

既然两种兵役制度下的总成本没有必然的优势，那么如何选择不同的兵员征募制度呢？答案取决于期望的军事人力规模及其相关的决定因素。如果军事人力规模是决定因素，很显然，在 $F < F^*$ 时应选择志愿兵役制，在 $F > F^*$ 时则应选择义务兵役制。

如果考虑的主要是战斗力，则志愿兵役制就成为一个优先的选择。这是因为：①义务兵役制下在任何时期处于受训中的人数都会更多一些，所以同等规模下，实行义务兵役制军队的战斗力就不如实行志愿兵役制的军队；②志愿兵役制下的军事人力具有更多的执行军事活动的经验，因而效率更高；③志愿者要比被征兵者更易于激励，从而使志愿兵役制军队在同等规模下比征兵制军队的生产率更高。更重要的是，当两种兵役制下的规模成比例增长时，相对于义务兵役制下的效用，志愿兵役制下的效用将会提高得更多（即随 F 的增长，$\partial R/\partial F_A$ 相对于 $\partial R/\partial F_D$ 也会增长）。

研究兵员征募制度选择的第二种方法是假设军方对战斗力为 R^* 的军队有外在的需求。如果要产生战备力 R^*，志愿兵役制军队人数为 F_A，征兵制军队人数为 F_D（$F_A < F_D$），则合适的征募方法取决于对这两种军队 TC_A 和 TC_D 的比较。只要 $F_A < F^*$，志愿兵役制军队毫无疑问是较廉价的。甚至在 F^* 以上，如果达到战备力 R^* 所要求的军队差异足够大的话，志愿兵役制军队也可能较便宜。则在图 21.8 中当 $F_A < F_1$ 时我们仍可以选择志愿兵役制军队 F_A 而不是征兵制军队 F_D。

研究兵员征募制度选择的第三种方法是假设军方制订计划者、政治家和选民，通过对军事人力规模的边际成本、边际收益或“对战斗力的边际贡献值”（*VMCR*）的比较，确定不同军事人力规模的威慑值，从而得出军事人力的最优规模和兵员征募制度。*VMCR* 是通过 $\partial R/\partial F$ 表示的社会价值，可能会随战争威胁的增长而增加。在图 21.8 中，$VMCR_A$ 曲线和 $VMCR_D$ 曲线分别代表志愿兵役制和义务兵役制的 *VMCR*。对任何大于 $2V$ 的军队，因为前述三个原因 $VMCR_A > VMCR_D$，而且它们之间的差距会随 F 的增长而扩大。

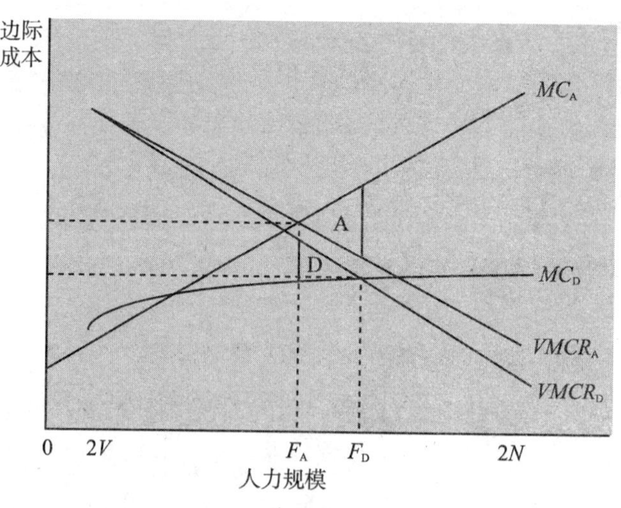

图 21.8　征兵和志愿兵役制下军队的最优规模

当 *VMCR* 等于军事人力规模边际成本时，军事人力规模达到最优。图中，F_A 代表志愿兵役制的军事人力最优数量，F_D 代表义务兵役制下军事人力的最优数量。一旦确定了军事人力最优规模，则最优的兵员征募方法就是使国防“剩余”最大化，即提供的战斗力总价值（*VR*）和总成本（*TC*）之差 $S = VR - TC$ 最大化的那一种。如用 S_A 代表 F_A 的剩余，S_D 代表 F_D 的剩余。假设志愿兵役制军事人力从 F_A 扩增到 F_D。S_A 的变化（ΔS_A）就是区域 *A*，也是成本的增长超过战斗力价值增长的部分。将区域 A 与区域 D（ΔS_D）进行比较（区域 D 是义务兵役制军事人力规模从 F_D 减少到 F_A 时 S_D 的减少）。如 $S_A > S_D$，志愿兵役制就是最优的，就应选择志愿兵役制。

这种方法还发现，*VMCR* 曲线的弹性增大，S_D 相对 S_A 来说就会增加。也就是，选民赋予的额外单位的国防战斗力的量下降得越慢，义务兵役制就越有可能成为更可取的征募方式。战争威胁带来的 *VMCR* 曲线向外移动的变化，意味着最优军事人力规模水平的提高和征兵使国防剩余最大化的概率增加。

21.5　军事人力补偿

军事人力薪酬是由一系列的工资和津贴组成的，军人的收入决定服役、超期服役的选择和资本与劳动之间的组合关系，军人薪酬是否恰当应由武装力量吸引、保留、发展、选拔、激励，以及最终人员高成效退役的能力来判定。

21.5.1　军队人员的薪资结构

各国军队现役现金报酬的各个项目一般可以分成三类：（1）基本薪金，随级别和服役年限而改变；（2）食物和住房补助，随级别和婚姻状况而改变；（3）大量的特殊薪金，如服役和再服役奖金、飞行津贴、海上津贴、危险任务津贴等等。美国为现役人员支付的费用中基本薪金大约占 75%，食物和住房补助占 19%，特殊薪金占 6%。

波斯特（2006）详细介绍了美军的薪水情况。美军服役人员收入的第一个组成部分是基本工资。基本工资是由服役人员的级别和服役年限决定的。一个服役 12 年的士兵平均每年能拿到 30747.60 美元的税前基本工资。陆军的绿色贝蕾帽或者海军的海豹部队的老队员（服役20年以上）现在每年可以拿到50000美元的基本工资。表21.5列出了基本工资的详细分类。如果一个服役人员知道他服役的年限以及他的工资档（级别），那么他可以使用这个表格算出他的基本工资。例如，一个服役10年，工资档在0~6的军官（级别上大约等于陆军上校或海军上校），可以拿到5882.10美元的税前月基本工资。

表21.5　　美国军事工资表（2004年1月开始实行）　　单位：美元/月

	服役年份										
工资级别	<2	2	3	4	6	8	10	12	14	16	18
军官											
O~10	0	0	0	0	0	0	0	0	0	0	0
O~9	0	0	0	0	0	0	0	0	0	0	0
O~8	7751.1	8004.9	8173.2	8220.6	8430.3	8781.9	8863.5	9197.1	9292.8	9579.9	9995.7
O~7	6440.7	6739.8	6878.4	6988.5	7187.4	7384.2	7611.9	7839	8066.7	8781.9	9386.1
O~6	4773.6	5244.3	5588.4	5588.4	5609.7	5850	5882.1	5882.1	6216.3	6807.3	7154.1
O~5	3979.5	4482.9	4793.4	4851.6	5044.8	5161.2	5415.9	5602.8	5844	6213.6	6389.7
O~4	3433.5	3974.7	4239.9	4299	4545.3	4809.3	5137.8	5394	5571.6	5673.6	5733
O~3	3018.9	3422.4	3693.9	4027.2	4220.1	4431.6	4568.7	4794.3	4911.3	4911.3	4911.3
O~2	2608.2	2970.6	3421.5	3537	3609.9	3609.9	3609.9	3609.9	3609.9	3609.9	3609.9
O~1	2264.4	2356.5	2848.5	2848.5	2848.5	2848.5	2848.5	2848.5	2848.5	2848.5	2848.5
工资级别	<2	2	3	4	6	8	10	12	14	16	18
士兵											
E~9	0	0	0	0	0	0	3769.2	3854.7	3962.4	4089.3	4216.5
E~8	0	0	0	0	0	3085.5	3222	3306.3	3407.7	3517.5	3715.5
E~7	2145	2341.2	2430.6	2549.7	2642.1	2801.4	2891.1	2980.2	3139.8	3219.6	3295.5
E~6	1855.5	2041.2	2131.2	2218.8	2310	2516.1	2596.2	2685.3	2763.3	2790.9	2809.8
E~5	1700.1	1813.5	1901.1	1991.1	2130.6	2250.9	2339.7	2367.9	2367.9	2367.9	2367.9
E~4	1558.2	1638.3	1726.8	1814.1	1891.5	1891.5	1891.5	1891.5	1891.5	1891.5	1891.5
E~3	1407	1495.5	1585.5	1585.5	1585.5	1585.5	1585.5	1585.5	1585.5	1585.5	1585.5
E~2	1337.7	1337.7	1337.7	1337.7	1337.7	1337.7	1337.7	1337.7	1337.7	1337.7	1337.7
E~1 >4	1193.4	1193.4	1193.4	1193.4	1193.4	1193.4	1193.4	1193.4	1193.4	1193.4	1193.4
E~1 <4	1104	0	0	0	0	0	0	0	0	0	0

资料来源：Poast，P.，2006，*The Economics of War*，McGraw-Hill/Irwin.

美军除基本工资外，还有额外的奖金和补贴。例如，如国家未给服役人员提供住房，那么他将得到基本住房补贴。2005 年起，它包括给住在私人住宅中的军事人员的全部住房支出，军事人员自己不用支付任何现金。有 1/3 的服役人员住在政府提供的住宅中。另外，服役人员还有餐补，这些补贴足够补贴他们在餐厅吃饭的支出。一般士兵每个月大约有 260 美元的基本生活补贴，因为军官的基本工资比士兵高很多，所以军官的只有 175 美元。餐补和住房补贴都是免税的收入。基本工资加上餐补，加上房补，再加上这两种补贴的税收优惠，这就构成了所谓的"普通军事补偿"。图 21.9 给出美军普通军事补偿详细构成。

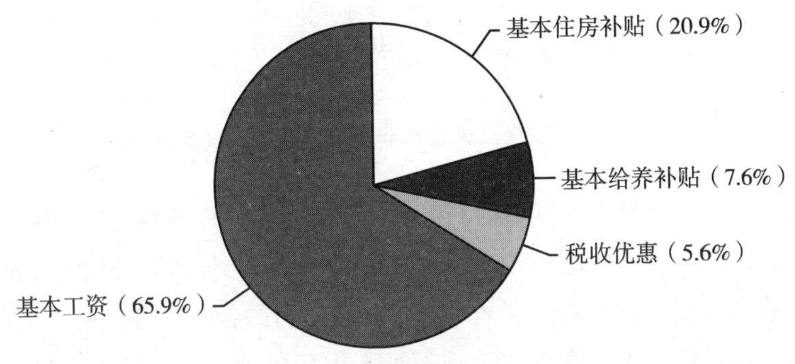

图 21.9　美军普通军事补偿构成

另外，服役人员还能得到很多的特殊补贴和激励补贴，例如对从事军队急需的特殊职业，特殊的任务或在危险地区服役的士兵的额外货币补贴。

服役人员当然也会考虑他们留在军队里的收益。这些受益的种类很广泛，包括政府提供的子女照看、医疗保障、大学教育、食品补贴以及为那些服役 20 年以上的老兵提供的退休金。事实上，就如在图 21. 10 中显示的那样，以实物给予的补偿以及非现金收益占了军事补偿的 57%。另外，美军开始逐渐关注把这种收益变得更多，并且把它作为美国国防预算的一个稳定组成部分。

21. 5. 2　军事补偿分析的简明框架

除精神因素外，事实上军人的收入决定服役、超期服役的选择和资本与劳动之间的组合关系。桑德勒和哈特利（Sandler & Hartley，1995）认为，军人收入取决于市场力量和相对稀缺性，稀缺性影响兵员的配置。军事职业具有特殊性，

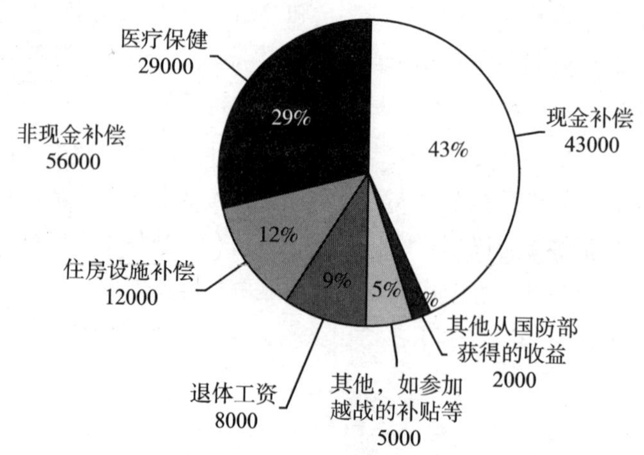

图 21.10　一个现役人员现金和非现金补偿构成（单位：美元）

军人收入由薪金、津贴、非货币福利收入等构成，因此决策者的目标应当是调整军人工资，以便与净军事福利的市场价值相吻合时，总体军事补偿可以抵得上等额的地方收入。由于应征入伍的个人对工资和福利的各类组合具有不同的偏好，因而决策者的目标应是选择能够实现军事人力目标成本最小化的一整套补偿措施，虽然要做到这一点非常困难。

考虑上述情况，梅莱斯等（Melese et al.，1992）建立了一个用于军事补偿分析的简明框架。该框架的基本思想是将基本军人薪金和各类福利收入[①]区分开来，认为过度的福利水平会使劳动力成本上升，军方为了满足其征兵目标要求，必须选择有效的“工资—福利”组合。该框架的核心内容可以图 21..11 表示。

该分析框架假设军事部门征召和保留兵员的劳动力市场中存在两类人：类型Ⅰ和类型Ⅱ，类型Ⅰ的人希望减少非货币福利，而类型Ⅱ的人则一揽子接受军队提供的各种福利，而不介意是何种形式，因此这两种类型的人具有不同的效用函数。以效用函数 $U_{Ⅰ}$、$U_{Ⅱ}$ 分别代表他们对市场提供的物品和服务（Y）与军队提供的物品和服务，或“实物”性福利（X）的偏好。初始民事预算约束线以 I_1 表示，点 A、B 分别表示Ⅰ和Ⅱ这两种类型人的组合选择。假定由军队提供的

① 其在这里所谓的福利类收入包括非货币性福利收入（如医疗保健、训练）、追加性收入支付或一次性收入支付（如现金奖励、鼓励性支付）、价格节省或补贴（如从军人服务社购买商品和娱乐的优惠）等。

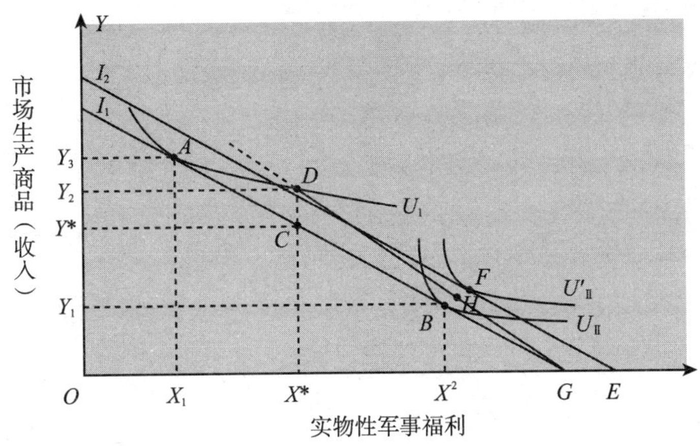

图 21.11　军事补偿的经济分析

“实物”性福利对两种类型的人一样，均为 X^*，且假定这种福利不能交易。结果在军方服役的Ⅰ类人将不得不比其在私人市场背景下的选择消费更多的 X，在军方服役的Ⅱ类人将比军队所提供的不得不在私人市场上消费更高水平的 X。

图中让 I_2 表示与私人部门同等职业收入水平竞争所要求的军队收入，C 点表示类型Ⅰ人的初始军事约束选择，其所产生的效用低于同一预算线上在私人部门工作的效用 A。因此，为吸引和保留Ⅰ这种类型的人才，决策者必须增加额外福利以使军人的效用达到 D 点，其可以通过激励性工资和特殊工资等额外收入来达到。增加收入至 Y_2，这样就使Ⅰ类型人在军队工作的效用 D 与在私人部门工作的效用 A 相同。当然，也可以通过价格补贴的方式，如通过对燃料和就餐价格的军事贴现，降低 Y 的价格来实现。图中所显示的有效预算约束线（BCY^*）仅限于类型Ⅰ人员，并不适于类型Ⅱ人员的情况。类型Ⅱ人员在军队部门就能够获得与他们在私人部门工作相等的效用，因此无须追加任何额外收入或价格补贴，类型Ⅱ人员也愿意参军或留在军队。当然，在类型Ⅱ的人不能满足军事需求时，为吸引类型Ⅰ的人所提供的追加性收入支付和价格补贴，将使类型Ⅱ的人在军队能够比他们在私人部门生活得更好。有了追加性收入，类型Ⅱ人员的效用将从 B 移动至 F；在价格补贴情况下，类型Ⅱ人员的效用将从 B 移动至 H。

该框架对军人收入决定的启示至少有：一是对军人的薪酬决定要考虑军人的职业，即其从事与民用技术大致相同的技术，还是其从事与民用技术关联度不大的技术；二是为实现各类人员的福利最大化，应将各种以非货币形式支付的军事补偿尽可能转为货币支付；三是应根据他们在工作中的贡献并参考他们对自己在地方部门的收入预期来确定其收入，而不是简单地靠猜测他们的需要确定。

当然，与一般在地方工作相比，军人劳动具有一系列显著不同的特点。如军人是以严格服从纪律为前提的，在整个服役过程中，军人劳动具有很强的约束性，他们不能辞职，不能像普通劳动力那样可以自由进出劳动力市场；军人劳动条件艰苦，他们一部分人长期工作在野外、海岛、战舰等艰苦的环境；军人的职业流动性远远超过其他职业，他们随时要接受部署在不同地方的准备。所以，军人收入应当充分体现其职业补偿性原则，否则军事劳动力供给就会面临一系列问题。

21.5.3 军人能力与努力供给模型

从效率的角度来看，工资是否恰当应由武装力量吸引、保留、发展、选拔、激励，以及最终人员高成效地退役的能力来判定。针对军人的职业特点，罗森（1992）指出确定军人薪金结构时要考虑两个重要方面的因素：一是能力方面，必须有利于将最有能力的人置于较高的职位；二是努力方面，必须要有一种激励结构，促使人员努力有效地工作。

阿施和沃纳（1994）对罗森的观点进行了公式化处理，建立了军事组织中能力选拔和努力供给的模型，其模型基本要点是：设α是个人能力参数，此参数其本人清楚但并不为军方所知；$e_{i,t}$表示个人在时期t、级别i时和某种薪金结构、外在机会和偏好条件下，所愿提供的努力总量；令$Z(e_{i,t})$表示努力的负效用，则$Z'(e_{i,t})>0$，$Z''(e_{i,t})>0$。那么在职业生涯中的每一点上，能力参数为α的个人必须不断决定是否继续服役和提供多少努力。与此类似，军方必须不断决定是否保留该人和是否让他（或她）得到晋升。军方决定哪些人应得到提升是通过对时期t级别i上的每个人评估（$E_{i,t}$）、对评估结果进行排序、提升$\pi^*_{i,t}$部分的人来进行的。个人晋升的概率$\pi_{i,t}$取决于他（或她）的能力和努力以及其他人的能力和努力（分别用α_0和e_0来表示）。军方也可通过评估来剔除掉那些$E_{i,t}$值达不到某个最低限额$E^m_{i,t}$的人。该模型是高兹—麦克考（1984）动态规划模型的一般化。首先，t期末未来效用的期望值为：

$$V_{i,t}=\Phi_{i,t}E(S_{i,t}\mid G^*_{i,t}+\varepsilon_{i,t}>0)+(1-\Phi_{i,t})L_{i,t} \tag{21.44}$$

式中：

$$\Phi_{i,t}=\Pr(E^{m}_{i,t}<E_{i,t})\Pr(G^{*}_{i,t}+\varepsilon_{i,t}>0)=\Phi^{1}_{i,t}\Phi^{2}_{i,t}$$

$$G^{*}_{i,t}=\pi_{i+1,t+1}[\tau^{m}+\delta_{i+1}+W^{M}_{i+1,t+1}+\beta V^{*}_{i+1,t+1}-Z(e_{i,t}+1)]$$
$$+(1-\pi_{i+1,t+1})[\tau^{m}+\delta_{i}+W^{M}_{i,t+1}+\beta V^{*}_{i,t+1}-Z(e_{i,t}+1)]-L_{i,t}$$

$$L_{i,t}=G_{i,t}+R_{i,t}+\Gamma_{t}$$

$$\pi_{i+1,t+1}=\pi(\alpha,\ e_{i,t},\ \alpha^{0}_{i,t},\ e^{0}_{i,t},\ \pi^{*}_{i+1,t+1}) \tag{21.45}$$

上述模型表明：期望效用 $V^{*}_{i,t}$是继续留在部队服役的预期回报和即刻退役的预期回报的加权平均。式中权数 $\Phi_{i,t}$是军方希望把个人留在部队继续服役的（独立）概率（$\Phi^{1}_{i,t}$）与个人希望继续留在部队服役的概率（$\Phi^{2}_{i,t}$）的乘积。留在部队的期望获得 $G^{*}_{i,t}$是在 $t+1$ 时期晋升到高一级别的薪金和留在当前级别回报的加权平均。这些回报取决于与级别相联系的货币奖励（W^{M}）和特定级别中的非货币值（δ）。留在部队的期望获得 $G^{*}_{i,t}$是留在部队的期望回报与即刻退役的期望回报之差，其等于地方部门收入（$C_{i,t}$）、既有退休的退休金或退役金（$R_{i,t}$）和在地方部门工作的非货币收益值（Γ_{t}）的现值。只有 $G_{i,t}+\varepsilon_{i,t}>0$ 时个人才会希望继续留下来服役，这里 $\varepsilon_{i,t}$是做出超期服役决定的随机扰动项。对服役有较高持久偏好（τ^{m}）的个人更有可能会留下来继续服役。如果个人处在级别中的某个强制退役点，则 $\Phi_{i,t}=0$，$V^{*}_{i,t}=L_{i,t}$。

在 t 期初，个人的预期未来效用为：

$$\tau^{m}+W^{M}_{i,t}+\beta V^{*}_{i,t}-Z(e_{i,t}) \tag{21.46}$$

因此，个人在 t 时期进行努力以最大化上式。努力程度的提高可以提高预期的未来效用，这是因为以下两个方面的原因：

① 努力增加了晋升的概率，而晋升则意味着更高的货币和非货币报酬；

② 努力降低了因未能达到最低绩效标准而非志愿退役的概率。

晋升又意味着个人进一步发展，也会因自己的努力而突破原有的职务任职年限。这样，个人效用最大化的一阶条件是：

$$\beta\Phi_{i,t}\{\pi'_{e}[W^{M}_{i+1,t+1}-W^{M}_{i,t+1}+\delta_{i+1}-\delta_{i}+\beta(V^{*}_{i+1,t+1}-V^{*}_{i,t+1})]\}$$
$$+\beta\Phi^{1}_{i,t}[G^{*}_{i,t}\Phi^{2}_{i,t}+\sigma_{\varepsilon}\Phi^{2}_{i,t}]\ K-Z'(e_{i,t})=0 \tag{21.47}$$

上式前两项表示努力的边际收益折现。最后一项，即 $Z'(e_{i,t})$ 是努力的边际成本。个人在边际收益等于边际成本时进行努力。边际收益中的第一项表示努力

所得的直接货币和非货币报酬，显然随 $t+1$ 时期级别间薪金差距（$W^{M}_{i+1,t+1}-W^{M}_{i,t+1}$）的增大和个人所视的与高一级别和当前级别非货币收益值差别（$\delta_{i+1}-\delta_i$）的拉大，个人努力的直接收益增加。进一步，$t+1$ 期之后努力所带来的直接收益的差异总和可以表示为（$V^{*}_{i+1,t+1}-V^{*}_{i,t+1}$）。努力的直接收益可用延期服役的概率来衡量，由此那些更愿意延期服役的人，认识到了当期努力所带来的回报，他们期望通过努力会有更高的回报，从而工作得更为努力。

π'_e 项是当期努力对下期晋升概率的边际效应（即 $\pi'_e=\partial\pi_{i+1,t+1}/\partial e_{i,t}$）。努力的直接收益越大，提升晋升概率的边际努力就越大。阿施和华纳（1994）的研究表明，当期望晋升的概率是 0.5 时，π'_e 最大。他们亦发现，π'_e 下降时，晋升中的特质决定因素（即“运气”）就越来越重要。他们也证明了 π'_e 随竞争规模的上升而上升，竞争的参加者越多努力的边际值越大。这是因为参加者越多，个人通过努力以超越其他竞争者的机会也就越大。（21.47）式中的第二项表示为避免因达不到最低绩效标准而被迫退役所需的努力的量值，$\Phi^1_{i,t}$ 表示被允许延期服役可能性努力的边际效应，$\Phi^2_{i,t}$ 是 $G^{*}_{i,t}$ 中的微小变化对希望延期服役概率的影响。第二项表达式中除 G^{*} 外所有项均为正值，因此，除了那些对延期服役收益预期为非常大负值的人外，努力对减少非志愿退役的威胁还是有价值。对大多数人来说，最低绩效标准和“晋升—退役”规则是激励其努力的主要因素。

该模型还隐含说明，在其他情况相同时，随个人级别上升，级别间的薪金差距也应扩大。否则，当个人达到较高级别时将会减少努力，这是因为晋升概率的下降会影响努力的收益回报。

关键术语

军事人力　期望战斗力　军事生产函数　超期服役　志愿兵役制　义务兵役制

课后思考

1. 试述军人职业选择的理论模型与经验分析。
2. 试从理论和经验两个方面分析哪些因素影响首次服役。
3. 试分析影响超期服役决定的因素。
4. 试分析不同兵役制的成本。
5. 试分析军事人力补偿的主要决定因素。

参考文献

Asch, B., Hosek, J. and Warner, J., 2007, "New Economics of Manpower in the Post-cold War Era", In Todd Sandler and Keith Hartley (eds.), *Handbook of Defense Economics*, Volume 2, Elsevier B. V.

Asch, B. and Kilburn, M., 2003, "The Enlistment Potential of College Students", In Kilburn, M., Asch, B. (eds.), *Recruiting Youth in the College Market, Current Practices and Future Policy Options*, MR-1093-OSD. RAND, Santa Monica, CA.

Ash, C., Udis, B. and McNown, R. F., 1983, "Enlistments in the All-volunteer Force: A Military Personnel Supply Model and Its Forecasts", *American Economic Review*, 73: 144 ~ 155.

Berkovec, J. and Stern, S., 1991, "Job Exit Behavior of Older Men", *Econometrica*, 59: 189 ~ 210.

Browning, E., 1987, "On the Marginal Welfare Cost of Taxation", *American Economic Review*, 77: 11 ~ 23.

CIA, *World Fact Book*, 2004.

Dertouzos, J., 1985, *Recruiter Incentives and Enlistment Supply*, R-3065-MIL, RAND, Santa Monica, CA.

Dertouzos, J. and Garber, S., 2003, "*Is Military Advertising Effective? An Estimation Methodology and Applications to Recruiting in the* 1980*s and* 1990*s*", MR-1591-OSD, RAND, Santa Monica, CA.

Enns, J., Nelson, G. and Warner, J., 1984, "Retention and Retirement: the Case of the U. S. Military", *Policy Sciences*, 17: 101 ~ 121.

Fullerton, R., 2003, "An Empirical Assessment of US Air Force Attrition", *Defence and Peace Economics*, 14: 343 ~ 356.

Goldberg, L., 1982, *Enlistment Supply: Past, Present, Future*, CNS 1168, Center for Naval Analyses.

Goldberg, M., 2001, *A Survey of Enlisted Retention: Models and Findings*, CRM D0004085. A2/Final, Center for Naval Analyses, Alexandria, VA.

Gotz, G., and McCall, J., 1984, *A Dynamic Model Retention Model of Air Force Officer Retention: Theory and Estimation*, R-03028-AF, RAND, Santa Monica, CA.

Hansen, M., Wills, J. K. and Reese, D., 2004, *Level-Loading of Enlisted Accessions*, CRM D0010352. A2/Final, Center for Naval Analyses, Alexandria, VA.

Hosek, J., Mattock, M., Fair, C., Kavanagh, J., Sharp, J. and Totten, M., 2004,

Attracting the Best: How the Military Competes for Information Technology Personnel, MG-108-OSD, RAND, Santa Monica, CA.

International Institute for Strategic Studies, 2002－2003, *Military Balance*, Oxford Press.

Kraus, A., Lien, D. and Orme, B., 2003, *The Navy Survey on Reenlistment and Quality of Service: Using Choice-Based Conjoint to Quantify Relative Preferences for Pay and Nonpay Aspects of Naval Service*, CRM D0008146. A2/Final, Center for Naval Analyses, Alexandria, VA.

Lee, D. R. and McKenzie, R., 1992, "Reexamination of the Relative Efficiency of the Draft and the All-volunteer Army", *Southern Economic Journal*, 59: 644～654.

Melese, F., Blandin, J. and Fanchon, P., 1992, "Benefits and Pay: the Economics of Military Compensation", *Defence Economics*, 3 (3): 243～254.

Poast, P., 2006, *The Economics of War*, McGraw-Hill/Irwin.

Polich, M., Dertouzos, J. and Press, J., 1986, *The Enlistment Bonus Experiment*, R-3353-FMP, RAND, Santa Monica, CA.

Renner, M, 1989, *National Security: the Economic and Environmental Dimensions*, World Watch Institute.

Ridge, M. and Smith, R., 1991, "UK Military Manpower and Substitutability", *Defence Economics*, 2: 283～294.

Rosen, S., 1986, "The Theory of Equalizing Differences", In Ashenfelter, O. and Layard, R. (eds.), *Handbook of Labor Economics*, North-Holland, Amsterdam.

Rosen, S., 1992, "The Military as An Internal Labor Market: Some Allocation, Productivity, and Incentive Problems", *Social Science Quarterly*, 73: 227～237.

Sandler, T. and Hartley, K., 1995, *the Economics of Defense*, Cambridge University Press.

Warner, J. and Goldberg, M., 1984, "The Influence of Non-pecuniary Factors on Labor Supply: the Case of Navy Enlisted Personnel", *Review of Economics and Statistics*, 66: 26～35.

Warner, J. and Asch, B., 1995, "The Economics of Military Manpower", In Hartley, K., Sandler, T. (Eds.), *Handbook of Defense Economics*, Vol. 1. Elsevier, Amsterdam, pp. 347～398.

Warner, J. and Simon, C., 2005, *Estimates of Army Enlistment Supply* 1988－2005, Briefing presented to the military recruiting summit, Clemson University, SC, Arlington, VA.

Warner, J., Simon, C. and Payne, D., 2001, *Enlistment Supply in the* 1990*s*: *A Study of the Navy College Fund and Other Enlistment Incentive Programs*, DMDC Report No. 2000－015, Defense Manpower Data Center, Arlington, VA.

第 22 章　军备竞赛经济分析

冷战时期由军备竞赛所导致的对生命的大规模杀伤和资源对军事领域的无限配置，至今仍令人记忆犹新。军备竞赛不仅有重大的政治影响，而且有重大的经济影响。冷战结束后，国际安全和威胁的本质发生了很大的变化，但军备竞赛对人类面临的威胁并没有减少。

本章试图从经济学的角度对军备竞赛进行讨论，介绍主要的军备竞赛理论模型，以及不断发展的经济计量估计技术在军备竞赛分析中的应用。第一节简要讨论军备竞赛的内涵和典型事实；第二节介绍用博弈方法分析军备竞赛的简单模型；第三节考察理查德森军备竞赛模型；第四节考察军备竞赛的英特里盖特—布里托模型；第五节介绍军备竞赛的计量经济分析模型和应用情况。

22.1　军备竞赛概述

军备竞赛一直是国际社会高频出现的词汇，军备竞赛使各竞赛国将大量资源投入军事领域，对各国政治、经济和军事发展产生深远影响。

22.1.1　军备竞赛度量

当两个或两个以上带有相互冲突目标的国家或军事联盟致力于竞争性地增加其武器装备和军事人力时，就出现了军备竞赛。布里托和英特里盖特（Brito & Intriligator，1995）认为，军备竞赛是两个国家或联盟之间，互动地获取和储备武器装备，并具有竞争性和资源约束性特征的一个动态过程。

在军备竞赛的实证分析中，关于军备度量的选择是最重要却往往被忽略的问题。在一定的情况下，某种特定的武器存量被视为最显而易见的一种度量。例如，第一次世界大战之前，英国有着保持和竞争者相当数量战舰的政策，并被视为理查德森反应函数的一个典型；冷战期间，美国和苏联之间，核武器数量的竞争也反映了理查德森反应函数的典型特征。上述例子都属于量化的对称的军备竞赛，在此以某种武器的存量来度量一国军备，是有一定的合理性。但是，在质化的非对称军备竞赛中，实证估计将会非常困难。政府和恐怖分子之间，即为一种非对称的军备竞赛，如“9·11”事件中，恐怖分子用四架飞机对美国本土袭击所用的成本大概为400000到500000美元，和庞大的国防支出相比，这是一个非常小的数字。由于恐怖组织的准备费用数据往往很难获得，所以对军备竞赛的实证分析往往集中于量化的对称军备竞赛。

在实际分析中，军备竞赛国更关注军备能力（Military Capability），即在冲突中占据优势的可能性。军备能力是一国武力的数量（以军事资本，即军队、武器存量等来衡量），以及其对手对应物的一个函数。此外，军事能力也取决于对武力的使用程度，即关于战略、战术、培训和领导能力等，但对军事能力的度量本质上很难。相对而言，对武力的度量较容易一些，但是由于武力是由许多部分组成的，每个部分又有着不同的特征，故不能仅做简单的累加度量。邓恩等（Dunne et al.，2004）给出了下述的加总的公式：

$$K_i = N^{v}\Big[\sum_{j=1}^{N}(u_{ij}m_{ij})^{\alpha}\Big]^{1/\alpha} \tag{22.1}$$

式中，m_{ij}是i国武器系统中第j种武器的数量，$j=1，2，\cdots，N$；u_{ij}表示此系统的质量，N是系统种类的数目，系数α表示不同种类系统的转换弹性，系数ν测量拥有多样化系统所带来的优势。

理论上，此公式有一定的意义，但在实证操作上，却十分困难。因此，尽管国防支出仅是当年对军备的投资量，不能描述军备的存量和能力，大多数军备竞赛实证分析仍经常选择使用国防支出数据，而非武力存量或某种武器存量的数据。

军备竞赛研究中国防支出的数据经常表现为三种形式：即国防支出M_t、国防负担M_t/Y_t或增长率$(M_t-M_{t-1})/M_{t-1}$。在实证分析时，可以根据不同的需要和目的，使用不同形式的数据。原则上，也可对可供选择的数据形式进行检验。值得注意的是，在研究涉及两个或两个以上国家时，所使用的国防支出数据需要

被转换成统一的单位，故选择合适的汇率和价格指数十分重要。

一些经济学家认为，比例数据可能更适用于军备竞赛的实证检验。因为，一国政府首先根据其对威胁和国防支出对安全的作用进行战略评估，然后试图平衡战略评估和国防支出的机会成本，进而确定国防支出的水平。由此可见，在政治和经济权衡下，得出的国防支出水平体现了一国政府对国防支出优先与否的选择。军备负担显然正是这样的一种关于优先性的度量。军备竞赛亦应该反映优先性问题，所以在这样的背景下，应该使用比例数据。尽管比例数据可以避免转换的问题，但国防负担数据对于国内生产总值的度量十分敏感，所以使用中也存在一些问题。

22.1.2　军备竞赛情况

军备竞赛是冷战的一个基本特点，但并没有随冷战的结束而结束，国际核武器和常规武器仍然大量存在，军备竞赛仍在这个时代轮番上演。

冷战时的军备竞赛　从第二次世界大战结束一直到1991年苏联垮台，美苏两国进行了40多年的军备竞赛。1945年8月，美国在日本广岛和长崎投掷了原子弹，这是核武器首次运用于战争。但这个时期，只有美国拥有核武器，苏联直到1949年才成功试验了第一颗原子弹，但并未进行大规模生产，所以这个时期可以看做美国核垄断时期；朝鲜战争爆发后，美国的国防支出增加了3倍，拥有大量的核武器库以及一支“洲际核武器发射部队”。这时候苏联虽然也拥有核武器，但与美国相差很远，美国处于主宰地位。

1957年苏联成功发射了第一颗人造地球卫星，预示着它具备了高性能的火箭，能够进行洲际导弹发射。对此，美国担心苏联已经具备了第一次核打击的能力，这引发了美国再一次发展和部署陆基、海基洲际导弹的计划。古巴导弹危机后，苏联领导人开始着手进行新的战略军备计划。1966~1975年之间，美国长期陷入越南战争泥潭，国防支出大规模攀升。与此同时，苏联则一直稳步发展核武器和常规武器。至20世纪70年代末，苏联国防支出基本与美国相当，在战略核武器方面，两国势均力敌。两个国家军备竞赛发展的结果是，如果其中一方攻击对方，就必须蒙受由对方的报复行动所招致的巨大损失。这使得双方都具有“相互确保摧毁”的能力。也就是说，两个国家都具有“第二次打击能力”，能够承受敌人打击并有足够的武器进行报复，使对手蒙受更大损失。在这种情况下，两个国家不论谁先发起核战争，都不能够取胜（张宇燕、李增刚，2008）。

波斯特（Poast，2006）从国防支出的角度研究了美苏两国的军备竞赛情况。如图 22.1 所示，1979 年苏联的国防支出按 1989 年的不变价格计算显著高于美国。那时苏联国防支出为 2840 亿美元，而美国国防支出为 1960 亿美元。然而，1979 年苏联入侵阿富汗之后，美国国防支出急剧增加，双方虽都继续增加支出，但美国支出增长的更快（从 1980 年到 1986 年，年均增长率为 6.9%），所以它们的支出水平很快趋同。

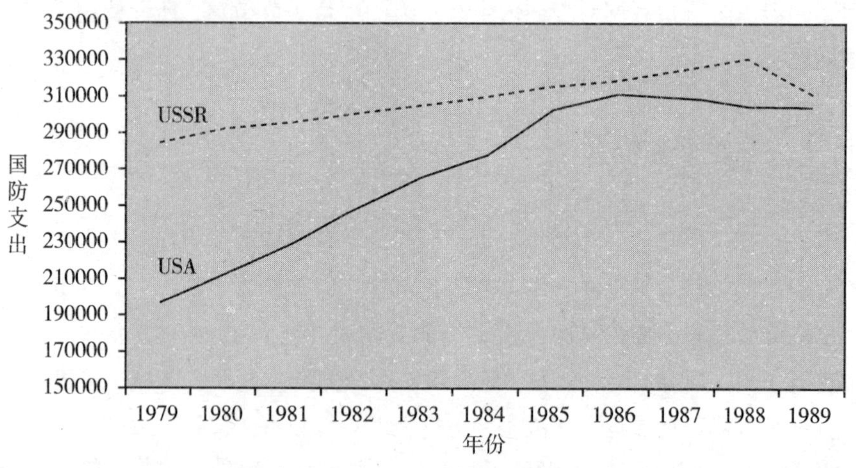

图 22.1　苏联和美国国防支出（百万美元，1989 年不变美元）

资料来源：Poast，P.，2006，*The Economics of War*，McGraw-Hill/Irwin。

当两个国家只具备第一次核打击能力时，首先发动攻击的一方可能会取胜，但当两个国家都具备了第二次核打击能力和报复能力时，双方的相互威慑才成为现实，任何一方只要是理性的，就不会主动攻击对方。这就在双方之间形成了一种相对“稳定”的格局。美苏长期军备竞赛的结果给双方造成了沉重的财政负担，并成为苏联在 1991 年解体的主要原因之一。

冷战后的军备竞赛　军备竞赛并没有随冷战的结束而消失，图 22.2、图 22.3、图 22.4 分别显示了所选年份内，印度和巴基斯坦、埃及和以色列、希腊和土耳其三对国家的实际国防支出情况。

虽然对这三对国家之间是否存在军备竞赛尚存有不同认识，但从图中我们可以观察到：在特定的时期中，各国实际国防支出普遍增加了，而国防支出通常代表了装备水平；每个“国家对”中的参与者都卷入了一种战略性竞争，相关者

视另一国为竞争者或可能演变为军事化威胁的来源。吉布列尔、里德尔和哈钦森（Gibler，Rider & Hutchison，2005）研究了历史资料，也发现在这三图所涉及的每对竞争对手在所示的某些年份中，确实竞争性地增加了军备或军事人员。

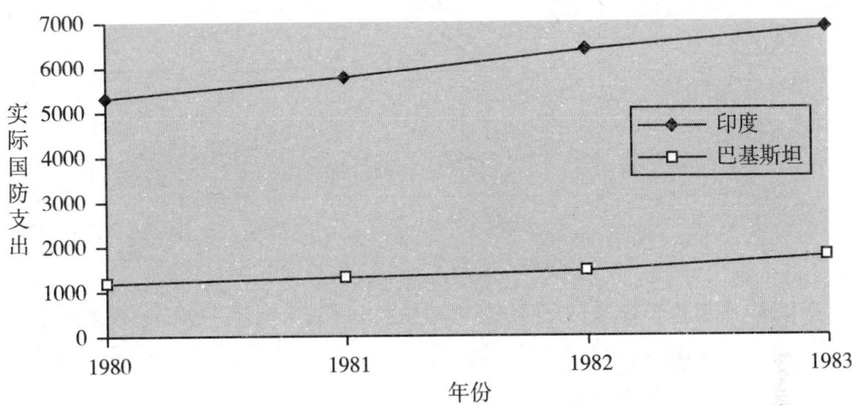

图22.2　印度和巴基斯坦1980～1983年国防支出（百万美元，1989年不变美元）

资料来源：ACDA（1978，1985，1990）。

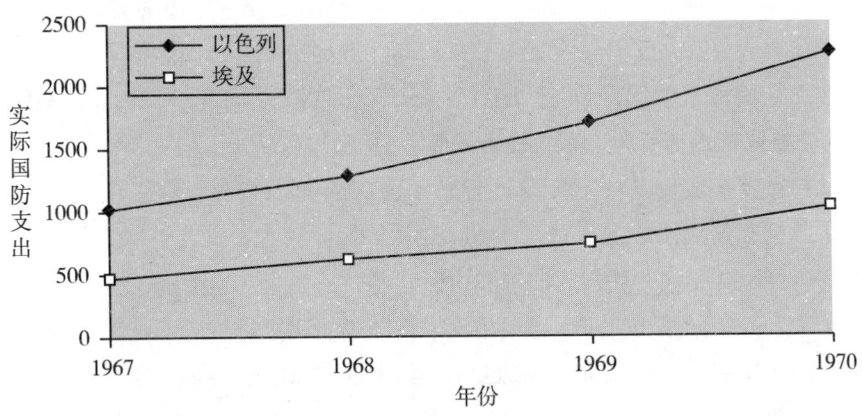

图22.3　埃及和以色列1967～1970年国防支出（百万美元，1975年不变美元）

资料来源：ACDA（1978，1985，1990）。

三幅图显示了军备竞赛的基本事实，如图所示，实际国防支出的年均增长率，印度为9.1%，巴基斯坦为15.6%；以色列和埃及一样，都是30.2%；土耳其是24.2%，希腊是22%。这些增长率表示在所示时期内实际国防支出异乎寻常地高速增长。此外，以国防支出占国民生产总值的百分比来衡量，从第一年到

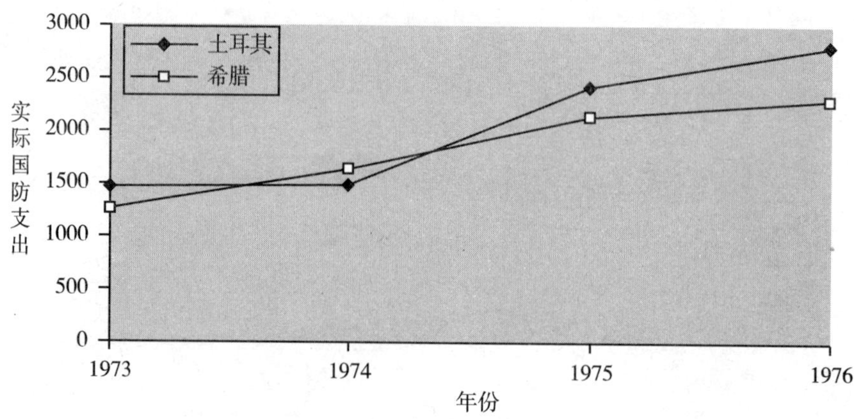

图 22.4　希腊和土耳其 1973～1976 年国防支出（百万美元，1982 年不变美元）

资料来源：ACDA（1978，1985，1990）。

最后一年，每个国家防务负担的增长情况为：印度从 3.2% 到 3.5%，巴基斯坦从 5.4% 到 6.8%，以色列从 16.1% 到 25%，埃及从 6.7% 到 12.8%，土耳其从 3.9% 到 6%，希腊从 4% 到 6.7%（ACDA，各年）。

核军备　核武器离我们并不遥远。前面几章陆续介绍了世界各国的国防支出、国防人力等常规军备情况，本节从军备竞赛的角度给出国际核军备的基本事实。按照斯德哥尔摩国际和平研究所（SIPRI，2007）的统计，截至 2007 年 1 月，8 个核武器国拥有约 11530 枚实战部署的核武器。

从核武器扩散情况看，图 22.5 显示了每 20 年间参与核武器研究项目的国家数和实际拥有核武器的国家数。20 世纪 40 年代，只有美国和苏联拥有核武器。到了 20 世纪 60 年代，英国、法国和中国有了核武器，20 世纪 80 年代核集团进一步扩大，一些国家纷纷进入核俱乐部，该图也表明进行核武器研制的国家事实上多于已经研制了实际武器的国家。在从 20 世纪 40 年代到近些年的这几十年中，拥有核武器的国家数一直在增长（Anderton，1990）。美国、俄罗斯仍然是重要的核大国。

美国核力量　按斯德哥尔摩国际和平研究所（SIPRI，2007）的统计，美国保持约 5045 个实战部署的核弹头，其中约 4545 个是战略弹头，约 500 个是非战略弹头（见表 22.1）。还有约 5000 个弹头是反应性力量或非现役储备，所以总体算起来美国整个核武库的弹头数量是 10000 多个。

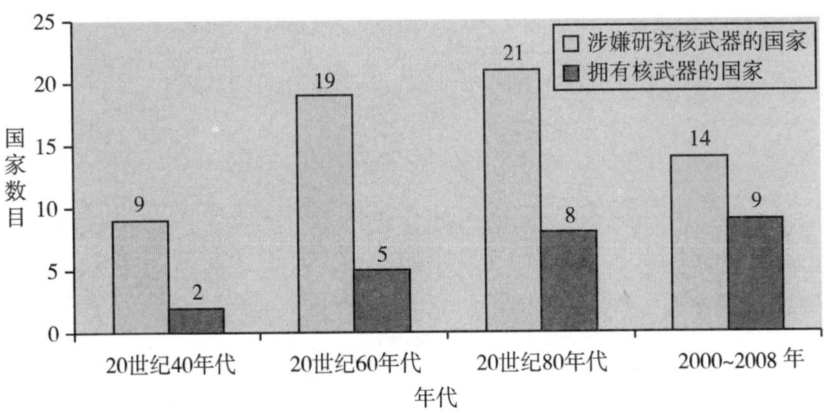

图22.5　涉嫌研究核武器和拥有核武器的国家数目

资料来源：Anderton，C. H.，1990，"Teaching Arms-Races Concepts in Intermediate Microeconomics"，*Journal of Economic Education*，21（2）：148～167.

表22.1　2007年1月美国的核力量

型号	名称	部署数量	首次部署年份	飞行距离（公里）	弹头载荷（千吨）	弹头数量（个）
战略力量						
轰炸机（在"部署数量"栏第一个数字是B-52H轰炸机的总数；第二个数字是执行主要任务的飞机的数量）						
B-52H	同温层堡垒（Stratofortress）	85/56	1961	16000	空射巡航导弹 5～150	984
					先进巡航导弹 5～150	400
B-2	精神（Spirit）	21/16	1994	11000	炸弹	533
小计		**106/72**				**1917**
洲际弹道导弹						
LGM-30G	民兵Ⅲ					
	MK-12	50	1970	13000	3×170	150
		150			1×170	150
	MK-12A	150	1979	13000	2-3×335	450
		100			1×335	100
	MK-21SERV	50	2006	13000	1×300	50
小计		**500**				**900**

续表

型号	名称	部署数量	首次部署年份	飞行距离（公里）	弹头载荷（千吨）	弹头数量（个）
核动力弹道导弹潜艇/潜射弹道导弹（？指数量不明）						
UGM-133A	三叉戟-Ⅱ（D-5）					
	MK-4	?	1992	>7400	6×100	1344
	MK-5	?	1990	>7400	6×475	384
小计		**288**				**1728**
战略力量总计						**4545**
非战略力量						
B61-3，-4 炸弹	n. a.		1979	n. a.	0.3~170	400
战斧式潜射巡航导弹		320	1984	2500	1×5~150	100
非战略力量总计						**500**
总计						**5045**

资料来源：斯德哥尔摩国际和平研究所，《SIPRI 年鉴 2007》，时事出版社 2008 年版，第 341~342 页。

俄罗斯核力量 俄罗斯承继了苏联主要的核力量，2006 年，按照其在《削减进攻性战略武器条约》中所作的承诺和部分由于核威慑态势从“最大的过剩”向“最低的足够”的转变，俄罗斯继续削减其战略核力量。同时，俄罗斯重申在可预见的将来将保留核三位一体的所有三个要素——洲际弹道导弹、潜射弹道导弹和战略轰炸机（见表 22.2），俄罗斯仍是世界上非常重要的核力量者。

表 22.2　　　　2007 年 1 月俄罗斯核力量

类型与名称（北约/美国名称）	部署数量	首次部署年份	飞行距离（公里）	弹头载荷（千吨）	弹头数量（个）
战略进攻力量					
轰炸机					
图-95MS6（熊式-H6）	32	1981	6500~10500	6×AS-15A 空射巡航导弹，炸弹	192
图-95MS6（熊式-H16）	32	1981	6500~10500	16×AS-15A 空射巡航导弹，炸弹	512
图-160（海盗旗）	14	1987	10500~13200	12×AS-15B 空射巡航导弹或 AS-16 短程空射导弹、炸弹	168

续表

类型与名称（北约/美国名称）	部署数量	首次部署年份	飞行距离（公里）	弹头载荷（千吨）	弹头数量（个）
小计	**78**				**872**
洲际弹道导弹					
RS-20B/V（SS-18 撒旦）	76	1979	11000 ~ 15000	10 × 500 ~ 750	760
RS-18（SS-19 匕首）	123	1980	10000	6 × 500 ~ 750	738
RS-12M 白杨（SS-25 镰刀）	243	1985	10500	1 × 550	243
RS-12M2 白杨-M（SS-27）	44	1997	10500	1 × 550	44
RS-12M1 白杨-M（SS-27）	3	2006	10500	1 × 550	3
小计	**489**				**1788**
潜射弹道导弹					
RSM-50（SS-N-18M1 黄貂鱼）	80	1978	6500	3 × 200	252
RSM-54 蓝天（SS-N-23 小船）	96	1986	9000	4 × 100	384
小计	**180**				**636**
战略进攻力量总计	**743**				**3284**
战略防御力量					
反弹道导弹					
51T6（SH-11 蛇发女妖）	32	1989		1 × 1000	32
53T6（SH-08 羚羊）	68	1986		1 × 10	68
非战略力量					
陆基非战略轰炸机					
图-22M（逆火式）	116	1974		2 × AS-4 空对地导弹、炸弹	
苏-24（击剑手）	371	1974		2 × 炸弹	
小计	**487**				**974**
海军非战略攻击机					
图-22M（逆火式）	58	1974		2 × AS-4 空对地导弹，炸弹	
苏-24（击剑手）	58	1974		2 × 炸弹	
小计	**116**				**232**
潜射巡航导弹					
SS-N-12，SS-N-19，SS-N-21，SS-N-22					266
ASW 和 SAM 武器					
SS-N-15/16，鱼雷，SA-N-3/6					158
战略防御和非战略力量总计					**2330**
总计					**5614**

资料来源：《SIPRI 年鉴 2007》，时事出版社 2008 年版，第 341 ~ 342 页。

专栏 22.1 军备竞赛与战争

军备竞赛使各个国家拥有大量的战略武器和常规武器。虽然美俄拥有第二次核打击与核报复的能力，在一定程度上可以形成相互威慑，但是任何人都不能够保证一定不发生战争。对 1815 年以来大国的一项研究发现，在加速军备竞赛过程中，出现的各种冲突绝大多数以战争告终；而在没有军备竞赛时只有少数严重的外交分歧会发展成战争。当然，军备竞赛和战争之间并不存在必然联系，不过军备竞赛也确实为战争的爆发提供了可能性。例如，在军备竞赛中不可避免地会产生害怕对方获得某种决定性优势的恐惧，必定会加剧紧张局势，特别是在危机阶段这种紧张局势导致暴力冲突的可能性非常大。

将反对军备竞赛的这三个理由综合起来看，如果不发生战争，那么各个国家进行的军事储备似乎毫无价值。比如核武器，由于美俄都具备摧毁对方的能力，它们发生核战争的可能性很小，这些核武器永远都派不上用场，并且还要支付保管和销毁的费用，造成极大的浪费。但是，战争一旦发生，这类武器就会对所有的人都造成灾难性伤害，人类将为此付出巨大的成本。因此，无论如何军备竞赛都会导致巨大的浪费，对整个人类是一种不经济的行为。

——张宇燕、李增刚：《国际政治经济学》，上海人民出版社 2008 年版。

22.2 军备竞赛简单博弈模型

在研究军备竞赛的时候，根据具体的情况和特定的目的，可以使用不同类型的模型。主要的模型可以分为描述性模型和规范性模型两类。描述性模型既没有明确的目标方程，也没有最优化行为的假设，例如理查德森反应模型和存量调整模型；而规范性模型则包含有明确的目标方程和最优化行为假设，这类模型旨在以目的驱动行为来解释军备竞赛的本质动机。

22.2.1 “囚徒困境”模型

军备竞赛困境简单博弈模型的基本组成包括：两个国家及其分别面对的两种

选择策略。其中，两种选择为：（1）限制军备（合作）；（2）扩大军备（背叛）。无可否认，此模型十分简单，但是它强调了一些实际的因素，并且给出了与更为复杂分析密切相关的一些关键性定义。

图22.6描述了由两个敌对国组成的博弈方案。该矩阵简要描述了4种策略组合假定的回报：

（1）两国均限制军备；

（2）国家1限制军备，国家2扩大军备；

（3）国家1扩大军备，国家2限制军备；

（4）两国均扩大军备。

此矩阵显示了博弈的一般形式，并描述了参与者、策略和回报。此矩阵中，行代表国家1的两种策略，列代表国家2的两种策略。每个单元格里的第一个数字表示国家1的回报，第2个数字表示国家2的回报。如矩阵所示，每个国家可以取得最佳回报的条件是该国选择扩大军备，而其敌对国选择限制军备。各国的次优回报发生在两国均选择限制军备的情况下，而次劣回报发生在两国均选择扩大军备的情况下。各国取得最劣回报的条件是该国限制军备而其敌对国扩大军备。最劣回报的原因是限制军备的国家其实力下降可能引致别国的攻击或侵略。

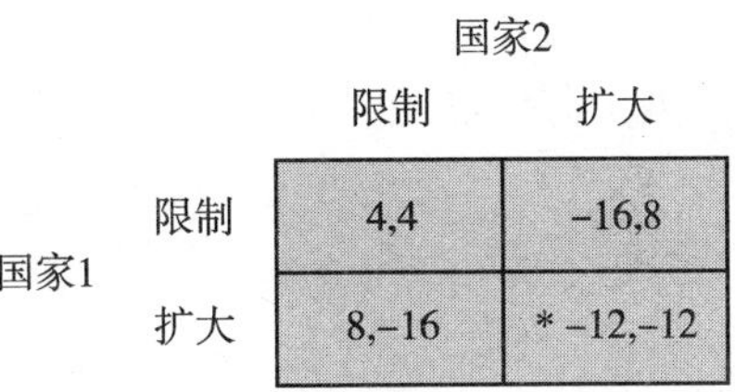

		国家2	
		限制	扩大
国家1	限制	4,4	-16,8
	扩大	8,-16	* -12,-12

图22.6　军备竞赛的"囚徒困境"

该支付矩阵是学术研究中广为应用的"囚徒困境"（Prisoner's Dilemma）的典型例子。如果给定选择"共同限制"军备或者"共同扩大"军备，图22.6清楚地显示出"共同限制"是符合双方利益的，即此选择组合帕累托优于共同扩大的选择。但由于每个国家均追求其自身利益最大化，"囚徒困境"的支付方案就导致了两国都选择扩大其军备。在图22.6中，扩大军备是国家1的占优策略①，因为其对应的回报（8和－12）分别大于限制军备的回报（4和－16）。同理，国家2的占优策略也是扩大军备。因此，当双方均选择其占优策略，在此图中，最终的选择组合就形成了军备竞赛，均衡结果为标有＊的单元格。各国支出

① 在参与人的策略集中，如果存在一个与其他竞争对手可能采取的策略无关的最优选择，则称其为占优策略（Dominant Strategy）。

更多的国防经费，却可能得到更多的不安全，因为其敌对国也同时增加了国防支出。负的回报表示引起更少的民品的正的机会成本的付出，而且无法获得因增加军备而期望产生的收益。

这个扩大—扩大的组合是一种纳什均衡（Nash Equilibrium），即给定选择集，没有参与者会单方改变其策略选择。在图 22.6 中，没有国家会单方改变其扩大军备的策略。如果单方裁减军备，国家 1 或国家 2 将会丧失 4 个单位的利益回报，即从 -12 减少到 -16。因此，纳什均衡也是在其他参与者做出最佳反应时，自身的最优选择。此处的“囚徒困境”中，每个国家的最优反应即为当其他国家扩大军备时，亦扩大军备。

在图 22.6 的支付矩阵中，可以把回报按从低到高排序，即最优回报 8 为等级 4，次优回报 4 为等级 3，次劣回报 -12 为等级 2，最劣回报 -16 为等级 1。相应的序数支付矩阵如图 22.7 所示。

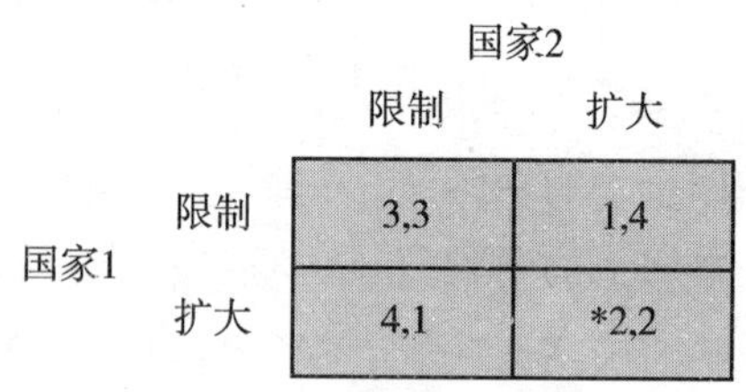

图 22.7　军备竞赛的“囚徒困境”(序数型)

该序数型的支付矩阵也是一个“囚徒困境”。实际上，可能存在许多不同的方案（两个参与者两种选择的博弈可以有 78 种不同的序数方案）。例如，可以调换回报序数 1 和 2，这样就可以得到另一种常见的博弈形式（“斗鸡博弈”），如图 22.8 所示。在“斗鸡博弈”中，两个冲突的国家可以选择退让或进攻，共同进攻引致双方的最劣回报。一国当其选择进攻，而敌对国选择退让时该国得到其最优回报。次优的方案是双方都选择退让。因为 4 > 3，但 1 < 2，故“斗鸡博弈”中不存在占优策略，却存在着两个纳什均衡（见图 22.8 中 * 所示）。“斗鸡博弈”适用于在特殊的危机情况下，但并不适用于对军备的选择。

在博弈重复进行并且已知结束时间的情况下，“囚徒困境”所代表的军备竞赛的稳定性就存在着问题。假设两家已知双方将有着为期 10 年的冲突，每个国家将使用追溯法，从博弈的第 10 期开始选择其策略，并确定第 10 期的最优策略。在第 10 期，博弈矩阵与图 22.6 和图 22.7 一样，

		国家2	
		退让	进攻
国家1	退让	3,3	*2,4
	进攻	*4,2	1,2

图 22.8　“斗鸡博弈”

占优策略是扩大军备，于是双方皆会扩大军备。在第 9 期，已知第 10 期双方皆会扩大军备，占优策略将依然是扩大军备。反推到第 1 期，可见军备竞赛将在整个期间持续着。但是，如果博弈的结束时间不可知或博弈本身不确定，在双方可充分地评估未来的情况下，共同裁减军备则是一种纳什均衡。

22.2.2　发现博弈模型

许多其他的考虑可以添加到基本的“囚徒困境”模型中。瓦格纳（Wagner，1983）给出了一个有趣的例子：他引进了不完全信息，即一国扩大军备的可能性未被其敌对国发现。在核武器时代，一国可以在未被发现的情况下，增加其导弹的储备量。如德国在 20 世纪 30 年代曾成功地秘密重整军备。图 22.9 以博弈树的方式描述了一个展开形式的博弈。该博弈中国家 1 首先选择扩大或限制军备（其中军备可以通过销毁现存武器以及停止替换折旧的武器进行限制）；下一步，国家 2 在不知道国家 1 策略的情况下，确定自己扩大或限制军备的选择。环绕国家 2 的两个节点的虚线表示国家 2 对于国家 1 先于自己进行的选择并不知情。而后，假定国家 1（或 2）可以发现对方扩大军备的几率为 p（或 q）。这就是说，国家 2 扩大军备不被发现的几率是 $1-p$。如果扩大军备未被发现，限制军备的一国将会继续限制其军备；但是，如果发现了对方扩大军备，其将会改变为扩大军备的策略。

图 22.10 给出了上述博弈的标准形式。4 个单元格对应 4 个初始策略选择组合。如两国都限制其军备，即博弈树的最上枝，双方各得到回报 4。如国家 1 扩大军备，而国家 2 起初选择限制军备，随后以可能性 q 发现国家 1 采取扩大军备的策略，或以可能性 $1-q$ 未发现，其期望的回报为 $-12q-16(1-q)=4q-16$。同样的方法，可以计算出其他策略组合下的回报。

图 22.10 的博弈中，基于发现的可能性，可以存在两个纳什均衡。例如，如果假定 $4>-20q+8$ 以及 $4>-20p+8$，则没有一方会单方面地改变其限制军备的策略。当双方的发现几率皆大于 0.2 的时候，限制军备合约则是一个纳什均衡。因此，对于信息的确认，可以促进裁军。对于不完备的确认，$-12>4p-16$ 以及 $-12>4q-16$，即确认的几率小于 1，共同扩大军备也是一个纳什均衡。在完备的确认下，唯一的纳什均衡是裁军。此外，如果无法进行确认，即 $p=q=0$，图 22.10 就会退化为图 22.6 所示的“囚徒困境”。实际上，如果确认的几率小于

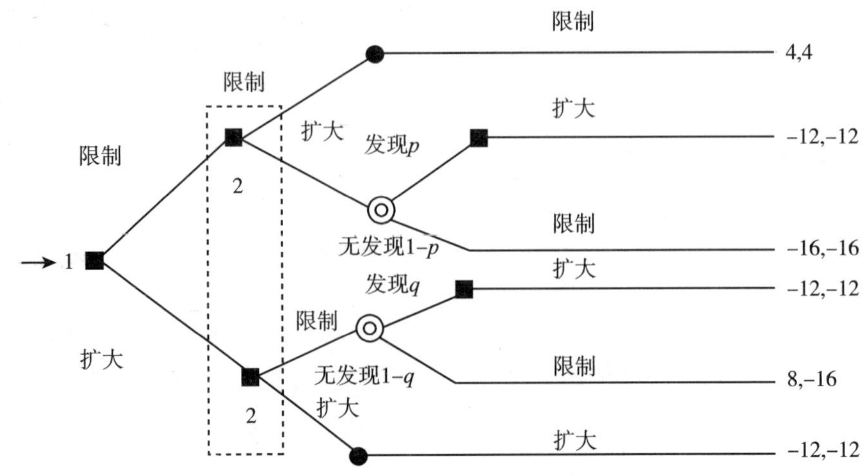

图 22.9　博弈树：军备竞赛与发现

0.2，这个博弈则是"囚徒困境"的支付结构，并只存在一个纳什均衡，即共同扩大军备。

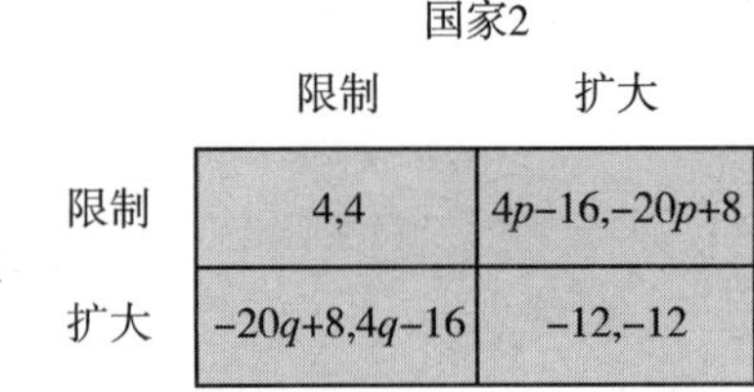

		国家2	
		限制	扩大
国家1	限制	4,4	$4p-16,-20p+8$
	扩大	$-20q+8,4q-16$	-12,-12

图 22.10　发现博弈的标准形式

在发现博弈的基础上，可以产生许多的变形和延伸。例如，发现或探测的几率是和决策能力密切相关的。一个国家可能错误地认为其敌对国扩大了军备，可实际情况并非如此。基本的博弈也可以延伸到两个以上的参与者和更多的时期。此外，发现的几率也可以成为内生的因素，并引进与学习能力和过程相关的概念。贝叶斯更新过程就是基于学习的基础上，不了解别国情况的国家通过分析别国前期的行为，去重新评估其先前发现几率分布的一个过程。

22.2.3　一般两阶段冲突博弈模型

勃拉姆斯和乔高（Brams & Kilgour，1988）提出了一般的两阶段冲突博弈模型。该博弈不仅包含了许多简单博弈的结构，如"囚徒困境"和"斗鸡博弈"，也同时可以通过使用折旧因素一般化无限阶段的博弈。在第一阶段，两国 A 和 B，必须首先决定如何选择：合作（C），或不合作（NC）。在此，合作意味着限

制军备，而非合作则意味着扩张军备。然后，在第二阶段，已于第一阶段选择合作的国家，针对已于第一阶段选择不合作的敌对国家，决定选择报复（R）或不报复（NR）。但是，如果双方在第一阶段都选择了不合作，不合作将会持续下去，报复对于增强继续存在的冲突并不是必需的。这个两阶段的博弈决定了在初期选择基础上，随后发生的报复威胁的潜在影响性。因此，如果报复的代价足够大，参与国将不会在第一阶段做出不合作的选择。

在第一阶段选择合作的前提下，各国在第二阶段均有两种策略选择：以牙还牙（标记为 CR）或无条件合作（标记为 CNR）。以牙还牙，表示在第二阶段，一国选择和敌对国第一阶段的策略相同的策略。即如果对方在第一阶段选择不合作，则选择报复；如果对方在第一阶段选择合作，则选择合作。因此，总的来讲，在此两阶段博弈中，各个国家拥有三种策略：NC、CR 和 CNR。在图 22.11 中，3×3 矩阵共描述了 9 种策略组合。在每个单元格中，r_i 表示国家 A 的回报，c_i 表示国家 B 的回报。在此，一共有 6 种不同的回报组合：陷阱（TR）或军备竞赛；国家 B 报复（BR）；国家 A 报复（AR）；国家 A 胜出（AW）；国家 B 胜出（BW），保持现状（SQ）。保持现状的条件是第一阶段，双方均选择合作，因此，第二阶段，双方均会选择不报复。

勃拉姆斯和乔高（1988）假设：

（1）胜出优于保持现状，即 $r_4 > r_3$，$c_4 > c_3$；

（2）保持现状优于对方胜出，即 $r_3 > r_2$，$c_3 > c_2$；

（3）保持现状优于任何一个不合作的结果，即 $r_3 > \max\{r_A, r_B, r_T\}$，$c_3 > \max\{c_A, c_B, c_T\}$。

在这些假设前提下，图 22.11 中，标记 * 的单元格表示 4 种可能的纳什均衡。这些纳什均衡决定于 r_2，r_A，r_B，r_T 和相应的 c_2，c_A，c_B，c_T 值的大小。

国家A \ 国家B	NC	CR	CNR
NC	*TR r_T, c_T	BR r_B, c_B	*AW r_4, c_2
CR	AR r_A, c_A	*SQ r_3, c_3	SQ r_3, c_3
CNR	*BW r_2, c_4	SQ r_3, c_3	SQ r_3, c_3

图 22.11　冲突博弈

以牙还牙组合下的共同合作限制军备，可以成为唯一的纳什均衡。上述的特定条件表示一个国家赋予报复高的数值时，同时给对方赋予失败低的数值。在此，合作将会持续，因为每个国家都相信，如果其选择报复，对方也将报复，而报复的结果是双方都不愿意接受的。

类似地，在其他特定的条件下，即不同的不等式前提下，其他组合 TR、AW 和 BW 都可以成为唯一的纳什均衡。

在一定条件下：

$$r_A > \max\{r_2, r_T\}, \ c_A < \max\{c_B, c_T\} \text{ 或}$$
$$c_B > \max\{c_2, c_T\}, \ r_2 < \max\{r_A, r_T\}$$

此外，冲突博弈在特定的情况下，可以转变为“斗鸡博弈”或“囚徒困境”。如在两国均认为失败（损失）优于战争爆发的条件下，冲突博弈就成为一个“斗鸡博弈”；反之，如果两国均认为战争爆发优于失败，则产生了“囚徒困境”。由此可见，冲突博弈具有广泛的代表性。

简单博弈模型值得重视，这是因为：

第一，它描述了在追求自身利益的前提下，参与者将扩张军备并由此产生军备竞赛。与限制军备相比，军备竞赛导致参与者回报的恶化；

第二，这种次优的均衡具有反弹能力，即使发生了重复的相互作用，最终的回报还是一样的；

第三，简单博弈的结构描述了进行军备限制确认的重要性；

第四，可信及自动的报复行为威胁可以调整重复博弈的回报，因此参与者将会限制其军备；

第五，简单博弈的框架可以进行进一步复杂化，包括考虑不对称信息、多个参与者、信号和学习能力等。

22.3 理查德森军备竞赛模型

两国之间的军备竞赛在什么情况下能够实现均衡？对此，最早的分析是由理查德森做出的，因此又称为理查德森军备竞赛模型，该模型被认为是研究军备竞赛现象最著名的模型之一。

22.3.1 经典的理查德森军备竞赛模型

理查德森模型非常类似于经济学中的双寡头模型，其反映两个国家军备竞赛

的均衡点，类似于经济学中的古诺均衡解。该模型的核心在于两个国家各自的军备竞赛投入与对方的投入有密切关系。

1960 年理查德森（Richardson）提出了军备竞赛的标准分析框架。基本的理查德森模型研究两个潜在的敌对国家（标记为 1 和 2）在时间序列分析中，其军备之间的反应模式，并利用两个微分方程来解释每个国家的军备变化是其本国和其敌对国军备的函数。该模型建立在两个基本假设之上：（1）国家 1 和 2 是两个独立的个体，即排除了军事同盟、多国均衡和扩散等情况；（2）国家 1 和 2 的军备武器是单一性的，即国家 1 拥有 w_1 武器，国家 2 拥有 w_2 武器。理查德森模型的两个微分方程描述了每个国家武器存量的变化率：如用 $w_1(t)$ 表示国家 1 在时间 t 的武器存量，$\Delta w_1 = \mathrm{d}w_1/\mathrm{d}t$ 则表示国家 1 在时间 t 武器存量的变化率。同理 $w_2(t)$ 表示国家 2 在时间 t 的武器存量，$\Delta w_2 = \mathrm{d}w_2/\mathrm{d}t$ 表示国家 2 在时间 t 武器存量的变化率。

总体来看，有三个独立因素影响每个国家武器存量的变化：

- 防务项（Defence Term）。一国武器存量的增加正向地受到敌对国武器存量的影响，即显示了一国对其敌对国防务的需要；
- 疲劳项（Fatigue Term）。一国武器存量的增加负向地受到其本国武器存量的影响，即显示了一国在经济考虑或制约下，限制了对军备的资源分配。此外，由于武器的折旧现象，为了维持现有的武器存量，折旧部分必须得到资源的补充，即此部分新增的资源只是维持了现有的武器储备量，而现有的武器存量越多，需要的资源也就越多。
- 委屈项（Grievance Term）。表示其他各种影响因素，如历史的、机构的和文化的等因素。一国可能在没有别国威胁，但由于历史、地区及宗教等因素情况下，依然增加其武器存量。

理查德森模型中，这三种因素具有独立性、加性和线性的性质，并组成了下列线性的微分方程：

$$\Delta w_1 = a_1 w_2 - a_2 w_1 + a_3 \quad a_1,\ a_2 > 0 \tag{22.2}$$

$$\Delta w_2 = b_1 w_1 - b_2 w_2 + b_3 \quad b_1,\ b_2 > 0 \tag{22.3}$$

方程（22.2）表示国家 1 的武器存量是常数 a_1、a_2、a_3 及国家 1、国家 2 武器存量的函数。此模型中，由于两国是敌对关系，所以 a_1 和 b_1 是正数，同理，a_2 和 b_2 也是正数，因为维持现有的武器存量限制和降低了增加武器存量的能力。

委屈项 a_3 和 b_3 的符号不确定，可为正或负。

在动态过程中，存在着一个均衡点，在此点上，武器存量将不再发生变化，即 $\Delta w_1 = 0$，$\Delta w_2 = 0$，并得到如下反应方程：

$$w_1 = \frac{a_1 w_1 + a_3}{a_2} \tag{22.4}$$

$$w_2 = \frac{b_1 w_1 + b_3}{b_2} \tag{22.5}$$

图 22.12 描述了上述反应方程，该图反映了各国如何对其敌对国武器存量进行反应，以及如何形成一个均衡状态。

如果抱怨项 a_3 和 b_3 都是正数，且满足稳定条件 $a_2 b_2 - a_1 b_1 > 0$，则存在均衡状态。这个条件保证两个反应方程会相交，而且交点均衡稳定。在均衡状态下，国家 1 的武器存量由下式给出：

$$\hat{w}_1 = \frac{a_3 b_2 + a_1 b_3}{a_2 b_2 - a_1 b_1} \tag{22.6}$$

同理，国家 2 的武器存量将是：

$$\hat{w}_2 = \frac{a_3 b_1 + a_2 b_3}{a_2 b_2 - a_1 b_1} \tag{22.7}$$

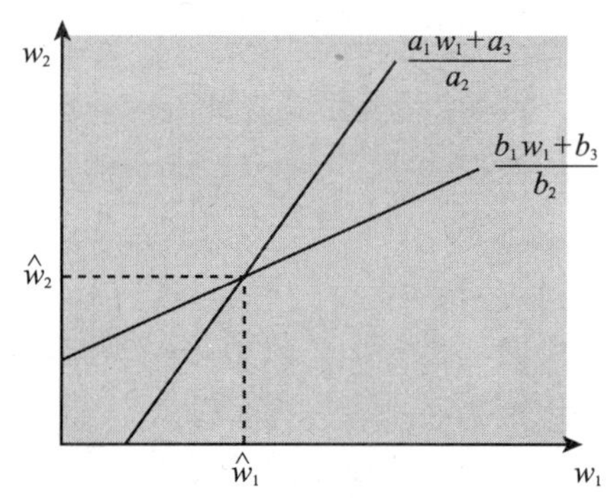

图 22.12　理查德森反应函数

如果两国的存量都超过了均衡点，疲劳项将会产生作用力，并抵消防务项的作用，以减少双方的武器存量；反之，如果两国的存量都低于均衡点的量，防务项的作用将抵消其他作用而使双方增加武器存量。在 w_1 很大（过大）同时 w_2 很小（过小）的情况下，国家 1 的疲劳项和国家 2 的防务项将降低 w_1，同时增加 w_2，因此，均衡态将会再次形成。

理查德森模型主要分析了两个国家的情况，从现实来看，军备竞赛中大多数可观察的互动实际上是在两国或两个联盟之间展开的。在核武器中，存在美国—苏联超级大国军备竞赛互动（或者更广泛意义上的北约与华约之间的对抗）。常规武器军备竞赛包括一度的阿拉伯—以色列军备竞赛、伊朗—伊拉克军备竞赛等。

22.3.2　理查德森军备竞赛模型扩展

尽管经典的理查德森军备竞赛模型被广泛应用，但在其理论基础上，仍存在着一些问题。第一，理查德森模型是描述性模型的一种：既没有明确的目标方程，也没有最优化行为假设，此模型中，决策者和最优化的目的都不确定；第二，它由一个线性的动态系统构成，非线性特征的存在将会很大程度改变分析的准确性和可行性；第三，关于经济约束的分析十分有限，仅仅体现在疲劳项可能限制不可控的军备竞赛；第四，模型中缺乏对战略因素（如地理和政治因素）的考虑和分析；第五，忽略了军备竞赛和战争爆发的关系；第六，该模型中系数是静态的，即忽略了随时间和经验积累，系数将会产生的变化；第七，军事联盟的影响和相互作用亦在模型分析之外。针对上述问题，在经典理查德森军备竞赛模型的基础上，一些经济学家试图使用不同方法去扩展和修正经典理查德森模型。

沃尔夫森（Wolfson，1968）引入了竞争性的军备竞赛模型。在此模型中敌对双方的目的均为与对方的军事存量或支出相竞争。该模型可以表示为：

$$\frac{dM_1}{dt}=k(M_2-M_1)-\alpha M_1+g \tag{22.8}$$

$$\frac{dM_2}{dt}=l(M_1-M_2)-\beta M_2+h \tag{22.9}$$

式中 M_i，$i=1$，2 表示国家 i 的军事存量或支出，k 和 l 是防务项（亦称反应项），α 和 β 是疲劳项，g 和 h 是委屈项。

（22.8）式和（22.9）式中，军事存量或支出的变化取决于本国和敌对国军备存量或支出的差别、疲劳项和委屈项。竞争性的假设基于实现势均力敌而不是支配权，因此 $-kM_1$ 和 $-lM_2$ 可以作为额外的疲劳项。

沃尔夫森（1968，1990）发展了另一个军备竞赛模型——对抗（rivalry）模型。该模型考虑了冷战时期美国（国家1）和苏联（国家2）的特征。其中国家2赢得了军备竞赛，而且它的胜利用两国前一时期军事存量的差别来衡量。模型的方程可以表示为：

$$M_1(t)=k[M_2(t-1)-M_1(t-1)]+\alpha M_1(t-1)+kM_2(t-1) \tag{22.10}$$

$$M_2(t)=l[M_2(t-1)-M_1(t-1)]+\beta M_2(t-1)+lM_2(t-1) \tag{22.11}$$

在此，对美国和苏联的处理是不对称的：苏联企图占据主导地位而美国则试图抵抗苏联。在对抗模型中不存在委屈项，也无法保证稳定状态的存在。

另一种对理查德森模型的扩展是服从（submissiveness）模型（Isard & Anderton，1988）。该模型中，国家 1 的方程为：

$$\frac{dM_1}{dt}=k[1-w(M_2-M_1)]M_2-\alpha M_1+g \tag{22.12}$$

如 $M_2>M_1$，则国家 2 具有优势，国家 2 与国家 1 国防支出的差别将对 M_1 的变化产生负影响。相对于 M_1，M_2 越大，对$\frac{dM_1}{dt}$的负影响就越大，同时，w 越大，负影响也越大。

该模型强调了两国之间的不对称性和这种不对称性可以通过降低反应项的值来促进军备竞赛的稳定性。但是，如果国家 1 具有优势，那么国家 2 与国家 1 国防支出的差别将对 M_1 的变化有正影响。国家 1 将会比在传统的理查德森模型中，更好斗。当 $M_2=M_1$ 时，$w(M_2-M_1)=0$，方程则与传统的理查德森模型方程一致。α 和 g 分别代表委屈项和抱怨项。同理，可以得出国家 2 的方程。

拉廷格（Rattinger，1975）提出了一个结合官僚政治影响的军备竞赛模型。此官僚政治模型的方程表达如下：

$$m_1(t)-M_1(t)=k'[M_2(t-1)-m_2(t-1)]+g \tag{22.13}$$

式中 m_i，$i=1$，2 是国家 i 的期望国防负担；M_i，$i=1$，2 为实际国防负担。

一国现期的期望国防负担与实际国防负担之间的差别取决于其敌对国前期的期望国防负担与实际国防负担之间的差别。g 是抱怨项。同理可以得出国家 2 的方程。

公众的选择和观点也会影响一国的国防支出决策。哈特利和拉西特（Hartley & Russett，1992）应用了一个国防支出决策基于公众的选择模型。在此模型中，公众主张的变化对政策制定有着很大的影响。公众对国防支出的支持增加，将会引起国防预算的增加。然而，如果公众对国防支出的反对增加，国防预算将会降低。

麦圭尔（McGuire，1965）将效用最大化假设、资源限制和策略考虑（威慑和报复）引入军备竞赛模型。在他的研究中，每个国家的动机都在于使其公民的社会福利 W 最大化。此社会福利取决于该国的安全和公民消费。需要注意的

是在麦圭尔的模型中，资源分配是静态的。在一个线性的资源限制下，福利实现最大化。安全是 $\overline{M}_1$ 和 $\overline{M}_2$ 的函数。其中，$\overline{M}_1$ 为在国家1的导弹库存，是 M_1 中遭受国家2的袭击后，确保可以残留下来的最少的导弹数量；$\overline{M}_2$ 为国家2的导弹库存，是 M_2 中遭受国家1的袭击之后，确保没有被摧毁的最多的导弹数量。$\overline{M}_1$ 和 $\overline{M}_2$ 分别代表国家1和国家2的威慑潜力。同时，$\overline{M}_1$ 和 $\overline{M}_2$ 本身是导弹储备和其他策略因素的函数。民品为 Y_i，$i=1$，2。因此，国家1的社会福利可以表示为：

$$W_1 = W_1[\overline{M}_1(M_1, M_2), \overline{M}_2(M_1, M_2), Y_1] \tag{22.14}$$

在资源限制下，当 M_1 的边际成本等于产自 M_1 的两种边际效益的总和时，将会实现社会福利最大化。两种边际效益源自于国家1威慑的增加和其国外报复威胁的降低。但需指出的是：麦圭尔的模型没有对国家社会福利的充分衡量，也没有将个人偏好转化为社会偏好的合适的方式（Isard & Anderton，1988）。

概括起来，本节从竞争性、对抗、服从、官僚政治、公众的观点以及社会福利最大化等要素方面对理查德森军备竞赛模型的不同扩展进行了概括，如表22.3所示。

表22.3　理查德森军备竞赛模型的扩展

作者	模型
沃尔夫森（1968）	竞争性模型
沃尔夫森（1968，1990）	对抗模型
伊萨德和安德顿（1988）	服从模型
拉廷格（1975）	官僚政治模型
哈特利和拉西特（1992）	公众观点模型
麦圭尔（1965）	社会福利最大化模型

22.4　英特里盖特—布里托模型

理查德森在反应、疲劳和委屈参数为常数的假设条件下，把重点放在军备竞争中武器的积聚上。因此，理查德森模型忽略了策略性因素，如武器积聚的威慑或攻击能力可能会影响到每个参与者对其对手的反应程度。在冷战背景下发展起来的一个很有影响力的模型中，英特里盖特和布里托（Intriligator & Brito，I-B）将重点放在两国导弹存量 M_A 和 M_B 的威慑和攻击意义上。本节介绍简化的 I-B 模型，它来自于英特里盖特和布里托（1986）。

该模型首先考虑一国如何阻止其对手的攻击。假定国家 A 的军事策划者担心对手国家 B 可能会发起一次全面进攻，以摧毁 A 部分或全部导弹部队。在一次 B 发起的全面打击军事力量（军事对军事）的袭击中，假设 A 国 f_BM_B 的导弹被摧毁了，其中参数 f_B 表示 B 国发射的单位打击军事力量导弹所摧毁 A 国导弹的数量。利用任何留存下来的导弹，A 国可以发射一枚打击社会财富的导弹来袭击 B。假设 A 相信存在一个对 B 而言无法接受的伤亡水平 $\bar{C}_B$，这样如 A 可信地威胁在报复中造成这样的伤亡水平，那么 B 将会被威慑，而不发起袭击。令 ν_A 表示 A 国在报复时每单位打击社会财富的导弹袭击在 B 国造成的伤亡人数。那么 A 认为为了威慑 B 所需要的留存下来的导弹数量是 $\bar{C}_A/\nu_A$。把这些放在一起，如果 A 国的导弹存量至少等于 f_BM_B（一次打击摧毁的它自己的导弹数量）加 $\bar{C}_A/\nu_A$（为进行报复所必需的导弹数量），那么 A 相信它能够成功地威慑 B 不进行攻击。将同样逻辑应用于 B 威慑 A，得到如下 A 国和 B 国的威慑条件：

$$M_A \geqslant f_BM_B + \frac{\bar{C}_B}{\nu_A} \tag{22.15}$$

$$M_B \geqslant f_AM_A + \frac{\bar{C}_A}{\nu_B} \tag{22.16}$$

现在考虑每一个国家如何成功地攻击它的对手。令 $\hat{C}_A$ 表示如果 B 报复 A 国攻击，A 国愿意承受的最大伤亡人数，令 ν_B 表示 B 发射的单位打击社会财富导弹给 A 国造成的伤亡人数。在一个 A 国发起全面打击军事力量的攻击中，f_AM_A 的 B 国导弹被摧毁了，留下 $M_B - f_AM_A$ 导弹，利用它们 B 国可以进行报复，给 A 国造成（$M_B - f_AM_A$）ν_B 的伤亡。如果这个伤亡不比 $\hat{C}_A$ 多，那么 A 能够成功地攻击。将同样逻辑应用于 B 攻击的可能性上，得到如下 A 和 B 的攻击条件：

$$(M_B - f_AM_A)\nu_B \leqslant \hat{C}_A, \text{或 } M_A \geqslant \frac{M_B}{f_A} - \frac{\hat{C}_A}{f_A\nu_B} \tag{22.17}$$

$$(M_A - f_BM_B)\nu_A \leqslant \hat{C}_B, \text{或 } M_B \geqslant \frac{M_A}{f_B} - \frac{\hat{C}_B}{f_B\nu_A} \tag{22.18}$$

图22.13显示了I-B模型（22.15）式～（22.18）式的威慑和攻击条件。在英特里盖特和布里托之后的文献中，条件（22.15）式～（22.18）式没有模型化或确定A和B将会选择累积的武器数量，理解这一点很重要。然而，这些条件显示出A和B可能会累积的其他军事存量的不同战略意义。位于"A威慑"线之上和其右侧（区域1、2A和4A）的M_A和M_B组合是A相信它能够威慑B的导弹持有量，而位于"B威慑"线之上和其上部（区域1、2B和4B）的组合是B相信它能够威慑A的导弹持有量。右上部形成的一个区域认为是相互威慑的圆锥区（区域1），d代表了相互威慑最小点。位于"A能够攻击"线上或其右侧（区域4A、5A和6）的M_A和M_B组合意味着A能够成功地攻击B，而位于"B能够攻击"线上或其上部（区域4B、5B和6）的点则意味着B能够成功地攻击A。在紧张威慑的区域（区域3），A和B既不能攻击也不能威慑。区域5A、5B和6是战争发起的区域。在区域5A和5B，一方能攻击，而没有一方能威慑。区域6是特别危险区，因为它代表了每一方都能够攻击，但没有一方有能够威慑的武器持有量。

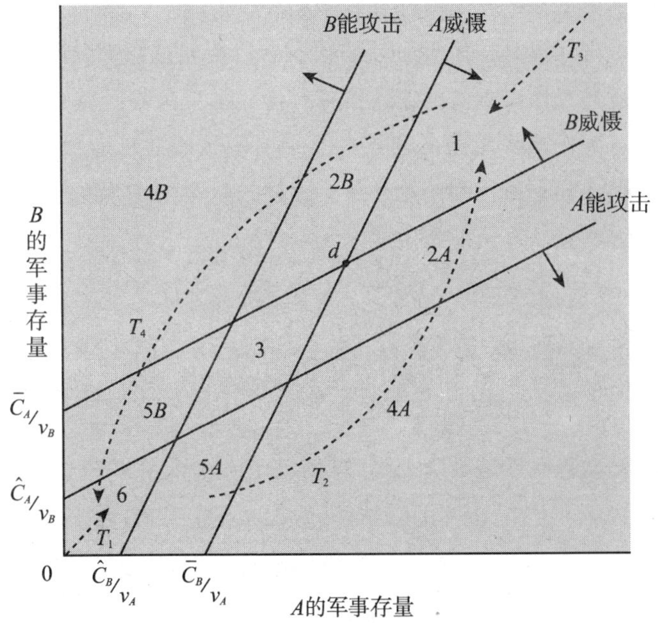

图22.13　英特盖里特—布里托模型

资料来源：Intriligator，M. D.，1975，"Strategic Considerations in the Richardson Model of Arms Race". *Journal of Political Economy*，83（2）：339～353.

I－B模型可以用来分析武器数量增加或减少对战争风险的影响。从图22.13中的原点出发，轨迹 T_1 是将国家武器持有量移动至区域6的一个军事竞争。因为每一国都能够成功地攻击，而没有一方相信它能够威慑，每国都具有在其对手之间先发动进攻的激励，战争的可能性很高。军备竞争 T_1 与理查德森模型的观点一致，认为军备竞争提高了战争的风险。但理查德森的观点并不只是出现在I-B模型里。假定轨迹 T_2 发生了，按照英特里盖特和布里托的分析，它大致描述了美国和苏联冷战竞争最初几十年的情况。轨迹 T_2 把武器持有量推进到区域1，这里每个国家都相信它能够威慑。武器数量增加进入到区域1，降低了战争的风险，这与理查德森的观点相反。同时，假定对于某些轨迹线在几个军控目标间存在权衡，那么沿着 T_2，战争一旦爆发的损失和军事准备的成本都比较高。

在I－B模型中也可以考虑减少军备对战争风险的影响。轨迹 T_3 将国家武器持有量进一步向下移动进入到相互威胁的锥形区，这意味着一旦战争爆发，损失较小和较低的军事准备成本，但并没有增加战争的风险。在这种情况下，军控三个目标中的两个得到提升，而没有减弱第三个。但轨迹线 T_4 导致了一个不同的结果。武器数量的大幅减少将国家武器持有量移动至危险区域6，这里战争的风险高。也要注意到，减少军备的轨迹线 T_3 和 T_4 被暗含地假设为无成本。实际上，摧损武器和加强军备控制条约都是有成本的，这往往导致减少了从军备控制中获得的和平红利。

22.5 军备竞赛的经济计量分析

理查德森模型的原型是由两个同时决定两国武器存量的微分方程组成。如果表示为发生在离散的时间上并加上随机的误差项，结构形式的模型可以表示如下：

$$\Delta m_{1t} = a_1 + b_1 m_{2t} + c_1 m_{1,t-1} + \varepsilon_{1t} \tag{22.19}$$

$$\Delta m_{2t} = a_2 + b_2 m_{1t} + c_2 m_{2,t-1} + \varepsilon_{2t} \tag{22.20}$$

在此，$E(\varepsilon_{it})=0, E(\varepsilon_{it}^2)=\sigma_{it}, E(\varepsilon_{it}\varepsilon_{jt})=\sigma_{ij}, E(\varepsilon_{it}\varepsilon_{j,t-s})=0, s\neq 0; i,j=1,2$。

由于军备竞赛发生在复杂的战略背景下，结构性冲击 ε_{it} 将会部分因双方各

自的特殊因素，部分因共同因素的作用而产生。这样一来，就不能期望结构性冲击之间是相互独立的。这些冲击也可能和回归量相关联，因为在军备竞赛中，两国的国防支出有可能对共同的无法观测的冲击做出反应。

对系数的解释也并不是简单明确的，如理查德森将系数 C_i 解释为疲劳项，而经济学家则倾向于将其解释为调整系数。在此，遵循调整系数的解释，并将模型表述为：

$$\Delta m_{1t} = \lambda_1(\alpha_1 + \beta_1 m_{1t} - m_{1t-1}) + \varepsilon_{1t} \tag{22.21}$$

$$\Delta m_{2t} = \lambda_2(\alpha_2 + \beta_2 m_{2t} - m_{2t-1}) + \varepsilon_{2t} \tag{22.22}$$

当调整系数满足条件 $-1 < \lambda_i < 1$ 时，这个模型将保持稳定。

用预先决定的变量和时滞变量表述的简化式方程组，可以写做一阶向量自回归（VAR）的误差修正模型（VECM）形式：

$$\Delta m_{1t} = \frac{a_1 + b_1 a_2}{1 - b_1 b_2} + \frac{c_1 + b_1 b_2}{1 - b_1 b_2} m_{1t-1} + \frac{b_1(1 + c_2)}{1 - b_1 b_2} m_{2t-1} + \frac{\varepsilon_{1t} + b_1 \varepsilon_{2t}}{1 - b_1 b_2} \tag{22.23}$$

$$\Delta m_{2t} = \frac{a_2 + b_2 a_1}{1 - b_1 b_2} + \frac{c_2 + b_1 b_2}{1 - b_1 b_2} m_{1t-1} + \frac{b_2(1 + c_1)}{1 - b_1 b_2} m_{2t-1} + \frac{b_2 \varepsilon_{1t} + b_1 \varepsilon_{2t}}{1 - b_1 b_2} \tag{22.24}$$

或表示为：

$$\Delta m_{1t} = \pi_{10} + \pi_{11} m_{1t-1} + \pi_{12} m_{2t-1} + \mu_{1t} \tag{22.25}$$

$$\Delta m_{2t} = \pi_{20} + \pi_{21} m_{1t-1} + \pi_{22} m_{2t-1} + \mu_{2t} \tag{22.26}$$

在此，$E(\mu_{it}) = 0, E(\mu_{it}^2) = \omega_{ii}, E(\mu_{it}\mu_{jt}) = \omega_{ij}, E(\mu_{it}\mu_{j,t-s}) = 0, s \neq 0; i, j = 1,2$。

每个简化形式的方程都可以使用最小二乘法一致地估计。在一定的条件下，会存在着格兰杰因果关系：如 $\pi_{21} \neq 0$，则 m_1 引致 m_2；如 $\pi_{12} \neq 0$，则 m_2 引致 m_1。西格利和刘（Seiglie & Liu，2002）研究了一些发展中国家军备竞赛中的格兰杰因果关系。

如果变量一阶自积 I（1），即需要做一阶差分来得到协方差平稳，则可能产生误回归问题。尽管两个 I（1）变量之间没有关联，将其中一个变量对另一个进行回归的时候，随着样本数量的增加，R^2 将会趋近 1。只有在两个 I（1）变量协整的时候，才能得到非谬误的回归。在这样的基础上，如存在 $m_{1t} = \beta m_{2t}$ 形式的长期关系，误差修正项则被 $Z_t = m_{1t} - \beta m_{2t}$ 度量，且 Z_t 为 I（0），此时 VECM 就变成下列形式：

$$\Delta m_{1t} = \pi_{10} + \alpha_1 Z_{t-1} + \mu_{1t} \tag{22.27}$$

$$\Delta m_{2t} = \pi_{20} + \alpha_2 Z_{t-1} + \mu_{2t} \tag{22.28}$$

当 $\alpha_1 \leqslant 0$，$\alpha_2 \geqslant 0$，且至少有一个非零的时候，可以得到稳定的估计结果。在协整的情况下，军备竞赛中两国的国防支出被同一个随机趋势所驱动，所以其表现为随机游走。但是由于单一长期关系的存在，两个序列是一起移动的。估计和检验协整向量，可以使用不同的方法，如最大似然法（Johansen，1995）。

此外，通过在模型中添加 GDP 可以解决理查德森模型缺少预算约束的问题。但在 VAR 中添加变量，将会使得参数的数目迅速地增长，而大的 VAR 将会引起小样本估计和检验的各种问题。所以，在 VAR 中添加变量时，要尤其注意其带来的问题。

正如桑德勒和哈特利（1995）所提到的，尽管存在大量的对历史发生和现阶段军备竞赛的实证研究和分析，但实证分析的结果却并不令人满意。应用现实数据分析理查德森反应模型并不能得到显著的和稳定的结果。许多文章估计了希腊和土耳其军备竞赛的 VAR 和 VECM。邓恩等（2003）使用 SIPRI 1960 ~ 1996 年的数据，估计和检验了印度—巴基斯坦的军备竞赛。其首先建立了包括国防支出和 GDP 变量的 VAR，并检测出这些变量都表现为 I（1）。在线性 2 阶自积 VAR 中，检验到收入变量（GDP）对国防支出并没有格兰杰因果关系（即收入并不引致国防支出）。因此，下面检验的 VAR 中只包括印度（I）和巴基斯坦（P）的国防支出两个变量。使用 Johansen 协整检验，发现了一个协整向量：

$$Z_t = I_t - 2.008P_t \tag{22.29}$$

并发现印度国防支出是巴基斯坦国防支出的大约两倍这种长期关系的存在。

估计 VECM 如下（小括号内为 t 比率）：

$$\underset{(3.36)}{\Delta I_t = 469.0} + \underset{(2.41)}{0.43\Delta I_{t-1}} - \underset{(0.17)}{0.08\Delta P_{t-1}} - \underset{(2.70)}{0.37Z_{t-1}} \tag{22.30}$$

$$\Delta P_t = \underset{(1.45)}{-62.0} \underset{(2.05)}{-0.11\Delta I_{t-1}} + \underset{(3.07)}{0.438\Delta P_{t-1}} + \underset{(3.36)}{0.14Z_{t-1}} \tag{22.31}$$

除去巴基斯坦方程中的常数项和印度方程中的巴基斯坦滞后支出变量，其他所有的系数都是显著的。两个方程都通过了一阶序列相关、非线性、正态性和异方差检验，而且都是结构性稳定的。Z_{t-1} 的系数度量调整非均衡的速度，指出印度的调整速度快于巴基斯坦。

邓恩等（2007）将数据更新到 2003 年，利用修正过的 SIPRI 数据，重新估计了印度和巴基斯坦的军备竞赛。使用更新的数据对其 1962 ~ 1996 年期间的估计，结果显示有一个协整向量存在：

$$Z_t = I_t - 2.51P_t \tag{22.32}$$

这个结果和先前的发现只有轻微的变化，变化的原因可能是因为数据的修改和不同的基准年的使用。VECM 和其他的检验也得到了相似的结果。当数据扩展到 1962 ~ 2003 年时，估计的结果则无法证明协整关系的存在。添加的 7 年数据使得动态关系发生了很大的变化。VECM 中，印度方程中的调整项系数变小且不再显著，而巴基斯坦方程中的调整项系数尽管仍显著，却从 0.11 降为 0.05。为考察 1996 年发生的变化，可以在协整向量中添加外生的截距和趋势的突变量：一个虚拟变量 D 在 1996 年之后，为 1；一个趋势 DT 从 1996 年开始存在。检验结果显示出如下的协整向量：

$$\underset{}{MI_t} = \underset{(2.95)}{2.51MP_t} + \underset{(2.11)}{951D} + \underset{(3.09)}{272DT} + Z_t \tag{22.33}$$

该长期关系和前面检验的结果十分相似。在此，虚拟变量和趋势突变系数都是显著的。这个方程说明 1996 年之后，印度的国防支出相对于之间的均衡而言，平稳地增长。需要注意的是，除非有理论性的解释，结构性突变的确定是特定的，一个可能的解释是这个突变是和两国为核武器试验而进行的准备相关联的。

VECM 的方程为：

$$\Delta MI_t = \underset{(4.29)}{566} + \underset{(2.18)}{0.37\Delta MI_{t-1}} + \underset{(0.25)}{0.14\Delta MP_{t-1}} + \underset{(3.31)}{0.43Z_{t-1}} \tag{22.34}$$

$$\Delta MP_t = \underset{(1.90)}{-57} \underset{(1.75)}{-0.07\Delta MI_{t-1}} + \underset{(3.08)}{0.37\Delta MP_{t-1}} \underset{(4.00)}{-0.12Z_{t-1}} \tag{22.35}$$

误差调整项 Z_{t-1} 和本国国防支出的滞后变化系数都是显著的，但敌对国国防支出的滞后变化系数是不显著的。其他相关检验也得到了与 1960 ~ 1996 年检验相似的结果。

关键术语

军备竞赛　理查德森模型　军备能力　英特盖里特—布里托模型

课后思考

1. 试述军备竞赛概念并举例说明。
2. 分析理查德森军备竞赛模型的反应方程。
3. 如何理解英特盖里特—布里托模型中相互威慑的圆锥区？
4. 进行军备竞赛经济计量分析时，需要注意哪些事项？

参考文献

张宇燕、李增刚：《国际政治经济学》，上海人民出版社 2008 年版。

［瑞］斯德哥尔摩国际和平研究所：《SIPRI 年鉴 2007》，时事出版社 2008 年版，第 341 ~ 342 页。

Anderton, C. H. , 1990, "Teaching Arms-races Concepts in Intermediate Microeconomics", *Journal of Economic Education*, 21(2): 148 ~ 167.

Brito, D. L. and Intriligator, M. D. , 1995, "Arms Races and Proliferation", In K. Hartley, & T. Sandler, *Handbook of Defence Economics*, Vol. 1. Amsterdam: North-Holland.

Boulding, E. , 1962, *Conflict and Defence: A General Theory*, New York: Harper & Row.

Brams, S. J. , Davis, M. D. and Straffin, P. D. , 1979, "The Geometry of Arms Race", *International Studies Quarterly*, 23: 567 ~ 588.

Brams, S. J. and Kilgour, D. M. , 1988, *Game Theory and National Security*, New York: Basil Blackwell.

Brauer, J. , 2002, "Survey and Review of the Defence Economics Literature on Greece and Turkey: What Have We Learned?", *Defence and Peace Economics*, 13: 85 ~ 108.

Brito, D. , 1972, "A Dynamic Model of an Armaments Race", *International Economic Review*, 13: 359 ~ 375.

Brito, D. L. and Intriligator, M. D. , 1983, "Proliferation and the Probability of War, Global and Regional Issues", In D. I. Brito, *Strategies for Managing Nuclear Proliferation-economic and Political issues*, MA: Lexington Books.

Dunne, J. P. and Smith, R. P. , 2007, "The Econometrics of Military Arms Races", In Sandler, T. , Hartey, K. (eds.) Handbook of Defence Economics, Vol. 2. Amsterdam: North Holland.

Dunne, J. P. Garcia-Alonso, M. D. C. Levine, P and Simth R. , 2004, "Military Procurement, Industry Structure and Regional Conflict", University of Kent Working Paper 05/02.

Garcia-Alonso, D. C. and Levine, P. , 2007, "Arms Trade and Arms Race: A Strategic Analy-

sis", In Hartley, K, Sandler, T(eds.), Sandler, *Handbook of Defence Economics*, Vol. 2, Amsterdam: North Holland.

Gibler, D. M., Rider, T. J. and Hutchison, M. L., 2005, "Taking Arms against a Sea of Troubles: Conventional Arms Races during Periods of Rivalry", *Journal of Peace Research*, 42(2): 131 ~ 147.

Hartley, T. and Russett, B, 1992, "Public Opinion and the Common Defense: Who Governs Military Spending in the United States?" *American Political Science Review*, 86(4): 905 ~ 915.

Intriligator, M. D., 1975, "Strategic Considerations in the Richardson Model of Arms Race", *Journal of Political Economy*, 83(2): 339 ~ 353.

Intriligator, M. D. and Brito, D. L., 1986, "Arms Races and Instability", *Journal of Strategic Studies*, 9: 113 ~ 131.

Intriligator, M. D. and Brito, D. L., 1984, "Can Arms Race Lead to the Outbreak of War?", *Journal of Conflict Resolution*, 28: 63 ~ 84.

Isard, W. and Anderton, C. H., 1988, "A Survey of Arms Race Models", In W. Isard, *Arms Races, Arms Control and Conflict Analysis*, Cambridge: Cambridge University Press.

Johansen, S., 1995, *Likelihood-based Inference in Cointegrated Vector Autoregressive Model*, Oxford: Oxford University Press.

Lebovic, J., 1999, "Using Military Spending Data: the Complexity of Simple Inference", *Journal of Peace Research*, 36: 681 ~ 697.

Majeski, S., 1984, "Arms Races as Iterated Prisoner's Dilemma Games", *Mathematical Social Sciences*, 7: 253 ~ 266.

McGuire, M. C., 1965, *Secrecy and the Arms Race*, Cambridge: MA: Harvard University Press.

Ordeshook, P., 1986, *Game Theory and Political Theory: An Introduction*, Cambridge: CUP.

Paul P., 2006, *The Economics of War*, McGraw-Hill/Irwin.

Rattinger, H., 1975, "Armaments, Detente and Bureaucracy", *Journal of Conflict Resolution*, 19(4): 571 ~ 595.

Richardson, L., 1960, *Arms and Insecurity*, Pittsburgh: Boxwood Press.

Sandler, T. and Hartley. K., 1995, *The Economics of Defense*, Cambridge: Cambridge University Press.

Schelling, T., 1980, "*The Intimate Contest for Self-Command*", Public Interest, 60: 94 ~ 118.

Seiglie, C. and Liu, P. C., 2002. "Arms Races in the Developing World: Some Policy Implications", *Journal of Policy Modeling*, 24: 693 ~ 705.

Simaan, M. and Cruz, J., 1976, "Equilibrium Concepts for Arms Race Problem", In

J. A. Gillespie, *Mathmatical systems in international relations research*, New York: Praeger.

Simaan, M. and Cruz, J. , 1975, "Formulation of Richardson's Model of Arms Race from A Differential Game Viewpoint", *Review of Economic Studies*, 42: 67 ~ 77.

Smith, R. P. , Sola, M. and Spagnolo, F. , 2000, "The Prisoner's Dilemma and Regime-switching in the Greek ~ Turkish Arms Race", *Journal of Peace research*, 37: 737 ~ 750.

Wagner, R. H. , 1983, "the Theory of Games and the Problem of International Cooperation", *American Political Science Review*, 77: 330 ~ 346.

Wallace, M. , 1979, "Arms Race and Escalation: Some New Evidence in *Explaining War*", In J. Singer, *Explaining war: Selected papers from the Correlates of War Project*, CA: Sage.

Wallace, M. , 1981, "New Nails in Old Coffins: the Para Bellum Hypothesis Revised", *Journal of Peace Research*, 18: 91 ~ 96.

Wolfson, M. , 1968, "A Mathematical Model of the Cold War", *Peace Research Society*, 9: 107 ~ 123.

Wolfson, M. , 1990, "Perestroika and the Quest for Peace", *Defense Economics*, 1 (3): 221 ~ 232.

第 23 章　军备控制与裁军经济分析

军备控制与裁军是国际政治与军事领域的重要现实问题，关系国家安全、国际和地区和平与稳定。然而，相对于国际社会对军控与裁军所带来和平红利的期待，人们对军控与裁军所需的漫长调整过程、军控与裁军的成本与收益，裁军对经济发展的现实影响还有许多需要进一步深入认识的问题。

本章在对国际社会军控与裁军情况介绍的基础上，对军控与裁军的方式、领域，裁军的收益成本，军控与裁军的理论和经验分析进行讨论。第一节讨论军控与裁军的基本内涵和基本情况；第二节讨论军控与裁军的主要形式；第三节讨论军控与裁军的成本与收益；第四节讨论军控与裁军的经验分析。

23.1　军备控制与裁军概述

军控与裁军，作为一种社会历史现象和活动，19 世纪末 20 世纪初在国际舞台上逐渐凸显。现代国际军控与裁军研究是在第二次世界大战后正式形成和逐渐活跃起来的。

23.1.1　军备控制与裁军基本内涵

军备控制与裁军，顾名思义，就是对国家军事力量进行削减或实行某种约束和控制。但目前关于“军备控制与裁军”的内涵尚无统一的定义。联合国和俄罗斯习惯于用“裁军”一词,并将军备控制的内容包括其中。美国和北约一些主要国家多使用“军备控制”一词,并将裁军的内容包括其中。我国以往使用“裁军”一词,近年来也多使用“军备控制”一词,而且也将裁军的内容包括其中。

按照联合国裁军事务部(1989)的定义,军备控制是指“限制或控制武器装备、军队和后勤的数量、类型、发展、部署和使用的国际商定措施或单方面措施”。严格来说,军备控制是指通过双边或多边国际协定或单方面对武器系统(包括武器本身及其指挥控制、后勤保障和相关的情报收集系统)的研制、试验、生产、部署、使用及转让或武装力量的规模等进行限制。

裁军有广义和狭义两种解释。联合国裁军事务部(1989)多是从广义角度定义裁军,认为:裁军囊括军备管制的全部问题,包括军备控制或限制,以及根据国际协定或单方面措施实际裁减或消除军备或军队。美国和一些欧洲国家则大都从狭义角度定义裁军,认为:裁军是根据国际协定或单方面措施实际裁减或消除军备或军队。

军备控制与裁军这两个概念,在实践中既有联系又有区别。它们之间的联系主要表现为:广义的裁军包括了军备控制的内容;在实际使用中,军备控制也包括裁军的内容。主要区别在于,前者强调“控制”,后者强调“裁减”。军备控制注重对武器装备或武装力量进行限制:既可能是数量和质量上的冻结;也可能是规定一个上限,允许一定程度的发展。例如1979年签订的《美苏关于限制进攻性战略武器条约》(SALT Ⅱ)就是给武器数量规定一个上限,允许双方武器数量上平衡。可以说,冷战期间美、苏签订的大部分军备控制条约,实质上都是给它们之间的军备竞赛制定一些游戏规则。而裁军则要求实际削减军备或军队,它可以采取“零点方案”,如1987年签订的《美苏中导条约》就是全面消除中程和中近程导弹;也可以是削减至一个下限,如1991年签订的《美苏第一阶段削减战略武器条约》(START Ⅰ)就是规定双方将当时各自拥有的1万多枚战略核弹头分别削减至6000枚。裁军条约通常也包含许多军备控制的措施。军备控制与裁军还可以是强制性的,如对战败国采取的强制性军备限制措施;也可以是主动的,如单方面采取的军备控制与裁军措施。

由此可见,“军备控制”和“裁军”是虽有一定的区别,但经常通用的两个概念。目前,一般将这两个概念叠加在一起,其表达方式是“军备控制与裁军”。

专栏23.1　裁军

自从19世纪初期，就有许多国家提出了裁军的建议。1816年，俄国沙皇就向英国建议同时缩减各类武装部队的问题，英国建议以国际会议的形式着手裁军，但没有一个政府认真考虑过这个建议。1817年，美国与加拿大签订了《拉什—巴戈特协议》，限定了两国在大湖区的海军力量。直到今天，这一协议仍然有效，成为19世纪唯一成功的裁军条约。

后来，许多国家就裁军问题召开了国际会议，如两次海牙和平会议。1899年在俄国沙皇的提议下，召开了第一次海牙和平会议，会议的主要目标之一是限制军备和军事预算。28个国家的代表出席了会议，但最后发表的宣言似乎毫无价值。宣言称："军费目前已成为世界的一项沉重负担，为了增进人类的物质和精神福利，限制军费是人们所非常渴望的……希望各国政府在考虑会议所提出的建议时，应研究一下就有关限制陆军、海军以及战争预算达成一项协议的可能性。"1907年，第二次海牙会议召开，大会的决议也同样毫无价值。会议刚开始时宣称："1899年会议就限制军费问题通过的决议，鉴于从那时以来，几乎所有国家的军费都有了相当大的增加……目前迫切要做的事情是，各国政府应重新严肃检讨这一问题。"但是，最后的决议却成了"若说这一问题在1899年不成熟，那它在1907年也同样不成熟。过去未能依据决议的内容做任何事，今天的会议发现它自己和1899年会议一样，仍为没准备着手采取行动"。

在整个20世纪，裁军更是成为一个重要的国际议题。《凡尔赛和约》、《国际联盟盟约》、《联合国宪章》等都对此做了规定。1946年1月，联合国成立了原子能委员会；1947年2月，成立了常规军备委员会。1952年，联合国大会合并了两个委员会，成立了裁军委员会。虽然成立了专门的联合国机构讨论裁军问题，但其作用甚微。自从第二次世界大战一直到冷战结束，各国的军备开支不但没有减少，反而在不断增加。

——张宇燕、李增刚：《国际政治经济学》，上海人民出版社2008年版。

从个别国家看，裁军对经济发展能够产生正面作用，但裁军会使本国军事实力下降，并有可能受制于他国。这就决定了裁军只能是双边或多边的，单个国家不可能做出单方裁军的决定。因此，裁军主要还是一个国家间相互博弈的问题，需要国家间合作，并通过国际制度保证其实施。

23.1.2 军备控制与裁军事实

冷战期间和冷战结束后,美国和苏联达成了许多军备控制协议来限制或减少核弹头、导弹、弹道导弹防御、常规军队以及其他的武器技术。表 23.1 总结了美国—俄罗斯所达成的一些军备控制条约。

表 23.1　　美国—俄罗斯(苏联)军备控制条约

军备控制条约	概　述
第一阶段限制战略性武器谈判(Strategic Arms Limitation Talks, SALT Ⅰ);1972 年生效	有限度的洲际、潜艇发射弹道导弹和弹道导弹潜艇的数量。包括反弹道导弹条约以限制战略防御系统
限制反弹道导弹系统条约(Treaty on the Limitation of Anti-Ballistic Missile Systems, ABM 条约);1972 年生效,2002 年美国退出条约	每一方在两个地点(首都和一个洲际导弹地下发射井周围)建立有限度反弹道导弹(ABM),相隔至少 1300 公里,每个地点不超过 100 枚反弹道导弹系统拦截导弹
第二阶段限制战略性武器谈判(SALT Ⅱ);1979 年签署(从未生效),1986 年美国宣布不再遵守	包括对每一方如下的限制:2400 件战略核武器投射工具(洲际弹道导弹、潜射弹道导弹和重型轰炸机),1320 枚多弹头分导再入(大气层)飞行器(MIRV),以及不新建立陆基洲际弹道导弹
中程核力量条约(Intermediate-Range Nuclear Forces Treaty, INF 条约);1988 年生效	双方承诺销毁中程—中远程(1000 ~ 5000 公里)和短程(500 ~ 1000 公里)导弹
欧洲常规武装力量条约(Conventional Forces in Europe Treaty, CFE 条约);1992 年生效,2007 年俄罗斯暂停参与	对北约主要常规力量和华沙条约国家建立相等的限制,包括 20000 辆作战坦克、30000 辆装甲战斗车,20000 门火炮,6800 架作战飞机,2000 架攻击直升机
第二阶段削减战略武器条约(Strategic Arms Reduction Treaty, START Ⅱ);1993 年签订,1997 年签订扩展协议,2002 年俄罗斯退出条约	到 2004 年年底,双方总共将减少 3800 ~ 4250 枚部署的战略核弹头。到 2007 年年底,每一方所部署战略核弹头总数不超过 3000 ~ 3500 枚,并且所有的多弹头分导再入(大气层)飞行器将从洲际弹道导弹上消除

续表

军备控制条约	概　　述
削减进攻性战略武器条约(Strategic Offensive Reductions Treaty, SORT)(莫斯科条约);2003 年生效	到 2012 年年底,每一方将战略核弹头总量限制在 1700～2200 枚
削减和限制进攻性战略武器条约,2010 年	部署的核弹头数量不得超过 1550 枚;已部署和未部署的核武发射工具总数不得超过 800 单位,包括陆基洲际弹道导弹发射装置、潜基弹道导弹发射装置、可挂载发射核武器的重型轰炸机;已部署的洲际弹道导弹不得超过 700 枚,已部署的潜基弹道导弹不得超过 700 枚,已部署的、可挂载发射核武器的重型轰炸机不得超过 700 架

资料来源:詹姆斯·马丁防止核武器扩散问题研究中心(www.cns.miis.edu)。转引自 Anderton, Charles H. and John R. Carter, 2009, *Principles of Conflict Economics*: *A Primer for Social Scientists*, Cambridge University Press. 最后一行由作者补充。

传统军备控制在冷战期间是重要的,除此之外,很多卷入军备竞争的国家较少采用正式的方法来控制军备,这表明,遏制大规模杀伤性武器扩散到新的国家和非国家团体的努力很可能在不久的几十年里占据军控议程的主要地位。

表 23.2 总结了全世界限制核、生物和化学(Nuclear, Biological and Chemical, NBC)武器技术和导弹运载系统扩散的不扩散条约和项目。表中前三个条约关注的是不扩散核武器,而接下来两个条约的目标是生物和化学武器扩散。导弹技术控制制度(Missile Technology Control Regime)关注于 WMD(大规模杀伤性武器, Weapons of Mass Destruction)及其快速运载方式的扩散。表中最后两项其目标是控制苏联的大规模杀伤性武器材料,以及国家或非国家组织非法运输大规模杀伤性武器材料的材料。

控制 NBC(核、生物和化学武器)武器扩散努力遇到的一个基本困难是它们的双重用途性质。以利用核能源为目标的浓缩铀和再处理钚的核设施,经过转化后可以用来生产核武器级材料。事实上,制造生物和化学武器所有必要的技术和很多原材料都用在了民品的生产中。

表 23.2　　不扩散条约和项目

不扩散条约或项目	概　述
不扩散条约(Non-Proliferation Treaty,NPT);1970 年生效,目前成员国数目:188 个	"五个核武器国家"(美国、俄罗斯、英国、法国和中国)同意不把核武器技术转移给其他任何国家,并且就全面彻底裁军真诚地进行谈判。非核武器国家同意不从任何让与方接受核武器技术,不生产核武器
全面禁止核试验条约(Comprehensive Test Ban Treaty,CTBT);1996 年开放供签署,签约国数目:176 个	禁止一切核爆炸试验以及和平核爆炸
特拉特洛尔科条约(Treaty of Tlatelolco);1969 年生效,目前签约国:33 个拉丁美洲和加勒比国家	禁止缔约国或代表其他任何人测试、使用、生产、储藏或者购买核武器
生物与有毒武器公约(Biological and Toxin Weapons Convention,BTWC);1975 年生效,签约国数目:169 个	缔约国同意不发展、不生产、不储存、不取得用于敌对目的和武装冲突的生物战剂或毒素,也不协助他国取得这类制剂、武器、设备,或运载工具
化学武器公约(Chemical Weapons Convention,CWC),1997 年生效,签约国数目:186 个	缔约国同意不发展、不生产、不储存、不取得化学武器,也不协助他国获得或使用化学武器,不参与使用化学武器的军事准备。每个缔约国同意销毁它拥有的所有化学武器和化学武器生产设备
导弹技术控制制度(Missile Technology Control Regime,MTCR),1987 年成立,成员国数目:34 个	一个国家间的非正式协会,服从准则以防止导弹、无人驾驶航空飞行器和相关技术的扩散
合作减少威胁项目(Cooperative Threat Reduction Program,CTRP)(南一鲁格项目(Nunn-Lugar Program));1991 年成立	为苏联新的独立国家(例如,俄罗斯、白俄罗斯、乌克兰、哈萨克斯坦)提供资金和专家,拆除大规模杀伤性武器,并提高与拆除相联系的核武器和裂变物质的安全性
防扩散安全倡议(Proliferation Security Initiative,PSI);2003 年成立,成员国数目:15 个	号召各国广泛利用法律、外交、经济和军事手段阻禁大规模杀伤性武器和与导弹相关技术的海陆空运输

资料来源:詹姆斯·马丁防止核武器扩散问题研究中心(www.cns.miis.edu)。转引自 Anderton,Charles H. and John R. Carter,2009,*Principles of Conflict Economics: A Primer for Social Scientists*,Cambridge University Press.

尽管过去和现在军备控制的重点最初放在了大规模杀伤性武器和主要常规武器上，但在全世界武装冲突中的大部分伤亡是由小型武器和轻型武器（Small and Light Weapon，SLAW）造成的，例如突击步枪、机枪、火箭榴弹和简易爆炸装置。阻止小型武器和轻型武器生产和贸易可能是困难的，因为这类武器有大量的生产者和收购者，这类活动很可能会产生商业利益，而且供给商有能力绕过政府的控制。而监视和控制小型武器和轻型武器流动的初步努力已开始，表23.3总结了旨在阻止小型武器和轻型武器贸易的公约和议定书。该表说明，政府和非政府联合组织推动了小型武器和轻型武器控制，而传统的军备控制和不扩散体制通常是由政府发起的。

表23.3　小型武器和轻型武器控制组织和协议

组织或协议	概　　要
联合国小型武器和轻型武器非法贸易大会（United Nations Conference on the Illicit Trade in Small Arms and Light Weapons）；2001年成立	会议包括来自于各国、国际组织和非政府组织的代表。各国就《行动纲领》达成一致，借此采取不同的步骤以提高对SLAW贸易的控制
内罗毕议定书（Nairobi Protocol）；2006年生效，签约国数目：12个	各国承诺采取具体行动（例如，强制性枪支登记以及禁止平民拥有军用突击步枪）在非洲之角（the Horn of Africa）和非洲大湖区（the African Great Lakes）控制小型武器
中东北非禁止小型武器行动网（Middle East North Africa Action Network on Small Arms）；2002年成立	来自伊拉克、约旦、黎巴嫩、巴勒斯坦、北部苏丹、叙利亚和也门的非政府组织协会，协助社团、非政府组织和政府减少对SLAW的需求
禁止杀伤人员地雷条约（Antipersonnel Mine-Ban Treaty）[也被称为渥太华公约（Ottawa Convention）]；1999年生效，156个签约国/正式加入国	约束每个缔约国不去使用、发展、生产、获取、储存或者转让杀伤人员地雷；在4年之内销毁其拥有的所有杀伤人员地雷；并且在10年之内清理其管辖范围内的所有雷区
国际禁止小型武器行动网（International Action Network on Small Arms，IANSA）；1998年成立，成员有700多个非政府组织	一个全球民间社会组织网络，通过国家和地方立法、区域协议、公共教育和研究发挥作用，旨在制止小型武器和轻型武器的扩散和滥用

资料来源：詹姆斯·马丁防止核武器扩散问题研究中心（www.cns.miis.edu），国际反地雷组织（International Campaign to Ban Landmines）（www.icbl.org），国际禁止小型武器行动网（www.iansa.org），中东北非禁止小型武器行动网（www.mena-small-arms.org）。

专栏 23.2 裁军谈判

根据《联合国宪章》，联合国大会在1946年1月24日通过的第一项决议即为裁军问题，决议谋求消灭核武器和其他武器。1962年联合国成立国际多边裁军机构“18国裁军委员会”。为推动全球规模的全面裁军，联合国于1978年、1982年和1988年召开了三届联大裁军特别会议，第三届会议有100多个国家政府代表团参加，但各国之间未取得一致意见。在联合国机构之外的国际裁军行动，有33个欧洲国家和加拿大、美国参加的赫尔辛基欧洲安全与合作会议，以及北大西洋公约组织和华沙条约组织之间举行的“中欧关于共同裁减军队和军备及相关措施的维也纳会谈”等。20世纪70年代后，东西方就军备控制问题进行了数百次谈判，双方分歧较大，没有实质性进展。直到90年代初，由于美苏战略调整、东西方关系的缓和，世界维护和平力量的不断增强，军备控制谈判出现了转机。北约与华约终于在1990年11月19日签署了欧洲常规裁军条约。条约规定各方最多允许保留2万辆坦克、3万辆装甲车、2万门火炮和2000架作战直升机，超额的武器必须在核查下销毁或解除作战能力。这是第二次世界大战后两大军事集团签署的第一个常规裁军条约。

关于核裁军谈判，美、英、苏于1963年签署了部分禁止核试验条约，但未禁止地下核试验；1967年签订外层空间条约，禁止把天体作为军事用途；1968年签订了防止核武器扩散条约；1971年签订了禁止在海床洋底安置核武器条约等。由于战后世界核武器总数的97%为美、苏所拥有，因此重大的核裁军谈判主要在美、苏之间进行。

——《中国大百科全书·军事》，中国大百科全书出版社2007年版。

23.2 军备控制与裁军方式

冷战结束以来，国际安全形势发生了根本性的变化，国际军控与裁军形势也随之发生了重大转变，其重点已由核裁军逐步转向防止大规模毁伤性武器的扩散，尤其是防止核武器的扩散，进而对国际安全形势产生了深刻影响。

国际军备控制与裁军能够创造一种建设性国际合作气氛，通过签订符合各国共同利益的条约，可增进各国之间的相互理解。军备控制与裁军条约乃至单方面

宣布的裁军措施，通常都采用下列方式。

限制　对武器装备的类型、数量、性能和武装力量的规模等进行限制，是军备控制与裁军的基本方式。例如1972年美、苏签署的《反导条约》(ABM)就是一个典型例子。该条约限定美、苏可各自拥有两个反弹道导弹基地；每个基地只能部署不超过100部反弹道导弹发射架和100枚反导拦截弹以及相应的雷达系统，禁止研制、试验和部署海基、空基、天基以及机动发射的反弹道导弹系统等。

冻结　停止某一武器装备研制领域所有新的活动。它与限制有所区别。限制是允许在一定条件下对武器系统进行改进，乃至发展新武器系统；而冻结则不允许对武器系统进行改进，更不允许在该领域发展新的武器系统，不过允许继续使用现有的武器系统。例如，《全面禁止核试验条约》从实质上看只是局部的核冻结，它只是通过禁止一切核试验来冻结研制新型核武器；而实行全面核冻结，意味着禁止试验、生产和部署任何类型的核武器及其运载工具。

专栏23.3　裁减欧洲常规武装力量

冷战时期，常规军备竞赛的重点在欧洲，常规裁军谈判的重点也在欧洲。与美、苏核军备控制谈判相比，裁减欧洲常规军备的谈判起步较晚，进展也很缓慢。1973～1989年，北约和华约在维也纳举行了有关中欧共同减少部队和军备与有关措施的谈判，经过15年的漫长谈判，未取得任何具体成果。1989年3月，北约和华约又启动了有关裁减欧洲常规武装力量的谈判。在谈判中，苏联和华约国家采取了比较积极灵活的态度，并做出较大的妥协和让步。经过20个月紧张激烈的谈判，双方终于在1990年11月签署了《欧洲常规武装力量条约》，规定了双方军队5种常规武器装备(坦克、装甲车、火炮、作战飞机和攻击型直升机)的最高限额，明确了监督核查的措施，制定了削减和销毁的办法。接着，1992年7月10日，各缔约国又签署了《欧洲常规武装力量员额协定》，进一步明确了各缔约国在欧洲地区的兵力限额等。上述条约和协定的签署是军控裁军史上的重要事件，它对于欧洲的军事战略格局、各国的军事战略和军备政策、国际军控与裁军进程，都具有深远的影响。

——李效东：《国际军事学概论》，军事科学出版社2004年版。

削减　对现有武器装备和武装人员数量进行削减，是军备控制与裁军的主要方式。例如美、苏间过去达成的一系列削减战略核武器条约均属此类。1990

年签署的《欧洲常规武装力量条约》和1992年达成的《欧洲常规武装力量员额协定》,对北约组织和前华约组织各国的常规武器和武装人员数量进行了较大规模的削减。武装力量的实质性裁减有助于保持全球和地区的战略稳定。

禁止 禁止可以是单项禁止,如禁止某一武器装备的使用或某种材料的生产;也可以是全面禁止,如全面禁止某一类武器系统,包括禁止研制、生产、部署和使用,以及销毁现有库存。但实际上,以往已经达成的属于“禁止”类型的军控条约,大都用于当时尚不存在的武器系统及其有关活动,如《外空条约》禁止在外空部署大规模毁伤性武器。近年来,也开始禁止某些现有的武器系统和活动,如《禁止化学武器公约》规定全面禁止现存的这一类武器系统。

专栏23.4 禁止核试验

核试验是使用核武器或核爆炸装置在预定条件下进行的爆炸试验,它是研发核武器和保持核武库有效性的必要手段。冷战期间,随着美、苏不断进行核试验以及核爆炸威力越来越大,人类社会的生存环境日益受到威胁;特别是在人们发现核试验造成的核辐射可对公众的健康和安全造成直接危害之后,国际社会要求禁止核试验的愿望越来越强烈。禁止核试验已成为国际军控与裁军的主要目标之一。

然而,由于美、苏长期以来一直把核武器作为其国家安全战略的核心,奉行核威慑政策,大规模发展核武器,并以各种理由对禁止核试验加以阻挠,国际社会禁止核试验的努力经历了一个漫长而艰难的过程。第一阶段(20世纪50年代末至60年代中期)为部分禁止核试验时期。其主要标志是:1963年7月,美、苏、英三国签署了《禁止在大气层、外层空间和水下进行核武器试验条约》(简称《部分核禁试条约》)。第二阶段(20世纪60年代末至80年代中后期)为限制地下核试验时期。其主要标志是:1974年,美、苏签署了《限制地下核武器试验条约》,禁止进行威力超过150kt TNT当量的所有地下核爆炸;1976年5月,双方又签署了《和平利用地下核爆炸条约》,禁止进行威力超过150kt TNT的单独核爆炸或总威力超过1500kt TNT的系列地下核爆炸。第三阶段(20世纪80年代后期至今)为全面禁止核试验时期。其主要标志是:1996年9月10日,联合国大会以压倒性多数通过了《全面禁止核试验条约》。到2002年1月,已有166个国家在条约上签字,其中90个国家完成了批约程序。但由

于美国不准备批约，印度、巴基斯坦、以色列等国拒不签约，条约至今未能生效。①

——李效东：《国际军事学概论》，军事科学出版社 2004 年版。

销毁　这是军备控制与裁军的一种最彻底的方式。通常在全面禁止某类武器的条约中规定销毁这类武器，如《禁止生物武器公约》。而一般的裁减武器条约，如 2002 年签订的《美俄削减战略力量条约》未规定销毁裁减下来的武器。

改组武库构成　改组对抗双方武库的结构，以增强危机管理的稳定性。比如取消高精度的分导式多弹头导弹，因为它具有第一次打击能力；或者淘汰生存能力差的系统，如分导式多弹头导弹固定发射架，因为它是对方发动第一次核打击的重要目标。

建立信任与安全措施　国家之间为消除猜疑和恐惧、缓解紧张局势以及防止爆发战争而采取的措施。这类措施不直接涉及对武器和人员数量、质量或类型的控制，而是采取一些实际做法来增加全球和地区的战略稳定性，进而增强军事稳定性。例如大国之间建立的"热线"、核国家之间的核导弹互不瞄准、欧洲的"开放天空"、预先通报军事演习、国际原子能机构（IAEA）的安全保障监督机制、联合国建立的常规武器转让登记册和各国填报军费报表的制度等，均属于这类措施。

专栏 23.5　防扩散体制

国际防核扩散体制，主要由《不扩散核武器条约》、国际原子能机构保障监督制度、核供应国出口控制制度和无核武器区条约等部分组成。一是国际法条约体系。1968 年 6 月经联合国大会审议通过的《不扩散核武器条约》是国际防止核武器扩散体制的基石；1996 年开放签署的《全面禁止核试验条约》是国际防止核武器扩散的重要步骤；《南极条约》、《拉丁美洲与加勒比地区禁止核武器条约》、《南太平洋无核区条约》、《东南亚无核区条约》和《非洲无核区条约》等无核区条约。是防止核武器扩散的重要措施。二是国际保障监督与核查体系。创建于 1957 年 7 月的国际原子能机构，是联合国所属的专门机构，主

① 《全面禁止核试验条约》的生效条件规定，须 44 个有核能力国家全部交存批准书之后 180 天起生效。

要从事和平利用核能的国际合作，对成员国和平利用核能活动实施保障监督，以防止核扩散。三是国际核出口管制体系。目前国际社会有两个旨在进行国际防核扩散出口管制的国际组织：一个是《不扩散核武器条约》核出口国委员会，亦称“桑戈委员会”，主要实行“触发清单”制度，通常进行“项目保障监督”；另一个是核供应国集团，亦称“伦敦俱乐部”，实行“转让准则”和“触发清单”两种出口控制制度。后者的制度更加苛刻，不仅对核材料、核设施、核技术进行保障监督，而且必须对进口国所有核设施进行全面保障监督，并限制敏感设施的出口。

防止生物化学武器扩散体制，主要依靠《禁止生物武器公约》和《禁止化学武器公约》以及澳大利亚集团。与防止核武器扩散的出口控制制度一样，澳大利亚集团出口控制制度制定了一份包括54种可用于生产芥子气、神经性毒剂和精神性毒剂前体的化学品控制清单。其中要求严格控制的10种化学品被列入“核心清单”；44种化学品被列入“警告清单”。对所有化学品的出口，都实行出口许可证制度。对与生物武器相关的生物制剂，也采取出口控制，并制定了可用于生产生物武器的两用技术和设备的控制清单。

防止导弹及其技术扩散体制，主要是指1987年制定的《导弹及其技术控制制度》。该项制度既不是国际条约，也不是国家之间的协议，而是以美国为首的西方七国根据各自国内法对其他国家进行控制和制裁的单方面文件。该制度规定，除取得政府间有约束力的最终用途保证之外，“最敏感项目”一般不得转让；“军民两用项目”出口时，必须以许可证方式逐件审批。目前有32个国家加入该制度。

——李效东：《国际军事学概论》，军事科学出版社2004年版。

这些方式虽各有不同，但相互之间又有一定的联系。这些方式在军备控制与裁军条约中既可以单独采用，也可以组合采用。例如《美俄关于进一步削减和限制进攻性战略武器条约》（START Ⅱ），除对武器进行削减和限制以外，还包括冻结和改组武库构成等内容。①

① 参见刘华秋主编：《军备控制与裁军手册》，国防工业出版社2000年版，第4~5页。

23.3　军备控制与裁军理论分析

经济因素是军备控制与裁军的一个重要因素。冷战结束后,国际战略格局发生了转折性变化,世界各国都积极调整自己的战略,确保经济发展成为各国国家利益的重中之重。调整军备控制与裁军政策,不但可为经济发展提供良好的国际环境,而且也为经济建设赢得大量资金。

23.3.1　军备控制与裁军经济学解释

军备竞争会造成一个安全的两难困境,其中每个参与者都试图通过增加它自己的武器提高其安全程度,这导致竞争对手也增加武器,进而降低了参与者原有的安全水平。这个两难困境也为军备控制提供了一个很好的经济学解释,即共同减少武器数量可以在不牺牲安全水平的情况下节约资源。

安德顿和卡特(2009)以图23.1来说明军备控制问题。在该模型中,参与者A的效用是民品产出Y_A和其安全水平S_A的函数。A的生产可能性边界(PPF)隐含地把Y_A定义为M_B的函数,而它的安全函数明确地定义S_A为M_A和M_B的函数。结果是,参与者A的生产可能性边界和安全函数被代入到它自己的效用函数中,由此得到一个变形,一般地表示为$U_A(M_A,M_R)$的效用函数。

图23.1画出了一条通过纳什均衡点e的无差异曲线,因e位于A的反应函数上,在B相应的军事产出给定情况下,就知道A上哪个点的军事产出是最优产出。在使用较少军事产出时,要使参与者A达到同等满意,只能通过适当减少B的军事产出水平达到。这样,在e左侧A的无差异曲线必定是减少的。再看另一个方向,要使A同等满意,如要补偿A放弃的民品产出,只能再一次通过适当减少B的军事产出来达到。这样,A的无差异曲线在e的右侧也必定是减少的。沿A反应函数的其他点也是这个道理,这意味着A的无差异曲线在A反应函数的左侧斜率为正,在其右侧斜率为负。也要注意,由于单边减少B的军事产出M_B,使A变得更好,在较低无差异曲线上的点是A更加偏爱的。

类似推理可用于B,它原来的效用函数可以被转化写为$U_B(M_B,M_A)$的函数。那么,转化后的函数可用经过点e的无差异曲线来表示。如图所示,B的无差异

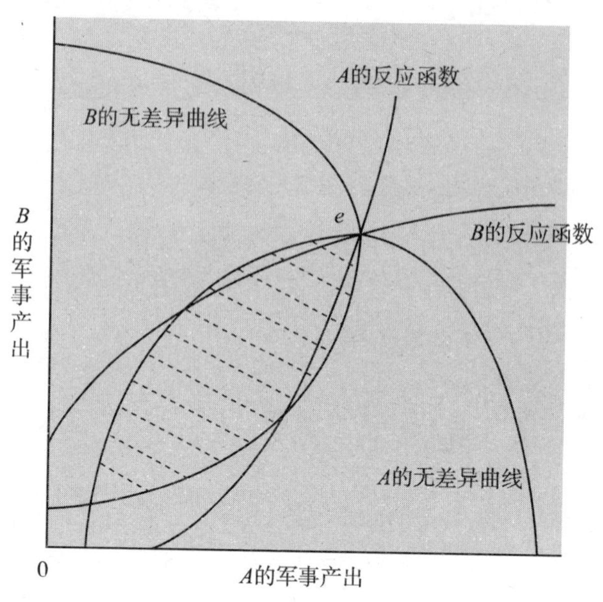

图 23.1　经济选择模型中的军备控制

曲线在 B 反应函数的上方斜率为负，在反应函数的下方斜率为正，左侧无差异曲线上的点更受到 B 的偏爱。

可以用图 23.1 来说明军备控制的基本原理。图中可见通过均衡点 e 画出的两条无差异曲线形成了一个透镜形状的突出显示区域。透镜内部的点位于 A 通过点 e 的无差异曲线的下方，因此 A 胜于点 e 偏好它们；它们也位于 B 通过点 e 的无差异曲线的左侧，因此 B 胜于点 e 偏好它们。所以，透镜形状区域形成了共同获益的区域，在其中相对于均衡 e，在不使任何一个变糟情况下，至少有一个参与者能得到改善。这意味着，原则上参与者应能谈判达成军备控制协议，这样通过减少它们的武器水平到透镜中的某个具体点，双方都获益。但这种解释的限制条件是，每个参与者都有动力违背达成一致的军备控制点，单方根据其反应函数增加自己的武器产出，这样提高了它的效用。这种激励解释了为什么很多军备控制协议包含正式的检查和审查协议，以防止作弊。

图中参与者有共同减少军备的激励，尽管他们之间相互敌对。通过共同减少武器产出，从点 e 进入到共同获益的区域，参与者能将他们的安全水平保持在大致相等的安全水平上，还可以将释放出来的资源用于民品生产，这样就提高了总效用。

专栏 23.6　控制小武器的困难

学者们一般都认为在最近几十年死于小型武器的人（包括平民）远远多于死于主要常规武器和大规模杀伤性武器的人。因此，国际性和地区性组织、国家和非政府组织不断加强控制小武器生产和销售的努力。根据小武器调查（2004）的数据，2003 年，在某种程度上参与轻、小型武器生产的公司至少有 1249 家，分布在 90 多个国家中。相当可观的小型武器生产者和产地数量，与武器市场存在的经济激励一起造成了控制小武器的困难。

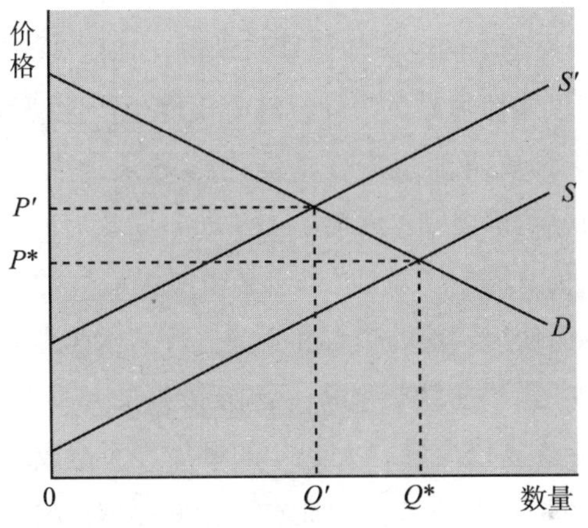

图 23.2　小型武器控制

图 23.2 显示了一个简单的小武器供给需求模型。这里所讨论的武器可能是被广泛认为的小武器或者一种特定类型的武器，比如说突击步枪。最初假设市场处于一个长期均衡上，价格是 P^*，数量是 Q^*，它们可以使武器生产商恰好可以覆盖成本，因而得到出售小武器的正常利润。现在假定一个武器控制协议会对某些小武器制造商形成产量上的限制，导致图 23.2 中的供给从 S 下降到 S'。结果是均衡价格升至 P'，且均衡数量下降到 Q'。供给限制看上去是有效的，但新的均衡只是一个短期结果。如果隐含的武器生产商成本状况没有变化，那么较高的价格 P' 表明生产小武器有可能得到超过正常的利润。因此，受到协议限制的厂商就有动机秘密地提高产量，未受到限制的厂商也迫切地扩大生产，新的厂商也被吸引加入小武器行业。长期的结果就是

供给曲线将会向原来的位置移动，直到行业的利润回到价格 P^* 和数量 Q^* 下的水平。该模型反映小武器限制不会增加生产者的成本，它虽能产生出强有力的经济激励，但其有效性会随着时间慢慢消失。

——Anderton，C. H. and Carter，John R.，2009，*Principles of Conflict Economics：A Primer for Social Scientists*，Cambridge University Press.

23.3.2　军备控制与裁军的理论成本

军控与裁军可用最基本的经济学原理来理解，如图 23.3 显示了“黄油”和“大炮”之间的生产可能性边界。假设经济中仅能生产这两种产品，如国家应用所有的经济资源，于是就可能生产在曲线内部的某个点上的“黄油”和“大炮”。曲线是外凸的说明机会成本逐渐增加。如一届政府决定他的国家需要生产更多的“大炮”，但仍然需要“黄油”，它必须使得最好的“黄油”生产商进行“黄油”的生产，从而使得其他的个人和企业进行“大炮”的生产。然而，如果政府需要更多的“大炮”，它就必须将一部分最好的“黄油”生产者转向“大炮”的生产。结果会造成较少量“大炮”的增加，而造成“黄油”数量的大量减少。同时，越来越多的枪生产时，“成本”会变得越来越大。

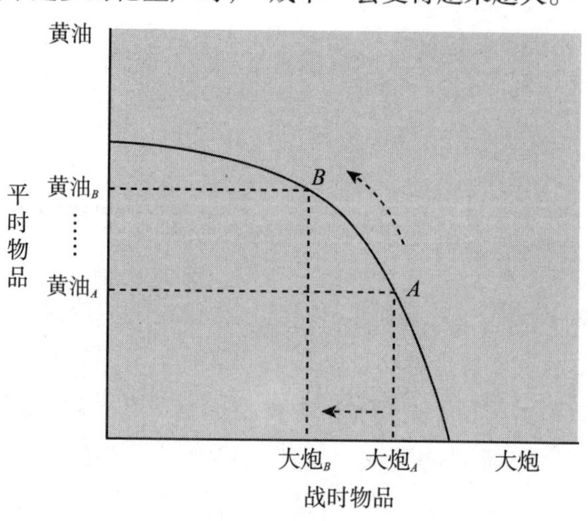

图 23.3　裁军的经济影响

总体上，在“黄油”和“大炮”之间存在着一个短期内的转换。如希望生产更多的“大炮”，它必须牺牲“黄油”；如需要生产更多的“黄油”、它必须牺牲“大炮”。这种交换在图中可以看做是从 A 到 B 的运动，但这种交换不是瞬间发生的。机器必须转换成和平时期的生产，而且私人部门也没有迅速地准备好来自政府支出的替代。因此，从 A 点到 B 点的运动会被降低速度，且需要得到政府政策的支持从而刺激需求，并使得工业部门之间资源的转换变得更加便利。总之，就像第二次世界大战那样，这种转变在短期内是极其痛苦的。

23.3.3　军备控制与裁军的收益

从长期看从战时生产转向和平时期的生产应当是有利的，这是因为在理论上，军事开支能够减少私人部门的开销（私人消费和私人投资）。可以用下述式子来说明政府支出是如何影响私人支出的。

可支配收入方程的推导：$Y-T=C+S$，故可知 $Y=C+S+T$、$C=Y-T-S$、$S=Y-T-C$。将 Y 的可支配收入方程代入基本的宏观经济恒等式 $Y=C+I+G+(X-M)$，注意假设经济是封闭的，也就是没有对外贸易，因此（$X-M$）$=0$，故 $C+S+T=C+I+G$，即 $S+T=I+G$，$S+(T-G)=I$。如（$T-G$）$=0$，则储蓄与投资之间的关系是 $S=I$。等式 $Y-T=C+S$ 表示可支配收入，Y 是收入，T 是税收，C 是私人家庭消费，S 是私人家庭储蓄。假定政府支出 G 是增加的，当 G 增加时会有两种可能的情况来减少私人部门的支出。

第一种情况，假定税收 T 是增加的从而用于增加 G。如果 G 的增加被等量 T 的增加所抵消，这时 G 的增加不会影响等式 $S+(T-G)=I$ 左侧的值，因此等式右侧私人消费 I 就没有发生变化。代数式也显示 $C=Y-T-S$，$S=Y-T-C$，如 T 增加，则 C 和 S 必定会下降。当 $(T-G)=0$ 时 $S=I$，那么 S 下降时，I 必然是减少的。因此，这种情况对 I 来说可能产生两种结果：保持不变或下降。总之，如果 T 和 G 增加，那么 C 会下降，但 I 可以保持不变或下降。

第二种情况，假设税收 T 没有增加，从而用来支付 G。相反，税收保持不变，政府通过借债来增加 G。在这个例子中，G 的增加会导致 $(T-G)<0$，结果等式 $S+(T-G)=I$ 左边值会下降。因为右边的值必须与左边相等，I 就必然会下降，这是挤出效应。更进一步，既然 T 没有变化，那么 C 就不会发生变化。

因此，在这种情况下政府支出的增加明显引起私人投资 I 的下降，但是 C 却没有改变。

这两种情况，更重要的是显示当政府支出增加时，私人部门可能发生也可能不发生下降。如果政府支出的确导致私人部门消费和投资下降，那么这种对私人部门投资和消费的“挤出”可以通过减少政府支出的方式来避免。众所周知，在国防经济学中，由于军事支出的下降而导致私人部门的扩张被称作是和平红利。

23.4 军备控制与裁军经验分析

裁军和发展是我们这个时代的两个基本目标，能否通过裁军促进经济发展？国防经济学界对此进行了一系列经验分析。

23.4.1 军备控制、裁军与经济发展

国防经济学界对于裁军对经济发展的影响一直存有争议，丰塔内尔（Fontanel，1995）总结了在这方面四种完全不同的观点：

第一种观点认为，裁军会成为经济和国力发展的障碍。经济思想史上，认为裁军会阻碍经济发展的学者众多，他们列出的理由也不尽相同。

第二种观点认为，裁军对经济发展有正面的积极影响。其主要理由是，国防支出是非生产性的。自由放任导致发展，而发展则导致裁军等。

第三种观点认为，裁军与经济制度相关，并与经济制度存在某些矛盾的过程，战争是敌对的社会关系造成的。只有社会主义才能实现裁军，军事投资是殖民统治的工具，殖民主义、帝国主义不可能裁军等。

第四种观点则认为，依据一国的地理、政治和经济形势，裁军引起的经济后果也不同。也就是说，裁军与发展之间有着很复杂关系。如认为作为国家安全政策，军事准备是必需的。只要战争没有破坏民用部门，国防开支就可以承受；军费是公共品，但对赤字消费政策来说不是最好的解决办法；战争会随着产业阶级和贫困的消除而消失。

在列昂惕夫和达钦（Leontieff & Duchin，1983）的 UN 模型中，资源向贫穷国的转让促进了其经济发展。正在进行的裁军对世界所有地区都具有正面作用，

资源由国防向民用的转移将明显增加非洲干旱国家和亚洲与热带非洲中低收入国家的消费和人均 GDP 水平。运用该模型，假设 1980 ~ 2000 年间军费每年以 1.2% 削减，那将会促进几乎所有国家的经济增长：日本为 1%，北美为 1.5%，欧洲为 3%，亚洲计划经济国家为 10%，亚洲低收入国家和热带非洲为 20%。

国际货币基金组织的 MULTIMOD 模型①（IMF，1993）考虑了军费、国际转让和军事援助同等削减 20% 的长期利益。从长期看，这些利益将超过 100000 亿美元（1992 不变价格）。第 1 年，发达国家的 GDP 会下降 60 亿美元，但第 2 年，随利率和公共支出的降低，私人消费和投资增加。到第 11 年，发达国家将得到 600 亿美元的利益，而发展中国家则为 115 亿美元。随利率降低和出口增加，负债国家将获得最大的利益。

马内瓦尔等（Maneval，et al.，1991）检验了一个稍加修正的模型：

$$
\begin{aligned}
\mathrm{GDP}_t &= a_0 + a_1 MANU_t + a_2 INV\%_t + a_3 MIL\%_t + u_{1t} \\
MANU_t &= b_0 + b_1 INV\%_t + b_2 X\%_t + b_3 MIL\%_t + u_{2t} \\
INV\%_t &= c_0 + c_1 \mathrm{GDP}_t + c_2 DGC\%_t + c_3 MIL\%_t + u_{3t}
\end{aligned}
\tag{23.1}
$$

式中，GDP 表示国内生产总值的增长率，$MANU$ 表示制造业产出的增长率，$MIL\%$ 表示相对于 GDP 的国防支出，$INV\%$ 表示相对于 GDP 的投资额，u 表示方程中的随机项，$X\%$ 表示与 GDP 有关的出口，$DGC\%$ 表示相对于政府消费的国防支出。

研究得出的主要结论是，国防支出对制造业产出具有正面影响，但对投资则具有负面影响；同样，当国防支出对经济增长的净影响较为显著时，其对整个样本的影响是负面的，但具体情况则因不同国家而有所差异。

23.4.2　大国裁军与经济发展

世界上军备主要集中在大国，大国的裁军对世界有着重要的影响。下面我们介绍对一些军事大国有关裁军与经济发展的一些经验分析。

美国

肯尼迪（Kennedy，1988）假设认为，美国经济实力下降归因于巨额国防支出，国防部门的技术溢出没有效率或成本高昂。因此，从裁军中获得的和平红利

① 国际货币基金组织所开发的多区域计量模型。

确实能给经济、社会发展带来好处。

阿泰什奥卢和米勒（Atesoglu & Mueller，1990）针对普通最小二乘法可能存在自相关的情况，运用假设干扰项为一阶自相关的科克兰—奥克特（Cochran-Orcutt）迭代程序，建立了美国实际投入增长（*GRQ*）、投资率（*IQ*）、就业增长（*LGR*）、实际国防支出增长（*GDR*）之间的计量估计方程：

$$QGR = -0.078 + 0.551IQ + 0.965LGR + 0.062DGR,\ \mu = 0.33 \quad (23.2)$$
$$(1.59) \qquad (1.75) \qquad (3.35) \qquad (2.47)$$

肯尼迪（1988）采用美国1949～1989年数据的研究表明，美国国防支出和经济增长之间存在正相关关系，但乘数非常小。

与之不同，克莱因（Klein，1990，1993）认为裁军对美国经济的影响必然是正面的。因为在军费和投资之间存在挤出效应，当民用资本品的生产代替了军品生产时，会是非常有益的，因为前者创造了新的收入流，而后者却是破坏性的，不带来任何经济收益。

英国

邓恩和史密斯（Dunne & Smith，1984）利用剑桥发展项目模型，就英国裁军对经济的影响进行了模拟分析。邓恩和史密斯的研究结果表明，在有补偿时，裁军对下列方面会产生轻微的促进作用：支付平衡、对通货膨胀压力的限制、因国防支出相对民用支出的劳动密集型特点所创造的新的就业机会等。

贝克、邓恩和史密斯（Barker，Dunne & Smith，1991）利用多部门宏观经济模型来估计削减英国国防支出的影响。研究假设从1993年开始，英国军费一年减少8.5%，2000年其军费减至约占GDP的2%；假设军费的各主要部分大致是成比例地削减，且当前在人员、设备和其他支出间的平衡保持不变，在没有补偿时，裁军在初期会产生负面经济效果；但到2000年减少的军费相当于1992年水平的一半时，随着所释放的和平红利被分配到政府的其他现金和资本支出上，裁军将使失业减少52万个岗位，GDP要素成本的增加将超过原来的1.84%。

法国

丰塔内尔（Fontanel，1980）建立了1950～1980年法国的一个年度时间序列模型。其估计研究表明，渐进的裁军对法国GDP具有较小的正面效果。这种影响主要是因为减少了扩充军备引起的通货膨胀压力，并引起国家投资的明显增

长。该分析考虑到了军费的双重本质：一方面，军费作为公共开支，它对总需求发挥重要的影响，能够发挥凯恩斯乘数的作用；另一方面，作为严格意义上的军费，必须将其与其他形式的公共和私人支出进行比较分析。在这些条件下，军费具有非常高的机会成本，尤其是因为军费支出相应减少了投资。裁军降低了通货膨胀和竞争，因此能够非常迅速地促进经济增长。

裁军对经济能否产生正面影响，主要取决于削减的军费是否被用于投资或其他公共支出。如果削减的军费没有转移到其他用途，那么裁军可能会造成失业增加、国民生产总值下降。阿本（Aben，1981）利用投入产出模型，分析了法国削减 40% 的军费对主要经济部门和就业的影响。他发现，减少军费后如果没有可替代的民用支出来弥补政府支出减少的话，会导致国民生产水平的明显下降，并且将减少 40 万个就业岗位。

关键术语

军备控制　裁军

课后思考

1. 简述裁军的基本领域与方式。
2. 试用经济学理论分析裁军的基本原理。
3. 分析裁军的收益与成本。

参考文献

李效东：《国际军事学概论》，军事科学出版社 2004 年版。

刘华秋：《军备控制与裁军手册》，国防工业出版社 2000 年版。

张宇燕、李增刚：《国际政治经济学》，上海人民出版社 2008 年版。

联合国裁军事务部：《关于军备和裁军常用名词释义》，载《裁军简况》1989 年第 64 期。

[瑞] 斯德哥尔摩国际和平研究所：《SIPRI 年鉴 2007》，时事出版社 2008 年版。

[美] 保罗·肯尼迪：《大国的兴衰》，求实出版社 1988 年版。

[美] 汉斯·J. 摩根索、肯尼斯·W. 汤普森：《国家间政治：寻求权力与和平的斗争》，中国人民公安大学出版社 1990 年版。

Aben, J., 1981, "Désarmement, Activité et Emploi (Disarmament, Activity and Employment)", *Défense Nationale*, May: 105 ~ 123.

Anderton, C. H. and Carter, J. R., 2009, *Principles of Conflict Economics: A Primer for Social Scientists*, Cambridge University Press.

Atesoglu, S. S. and Mueller, M. J., 1990, "Defense Spending and Economic Growth", *Defense Economics*, 2: 19～27.

Barker, T., Dunne, J. P and Smith, R., 1991, "Measuring the Peace Dividend in the UK", *Journal of peace research*, 28: 345～358.

Dunne, J. P. and Smith, R., 1984, "The Economic Consequences of Reduced UK Military Expenditure", *Cambridge Journal of Economics*, 8: 297～310.

Fontanel, Jacques, 1980, "Formalized Studies and Econometric Analysis of the Relationship between Military Expenditure and Economic Development. The Examples of a Developed Country, France and an Under-Developed Country, Morocco", Report Prepared for the UN Group of Governmental Experts on the Relationship Between Disarmament and Development. Grenoble: Centre for Security and Defence Studies, University of Social Sciences.

Fontanel, Jacques, 1995, "Economics of Disarmament", in Keith Hartley & Todd Sandler (eds.), *Handbook of Defence Economics*, Vol. 1. Amsterdam: Elsevie.

IMF, 1993, *World Economic Outlook*, IMF, Washington DC, Annex.

Kennedy, P., 1988, *The Rise and Fall of the Great Powers*, Random House.

Klein, L. R., 1993, "African Economic Development: Situations and Prospects", *the South African Journal of Economics*, 61 (4): 271～277.

Klein, L. R., 1990, "The Economics of Turning Swords into Plowshares", *Challenge*, 33 (2): 18～26.

Leontieff, W. and Duchin, F., 1983, *Military Spending: Facts and Figures: Worldwide Implications and Future Outlook*, Oxford University Press, London.

第 7 篇

国防经济学系列丛书·国防经济学

国防经济区域影响、布局与运行

第24章　国防经济区域影响

源于战略价值、历史和政治等原因，国防支出、国防工业、国防人力等国防经济要素在一国的地区间分布是不平衡的，由此造成的经济活动可能成为该地区经济运行的重要因素甚至决定性因素，国防支出的增减、军事基地建设与关闭往往会对这些地区经济发展产生深远的影响。

本章分析国防经济的区域影响。第一节讨论国防经济区域影响的基本情况；第二节介绍国防经济区域影响的经济基础模型；第三节介绍国防经济区域影响的投入—产出模型；第四节讨论国防经济区域影响的计量经济模型。

24.1　国防经济区域影响概述

国防经济配置的区域影响主要是指国防产业、军事基地等与军事相关的活动，对所属地区乃至国家经济发展所产生的正面或负面作用。在实际研究中，人们往往把国防经济配置的区域影响等同于国防支出的地区效应。但从涵盖的范围来看，两者既有相同之处，也存在一些差别。一方面，国防经济配置的区域影响与国防支出的增减有紧密的联系，因为国防支出的增减一定程度上决定着国防产业和军事活动的开展；另一方面，国防经济配置的区域影响所涵盖的内容和范围要比国防支出地区效应所涵盖的内容和范围更丰富和广泛。

一般而言，国防产业和军事基地会对所属地区的GDP增长、就业水平等方面产生积极影响，在国防产业或军事人员集中的地区，由于国防采购和军事人员消费造成的经济活动可能成为该地区经济运行的重要因素甚至决定性因素。从影响的层次上来看，国防经济配置的区域影响可以分为两个方面，一是对区域经济自身发展的影响，二是对国家经济整体发展的影响。

要衡量国防经济配置的区域影响，通常需要一个指标体系。国防经济学在此方面应用的指标主要有：国防部门的地区就业数量，由地区国防活动所引致的就业占地区总就业的比率，由地区国防活动所产生的地区产出或收入、地区国防交易占地区总产出或总收入的比重、地区国防主合同数额等。

专栏 24.1　亚利桑那州的军事工业

制铜、棉花、柑橘、畜牧业和气象产业通常被认为是亚利桑那州的基础产业，但是根据美锴公司 2002 年的一项研究发现，军事工业在亚利桑那州同样发挥着重要的作用。该项研究发现每年军事活动所带来的工资收入与退休收益加起来可为该州带来大约 16 亿美元的直接收入。包括军事活动在内的亚利桑那州军事工业，以及与其相连的商业活动，2001 财年给亚利桑那州创造了 83506 人工作岗位（其中 41647 人工作岗位为直接就业人数）以及 57 亿美元的产出。而同年该州医疗和旅游业的就业人数为 62960 人，建筑业为 48132 人，信息产业则为 29292 人。而军事工业所带来的 41647 人直接就业人数更是超过了该州最大的三家私人企业就业人数的总和［Honeywell (15000)，WalMart (12600)，Banner Health System (11905)］。同时，2001 财年军事工业还为该州及当地政府提供了 2.33 亿美元的税收收入（相当于该州财产税总额的 72%），其中 1.21 亿美元上交给州政府，1.12 亿美元上交给当地政府。更为重要的是，亚利桑那州的军事工业之所以能够成为该州经济的重要组成部分，是因为军事工业很少受到经济周期的影响，它所提供的稳定就业和税收成为该州经济稳定发展的重要因素。

——The Maguire Company，2002，*Economic Impact of Arizona's Principal Military Operations Executive Summary.*

出于战略、安全、经济以及传统等因素考虑，世界各国的国防生产在分布上是不均衡的，布拉登（Braddon，1995）在表 24.1 中给出了世界主要国家国防生产的主要地区，在美国，1980 年超过一半的主承包合同集中于 6 个州，而俄罗斯，超过一半的国防企业位于 5 个主要的经济地区。同样，在英国，几乎 2/3 的

国防工业位于 3 个地区，而意大利 80% 的国防生产企业则位于 4 ~5 个地区。

表 24.1　　世界主要国家（或地区）国防生产的主要地区

国家或地区	地　区
阿根廷	布宜诺斯艾利斯、博尔吉（Borghi）、科尔多瓦
澳大利亚	悉尼、维多利亚、堪培拉、新南维尔
奥地利	利布尼兹（Liebnitz）、贡斯柯申（Gunskirchen）、格拉茨、施太尔、拉斯特道夫（Rustdorf）
巴西	圣保罗、里约热内卢、罗萨里奥
加拿大	安大略、魁北克、新斯科舍
智利	圣地亚哥、埃尔、博斯克、瓦尔帕莱索、阿雷纳斯角
中国	北京、上海、沈阳、无锡、四川、云南、贵州、甘肃、青海、宁夏、湖南部分地区、湖北、河南、陕西
（前）捷克斯洛伐克	布拉格、奥特罗科维策、库诺维斯、帕尔杜比策、布尔诺、莱特尼亚尼、纳罗德尼、波德尼克
埃及	开罗、赫勒万、赫利奥波利斯
芬兰	里希梅基、赫尔辛基、哈利、拉普阿、坦佩雷
法国	布列塔法、阿基坦、普罗旺斯-阿尔卑斯-科特达祖尔、中部（Centre）、利穆赞、米迪-皮雷尼斯（Midi-Pyrenees）、伊莱-德-法兰西（Ile-de-France）、巴斯-诺尔曼迪（Basse-Normandie）、奥特-诺尔曼迪（Haute Normandie）
（前）东德	马格德堡、舍内贝克-a/d-埃尔贝（Schonebeck-a/d-Elbe）、萨克森
（前）西德	不来梅、奥贝拜因（Oberbayen）
希腊	斯泰雷亚、埃拉达（Sterea Ellada）
匈牙利	布达佩斯、韦斯普雷姆、切佩尔、西盖蒂雷姆（Szigethzlem）
印度	班加罗尔、坎普尔、贾巴尔普尔、基尔基、卡马里亚、朱布尔波雷（Jubbulpore）、瓦朗戈安（Varangoan）、海得拉巴、加尔各答、孟买、兰契、那格浦尔、卡瓦迪吉达（Kavadigida）、加齐亚巴德、普尼（Pune）、库尔特帕利（Kukatpally）
印度尼西亚	雅加达、万隆、平达德（Pindad）、泗水、塞尔彭
伊朗	德黑兰

续表

国家或地区	地　区
伊拉克	巴格达
以色列	特拉维夫、海法、蒂克瓦（Tikva）、阿什多德（Ashdod）、亚胡德（Yahud）、阿什克伦、金亚特·斯摩纳（Kinyat Shimona）、卡尔米尔（Karmiel）、耶路撒冷、比尔希瓦（Beersheva）、加利利、迪莫纳
意大利	利古里亚、弗留利、威尼斯、朱利亚
日本	东京、阿萨希（Asahi）、名古屋、尼崎、户冢、神户、横滨、长崎、下关、塔马罗（Tamaro）、菲吉纳古塔（Fijinaguta）
韩国	汉城、吉恩里吉多（Gyenriggido）、奎友斐基都（Kyofiggi-Do）
墨西哥	墨西哥城
新西兰	奥克兰、汉密尔顿
挪威	劳福斯、奥斯陆、康斯堡，纳斯布尔（Nesbru）
巴基斯坦	卡姆拉、查克拉拉、里萨尔普尔、德哈米尔（Dhamial）、瓦村、伊斯兰堡、塔克希拉、卡拉奇
秘鲁	利马、卡亚俄、钦博特、伊基托斯
菲律宾	马尼拉
波兰	华沙、斯维德尼克、弗罗茨瓦夫、拉比迪·米尔里克（Labedy Mielic）、泽尔卡（Zelca）、别尔斯克－比亚瓦、罗兹、卡利什、热舒夫、斯达乔维泽（Starzchowice）
葡萄牙	里斯本·瓦莱做特霍（lisboa e vale do Tejo）
罗马尼亚	布加勒斯特、巴克乌、克拉约瓦、布拉索夫
俄罗斯	中部（Central）、乌拉尔、伏尔加
沙特阿拉伯	利雅得
南非	比勒陀利亚、约翰内斯堡、德兰士瓦、开普敦
西班牙	穆尔西亚
苏丹	喀土穆
瑞典	埃斯基尔斯图纳、林彻平、斯德哥尔摩、博福斯、耶尔费拉、恩舍尔兹维克（Ormskoldskvik）、马尔默、诺斯伯格（Norsborg）、林丁戈（Lindingo）、哥德堡
瑞士	苏黎世、伯尔尼、洛桑、卢塞恩、埃门、阿尔滕尔海姆（Altenrheim）、阿尔特多夫、图恩、阿尔邦、克罗茨林根

续表

国家或地区	地　区
叙利亚	大马士革
泰国	曼谷
土耳其	安卡拉、库鲁姆
英国	坎布里亚、埃塞克斯、兰开夏、康沃尔、德文、埃文、格洛斯特、威尔特郡、汉普郡
美国	加利福尼亚、弗吉尼亚、德克萨斯、佛罗里达、乔治亚、马里兰、纽约、宾夕法尼亚、华盛顿、北卡罗来纳、俄亥俄、新泽西
（前）南斯拉夫	贝尔格莱德、莫斯塔德（Mostad）、潘切沃、康吉克（Konjic）、蒂托沃（Titovo）、乌泽塞（Uzice）

资料来源：Derek Braddon，1995，“The Regional Impact of Defense Expenditure”，In Hartley K.，Sandler T.（eds），*Handbook of Defence Economics*，Vol. 1. Amsterdam：Elsevier Science.

国防经济的区域分布对其所在地的影响也不尽相同。布拉登（1995）对美国的研究发现：以国防总采购的份额来衡量地区国防依赖性，则加利福尼亚、弗吉尼亚、德克萨斯是美国国防依赖性最强的州；如以就业比率作为指标，则哥伦比亚、阿拉斯加和夏威夷是最具国防依赖性的州，加利福尼亚则下降到第 7 位；如采用在某一地区或某一州驻扎的现役军人数量衡量，则加利福尼亚是国防依赖性最强的州，见表 24. 2。

表 24. 2　　以不同指标衡量（美国）最具依赖性的州

1992 年各州占美国国防部采购的比重		1992 年与国防有关的就业占州总就业的比重	
州	%	州	%
加利福尼亚	18. 0	哥伦比亚区	18. 2
弗吉尼亚	8. 4	阿拉斯加	12. 7
德克萨斯	7. 4	夏威夷	12. 3
佛罗里达	5. 3	弗吉尼亚	10. 4
乔治亚	3. 8	马里兰	6. 0
马里兰/纽约	3. 4	康涅狄格/科罗拉多	5. 9

续表

1992 年各州占美国国防部采购的比重		1992 年与国防有关的就业占州总就业的比重	
州	%	州	%
宾夕法尼亚	2.7	加利福尼亚/新墨西哥	5.8
华盛顿/北卡罗来纳	2.6	华盛顿	5.7
俄亥俄	2.5	乔治亚/俄克拉荷马	5.1
新泽西	2.3	马萨诸塞	5.0

资料来源：Kosiak，S.，Bitzinger，R. A.，1993，“Potential Impact of Defense Spending Reductions on the Defense Related Labor Force by State”，*Defense Budget Project*，Washington，DC.

欧共体（1992）对欧洲各地区国防领域的直接就业占地区总就业的比率进行评估后发现，在欧共体中，有 19 个地区的经济发展尤其依赖于国防工业活动，有 31 个地区的经济发展特别依赖于军事基地活动，见表 24.3。

表 24.3　就业领域所反映的欧共体内部的地区国防依赖性

国家	地区	就业比率（%）		
		国防工业	军事	国防相关
希腊	北爱琴区（Voreio Aigaio）	0.00	29.88	29.88
西班牙	休达梅利利亚（Ceuta y' Melilla）	0.00	22.86	22.86
葡萄牙	亚速群岛（Acores）	0.00	11.82	11.82
希腊	南爱琴区（Notio Aigaio）	0.00	11.27	11.27
希腊	克里特（Kriti）	0.00	10.61	10.61
意大利	弗留利·威尼斯朱利亚（Friuli-Venezia-Giulia）	1.65	8.98	10.57
希腊	迪体凯·马其顿（Dytiki Makedonia）	0.07	10.39	10.46
希腊	艾奈斗里开·马其顿，色雷斯（Anatoliki Makedonia，Thraki）	0.05	10.06	10.11
英国	汉普郡，怀特岛（Hampshire，Isle of Wight）	1.18	7.83	8.95
德国	特里尔（Trier）	0.07	8.72	8.78

续表

国家	地区	就业比率（%）		
		国防工业	军事	国防相关
英国	坎布里亚（Cumbria）	6.40	0.95	7.35
英国	康沃尔，德文（Cornwall，Devon）	1.55	5.32	6.81
英国	北约克郡（North Yorkshire）	0.00	6.25	6.25
西班牙	马德里（Madrid）	0.58	5.63	6.20
德国	科布伦茨（Koblenz）	0.08	6.01	6.09
法国	布列塔尼（Bretagne）	2.51	3.59	6.05
德国	卢勒堡（Luneburg）	0.08	5.87	5.95
德国	不来梅（Bremen）	2.74	3.14	5.84
法国	普罗旺斯阿尔卑斯省，科特迪瓦蓝色海岸（Provence-Alpes-Cote d'Azur）	2.08	3.80	5.83
英国	雅芳，格洛斯特郡，威尔特郡（Avon，Gloucestershire，Wiltshire）	1.26	4.25	5.48
德国	莱茵黑森，普法尔茨（Rheinhessen-Pfalz）	0.09	5.08	5.17
德国	石勒苏益格，荷尔斯泰因（Schleswig-Holstein）	0.50	4.54	5.02
法国	阿基坦大区（Aquitaine）	2.36	2.56	4.89

资料来源：Commission of the European communities，1992，*The Economic and Social Impact of Reductions In Defense Spending and Military Forces On the Regions of The Community*，Commission of the European Communities，Brussels.

专栏24.2　中国国防经济配置的区域影响

旧中国工业相当不合理，1949年，仅占全国面积9.8%的沪、苏、辽、鲁、浙、津、粤、冀沿海8省市的工业产值占全国工业总产值的67.1%。其中沪、苏、辽3省市占42.2%，仅上海就占25%。抗美援朝期间，中国进行了建国后国防工业布局的第一次较大规模的调整，主要是将东北沈阳以南地区的军工企业向哈尔滨以北地区搬迁。同时，为扭转工业过分偏集于东部沿海地区的经济布局态势，这个时期经济投入的重点，开始由沿海向内地转移。“一五”期间，全国基建投资580多亿元，其中沿海占36.9%，内地占46.8%（中部占28.8%，西部占18%）。苏联援建的156项重点工程，实际施工建设150项，其中沿海占32项，内地占118项。国内自行建设的694项工程中，沿海占222项，内地占472项。在工业基建总投资中，位居投资量前列的是冶金、机械、电力、化工等部门，重工业部门的总投资约占89%，其中军工企业约占1/3。“三五”期间全国基建投资970多亿元，沿海占26.9%，内地占64.7%（中部占29.8%，西部占34.9%）。在四川、陕西、贵州、湖北等战略纵深地带，相继建设了一大批以国防工业为核心包括相关工业的大中型骨干企业和科研单位。建成了以重庆为中心的兵器工业后方生产基地，建成了豫西、鄂西军工生产基地，还在关中地区、湘西地区、成都地区、贵阳地区和昆明地区建设了一系列武器装备生产企业。

“三线”建设对地区经济的影响也是显著的，以四川为例，1965年全省社会总产值中农业占45.09%，工业产值仅占35.98%；而1975年，该省农业产值下降为35.43%，工业产值则上升至47.56%。更为重要的是，配合国防工业，国家投入巨资加强了四川省铁路与公路交通建设，并建成了攀枝花钢铁基地、重庆钢铁基地、成都钢铁基地等一批有色金属及能源企业基地。到1979年，四川铁矿石开采能力从1965年的40万吨增加到817.15万吨；炼铁能力由38.89万吨增加到271.69万吨；炼钢能力由59.56万吨增加到289.7万吨；钢材生产能力由92.487万吨增加到251.85万吨；发电机装机容量由83.47千瓦增加到379.32万千瓦；水银从117.02万吨增加到556.88万吨。四川已经成为中国举足轻重的钢铁、电子、电站成套设备、重型机械、汽车、化肥生产基地。同时，国家还加强了四川省的中小城市及城镇建设，建成了一批有特色的以国防产业为主的中小城市，从而为改善四川省乃至西部地区的经济结构起到了至关重要的作用。

——陈德弟、李轴、库桂生主编：《国防经济大辞典》，军事科学出版社2001年版。

国防经济配置的区域影响还在于，当一些国防企业或军事基地关闭或重组时，往往会对当地经济产生一些不利影响，主要表现在对地区收入、产出以及就业水平影响上。国防企业和军事基地关闭与重组对地区经济影响程度与多种因素

相关，这些因素包括国防企业和基地的规模，以及关闭的时间表、地区内基地分布密度以及关闭的比例、所属地区是农村还是城市以及其经济恢复能力、国防企业和军事基地与当地经济联系程度等等。

24.2　经济基础模型

经济基础模型常用来区分地区产出或就业对外部和内部市场依赖性分别所占的比重。基础性经济活动，即地区经济活动由外部市场推动所占的比重，是保证地区繁荣的基础和基本要素。而地区经济由内部市场推动所占的比重，是非基础性的经济活动，取决于基础性经济活动。因此，某一地区保持经济繁荣、增加就业的能力，取决于基础性与非基础性经济活动的比率，可以用其推导出简单的地区乘数。

该模型将地区经济分解为两个构成部分：

$$E_t = E_b + E_n \tag{24.1}$$

式中，E_t 是总的地区收入或就业，E_n 是该地区非基础部门的收入或就业，E_b 是该地区基础部门的收入或就业。

令 z 为非基础性就业占总就业的比重，则有：

$$E_n = zE_t \tag{24.2}$$

如果此时对基础性产品（如一个地区的国防生产）的需求增加，就会改变基础性就业，并导致非基础性就业和总的就业的变化。将式（24.1）代入式（24.2），得：

$$E_n = \frac{z}{1-z}E_b \tag{24.3}$$

上式可见，乘数为 $1/(1-z)$，该比例用来评估外部经济变化对地区经济的影响。对某一地区的主导产业或基础部门而言，其发展可以带动地区可支配收入以及就业增加，从而对地区整体经济及非主导（基础）产业的发展产生积极影响（如图 24.1 所示）。

判定一个产业或部门在某一地区是否是主导产业或基础部门，比较简单也常采用的方法是根据区位商进行选择，其计算公式为：

$$LQ_{ij} = \frac{Y_{ij}}{Y_j} \div \frac{T_i}{T} \tag{24.4}$$

式中，LQ_{ij}为j地区i产业的区位商；Y_{ij}为j地区i产业的经济活动水平（以总产值、增加值或就业水平等表示）；Y_j为j地区所有产业水平；T_i为基准经济（通常为全国）i产业总水平；T为基准经济总水平。

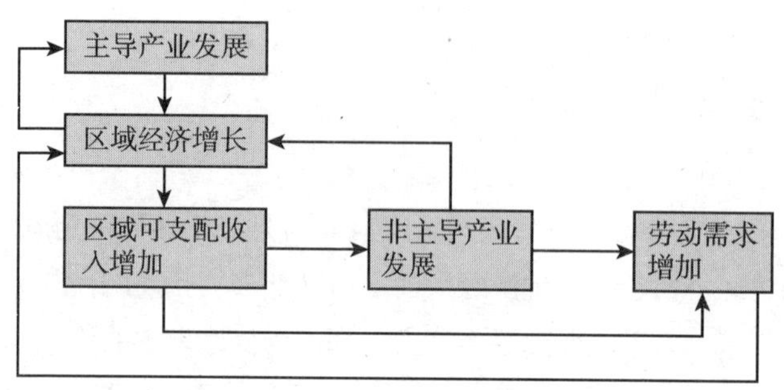

图 24.1　主导产业对地区经济和非主导产业发展的影响

若$LQ_{ij}>1$，则说明j地区i产业所占份额比全国i产业所占份额大，从而说明该地区i产业的专业化程度较高，也就有可能成为该地区的主导产业。LQ_{ij}的值越大，i产业的专业化程度就越高，其转化为主导产业的可能性就越大（陈秀山、张可云，2003）。

传统观点认为，由于军事产品具纯消费性，所以国防产业往往不被人们认为是地区经济增长的原动力，一般也不被作为地区的主导或基础产业。但实践中，军事工业所带来的稳定而长期的合同、军事基地和军事活动所带来的大量收入及就业，往往是该地区保持经济稳定发展的重要保证。另外，由于一国往往会将最先进的技术应用于国防产业，因此国防产业往往具有技术领先性，它所产生的技术溢出会带动所在地区的经济结构调整，其所产生的就业乘数以及产出乘数也会推动地区经济发展。

专栏 24.3　NASA 肯尼迪航天中心的经济影响

美国航空航天管理局（NASA）设在佛罗里达州的肯尼迪航天中心（the Kennedy Space Center，KSC），其2006财年花费在航天项目上的直接费用为16.8亿美元，其中的16亿美元都用在了其所在的布里瓦德县。而KSC与NASA在佛罗里达的其他中心2006年与佛罗里达签订的合同总共有1731个，其中94%为KSC所掌握。2006财年KSC及NASA其他设在佛罗里达的研究

中心购买的商品总值为 15.23 亿美元，其中的 1/3 多（5.39 亿美元）用在了科技研发服务上。2006 财年 KSC 工人的平均工资为 72000 美元，是布里瓦德县工人平均工资的两倍。从州的水平来看，每一个 KSC 工作岗位可以产生 2.45 个工作机会，而 1 美元所得会带来 1.78 美元的收入，同时，1 美元的直接商品购买会产生 2.14 美元的产出。总体看，2006 财年，NASA 给佛罗里达带来了 36 亿美元的产出，18 亿美元的家庭收入，以及 34000 个工作机会。同时，还产生了 1.77 亿美元的联邦税收，以及 8300 万美元的州和地方税收。

——NASA，2006，*Economic Impact of NASA in Florida FY.*

利用基础经济模型，布拉登（1995）发现各国、各地区、各种国防活动的地区乘数是不同的（见表 24.4），这主要是由各地区的特点、地理位置和获取国防支出的具体形式不同所导致。当一个地区与其他地区联系紧密时，乘数效应可能会下降。当国防企业或军事基地自给自足程度很高时，乘数效应同样会下降。在城市，拥有先进的基础设施、高技术产业、周到的服务以及更为灵活的劳动力市场，这些将提高其乘数效应。所以农村地区的乘数与城市地区的乘数是不同的。

表 24.4　与国防相关地区的乘数估计

研究	年份	地点	相关活动	就业乘数
韦斯和古丁	1968	美国	海军造船厂	1.55
			空军基地	1.35
			制造业	1.78
非军事化	1991	英国	国防工业	0.83
		德国	国防工业	1.0～2.0
		荷兰	国防工业	1.33
IFO·	1991	德国	国防工业	2.1
ADCC	1992	英国	造船厂	1.96
		英国	国防电子	1.27
		英国	美国空军基础	1.15
Aztec	1992	英国	飞机制造厂	1.5

资料来源：Derek Braddon，1995，“The Regional Impact of Defense Expenditure”，In Hartley K.，Sandler T.（eds），*Handbook of Defence Economics*，Vol. 1. Armsterdam：Elsevier Science.

24.3 投入—产出模型

投入产出法特别适用于研究地区经济需求推动、变化所产生的效应，因为它专门研究地区经济各个相互独立部门之间的相互联结和相互依赖。这种相互关系被划分为后向关联与前向关联。当一个产业部门的产出促进其他产业部门发展时，是“后向关联效应”；当一产业部门的投入促进其他产业部门发展时，是“前向关联效应”。一般而言，一个部门越是接近最终需求，其后向关联的范围会越大。对一个地区的产业和消费部门而言，这种关联的程度取决于投入的结构和范围，以及地区供应商对其主承包商消费者与其他消费者的供给链要素。

有三种形式的投入—产出法用于分析经济影响，也可以进行地区经济的评估与预测。第一种是开放的相对静态投入—产出模型。该模型采用标准的投入—产出表，以相关产业的平均劳动系数为补充，可用于研究国防支出的就业效应；第二种是封闭的静态模型，此模型通过在模型中加入一个私人消费部门，可用于评估国防支出的乘数；第三种是动态模型，此模型采用计量经济方程作为投入—产出分析的补充，用于评估要素及最终需求，且可以进一步延伸将技术变革的重要性加进来。相比较而言，封闭的静态模型一方面简化了许多前提条件，另一方面通过将所有的乘数综合起来加以考虑，因而更适于分析国防支出的地区影响。

应用该模型，假使生产第 j 个产品，则对第一个要素的需求投入量是 a_{1j}，对第二个要素的需求投入量是 a_{2j}，对第 n 个要素的需求投入量是 a_{nj}，a_{1j}项是投入系数。对 n 个产业的经济体，投入系数可用如下的 $A = a_{ij}$矩阵表示：

$$
\begin{array}{c} \\ \mathrm{I} \\ \mathrm{II} \\ \mathrm{III} \\ \vdots \\ N \end{array}
\begin{array}{c} \begin{array}{ccccc} \mathrm{I} & \mathrm{II} & \mathrm{III} & \cdots & N \end{array} \\
\begin{pmatrix}
a_{11} & a_{12} & a_{13} & \cdots & a_{1n} \\
a_{21} & a_{22} & a_{23} & \cdots & a_{2n} \\
a_{31} & a_{32} & a_{33} & \cdots & a_{3n} \\
\vdots & \vdots & \vdots & \vdots & \vdots \\
a_{n1} & a_{n2} & a_{n3} & \cdots & a_{nn}
\end{pmatrix} \end{array} \tag{24.5}
$$

该矩阵中，每一行表示每一产业部门生产一单位产出对其他部门（或本部门）产出的需求量。此外，投入产出模型还可以包含一个开放部门（通常是家

庭部门），它产生最终的外在需求，且提供 n 部门本身不能提供的劳动力。这种非投入需求因素的存在表明，为满足这种额外的需求，在 A 这个矩阵的每一行中，其要素之和必然小于1。即：

$$\sum a_{ij} < 1 \text{ , } j = 1,\ 2,\ \cdots,\ n \tag{24.6}$$

因为一个部门的产出必须与生产中投入的生产要素总量相匹配，每一行的总值（小于1）必须与开放部门的投入量相等。也就是说，生产一单位 j 产品，所需的主投入量为 $1 - a_{ij}$。总之，一个部门生产的产出必须同时满足 n 个部门投入的需求以及开放部门的最终需求，其产出水平（x_1）必须满足方程：

$$x_1 = a_{11}x_1 + a_{12}x_2 + \cdots + a_{1n}x_n + \mathrm{d}_1 \tag{24.7}$$

或：

$$(1 - a_{11})x_1 - a_{12}x_2 - \cdots - a_{1n}x_n = \mathrm{d}_1 \tag{24.8}$$

上式中，d_1 表示最终需求，第 j 个产业的投入需求用 $a_{1j}x_j$ 表示，矩阵形式为：

$$\begin{pmatrix} (1-a_{11}) & -a_{12} & \cdots & -a_{1n} \\ -a_{21} & (1-a_{22}) & \cdots & -a_{2n} \\ \vdots & \vdots & \vdots & \vdots \\ -a_{n1} & -a_{n2} & \cdots & (1-a_{nn}) \end{pmatrix} \begin{pmatrix} x_1 \\ x_2 \\ \vdots \\ x_n \end{pmatrix} = \begin{pmatrix} \mathrm{d}_1 \\ \mathrm{d}_2 \\ \vdots \\ \mathrm{d}_n \end{pmatrix} \tag{24.9}$$

或 $(1-A)x = \mathrm{d}$，这里 x 为可变向量，d 为最终（不变）需求向量。矩阵（$1-A$）表示技术矩阵（T），因此 $Tx = \mathrm{d}$。只要 T 是非奇异的，矩阵的逆 T^{-1} 便可使方程获得唯一解：

$$X = T^{-1}\mathrm{d} = (1-A)^{-1}\mathrm{d} \tag{24.10}$$

从式（24.10）可看出，开放的投入—产出模型的外生因素完全被内化了，或者说被当成了另一个产业。因此，模型又变成封闭的了。最终需求与最初投入被排除了，取而代之的是投入需求与新生产业的产出。所有的产品都被当作中间产品，生产的每种产品都满足新模型中 $n+1$ 个部门的投入需要。因而，现在的矩阵 A 中每一行的投入之和便正好为1，所以，$a_{0j} = 1 - a_{1j} - a_{2j} - a_{3j} - \cdots - a_{nj}$。下标$_0$ 表示“新设想的”产业。在一个封闭的模型中，没有一个唯一“正确”的产出组合，可以确定产出水平 x_1，$\cdots$，x_n 的相对值，但如模型没有更严格的限定，就无法给出它们的绝对值。

为更好地研究地区产出在诸多产业部门情况，特别是有地区性供给和分合同网络的国防部门产出的流动情况，就需更为复杂的地区内部模型。为此，可在地方投入—产出分析的基础上增加一个空间维度，在系数上再增加一个下标，以表示地区性变化的起始位置和目标位置。就有：

$$_{r}X_{i} = \sum_{s=1}^{n}\sum_{k=1}^{m} {}_{rs}x_{ik} + {}_{r}Y_{i}, \quad i,k = 1,2,\cdots,m; \quad s = 1,2,\cdots,n \tag{24.11}$$

地区内部的系统可以具体化为：

$$_{r}X_{i} = \sum_{s=1}^{n}\sum_{k=1}^{m} {}_{rs}a_{ik}\ {}_{r}X_{k}\ {}_{r}X_{i} \tag{24.12}$$

式中，${}_{r}X_{i}$ 是 r 地区 i 产业的总产出，${}_{rs}X_{ik}$是从 r 地区 i 产业向 s 地区 k 产业的转移，${}_{r}Y_{i}$ 是对 r 地区 i 产业的最终需求，${}_{rs}a_{ik}$是生产系数，指当 i 产品由 r 地区向 s 地区转移时，购买一单位 k 产品需要的 i 产品单位数。

无论是国家还是地区层面上的动态投入—产出模型，都需增加几个层次的经济计量模型，通常需采取时间序列和各种回归分析技术。这使得其与静态投入—产出模型相比，地区模型的建构更加灵活，更少受到地区结构或过分苛刻假定的制约。

24.4 区域经济影响的计量分析

近年来，一些分析国防支出对国家经济影响的计量经济模型经过改进，被赋予了地方预测功能。1965 年美国开始开发专门用于地区经济研究的模型，其中就包含有国防支出项目。此后，随时间推移，模型的复杂化程度也在不断提高。

在最初的地区计量经济模型文献中，采用了“卫星”型模型，主要是从国家计量经济模型中推导出。此类模型集中研究凯恩斯收入—支出方法在地区层面上的应用，其最初的变化是由总需求的增加所引起的，依次促进了业已存在过剩能力地区供给方面的变化。在这些模型中，地区经济活动被分解为不同的组成部分，每一种重要的经济行为都被分别建立模型（如投资的决定因素、就业和产出等），该模型在各种变量之间建立起“最适配”的联系。分解和建模使得可以更准确地考察和衡量对地区经济的外生刺激所产生的影响。

这类模型由大量相互依赖的方程所组成，在这些方程中，由模型决定的每个变量是其他特定内生变量、外生变量和误差项的函数。每个方程都采取如下

形式：

$$x_{it}=f(x_{jt},\ y_{kt},\ e_t) \tag{24.13}$$

式中，x_{it}是在时间 t 内 i 的内生变量，x_{jt}是在时间 t 内 j 的内生变量，y_{kt}是在时间 t 内 k 的外生变量，e_t 是在时间 t 内的误差项。

该模型中，由其他变量决定的 x_{it}又决定了模型的其他部分（如 x_{jt}）。后续研究中，地区计量经济模型不断扩展，进一步包含了出口在地区增长中的作用、地区和国家劳动力成本差别的效应、分布式时滞、额外地区需求的变化、新古典供给模型等。

应当注意的是，国防部门的产出和就业并不完全符合工业的分类，关于地区层面上究竟由什么具体组成“国防供给产业”，这个界定将会决定哪些内容应包含在相关的地区模型之内。在提高地区统计数据的可获得性和精确性上人们已经做了大量工作，然而这种难以获得的数据限制了结果评估。在设计、运行和解释地区模型及其评估的过程中，可以想象仍会存在一系列问题：

首先，这类模型大多只能获得以年度为基础的数据，所以只能将相对较少的观察结果包含在该模型中。因为极度缺乏地区时间序列数据，模型中的变量也不得不受到较大限制，这意味着以二元方程为基础的相对简单模型的解释力受到影响。

其次，对国防支出就业弹性的评估，也会受到保留关键人员决策的影响。当国防支出下降时，国防厂商试图保护自身利益，可能使得某些公司会有意识地储存一些熟练工人（如设计队伍），以便将来经济形势好转时使用。而这段时间内，现存的劳动力的利用率比较低，降低了需求状态改善时的边际需求，导致了动态模型结果的评估误差。

再次，将国防支出变化转化为就业影响的过程也是一个重要的错误源。通常的算法是，用国防支出的产出乘以适当相关产业的产出/就业比率。然而，这个产业中军事生产的比率与民用生产的比率是很不相同的，特别是对那些军事生产一直是在较少竞争性、成本加价环境进行的产业而言。

最后，所有这些模型对现实进行了简化，并忽略了某些特殊地区的主要的、富有特色的经济、政治和社会方面的内容，而这些对提高评估的精度具有显著的意义。但是，投入—产出和经济计量模型仍为地区影响提供了合适和有效的方法，随时间的推移，相信其价值会越来越大。

专栏 24.4 20 世纪 90 年代初期军费开支下降的地区经济影响

从 20 世纪 80 年代末到 90 年代中期，世界军费开支急剧下降，许多分析表明，在宏观层次上，由于军费开支下降给国家经济发展影响所涉问题的范围较小。研究表明：在欧盟，军费开支下降达 50%，持续数年时间，预计每年对宏观经济的影响在 1% 左右；而在美国，从 1986 年到 1998 年的军费开支削减，在 12 年时间内，对美国国内生产总值的影响约在 3.3%。

然而，由于军费开支在地区上的相对集中，因此世界军费开支近 10 年下降，其对地区经济影响将会远远超出全国的影响。在地区层次上，军事工业的缩减带动传统的重工业萎缩，对地区经济产生了较为严重的后果。这点欧洲比美国更为明显。欧洲，因为军费开支下降导致产业、社会和经济影响最为严重的地区有：法国北部和东部地区、德国鲁尔和萨尔河地区、比利时南部和东部地区、英国则包括苏格兰西部和中部地区、英格兰西南、北部和西北地区，以及北爱尔兰地区。

有防务学者专门研究了德国的案例，以说明军事基地在军费开支下降而萎缩后对地区经济活动的影响。20 世纪 80 年代，40 万北约军人以及他们的家庭驻扎于西德，产生了 210 德国马克之巨的开支，产生了 23 万个职位的直接和间接的就业方面的影响。同样，42.5 万名苏联军人驻扎东德。然而，从 1994 年开始，随北约和苏联部队的撤离，共撤走了驻扎在德国的军人及其家庭人员 85 万人。人力资源如此急剧减少，加之其产生的乘数效应，可能对地区经济产生严重的后果。如 80 年代，在美因茨地区仅 1994 年，就有一半以上工人丢了工作，保留下来的工人也面临着失业的危险。

为解决这一问题，美国 1991 年执行《国防授权和拨款法案》，增加了政府对受到国防削减负面影响的地区的支持力度。该法案为军转民提供了 2 亿美元的资助，资助特别集中在社区层次上。在该法案的基础上，国防部向劳动部直接提供了约 1.5 亿美元，用以支持就业训练合作计划，还有 5000 万美元通过经济发展管理部门以保证促进经济恢复战略计划的形式分配于商业部。此外，还通过经济调整办公室向地区提供资助，采取的是向因取消国防合同或军事基地减少、关闭而受到负面影响的州或地区资助的形式。在欧洲，各国政府采取的措施通常包括：有选择性的地区发展补助金分配(如欧洲地区发展补助金)、政

府为劳动力的培训、再培训及培养就业主动性提供资金和技术支持；鼓励军工存量再利用和开发的措施；对雇主雇佣裁减的国防部门工人给予补贴；创立技术再利用中心；为过剩的国防工作人员实行新的就业机会计划，以及专门解决地区技术、环境、产业发展和社会问题方面的政策。

——Derek Braddon，1995，"The Regional Impact of Defense Expenditure"，In Hartley K.，Sandler T.（eds），*Handbook of Defence Economics*，Vol. 1. Armsterdam：Elsevier Science.

关键术语

国防经济区域配置　经济基础模型　投入—产出模型

课后思考

1. 试述分析国防经济区域影响的经济基础模型的原理和基本方法。
2. 如何用投入—产出模型分析国防经济的地区影响？
3. 计量经济模型在分析国防经济区域影响方面所取得的成绩和存在的问题是什么？

参考文献

陈秀山、张可云：《区域经济理论》，商务印书馆 2003 年版。

陈德弟、李轴、库桂生：《国防经济大辞典》，军事科学出版社 2001 年版。

Derek B.，1995，"The Regional Impact of Defense Expenditure"，In Hartley K.，Sandler T.（eds），*Handbook of Defence Economics*，Vol. 1. Armsterdam：Elsevier Science.

Kosiak，S.，Bitzinger，R. A.，1993，"Potential Impact of Defense Spending Reductions on The Defense Related Labor Force by State"，*Defense Budget Project*，Washington，DC.

Leontieff，W.，1951，*The Structure of The American Economy* 1919 ~ 1939，Oxford University Press.

NASA，2006，*Economic Impact of NASA in Florida.*

The Maguire Company，2002，*Economic Impact of Arizona's Principal Military Operations Executive Summary.*

第 25 章　国防经济布局

国防经济地区配置影响地区经济发展，反过来，政府可以通过国防经济布局，实现国家军事、政治与经济目的。科学合理的国防经济布局，不但有利于保持国防经济在战争中的稳定运行，提高国防经济资源地域配置的效益、效率，而且有利于促进国防经济与民用经济间的协调发展。

本章讨论国防经济布局的理论与方法。第一节分析国防经济布局理论，讨论国防经济布局的定义和基本理论；第二节讨论国防经济布局论证，分析国防经济布局的制约因素和经济、安全、综合论证；第三节介绍国防经济布局模型；第四节介绍国防经济布局层次结构分析法。

25.1　国防经济布局理论

国防经济布局事关国家安全与经济发展，国防经济布局既服从一般国民经济布局的基本规律，又存在其自身的特殊性。

25.1.1　国防经济布局基本内涵

国防经济布局，是指国防生产力诸要素地域配置的态势及其空间结构调整变化的趋向。国防经济布局的基本内涵可以从多方面进行理解：

首先，从内容上看，国防经济布局是指依据国防需要和资源分布

状况，遵循安全与效益相统一的原则，国防工业企业、国防科研试验基地、国防原材料和能源加工中心、国防交通运输设施和战略物资储备基地等项目在一定地域上的分布与组合。国防经济布局研究的主要任务，在于从空间的角度阐明国防资源配置规律及其对国防经济资源配置安全与效率产生的影响。

其次，从静态上看，国防经济布局是指国防生产力在一国或一地区范围内的空间分布与组合；从动态上看，是指国防生产力在地域区间上的调整和变化。因此，国防经济布局要以实现国家国防发展战略目标为出发点和归宿，既要放在整个国民经济发展的框架中考虑，与国家社会经济发展水平相适应，又要适应国防建设的多方面要求，提高布局的整体效益，促进国防生产力的发展。

专栏 25.1　国防经济布局与地区经济发展

从国家战略的层次看，国家可以通过向一些地区配置国防企业和军事基地，从而改善地区及国家的经济结构和经济状况。历史上，通过国防经济布局来推动落后地区发展、改变国民经济不合理布局的例子很多。

中华人民共和国成立初期，现代工业主要集中在沿海地区和大城市，国防工业布局的重点在东北、华北和中南地区。20 世纪 60 年代，中国政府作出了调整工业布局和进行“三线”建设①的决定，在中国西部、西南部地区建设国防经济基础，国防经济布局由沿海和边疆向内地，由东向西逐步展开。“三线”建设从 1965 年正式开始，一直延续到 70 年代末，建成了包括国防、机械、电子、交通、邮电、能源、冶金和化工等部门在内的一大批大中型企业，形成了门类比较齐全、技术比较先进的军品科研和生产基地，在增强国家经济实力和国防经济潜力等方面，发挥了重大战略作用。对促进三线地区的经济和社会发展也起到了非常重要的作用。

——陈德弟、李轴、库桂生主编：《国防经济大辞典》，军事科学出版社 2001 年版。

---

① 三线建设是指中国在 20 世纪 60 ~ 70 年代以重工业和国防工业为主的战略后方建设。三线地区是相对于一、二线建设总体规划而言的；其范围指甘肃省乌鞘岭以东，山西雁门关以南，京广线西，广东韶关以北的地区；包括川、陕、云、贵、青五省，晋、甘、宁的大部分地区以及对豫西、鄂西、湘西、冀西、粤西和桂西北地区，主要位于中国的腹心地区。

25.1.2 国防经济布局基本理论

国防经济布局是国民经济布局的重要组成部分，经济布局的一般理论也适用于国防经济布局。同时，由于涉及国家安全，因而国防经济布局又有其自身的特殊规律和原则。

指向性理论 一定历史时期，在满足国防战略的前提下，各类国防产业部门从提高各自经济效益的需求出发，都有向相应经济禀赋地区接近的倾向，这种倾向即为国防经济布局的指向性规律。在军民一体化不断增强的情况下，这一规律发挥作用的力度日益增强。明确国防经济布局的指向性规律，是国防经济布局决策过程中的一个重要依据。

一般而言，为保证战时国防生产持续稳定进行，必须把国防生产力的安全性放在突出位置上加以考虑，这是国防经济布局与其他产业经济布局的重要区别之处。国防生产力安全是国防经济布局的基本指向，在实践中这一指向表现为国防生产力主要分布在不易遭敌人占领或破坏、安全系数较高的地区，以保证其能够在战争状态下正常运行。

安全指向虽是国防经济布局的基本指向，但经济性指向仍对国防经济布局具有重要约束作用，综合而言，国防经济布局指向具体表现在：

自然条件和自然资源指向 指那些对自然条件和资源依赖度较大的国防产业，其布局主要向自然条件相对优越、自然资源比较丰富的地区分布。如核材料产业、军用合金材料产业、依赖水电的军工产业等。

原料指向 主要包括产品直接取自自然资源，在生产过程中耗用原料多，而原料所含有效成分低，制成品重量减少很大的工业，其布局一般指向原料所在地，如为国防和军队服务的石油工业、钢铁生产企业、粮食加工企业等。一些原料消耗大或不易远距离、长时间运输的产业部门如化纤、人造树脂、玻璃制造业等产业也要靠近原料产地。

高科技指向 指国防产业中那些技术要求高，设备先进复杂，同时要求劳动力资源素质较高的部门，多要求在科技、教育发达的地区布局，以求获得自身发展的优势。如国防工业部门中电子信息产业、航天工业、新材料等产业，为技术指向性产业。

交通枢纽指向 为减少运输费用，降低生产成本，许多国防产业部门均呈现

出向交通枢纽分布的倾向。交通枢纽指向又可分为铁路枢纽指向、海港指向、河港指向、空港指向、综合运输枢纽指向等。

消费市场指向　接近消费市场，使企业产品更易大份额地占有市场，更有效地把握市场需求动态，有利于加速商品流通，有利于企业取得更高经济效益。在国防经济产业部门军民一体化、军民兼容发展趋势下，部分军工企业呈现出较强的消费市场指向。

国防经济布局的指向包括多方面的因素，国防经济布局往往是多种因素共同作用的结果，以实现安全效益与经济效益的统一。虽然国防经济布局的安全指向原则不会改变，但安全指向的具体位置却随国家战略及外部环境的变化而变化。随科学技术进步和周围经济条件的改变，产业布局的指向性也在不断变化。因此，在国防经济布局实践中要结合不同国防经济产业的特点和实际情况，综合考虑多种情况，才能合理确定国防经济产业布局的最佳地域或地点。

区位理论　区位理论是研究经济活动最优的空间理论，其研究的主要问题是“一定的经济活动为何会在一定的地方出现”。

区位理论的丰富和发展主要从经济角度为国防经济布局提供重要的理论依据，尤其是其对微观领域的具体厂址选择提供了较为具体的依据。不同类型的国防经济部门在企业区位选择中安全因素与经济因素的平衡点是不同的，这就要求在进行不同国防经济部门布局时，应当根据实际情况，充分考虑可能影响布局的区位因素，按照不同国防经济部门不同的安全与经济需求，合理确定最优区位，以便实现安全需求与经济效益的有机统一。

随着科技革命和经济全球化深入发展，技术进步、国际间分工与合作、环境问题等领域的许多新因素对工业空间分布的影响愈来愈强烈。许多传统的区位因素也增加了新的内容，对实践中的决策标准也产生了与以往完全不同的影响。这些都要求结合实际情况，运用区位理论来指导国防经济布局，以实现空间结构的安全合理有效。

集聚理论　集聚即地理区域内经济要素与相关部门经济活动的集中，适当的产业聚集，有利于聚集地区的需求力量，节约生产成本，形成专业化大市场，促进信息交流，提高企业创新能力，加速相关产业发展。一般而言，国防经济要素集聚主要通过以下几个方面来影响国防经济运行：

- 影响国防生产力诸经济要素的流动时间。经济布局达到一定的集聚度，就可以缩短经济实体间的空间距离，减少各类经济要素交流置换的时间，从而提高国防经济运行速度。

- 影响军工企业的规模效率、效益。国防科技工业的集聚度直接制约经济动员实体的规模，促使军工企业达到合理规模，有利于其提高管理水平，降低生产成本，从而充分发挥集约效应，提高运行效率、效益。
- 影响国防科技工业有序化程度的提高。经济要素集聚度达到一定水平，使经济实体间克服距离的成本趋于降低，相互交往的频率不断提高，从而有利于国防科技工业系统不断提高开放程度，促进系统内部及与其他系统间的物质、能量、信息的相互交流，在逐步增强结构关联程度和组织功能的过程中，使整个系统的有序化程度不断提高，从而为提高国防科技工业的运行效率奠定坚实基础。
- 影响国防科技工业的专业化分工协作。经济要素和经济实体的适度集聚，有利于提高专业化分工协作水平，有利于打破军工企业间自我封闭的运行状态，改变军工企业“大而全”、“小而全”的发展模式。
- 影响国防科技工业高新技术的开发、应用。在高新技术的应用领域，经济要素的适度集聚，有利于高新技术的渗透、扩散，对于促进高新技术的开发与应用，提高国防科技工业的运行效率，具有较强的制约作用。
- 影响国防工业系统与民用工业系统在运行过程中的互补、协调。国防工业与相关民用工业在一定地域内的集聚程度，直接影响它们在运行过程中的彼此协调、相互补充，从而对国防科技工业战时启动、扩展、运行速度提高，具有十分重要的制约作用。
- 影响国防科技工业系统的基础和服务设施配套。实现经济要素的适度集聚，有利于多个经济实体间的基础设施共用、信息交流与共享、资源综合利用、社区服务社会化等。由此不仅可以节约用于基础、服务设施建设的费用，而且还可以提高基础、服务设施的档次和水平，从而为国防科技工业运行效率的提高创造更好的环境条件。

应当指出，经济布局的集聚对国防经济运行的约束，不是垂直孤立地发挥作用的，经济布局集聚度对国防经济运行的制约程度，还要受其他因素的影响。

首先，国防经济要素的集聚要受安全原则的制约。安全指向是国防经济布局的一项重要原则，而经济布局的集聚度与安全性呈负相关关系。由此，在提高集聚度与增强安全性之间确定适度的契合点，是优化国防经济布局，提高其运行效率所要解决的关键问题之一。

其次，国防经济要素的集聚度要适度。从量上看，过度集聚超过区域承载能力，会阻碍国防经济的运行效率和速度提高；从质上看，违反产业关联和产业指向性等规律的集聚，即使从量上看并未过度，也会破坏国防科技工业的有序、高效、快速运行；从时域看，不同经济发展阶段，集聚的程度和发展趋向是不同的。

再次，国防工业集聚要受各类军工企业的特殊性制约。不同工业产品的生产过程，在自然、经济因素，以及战时可替代性等方面存有很大差异，因而它们对集聚度的客观要求也不同，国防科技工业的集聚度只有与之相适应，才能促进自身运行效率的提高。

“点—轴系统”理论　“点—轴系统”理论是关于社会经济空间结构（组织）的理论之一，是生产力布局、国土开发和区域发展的理论模式。根据“点—轴系统”理论，在国家或区域发展过程中，大部分社会经济要素在“点”上积聚，并由线状基础设施联系在一起而形成“轴”。这里的“点”是指各级居民点和中心城市，是人口和各种职能集中的地方，是区域内重点发展的对象。“轴”指由交通、通信干线和能源通道连接起来的基础设施束，对附近区域有很强的经济吸引力和凝聚力，轴线上集中的社会经济设施通过产品、信息、技术、人员、资金等，对附近区域有扩散作用。扩散的物质和非物质要素作用于附近区域，与区域要素相结合，形成新的生产力，推动社会经济发展。

“点—轴”开发，是指在全国或地区范围内确定一条或几条具有一定发展优势和潜力的线状基础设施轴线，对轴线地带的若干点进行重点发展。随经济发展的深化，发展轴线将逐步向较不发达地区或距离发展轴线较远地区延伸，将以前没有作为发展中心的地带确定为较低级的发展中心。这样，就在区域范围内形成了不同等级的点和轴线，从而发展到“点—轴—集聚区”。这里的“集聚区”也是“点”，是规模和对外作用力更大的“点”。“点—轴”开发可以顺应社会经济发展必须在空间上集聚成点、发挥集聚效果的客观要求；可以充分发挥各级中心城市的作用；可实现生产布局与线状基础设施之间最佳的空间结合；有利于城市之间、区域之间、城乡之间便捷的联系。从而客观上有利于实现地区间、城市间的专业化与协作，形成有机的地域经济网络。

“点—轴”理论对国防经济布局具有重要的指导作用，其优势在于：一是在科技、经济实力雄厚的城市实行点状布局有利于跟踪世界军事高技术，有利于合理地与国民经济系统的布局相互融合；二是配置在交通线附近有利于物质和非物质国防资源的交流和机动；三是有利于形成国防工业沿主要作战方向的纵深梯次布局，在集聚区形成集聚效应，保障国防经济系统稳定高效运行。

25.2 国防经济布局论证

国防经济布局涉及许多方面，是各种因素综合作用的结果。因此，确定合理的国防经济布局要注意考虑各种因素的综合影响，加强综合论证与分析，以求达到最佳布局效果。

25.2.1 国防经济布局制约因素

合理的国防经济布局是建立在对安全、自然、经济、社会、技术、历史、人口、生态环境、社会等多因素的综合考察、分析、评价、论证基础之上的。综合而言，制约国防经济布局的因素主要包括：

安全因素 与一般经济布局相比，国防经济布局最大的特点就是安全因素始终是布局过程中必须首先考虑的重要因素。不同区域战时的安全程度是不同的，在不易遭敌打击破坏的地区进行重点布局有利于战时国防经济的稳定运行，确保战时国防生产顺利进行，为夺取战争胜利提供可靠的物质基础。

由于军事技术、武器装备的飞速发展，以及现代战争样式的巨大变化，在非线性作战为重要特征的情况下，前方和后方、前沿和纵深的区别愈加模糊。国防生产力要素的地域优势纵深梯次配置对保障战时国防经济系统的安全仍具有重要意义，但其重要性趋于下降。过去那种只着眼于区位纵深分散隐蔽的自我封闭型战略后方模式，不仅越来越不适应和平时期国家经济建设的需要，而且与现代战争的要求也相差甚远。但这并非意味着安全因素对国防经济布局的重要性下降，而是要求在国防经济布局中考虑安全因素时，不能囿于传统的战争观念，而应当着眼于现代战争特点，以新的理念、新的视角分析研究安全因素的最新发展变化趋向而进行科学布局。

自然因素 自然因素主要包括自然条件和自然资源。自然条件和自然资源是人们的劳动对象、生产的原料和燃料来源，是经济布局的必要条件和场所。自然因素在生产发展和布局的全过程中起着不可忽视的作用。

自然因素对国防经济布局的影响主要表现在一国产业分布的地域影响上。自

然因素对第一产业具有最直接的影响，这主要是由于第一产业的劳动对象直接来自大自然，各种自然资源的分布，也就直接决定了相应的第一产业分布的地区。各种农作物的生存环境不同，对自然条件的要求也各不相同，所以第一产业的布局直接受自然条件、自然资源的制约。

自然条件、自然资源对第二产业亦具有直接及间接的影响。直接影响主要表现在工业用场地、用水等对工业布局的制约，以及一些工业对环境的特殊要求。间接影响主要是通过第一产业发挥作用，特别是以第一产业产品为原料的制造业，如军用食品加工业等产业部门。总之，自然条件和自然资源是人们的劳动对象、生产的原料和燃料来源、生产力布局的必要条件和场所。在国防经济发展和布局全过程中，它们始终起着不可忽视的作用。

技术因素　技术因素主要是指文化技术水平（劳动者的生产技能和管理水平）、机器、设备、厂房、工具等生产手段（技术装备）对国防经济布局所产生的影响。与其他制约国防经济布局的因素不同，技术因素本身并不完全表现为某种经济布局的直接作用因素，而是通过加强或削弱原料产地、消费地、劳动力、交通运输等因素对经济布局的影响来实现的。

技术水平的提高，进一步丰富了工业生产的原料来源，拓展了新的能源，扩大了产业布局的地域范围。特别是生产工艺、运输技术、输电、管道输油、输气技术等技术的进步，降低了运费，扩展了原料与能源等的可运输性，减少了国防经济布局对原料与能源的地域区位依赖程度，有利于专业化的建立和地区合理分工，并使国防生产要素的空间组合日趋复杂和多样化。技术进步以及人造材料和新能源的采用，扩大了原材料、燃料和动力资源的地域范围，降低了劳动消耗，有可能把国防生产力布置在资源有限的地区；新技术革命的突飞猛进、产品高附加值化、知识集约化，又使得产业进一步向航空港、铁路中心、海港等交通枢纽及知识密集区集中，等等，这些都改变了传统产业布局的面貌。

经济因素　国家和地区经济发展水平和实力也在一定程度上影响和制约着国防生产及其布局。经济因素主要包括国家和地区生产力发展水平和已有的生产技术基础，如劳动力资源、交通运输条件、原材料供应体系、地区生产协作能力、地区现有经济水平等。在经济水平较高，具有一定经济基础的地区进行国防生产，可利用原有的公用设施、协作条件和技术支持，使国防生产力在较高的起点上发展，可以起到节约基础投资，缩短建设周期，提高经济效益的作用。新设军工项目选择具有一定生产协作能力、交通运输便利、基础设施好的地区建设，即使该区域没有相同的产业基础，也可达到事半功倍的效果。

在经济水平较高的地区开展国防生产，有利于国防经济部门和民用经济部门的交流，形成两者之间的互促互动，有效提高国防经济效益。

社会因素 国防经济布局的社会因素主要包括政治制度、社会结构、经济体制、民族分布状况、环保政策、法制环境、历史传统等方面。这些社会因素对国防经济布局的经济效益和安全程度都有着重要影响。国防经济布局总是在一定的社会大环境中进行的，国家的各类社会因素，都会对国防经济布局产生一定程度的影响。国防经济布局必须充分考虑上述诸社会因素，在考虑其安全保障与经济效益的同时，还要考虑其社会效益。

当然，影响国防经济布局的因素还有许多，以上五个因素只是相对较为重要的方面，国防经济布局实际运行过程中所要考虑的因素远非只有这几个方面。而且，就这些因素而言，也不是互相独立，各自发挥作用的，更多的是互相交错、综合作用。这就要求在国防经济布局中必须全面分析，抓住主要矛盾，逐一权衡各因素的利弊，扬长避短，达到优化国防经济布局的目的。

25.2.2 国防经济布局综合论证

国防经济布局的综合论证主要是在国防经济布局理论和原则的指导下，分析各影响因素对不同国防经济产业部门的影响程度，衡量不同地区发展某一国防产业部门的综合效益，在此基础上为实现国防经济的合理布局提供量化的参考依据。国防经济布局综合论证主要包括：

国防经济布局的经济效益论证 对国防经济布局的经济效益论证主要是认真评估各地域之间的自然、经济条件差异所造成的生产开支的差别和可能取得的经济收益的差别。确定国防经济布局的经济效益涉及方面很广，其衡量指标也因时因地而异，但是国防经济布局作为一种经济活动，也有一般规律可循。衡量国防经济布局经济效益的指标主要包括：可供利用的经济资源量，如气候资源、生产原料或原材料可供量、燃料与动力可供量等；可供利用的既有运输能力（航运、管道、航空等）；劳动力的数量及素质；地区科技研究开发及智力资源程度；单位产品的原材料、能源（燃料、电、热）和水消耗量；与建设项目有关的货运量、货物周转量，以及产品的运输系数；基本建设投资总额、单位生产能力综合投资额以及项目建设周期、投资回收期、项目年盈利率等主要指标。

在具体的经济效益论证过程中，要结合实际情况，科学合理地确定指标体系，并将这些指标转化为可量化计算的指标，然后将这些指标分为成本、收益两大类，通过综合计算，选择收益成本比高的布局方案。

国防经济布局是整个国民经济布局的有机组成部分，要统筹兼顾，将国防经济布局纳入整个国民经济布局的框架中，在条件允许的情况下，根据不同地区的经济结构特点和发展水平，通过合理国防经济布局来优化全国经济布局，推动落后地区的经济发展，减小地域差距，为实现国民经济协调发展做出贡献。

国防经济布局的安全前景论证　由于各地区的地理位置和地理环境有多种差别，国防经济资源配置于不同的地形位置和地理环境，战时遭受敌人打击的可能性、抗打击能力会有很大的不同。研究国防经济布局的安全前景，主要是估计这种地域差异引致的战时生存能力的差别，进而对布局区域的安全程度作出合理评价。应当强调的是，国防经济布局的安全性不仅仅局限于国防产业部门的生产环节，国防交通运输的安全性、生产要素的补给安全等方面都关系到整个国防生产的正常运转，这些环节的安全性受到威胁，同样会导致国防生产的不安全。因此，在对国防经济布局的安全前景进行论证时，应当对地区产业部门的战时生产安全程度、战时交通运输安全程度、战时生产原料来源安全程度等多个环节进行综合评估。在信息化战争中，随着远程精确打击能力的提高，战场前后方区别的逐渐模糊，对国防经济布局的安全前景提出了新的更高的要求，需要在实践过程中进一步深入探索。

由于国防经济布局具有“刚性”，特别是一些大型的国防工业生产基地的建设多耗资巨大，建成以后位置又相对固定，不便于进行移动。因此，在对国防经济布局的安全前景进行论证时，还应当紧密联系国家安全战略和国家安全形势加以分析，在可能发生各种样式战争的情况下，国防经济特别是国防工业的安全前景论证，既要着眼当前紧迫的安全需求，又要充分考虑长远的国际安全环境的可能变化。

25.3　国防经济布局模型

国防经济布局既要从微观层次上考虑到企业生产的成本效率，努力实现最佳的投入产出，又要以实现国家国防发展战略目标为出发点和归宿，适应国防建设的多方面要求，提高布局的整体效益，促进国防生产力的发展。

25.3.1 国防企业最优区位模型

劳恩哈特—韦伯模型、帕兰德的运费与区位理论、诺思的费用指向与区位选择等理论模型都是确定国防企业选址问题的基础模型。一般而言，技术溢出效应、自然优势以及规模经济等因素会导致生产集聚，而运输费用与生产集聚之间的关系相对较复杂一些。克鲁格曼就发现运费与产业集聚和专业化之间存在一种倒U型关系。即运输费用越高，生产专业化和集聚的程度越低，随运费的降低，生产专业化和集聚会提高，但当运费进一步降低时，专业化和集聚的程度又会降低，生产会进一步分散化（如图25.1所示）。

罗斯·汉斯伯格（Rossi-Hansberg，2005）则认为，随运输成本的降低，生产集中会进一步降低，而生产专业化则进一步提高，两者与运输成本之间的关系是相反的。这是因为，对生产专业化而言，随着运输成本的降低，专业生产所带来的集聚效应大于由于远离消费市场所产生的损失；而对生产集中而言，随运输成本的降低，那些处于生产区域边缘的企业其生产力会有所提高，从而会使生产进一步分散化。

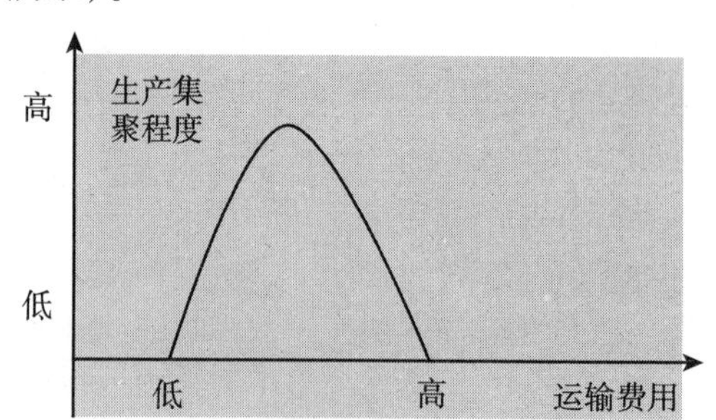

图25.1 生产集聚程度与运输费用

在劳恩哈特—韦伯模型中，对那些没有特殊指向要求的厂商而言，在产出和投入数量既定且运输成本由厂商承担的前提下，厂商将选择运输成本最小的区位为最优区位。假定产业布局中的原料地、燃料地与市场分布在一片均质平原上3个不同的地点 A、B、C，就可以绘制一个区位三角形图，如图25.2。

假设每生产1单位产品需要 W_1 单位原料、W_2 单位燃料，并向市场运出 W_3 单位的产品。如果国防生产工厂布局在 P 点，则该工厂每生产1单位产品需要完成的总运量 T_p 为：

$$T_p = W_1D_1 + W_2D_2 + W_3D_3 \tag{25.1}$$

式中 D_1、D_2、D_3 为 P 点距 A、B、C 三个点之间的距离。当 T_p 值为最小时，P

点为最优区位。由于原材料地、燃料地与市场区的位置是固定的，而 W_1、W_2、W_3 的值均为已知，所以 P 点的位置可以计算出来。当需要在多个点形成的多角形中求解产业布局的最优区位时，可以有：

$$\min T_p = \min \sum_{i=1}^{n} W_i D_i \tag{25.2}$$

可以通过已知数求出 P 点作为产业布局最优化的方向，但不能求出其确切的位置（蔡先金、张远忠，2003）。

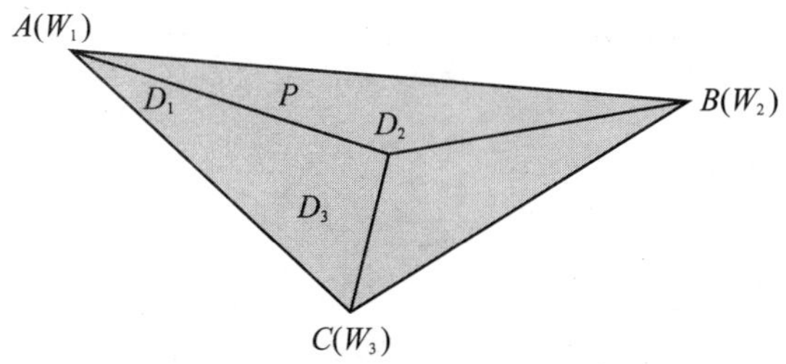

图 25.2　产业布局区位三角形图

25.3.2　国防企业分布选择模型

一般而言，自然资源优势和技术溢出对企业分布具有一定的影响。艾里森和格莱索（Ellison & Glaeser，1997）对美国产业集中情况进行了研究，并建立了企业分布选择模型。在自然优势、技术溢出与企业布局关系上，假设某一产业由 N 个企业组成，第 K 个企业选择 v_k 以最大化其利润，并通过布局在 i 地区实现 π_{ki} 利润，则其利润可以表示为：

$$\log\pi_{ki} = \log \overline{\pi_i} + g_i(v_1, v_2, \cdots, v_{k-1}) + \varepsilon_{ki} \tag{25.3}$$

式中，g_i 表示之前布局在 i 地的其他企业对企业 K 所产生的技术溢出，ε_{ki} 为一附加的随机部分，反映企业 K 的产业特征。

随机变量 $\{\overline{\pi_i}\}$ 表示自然优势对利润的影响，$\overline{\pi_i}$ 的期望表示布局在 i 地区的平均利润，而 $\{\overline{\pi_i}\}$ 的方差反映的是一个适宜布局对利润的反应度。如将 $\{\varepsilon_{ki}\}$ 定义为独立于 $\{\overline{\pi_i}\}$ 的随机变量，且不存在技术溢出（对所有 i 而言 $g_i \equiv 0$），则该模型为标准的 logit 模型，国防企业的布局选择有条件地独立于随机变量：

$$prob\{v_k = i \mid \overline{\pi}_1, \cdots \overline{\pi}_m\} = \frac{\overline{\pi}_i}{\sum_j \overline{\pi}_j} \tag{25.4}$$

这里 $\{\overline{\pi}_i\}$ 满足两个参数限制。首先，在产业平均水平上，模型复制了所有生产活动的分布，假设：

$$E_{\pi_1, \cdots, \pi_m} \frac{\overline{\pi}_i}{\sum_j \overline{\pi}_j} = x_i \tag{25.5}$$

式中，x_i 为地区 i 占所有产业雇员的份额。假设自然资源的联合分布是一个单一参数 $\gamma^{na} \in [0,1]$ 且：

$$\mathrm{var}\left(\frac{\overline{\pi}_i}{\sum_j \overline{\pi}_j}\right) = \gamma^{na} x_i (1 - x_i) \tag{25.6}$$

参数 γ^{na} 描述的是自然优势对产业的重要性。当 $\gamma^{na} = 0$ 时，说明该地区并不具备给企业带来利润的特殊优势，那么企业的布局选择就是独立的，即以 x_i 的概率布局在 i 地区。而当 $\gamma^{na} = 1$ 时，则表明该地区的自然优势完全满足该产业的需要，并会吸引所有的企业布局在该地区（随机变量 $\overline{\pi}_i / \sum_j \overline{\pi}_j$ 相应的变化也在0与1之间，也就意味着 x_i 与 $x_i[1 - x_i]$ 是等同的）。

以上考虑的是自然优势对产业布局的影响，技术溢出也会吸引企业集聚在某一地区，从而影响整个产业的布局。这里技术溢出是一个较为宽泛的概念，既包括通常意义上纯技术方面的溢出，也包括从劳动力市场所获得的收益、企业之间内部交易的所得，以及所有由于分布在靠近该产业其他企业附近所收到的利润方面的增加。这里假设技术溢出要么全部存在，要么没有。也就是说，对于两个相对应的企业而言，如果其选择布局在同一地点，则获得全部的技术溢出收益；而如选择分散布局则技术溢出收益为0。

假设技术溢出的作用由参数 $\gamma^s \in [0, 1]$ 表示，则：

$$\log \pi_{ki} = \log(\overline{\pi}_i) + \sum_{l \neq k} e_{kl}(1 - u_{li})\gamma^s + \varepsilon_{ki} \tag{25.7}$$

式中 $\{e_{kl}\}$ 是贝努利随机变量，其等于1的概率为 γ^s，从而表明在相应两个企业之间是否存在着技术溢出；同时，u_{li}则表示企业 l 布局在 i 地区。同样假设技术溢出具有对称性和可传递性，即 $e_{kl} = 1 \Rightarrow e_{lk} = 1$，且如 $e_{kl} = 1$，$e_{lm} = 1$，则 $e_{km} = 1$。

以 s_i 表示某产业工人在 i 地区工人所占的比例，x_i 表示集聚企业工人在 i 地区

所占的比例，则就可通过 $G \equiv \sum_i (s_i - x_i)^2$ 来衡量某一产业的地区集中程度。模型中，设定 $\{x_i\}$ 为外生给定，而 $\{s_i\}$ 由 $s_i = \sum_k z_k u_{ki}$ 内生给定，其中 z_k 是第 k 个企业工人所占该产业工人数量的比例，u_{ki} 是一显示变量，当 k 企业选择布局在 i 地区时其值为 1。对满足上述要求并通过选择布局来最大化其利润的企业而言：

$$E(G) = (1 - \sum x_i^2)[\gamma + (1 - \gamma)H] \tag{25.8}$$

这里 $H \equiv \sum_k z_k^2$ 是产业企业规模分布的 Herfindahl 指数，$\gamma = \gamma^{na} + \gamma^s - \gamma^{na}\gamma^s$。该式测量了自然优势与技术溢出对某产业期望集中程度的影响，其作用在于即使不知道自然优势或技术溢出对产业集聚的联合影响，也有可能构建一种集中指数来“控制”不同的产业及数据特征。当然应用该模型时要非常注意不能只注重布局的经济效益，而忽略安全效益。

25.4　国防经济布局层次结构分析

国防经济布局的形成与调整受到一系列客观因素的制约，这些客观因素往往是多种多样、错综复杂的，科学分析这些制约因素的发展变化，是优化国防经济布局的前提。为了使复杂的决策问题清晰化，提高决策的科学性和正确性，可以运用层次分析法来分析国防经济布局问题。

25.4.1　基本思路

首先将影响国防经济布局的因素，按照这些因素之间的层次关系，加以系统分析和归纳整理：一是目标类，即决策所要解决的问题；二是准则类，即影响目标实现的因素；三是措施类，即实现目标的方法、方案、手段等。然后按照从目标到措施的顺序，自上而下将各类因素排列于不同层次，得出国防经济布局的层次结构模型（见图 25.3）。

其次，构造好层次结构模型后，组织专家，根据实际情况，对层次结构模型中各因素的相对重要性进行评判，并通过标度将其量化，确定每一层各因素相对重要性的权数，然后通过综合计算得出措施层各方案的相对权重。

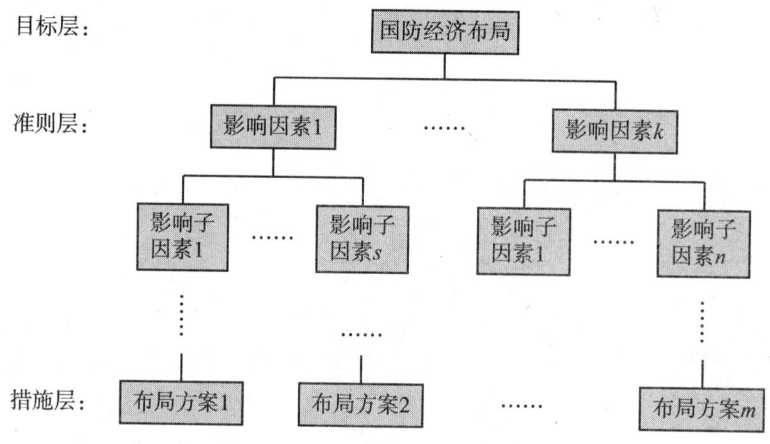

图 25.3　国防经济布局的层次结构模型

最后，对评判的逻辑一致性进行检验，以修正评判中可能出现的随意性。评判的逻辑一致性是我们得到有效结论所必需的。如果在对各因素相对重要性的评判中存在某种程度的不一致性，需要重新进行评判，直到该评判通过一致性检验。

通过一致性检验后，根据措施层各方案的相对权重得出各方案的优劣次序，从而确定国防经济布局的最佳方案。

25.4.2　应用分析

由于层次分析法是一种系统的决策方法，其目的在于提高决策的科学性和有效性，具有较强的适应性。在此，通过层次分析法在国防工业微观布局中的应用来说明如何运用层次分析法来分析国防经济布局问题。

国防工业微观布局的重要内容是企业选址，假设在和平时期，要建造某电子战设备制造厂，现有三个备选地址，要确定该厂最佳厂址，根据层次分析法，构建该厂选址的层次结构模型（见图 25.4）。

其具体过程如下：

第一，根据该层次结构模型，邀请有关专家对各因素相对重要性给出评判信息，并将其量化　影响该电子战设备制造厂选址的因素很多，这些因素之间没有确定的数量关系，难以直接判定。但这些因素，两两之间可以通过专家组综合评判来确定哪一个更重要，重要多少，并按 1 ~ 9 标度（见表 25.1）对重要程度赋

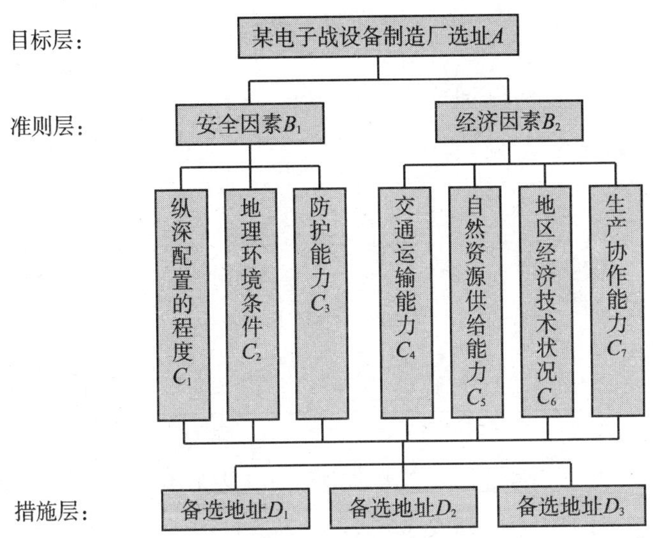

图 25.4　某电子战设备制造厂选址的层次结构模型

值，从而构成量化的判断矩阵。

表 25.1　1~9 标度的含义

X 与 Y 重要性比较的标度	含　义
1	X 因素与 Y 因素同等重要
3	X 因素比 Y 因素稍重要
5	X 因素比 Y 因素明显重要
7	X 因素比 Y 因素非常重要
9	X 因素比 Y 因素绝对重要
2，4，6，8	为以上两判断之间中间状态的对应值
倒数	若元素 X 与 Y 的重要性之比为 a_{xy}，那么 Y 与 X 的重要性之比为 $a_{yx}=1/a_{xy}$

信息化战争条件下，随远程精确打击武器的发展与运用，国防工业企业的安全空间大为缩减。以往配置在战略纵深，甚至山洞、山沟中的国防工业企业，其安全优势有所下降。同时，在爆发全面战争的危险性趋于降低的情况下，边境武装冲突、小规模军事对抗及局部战争，成为可能的战争样式。与全面战争相比，

边境武装冲突、小规模军事对抗及局部战争，对国防工业体系隐蔽性、安全性的要求低得多，而对其时效性、经济性的要求相对高些。电子战设备制造厂产品军民通用性较强，这类企业选址时应当安全和经济效益并重。因此得出判断矩阵 1（见表 25.2）。

表 25.2　　　　电子厂选址判断矩阵 1

某电子战设备制造厂选址 A	安全因素 B_1	经济因素 B_2
安全因素 B_1	1	1
经济因素 B_2	1	1

和平时期，在影响选址的安全因素中仍应优先考虑工厂不易遭敌打击破坏。然后再考虑地理环境因素，即备选厂址的地质条件和环境条件适不适合建立这种类型的企业。在安全因素中还要考虑防护能力，这里的防护能力是指企业抵御敌人攻击的能力。将这些因素两两比较，引入标度将其相对重要性量化，得出对安全因素 B_1 的判断矩阵（见表 25.3）。

表 25.3　　　　电子厂选址判断矩阵 2

安全因素 B_1	C_1	C_2	C_3
C_1	1	5	9
C_2	1/5	1	3
C_3	1/9	1/3	1

经济因素关系到该企业经济效益的实现。在影响选址的经济因素中，主要考虑交通运输能力、自然资源供给能力、地区经济技术状况、生产协作能力四个因素。

就电子战设备制造厂而言，其产品军民通用程度高，如通信对抗设备和民用通信设备几乎有 90% 左右的产品都是通用的，而且该企业属于高技术企业，其产品在信息化战争中作用很大。这种企业坚持军民结合，寓军于民，形成军民良性互动，协调发展的机制，努力提高科研和制造水平十分重要。再结合电子工业企业的特点，对该企业而言，地区经济技术状况和生产协作能力最重要，应优先考虑，交通运输能力的重要性稍次之。高科技企业受自然资源限制较小，因此最

后才考虑自然资源供给能力。将这些因素两两比较，引入标度将其相对重要性量化，得出对经济因素 B_2 的判断矩阵，见表 25.4。

表 25.4　　电子厂选址判断矩阵 3

经济因素 B_2	C_4	C_5	C_6	C_7
C_4	1	4	1/2	1/2
C_5	1/4	1	1/5	1/5
C_6	2	5	1	1
C_7	2	5	1	1

同理，根据各地区的实际情况和其他各因素的相对重要性，可得其他判断矩阵，如下所示。

表 25.5　　电子厂选址判断矩阵 4

不易遭敌破坏和占领 C_1	D_1	D_2	D_3
D_1	1	4	8
D_2	1/4	1	4
D_3	1/8	1/4	1

表 25.6　　电子厂选址判断矩阵 5

地理环境条件 C_2	D_1	D_2	D_3
D_1	1	1/2	1/6
D_2	2	1	1/5
D_3	6	5	1

表 25.7　　电子厂选址判断矩阵 6

防护能力 C_3	D_1	D_2	D_3
D_1	1	4	3
D_2	1/4	1	1/2
D_3	1/3	2	1

表 25.8　　电子厂选址判断矩阵 7

交通运输能力 C_4	D_1	D_2	D_3
D_1	1	1/5	1/9
D_2	5	1	1/3
D_3	9	3	1

表 25.9　　电子厂选址判断矩阵 8

自然资源供给能力 C_5	D_1	D_2	D_3
D_1	1	1/8	1/3
D_2	8	1	6
D_3	3	1/6	1

表 25.10　　电子厂选址判断矩阵 9

地区经济技术状况 C_6	D_1	D_2	D_3
D_1	1	1/4	1/8
D_2	4	1	1/4
D_3	8	4	1

表 25.11　　电子厂选址判断矩阵 10

生产协作能力 C_7	D_1	D_2	D_3
D_1	1	7	2
D_2	1/7	1	1/5
D_3	1/2	5	1

第二，层次单排序及一致性检验　进行层次单排序需要计算权重，计算权重的方法有很多种，在这里，采用求和法来计算。步骤如下：第一步，将判断矩阵的元素按列归一化；第二步，将归一化后的各行相加，然后将相加后的向量除以 n，即得权重向量。

得出权重向量后需要对判断矩阵的一致性做出检验。其方法是：对维数 $n \leq 2$ 的判断矩阵，只要 C. I 值小于 0. 1，就认为判断矩阵的一致性可以接受；对维数

$n \geqslant 3$ 的判断矩阵应当计算 C. R 值，C. R 值小于 0. 1，即通过一致性检验。计算公式如下：

$$\text{C. I} = \frac{\lambda_{max} - n}{n - 1}, \text{C. R} = \frac{\text{C. I}}{\text{R. I}} \tag{25.9}$$

λ_{max} 为判断矩阵唯一非 0 的最大特征值，R. I 值见表 25. 12。

表 25. 12　　平均随机一致性表

维数	1	2	3	4	5	6	7	8	9
R. I	0	0	0. 58	0. 90	1. 12	1. 24	1. 32	1. 41	1. 45

以第一个判断矩阵为例，其权重计算及一致性检验过程如下：

（1）按列归一（见表 25. 13）。

表 25. 13　　电子厂选址列归一计算结果

某电子战设备制造厂选址 A	安全因素 B_1	经济因素 B_2
安全因素 B_1	1/2	1/2
经济因素 B_2	1/2	1/2
各列和	2	2

（2）各行相加后除以 n（此处 $n=2$），即得权重向量 W_1（见表 25. 14）。

表 25. 14　　电子厂选址计算的权重向量结果

某电子战设备制造厂选址 A	安全因素 B_1	经济因素 B_2	行和	权重 W_1
安全因素 B_1	1/2	1/2	1	1/2
经济因素 B_2	1/2	1/2	1	1/2

（3）对判断矩阵进行一致性检验。$\lambda_{max}=2$，C. I = 0 < 0. 1，通过了一致性检验。

同理，可以得出其他判断矩阵的权重向量，并对其一致性进行检验，结果如下：

判断矩阵 2，权重向量为（0. 7482，0. 1804，0. 0714），$\lambda_{max}=3.0292$，C. I = 0. 0146，R. I = 0. 58，C. R = 0. 025 < 0. 1，通过一致性检验。

判断矩阵3，权重向量为（0.1113，0.0643，0.4122，0.4122），$\lambda_{max}=4.0104$，C. I =0.0035，R. I =0.90，C. R =0.0038 <0.1，通过一致性检验。

判断矩阵4，权重向量为（0.7015，0.2267，0.0718），$\lambda_{max}=3.0542$，C. I =0.0271，R. I =0.58，C. R =0.0467 <0.1，通过一致性检验。

判断矩阵5，权重向量为（0.1033，0.1742，0.7225），$\lambda_{max}=3.0293$，C. I =0.0146，R. I =0.58，C. R =0.0252 <0.1，通过一致性检验。

判断矩阵6，权重向量为（0.6232，0.1373，0.2395），$\lambda_{max}=3.0183$，C. I =0.0091，R. I =0.58，C. R =0.0158 <0.1，通过一致性检验。

判断矩阵7，权重向量为（0.0637，0.2674，0.6689），$\lambda_{max}=3.0292$，C. I =0.0146，R. I =0.58，C. R =0.0252 <0.1，通过一致性检验。

判断矩阵8，权重向量为（0.0752，0.7530，0.1718），$\lambda_{max}=3.0749$，C. I =0.0374，R. I =0.58，C. R =0.0646 <0.1，通过一致性检验。

判断矩阵9，权重向量为（0.0718，0.2267，0.7015），$\lambda_{max}=3.0542$，C. I =0.0271，R. I =0.58，C. R =0.0467 <0.1，通过一致性检验。

判断矩阵10，权重向量为（0.5907，0.0755，0.3338），$\lambda_{max}=3.0142$，C. I =0.0070，R. I =0.58，C. R =0.0122 <0.1，通过一致性检验。

第三，层次总排序及总体一致性检验 计算层次总排序可以分为两步：首先分别计算在安全因素和经济因素中各备选地址的排序；然后考虑安全因素和经济因素的权重，得出层次总排序；最后还应该对总体一致性做出检验。计算过程如下：

（1）安全因素方面，各备选地址的排序（见表25.15）。

表25.15　　安全因素方面各备选地址的排序

经济因素 B_1	权重			排序
	C_1	C_2	C_3	
	0.7482	0.1804	0.0714	
D_1	0.7015	0.1033	0.6232	0.5880
D_2	0.2267	0.1742	0.1373	0.2108
D_3	0.0718	0.7225	0.2395	0.2011

排序的权重值计算过程如下：

$$\begin{pmatrix} 0.7015 & 0.1033 & 0.6232 \\ 0.2267 & 0.1742 & 0.1373 \\ 0.0718 & 0.7225 & 0.2395 \end{pmatrix} \times (0.7482 \quad 0.1804 \quad 0.0714)^{T} = \begin{pmatrix} 0.5880 \\ 0.2108 \\ 0.2011 \end{pmatrix}$$

（2）经济因素方面，各备选地址的排序（见表25.16）。

表25.16　　经济因素方面各备选地址的排序

经济因素 B_2	权重				排序
	C_4	C_5	C_6	C_7	
	0.1114	0.0643	0.4122	0.4122	
D_1	0.0637	0.0752	0.0718	0.5907	0.2850
D_2	0.2674	0.7530	0.2267	0.0755	0.2027
D_3	0.6689	0.1718	0.7015	0.0338	0.5122

排序的权重值计算过程如下：

$$\begin{pmatrix} 0.0637 & 0.0752 & 0.0718 & 0.5907 \\ 0.2674 & 0.7530 & 0.2267 & 0.0755 \\ 0.6689 & 0.1718 & 0.7015 & 0.0338 \end{pmatrix} \times (0.1114 \quad 0.0643 \quad 0.4122 \quad 0.4122)^{T} = \begin{pmatrix} 0.2850 \\ 0.2027 \\ 0.5122 \end{pmatrix}$$

（3）考虑安全因素和经济因素的权重，得出总排序（见表25.17）。

表25.17　　备选地址总排序

某电子战设备制造厂选址 A	权重		总排序
	安全因素 B_1	经济因素 B_2	
	0.5	0.5	
D_1	0.5880	0.2850	0.4365
D_2	0.2108	0.2027	0.2068
D_3	0.2011	0.5122	0.3567

总排序的权重值计算过程如下：

$$\begin{pmatrix}0.5880\\0.2108\\0.2011\end{pmatrix}\times(0.5)+\begin{pmatrix}0.2850\\0.2027\\0.5122\end{pmatrix}\times(0.5)=\begin{pmatrix}0.4365\\0.2068\\0.3567\end{pmatrix}$$

（4）总体一致性检验。方案层对目标层的总体一致性检验如下：

$C.I=(0.0271,0.0146,0.0092)\times(0.7482,0.1804,0.0714)^T\times(0.5)+(0.0146,0.0374,0.0271,0.0071)\times(0.1114,0.0643,0.4122,0.4122)^T\times(0.5)=0.0208$

$R.I=(0.58,0.58,0.58)\times(0.7482,0.1804,0.0714)^T\times(0.5)+(0.58,0.58,0.58,0.58)\times(0.1114,0.0643,0.4122,0.4122)^T\times(0.5)=0.58$

$C.R=C.I/R.I=0.03594<0.1$，通过了一致性检验，层次总排序的结果也符合一致性要求。

综合上述分析可知，三个备选地址综合排序，按从高到低的顺序依次为 D_1、D_3、D_2，从而确定备选地址 D_1 为建造该电子战设备制造厂的最佳厂址。

应当指出的是，在不同时期、不同情况下国防工业企业选址需要考虑的因素不同，其侧重点也有变化，在具体实施过程中要具体情况具体分析。

由于国防经济布局涉及的因素较多，而且各因素之间也会产生内在的联系与影响。因此，在国防经济布局的实践中，应当组织专家认真分析、全面确定影响国防经济产业部门的因素，构造科学、完善的国防经济布局层次结构模型，建立完善的数据库。在此基础上，可采取专家群体评判的方式对不同因素的相对重要性作出评判，并利用计算机技术准确、快速地实现对目标的层次分析。

关键术语

国防经济布局　指向性理论　经济论证　安全论证

课后思考

1. 国防经济布局基本理论主要包括哪些方面？
2. 试述国防经济布局综合论证的主要内容。
3. 试述国防企业最优区位模型的基本原理和方法。

4. 试述国防企业分布选择模型的主要原理。

参考文献

蔡先金、张远忠:《区域产业布局中交通运输最优化模型应用分析》，载《山东交通学院学报》2003 年第 4 期。

安虎森主编:《区域经济学通论》，经济科学出版社 2004 年版。

高　嵩:《1950 ~ 1970 年美国联邦国防支出在南部经济发展中的作用》，载《东北师大学报（哲学社会科学版)》2002 年第 6 期。

韩　曙:《我国国防工业布局研究》，1991 年国防大学硕士论文。

姜鲁鸣:《中国国防经济历史形态》，国防大学出版社 1991 年版。

陈德弟、李　轴、库桂生:《国防经济大辞典》，军事科学出版社 2001 年版。

李小建、李庆春:《克鲁格曼的主要经济地理学观点分析》，载《地理科学进展》1999 年第 6 期。

李欣红:《区域经济一体化与产业区位：一个理论和实证综述》，载《经济问题探索》2007 年第 12 期。

梁　怀、王书芳:《中国经济布局概论》，中国地质大学出版社 1988 年版。

刘再兴:《工业地理学》，商务印书馆 1997 年版。

刘再兴、蒋清海、侯景新:《中国生产力总体布局研究》，中国物价出版社 1995 年版。

陆大道:《关于“点—轴”空间结构系统的形成机理分析》，载《地理科学》2002 年第 1 期。

杨　帆:《中国经济持续发展的四大战略》，载《战略与管理》2001 年第 3 期。

于连坤、唐洪鑫:《国防经济学概论》，国防大学出版社 1999 年版。

［德］阿尔弗雷德．韦伯著，李刚剑、陈志人、张英保译:《工业区位论》，商务印书馆 1997 年版。

［美］托马斯·L·萨迪著，张录译:《领导者：面临挑战与选择——层次分析法在决策中的应用》，中国经济出版社 1993 年版。

［英］基斯．哈特利、［美］托德．桑德勒主编，姜鲁鸣等译:《国防经济学手册》，经济科学出版社 2001 年版。

Glenn Ellison, Edward L., 1997, “Geographic Concentration in U. S. Manufacturing Industries: A Dartboard Approach”, *Journal of Political Economy*, 105 (5): 889 ~927.

Braddon, D., 1995, “The Regional Impact of Defense Expenditure”, in *Handbook of Defense Economics*. New Rork.

Brauer, J., 1991, “Arms Production in Developing Nations: The Relation to Industrial Structure, Industrial Diversification and Human Capital Formation", *Defense Economics* 2: 165 ~ 175.

Hughes, D. , 1991, "The Impact of Changes in Military Expenditures on The Washington State Economy", *Review of Regional Studies* 21: 311 ~ 327.

Paukert, L. , Richards, P. J. (eds.) 1991, "Defense Expenditure, Industrial Conversion and Local Employment", International Labor Office, Geneva.

Office of Economic Adjustment, 1986, *Stapleton Homeport Fiscal Impact Analysis*, President's Economic Adjustment Committee, Department of Defense, Washington, DC.

第 26 章　国防经济运行

国防经济活动通过经济活动来满足军事需求，最终实现保障国家安全的目的，这一过程的实现，是通过国防经济运行来完成的。国防经济运行是国防经济深层次本质关系在外部的表现形式和实现过程，国防经济顺利运行是保持整个国家安全、稳定的重要因素。

本章讨论国防经济运行，包括国防经济运行主体、机制，国防经济运行均衡、非均衡，以及国防经济运行周期。第一节讨论国防经济运行的含义和主体；第二节讨论国防经济运行机制，包括国防经济运行计划机制、市场机制和国防经济运行模式；第三节讨论国防经济宏观状态，进行国防经济均衡和非均衡分析；第四节讨论国防经济运行周期。

26.1　国防经济运行概述

国防经济是经济与国防交叉形成的一种特殊的经济形态，国防经济本质决定国防经济运行，国防经济运行服务于国防经济本质。

26.1.1　国防经济运行含义

国防经济运行是在国民经济的制约和影响下，国防经济各个要素按特定的关系有机结合，依特定程序和内在要求而相互联系所进行的一种经济运动（张振龙、谢宝湘，1999）。同民用经济运行一样，国防经济运行也包括运行目标、运行主体、运行机制和运行模式等，其运行建立在国民经济运行的物质基础之上，又是一个相对独立的经济运行过程。于连坤（2002）、吴鸣（2007）等认为可以从不同的角度对国防经济运行进行考察：

● 从宏观上看，国防经济运行也体现了需求和供给之间的平衡关系。在国防经济运行中，供给和需求是一对特殊的矛盾，他们之间谁占主导地位，将从宏观上决定国防经济运行的模式。在供给导向型国防经济运行模式中，国防供给决定国防需求，国防经济体系根据国家总体资源配置计划和国防力量发展要求，制定相应军品研发和生产计划，并以此作为确定国防经济发展规模的依据。相反，在需求导向型国防经济运行模式中，则是国防需求决定国防供给，国防经济体系根据国家面临的威胁程度强弱来确定国防预算，并以国防预算的形式形成国防有效需求，以此为依据确定国防经济实际规模。在这种国防经济运行模式下，市场机制和政府宏观调控都是配置国防经济资源的重要手段。

● 从微观上看，按照国防经济体系要素划分，国防经济运行过程是组成国防经济体系的各种要素相互作用、相互联系的过程。政府是对国防经济运行进行调节和控制的行为主体，它通过国防经济体系中的制度约束来规制各参与者行为，确保整个国防经济体系正常运行。军方是军品的直接购买者，同时也是军品的直接消费者，担负着将军品转化为战斗力的重任。企业是生产军品的微观个体，也是军品市场上参与军品交换和分配的法人实体。国防经费则是确保国防经济运行的物质基础，各要素之间的相互作用和相互联系以它为媒介来进行。科学技术则渗透到各种具体要素之中，提高国防经济运行效率。

● 从国防经济运行过程看，国防经济运行也可划分为生产、交换、分配和消费四个阶段，这四个阶段构成国防经济运行过程中的主要环节。从某种程度上也可以说，国防经济运行的整个过程就是生产、交换、分配和消费的动态统一。生产阶段，国防经济体系中的军工企业生产出满足军队要求的军品；交换阶段，作为购买者的军方向军工企业购买所需军品；分配阶段，军方内部对获得的军品进行分配和再分配；消费阶段，军品被使用，从而直接转化为战斗力。这四个阶段是一个动态统一的整体，它们一环扣一环，共同构成了国防经济运行的整个动态过程。

26.1.2 国防经济运行主体

国防经济运行主体的行为直接影响国防经济运行状况，国防经济运行主体一般包括需求主体和供给主体两部分。

国防经济运行需求主体　从微观角度看，国防经济运行的直接产品是军品，而军品是直接供军方消耗和使用的，因此可以认为国防经济运行中的需求主体就是军方。军方作为国防经济运行中的需求主体，对军品需求的实现是通过两方面来进行的：一方面，国防采办部门根据实际需要，从军品采办市场采办相应的军品；另一方面，军方将所采办的军品分配至相应的基层军事组织，通过基层军事组织对军品的使用和消耗产生战斗力。这两方面通过一定的机制联系在一起，共同实现军方作为国防经济运行需求主体的功能。

国防采办是市场经济与军事需求有机结合的产物，它不仅仅是一个军品贸易和交换的过程，更是通过这一手段增强部队战斗力，维护国家根本利益的过程。在国防采办过程中，确立军方的主体地位，并赋予其相应的权利和义务，有利于充分发挥市场机制的调节作用，对国防经济运行中的供给主体行为进行约束，进而充分提高国防经济运行的效率。

基层军事组织是执行作战任务的最小单位，其对军品的需求是通过“质”和“量”两方面来得到具体体现的。从“质”的方面看，不同作战方向和作战类别的基层军事组织在军品技术水平和产品质量方面的需求有着不同的侧重点；从“量”的方面看，不同级别和规模的基层军事组织对军品的数量也有不同的要求。一国通过对所处安全形势的判断，确定可能面临的威胁来源，在此基础之上制定与之相适应的国防发展战略，这其中就隐含了军品生产的“质”和“量”标准。

具体来讲，在一国确定合理的国防战略目标后，作为国防经济运行需求主体的军方，应将这些战略目标进一步细化为具体内容，并以此为依据科学确定相应的军事需求。在确定军事需求的基础之上，充分运用市场机制，通过国防采办来实现军事需求。作为国防经济运行的需求主体，军方既要考虑军品在提高战斗力方面能够发挥多少效用，也要考虑购买军品的成本，在这两方面找到一个最佳均衡点，以尽可能少的资金换取尽可能多的军品效用。

国防经济运行供给主体　国防经济运行中的供给主体是指为需求主体生产军品的军工企业，这里的军工企业不仅包括了武器装备的生产企业，还包括了军需物资的生产企业和开展国防科研活动的企事业单位。军工企业的生产和运行状况是国防经济运行过程中军品供给能力的重要指示器，同时也直接影响着国防经济运行效率。供给主体与需求主体二者是军品市场存在的基本条件，共同构成国防经济运行的微观基础。

与一般的民用企业相比，军工企业作为经济实体而存在，因此追求利润最大化是企业生产的目标之一。但另一方面，作为国防经济运行供给主体的军工企业，其生产不仅要讲求经济效益，更要讲求军事效益，经济与军事效益共同构成军工企业的生产目标；军品的独家需求也使军品定价和普通商品有着很大的不同；在所有军工企业中，有的企业生产的是军民通用的产品或技术，这些产品或技术不具有保密性。然而，对于某些特殊的军工企业而言，其产品和技术涉及国家的安全利益，具有高度的保密性，必须按照相关的规定严格保守秘密，防止危害国家安全利益的情况发生。

如果军品市场是一个由众多需求主体和众多供给主体组成的完全竞争市场，那么按照经典的西方经济学理论，市场机制作用的最终结果将会是所有军品的价格与边际成本相等，从而到达资源配置高效率的状态，最终实现市场出清。然而，正如前面所分析的，由于国防经济运行的特殊性，现实中的军品市场不可能达到完全竞争的理想状态，必须通过相应的措施来规范国防经济运行中经济主体的行为，提高市场运行的效率。

26.2 国防经济运行机制

国防经济运行机制是国防经济运行机体内按照一定的作用机理，各构成要素相互联系、相互制约、相互作用，推动国防经济运行的各种方式的总和。国防经济运行所依附的社会经济机体不同，经济运行的机制也不相同。

26.2.1 国防经济运行的市场机制

市场机制是指在确认利益机制的基础上，价格、竞争、供求等市场要素之间相互联系和相互作用的制约关系及调节功能。国防经济作为国民经济的重要组成部分，同样可以市场机制来实现各类国防资源的有效配置。一般来讲，市场机制在国防经济运行过程中所发挥的作用，是通过利益机制、价格机制、供求机制和竞争机制等子机制得以实现的（于连坤，2002）。

利益机制 利益机制是指通过市场主体对自身利益的关心而对市场活动发生作用的一种机制。按照“经济人”假设，任何市场中经济主体的行为都是合乎

理性的，力图以最小的经济代价去追逐和获得自身的最大经济利益，这一观点正是利益机制发生作用的理论基石。

国防经济运行过程中存在着不同类型的经济主体，这些经济主体一定程度上同样有追逐自身利益的动机，只是这里的"利益"不仅包括经济利益，还包含与国家安全相关的其他诸方面因素。利益机制首先承认国防经济各经济主体的特殊地位，在此基础上，通过各经济主体追逐自身利益最大化行为来实现国防经济资源配置的效率。具体来说，利益机制在国防经济活动中所发挥的作用，是通过国防经济供给主体和需求主体的不同行为特征得以体现的。

价格机制　价格机制是微观经济学研究的中心问题之一。一般意义上讲，某种商品价格的变动将会引起该商品供给和需求发生相应的变动，通过这种变动，商品的供给和需求在新的水平上达到均衡，进而实现了资源的有效配置。在国防经济领域，军品的需求是由国家确定的，因此军品的价格也相对比较稳定。正是由于军品的这种特殊属性，军品合同成为了价格机制在国防经济领域发生效力的主要形式，军品的供给方和需求方通过谈判来确定双方都能接受的军品价格，并将这一价格用具有法律效应的合同来加以明确。一旦军品合同签订好之后，任何一方都不能随意单方面改变军品的价格。

供求机制　供求机制反映供求关系变化对价格的影响。供求机制与价格机制密不可分，价格信号反映商品的实际供求状况，并进一步实现资源配置的优化。国防经济领域的军民通用品，供求机制发生作用：供不应求，价格上涨；供过于求，价格下跌。对某些军事专用品，由于生产厂家数量有限，有可能会出现垄断价格，造成供求机制在这一领域的局部失灵，从而影响到该领域的国防资源配置效率。

竞争机制　市场经济条件下经济主体的逐利行为必然导致竞争的出现，从某种意义上讲，竞争机制是建立在利益机制、价格机制和供求机制等诸多机制基础之上的。在国防经济领域，对于那些军民通用品，竞争机制发生作用的机理和形式与一般商品并无差异。但对某些生产者数量有限的军事专用品，竞争机制作用的发挥是不完全的。因此，如何尽量避免这种低效率状况的出现，实现国防资源的有效配置，是一个需要深入探讨的课题。

在国防经济运行中，市场机制不仅是国防经济运行的动力，而且是约束国防经济主体行为的有力工具。市场机制对国防经济的约束作用主要是通过成本约束、质量约束和生产进度约束三种方式发挥出来的。在军品技术性能指标一定的情况下，政府在选择军工企业或军用产品时，通常把军品成本和价格作为一项重要指标。军工厂商为了在竞争中赢得国防合同或在军品市场上能够销售军用产品，就必须想方设法降低产品的成本和价格；武器装备等军品的质量不仅关系到军人生命的安危，而且直接影响和制约着战斗力水平的发挥，关系着国家的安全大局。企业要获得军品生产的特许资格，首先必须加强和提高自身的质量管理水平。对获得军品特许权的企业，为了能够持续获得政府的国防合同，或在竞争中赢得合同，必须细致入微地加强产品质量管理，确保军品质量百分之百合格，以维持厂商在政府心目中的良好声誉；在市场机制作用下，军工企业为实现利润最大化的目标，会不断地改进技术，提高劳动生产率。同时，竞争压力也迫使竞争者信守合同，按照合同规定的期限完成军品的科研生产任务。

26.2.2 国防经济运行的计划机制

计划机制是计划指标、经济杠杆和经济政策等计划要素之间相互联系和作用的制约关系及调节功能，它是人们对各种经济运行过程主观预测、约束和导向的系统。计划机制主要由决策机制、信息传导机制、预算控制与监督机制、评价机制以及必要的行政指令机制组成。它具有宏观性、自觉性、统一性等特点，可以很好地弥补市场机制存在的盲目性、无计划性等不足。

在国防经济领域，军品的生产直接关系到国家的安全利益，因此军品的需求是由国家直接确定的。军品的这一特殊性决定了军品生产在任何国家都受到国家计划的严格控制，计划机制也就自然成为国防经济必不可少的一种动力机制。在国防经济活动中，计划机制是通过三个层面来发挥作用的。第一个层面，根据国际、国内政治经济环境，合理确定国防经济发展的重点和方向，确定国防经济发展的速度和规模；第二个层面，具体落实第一个层面的宏观战略部署，确定国防经济运行过程中的主要参数，包括国防费规模、固定资产投资以及武器装备的生产计划等；第三个层面，建立和完善国防经济运行过程中的各项法律、法规，确保其有序进行，为整个国防经济活动顺利进行提供制度保障。

26.2.3 国防经济运行模式

国防经济的运行，本质上是以最终用于军事消费的产品即军品为载体的运

行，是以军品的生产、分配、交换和消费四个环节为现实统一的过程，运行的直接目标就是实现国防供求的总量均衡和结构协调。因此，从国防供给与国防需求的关系角度看，国防经济运行有两种基本模式：一种是国防经济规模由供给决定的供给约束型运行模式，另一种是国防经济规模由需求决定的需求约束型运行模式（谈万强，2002；吴鸣，2007）。

供给约束型运行模式　这种运行模式以原苏联的国防经济运行为代表，是以计划作为资源配置的基本手段的国防经济运行模式，该模式的基本内涵可概括为：

- 国防需求是国防供给的函数，即国防供给系统根据国家总体资源配置计划和军事武装力量发展的需要，制订和实施军事科研生产计划，并以此确定国防经济发展规模；
- 国防供给系统实行自上而下的程序决策，以指令性计划联结各军品生产部门和生产环节，因而军品供给具有极强的计划性；
- 国防供给与国防需求的联系采取非市场的计划调拨方式，即对国防需求系统实行实物配给制；
- 国家对国防经济运行的调控主要是对国防供给的调控，并且是非市场化的实物形态的直接控制。

这种运行模式的特点是国防经济资源配置的决策权全部集中在国家手里，国家和企业之间是等级从属关系，军品生产的一切活动，都要通过国家下达指令性计划，经济运行基本上靠上级对下级的行政命令和下级对上级的服从来推动，企业没有独立的经济利益，国家统一调拨各军品生产企业的产品，军品生产企业之间实际上不存在商品关系，企业只服从国家既定的资源分配实物指令。

供给约束型运行模式曾是社会主义传统计划经济在国防经济运行中的实现形式。由于这种运行模式集中程度很高，能把人力、物力、财力集中使用于国家优先发展的部门，能够直接贯彻国家的军事战略决策，调整经济结构，以保证国家军事战略的实现。在军品生产和科研上这种运行模式也具有较好的稳定性和连续性，军品生产能力较强。但这种运行模式同样存在不可避免的弊端。由于决策权高度集中，控制过死，企业缺乏经营的灵活性，国防经济成为封闭的体系，在适应平战时不同的军事需求转换、经济技术可持续发展方面都存在一定的挑战。

需求约束型运行模式　该运行模式以美国的国防经济运行为代表，是以市场作为资源配置基本手段的国防经济运行模式。其基本内涵与供给约束型运行模式相反：

- 国防供给是国防需求的函数，国防需求系统根据对国家安全程度的认定，以国防预算方式形成国防有效需求，并以此确定国防经济的供给规模；
- 国防需求系统实行纵向集中决策，通过长短期需求计划相结合的方式保证国防有效需求的实现，因而需求具有极强的集中性和计划性，而国防供给系统则是多元的、分散的、市场化的；
- 国防需求与国防供给的联系采取市场交换方式，因而对市场机制及完备程度有较高的要求；
- 国家对国防经济运行的调控主要是对国防需求的货币形态的调控，而且是作用于市场机制的间接调控。

与供给约束型运行模式相比，需求约束型国防经济运行不再以单一的计划手段来推动，而是由以国家计划为主导和依据，以市场为基础，以国防政策为导向，以法律为保障的整个运行方式体系来推动。这种计划主导性，从宏观上看，主要表现为国家对国防需求系统的影响和控制上，国家对国防经济的总体规模、结构、布局、发展方向和速度等重大问题进行统一规划，合理安排；通过国防预算、国家立法等形式从整体上调节国防总供求并使之保持基本平衡。从微观上看，表现为国防科研生产企业实行资格认证制度，国防科研生产资格一律由国家来认证；军品市场受到严格管理，军品交换要遵守严格的交易规则，军品的价格也受到国家一定程度的控制；国防消费由军方按条令条例等规章制度统一进行。

26.3 国防经济运行均衡

国防经济运行的宏观状态情况，主要表现在国防经济总供给和总需求之间的均衡状态上。

26.3.1 国防经济运行的均衡分析

“均衡”最初是物理学中的一个名词术语。把均衡概念引入经济学研究领域，主要是反映经济运行中的总需求和总供给之间在量上处于均等的状态。这里的均衡状态，既包括数量上总需求和总供给的均等，也包括经济运行结构的平

衡。另外，任何经济运行都是在一定的社会经济制度之下来完成的，因此经济学中的均衡往往是指处在一定市场条件之下的均衡。

国防经济运行是一种特殊的经济运行形式，其运行的目的是通过满足军事需求来保障国家安全。结合经济理论中均衡的概念和国防经济运行自身的特点，国防经济运行过程中的均衡至少包括以下三个方面的含义：

- 国防经济运行过程中总需求与总供给之间的平衡。国防经济运行过程中的均衡，从数量上看，首先应该满足经济学理论中均衡的基本条件，即数量上总需求和总供给之间的平衡。
- 国防经济运行结构的优化与合理。国防经济运行过程中的均衡，不仅包括数量上的平衡，也应包括运行结构的优化与合理，这与数量上的均衡是相辅相成的。
- 国防经济运行过程中各行为主体之间通过博弈实现均衡。国防经济运行过程中，各经济主体展开博弈，博弈的均衡结果便是各主体之间彼此不再具有改变现状的动机，从而实现了均衡。

陈俨（2000）把国防经济均衡划分为三个层次：社会总资源在国防经济与社会经济之间合理分割而达成的均衡、国防经济总需求（包括军事消费需求与国防科技工业投资需求）与社会总供给之间的均衡、国防经济内部的总需求和总供给之间的均衡，并侧重对国防经济运行过程中总需求和总供给的均衡模式、国防经济运行结构的均衡模式以及国防经济运行过程中经济主体之间行为的均衡模式进行分析，本章沿袭了陈俨（2000）、吴鸣（2007）的分析。

国防经济运行过程中总需求和总供给的均衡模式　国防经济运行的总需求是指国防经济体系中所有需求的总和。具体来讲，它主要由政府根据国家所面临的安全状况来确定，并由军方各级军事组织来具体体现。国防经济运行过程中的总供给则是由国防供给部门根据总需求情况来提供的。国防经济运行过程中总需求与总供给之间的均衡最为直接的体现就是两者数量上的均等，它是总需求与总供给之间通过相互作用所达到的动态平衡状态。

图 26.1 说明了国防经济运行过程中总需求和总供给之间的均衡。图中横坐标表示国防经济运行过程中的总供给 S，纵坐标表示国防经济运行过程中的总需求 D。在 A 点状态下，国防经济运行过程中的总需求大于总供给；在 B 点状态下，国防经济运行过程中的总需求小于总供给。因此，无论在 A 点或 B 点状态下，国防经济运行过程中的总需求和总供给都没有达到均衡，必须通过一定的方

式对相应的变量进行调整，使得国防经济运行过程中的总需求和总供给之间达到数量均衡点 E。在 E 点，国防经济运行过程中的总需求和总供给实现了数量上的均衡。

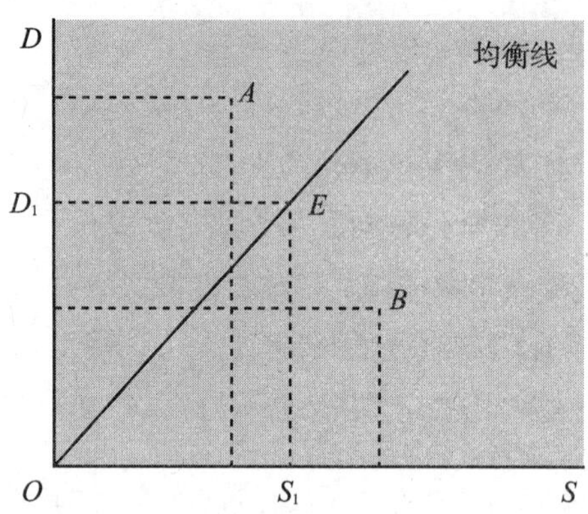

图 26.1　国防经济运行过程中总需求和总供给的均衡

国防经济运行结构的均衡模式　国防经济运行结构是指组成国防经济体系各要素之间的比例关系。只有国防经济运行过程中的诸要素保持科学、合理的比例关系，才能使得国防经济运行的产出最大化。通过这种方式，国防经济运行结构的均衡才能得以实现。定义国防经济运行过程中的要素集：

$$X = \{X_1, X_2, \cdots, X_n\} \tag{26.1}$$

式中，X_1，X_2，…，X_n 分别表示投入国防经济运行过程中的各要素数量。同时，定义国防经济运行的生产函数：

$$Q = Q(X_1, X_2, \cdots, X_n) \tag{26.2}$$

该生产函数的含义是，在国防经济运行过程中分别投入数量为 X_1，X_2，…，X_n 的要素时，所能获得的产出水平。因此，国防经济运行结构的均衡模式问题就转化为如何确定 X_1，X_2，…，X_n 之间的合理比例关系，以确保国防经济运行的生产函数 Q 有最大值问题。这样，就需要定义 X_1，X_2，…，X_n 之间的比例关系系数：

$$k_i = \frac{X_i}{\sum X_i} \quad (i = 1,2,\cdots,n) \tag{26.3}$$

这里 k_i 表示第 i 个要素的数量与所有要素数量之和的比值。在所有的 k_i 数

值当中，总能找到一组 k_i 的集合 $K^* = \{k_1^*, k_2^*, \cdots, k_n^*\}$，使得在此比例之下的各要素投入能产出最大的国防经济运行产出，即：

$$Q_{\max} = Q\left(k_1^* \sum X_i, k_2^* \sum X_i, \cdots, k_n^* \sum X_i\right) \tag{26.4}$$

因此，确定国防经济运行结构均衡模式的过程，其实质就是通过相应的手段，确定并优化 k_1，k_2，…，k_n 的具体数值，使其等于 k_1^*，k_2^*，…，k_n^* 的过程。

国防经济运行过程中经济主体之间行为的均衡模式　在市场经济条件下，无论是需求主体还是供给主体，它们在国防经济运行过程中的行为都是以谋求自身利益最大化为特征的。因此，应该通过一定的制度安排，确保参与国防经济运行活动的各经济主体通过博弈实现均衡。图 26.2 通过一个简化的博弈模型分析来说明国防经济运行过程中经济主体之间的均衡。假设对于国防经济运行过程中的各经济主体而言，只有“合作”和“不合作”两种行为可供选择，则可以建立博弈分析的支付矩阵（见图 26.2）。

		供给主体（军工企业）	
		合作	不合作
需求主体（军方）	合作	（10,10）	（-5,5）
	不合作	（5,-5）	（-8,-8）

图 26.2　国防经济运行过程中经济主体之间的行为均衡

按图 26.2 中的支付矩阵可知，只有当供给主体和需求主体都选择“合作”行为时，才能实现对双方都有利的（10，10）支付，否则只要任何一方采取“不合作”行为，都不能实现双方的最大收益。因此，此时国防经济运行过程中经济主体所实现的行为均衡就是二者都采取“合作”的策略。

26.3.2　国防经济运行的非均衡分析

非均衡是与均衡相对应的一个概念。与均衡的含义正好相反，经济学中的非均衡既包括某一经济体系总需求和总供给在数量上的不均等，也包括该体系经济运行结构的不平衡。经济运行过程中非均衡产生的根本原因在于其均衡状态的暂时性和相对性。一定时期内的经济运行均衡，无论在数量上还是结构上，都只是某一阶段特殊条件下的产物，随着经济结构本身的发展以及客观环境的变化，经济运行过程中的均衡就会逐渐转化为非均衡。

国防经济运行过程中总需求和总供给非均衡模式 在均衡条件下，国防经济运行过程中总需求和总供给的数量是相等的，它们的均等构成了国防经济运行过程中的数量均衡。然而均衡是暂时且不稳定的，当国防经济体系内部发生某些变化或外界的某些因素对国防经济运行产生影响时，国防经济运行过程中的均衡就会被打破，非均衡就会出现。国防经济运行过程中总需求和总供给的非均衡模式可以通过图 26.3 来加以说明。

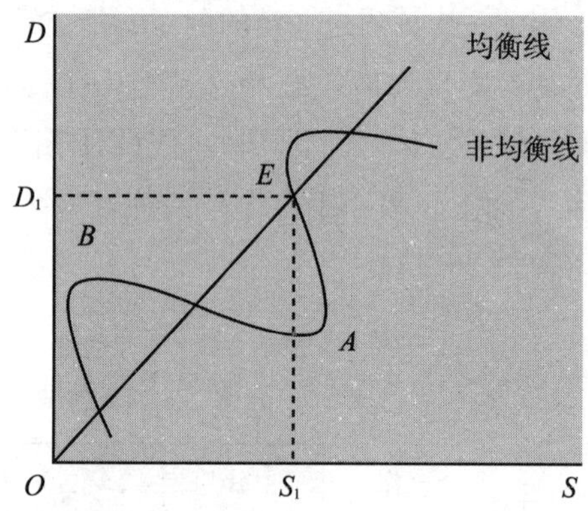

图 26.3 国防经济运行过程中总需求和总供给的非均衡

如图 26.3 所示，横坐标表示国防经济运行过程中的总供给 S，纵坐标表示国防经济运行过程中的总需求 D，点 E 表示国防经济运行过程中总需求和总供给之间的均衡状态，点 A 和点 B 表示国防经济运行过程中总需求和总供给之间的非均衡状态。国防经济运行过程中所有总需求和总供给均衡点的集合就构成了国防经济运行过程中总需求和总供给的均衡线，而所有总需求和总供给非均衡点的集合就构成了国防经济运行过程中总需求和总供给的非均衡线。在国防经济体系内部结构不发生任何变化，并且没有外界干扰的条件下，国防经济运行过程中的总需求和总供给始终保持均衡水平，总需求和总供给只沿着均衡线滑动。但正如前面所指出的那样，当国防经济体系内部发生某些变化或外界的某些因素对国防经济运行产生影响时，国防经济运行过程中的总需求和总供给就出现失衡情况，这反映到图中，就是国防经济运行过程的总需求和总供给沿非均衡线呈波浪线运动。

值得注意的是，国防经济运行过程中总需求和总供给的均衡线与非均衡线之间有一些交点（例如点 E），这些交点的出现，说明在国防经济运行过程中，总需求和总供给从一个非均衡态向另一个非均衡态转化的过程中，有可能会出现暂时的均衡水平，这揭示出了国防经济运行过程中均衡与非均衡之间的密切联系。

国防经济运行结构非均衡模式　国防经济运行结构均衡态只是一种理想的均衡模式，现实中，由于受诸多因素影响，国防经济运行结构是不断发生变化的，这就使得要素比例关系系数 k_1，k_2，…，k_n 的具体数值经常改变，而改变后的要素比例关系系数值并不一定与 k_1^*，k_2^*，…，k_n^* 相等。当出现事件集 $A=\{k_1 \neq k_1^*,\ k_2 \neq k_2^*,\ \cdots,\ k_n \neq k_n^*\}$ 中的任意一种或多种情况时，由于要素比例关系系数集合 $K^*=\{k_1^*,\ k_2^*,\ \cdots,\ k_n^*\}$ 所对应的国防经济运行结构已达到均衡状态，所以 $K=\{k_1,\ k_2,\ \cdots,\ k_n\}$ 所对应的国防经济运行结构就是非均衡状态。在非均衡的国防经济运行结构下，国防经济运行过程中投入诸要素所能产生的国防经济运行产出将会低于均衡条件下的国防经济产出：

$$Q = Q\left(k_1 \sum X_i, k_2 \sum X_i, \cdots, k_n \sum X_i\right) < Q_{\max} = Q\left(k_1^* \sum X_i, k_2^* \sum X_i, \cdots, k_n^* \sum X_i\right) \tag{26.5}$$

国防经济运行结构均衡所需的条件比较苛刻，它要求国防经济体系中所有要素的投入比例必须达到均衡条件下的要求。所以，哪怕国防经济运行过程中任意一个要素投入的比例与均衡条件下的标准不相符，就会出现国防经济运行结构的非均衡状态。这使得我们更能够理解国防经济运行结构均衡的暂时性和相对性，同时也使我们进一步认识到国防经济运行结构非均衡的永恒性和绝对性。

导致国防经济运行过程中非均衡的宏观因素　从国防经济运行过程中的均衡状态向非均衡状态转变，需要具备一定的条件，这些条件就成为了导致国防经济运行过程中非均衡产生的因素。正是这些因素，从数量上推动着国防经济运行过程中的总需求和总供给由均衡水平向非均衡水平转变，从质量上促使国防经济运行结构由均衡走向非均衡。从总体上看，造成国防经济运行过程中非均衡的宏观因素主要包括：

战争　没有战争就没有国防经济，国防经济运行的最终目的就是为战争服务。战争从两个方面造成了国防经济运行过程中的非均衡。一是战争爆发的突然性造成军事需求急剧增加，而国防经济体系不可能马上适应从和平状态向战争状态的转变，国防经济运行过程中的总供给不能适应总需求的急速增长，从而造成国防经济运行过程中的非均衡状态。对不同国家，战争爆发的突然性所产生的非均衡状态持续的时间长短并不相同。一个国防经济体系和国防经济动员能力都很强大的国家，能很快提高国防经济运行过程中的总供给水平，以适应军事需求急剧膨胀的需要。相反，一个国防经济体系和国防经济动员能力都很弱的国家，战争突然爆发所造成的国防经济运行非均衡状态则有可能会产生毁灭性后果。

二是随着战争形态的发展变化，军事需求的结构也相应地发生着变化。如果国防经济运行结构的调整不能及时适应军事需求结构的变化，就会出现国防经济运行结构的非均衡状态。随着新军事变革时代的到来，战争样式也发生着巨大的变化。在这样的背景下，军事需求结构也逐步由机械化向信息化转变。如果不根据客观环境的变化及时对国防经济运行结构进行相应的调整，就会出现国防经济运行结构的非均衡状态。

经济　经济是战争的物质基础，国防经济运行离不开国民经济作为坚强的后盾。一国的经济发展水平如果不能满足国防经济正常运行的需要，就会导致国防经济运行过程中的非均衡状态。第一次世界大战中，德国的经济实力被空前削弱。战后，它丧失了 1/8 国土、1/12 人口、3/4 铁矿资源、2/5 生铁产量、1/3 钢产量、1/3 煤产量、3/5 以上锌矿资源和 1/7 耕地面积；被剥夺了全部的殖民地、国外投资；被迫偿还 1000 亿马克的巨额赔款。1919 年与 1918 年相比，德国的工业生产减少了 1/3，只及战前水平的 33.8%。在战争中遭受极大破坏的经济状况直接地造成了当时德国国防经济运行过程中的过度非均衡状态，直到 20 世纪 30 年代末，德国才逐步摆脱这种状况，并重新走上了侵略、扩张道路。同时，在国家经济发展状况一定的条件下，所投入国防经费的数量会直接影响到国防经济运行过程中的均衡与非均衡。考虑国防经济本身的特殊性，不可能将过多的资金投入到国防经济运行过程中，但也不能因为国防经济运行的纯消耗性而人为压低国防经费的投入水平，这将会直接影响到国防经济运行的数量均衡和质量均衡，从而造成国防经济运行过程中的非均衡现象。另一方面，过分增加或过分减少国防经费投入，将会使国防经济与国民经济之间合理的比例关系受到破坏，这也会间接造成国防经济运行过程中的非均衡现象。

战略　为促进自身发展，一国往往要制定各种战略，确保预期目标的实现。在这些战略中，对国防经济运行影响最大的是经济发展战略和军事战略。经济发展战略对国防经济运行过程中均衡和非均衡的影响是通过改变国防经济运行投入

来实现的。例如，一国在某一特定的历史阶段制定了集中力量发展经济的战略，这就意味着政府在进行财政支出时，应重点考虑与国民经济发展息息相关的部分，国防经济体系则居于相对次要的地位。如果国家安全环境恶化，那么这一时期的军事需求会明显增大。可是经济发展战略的约束决定了政府不可能在国防经济运行方面有太大的投入，最终结果便出现国防经济运行的非均衡状态。同样，军事战略对国防经济运行过程中的均衡与非均衡也有很大的影响，这一影响是通过政府所采取的具体国防经济政策来实现的。一个国家如果执行带有明显侵略性和扩张性的军事战略，那么它的国防经费投入就会快速增长，国防经济运行水平则会因超出实际需要而趋向于非均衡状态（陈俨，2000）。

26.3.3　均衡状态与国防经济运行

均衡和非均衡在国防经济运行中所产生的作用不同，正确把握均衡和非均衡有助于从宏观上实现整个国防经济体系的快速发展。

均衡在国防经济运行过程中的作用　一般认为，在瓦尔拉斯一般均衡状态下，生产者实现利润最大化，消费者实现效用最大化，各类资源的配置达到最优。国防经济运行作为一种特殊的经济运行形式，与经典经济理论所刻画的情况存在一定的差异，但均衡在国防经济运行过程中的积极作用却同样不容置疑。

其一，均衡从数量上保证了国防经济总供给与总需求相适应。国防经济运行的根本动力来自于军事需求，这种需求拉动型的经济模式决定了国防经济运行过程中均衡的独特之处就在于国防经济总供给对总需求的适应。当国防经济总需求和总供给达到均衡水平时，国防经济运行过程中所需要的产品总量正好与国防经济体系的总产出量相等，这样既满足了总需求，又没有出现生产过剩，国防经济运行达到了一种类似于“瓦尔拉斯一般均衡”的状态。当然，严格意义上的国防经济总需求和总供给均衡在现实中很难出现，但它却可以成为度量现实条件下国防经济运行均衡状态的一把标尺。通过将实际国防经济运行情况与均衡的总需求和总供给水平相比较，就能确定当前国防经济总需求水平和总供给水平是否合理。

其二，均衡保证了国防经济运行结构的优化。在均衡国防经济结构下，国防经济体系中各要素的比例关系达到最佳状态，在既定的约束条件下，就能够实现以尽量少的投入获得尽量多的产出。同时，均衡的国防经济运行结构本身就是经过实践检验而形成的，它不仅可以在当前提高国防经济运行的产出水平，从长远看，还有助于国防经济体系的可持续发展。

其三，均衡保证国防经济与国民经济的协调发展。国防经济运行过程中的均衡，不仅是指国防经济运行过程的内部均衡，还应包括国防经济与国民经济之间的均衡。国防经济与国民经济之间的均衡，就是要求国防经济与国民经济之间保持科学、合理的比例关系，使得国防经济规模在满足国家安全利益需要的基础上，不仅不会影响国民经济的发展，反而会促进国民经济的发展。

然而，均衡在国防经济运行过程中所发挥的积极作用，是在一定条件之下实现的，不能因为这些积极作用而一味地强调国防经济运行过程中的均衡，这样往往会造成不利的后果。例如，国防经济运行过程中总需求和总供给之间的均衡是一个动态过程，现实中并不存在任何时刻都保持总需求和总供给均衡水平的理想状态。如果为了保持国防经济运行在任何时刻的均衡水平，人为对其进行过度地干预，不仅不能对国防经济运行产生积极的推动作用，反而会对国防经济运行产生消极的破坏作用，并最终导致国防经济运行过程中的过度非均衡状态。

非均衡对国防经济运行的影响　非均衡发展是经济运行的常态现象，也是社会经济发展的正常现象。具体到国防经济运行过程中，非均衡也是一种经常性状态，在通常情况下它对国防经济运行会产生一些不利的影响，突出表现在：

国防经济运行过程中的非均衡会影响到国防经济总需求和总供给之间的平衡　在国防经济运行非均衡状态下，总需求和总供给之间存在着差异。在总需求一定的条件下，非均衡是通过两种方式从数量上对国防经济运行产生不利影响的：一种方式是国防经济总供给水平大于总需求水平。在这种非均衡状态下，国防经济体系的总供给能力超过总的军事需求水平，一定数量的资源被浪费，整个国防经济运行并未达到最优状态。这种情况通常出现在国家由战争状态突然转入和平状态之间的过渡时期，在这一时期内，国防经济总需求水平急剧减少，国防经济体系本身具有的惯性造成了总供给暂时大于总需求。另一种方式是国防经济总供给水平小于总需求水平。在这种非均衡状态下，国防经济体系的总供给能力不能够满足军事需求，国防经济运行的最优产出水平没能得到实现。与上一种情况相反，这一情况通常会发生在国家由和平状态突然转入战时状态的过渡时期。在这一时期内，军事需求急剧增加，而总供给需要一定时间的调整才能对此作出反应，这段时间内就出现了总供给暂时性小于总需求。这可以通过图 26.4 来说明。

国防经济运行过程中的非均衡会影响到合理的国防经济运行结构　在均衡条件下，国防经济运行结构是合理的，这就确保了整个国防经济体系能够达到最优产出。然而，在国防经济运行非均衡状态下，不仅国防经济运行内部结构会出现不合理情况，而且国防经济运行结构也不能很好地与国民经济运行结构相适应，二者之间会出现不协调的情况，这将会从宏观上影响整个国防经济的运行效率，并在一定程度上对国民经济运行产生不利影响。

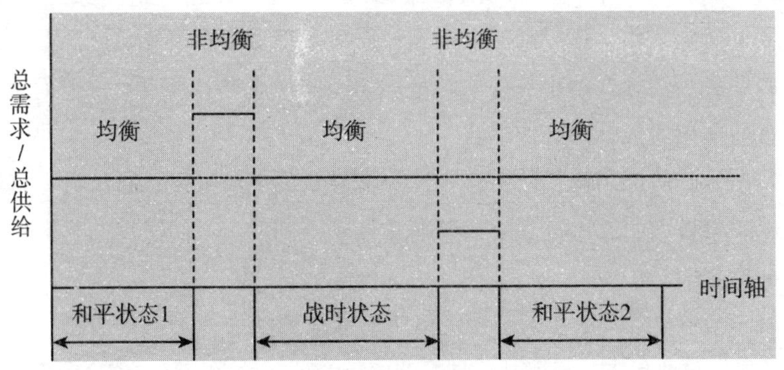

图 26.4　国防经济运行过程中非均衡对总需求和总供给的影响

虽然从总体上看，非均衡对国防经济运行会产生不利的影响，但如果能保持合理和适度的非均衡，就能从某种程度上促进国防经济运行效率的提高。事实上，在国防经济运行过程中，需要的正是从数量和质量上合理、适度的非均衡，这将有助于从宏观上实现整个国防经济体系的快速发展。从这个意义上讲，过分强调国防经济运行过程中的均衡反而会对国防经济的健康成长产生消极作用。

26.4　国防经济运行周期

国家安全环境、国防战略和国家经济发展等会不断对国防经济规模产生影响，这些影响使国防经济运行表现出一定的波动性，也因此具有了一定的周期性。①

---

① 吴鸣、刘军等（2007）对国防经济周期进行了详细的研究，作者刘军在此处的描述引用了其与吴鸣（2007）的研究成果。

26.4.1 国防经济运行周期含义

国防经济运行周期是国防经济运行中出现的，由于国防经济规模的扩张和收缩，或由于国防经济运行反复偏离均衡状态而导致的波动。国防经济作为社会经济形态的一个重要组成部分，在其运行中也存在一定形式的经济周期。需要强调的是，由于国防经济并不是单纯的经济形态，它除了受经济规律支配外，还要在很大程度上受到政治、国际局势、国家和军事战略等因素的影响，因此国防经济的运行周期会当然地显示出与一般经济周期不同的规律和特点。一般而言，国防经济运行周期主要包括两方面的含义：

一是由于国防支出规模的扩张和收缩而导致的国防经济运行波动。国防支出的绝对规模或者国防支出额在不同时期是完全不同的，国防支出的相对规模也是不断波动变化的。

二是由国防经济需求与国防经济供给的非均衡状态而形成的波动。不管实际的国防经济总量有多大，只要其与理想的国防经济总量不相符，就会产生波动。现实中，由于实际国防经济总量除受国家安全程度变化的影响外，还受经济发展状况、国家战略和军事战略等因素的影响，其总是与理想的国防经济总量存在差距；此外，从决策到决策的实现也需要一定的时间，在这种情况下，即便有时决策决定的国防经济总量与理想的国防经济总量完全一致，但由于时滞因素，实际量与理想量之间也会在一定时期内产生差距。从这个意义上说，这种波动总是存在的。其次，这还是一个总量或存量概念。也就是说，国防经济供给总是建立在历史基础上的一个总的供给量，它受增量的影响，但增量不是影响供需平衡的唯一要素。

这里把上述由国防支出规模变动而引起的国防经济运行波动称为“国防经济运行周期Ⅰ型”，把由国防经济需求与国防经济供给的相对状态形成的波动称为“国防经济运行周期Ⅱ型”，可以分别用图26.5和图26.6来表示这两种运行周期。从二者的主从关系看，从理论上讲，周期Ⅰ型其实是在追求周期Ⅱ型向供求均衡线靠拢或拟合（即供需平衡）的过程中派生出来的一种波动形式。由于国防支出规模是较国防经济供给和需求容易量化的一个概念，现实中，人们往往更容易注意到周期Ⅰ型，而忽视周期Ⅱ型的存在。

从二者的波动形状来看，国防经济运行周期Ⅰ型和国防经济运行周期Ⅱ型并不具有吻合的必然性。出现这样的情形是完全正常的：一年的国防支出虽较上一年

度增幅较大，但实际国防经济总量供给却处于小于理想国防经济总量的状态；或一年的国防支出虽较上一年度降幅较大，但实际的国防经济总量供给却处于大于理想国防经济总量的状态，等等。需要指出的是，周期Ⅱ型中的供求均衡线并不总是一条水平的直线。由于国家安全局势的不断变化，该均衡线可能总处于不断波动之中，如图26.6所示。为表述方便，本书以后的分析把国防经济运行周期Ⅰ型曲线与国防经济运行供求均衡线完全重合的情况简称为国防经济运行均衡。

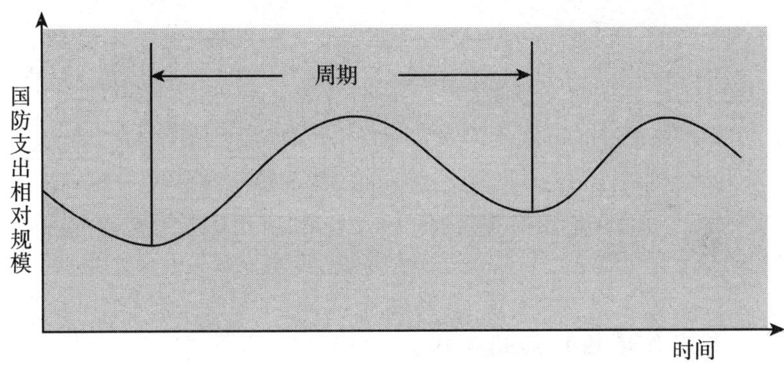

图26.5　国防经济运行周期Ⅰ型

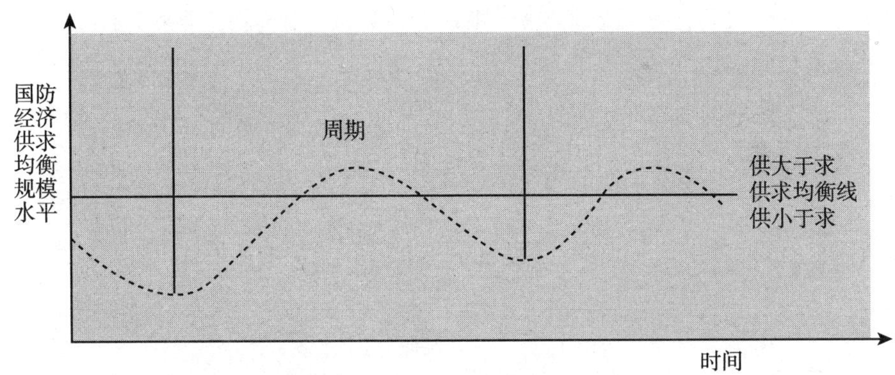

图26.6　国防经济运行周期Ⅱ型

事实上，国防经济运行周期还存在着第三种形式，即由在军品采办层次上存在的供求不均衡组成的波动状态。如军方提出某种武器装备的采办需求，但由于某种原因，军品市场上并没有该种军品，甚至也无法在短时间内生产出该种军品，供需无法实现均衡，这时，就产生了第三种形式的波动和相应的运行周期。这里称其为“国防经济运行周期Ⅲ型”。从军品特殊性来看，国防经济运行周期的这种形式只是在一定程度上符合一般商品的供求规律，并在很大程度上受到政府管制、军方采办体制等方面因素的约束。见图 26. 7。

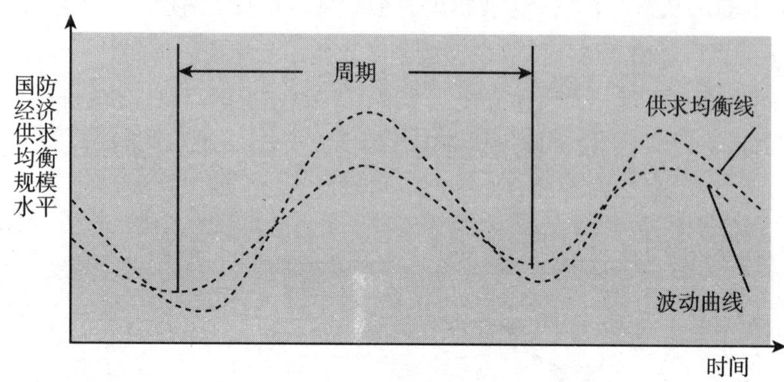

图 26. 7　国防经济运行周期Ⅲ型

26. 4. 2　国防经济运行周期分类

在国防经济运行周期中，有些周期的波动是国防经济运行所必需的，会促进国防经济发展，而有一些周期的波动则是不必要的，很可能会带来负面影响，是要尽量避免的。如果把会促进国防经济运行与发展的周期称为良性周期，那么就可把那些不必要的周期称作非良性周期。从对国防经济运行周期的初步划分看，一般地，国防经济运行周期Ⅱ型是非良性周期，而国防经济运行周期Ⅰ型有时是良性周期，有时则又是非良性周期。进一步可以发现，如果国防经济运行周期Ⅰ型可以在时间和数量上同时满足国家安全需要，则该周期就是良性周期，否则就是非良性周期。

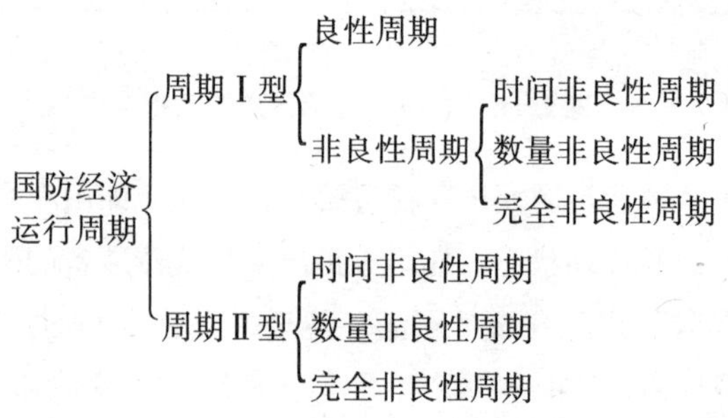

图 26. 8　国防经济运行周期分类图

当然，现实中也可能出现不同时满足时间和数量的情形，那么就可以进一步把不满足时间性要求（满足数量性要求）的国防经济运行周期Ⅰ型称为时间非良性周期，把不满足数量性要求（满足时间性要求）的国防经济运行周期Ⅰ型称为数量非良性周期，把在两方面都不满足的周期称为完全非良性周期。同样，周期Ⅱ型也存在非良性周期的这三种分类。国防经济运行周期的具体分类如图 26.8 所示。

从上述周期的分类看，良性周期必然是属于周期Ⅰ型，并在波动时间和波动数量上都满足国家安全需要的周期。换个角度看，周期Ⅰ型是否是良性周期，其判断的标准就是在其波动的同时是否能保持周期Ⅱ型与供求均衡线的完全拟合，或者说，周期Ⅱ型与供求均衡线的拟合程度是判断周期Ⅰ型是否是良性周期的一个标准，它们之间存在对应关系。一般地，良性周期可以用图 26.9 表示。图中，国防支出相对规模波动的时间与数量和国家安全需求完全对应，国防经济的运行始终处于供求平衡线上，即国防经济的运行是均衡的。

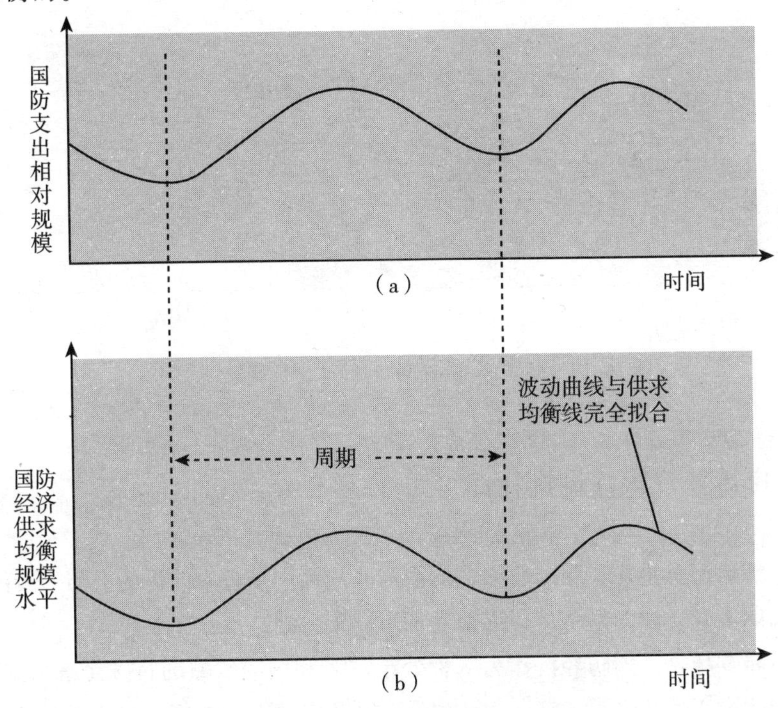

图 26.9　国防经济运行的良性周期

类似地，可以把时间非良性周期、数量非良性周期以及完全非良性周期分别用图 26.10、图 26.11 和图 26.12 表示。

图 26.10 中，国防支出相对规模的波动幅度与国家安全需求要求的水平是一致的，但波动的周期却不一致。图 26.11 中，国防支出相对规模的波动幅度与国家安全需求要求的水平是不一致的，但波动周期是一致的。图 26.12 中，国防支出相对规模的波动幅度和波动周期都与国家安全需求要求的规模和时间不一致。

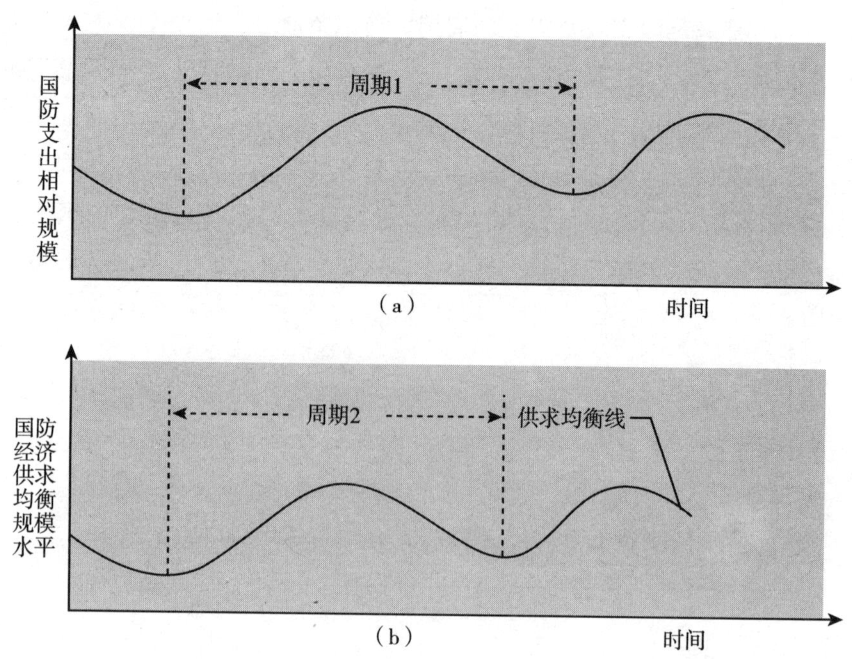

图 26.10　国防经济运行的时间非良性周期

26.4.3　国防经济运行周期特点

国防经济运行总是在扩张与收缩、均衡与非均衡中交替中前进的，与一般的经济运行周期不同，国防经济运行周期表现出以下一些特点：

波动的非市场性　国防经济作为一种处于军事和国防领域的特殊经济形式，关注的是与国家战略和军事战略、国防建设、军队发展以及战争等有关的经济问题。而军事和国防领域，是当今世界市场经济发展最不完善，也不可能发展完善

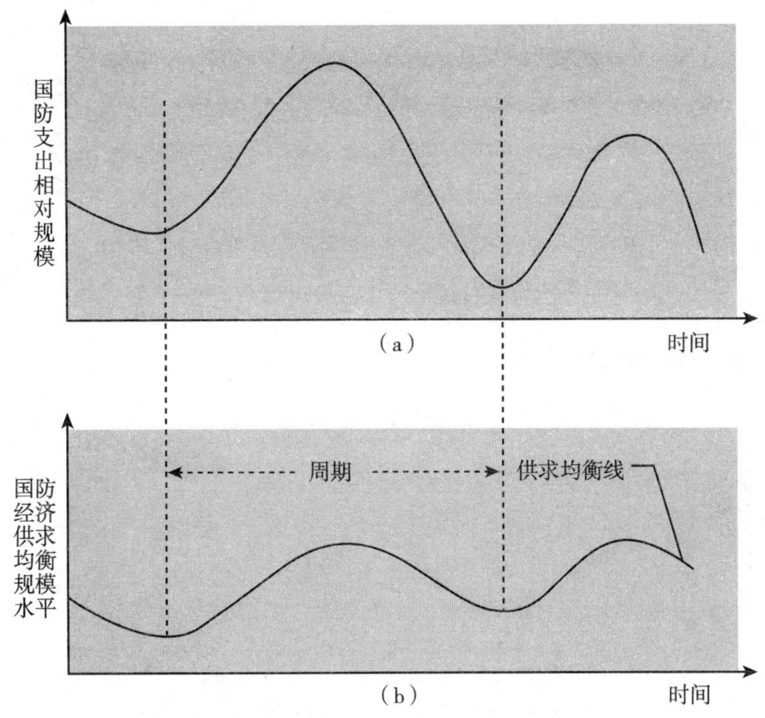

图 26.11　国防经济运行的数量非良性周期

的领域之一，当然也是市场机制发挥得最为有限的领域之一。在这种情况下，国防经济运行其实并不是一个单纯的经济问题，更不是一个单纯的市场问题，国防经济运行的周期也因此表现出典型的非市场性。对国防经济运行周期Ⅰ型而言，这主要是因为国防支出规模的确定与变化是非市场性的。换言之，国防支出规模的确定与变化主要是由计划决定的，而不是由市场决定的。对国防经济运行周期Ⅱ型而言，这主要是因为该种形式的波动既不是由市场因素导致的，也不是市场能够改变的。

波动的突变性　从本质上讲，国防经济是一种需求拉动型经济，国防需求决定于国际形势的变化，国防经济规模也会随之改变。当国际局势紧张、国家安全的威胁增大时，国防需求增大，要求的国防供给也相应扩大；当国际局势缓和、国家安全的威胁降低时，国防需求缩小，要求国防供给随之减少。但国际形势变化往往具有突变性，因此国防经济运行的波动也具有一定的突变性，这种突变性在由平时转向战时表现得尤为明显。

波长的非规则性 从国防经济运行的动力来看，国防支出规模的大小总在某种程度上受国家安全需求牵引。在国际局势相对紧张时，国家安全需求一般也相对较高，所要求的国防支出规模也会较大；在国际局势相对缓和时，国家安全需求一般也相对较低，所要求的国防支出规模也较小。在很多情况下，这种变化并不是规则的，一个时期的局势紧张并不预示着永远的局势紧张，一个时期的局势缓和也并不预示着长久的局势缓和；在某些情形下，许多很小事件的发生也可能产生巨大的“蝴蝶效应”；进而对国际局势和国家安全需求产生影响。因此，随之不断变化的国防支出规模也当然会发生一定程度的非规则性变化，进而导致国防经济运行波动的非规则性。

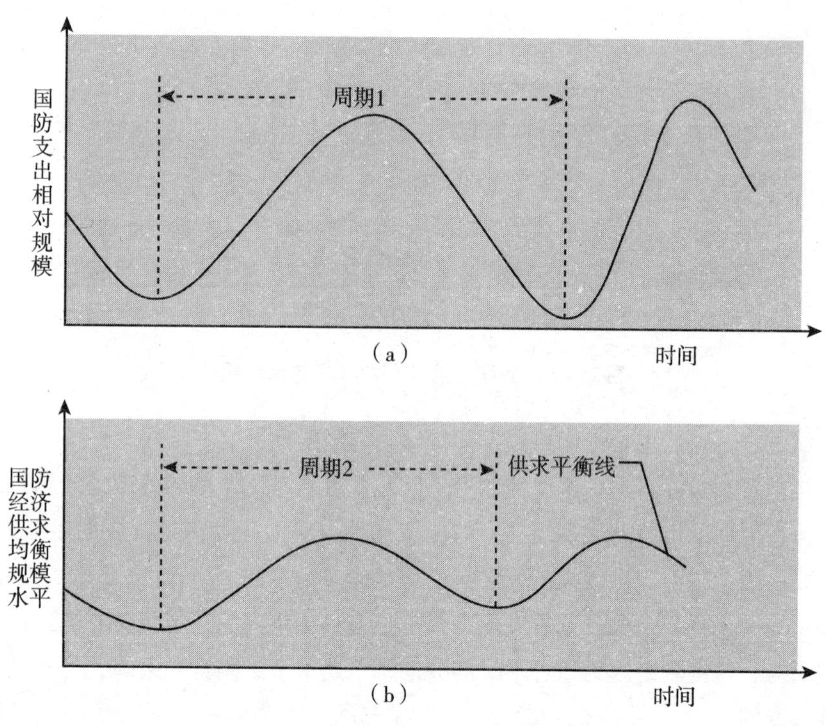

图 26.12　国防经济运行的完全非良性周期

国际局势和国家安全需求的非规则变化，也会导致国防经济供给与需求相对关系的不断变化。如果一个国家的国防经济供给本来是短缺的，即供给小于需求，但由于国际局势的缓和与国家安全需求的降低，在短时期内改变原来的短缺状态，甚至达到供大于求的状态是完全可能的；如果一个国家的国防经济供给本

来是充足的，但由于国际局势的紧张和国家安全需求的提升，在短时期内使原来的供给大于或等于求的状态变为供小于求，也是可能的，而这些也是不规则的，难以精确量化的。

对国防经济运行周期Ⅰ型而言，其波长的不规则性还包含着一种极端状态，即国防支出相对规模始终如一地保持在某一水平上。这时，国防经济运行的这种波动形式其实是不存在的，运行的周期是无穷大的。对国防经济运行周期Ⅱ型而言，其周期也存在无穷大的情形，即在国防经济的供给始终大、小于或者等于需求并且程度不变时，这时这种形式的运行波动其实是不存在的。实际中，国防经济运行周期的惯常状态总是呈现出上下波动的样式。

振幅的非对称性　国防经济运行不仅其周期长度是不规则的，其波动幅度也是不对称的，至少经常是不对称的。这就是说，在一个波动周期中，表示这种波动的曲线上升和下降的幅度经常是不一样的，较大的上升幅度和较小的下降幅度，以及较小的上升幅度和较大的下降幅度在现实中都存在，而且是经常存在的。

这是因为，国防支出相对规模或国防经济供给的确定是由多种因素决定的，这其中有些因素是导致其上升的因素，有些则是导致其下降的因素。这些因素的综合作用，如果上升因素占微弱优势，则国防支出相对规模或国防经济供给就会略微上升；如果上升因素占绝对优势，则国防支出相对规模或国防经济供给上升的幅度就会较大。反之，如果是下降因素占上风，根据其占优的程度不同，则国防支出相对规模或国防经济供给又会出现不同程度的下降。由于决定国防支出相对规模或国防经济供给的这些因素是极其复杂的，又往往包含着政治集团或经济集团的利益博弈等，想避免其波动或者想把其波动范围限定在某一个确定的范围，或想增强波动的对称性等，都是十分困难的。

从另一个角度看，国防经济运行的理想状态其实就是保持周期Ⅱ型均衡也即国防经济运行的均衡，而此时周期Ⅰ型的曲线形状必定是根据国际局势、国家战略、军事战略以及国民经济状况等因素因时而变的。从这个意义上说，一味地追求周期Ⅰ型振幅的对称性甚至追求振幅为零，是没有任何现实意义的，而保持周期Ⅱ型的波动与供求均衡线的充分拟合则是国防经济在实际工作中要着力追求的目标。

26.4.4 国防经济运行周期成因

从根本上说，国防经济运行存在周期是因为国防经济运行是波动的，并不总是平稳和均衡的。从这一点上来说，国防经济运行波动的原因也是国防经济运行周期的原因。综合看，国防经济运行周期的成因大致可分为以下四种：

国家安全形势的不断变化 从本质上讲，国防建设和国防经济发展是为国家安全服务的，国家安全是主变量，国防经济运行与发展是从变量，国家安全形势的变化势必会引起国防经济的相应变化，从而导致周期Ⅰ型波动的产生，而周期Ⅰ型在其运行过程中，总会不可避免地产生周期Ⅱ型波动。从这一点来看，国际安全形势的变化是国防经济运行波动的根本原因。

军事战略方针的不断调整 战略的最高层次是大战略，其下有国家战略、军事战略等。但大战略通常以国家利益和目标为基础，故大战略也受国家战略指导，大战略目标完成，国家战略目标亦同时达成。军事战略从属国家战略，并在国家战略指导下分配资源并协调军事领域内的各项活动，用以支持国家战略的达成。军事战略的调整，也在一定程度上决定了国防经济运行的周期。

国家经济实力的支撑能力 国防支出规模变化不仅取决于不断变化的国家安全局势和适时调整的军事战略方针，还受国家经济实力支撑能力的制约。一般而言，国民经济发达程度高，国家的经济实力强，国民经济对国防经济的支撑能力就大，国家可以提供的国防支出规模就相对较大，制约力就小；反之，支撑能力就小，制约力就大。

国防经济决策体制 由于国防经济所处领域的特殊性，决定了国防经济的发展除受政治、军事因素以及一定的经济规律制约外，还在一定程度上受到国防经济宏观决策体制和管理体制的影响。事实上，宏观决策体制是否科学对国防经济发展特别是国防支出扩张和收缩等的影响也是十分巨大的。

必须强调的是，上述四方面因素并不是决定国防经济运行周期的全部因素，在影响国防经济运行时也不具有同等重要位置。这其中，国际安全局势是外在影响因素，也常常是首先变化的因素，它的变化导致国家战略和军事战略的适时变化。军事战略是内在的影响因素，是决定国防经济运行的直接原因。但由于国家经济实力的制约以及特定的决策体制的影响，国家安全局势的变化有时并不能被全部反映在军事战略方针当中。换言之，军事战略方针的确定除了要考虑国家安

全局势变化外，还要考虑国家经济实力的制约并受决策体制的影响。它们的关系可用图 26. 13 表示。

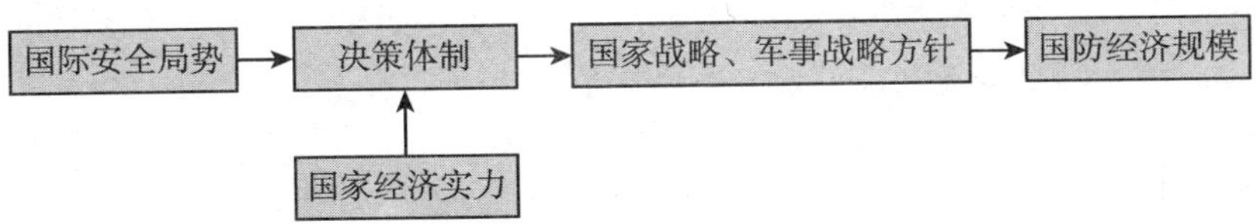

图 26. 13　影响国防经济运行因素的关系图

但应当看到，上述对国防经济运行影响因素的考察其实仅主要考虑了“量”的维度，而没有对国防经济规模调整的“时间”维度进行考察。事实上，时间因素并不是可以忽略的。对于国防经济运行周期Ⅰ型而言，虽然时间因素并不会影响到国防经济最终规模，可能影响的只是国防经济规模调整的及时性问题，但这种影响在波动周期上表现出来的结果之一就是，周期的起点和长度可能会因此发生变化。对于国防经济运行周期Ⅱ型而言，时间性因素更是影响波动周期的一个重要变量，不仅会影响到国防经济运行周期的长短，还会影响到国防经济运行波动的性质和形状。如由于国际局势的缓和使得原本合适的国防经济规模变得过于庞大，但由于国防经济收缩的不及时导致了国防经济规模的供大于求，或者由于国际局势的紧张使得原本合适的国防经济规模相对于国家安全局势需求而言变得过小，以及由于国防经济扩张的不及时导致了国防经济规模的供小于求，等等。

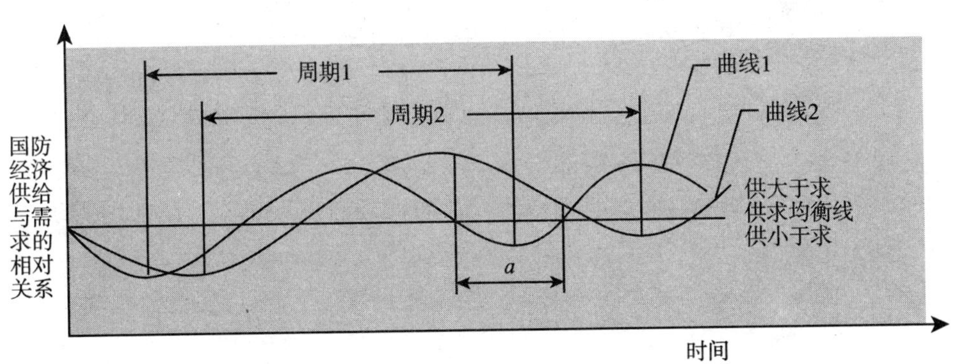

图 26. 14　时间因素对国防经济运行波动Ⅱ型的影响

时间因素对周期Ⅱ型的这种影响可以用图 26. 14 表示。图中，两条起点相同的曲线在国防经济规模调整时间不同的情况下表现出不同的波动周期，也使得在其他因素相同的情况下，国防经济的供求均衡关系发生了改变。比如，在图示的 a 段时间内，曲线 1 表示的国防经济供求关系是供小于求，而曲线 2 表示的国防经济供求关系则是供大于求。

关键术语

国防经济运行　国防经济运行模式　国防经济运行周期　国防经济运行均衡　国防经济运行非均衡　国防经济运行主体　国防经济运行机制　国防经济运行结构

课后思考

1. 如何认识国防经济运行机制？
2. 试分析几种典型的国防经济运行模式。
3. 如何看待国防经济运行中均衡与非均衡？
4. 试述国防经济运行周期的分类与特点。

参考文献

陈　俨：《国防经济非均衡研究》，国防大学出版社 2000 年版。

谈万强：《我国国防经济运行模式探析》，载《南京政治学院学报》2002 年第 3 期。

吴　鸣：《国防经济运行与管理》，国防科技大学出版社 2007 年版。

于连坤：《中国国防经济运行与管理》，国防大学出版社 2002 年版。

张振龙、谢宝湘：《军事经济学几个前沿理论问题探讨》，载《军事经济研究》1999 年第 2 期。

图书在版编目（CIP）数据

国防经济学/陈波主编.—北京：经济科学出版社，2010.12
（国防经济学系列丛书．核心教材）
ISBN 978-7-5058-9519-5

Ⅰ.①国…　Ⅱ.①陈…　Ⅲ.①国防经济学—教材　Ⅳ.①E0-054

中国版本图书馆 CIP 数据核字（2010）第 108124 号

责任编辑：侯加恒等
责任校对：徐领柱
版式设计：代小卫
技术编辑：王世伟

国防经济学
陈　波　主编
郝朝艳　余冬平　副主编
经济科学出版社出版、发行　新华书店经销
社址：北京市海淀区阜成路甲 28 号　邮编：100142
总编部电话：88191217　发行部电话：88191540
网址：www.esp.com.cn
电子邮件：esp@esp.com.cn
北京三木印刷有限公司印装
787×1092　16 开　47.25 印张　800000 字
2010 年 12 月第 1 版　2010 年 12 月第 1 次印刷
ISBN 978-7-5058-9519-5　定价：88.00 元